Marianne Heimbach-Steins

Unterscheidung der Geister
Strukturmoment christlicher Sozialethik

Dargestellt am Werk Madeleine Delbrêls

SCHRIFTEN DES INSTITUTS
FÜR CHRISTLICHE SOZIALWISSENSCHAFTEN
der Westfälischen Wilhelms-Universität Münster

Begründet von Josef Kardinal Höffner
Herausgegeben von Franz Furger

Band 31

LIT

Marianne Heimbach-Steins

Unterscheidung der Geister Strukturmoment christlicher Sozialethik

Dargestellt am Werk Madeleine Delbrêls

LIT

Die Deutsche Bibliothek – CIP-Einheitsaufnahme

Heimbach-Steins, Marianne
Unterscheidung der Geister – Strukturmoment christlicher Sozialethik : Dargestellt am Werk Madeleine Delbrêls / Marianne Heimbach-Steins . – Münster ; Hamburg : Lit, 1994
(ICS - Schriften ; 31 .)
ISBN 3-8258-2202-8

NE: GT

Dieckstr. 73 48145 Münster Tel. 0251–23 50 91
Hallerplatz 5 20146 Hamburg Tel. 040–44 64 46

Inhaltsverzeichnis

Anhang

Vorwort

Ausgangs- und Leitidee dieser Studie ist die Frage nach einem theologischen Profil christlicher Sozialethik. Ein solches ist im traditionellen Erscheinungsbild des Faches, zumindest in dessen deutschsprachiger katholischer Tradition (und nur dieser "Ausschnitt" sozialethischer Reflexion dient im folgenden als Bezugsrahmen der Überlegungen), nicht ohne weiteres erkennbar, sofern man sich nicht mit einem Rückverweis auf das geschichtlich gewachsene "Lehrgebäude" der kirchlichen Sozialverkündigung begnügen will. Die Klärung der Frage nach dem theologischen Charakter einer christlichen Sozialethik erscheint daher heute in neuer Dringlichkeit als Desiderat der Grundlagenforschung auf der Tagesordnung sozialethischer Arbeit. Mit der exemplarischen Erarbeitung *einer* theologischen Perspektive will die folgende Studie einen Beitrag zu den laufenden Diskussionen um die Identität der theologischen Disziplin "christliche Sozialethik" leisten, ohne indes den Anspruch zu erheben, schon eine umfassende Antwort oder ein Gesamtmodell bieten zu können.

Ausschlaggebend für die Wahl des Ansatzes war ein weiter ausgreifendes Interesse an der theologischen Ethik in ihrer ganzen, oft aus dem Blick geratenden Spannweite, die von Spiritualitäts- und Moraltheologie und bis zur Sozialethik reicht und die es gerade angesichts der gegenwärtigen gesellschaftlich-globalen Aporien und Herausforderungen neu zu entdecken oder doch wiederzubeleben gilt - auch und gerade in bezug auf die Frage nach einer theologischen Sozialethik. *Ein* Weg, um den größeren Horizont theologischer Ethik in der Vermittlung von individuell-persönlich und gemeinschaftlich gelebtem Glauben mit struktur- und gesellschaftsrelevantem sozialethischem Handeln in den Blick zu bekommen, liegt in der exemplarischen Analyse von Lebens- und Glaubenszeugnissen. Dieser Ansatz wird hier, freilich nicht in einem hagiographischen, sondern in einem systematischen Interesse gewählt: Ein konkreter Versuch lebensgeschichtlicher Realisierung der Glaubensentscheidung im individuellen, gemeinschaftlichen und politischen Handeln soll im Licht einer in der geistlichen Tradition des Christentums verankerten Leitidee untersucht werden. Aus der Koppelung von exemplarisch-historischer und systematischer Analyse (bei freilich sorgfältiger Unterscheidung beider) können sich Perspektiven für die Verortung des "Theologischen" in der Ethik und zugleich Wege zur Konkretisierung im sozialethisch relevanten Handeln erschließen.

Indem im Lebenszeugnis der Französin Madeleine Delbrêl (1904-1964) der rote Faden einer *Unterscheidung der Geister* als Praxis geistlicher Lebensorientierung freigelegt wird, läßt sich exemplarisch eine Sicht auf die inhaltliche und methodische Bedeutung des Glaubens als Sinnhorizont christlich geprägten, gesellschaftlich-politischen Handelns gewinnen. Die Studie wird zeigen, daß die auf den ersten Blick vielleicht gewagt erscheinende Kombination eines biographischen und eines theologisch-systematischen Ansatzes ihre Legitimation aus der Biographie und Handlungsorientierung Madeleine Delbrêls selbst gewinnt. Um das bei aller zeitlichen Nähe dennoch historische Exempel, das im Zentrum der Studie steht, in den Gesprächszusammenhang gegenwärtiger christlicher Sozialethik zu vermitteln, gilt es in den Rahmenteilen der Arbeit einerseits den systematischen Ort der theologischen Rückfrage in der Sozialethik selbst zu bestimmen und andererseits die Frage nach der Bedeutung der "Unterscheidung der Geister" über deren exemplarische Erhebung im Werk Madeleine Delbrêls hinaus für den gegenwärtigen sozialethischen Diskurs und im Hinblick auf mögliche Praxisfelder zu erörtern. Aus diesem Vorblick auf die Studie ergibt sich folgender Aufbau des Gedankengangs:

Der *erste Teil* dient - als Exposition des Ganzen - einer Einführung der beiden thematischen Ebenen, die die Untersuchung miteinander zu vermitteln sucht. Er beginnt deshalb im *ersten Kapitel* mit einer *Annäherung* an die sozialethisch-theologische Leitfrage: Die Auseinandersetzung um den theologischen Charakter des Faches wird in ihrer Dringlichkeit aus der bisherigen Entwicklung des Faches begründet und systematisch auf der Ebene der Hermeneutik verortet; die thematisch-methodische Zuspitzung auf die *Unterscheidung der Geister* wird im Spannungsfeld von Mystik und Politik als dem theologischen Horizont christlicher Ethik geklärt. Im *zweiten Kapitel* wird eine erste *Begegnung* mit Madeleine Delbrêl als der Gesprächspartnerin, die im Zentrum der Studie stehen soll, arrangiert: Ihre Biographie und ihr Werk werden skizzenhaft vorgestellt und im Horizont der zeit- und geistesgeschichtlichen Rahmenbedingungen beleuchtet.

Nachdem so in einem doppelten Hinblick sowohl die systematisch-theologische als auch die historische Ebene der Studie eingeführt sind, kann im *zweiten Teil* der rote Faden der *Unterscheidung der Geister* im Werk Madeleine Delbrêls verfolgt werden. Im *dritten Kapitel* geschieht dies in einer *Entfaltung* der lebensgeschichtlich gereiften Spiritualität in ihren Grundlagen. Während darin also zunächst die individuell-religiöse Basis des Handelns bei Madeleine Delbrêl untersucht wird, soll im *vierten Kapitel* ihr auf diesem Fundament gewachsenes Handeln in verschiedenen gesellschaftlichen Zusammenhängen exemplarisch dargestellt werden: Im Mittelpunkt der Analyse stehen Beispiele ihrer Lebens-, Gesellschafts- und Politik-*Gestaltung* aus der orientierenden Kraft des Glaubens, die sich gerade in konfliktiven Handlungszusammenhängen artikuliert und bewährt.

Im *dritten Teil* gilt es dann, die Ergebnisse der exemplarischen Arbeit am Werk Madeleine Delbrêls in den Gesprächszusammenhang sozialethischer Grundlagenreflexion zu "übersetzen". Dazu werden im *fünften Kapitel* zunächst die in der Werkanalyse gewonnenen Elemente der Unterscheidung resümiert und in einer zusammenfassenden *Auswertung* reflektiert. Im *sechsten Kapitel* schließlich geht es um die *Vermittlung* des systematischen Ertrags aus der Beschäftigung mit dem Werk Madeleine Delbrêls in den Rahmen moraltheologisch-sozialethischer Theorie. Hier wird es darauf ankommen, das Thema der "Unterscheidung der Geister", so wie es bisher im Horizont moderner theologischer Ethik aufgenommen wurde und wird, zu verfolgen, auf seine methodische Leistungsfähigkeit hin zu befragen und zu prüfen, inwiefern die Resultate und Perspektiven, die in der Beschäftigung mit dem Werk Madeleine Delbrêls erzielt wurden, über das bisher Geleistete hinaus in zukunftsweisende Impulse umgesetzt werden können.

Der Gedankengang der Studie ist an dieser Stelle bewußt nur knapp skizziert worden. Jedes der folgenden Kapitel wird durch einen inhaltlich orientierenden und die Kapitelzusammenhänge verknüpfenden Vorspann eingeleitet. Um Wiederholungen zu vermeiden, bleibt daher dieser einführende Vorblick auf eine *formale* Übersicht beschränkt. Daraus soll vor allem die Struktur der Untersuchung ersichtlich werden, die nach der Art eines Triptychons gestaltet ist: Dem zentralen Bild resp. der Analyse des Werkes von Madeleine Delbrêl unter dem Gesichtspunkt der *Unterscheidung der Geister* (Kapitel 3/4) ordnen sich die noch einmal vertikal unterteilten "Seitenflügel" resp. die Rahmenteile der Arbeit symmetrisch zu. Sie gehören konstitutiv zum Bildprogramm bzw. zum Gedankengang des Ganzen: Leisten die äußeren Elemente (Kapitel 1/6) die systematisch-theologische Ortsbestimmung und Vermittlung der Thematik, so sind die inneren Elemente (Kapitel 2/5) einführend bzw. resümierend auf die exemplarischen Analysen im Mittelteil hin ausgerichtet:

1	2	3	5	6
A N N Ä H E R U N G	B E G E G N U N G	ENTFALTUNG 4 GESTALTUNG	A U S W E R T U N G	V E R M I T T L U N G

Im Interesse, die in diesem Aufriß skizzierte thematische Leitidee stringent zu verfolgen, wird in der Gestaltung der Studie bewußt auf jeden "enzyklopädischen" Anspruch - etwa hinsichtlich der benutzten und dokumentierten Literatur - verzichtet. Alle Literatur, die zitiert oder auf die *mehrfach* verwiesen wird, ist in der Auswahlbibliographie am Schluß der Studie verzeichnet. Diese Titel werden in den Fußnoten nur mit Kurztitel zitiert. Weitere Verweise sind in den Fußnoten vollständig bibliographiert.

Die vorliegende Studie wurde im Sommersemester 1994 von der Katholisch-theologischen Fakultät der Westfälischen Wilhelms-Universität Münster als Habilitationsschrift angenommen. Herrn Professor DDr. Franz Furger, der die Genese der Arbeit von Anfang an mit Interesse und fördernder Kritik begleitet hat, danke ich für die Erstellung des Erstgutachtens und für die Aufnahme der Untersuchung in die Reihe der ICS-Schriften. Herrn Professor Dr. Giancarlo Collet gilt mein Dank für die Erstellung des Zweitgutachtens und für manches anregende Gespräch.

Der Association des amis de Madeleine Delbrêl in Ivry und insbesondere Madame Christine de Boismarmin schulde ich besonderen Dank für Ihre freundliche Hilfsbereitschaft, für die Großzügigkeit, mit der sie mir Zugang zu den Archivmaterialien gewährt und schließlich auch die Abdruckerlaubnis für die unveröffentlichte Studie Madeleine Delbrêls zur Mission de France gegeben hat. Katja Boehme danke ich für viele fruchtbare Gespräche und kollegialen Austausch in Fragen der Erforschung des Werkes von Madeleine Delbrêl. Für die Mühe des Korrekturlesens danke ich meiner Mutter, Frau Anneliese Heimbach, für die Hilfe bei der Erarbeitung der Register Frau Ira Kroker. Dem Lektor des Lit-Verlages, Herrn Dr. Rainer, gebührt mein Dank für die unkomplizierte und sorgfältige Betreuung des Bandes. Für die Gewährung eines großzügigen Druckkostenzuschusses danke ich den Diözesen Münster und Hildesheim.

Die Genese dieser Studie ist eng verbunden mit meiner Tätigkeit als Assistentin am Institut für Christliche Sozialwissenschaften. In der Arbeitsgemeinschaft des Instituts und des wissenschaftlichen Kolloquiums der Doktoranden und Habilitanden sind in einer Atmosphäre der gemeinsamen theologischen Suche, der wechselseitigen Herausforderung und des Gespräches die entscheidenden Fragen aufgebrochen und weiterführende Antwortversuche gereift. Stellvertretend für alle Kolleginnen und Kollegen, denen ich mich in dieser Erfahrung dankbar verbunden weiß, seien hier Andreas Lienkamp, Joachim Wiemeyer und Ursula Wollasch genannt. Über den Kreis des Instituts hinaus weiß ich mich in meinem wissenschaftlichen Arbeiten getragen durch einen Begegnungs- und Gesprächszusammenhang, in dem Leben und theologisches Denken eine spannungsvolle Einheit bilden. Diese Grunderfahrung verdanke ich einem Kreis von Freundinnen und Freunden, von denen ich stellvertretend für viele Hubertus Lutterbach nennen möchte. Mehr als allen anderen verdanke ich die Erfahrung solcher Sympathie und Solidarität meinem Ehegefährten Georg Steins, der nicht nur Lebensraum und -zeit, sondern auch die Freuden und Leiden des Theologie-Treibens mit mir teilt. Ihm sei dieses Buch gewidmet.

Sarstedt, im September 1994 — Marianne Heimbach-Steins

Hinweis zur Zitationspraxis

Die Quellen zum Werk Madeleine Delbrêls werden in der Regel in deutscher Sprache und soweit möglich, nach den veröffentlichten Übersetzungen zitiert. Abweichende Übersetzungsvorschläge werden begründet und in den Fußnoten am französischen Text belegt. Texte, zu denen bislang keine deutsche Übersetzung vorliegt, und insbesondere die unveröffentlichten Materialien aus den Archives Madeleine Delbrêl (Ivry) werden in eigener Übersetzung zitiert. In diesen Fällen wird ebenfalls der französische Text in den Fußnoten zitiert.

Die veröffentlichten Schriften Madeleine Delbrêls werden nach folgendem Schlüssel zitiert (in chronologischer Reihenfolge, jeweils französische und deutsche Ausgabe):

VM	Ville marxiste - terre de mission, rédigé à Ivry de 1933 à 1957, Paris: Ed. du Cerf 1957, ^{2}1970. Dt.:
CmS	Christ in einer marxistischen Stadt, hg. und eingeleitet von Viktor Conzemius, (teilw. gekürzte) Übertragung von Hermann Josef Bormann, Frankfurt 1974.
NA	Nous autres, gens des rues. Textes missionnaires, Paris: Ed. du Seuil 1966, ^{2}1971. Dt.:
NK	Wir Nachbarn der Kommunisten. Diagnosen. Übertragen und mit einem Vorwort versehen von Hans Urs von Balthasar, Einsiedeln 1975.
JC	La joie de croire, Paris: Ed. du Seuil 1968. Dt.:
GwL	Gebet in einem weltlichen Leben. Übersetzt und mit einem Vorwort versehen von Hans Urs von Balthasar, Einsiedeln ^{4}1986 (Auszüge) und:
KM	Der kleine Mönch. Ein geistliches Notizbüchlein. Übertragen und mit einem Vorwort versehen von Bernhard Matheis, Freiburg 1981. (Auszüge)
CE	Communautés selon l'évangile, Paris: Ed. du Seuil 1973. Dt.:
FG	Frei für Gott. Über Laien-Gemeinschaften in der Welt. Übertragen von Hans Urs von Balthasar, Einsiedeln 1976.
IA	Indivisible amour. Pensées détachées inédites, Paris: Ed. Centurion 1991. Dt.:
LS	Leben gegen den Strom. Anstöße einer konsequenten Christin. Aus dem Französischen übersetzt von Katja Boehme, Freiburg 1992.

Erster Teil
Sozialethik im Verstehenshorizont des Glaubens

1. *Annäherung*: Sozialethische Hermeneutik unter dem Spannungsbogen von Mystik und Politik

Um die Fragestellung dieser Studie im Zusammenhang christlicher Sozialethik entwickeln zu können, werden im folgenden zunächst einige Grundlinien nachgezeichnet, innerhalb deren sich das Erscheinungsbild des Faches bisher herausgebildet hat. Darin erschließen sich sowohl Ursachen für die Dringlichkeit der Thematik als auch Anknüpfungspunkte für die weiteren Überlegungen zu einer theologischen Profilierung christlicher Sozialethik. In einem zweiten Schritt wird dann mit der Rückfrage auf den Zusammenhang von Mystik und Politik der theologische Rahmen der folgenden Untersuchung abgesteckt.

1.1 Christliche Sozialethik: Versuch einer theologischen Ortsbestimmung

Die philosophische Problematisierung der Moderne, die mit der Postmodernedebatte inzwischen die Theologie erreicht hat[1], konfrontiert auch die christliche Sozialethik als theologische Disziplin mit der Frage nach ihrem Selbstverständnis. Dies gilt in bezug auf ihren wissenschaftstheoretischen Status, auf die den Diskurs bestimmenden Paradigmen[2], auf die Vernunftkonzeptionen, die für die bisherige(n) Gestalt(en) christlich-sozialethischer Reflexion prägend geworden sind.[3] In dieser Hinsicht ist die disziplinhistorische Rückfrage im Dienst einer kritischen Klärung der argumentativen Standards und der hermeneutischen Vorentscheidungen ebenso überfällig wie die grundlegend neu zu stellende Frage nach dem theologischen Charakter des Faches.

Denn als Einzel- oder Teildisziplin im theologischen Fächerkanon steht sie zwar *per definitionem* unter dem Anspruch, Theologie zu sein.[4] Doch die Frage, was das für die Ausgestaltung der sozialethischen Theorie, ihrer Methoden und Inhalte näherhin besagt, ist damit noch nicht beantwortet, sondern erst gestellt. Als

---

1 Vgl. Hausmanninger, Gehalt, 7.

2 Vgl. Heimbach-Steins, Paradigmen; für eine kritische Sichtung gegenwärtiger Ansätze Christlicher Sozialethik: Hengsbach u.a. (Hg.), Jenseits.

3 Vgl. Höhn, Vernunft; Lob-Hüdepohl.

4 Eine entsprechende Zuordnung vertritt auch Johannes Paul II. in seiner Sozialverkündigung, wenn er die Christliche Sozialethik der Theologie, näherhin der Moraltheologie zuordnet, vgl. die Enzyklika "Sollicitudo rei socialis" Nr. 41.

Anfrage an das Selbstverständnis der Disziplin gehört sie zu den am wenigsten geklärten Aspekten dieser Wissenschaft. Diese Beobachtung ist der Ausgangspunkt für die Wahl der Fragestellung und das leitende Interesse dieser Studie, die einen Beitrag zur *theologischen Profilierung* der christlichen Sozialethik leisten will. Wenn im folgenden daher vorausgesetzt wird, daß die christliche Sozialethik, die als akademische Disziplin der Theologie zwar noch vergleichsweise jung, aber doch inzwischen an den deutschsprachigen Fakultäten weithin etabliert ist[5], ihrem Gegenstand und Anspruch nach Theologie *ist*, so muß diese Annahme im Rückblick auf den geschichtlichen Wachstumsprozeß des Faches gleichwohl zunächst problematisiert werden. Die folgende kurze Retrospektive dient damit zugleich der Präzisierung der einzuschlagenden Perspektive und des systematischen Ortes der Untersuchung.[6] Es geht daher nicht um eine erschöpfende Darlegung der Geschichte der christlichen Sozialethik, sondern ausschließlich um die knappe Skizze einiger "entwicklungsgeschichtlicher" Koordinaten, aus denen die gegenwärtige Situation des Faches, die Wurzeln des zu beobachtenden Theologiedefizits, aber auch Ansätze zu dessen Überwindung deutlich werden.

1.1.1 Von der Sozialdoktrin zu einer dialogischen Sozialethik

Die erste und eine ganze Epoche kirchlicher Sozialverkündigung prägende Systematisierung katholisch-sozialen Denkens liegt in jenem Ansatz vor, der von seinen Vertretern wie heute auch von Kritikern als *Katholische Soziallehre*[7] be-

---

5 Bekanntlich wurde das erste Ordinariat für Christliche Sozialethik im Jahr 1893 in Münster eingerichtet - zunächst als Extraordinariat unter dem Titel "Christliche Gesellschaftslehre unter besonderer Berücksichtigung der praktischen Seelsorge" - und mit Franz Hitze (1851-1921) besetzt, vgl. zur Geschichte des Münsteraner Lehrstuhls und des 1951 gegründeten Instituts für Christliche Sozialwissenschaften Eduard Hegel, Die Berufung Franz Hitzes an die Akademie in Münster, in: Wissenschaft - Ethos - Politik im Dienste gesellschaftlicher Ordnung (FS Höffner), Münster 1966 (= JCSW 6/7 [1967/68]), 21-39; Henning, Gesellschaftslehre, 363f; ders., Die Bedeutung des Münsteraner Instituts für die Entwicklung der Christlichen Sozialwissenschaften in Deutschland, in: Furger/Wiemeyer, Horizont, 1-5; zur Entwicklung der christlichen Sozialethik als akademisches Fach vgl. die Datenaufstellung bei Raabe.

6 Vgl. für einen Gesamtüberblick Henning, Gesellschaftslehre.

7 Die Bezeichnung *Katholische Soziallehre* wird von den Vertretern dieser Richtung selbst für das entsprechende Systemdenken im Zusammenhang mit der kirchlichen Sozialverkündigung reklamiert: "Die Katholische Soziallehre umfaßt sowohl die Sozialverkündigung der Kirche als auch die Christliche Gesellschaftslehre, die auf die wissenschaftliche Durchdringung und Systematisierung der Erkenntnisse abzielt. Ähnlich wie das der Kirche anvertraute Offenbarungsgut die Grundlage und Bezugsbasis für die Dogmatik darstellt, ist dies im Fall der Christlichen Gesellschaftslehre die Sozialverkündigung der Kirche." (Rauscher, Kontinuität, 25 Anm. 1.) Marie-Dominique Chenu bestimmt den Gehalt des Wortes "Soziallehre", freilich in kritischer Absicht, von der päpstlichen Verkündigung her: "es umreißt den Inhalt der Dokumente, aber auch Initiativen, Bewegungen, Organisationen, Stellungnahmen, ja sogar politische Optionen - alles mehr oder weniger zusammenhängend und in einer ununterbrochenen Abfolge ..." (Chenu, Soziallehre, 715). Bisweilen wird

zeichnet wird. Vorbereitet durch den Solidarismus Heinrich Peschs[8], wurde sie insbesondere von deutschen Jesuiten als systematisch-geschlossene Gesamtkonzeption einer *Sozialdoktrin* der Kirche entwickelt. Die von der älteren deutschsprachigen Tradition als neuscholastische Sozial*philosophie* geprägte *Katholische Soziallehre* bezog ihr *theologisches Selbstverständnis* (und nur darum geht es in diesem Zusammenhang) aus der Konzeption eines essentialistisch verstandenen Naturrechts, dessen philosophisch-universalistische Argumentation sich auf starke theologische Prämissen gründete.[9] Angesichts der Voraussetzung einer ungeschichtlich und daher statisch gedachten Schöpfungsordnung, in der das Wesen der Dinge definiert war, erübrigte sich eine eigene *theologische* Reflexion *innerhalb* des Systems; daraus erklärt sich das Fehlen einer Hermeneutik ebenso wie der Verzicht auf *Entfaltung* einer Anthropologie als Ausgangspunkt der Vermittlung ethischer Einsichten.[10] Beides schien durch die metaphysischen Vorgaben hinreichend abgedeckt zu sein. Der Rekurs auf das "christliche Menschenbild"[11] oder die Gegenüberstellung von "Schöpfungs- und Erlösungsordnung" konnten dem sozialphilosophischen Systemdenken *vorgelagert* und weitgehend unhinterfragt vorausgesetzt werden.

---

die Bezeichnung auch als Abgrenzungsbegriff gegenüber jenen pluralen Versuchen der Neukonzeption christlich-sozialethischen Denkens eingesetzt, die den mit Johannes XXIII. einsetzenden Gestaltwandel der kirchlichen Sozialverkündigung auf einen induktiv-praxisnahen Stil mitvollzogen haben; vgl. dazu exemplarisch: Basilius Streithofen, Rezension zu: Furger/Heimbach-Steins, Perspektiven christlicher Sozialethik - Hundert Jahre nach Rerum novarum, Münster 1991, in: NO 45 (1991) 318f). - Insofern ist es konsequent, wenn auch Friedhelm Hengsbach und seine Mitarbeiter einen entsprechenden Sprachgebrauch vorschlagen, demzufolge der Begriff *Katholische Soziallehre* für jenen essentialistisch-naturrechtlich argumentierenden Ansatz reserviert wird, der die Disziplin in ihrer Entstehungsgeschichte maßgeblich bestimmt hat; vgl. Hengsbach u.a. (Hg.), Jenseits, 9f. Angesichts der divergierenden Terminologien ist die Reservierung des Begriffs für eine bestimmte historische Gestalt christlicher Sozialethik eine sachlich hilfreiche Differenzierung.

8 Vgl. dazu Heinrich Pesch, Lehrbuch der Nationalökonomie, Bd. I (^{4}1924); Gustav Gundlach, Art. Solidarismus, in: SL IV, ^{5}1931, 1613-1621; ders., Art. Pesch, Heinrich, in: SL VI, ^{6}1961, 226-229; Alberto Bondolfi, Das lange Ringen der katholischen Soziallehre um den Begriff der Solidarität, in: Palaver, Centesimo anno, 91-104.

9 Als "Klassiker" der katholischen Sozialphilosophie und "maßgeblicher Repräsentant der katholischen Soziallehre während der Pontifikate Pius' XI. und Pius' XII" - so der Untertitel der umfangreichen Arbeit von Johannes Schwarte über Gundlach (Paderborn-München-Wien 1975 [Abhandlungen zur Sozialethik, 9]) - kann insbesondere Gustav Gundlach S.J. (1892-1963) gelten; vgl. Gustav Gundlach, Die Ordnung der menschlichen Gesellschaft. 2 Bde., hg. von der Katholischen Sozialwissenschaftlichen Zentralstelle Mönchengladbach, Köln 1964; Gustav Gundlach 1892-1963, hg. und erl. von Anton Rauscher (Quellentexte zur Geschichte des Katholizismus, Bd. 2), Paderborn 1988. - Die in der jüngeren Zeit wirkungsvollste lehrbuchmäßige Darbietung des sozialphilosophischen Systemdenkens findet sich hingegen wohl in der 1962 erstmals erschienenen "Christlichen Gesellschaftslehre" von Josef Höffner.

10 Vgl. dazu Jean-Pierre Wils, Anthropologie, in: ders./Mieth, Grundbegriffe, 162-182; Heimbach-Steins, Anthropologie.

11 Vgl. dazu Dietmar Mieth, Das "christliche Menschenbild" - eine unzeitgemäße Betrachtung? Zu den Wandlungen einer theologisch-ethischen Formel, ThQ 163 (1983) 1-15.

Eine solche Vorgehensweise, die hier freilich nicht entfaltet und in ihren - im Kontext eines bestehenden katholischen Milieus beachtlichen - Errungenschaften gewürdigt werden kann, sieht sich seit geraumer Zeit vielfältiger Kritik ausgesetzt, insbesondere im Hinblick auf die wesensmetaphysischen Prämissen sowie auf die als ungenügend erwiesenen methodologischen Standards ethischer Argumentation.[12]

Innerhalb dieser Denkrichtung wurden die einem einerseits biblisch inspirierten, andererseits empirienahen romanischen Denken entspringenden Impulse, die seit der Enzyklika "Mater et magistra" (1961) die lehramtliche Sozialverkündigung prägten, nur sehr zögernd rezipiert.[13] Wenn dies auch vor dem angedeuteten Hintergrund der geschichtlichen Entwicklung lehramtlicher Sozialverkündigung und christlich sozialethischer Wissenschaft nachvollziehbar ist, so liegt doch hier eine erste Wurzel des angedeuteten Theologiedefizits, das heute in neuer Weise als Herausforderung erkannt wird.[14]

---

12 Zuerst wurde der Ideologieverdacht gegen die essentialistisch-naturrechtliche Argumentation in der Katholischen Soziallehre von Joseph Ratzinger formuliert in seinem Beitrag: Naturrecht, Evangelium und Ideologiekritik in der katholischen Soziallehre. Katholische Erwägungen zum Thema, in: Klaus von Bismarck/Walter Dirks (Hg.), Christlicher Glaube und Ideologie, Berlin-Mainz 1964, 24-30; damit wurde der essentialistischen Gestalt des Naturrechtsargumentes in der Soziallehre bereits weitgehend der Boden entzogen. Vgl. auch Chenu, Wandel, 91-100. - Die inzwischen sehr verbreitete Kritik an jener essentialistisch enggeführten Spielart der Naturrechtsargumentation wird freilich nicht immer sorgfältig genug vorgebracht; zuweilen werden in dieser Diskussion - von beiden Seiten und zum Schaden der Sache - "Popanze" vorgeführt; exemplarisch kann dies etwa an der Auseinandersetzung um die Kritik von Werner Kroh am naturrechtlichen Ansatz der Katholischen Soziallehre studiert werden: Wenig geschickt hatte dieser seine Einwände ausgerechnet am Werk Oswald von Nell-Breunings festzumachen versucht, der unter den neuscholastisch geprägten Sozialethikern wegen seiner weltoffenen und unideologischen Argumentationsweise wohl der am wenigsten geeignete Adressat gewesen ist. Nell-Breuning hat dann auch, in einer fairen Kritik, Krohs Vorwürfe zurückgewiesen. Kroh seinerseits wurde der Vorwurf gemacht, er vertrete einen "theologisch-politische(n) Fundamentalismus" (Lothar Roos), was dem Ansatz des politischen Theologen ebenso wenig gerecht wird, wie dessen Kritik des naturrechtlichen Ansatzes auf das Werk Nell-Breunings zutreffen konnte. (Vgl. Kroh, Kirche; Oswald von Nell-Breuning, Soziallehre der Kirche im Ideologieverdacht, in: ThPh 58 (1983) 88-99; Lothar Roos, Methodologie des Prinzips 'Arbeit vor Kapital', in: JCSW 29 (1988) 87-126 [gegen Kroh: 97-100]; dazu mit weiterer Literatur: Kruip, Entwicklung, 23-26).

13 Vgl. exemplarisch Anton Rauscher, Die katholische Sozialphilosophie im 20. Jahrhundert, in: Coreth u.a. (Hg.), Christliche Philosophie III, 846-861. - Für eine kritische Bestandsaufnahme: Peter Hünermann, Kirche - Gesellschaft - Kultur. Zur Theorie katholischer Soziallehre, in: ders./Margit Eckholt (Hg.), Katholische Soziallehre - Wirtschaft - Demokratie. Ein lateinamerikanisch-deutsches Dialogprogramm I, Mainz-München 1989, 9-48.

14 Im Hinblick auf die fachimmanente Entwicklung bleibt festzuhalten, daß bereits mit dem Impuls der Pastoralkonstitution "Gaudium et spes" auch im Raum der deutschsprachigen Sozialethik wenigstens punktuell der Versuch einer theologischen Profilierung unternommen wurde. Hinzuweisen ist hierzu etwa auf das Werk Wilhelm Dreiers, vgl. dazu Gerhard Kruip, Gesellschaftsethik im interdisziplinären Dialog. Wilhelm Dreiers Beitrag zur Erneuerung der Gesellschaftsethik nach dem Konzil, in: Hengsbach u.a. (Hg.), Jenseits 91-105.

In diesem Zusammenhang ist der Disput um die Bewertung des Gestaltwandels, der mit der Ablösung des neuscholastisch-naturrechtlichen, deduktiven Paradigmas durch einen empiriebezogenen, induktiven Argumentationsstil und eine neue Hermeneutik in der kirchlichen Sozialverkündigung Anfang der 60er Jahre statthatte[15], ein deutliches Indiz für die Identitätskrise, von der das Fach nach wie vor belastet ist: Die Beschwörung der Kontinuität der päpstlichen Sozialverkündigung (Soziallehre) auf der einen Seite[16], die Diagnose eines "methodologischen Bruches"[17] auf der anderen stehen einander unversöhnt gegenüber, worüber auch die - in gewisser Hinsicht durchaus berechtigte - Kompromißformel "Kontinuität im Wandel"[18] nicht hinwegtäuschen kann. - In der vielfach polemisch geführten Debatte um das Verhältnis von *Katholischer Soziallehre* und Theologie der Befreiung[19] hat dieser Streit eine Fortsetzung gefunden, der in jüngerer Zeit aber auch verstärkt Ansätze einer zukunftsweisend konstruktiven Verständigung gegenüberstehen.[20]

Was als bloß akademischer Streit beiseitegelegt werden könnte, erweist sich jedoch als Anzeichen einer fundamentalen Schwierigkeit. Es geht um Entwicklung und Einsatz geeigneter denkerischer Modelle, Instrumente und Methoden, um auf die gesellschaftlichen Umbrüche und Verwerfungen, auf die globalen krisenhaften

---

15 Vgl. dazu Chenu, Soziallehre; ders., Wandel, 65-72; Furger, Sozialethik 26-62; Kerber u.a. (Hg.), Gesellschaftslehre 31-35; Nell-Breuning, Soziallehre der Kirche. Erläuterungen der lehramtlichen Dokumente, Wien, 3. Aufl. 1983, 74-76.

16 Vgl. exemplarisch: Rauscher, Kontinuität.

17 Chenu, Soziallehre, 715.

18 Vgl. z.B. Leitlinien Nr. 12.

19 Vgl. aus der Fülle möglicher Beispiele exemplarisch Josef Höffner, Soziallehre der Kirche oder Theologie der Befreiung? Eröffnungsreferat bei der Herbstvollversammlung der Deutschen Bischofskonferenz, Fulda, 24. September 1984 (Der Vorsitzende der Deutschen Bischofskonferenz, 11) Bonn o.J. (1984); Werner Eichinger, Katholische Soziallehre und Theologie. Zur Kritik einiger Vertreter der Katholischen Soziallehre an der Theologie der Befreiung, in: ThG 31 (1988) 102-112; zur befreiungstheologischen Kritik an der Katholischen Soziallehre: Clodovis Boff, Die kirchliche Soziallehre und die Theologie der Befreiung: Zwei entgegengesetzte Formen sozialer Praxis?, in: Conc 17 (1981) 775-780.

20 Vgl. (aus der Fülle der Literatur exemplarisch): für einen Versuch, die Soziallehre der Kirche im lateinamerikanischen Kontext zu vermitteln: Antoncich/Munárriz, Soziallehre; für Ansätze eines Dialogs zwischen lateinamerikanischen und deutschen Denkansätzen: Hünermann/Scannone, Lateinamerika; für die Aufnahme befreiungsethischer Impulse im europäisch-sozialethischen Kontext: Andreas Lienkamp, Der sozialethische Ansatz der christlichen Befreiungsethik Lateinamerikas, in: JCSW 30 (1989) 149-188; ders., Die Herausforderung des Denkens durch den Schrei der Armen. Enrique Dussels Entwurf einer Ethik der Befreiung, in: Hengsbach u.a. (Hg.), Jenseits, 191-212; für die Diskussion konkreter ortskirchlicher Entwicklungen im Hinblick auf die leitenden Paradigmen: Kruip, Entwicklung. - Daß es im Gegenüber von kirchlicher Soziallehre und befreiungstheologischen Ansätzen eine wachsende Gesprächsbereitschaft und die Entdeckung wechselseitiger Lernmöglichkeiten gibt, zeigt auch die Entwicklung der Position des römischen Lehramtes im Pontifikat Johannes Pauls II., und zwar sowohl in den Stellungnahmen zur Befreiungstheologie selbst (Libertatis conscientia; Libertatis nuntius) als auch in der Rezeption befreiungstheologischen Denkens in der lehramtlichen Sozialverkündigung, insbesondere in der Enzyklika "Sollicitudo rei socialis".

Entwicklungen, die die Gegenwart bestimmen und die Zukunftsperspektiven für die Menschheit als ganze *faktisch* verdüstern, konstruktiv reagieren und die mit den andrängenden Problemen sich stellenden Herausforderungen prospektiv aufnehmen zu können. Denn wenn der Eindruck stimmt, daß "das Überleben der menschlichen Gattung ... von einer elementaren *Transformation der Weisen des menschlichen Zusammenlebens* ab(hängt)", ist damit zugleich eine neue Gestalt christlicher Sozialethik gefordert: "Es scheint, daß die Frage nach individuellen Handlungsorientierungen und die Frage nach einer Strategie der Humanität für die Zukunft der menschlichen Gattung zum erstenmal deutlich krisenhaft zusammengebunden sind und die globalen Auswirkungen von Entscheidungen über individuelle Orientierungen mindestens so weit in das individuelle Bewußtsein gedrungen sind, daß umgekehrt die Unsicherheit über die globale Orientierung sich in einer Verunsicherung der einzelnen auswirkt."[21] Insofern hier der Zusammenhang von individuellen und - im globalen Maßstab wahrzunehmenden - sozialen Handlungsorientierungen im Hinblick auf die krisenhaften Entwicklungen der Gegenwart als neuartige Herausforderung der Ethik zu Bewußtsein gebracht wird, ist christliche Sozialethik als theologische Theorie in mehrfacher Hinsicht angefragt.[22]

Um die angedeutete Aufgabenstellung ernsthaft bewältigen zu können, müssen die komplexen Problemzusammenhänge in ihrer beschleunigt sich zuspitzenden Entwicklung sorgfältig analysiert werden gemäß dem methodischen Dreischritt von *Sehen - Urteilen - Handeln*, der, ausgehend von der belgisch-französischen Christlichen Arbeiterjugend[23], in den Reformansätzen der französischen Kirche Schule gemacht hat und seit Johannes XXIII. auch von der kirchlichen Sozialverkündigung ausdrücklich empfohlen wird.[24] Wenn man sich heute auf diese Methode bezieht, wird jedoch deren ursprünglicher Zusammenhang nicht immer mitbedacht: Das *voir - jugir - agir* des Abbé Cardijn ist das Gerüst des *geistlichen* Programms der *révision de vie* (ursprünglich *révision d'influence*

---

[21] Peukert, Sprache, 44f (Hervorhebungen im Original).

[22] Zu der hier bereits anklingenden Frage nach der Verhältnisbestimmung von Individual- und Sozialethik vgl. unten 1.1.2.

[23] Die Christliche Arbeiterjugend (C.A.J.; französisch: J.[eunesse] O.[uvrière] C.[hrétienne] wurde 1924/25 von dem Priester und nachmaligen Kardinal Joseph Cardijn (1882-1967) gegründet, vgl. Cholvy/Hilaire, Histoire II, 384-398. Auf ihn geht der berühmt gewordene Dreischritt "Sehen - Urteilen - Handeln" zurück. Vgl. zu Cardijn: Harald Pawlowski, "So als wenn man mir einen Dolch ins Herz gestoßen hätte". Eine Lebensbeschreibung, in: Antony, Arbeiterschaft, 9-23.

[24] "Die Grundsätze der Soziallehre lassen sich gewöhnlich in folgenden drei Schritten verwirklichen: Zunächst muß man den wahren Sachverhalt überhaupt richtig sehen; dann muß man diesen Sachverhalt anhand dieser Grundsätze gewissenhaft bewerten; schließlich muß man feststellen, was man tun kann und muß, um die überlieferten Normen nach Ort und Zeit anzuwenden. Diese drei Schritte lassen sich in den drei Worten ausdrücken: sehen, urteilen, handeln." (Enzyklika "Mater et magistra", 236); vgl. Hengsbach, Arbeit, 304f; Kruip, Entwicklung 25.

genannt), das die weltzugewandte Arbeit der J.O.C. unterfangen sollte.[25] Diesen Kontext zu berücksichtigen, wird für eine Klärung der hier zur Debatte stehenden Frage nach der theologischen Kontur christlicher Sozialethik hilfreich sein.

Dies gilt auch für die konkrete Gestalt, in der christliche Sozialethik die notwendige Kooperation mit anderen Wissenszweigen, insbesondere mit Human- und Gesellschaftswissenschaften, suchen und verwirklichen muß, um das erste Element des Dreischritts, das *Sehen*, angemessen zu realisieren. *Interdisziplinarität* muß als methodologisches Prinzip christlich-sozialethischer Wissenschaft etabliert werden. Nur so kann sie an der zur Analyse und Klärung gesellschaftlicher, wirtschaftlicher, kultureller, politischer und ökologischer Probleme (und der vielfachen Vernetzungen zwischen diesen verschiedenen Kategorien) notwendigen Sachkompetenz *partizipieren*.[26] Diese von den einzelnen Wissenschaften erarbeitete und repräsentierte Sachkompetenz hat zwar selbst perspektivischen Charakter; sie ist von bestimmten Vorentscheidungen geprägt, die in der interdisziplinären Verständigung benannt und überprüft werden müssen.[27] Insofern ist im interdisziplinären Diskurs eine besondere kritische Kompetenz der christlichen Sozialethik einzufordern, die sie aufgrund ihrer Orientierung auf einen umfassenden Sinnhorizont geltend machen kann. Arno Anzenbacher nennt diese besondere Kompetenz die "Sachkompetenz normativen Transzendierens"[28]. Die Schwierigkeit

---

25 Vgl. Antony, Lebensbetrachtung; Repplinger, Révision (mit weiterer Literatur); nähere Ausführungen zum Thema im 6. Kapitel dieser Arbeit.

26 Angesichts der komplexen Problemzusammenhänge und der in den Wissenschaften entwickelten Theorien und Modelle zu deren Analyse stellt Walter Kerber fest: "Wollte die kirchliche Gesellschaftslehre auf diese einzelwissenschaftlichen Erkenntnisse verzichten, stünde sie vor einer schlimmen Alternative: Entweder sie müßte sich auf *Allgemeinplätze* beschränken und könnte wenig Konkretes sagen. Aus einer abstrakt formulierten, wenig griffigen Lehre lassen sich aber je nach Geschmack und Interesse sehr unterschiedliche Konsequenzen ziehen. So werden tatsächlich päpstliche Sozialenzykliken und Ansprachen von den verschiedensten politischen Gruppen für sich in Anspruch genommen. Oder sie müßte das hohe *Risiko* eingehen, den Menschen im Namen der christlichen Botschaft einen Weg zu empfehlen, der möglicherweise in die Irre führt. Das würde aber an Fahrlässigkeit grenzen, weil dieser Irrtum vermeidbar ist. Daraus wird deutlich: Eine aussagekräftige kirchliche Gesellschaftslehre ist nicht nur von den allgemeinen Prämissen der Theologie und Philosophie abhängig, sondern auch von den Theorien der modernen *'positiven' Wissenschaften*." Kerber, Marktwirtschaft, 30 (Hervorhebungen im Original).

27 In diesem Zusammenhang weisen die "Leitlinien für das Studium und den Unterricht der Soziallehre der Kirche in der Priesterausbildung" einerseits auf die Notwendigkeit eines "aufmerksame(n) Unterscheidungsvermögen(s)" hin: es gelte die Gefahr zu vermeiden, "dem Druck bestimmter Ideologien ausgesetzt zu sein, die im Gegensatz stehen zur rechten Vernunft, zum christlichen Glauben, ja zu den Erkenntnissen der geschichtlichen Erfahrung und der Forschung selbst." (Nr. 10; ähnliche Vorbehalte werden noch an mehreren Stellen des Dokuments geäußert, vgl. Nr. 8; 47; 48; 50; 52; 58; 68; kritisch dazu: Kerber, Marktwirtschaft 31f). Zugleich aber wird festgehalten, daß "die klare Unterscheidung zwischen der Kompetenz der Kirche einerseits und jener der positiven Wissenschaften andererseits (...) kein Hindernis für den Dialog (ist), im Gegenteil: sie fördert ihn." (ebd.)

28 Anzenbacher, Kompetenz, 85. - Diese Kompetenz sei von der Kirche in ihrer Sozialverkündigung wahrzunehmen; sie gehöre unabdingbar zur *prophetischen Dimension* kirchlicher Verkündigung, sei aber ebenso für die Gesellschaft unverzichtbar: "Denn in mancher Hinsicht scheint es für un-

der Unterscheidung zwischen den divergenten Wissens- und Interpretationsangeboten darf daher nicht als Argument gegen die Legitimität und Notwendigkeit der grundlegenden Forderung nach Interdisziplinarität eingesetzt werden; ebenso wird die Bedeutung der Human- und Gesellschaftwissenschaften verkürzt, wenn der Vorbehalt, unter dem die Rezeption ihrer Erkenntnisse durch die christliche Sozialethik im einzelnen steht, zu deren bloßer Instrumentalisierung als Zuträger "passender" Daten und Argumente für vorab festgeschriebene normative Positionen führt. Die positiven Wissenschaften sind vielmehr nicht nur als Hilfswissenschaften, sondern als *Quellen* sozialethischer Einsicht ernstzunehmen.[29] Ein echter *Dialog* ist anzustreben[30], in dem sich die Beteiligten unter Ausweis ihrer leitenden Vorverständnisse gemeinsam auf die zur Debatte stehenden Probleme ausrichten und in wechselseitiger Hör- und Lernbereitschaft nach Lösungsansätzen suchen.

Dieses Postulat, das für einige Fachvertreter eine Selbstverständlichkeit darstellt, aber keineswegs schon als Allgemeingut der christlichen Sozialethik reklamiert werden kann, wird seinerseits durch ein theologisches Argument gestützt, das in der Theologie des Zweiten Vatikanischen Konzils verankert ist. Die Klärung des Status der Human- und Gesellschaftswissenschaften in einem von der Christlichen Sozialethik zu suchenden und mitzugestaltenden interdisziplinären Diskurs hängt letztlich von der theologischen Bestimmung der *Welt* ab.[31] Deshalb ist 30 Jahre nach dem Konzil noch immer (oder schon wieder) an das damals neu gewonnene Verständnis der Welt als einer theologisch relevanten Größe von eigener Dignität und der Neuvermessung des Verhältnisses von Kirche und Welt zu erinnern, wie sie insbesondere in der Pastoralkonstitution "Gaudium et spes" erarbeitet und für die weitere theologisch-sozialethische Arbeit richtungweisend festgehalten wurde.[32] Insbesondere die Lehre von der "richtig verstandenen Autonomie der irdischen Wirklichkeiten" (GS 36) hat in diesem Zusammenhang den Weg für einen entscheidenden Wandel freigemacht; die damit eröffneten Möglichkeiten und Anforderungen an die Gestalt christlicher Sozialethik sind bisher jedoch noch keineswegs ausgeschöpft.

---

sere ganze Kultur und Zivilisation zur Schicksalsfrage zu werden, ob wir in der Lage sind, über die vielen eigengesetzlich-selbstzweckhaften Reduktionismen unserer sozialen Interaktion hinaus normative Identität zu entwickeln." (Ebd.) - Vgl. OA 40; Leitlinien Nr. 8; Furger, Sozialwissenschaft, 26f, der in diesem Zusammenhang bereits auf den besonderen Einsatz für die "Armen" als ausschlaggebendes Moment der Orientierung der christlichen Sozialethik im interdisziplinären Diskurs hinweist.

29 Vgl. Kerber, Marktwirtschaft, 32.

30 Vgl. OA 40; Leitlinien 10.

31 Diese theologische Grundfrage, die zunächst die französische Theologie der Nachkriegszeit umgetrieben hatte und von dort her zu einer Herausforderung des Konzils wurde, stellt einen Ansatzpunkt dar, von dem her die Anfragen der politischen Theologie für eine christliche Sozialethik virulent werden mußten. - Vgl. neben Kroh, Kirche; ders., Soziallehre; Furger/Heimbach-Steins/Lienkamp, Christliche Sozialethik.

32 Vgl. insb. den ersten Hauptteil der Konstitution unter der Überschrift "Die Kirche und die Berufung des Menschen", GS 11-45.

Die neue Sichtweise findet ihren Niederschlag auch in dem von Johannes XXIII. neu geltend gemachten und vom Konzil aufgenommenen hermeneutischen Prinzip der Deutung der "Zeichen der Zeit"[33], das mit dem Glauben an die Gegenwart Gottes in der Geschichte auf neue Weise Ernst zu machen versucht. Es kommt darauf an, in den Geschehnissen der konkreten gegenwärtigen Zeit das "Zeichenhafte" im Hinblick auf die christliche Botschaft wahrzunehmen, mithin ein prophetisches Gespür für die in der Geschichte herausgeforderten Werte des Evangeliums zu entdecken.[34] Dazu muß gefragt werden, wie ein geschichtliches Phänomen zum *Zeichen* wird: Chenu sieht den springenden Punkt in der Diskontinuität, im Widerständigen und daher auf irritierende Weise Neuen: "Zu Zeichen werden die Phänomene der Gegenwart erst durch ihre Diskontinuität in der Zeit, indem sie auf etwas verweisen, was über das bisher Dagewesene hinausgeht."[35] Eben darin wird die Wirklichkeit zum Zeichen, und in diesem Sinne ist es die prophetische Aufgabe der Kirche, "nach den Zeichen der Zeit zu forschen und sie im Licht des Evangeliums zu deuten" (GS 4), die sich Johannes XXIII. bereits in der Enzyklika "Pacem in terris" programmatisch zu eigen gemacht hat.

Die Weichenstellungen des Konzils haben so ein neues Verständnis christlicher Sozialethik und kirchlicher Sozialverkündigung auf den Weg gebracht. Der Wandel ist zunächst in einer Horizonterweiterung im globalen Maßstab und zugleich in einer Verschiebung des Schwerpunktes der Aufmerksamkeit vom europäischen "Zentrum" auf die "Peripherie" der sog. Dritten Welt greifbar.[36] Zugleich wird damit der angedeutete grundlegende methodologisch-hermeneutische Kurswechsel wirksam, der dazu führt, daß *Praxis* und *Erfahrung* die zentralen Bezugsgrößen einer nunmehr induktiv arbeitenden christlichen Sozialethik bilden. Die neue Vorgehensweise hat das Bewußtsein für die Verschiedenheit der konkreten Situationen, gesellschaftlichen Konstellationen und Probleme, denen sich die Kirche in ihrer sozialen Verantwortung im globalen Maßstab stellen muß, geschärft. Damit hat sie der Einsicht zum Durchbruch verholfen, daß die Wahrnehmung dieser Verantwortung nicht allein vom päpstlichen Lehramt ausgehen kann, daß vielmehr die jeweils in einem konkreten Erfahrungszusammenhang betroffenen Ortskirchen - auf allen Ebenen - maßgeblich an dieser Verantwortung partizipieren, ja daß sie deren eigenständige Träger sind.[37] Die konstitutive Bedeutung der kirchlichen Ba-

---

33 PT 39-42;75-79;126-129;142-145; GS 4;11;44.

34 Vgl. dazu Chenu, signes, 34.

35 Ludwig Kaufmann, Gott im Herzen der Geschichte. M.-D. Chenu (1895-1990), eine notwendige Erinnerung an französische Impulse, in: Chenu, Wandel, 101-121, 112 (mit Bezug auf Chenu, Signes).

36 Dieser Wandel beginnt bereits mit dem Pontifikatswechsel von Pius XII. zu Johannes XXIII. und dem wenig später erfolgenden Wechsel der päpstlichen Berater, der sich in der Enzyklika "Mater et magistra" (1961) zum ersten Mal niederschlägt, vgl. dazu Furger, Sozialethik 38-43; Chenu, Wandel, 62-72; Nell-Breuning, Soziallehre, 84-94.

37 "Angesichts solch unterschiedlicher Voraussetzungen erweist es sich für Uns als untunlich, ein für alle gültiges Wort zu sagen oder allerorts passende Lösungen vorzuschlagen, doch ist das auch

sis ist in dem von der Ekklesiologie des Zweiten Vatikanischen Konzils bestimmten Verständnis des "Gottesvolkes"[38] sowie insbesondere in der reformulierten Lehre vom *sensus fidelium*[39] theologisch reflektiert. Als Akteure der Praxis, aus der heraus und auf die hin die Soziallehre der Kirche zu entwickeln und den Umständen entsprechend fortzuschreiben ist, sind die Gläubigen (*Basis*) nicht einfach Empfänger lehramtlicher Weisungen, sondern selbst die Träger und ersten Interpreten jener Erfahrungen, die sie in einen gemeinsamen Reflexionsprozeß mit Wissenschaft (*christliche Sozialethik*) und Lehramt (*Kirchliche Sozialverkündigung*) einbringen. In ihrem Zusammenwirken bilden diese drei Akteure gemeinsam die *Soziallehre der Kirche* (oder besser noch: "das Soziale Lehren der Kirche"[40]) aus.[41] Entsprechend der Hermeneutik der "Zeichen der Zeit" läßt sich die christliche Sozialethik in diesem Prozeß die Themen von den Erfahrungen der Basis vorgeben und nimmt sie, indem sie sie einer wissenschaftlichen Analyse unterzieht, zum Ausgangspunkt neuer Praxisorientierungen. Insofern ist das Stichwort *Basis* in der Bedeutung "Grundlage" hier sehr genau zu nehmen.[42] Es meint daher auch mehr als nur die Summe der einzelnen Gläubigen: hier ist auch an alle möglichen Organisationsformen der kirchlichen Basis in Gemeinschaften, Gruppen und Verbänden gedacht, in denen die konkreten Praxiserfahrungen, die in den Reflexionsprozeß der Soziallehre der Kirche eingehen, bedacht und bearbeitet werden.[43] Dementsprechend hat diese Orientierung in den vergangenen Jahren schließlich

---

weder Unsere Absicht noch Unsere Aufgabe. Das ist vielmehr Sache der einzelnen christlichen Gemeinschaften; sie müssen die Verhältnisse ihres jeweiligen Landes objektiv abklären, müssen mit dem Licht der unwandelbaren Lehre des Evangeliums hineinleuchten und der Soziallehre der Kirche Grundsätze für die Denkweise, Normen für die Urteilsbildung und Direktiven für die Praxis entnehmen ... Diesen einzelnen christlichen Gemeinschaften also obliegt es, mit dem Beistand des Heiligen Geistes, in Verbundenheit mit ihren zuständigen Bischöfen und im Gespräch mit den anderen christlichen Brüdern und allen Menschen guten Willens darüber zu befinden, welche Schritte zu tun und welche Maßnahmen zu ergreifen sind, um die gesellschaftlichen, wirtschaftlichen und politischen Reformen herbeizuführen, die sich als wirklich geboten erweisen und zudem oft unaufschiebbar sind." (OA 4) - Gerade mit Blick auf diesen Text macht Chenu, Wandel, 82-90, den Wechsel zu einer induktiven Vorgehensweise an dem Apostolischen Schreiben "Octogesima adveniens" fest, insofern hier die konkrete und situationsgerechte Gestaltung des sozialen Lehrens der Kirche explizit in die Verantwortung der Ortskirchen gestellt wird.

38 Vgl. insb. LG 9-17; dazu Otto Semmelroth, Die Kirche, das neue Gottesvolk, in: Baraúna, 365-379.

39 Vgl. LG 12;35, dazu: Bertulf van Leeuwen, Die allgemeine Teilnahme am Prophetenamt Christi, in: Baraúna, 393-419; Herbert Vorgrimler, Vom 'sensus fidei' zum 'consensus fidelium', in: Conc 21 (1985) 237-242 (mit Literatur); Wilhelm Breuning, Konsensbildung in der kirchlichen Gemeinschaft, in: Helmut Weber (Hg.), Der ethische Kompromiß (SThE 11), Freiburg/Schw.-Freiburg/Br. 1984, 77-112.

40 Zu der im Deutschen nur schwer nachzubildenden begrifflichen Differenzierung zwischen "doctrine sociale" und "enseignement social" vgl. Chenu, Soziallehre.

41 Vgl. zum Gesamtaufbau Lienkamp, Einführung, 6f.

42 Vgl. Horst Goldstein, Art. Basisgemeinde, kirchliche, in: ders., Lexikon, 17-22, bes. 18f.

43 Vgl. dazu das besonders von Friedhelm Hengsbach propagierte Konzept einer "Ethik sozialer Bewegungen", dazu exemplarisch: Hengsbach, Bewegungen; ders., Subjekt; ders./Emunds/Möhring-Hesse, Reflexion 276-291.

dazu geführt, daß verschiedene Ortskirchen begonnen haben, ihre in der Verantwortung der Bischöfe stehenden Pastoralschreiben zu drängenden gesellschaftlichen Problemen in breit angelegten konsultativen Prozessen zu erarbeiten, statt die bislang übliche Form eines "monologisch" konzipierten Rundschreibens zu wählen.[44] Diese erneuerte Gestalt kirchlicher Sozialverkündigung wird demnach sehr treffend als "suchende Verkündigung" charakterisiert.[45]

1.1.2 Von der Sozialphilosophie zur "Moraltheologie der gesellschaftlichen Belange"[46]

Eine zweite Wurzel für das im bisherigen Erscheinungsbild der christlichen Sozialethik festgestellte Theologiedefizit läßt sich im wissenschaftsgeschichtlichen Zusammenhang, näherhin im Hinblick auf die universitäre Situierung des Faches[47] identifizieren. Sie ist durch die weitgehende Trennung von Individual- und Sozialethik im Fächerkanon der (deutschsprachigen) theologischen Fakultäten und durch eine entsprechend praktizierte Arbeitsteilung zwischen Moraltheologie und Sozialethik gekennzeichnet. Im Zuge der Paradigmenwechsel innerhalb der theologischen Ethik dieses Jahrhunderts zeichnet sich im Gegenüber der beiden ethischen Teildisziplinen eine Umkehrung hinsichtlich der Theoriebildung und der Metareflexion ab: Während die Sozialphilosophie gegenüber der traditionellen kasuistisch enggeführten Manualistik einen gewissen Theorie"vorsprung" für sich reklamieren konnte und beide Disziplinen (soweit die Sozialethik als eigene akademische Disziplin überhaupt schon etabliert war) ein weitgehendes "Eigenleben" führten, hat sich das Blatt in neuerer Zeit gewendet: In der erneuerten theologischen Ethik der Nachkonzilszeit[48] wurde die "Fundamentalmoral" ebenso wie der Bereich der Metaethik fast ausschließlich der Moraltheologie zugeordnet[49], die

44 Vgl. dazu die einschlägigen Ausführungen in Kapitel 6.3.3.

45 Hengsbach/Emunds/Möhring-Hesse, Reflexion, 221.

46 Furger, Sozialethik, 114-118.

47 Auf die Verschiedenheit der Bezeichnungen, die das Faches an den deutschsprachigen Universitäten trägt und die schon für sich genommen als Problemanzeige in bezug auf die "Identität" der Disziplin gedeutet werden kann, wurde schon in manchen Publikationen hingewiesen; vgl. Bernhard Fraling, Desiderate des Moraltheologen an die christliche Sozialethik - auf der Suche nach konkretisierter Verantwortung, in: JCSW 30 (1989) 11-34, 11; Wilhelm Korff, Grundzüge einer künftigen Sozialethik, in: ders., Wie kann der Mensch glücken? Perspektiven der Ethik, München-Zürich 1985, 95-118, 95f; Lesch, Ansätze, 305.

48 Vgl. überblickshalber: Franz Furger, Zur Begründung eines christlichen Ethos - Forschungstendenzen in der katholischen Moraltheologie, in: ders./Josef Pfammatter, (Hg.), Fragen christlicher Ethik (Theologische Berichte 4), Zürich-Einsiedeln-Köln 1974, 11-87; Josef Georg Ziegler, Die Moraltheologie, in: Vorgrimler/van der Gucht, Bilanz III, 316-360.

49 Vgl. dazu die auf die Konkurrenzfähigkeit christlicher Sozialethik gegenüber philosophischen Ansätzen zielende Problemanzeige bei Höhn, Vernunft, 27f.

Zugehörigkeit der Sozialethik zur Moraltheologie[50] wurde vielfach aber nicht gesehen oder zumindest nicht als bestimmend für die Konzeption derselben wahrgenommen; der theologische Charakter christlicher Sozialethik war daher kaum Gegenstand ausdrücklicher Reflexion - sei es, weil das Festhalten am überkommenen Systemdenken dies zu erübrigen schien, sei es, weil man sich auf die Bearbeitung konkreter sozialethischer Problemstellungen konzentrierte oder weil man die Selbstvergewisserung der Disziplin in der Rekonstruktion der eigenen Geschichte leisten zu können glaubte.

Auch die in der Moraltheologie breit und kontrovers geführte Debatte um die sogenannte "autonome Moral"[51], in der seit den 60er Jahren die angedeuteten Probleme aufgenommen und mit der Neuinterpretation des Naturrechtsdenkens als Person- bzw. Vernunftrecht[52] ein Ausweg aus den Aporien des essentialistischen Naturrechtsdenkens gesucht wurde, wurde in der Sozialethik nur partiell wirksam, nämlich insbesondere bei jenen Vertretern des Faches, die ihr theologisch-ethisches Arbeiten als Moraltheologen begonnen hatten.[53]

Die Diskussion um den theologischen Charakter der Ethik entzündete sich in der Moraltheologie der vergangenen Jahrzehnte insbesondere an der Frage nach dem *Proprium* christlicher Ethik.[54] Im Verlauf dieser Debatte, die sich in die umfassendere Konzeption und Diskussion der "autonomen Moral" einfügt, konnte sehr deutlich gezeigt werden, daß die theologische Profilierung des "unterscheidend Christlichen" weder über eigene Normenbegründungsverfahren noch über eine spezifisch christliche Ausfaltung materialer Normen gelingen kann, wenngleich andererseits ebenso deutlich herausgestellt worden ist, daß die theologische Kontur christlicher Ethik nicht ohne Relevanz für den normativen Diskurs

---

50 Vgl. SRS 41.

51 Vgl. zur Konzeption der "autonomen Moral" und zur Diskussion um den in sich vielfältigen Ansatz: Franz Furger, Autonom und christlich? Das II. Vatikanische Konzil als Auslöser einer latenten Debatte, in: StMor 24 (1989) 71-92.

52 Wilhelm Korff, Zur naturrechtlichen Grundlegung der katholischen Soziallehre, in: Anton Rauscher/Jürgen Baadte (Hg.), Christliche Gesellschaftslehre. Eine Ortsbestimmung, Graz 1989, 31-52; ders., Was ist Sozialethik?, in: MThZ 38 (1987) 327-338; Karl-Wilhelm Merks, Naturrecht als Personrecht? Überlegungen zu einer Relektüre der Naturrechtslehre des Thomas von Aquin, in: Marianne Heimbach-Steins (Hg.), Naturrecht im ethischen Diskurs (Schriften des Instituts für Christliche Sozialwissenschaften 21), Münster 1991, 28-46.

53 Namentlich seien hier z.B. Wilhelm Korff und Franz Furger genannt.

54 Vgl. dazu jüngst: Hans-Günter Gruber, Autonome Moral oder Moral der Autonomie? Zur Diskussion um das Proprium einer theologischen Ethik, StZ 211. Bd. 118. Jg. (1993) 691-699. - Zur metaethischen Situierung des Problems: Bruno Schüller, Das Proprium einer christlichen Ethik in der Diskussion, in: ders., Der menschliche Mensch. Aufsätze zur Metaethik und zur Sprache der Moral (MSS 12), Düsseldorf 1982, 3-27; zur Verortung der Frage im systematisch-theologischen Gesprächszusammenhang: Wilhelm Breuning, Die Propriumsfrage im Feld der Begegnung zwischen Moraltheologie und Dogmatik, in: Hunold/Korff (Hg.), Welt, 344-355; Dietmar Mieth, Theologie und Ethik/Das unterscheidend Christliche, in: ders./Wils (Hg.), Grundbegriffe, 209-224.

als ganzen bleiben kann.[55] Insofern wäre es eine irrige Schlußfolgerung, angesichts der Klärung des vernünftig-argumentativen Anspruchs christlicher Ethik ein christliches Proprium im Sinne einer grundlegenden Bedeutung des Glaubens für die Gestalt der Sittlichkeit (bzw. der Theologie für die Gestalt ethischer Theorie) schlechthin zu negieren. Dementsprechend konnte eine *hermeneutisch* ansetzende Moraltheologie eine konstruktive Perspektive erarbeiten und die schon in der Fragestellung nach dem "spezifisch Christlichen" implizierten Aporien überwinden.[56] Als aporetisch mußte sich zum einen die negative Grundgestalt der Fragestellung erweisen, die lediglich auf *Abgrenzung* des Christlichen gegenüber anderen (humanistischen) Ethosformen und den sie begleitenden Ethiken zielte; zum anderen ließ die Engführung der Frage auf die abstrakt-analytische Ebene des metaethischen und des normativen Diskurses eine Berücksichtigung der geschichtlichen Bedingungen sittlicher Einsicht nicht zu. Demgegenüber eröffnet der Rekurs auf die Kategorie der sittlichen Erfahrung[57] eine neue, die bisherigen Sichtweisen erweiternde Perspektive theologisch-ethischer Wahrnehmung: Sittliche Vernunft gilt es nicht nur abstrakt als Potential der Erstellung und Begründung von Normen zu analysieren, sondern im Gefüge der existentialen Konstitutionsbedingungen des sittlichen Subjekts zu begreifen: Mit der Kategorie der Lebenserfahrung[58] kann und muß "hinter" die Ebene der ethischen Normierung des Handelns auf den geschichtlichen Horizont als Ermöglichungs- und Bedingungsraum zurückgefragt werden, in dem sich der sittliche Selbstvollzug des Subjektes ereignet. In einer solchen Perspektive erschließt sich der Entwurfscharakter der Sittlichkeit, die immer schon von einer dem konkreten Handeln vorausliegenden Sinnvermutung (welcher Inhaltlichkeit und Intensität auch immer) mitbestimmt und in wechselseitiger Erhellung mit dieser entwickelt wird. Ethische Reflexion, die diesen Zusammenhang einzuholen versucht, hat die a-geschichtliche Trennung von Genese und Geltung, Entdeckungs- und Begründungszusammenhang normativer Handlungsorientierung hinter sich gelassen und mit der Ausrichtung auf den beide Dimensionen konstituierenden Intentionalitätszusammenhang (Sinnhorizont) eine Ebene der Vermittlung gefunden.[59]

---

55 Vgl. dazu Gerhard Höver, Wie wird unser Handeln "christliches" Handeln, in: Renovatio 45 (1989) 88-100; Karl-Wilhelm Merks, Spezifisch christlich im Plural. Zur Identität christlicher Ethik angesichts nichtchristlicher und nichtwestlicher Moralen, in: Hunold/Korff (Hg.), Welt 367-378.

56 Vgl. etwa Demmer, Probleme.

57 Vgl. dazu insbesondere Mieth, Erfahrung.

58 Vgl. Mieth, Erfahrung 111-134. - Mieth unterscheidet mit Kontrast-, Sinn- und Motivationserfahrung drei Typen sittlicher Erfahrung, über die sich sittliches Bewußtsein konstituiert und in kreatives Potential transformiert (ebd., 120-124). - Vgl. zu Mieths Entwurf: Lob-Hüdepohl, 148-163; Stefan Lücking, Verbindlichkeit ohne System. Dietmar Mieths Entwurf einer 'Modellethik', in: Hengsbach u.a. (Hg.), Jenseits, 129-148.

59 Diese Vermittlung selbst muß freilich rational geleistet und verantwortet werden; vgl. dazu Lob-Hüdepohl, 164-192.

Dann aber ist nicht mehr die auf Abgrenzung zielende Kategorie der "Spezifität", sondern vielmehr "Neuheit" die leitende hermeneutische Kategorie theologischer Ethik, von der her der "Ort" und die Relevanz des Glaubens für die Sittlichkeit bzw. der theologischen Reflexion für die Ethik bedacht und geklärt werden können.[60]

"Neuheit" bezeichnet dabei jene geschichtlich erfahrbare und erfahrene Kategorie der prinzipiellen Öffnung menschlichen Daseins auf einen nicht vom Menschen selbst herstellbaren Sinnhorizont, wie er sich in der Offenbarungsgeschichte zeigt.[61] Wirksam wird diese "Neuheit" jedoch nur, wo Offenbarung in einem kommunikativen Geschehen zur Glaubenserfahrung wird und somit der mögliche Sinnhorizont als Verstehenszusammenhang konkreter menschlicher Existenz entdeckt werden kann. Dafür gibt es freilich keine Gewähr: Den im christlichen Glauben prinzipiell eröffneten Sinnhorizont als Bezugsrahmen christlicher Ethik zu thematisieren, schließt die Fraglichkeit der Glaubenserfahrung ein. Dies bezieht sich zum einen auf die Verdunkelung des bereits subjektiv eröffneten Horizontes - die "Gottesfremde", die Nacht des Glaubens[62], die als Negation der Erfahrung zum Prüfstein der Glaubenstreue wird; gerade in der mystischen Tradition wird diese Verdunkelung Gottes, die bis an die Schwelle des Atheismus führen kann, ernst genommen[63]; zum anderen kann das christliche Sinnangebot in einer nicht mehr christentümlichen, weltanschaulich pluralen Welt keinen "Monopolanspruch" geltend machen, sondern muß in der Pluralität von Sinnangeboten seine Plausibilität erst erweisen. Insofern verweist die angedeutete Fraglichkeit des christlichen Sinnhorizontes als Verstehenszusammenhang sittlichen Handelns zurück auf die unaufgebbare Notwendigkeit einer vernünftig zu leistenden Vermittlung von "Soteriologie und Ethik", auf das Konzept einer kommunikativen Ethik.[64]

---

60 Demmer, Wahrheit, 24-44. Demmer macht "Neuheit" als leitende theologische Kategorie geltend, die insbesondere durch die der Mystik nah verwandte negative Theologie in das theologisch-anthropologische Denken eingespielt werde und dieses auf jenen "hermeneutische(n) Ort" hin offenhält, der "bisweilen als christlicher Sinnhorizont oder Intentionalitätszusammenhang auftaucht" (ebd., 30f).

61 Demmer, Probleme, 113-116 verankert die Kategorie der Neuheit explizit im Christusereignis als *dem* offenbarungstheologischen Zentralereignis. - Die stark christologische Profilierung der Kategorie Neuheit gegenüber dem alttestamentlichen Gottesglauben wäre von den Standards gegenwärtiger bibeltheologischer Einsicht her zu überprüfen und zu relativieren.

62 Vgl. exemplarisch: Gotthard Fuchs (Hg.), Die dunkle Nacht der Sinne und des Geistes. Leiderfahrung und christliche Mystik, Düsseldorf 1989. - Vgl. auch unten Absatz 1.3.1.

63 Gerade in der Auseinandersetzung mit dem Phänomen des Atheismus von einem christlich-religiösen Standpunkt aus muß diese der Glaubenserfahrung selbst inhärente Möglichkeit der Negation ernst genommen werden, in der dem Nicht-mehr-glauben-Können nur noch durch ein Glauben-Wollen begegnet werden kann; vgl. etwa die Erfahrung der inneren Finsternis bei Therese von Lisieux; dazu: Hinricher, bes. 189-193.

64 Vgl. Lob-Hüdepohl, insb. 331-391; Bernhard Emunds/Matthias Möhring-Hesse, Nach der Entkoppelung von Ethos und Moral. Theologische Gesellschaftsethik als normative Theorie im christlichen Kontext, in: ThPh 4 (1993) 481-515, bes. 505-515.

Vom Standpunkt des Glaubens her gesehen, ist *ein* Aspekt kommunikativer Ethik in der Vermittlung von Theorie und Praxis unter dem Anspruch von Glaube und Vernunft zu suchen. Denn einerseits muß sittliches Handeln dem Anspruch allgemein einsichtiger, also vernünftig begründeter und vermittelter Normen genügen, zum anderen muß sich gerade in diesem Handeln die Vernünftigkeit der im Sinnhorizont des Glaubens gewonnenen Handlungsorientierungen erweisen. Kompatibilität und Konvergenz von Glaube und Vernunft entscheiden sich am Prüfstein christlicher Praxis.

Im Kontext der geistlichen Tradition des Christentums bringen Stichworte wie die "Einheit von Aktion und Kontemplation", von "Gottesliebe und Weltverantwortung" die Aufmerksamkeit für die verbindliche Zusammengehörigkeit beider Pole auf den Begriff. In der Rede von der "Spannungseinheit von Theorie und Praxis"[65] bzw. der Einheit der Praxis oder im Stichwort "Mystik und Politik"[66] hat das Wissen um diese glaubenspraktisch notwendige und für das christliche Bekenntnis programmatische spannungsvolle Einheit in die fundamentaltheologische und fundamentalethische Reflexion Eingang gefunden. Hier läßt sich ein Anknüpfungspunkt für die theologisch-hermeneutische Vergewisserung christlicher Sozialethik finden.[67] Denn es ist nicht nur glaubenstheoretisch wahrscheinlich, sondern glaubenspraktisch vielfältig erwiesen, daß dieser im fundamentalethischen Kontext inzwischen intensiv bedachte Zusammenhang theologisch-ethischer Hermeneutik keineswegs ausschließlich für den Bereich der individuellen sittlichen Orientierung im christlichen Horizont bedeutsam ist. In analoger Weise bestimmt der angedeutete Zusammenhang einerseits die sittliche Handlungsorientierung von Gruppen und Gemeinschaften, die sich auf diesen gemeinsamen Sinnhorizont beziehen können; andererseits bilden sich in dem so gegebenen Verstehenszusammenhang die Muster der Deutung und Bewertung sittlich relevanter Faktizitäten auf den verschiedenen Ebenen privaten und gesellschaftlichen Handelns aus. Voraussetzung für eine solche Sichtweise ist ein Verständnis von Glaubenspraxis, das diese nicht als Anwendungsfall einer theologisch-ethischen Theorie versteht, sondern vielmehr die ethische Reflexion als Teil der einen, im Sinnhorizont des Glaubens sich selbst verstehenden Praxis begreift.[68]

Aus der kurzen Rückschau zur Klärung jener Wurzeln des Theologiedefizits, an dem die Christliche Sozialethik leidet, und zu möglichen Ansätzen seiner Überwindung ist somit deutlich geworden, daß eine theologische Profilierung nur dann

---

[65] Vgl. Dietmar Mieth, Die Spannungseinheit von Theorie und Praxis. Theologische Profile, Freiburg/Schw. 1986.

[66] Vgl. Marianne Heimbach-Steins, Mystik und Politik, in: dies./Furger/Lienkamp, Christliche Sozialethik, 221-224.

[67] Von diesem Punkt her eine theologische Vergewisserung der Sozialethik zu versuchen, bedeutet zugleich, der verlorenen Einheit theologischer Ethik auf die Spur zu kommen. Vgl. dazu die Skizze von Franz Furger in ders./Heimbach-Steins, Existenz, 5-13.

[68] Vgl. Kroh, Soziallehre, 157-160.

gelingen wird, wenn der theologische Rahmen als Bezugshorizont für die fachspezifische Theoriebildung berücksichtigt wird. Er wird zunächst durch die ganze Theologie als Wissenschaft, dann aber insbesondere durch den Zusammenhang der theologischen Ethik für die Christliche Sozialethik als Teildisziplin dieses in sich gestuften Ganzen gebildet. Die Konsequenzen, die aus dieser Einsicht gezogen werden können und müssen, sind vielfältig; ein grundlegender Gesichtspunkt sei hier herausgehoben:

Als *Theologie* ist die christliche Sozialethik von einer bestimmten fundamentalen Vorentscheidung geprägt und muß dieses Vorverständnis in ihrer eigenen Theoriebildung geltend machen. Der Bezug auf den christlichen Glauben - den zu reflektieren und unter bestimmten geschichtlichen, kulturellen und gesellschaftlichen Bedingungen je neu auszusagen Aufgabe aller Theologie ist - und auf die Heilige Schrift als Urkunde dieses Glaubens darf in einer sich als christlich und theologisch verstehenden Sozialethik nicht bloße Garnitur oder Illustration sein. Vielmehr muß in der Theoriebildung deutlich werden, daß und inwiefern dem Rekurs auf den Glauben eine *konstitutive* Bedeutung zukommt, welchen Status mithin der Theologiecharakter des Faches beansprucht. Diese Frage ist auf der Höhe jener Herausforderung zu beantworten, die sich heute menschheitsweit als Postulat einer "Transformation der Form menschlichen Zusammenlebens" stellt: "Theologie kann dann nicht mehr einfach, wie das weithin seit der Aufklärung üblich war, als Auslegung einer geschichtlichen Erfahrung auf das bestehende kritische Selbstverständnis der Zeitgenossen hin betrieben werden. Sie steht vielmehr unter dem Test, ob sie unter Mobilisierung aller geschichtlichen Ressourcen etwas zu dieser elementaren Transformation, die allein ein menschliches Weiterleben möglich macht, beitragen kann, und zwar so, daß sie nicht nur auf einzelne überlieferte Normen verweist, sondern zum Aufbau einer kommunikativen Welt beiträgt, in der für bisher unbekannte Probleme und Situationen neue Handlungsorientierungen gefunden und einsichtig begründet werden können."[69]

Diese Klärung ist gerade angesichts der eingangs angesprochenen Herausforderung der Theologie durch die Postmoderne-Diskussion verstärkt anzumahnen,

---

[69] Peukert, Sprache, 45. - Der hier eröffnete Problemzusammenhang erweist sich in den gegenwärtigen Suchbewegungen sozialethischer Reflexion als Anknüpfungspunkt für die - in sich noch einmal vielfältige und kontroverse - Rezeption diskursethischer Ansätze, vgl. dazu den kurzen Überblick bei Lesch, Ansätze, 317-319; Heimbach-Steins, Paradigmen, 335-338; Höhn, Vernunft; ders., Sozialethik im Diskurs. Skizzen zum Gespräch zwsichen Diskursethik und Katholischer Soziallehre, in: Edmund Arens (Hg.); Habermas und die Theologie. Beiträge zur theologischen Rezeption, Diskussion und Kritik der Theorie kommunikativen Handelns, Düsseldorf 1989, 179-198; kritisch zu Höhn: Edmund Arens, Sozialethik im Diskurs? Hans Joachim Höhns Beitrag zu einer handlungstheoretisch begründeten Gesellschaftsethik, in: Hengsbach u.a. (Hg.), Jenseits; Christian Kissling, Die Theorie des kommunikativen Handelns in der Diskussion, in: FZPhTh 37 (1990) 233-252; ders., Gemeinwohl und Gerechtigkeit. Ein Vergleich von traditioneller Naturrechtsethik und kritischer Gesellschaftstheorie (SThE 48), Freiburg/Schw.-Freiburg/Br. 1993.

insofern die in dieser Debatte indizierte und reflektierte Zeitsituation die Möglichkeit universaler Verständigung im Interesse einer das menschliche Zusammenleben rettenden Veränderung von Praxis grundlegend in Frage zu stellen scheint. Die gesellschaftliche und geistige Situation der extremen Individualisierung und Pluralisierung bis hin zur Aufkündigung jeder universalen Verbindlichkeit - abgesehen von der Verbindlichkeit des Unverbindlichen nach der Devise "*anything goes*" - stellt auch die christliche Theologie in bezug auf den mit dem Glauben verbundenen unaufgebbaren Wahrheitsanspruch in neuer Weise vor die Frage ihrer Legitimation und ihres Status auf dem Markt der weltanschaulichen Möglichkeiten. Angesichts dieser Frage kann sich auch eine christliche Sozialethik nicht davonstehlen.[70] Sie kann es umso weniger, als sie Reflexion jener Praxis ist, in der die spezifische Wahrheit des christlichen Glaubens konkret werden soll.[71]

Ein solches Praxisverständnis verlangt aber eine eigene Reflexion auf die Methode(n) der Vermittlung zwischen dem Sinnhorizont[72], dem bzw. den Subjekt(en) des Handelns und der konkreten Situation.[73] Dies deutet sich in jenen Zusammenhängen an, in denen etwa im Dialog mit den Human- und Gesellschaftswissenschaften die Kompetenz zur Unterscheidung geeigneter Deutungsmuster und -modelle im Hinblick auf die vom christlichen Glauben her eröffneten Sinnperspektiven aufgerufen wird; diese Herausforderung zur Unterscheidung entspricht dem skizzierten hermeneutischen Programm, die "Zeichen der Zeit" zu erkennen und sie im Licht des Evangeliums zu deuten.[74] Das Stichwort *Unterscheidung* ist in diesem Zusammenhang nicht beliebig ersetzbar, weist es doch zurück auf ein Grundmotiv christlicher Spiritualität, auf die Lehre von der *Unterscheidung der Geister*.[75] Im Verlauf der Geschichte gelebten Glaubens hat sie

---

70 Insofern ist die inzwischen eröffnete Auseinandersetzung mit postmodernen Denkansätzen im Raum christlicher Sozialethik ein unverzichtbarer Beitrag zur Klärung des eigenen geistigen Standortes; vgl. dazu exemplarisch Jean-Pierre Wils, Delegitimation. Die Logik der Moderne und die Chancen der christlichen Ethik. Eine sozialethische Betrachtung, in: Hausmanninger, Moderne, 125-139; Michael Schramm, "Dem Widerstreit gerecht werden". Die Herausforderung der theologischen Sozialethik durch die postmoderne Philosophie Jean-Francois Lyotards, in: ebd., 141-155.

71 In diesem Zusammenhang ist der "wesentlich gesellschaftlich-politische() Charakter der christlichen Botschaft" einzuklagen, dem gemäß "sich das gesellschaftliche Handeln der Christen nicht als 'Anwendungsfall' ihres vorab (gleichsam 'außerhalb' von Geschichte und Gesellschaft) existierenden und gesicherten Glaubens begreifen [läßt]; sondern in ihrer sittlichen und gesellschaftlichen Praxis steht stets zugleich auch die Wahrheit des Glaubens selbst (und nicht nur seine 'Bewährung') auf dem Spiel." (Kroh, Soziallehre, 156)

72 Vgl. dazu die Diskussion um das Aufbau- oder Formalprinzip in der Moraltheologie; dazu Josef Fulko Groner, Das Aufbauprinzip der Moraltheologie, Heidelberg 1972; Demmer, Methodenlehre, 53-70.

73 Vgl. dazu im einzelnen die Ausführungen im 6. Kapitel.

74 Vgl. oben 1.1.1.

75 "Im Glauben daran, daß es vom Geist des Herrn geführt wird, der den Erdkreis erfüllt, bemüht sich das Volk Gottes, in den Ereignissen, Bedürfnissen und Wünschen, die es zusammen mit den übrigen Menschen unserer Zeit teilt, zu unterscheiden (*discernere*), was darin wahre Zeichen der

auf vielfältige Weise Gestalt gewonnen[76]; für die Neuzeit besonders einflußreich wurde jene methodisch durchgeprägte Form, die Ignatius von Loyola entwickelt hat; auf dieses Modell soll in der folgenden Untersuchung zurückgegriffen werden.[77] Ziel dieses Rückgriffs ist es, eine *Methode* christlicher Praxisorientierung als Inspirationspotential in die theologisch-ethische Theorie solcher Praxis einzuspielen und anhand der Frage nach dem Reflexionszusammenhang, der sich darin eröffnet, eine Ortsbestimmung der theologischen Rückfrage im Kontext einer *Hermeneutik* christlicher Sozialethik vornehmen zu können. In einem zweiten Reflexionsgang soll daher das angedeutete Vorverständnis christlicher Existenz im Spannungsfeld von Mystik und Politik näher entfaltet und auf die Frage einer methodischen Durchdringung der implizierten theologischen Programmatik zugespitzt werden.

1.2 Mystik und Politik im Fragehorizont der Moderne[78]

1.2.1 Ein doppelter theologischer Verweisungszusammenhang

Entgegen dem Eindruck von Fremdheit, wenn nicht gar Inkompatibilität, der sich dem "spätmodernen", den Prinzipien neuzeitlicher Vernunftargumentation verpflichteten Beobachter aufdrängen mag, sind Mystik und (Sozial-)ethik im Kontext des christlichen Glaubens in einem doppelten theologischen Verweisungs-

---

Gegenwart oder der Absicht Gottes sind." (GS 11) - Joseph Ratzinger nennt die Wortwahl des Konzils "einen glücklichen Griff", "denn damit wird aus der spirituellen Überlieferung der Kirche der Gedanke der discretio spirituum in den Zusammenhang des Konzilstextes eingebracht, der auf glückliche Weise den neuen Ansatz des Konzils ergänzt und den geschichtlichen Zusammenhang markiert, in dem es mit seinem Unterfangen tatsächlich steht, das damit über seine vordergründig so 'weltliche' Zielsetzung hinaus in seinem geistlichen Anspruch und seiner geistlichen Tiefe durchsichtig wird." (Kommentar zum ersten Kapitel des ersten Hauptteils von GS, LThK Vat. II, III, 314).

[76] Zur theologie- und traditionsgeschichtlichen Entwicklung der Unterscheidung der Geister vgl. Guillet u.a., Art. Discernement des esprits, DSAM III (1957) 1222-1291; Switek, Discretio; ders., Unterscheidung.

[77] Freilich ist die ignatianische Gestalt der Unterscheidungslehre nicht der einzige "neuzeitliche" Modus dieser Methodik geistlichen Lebens; es geht auch nicht darum, ihn exklusiv zu propagieren. Gleichwohl bietet sich der Rückgriff auf dieses Modell aus verschiedenen Gründen an: zum einen gibt es innerhalb der sozialethischen Suchbewegungen bereits Ansätze in dieser Richtung, mit denen ein weiterführendes Gespräch möglich und sinnvoll erscheint (vgl. dazu im einzelnen Kapitel 6); zum anderen liegt die Auswahl der ignatianischen Perspektive im Hinblick auf das Gespräch mit Madeleine Delbrêl, das im Mittelteil der Arbeit entfaltet werden soll, insofern nahe, als einer der ersten Interpreten der Französin, der Jesuit Gaston Fessard, bereits eine weitreichende Strukturparallele zwischen der dem Werk Madeleine Delbrêls immanenten Methode und der ignatianischen Unterscheidungslehre aufgewiesen hat (vgl. dazu Kapitel 4.3.3).

[78] Eine Vorstudie zu den folgenden Überlegungen erschien unter dem Titel "'Armut im Geiste' als Signatur christlicher Sozialethik? Zur Notwendigkeit der Mystik in der Moderne", in: Hausmanninger (Hg.), Moderne, 157-170.

zusammenhang aufeinander bezogen. Auf der einen Seite steht mit den Mystikerinnen und Mystikern der christlichen Tradition eine "Wolke von Zeugen" bereit, die den Zusammenhang von *contemplatio* und *actio*, von Glaube und Weltverantwortung oder "Mystik und Politik" ebenso als theologische Selbstverständlichkeit wie als Notwendigkeit für eine authentische Verwirklichung christlichen Glaubens erweisen[79]: Mystik ohne Weltwirksamkeit wäre nicht evangeliumsgemäß, bildet sich doch in der "mystisch-politischen Doppelstruktur des Glaubens"[80] das Doppelgebot von Gottes- und Nächstenliebe in seinem verbindlichen und die Einheit der Glaubenspraxis strukturierenden Zusammenhang ab.[81] Mystik - in einer grundlegenden *theologischen* Bestimmung als *cognitio Dei experimentalis*, als *Erfahrungswissen* der Gotteswirklichkeit verstanden[82] - verlangt ihrem Gehalt entsprechend nach Weitergabe und Wirksamkeit, und zwar nicht als etwas akzidentell Hinzukommendes, sondern als im Kern der Erfahrung selbst wurzelhaft angelegtes Element.[83] In diesem Sinne spricht Hans Urs von Balthasar von der "Bereitschaft" als praxisbestimmender Grundhaltung christlicher Mystik[84], und Dietmar Mieth entdeckt in dem "orthopraktischen Element aller christlichen Tradition" die "echte innere Beziehung" zwischen der mystischen Tradition des Mittelalters und der Aufrufung der mystischen Dimension des Christentums in gegenwärtiger politischer Theologie und Befreiungstheologie[85]. Von daher bezeichnen die Wortpaare Kontemplation und Aktion oder Mystik und Politik nur die zwei einander ergänzenden und nötigenfalls korrigierenden Pole der einen christlichen Praxis. Aufgabe einer theologischen Ethik als begleitender Reflexion dieser Praxis ist es dann, die Frage nach den Bedingungen der Möglichkeit zu stellen, unter denen diese dem Glauben inhärente Dynamik umgesetzt und als das verstehbar gemacht werden kann, was sie in ihrem Kern ist: die je neu der menschlichen Erfahrung zu erschließende Botschaft von der liebenden Zuwendung Gottes zu seinem Geschöpf.

---

79 Vgl. exemplarisch Mieth, Einheit; ders., Gotteserfahrung, 155-198.

80 Metz, Glaube, bes. 11; 207.

81 Vgl. 1 Joh 4; Rahner, Einheit; Tafferner, 200-229 (zu Rahner); Schüller, Begründung, 61-106.

82 Diese v.a. in spätmittelalterlichen mystischen Theologien reüssierende Formel geht auf Thomas von Aquin zurück, vgl. Summa theologiae II-II, 97,2 ad 2. - Vgl. zu den Versuchen der Bestimmung des Begriffs "Mystik/mystisch" und seiner Gehalte v.a. Balthasar, Ortsbestimmung; Louis Bouyer, "Mystisch" - Zur Geschichte eines Wortes, in: Josef Sudbrack (Hg.), Das Mysterium und die Mystik, Würzburg 1974, 57-75; Alois Haas, Was ist Mystik?, in: Kurt Ruh (Hg.), Abendländische Mystik im Mittelalter. Symposion Kloster Engelberg 1984, Stuttgart 1986, 319-341; P. Heidrich, Art. Mystik, mystisch (I), in: HWP 6 (1984) 268-273.

83 Vgl. Apg 4,20. - Es gehört zur paradoxen Struktur der mystischen Erfahrung, daß sie - obgleich nie adaequat aussagbar - geradezu ins Wort drängt und den Kreis "reiner Innerlichkeit", in den man sie gerne einschließen möchte, sprengt. Dies könnte an vielen Beispielen aus der mystischen Literatur wie aus der Literatur über Mystik belegt werden, vgl. exemplarisch Alois Haas, Sermo mysticus. Studien zu Theologie und Sprache der deutschen Mystik, Freiburg/Schw. 1979.

84 Ortsbestimmung, 58f.

85 Gotteserfahrung, 173-175.

Im Hinblick auf die gegenwärtigen Verwirklichungsbedingungen des Glaubens "zwischen Tradition und Postmoderne"[86] kommt die andere Seite des angesprochenen Verweisungszusammenhangs in Betracht: Die Frage nach den Bedingungen der Realisierung des Zusammenhangs von "Mystik und Politik" stellt sich hier mit besonderer Dringlichkeit, zugleich aber offenkundig auch unter besonders schwierigen Bedingungen. Die extreme Differenzierung der spätmodernen Gesellschaft auf allen Ebenen und in allen Vollzugsbereichen menschlicher Gemeinschaft zwingt zur Suche nach einer konsensfähigen Basis und Referenzgröße zur Konstituierung und Fortschreibung eines Sets von Verbindlichkeiten, die ein gedeihliches Zusammenleben sichern helfen. Mit der Auflösung vormoderner, der menschlichen Selbstverwirklichung vorgegebener und übergeordneter, religiös sanktionierter Ordnungssysteme und mit der daraus notwendig folgenden weltanschaulichen Pluralisierung und religiösen Privatisierung bleibt einzig die selbstreflexive *Vernunft* des Subjekts als Basis der intersubjektiven und gesellschaftlichen Verständigung über die menschengerechte Gestaltung der Strukturen und Institutionen des Zusammenlebens. Insofern sie als Medium der Konsensbildung über die Grenzen disparater weltanschaulicher Optionen hinweg dienen kann, ist die Vernunft fraglos die unverzichtbare argumentative Basis und Rekursinstanz für die Verständigung über die sittlichen Grundlagen der Gesellschaftsgestaltung. Dabei ist jedoch lange Zeit übersehen worden, um welchen Preis die Möglichkeit eines vernünftigen Konsenses unter den Bedingungen des modernen Pluralismus in der Regel erkauft wird. Denn insofern die Vernunft nicht nur als Instrument, sondern auch als (alleiniges) Kriterium der Verständigung fungiert, wird sie zwangsläufig zum *Ausschlußkriterium* für jene Momente menschlicher Selbstverwirklichung, die sich einer völligen Rationalisierung ihrem Wesen nach entziehen. Unter das damit verhängte Verdikt über das "Andere der Vernunft"[87] fällt dementsprechend auch der Bereich der Mystik, so daß der Zusammenhang von Mystik und Politik bzw. Ethik fast zwangsläufig aus dem der Moderne verpflichteten Bemühen christlicher Sozialethik ausgeblendet bleiben mußte.[88]

Eben diese reduktionistischen Implikationen der modernen Vernunft werden nun vonseiten einer postmodernen Vernunftkritik[89] ebenso wie von bestimmten theologischen Kritiken[90] zunehmend angeprangert. Ohne hier in eine Auseinandersetzung mit solchen Moderne-kritischen Ansätzen eintreten zu können, sei angemerkt, daß dabei häufig neue Einseitigkeiten, die einer christlichen

---

86 Vgl. dazu die religionssoziologische Analyse von Gabriel, Christentum.

87 Vgl. Böhme/Böhme.

88 Die Genese dieser Ausgrenzung bedürfte freilich einer umfasssenderen geistes- und theologiegeschichtlichen Rekonstruktion, die von den Ansätzen des spätmittelalterlichen Nominalismus ausgehen müßte.

89 Vgl. z.B. Böhme/Böhme.

90 In diesen Horizont ordnet sich etwa eine Theologie wie diejenige Drewermanns ein, der mit der zur Exklusivität neigenden Berufung auf den "Mythos" die modern-vernünftigen Konstruktionen von Theologie (in allen ihren Disziplinen) meint "hintersteigen" zu können.

Ethik ebenso wenig gemäß sein können wie die tendenzielle Verabsolutierung der Rationalität, entweder bewußt intendiert oder zumindest in Kauf genommen werden. Schon in diesem notgedrungen flüchtigen Blick auf die geistesgeschichtliche Situation wird deutlich, daß die zweite Seite des Verweisungszusammenhangs zwischen Mystik und Ethik im Horizont und aus der Perspektive der "postmodernen" Selbstkritik der Moderne entdeckt werden kann. Jenseits einer gewissen modischen Attitüde, die der Flut von Postmoderne-Diskussionen ebenso wie dem Jargon, in dem sie geführt werden, zweifellos *auch* anhaftet, geht es dabei um eine für die Identitätsklärung christlicher Sozialethik als theologischer Wissenschaft grundlegende Frage: ob der angedeutete hohe Preis der "Modernität" weiterhin gezahlt werden muß, oder ob hier nicht eine Art "Selbstbetrug" aufzudecken ist, insofern christliche Sozialethik als solche ihre "Vernünftigkeit" auf Kosten unverkürzter Humanität und Christlichkeit erkauft haben könnte. In dieser Gestalt der Rückfrage ist impliziert, daß die anscheinend notwendig gewordene Vernunftkritik gerade nicht der Abdankung ethischer Rationalität das Wort reden darf. Hingegen gilt es, gegen einen "Absolutismus" der Vernunft, der das Anliegen christlicher Ethik, Humanität unverkürzt zu sichern, letztlich desavouiert, den weiteren Horizont menschlichen Selbstvollzugs und menschlicher Existenzdeutung einzuklagen. In diesem Sinne kann mit der Ausrichtung der Aufmerksamkeit auf die "Mystik" als Chiffre der Transzendenzverwiesenheit des Menschen ein Potential jenes "Anderen der Vernunft" ins Bewußtsein gehoben werden, ohne das - in christlichem Verständnis - auch die Vernunft selbst halbiert bleiben muß: es zu ignorieren, bedeutet die Weigerung der sittlichen Vernunft, ihre eigene Relationalität anzuerkennen.[91] Deshalb ist Mystik als Bestandteil jenes "Anderen der Vernunft" näher in den Blick zu nehmen und eine theologische Konturierung des Begriffs zu versuchen. Dies soll zunächst auf dem Wege einer negativen Abgrenzung, in einem zweiten Schritt dann in einer positiven theologischen Annäherung geschehen.

---

[91] Im Kontext moderner christlicher Ethik ist diese Relationalität der Vernunft im Konzept der "theonomen Autonomie", mithin in der schöpfungstheologischen Vermittlung der sittlichen Selbstmächtigkeit des Subjekts *grundsätzlich* aufgenommen, vgl. z.B. Auer, Autonome Moral; Böckle, Fundamentalmoral; Merks, Grundlegung. - Gleichwohl ist die Frage nach den Konsequenzen einer solchen Grundentscheidung für die Konzeption einer christlichen (Sozial-)Ethik noch keineswegs obsolet.

1.2.2 Das Interesse an Mystik in der Moderne: ein Krisenphänomen

Geistesgeschichtlich gesehen kann das Interesse an Mystik in der Moderne als eine Art *Krisenphänomen* gedeutet werden.[92] Während der Vernunftoptimismus der Aufklärung der Mystik, die dann oft unter dem pejorativ eingefärbten Stichwort "Mystizismus" abgehandelt wurde, ziemlich pauschal eine Absage erteilte[93] und zur Zeit des Aufstiegs naturwissenschaftlich-positivistischen Denkens im 19. Jahrhundert eine "fast durchgängige() Verwerfung der Mystik" als "dunkel", "verworren", "antirational", "dekadent" etc. zu konstatieren ist[94], bahnt sich zu Beginn des 20. Jahrhunderts und verstärkt in der Zeit nach dem ersten Weltkrieg eine philosophisch wie theologisch differenziertere Sicht und ein über die rein historische Betrachtungsweise hinausreichendes neues Interesse an Mystik an.[95] Diese neue Aufmerksamkeit kann aber zwei sehr unterschiedlichen Quellen und Interessenlagen entspringen - und darin scheint sich das Mystik-Interesse der 20er Jahre nicht grundlegend von der aktuell "postmodernen" Besinnung auf das "Andere der Vernunft" und innerhalb dessen auf die Mystik zu unterscheiden. Zum einen kann sich in der Hinwendung zur Mystik ein "antimoderner Affekt" artikulieren, der sich in der spezifischen Situation nach dem Ersten Weltkrieg gegen

92 Diese These kann hier nur vorläufig und andeutungsweise verifiziert werden; es wäre aber für die systematische Erforschung des Zusammenhangs von Mystik und (Sozial-)ethik im Kontext der Moderne ein Desiderat, die geistesgeschichtlichen Bedingungen des Interesses an Mystik in einer gründlichen historiographischen Untersuchung aufzuarbeiten.

93 Beispielhaft dafür sei auf Kants Urteil über Mystik bzw. "Mysticism" als dem "Empirism" entgegengesetzte Fehlhaltung der praktischen Vernunft, die "ins Überschwengliche hinausschweift" (KpV A 126), und als "vernunfttödtende" subjektivistische Versteigung der Phantasie in Religionsdingen (Der Streit der Fakultäten A 65f.94) verwiesen. - Nur hingewiesen werden kann hier auf die durch die aufklärerische Ablehnung der Mystik (mit)hervorgerufene differenzierende Betrachtung derselben durch Philosophen und Literaten der Romantik, die zwischen echter Mystik und falschem Mystizismus zu unterscheiden suchen, jedoch auch der Tendenz einer unkritischen Verklärung der Mystik in einer dialektischen Gegenbewegung zum aufklärerischen Vernunftideal zumindest partiell Vorschub leisten. Exemplarisch könnte dies etwa an der Wiederentdeckung Meister Eckharts durch Franz von Baader gezeigt werden, die eine regelrechte Eckhart-Renaissance nach sich zog und im 20. Jahrhundert jene üblen Blüten einer "völkischen Mystik" trieb, die ihren unrühmlichen Höhepunkt in Alfred Rosenbergs "Der Mythos des 20. Jahrhunderts" (München 1938) fand, vgl. dazu Alois Haas, Die Aktualität Meister Eckharts. Ein Klassiker der Mystik (ca. 1260-1328), in: Imhof (Hg.), Nähe, 79-94, bes. 80f.89-92.

94 Vgl. Hans-Ulrich Lessing, Art. Mystik, mystisch (II), in HWP 6 (1984) 273-279, hier 275. - Als Exponenten dieser philosophischen Mystikkritik sind u.a. Schopenhauer, Feuerbach, und Marx zu nennen.

95 Für die katholische und protestantische Theologie der Zwischenkriegszeit ist dies erhellend dokumentiert bei Fritz D. Maaß, Mystik im Gespräch. Materialien zur Mystik-Diskussion in der katholischen und evangelischen Theologie Deutschlands nach dem Ersten Weltkrieg, Würzburg 1972.

die positivistische und fortschrittsoptimistische Ideologie des 19. Jahrhunderts richtete: Mit den Fehlern der kritisierten Epoche werden auch deren Errungenschaften über Bord geworfen, so daß diese Haltung sich durch die Tendenz auszeichnet, die Vernunft der Moderne als ganze dem Scheiterhaufen der Geschichte zu überantworten.[96] Indem Mystik zum Vehikel einer rückwärtsgewandten Flucht aus der Komplexität der Moderne umfunktioniert wird, wird sie genau den Vorwürfen preisgegeben, die ihr im Kontext der philosophischen Religionskritik des 19. Jahrhunderts entgegengebracht wurden.

Zum anderen kann sich in der Besinnung auf die Mystik aber auch eine Haltung zu Wort melden, die - zwar ebenfalls kultur-, geschichts- und vernunftkritisch, jedoch nicht in einem simplifizierenden Schwarz-Weiß-Raster denkend - in der Mystik ein Potential menschlicher Geistigkeit entdeckt, welches geeignet sein kann, die Verengungen einer sich selbst absolut setzenden Vernunft- und Fortschrittsgläubigkeit im Sinne jenes vielzitierten "Anderen der Vernunft" aufzusprengen, ohne deswegen den Anspruch der Vernunft als solchen aufzugeben.[97] Nur von dieser, ihrer Grundeinstellung nach zukunftsorientierten und konstruktiven Haltung soll im folgenden die Rede sein. Dies muß angesichts auch gegenwärtig beobachtbarer Tendenzen zur Instrumentalisierung von Mystik und der mystischen Tradition des Christentums, sei es im Sinne einer rückwärtsgewandten, antimodernen Grundhaltung oder im Sinne einer Vereinnahmung für die Ideologie des "New Age"[98], betont werden. Über Mystik als Bestandteil des "Anderen der Vernunft" soll nachgedacht werden, insofern sie als kritisches Potential, als mögliches Korrektiv vorhandener Einseitigkeiten in gegenwärtige Theorieansätze christlicher Sozialethik prospektiv eingebracht und im Interesse einer Klärung und Profilie-

96 Auf das - freilich nicht als isoliertes Phänomen zu betrachtende - Negativbeispiel der nationalsozialistischen Vereinnahmung Meister Eckharts wurde bereits hingewiesen, vgl. Rosenberg, Mythos, 119-122; 216-259.

97 Beispielhaft kann in diesem Zusammenhang die theologische Wiederentdeckung der Mystik als kritisches Potential gegen die extrinsezistischen Tendenzen der Neuscholastik im sog. Modernismus genannt werden ebenso wie die Rückbesinnung auf die mystischen Gehalte der ignatianischen Spiritualität, die zu einer weitgehenden Revision des Ignatiusbildes und zu einer Neuakzentuierung der Exerzitienpraxis führte, vgl. zusammenfassend Wulf (Hg.), Ignatius, 9f (Einführung). - Beide Beispiele belegen nicht zuletzt die auch innerkirchlich wirksame - je nach Standort begeistert aufgenommene oder ängstlich abgewehrte - prophetische Kraft der Mystik, die ebenso an den Biographien und Wirkungsgeschichten einzelner Mystikerinnen und Mystiker (und der von ihnen ins Leben gerufenen "Bewegungen") aufgewiesen werden könnte, vgl. dazu exemplarisch Heimbach-Steins, Marianne, 'Der ungelehrte Mund' als Autorität. Mystische Erfahrung als Quelle kirchlich-prophetischer Rede im Werk Mechthilds von Magdeburg (MyGG I/6), Stuttgart-Bad-Cannstatt 1989; dies., Prophetische Mystik zwischen Kirchenbindung und Kirchenkritik. Zum Werk Mechthilds von Magdeburg, in: ThPQ 141 (1993) 121-129.

98 Vgl. beispielhaft etwa die Vereinnahmung Teilhard de Chardins bei Günter Schiwy, Der kosmische Christus. Spuren Gottes ins neue Zeitalter, München 1990; einen Überblick bietet Josef Sudbrack, Mystische Spuren. Auf der Suche nach der christlichen Lebensgestalt, Würzburg 1990, 219-250.

rung von deren Selbstverständnis als Disziplin christlicher Theologie fruchtbar gemacht werden kann.

1.2.3 Mystik als Existential

Im Horizont der geistesgeschichtlichen Vorklärung kann nun eine theologische Bestimmung von Mystik[99] skizziert werden. Grundlegend für die theologische Kontur des Mystik-Begriffs als Potential des "Anderen der Vernunft" und mithin als Chiffre des "Mehrwerts" menschlicher Geistigkeit gegenüber der modernen Vernunftkonzeption scheint mir ein dezidiert nicht-elitäres Verständnis der Mystik, wie es insbesondere durch Karl Rahner in die moderne Theologie eingebracht worden ist. Es geht von einer Position aus, die Mystik "innerhalb der normalen Gnade und des Glaubens" konzipiert[100] und sie als "Radikalität der Glaubenserfahrung im Sterben alles sich selbst als endgültig setzen wollenden Kategorialen und Begrifflichen" versteht.[101] In diesem Verständnis bildet "die universelle Erfahrung der Gnade ... den eigentlichen Kern aller Mystik, und jeder macht diese Erfahrung, zumindest in ihrer niedrigsten Form. *Der Mensch ist für Rahner der mystische Mensch*."[102] Mystik erweist sich hierin als "Existential"[103] der Transzendenzeröffnetheit menschlichen Daseins und damit als Grundbestand einer theologischen Anthropologie, die den Menschen als Wesen des "Offenseins für den je größeren

---

[99] Die Tragweite des hier Gesagten ist von vornherein von dem bisher umschriebenen Kontext her zu bemessen und bezieht sich ausschließlich auf die theologisch-dogmatische Reflexionsebene.

[100] Karl Rahner, Art. Mystik (VI. Theologisch) LThK VII ²1962, 743-745, hier 744; vgl. auch ders., Mystische Erfahrung, bes. 431f. - Ich schließe mich im wesentlichen der insbesondere der ignatianischen Spiritualität verpflichteten Mystik-Konzeption Rahners an, vgl. dazu Egan, Mystik; Fischer, Geheimnis; ders., Gotteserfahrung.

[101] Rahner, Karl, Erfahrung, 69.

[102] Egan, Mystik, 109 (Hervorhebung M.H.-St.). - Von dieser im strengen Sinn *theologischen* Qualität der Erfahrung hebt Rahner die Möglichkeit der Differenzierung zwischen mystischer und "normaler" Glaubenserfahrung im Hinblick auf die *psychologischen* Phänomene ab, vgl. z.B. Rahner, Mystische Erfahrung, 432.434.436.

[103] So sagt Rahner ausdrücklich, daß "die erste und ursprüngliche Erfahrung des Geistes, von der ich zu reden versuche, auch der innerste Kern dessen ist, was man Mystik nennen kann" und daß "diese Geisterfahrung selbst ... ein Existential des Menschen (ist), das zwar als gnadenhaft zu qualifizieren ist und trotzdem immer - nicht bloß da und dort - in der Geistigkeit des Menschen gegeben ist." (Ein Brief von P. Karl Rahner, in: Fischer, Geheimnis, 400-410, 406.408.) - Vgl. dazu auch Carl Albrecht, Das mystische Erkennen, Bremen 1958, 369-373, der in einer phänomenologischen Untersuchung das mystische Existential als "Offenstand" im Sinne der "ontologisch-existentiale(n) Bedingung für die ontische Möglichkeit, daß der Mensch innerhalb der Welt mystisch betroffen wird" (370) bezeichnet; innerhalb der selbstgesetzten Grenzen seiner phänomenologischen Methode ist es ihm jedoch verwehrt, "das Existential des Offenstandes durch das zweite Existential der Betroffenheit (metaphysisch, M.H.-St.) zu erweitern" (372).

Gott" begreift.[104] Garant und normative Gestalt dieser "mystischen theologischen Anthropologie" (Egan) ist Jesus Christus, dessen geschichtliche Existenz sich in der völligen Offenheit auf und Hingabe an das liebende Geheimnis Gottes verwirklicht hat.[105]

Mit der "ignatianisch" verwurzelten[106], anthropologisch und theologisch bestimmten, aber nicht elitär-exklusivistischen Konzeption von Mystik als Existential ist von vornherein jeder Verengung im Sinne "reiner Innerlichkeit", jeder Tendenz zur Weltflucht im Namen Gottes ein Riegel vorgeschoben. Im Gegenteil ist sie im Sinne des ignatianischen Mottos "Gott in allen Dingen finden" ausdrücklich in die Welt hineinkonzipiert, so daß der "Fromme von morgen, der ein Mystiker sein oder nicht mehr sein wird"[107], schon immer ein "Mystiker-in-der-Welt"[108] sein muß.

Gleichwohl konstituiert sie jedoch - und darin wird das vernunftkritische Moment der Mystik manifest - ein grundlegend *neues*[109] Verhältnis des Menschen zu sich selbst und zu den Dingen, insofern die eigene geschichtliche Existenz wie auch die Welt als Ort und Medium der Selbstverwirklichung auf Transzendenz hin offengehalten, gleichsam in den Horizont des je größeren Gottes hineingehalten wird. Diese fundamentale Relationalität, in der die menschliche Existenz in geschichtlicher und gesellschaftlicher Verwirklichung "mystisch" begriffen werden kann, verlangt und erlaubt eine Relativierung der Vernunft: Sie ist freilich nicht

---

[104] Geprägt von der eigenen Exerzitienerfahrung und der gelebten ignatianischen Frömmigkeit geht "Rahner ... von der begnadeten menschlichen Natur aus und versucht, den einzelnen Menschen für das Erfahren seines eigenen tiefsten Geheimnisses zu öffnen, indem er durch die Offenbarung die menschliche Erfahrung beleuchtet. Seine mystische theologische Anthropologie schweißt Geist und Materie des Menschen, das Soziale und das Individuelle, das Geheimnisbezogene und das Geschichtsbezogene zu einer Einheit zusammen und funktioniert somit als eine mystische Tiefenpsychologie, die den letzten Horizont aller Bedeutung und aller Erfahrung weckt, erklärt, thematisiert, verstärkt und vertieft." (Egan, Mystik, 104) Vgl. Rahner, Offensein.

[105] Vgl. dazu Fischer, Geheimnis, 268-328; Ernst Guggenberger, Karl Rahners Christologie und heutige Fundamentalmoral, Innsbruck-Wien 1990.

[106] In diesem Zusammenhang sei daran erinnert, daß Rahner ausdrücklich den Charakter der ignatianischen Exerzitien als "Dokument neuzeitlichen Geistes" hervorhebt, insofern es darin um die Selbstfindung des Subjekts vor Gott gehe, vgl. Rahner, Moderne Frömmigkeit, bes. 176-181.

[107] Vgl. Rahner, Frömmigkeit, 22f: Im Kontext der Forderung nach einer "Mystagogie in die religiöse Erfahrung, ..., die so vermittelt werden muß, daß einer sein eigener Mystagoge werden kann", steht das vielfach, oft aber auch mißbräuchlich zitierte Diktum "der Fromme von morgen wird ein 'Mystiker' sein, einer, der etwas 'erfahren' hat, oder er wird nicht mehr sein, weil die Frömmigkeit von morgen nicht mehr durch die im voraus zu einer personalen Erfahrung und Entscheidung einstimmige, selbstverständliche öffentliche Überzeugung und religiöse Sitte aller mitgetragen wird, die bisher übliche religiöse Erziehung also nur noch eine sehr sekundäre Dressur für das religiös Institutionelle sein kann. Die Mystagogie muß von der angenommenen Erfahrung der Verwiesenheit des Menschen auf Gott hin das 'richtige' Gottesbild vermitteln, die Erfahrung, daß des Menschen Grund der Abgrund ist ..." - Die Aussage reflektiert also gerade die Bedingungen der Möglichkeit christlich-religiösen Daseinsvollzugs unter den Gegebenheiten des modernen Pluralismus.

[108] Egan, Mystik, 106.

[109] Vgl. dazu Demmer, Wahrheit, 22-44 (vgl. dazu oben 1.1.2).

als Zurücknahme der Verbindlichkeit des Vernunftgebrauchs oder als Rückzug, der den Einsatz der Vernunft der subjektiven Beliebigkeit anheimstellte, zu verstehen; vielmehr geht es um eine Selbstbegrenzung, in der die Vernunft die unvermeidliche Erfahrung ihrer Grenzen nicht nur als "Defekt", den es in immer höherer Perfektionierung ihrer selbst zu beheben gilt, versteht, sondern als Verweis auf eine sie grundsätzlich transzendierende Wirklichkeitsdimension ernstnehmen lernt.[110] Insofern erschließt die Mystik als Bestandteil des "Anderen der Vernunft" die dialektische Erfahrung von Selbstgegebenheit und -entzogenheit, von Identität und Differenz als Erfahrung der Verwiesenheit auf eine je größere Fülle, auf ein Ausstehendes und Zukommendes, auf einen umgreifenden Sinn- und Werthorizont, der in der mystischen Erfahrung als Begegnung konkret geöffnet wird.[111]

1.2.4 "Armut im Geiste" als Grunddisposition

Mystik als Existential setzt damit eine Haltung frei, die mit dem biblischen Stichwort "Armut im Geiste"[112] charakterisiert werden und die den Menschen ein neues Verhältnis zur Wirklichkeit in ihrer Vielschichtigkeit, mithin auch zu seiner Vernunft, gewinnen lassen kann. Im Zusammenhang einer kritischen Sichtung der Bestände moderner Vernunft erweist sich die Haltung der "Armut im Geiste" als herausfordernder "Kontrast" zu den Gesten des Verfügens, Beherrschens und Machens, die der modernen Vernunft ins Stammbuch geschrieben sind.

Mystik als Öffnung der Wirklichkeit "nach oben", als erfahrungshafte Erschließung der Transzendenzverwiesenheit und -eröffnetheit menschlicher Existenz und - analog - geschöpflicher Wirklichkeit überhaupt, plaziert die der Vernunft als schöpferischem Vermögen anheimgestellte Wahrnehmung und Gestaltung dieser Wirklichkeit in das Spannungsfeld von Zusage (Verheißung) und Zumutung (Leiden), von Verdanktheit und Hoffnung und sprengt damit den "Aktionsradius" der gestaltenden und beherrschenden, sich selbst vollenden wollenden Vernunft. Indem sie gewahr wird, daß sie sich "etwas sagen lassen" muß (oder darf)[113], muß (oder darf) sie zugleich jenes Mehr, das sich ihrer Beherrschung und Bewältigung prinzipiell entzieht, in die Offenheit der mystischen Relation, in die geglaubte und

---

[110] Vgl. dazu Rahner, Redlichkeit.

[111] Es ist ein grundlegendes Charakteristikum christlicher Mystik, ihrem Wesen nach Begegnung, nicht Verschmelzung zu sein, also die Dialektik von Identität und Differenz offenzuhalten.

[112] Vgl. Mt 5,3 par. - Zum biblisch-theologischen Horizont der Armenfrömmigkeit vgl. v.a. Lohfink, Lobgesänge.

[113] Streng genommen, ist es jedoch nicht "etwas", das die Vernunft sich sagen läßt, sondern die mystisch erschlossene Bezogenheit von Gott und Geschöpf selbst als tragender Grund aller menschlichen und damit auch vernünftigen Vollzüge.

gehoffte Weite der als Liebe sich erschließenden größeren Wirklichkeit Gottes entlassen.

Dies verlangt eine Disposition, die - fern davon, den gestalterischen Anspruch der Vernunft preiszugeben -, deren Vermögen jedoch als empfangenes und begrenztes relativiert, indem es sich in den Spannungsbogen von Zusage und Zumutung einschreibt. Diese Grunddisposition soll als "Armut im Geiste" bezeichnet werden. Sie meint die Erfahrung jener "radikalen Armut", in der sich der Mensch als Geschöpf, d.h. als Wesen, das sich einer vorgängigen Liebe verdankt, schon immer befindet.[114] Diese Erfahrung ist Wurzel und Bezugspunkt der personalen Selbsterschließung, die so immer auf das sich mitteilende Gegenüber der eigenen Verdanktheit ausgerichtet bleibt. In dieser Gerichtetheit bettet sich der Prozeß der personalen Selbsterschließung in eine geschichtliche Dynamik ein, die in polarer Entsprechung zu der Basiserfahrung der Verdanktheit eschatologisch offengehalten wird.[115] Solchermaßen ausgespannt zwischen den Erfahrungen ursprünglichen Angewiesenseins und erhoffter Vollendung ist die Vernunft gegen eine "selbstherrliche" *curvatio in se ipsum* im Sinne eines verabsolutierten und darin zur Überforderung gereichenden Vertrauens auf die eigene Mächtigkeit zumindest grundsätzlich geschützt[116], insofern sie ihr Vermögen in Herkünftigkeit und Vollendung an die vorgängige Zusage gebunden weiß.

Im Horizont der christlichen Offenbarung verbindet sich die Zusage (endgültigen Gelingens) jedoch mit der Zumutung, die sich in den unverrechenbaren Erfahrungen des Scheiterns aufdrängt und die nicht im Namen einer fortschrittsgläubigen Vernunft oder einer (vermeintlichen) geschichtlichen Notwendigkeit auf Kosten der betroffenen Subjekte "übersprungen" werden darf. Im Blick auf die Kenosisstruktur der Offenbarung erschließt sich die Grunddisposition der "Armut im Geiste" in ihrer christologischen Rückbindung als prophetisch-kritisches Potential gegenüber jeder Arroganz oder Ignoranz angesichts der Dimension des Leidens, das menschliche Geschichte als Geschichte von Katastrophen wie von Ungerechtigkeit und Schuldverstrickung durchzieht. "Armut im Geiste" kann daher als Voraussetzung eines redlichen Umgangs mit den nicht technokratisch behebbaren "Schattenseiten" der Wirklichkeit erkannt werden: Sie ermächtigt und verpflichtet zu einer gesteigerten Aufmerksamkeit für die Leiderfahrungen, sie weigert sich (in prophetischer Anklage), Leid hervorbringende Schuldverstrickungen technokratisch (etwa mit dem Argument von

---

114 Diese anthropologische Grunderfahrung bedarf freilich einer spezifischen Kultivierung oder Askese, um lebensbestimmend zu werden; dies ist insbesondere in den ignatianischen Exerzitien richtungweisend realisiert, vgl. exemplarisch Breemen, Gewissenserforschung, bes. 263-268.

115 Vgl. dazu Demmer, Norm, bes. 282-291.

116 Vgl. dazu Demmer, Norm, 287: "Was demnach auf der Ebene der moralischen Entscheidung mit Armut umschrieben wird, weist bereits auf eine Gezeichnetheit des Erkennens im Gefolge eines grundlegenden, setzend-begnadenden Erkanntseins zurück. Die Armut des Erkennens steht an der Wurzel aller Armut des Handelns."

"Sachzwängen") wegzuerklären und hält die - im Horizont christlicher Hoffnung zu bedenkende, aber von der Vernunft nicht zu füllende - Leerstelle nicht erklärbaren Leidens beharrlich offen.[117]

1.3 Der Ort der Mystik im Zusammenhang theologischer Ethik

1.3.1 "Sand im Getriebe? Mystik als Ferment des Prophetischen

Vor dem Hintergrund der bisherigen Überlegungen kann nun die Frage nach der Bedeutung der Mystik in einer christlichen Sozialethik erneut aufgenommen werden. Insofern Mystik und die ihr entsprechende Grunddisposition des Subjekts im Kontext theologischer Anthropologie (und Gnadenlehre) angesiedelt wird, ist der systematische Ort angedeutet, von dem her sie in den Gesprächszusammenhang theologischer Ethik eingespielt werden kann. Dies kann nur, wie oben bereits hypothetisch vorgeschlagen wurde, die Ebene der Vermittlung des sittlichen Anspruchs, der Hermeneutik theologischer Ethik sein.

An diesem methodischen Ort kann Mystik als Erfahrung der göttlichen Aufmerksamkeit für sein Geschöpf - und mit ihr die Haltung der "Armut im Geiste" - für die theologische Ethik bedeutsam werden, und zwar keineswegs nur für den Bereich der Individualethik, wie eine (der christlichen Mystik unangemessene) privatistische Deutung nahelegen könnte.[118] Mystik gewinnt ihre Relevanz im Kontext der Ethik durch das ihr innewohnende *prophetisch-kritische Potential*, das aus der Grunddisposition der "Armut im Geiste" heraus fruchtbar wird: "Armut im Geiste" als existentielle Einsicht in die Relationalität der geschöpflichen Existenz setzt den Menschen in eine eigentümliche Distanz zu sich selbst und zur "Welt", aus der heraus er einer gesteigerten Aufmerksamkeit für die Dimensionen des Humanen und Geschöpflichen fähig wird:

1. Aufmerksamkeit für das eigene Vermögen (*subjektive Aufmerksamkeit*): das Erfahrungswissen um die Verdanktheit des eigenen Vermögens schärft den Blick für die Mächtigkeit der Vernunft, deren Hervorbringungen und deren Modi; für die Instrumente der Vernunft, insbesondere die Sprache als Medium der Verständigung, aber auch der Beherrschung; für die in irgendeiner Weise auf diese Vernunft gegründete Macht über Menschen und Dinge. - Ebenso wird diese Aufmerksamkeit sich aber auch auf die Grenzen eigener Macht, die sich - allen Errungenschaften wissenschaftlicher und technischer Rationalität zum Trotz - an den Erfah-

---

[117] Vgl. Metz, Rede; Thomas Pröpper, Fragende und Gefragte zugleich. Notizen zur Theodizee, in: ders./Peters/Steinkamp (Hg.), Erinnern, 61-72; Andreas Lienkamp, Praxis als immer nur vorläufige Antwort auf die offenzuhaltende Theodizeefrage, in: Furger/Heimbach-Steins/Lienkamp, Christliche Sozialethik, 224-229.

[118] Vgl. die eingangs angestellten Überlegungen zum Zusammenhang von actio und contemplatio, Mystik und Politik.

rungen von physischen und psychischen Leiden und letztlich am Tod bricht, auswirken und so in beiderlei Hinsicht ein kritisches Korrektiv der Vernunft freisetzen.

2. Aufmerksamkeit für die Menschen und die Gestaltung menschlicher Beziehungen (*intersubjektive Aufmerksamkeit*): Die Erfahrung der Relationalität des eigenen Daseins sensibilisiert für die Wahrnehmung der grundsätzlich gleichen "metaphysischen" Situation aller Menschen. Sie befähigt daher zu einer geschwisterlichen Haltung[119] und daraus zur Kritik menschlicher Beziehungen, Institutionen und Strukturen, die dieser grundlegenden Gleichheit zuwiderlaufen.

3. Aufmerksamkeit für die Welt als Schöpfung (*kosmische Aufmerksamkeit*): Die mit der Haltung der "Armut im Geiste" gewonnene fundamentale Distanz zu sich selbst und zu den Dingen - zu allem, was in der mystischen Relation zu Gott als ontologisch "Vorletztes" erfahren wird, - taucht dies alles in ein neues Licht, das von der Relation auf das ontologisch "Erste und Letzte" aller Wirklichkeit ausgeht.[120] Die Bedeutung, die den "Dingen" der Schöpfung in diesem Licht zukommt, läßt sich nicht prägnanter aussagen als in dem ignatianischen Motto "Gott in allen Dingen finden"[121], in dem das Geheimnis mystischer Weltdeutung zum Ausdruck kommt.[122]

In allen drei Richtungen nimmt die Aufmerksamkeit für das "Vorletzte", insofern sie getragen ist von der mystischen Erfahrung der göttlichen Aufmerksamkeit, die Struktur der *Kenosis*, der Entäußerung vom Anspruch eigener Absolutheit und Mächtigkeit, an: Indem sie sich nach dem Bild Christi "niedrig" macht[123], um erlösend und befreiend zu wirken, gewinnt sie jenen kritischen Maßstab, der im Dienst unverkürzter Humanität an gesellschaftliche, politische, kirchliche Strukturen angelegt werden und gegen die Gefahr der Überfremdung des Menschen durch die Logik selbstreferentieller Systeme und Strukturen immer neu als "Sand ins Getriebe" gestreut werden muß. Um diesen Maßstab prophetisch geltend zu machen, reicht jedoch eine Strukturenethik allein nicht aus. Es braucht je neu den von konkreten Menschen und Gruppen in das gesellschaftliche Handeln und dessen ethi-

---

[119] Vgl. Demmer, Norm, 286 Anm. 92, der auf den Zusammenhang von "Armut" und "Brüderlichkeit" hinweist.

[120] Dietmar Mieth sieht in der Bestimmung des "Stellenwert(es) der Ethik unter dem Wort Gottes" geradezu ein Spezifikum christlicher Ethik: "Ethik ist nicht das Letzte des Humanen, sondern das Vorletzte. Die Versöhnung des ethisch kontingenten und schuldhaften Menschen setzt gerade da an, wo die Ethik 'ex negativo' die Heilsbedürftigkeit des Menschen ausweist." (Theologie und Ethik / Das unterscheidend Christliche, in: ders./Wils, Grundbegriffe, 209-224, 223).

[121] Dieses Motto ist nicht pantheistisch zu verstehen, sondern als Ausdruck der in der mystischen Erfahrung sich erschließenden Transparenz des Vorletzten auf den tragenden Grund hin, vgl. dazu Stierli, Josef, Das ignatianische Gebet "Gott suchen in allen Dingen", in: Wulf (Hg.), Ignatius, 151-182.

[122] Ein eindrucksvolles Beispiel für diese Grundhaltung gegenüber der Wirklichkeit im Horizont der Moderne stellt etwa die kosmologische Mystik des französischen Jesuiten Pierre Teilhard de Chardin dar.

[123] Vgl. Phil 2,5-11. - Vgl. dazu Furger, Kenosis.

sche Reflexion prophetisch eingespielten Impuls einer Erfahrung, die den Wert-Horizont der Vernunft aufreißt (ohne diese selbst freilich zu dispensieren) und zum kritischen Handeln motiviert. Für solche nicht "verrechenbaren" mystisch-prophetischen Impulse muß sich eine christliche Sozialethik zumindest offenhalten. Den Prozeß der Genese und Umsetzung solcher im Rahnerschen Sinne mystischer Erfahrung in konkrete prophetische Impulse gilt es deshalb eigens zu reflektieren. Ein Modell, das sich hier sowohl für individuell als auch für gemeinschaftlich zu vollziehende Prozesse anbietet, kann in der Theorie und Praxis der *Unterscheidung der Geister* gefunden werden. Im folgenden Abschnitt soll deshalb dieser methodische Impuls aus der geistlichen Tradition des Christentums zunächst theologisch verortet werden.

1.3.2 Mystik und Methode: *Unterscheidung der Geister*

Ein Blick auf die biblische und patristische Tradition zeigt die Situierung der Unterscheidung der Geister im Spannungsfeld von *Charismenlehre* (vgl. v.a. 1 Kor 12) und *Tugendethik* ("discretio" i.S. der Fähigkeit zur Unterscheidung im Unterschied zur ebenfalls mit "discretio" gemeinten Maßhaltung).[124] Diese Pole, von denen her die Lehre von der Unterscheidung der Geister theologisch bestimmt werden kann, deuten jedoch auf ein komplexeres theologisches Bezugsfeld hin: Die Zuordnung zur Charismenlehre (wie auch schon der Begriff selbst) stellt sie einerseits in den Horizont von Gnadenlehre[125] und Pneumatologie, andererseits - als deren notwendiges Korrelat - in den Rahmen der Ekklesiologie: Die den einzelnen Getauften verliehene geistgewirkte Gabe der Unterscheidung bedarf der Einbindung in den Raum der im Heiligen Geist geeinten und geleiteten Gemeinschaft der Gläubigen; sie bedarf des Dialoges mit anderen Charismen und gegebenenfalls des Korrektivs der Gemeinschaft, um nicht der Gefahr individualistischer Verengung zu erliegen.[126] Neben dieser *pneumatologisch-ekklesiologischen* Ortsbestimmung kann in Anknüpfung an den "Pol" Tugendethik auch die *anthropologisch-ethische* Verortung präzisiert werden: Die anthropologische Notwendigkeit der Geisterunterscheidung beruht fundamental auf der dogmatisch in der Erbsünden- bzw. Konkupiszenzlehre ausgesagten bleibenden Ambivalenz des geschöpflichen Seins, das in seiner Ausrichtung auf Gott hin immer wieder durch gegenläufige Kräfte und Neigungen irritiert wird. Angesichts dieser Notwendigkeit je neuer religiös-sittlicher Orientierung und Vergewisserung des einzelen auf dem Weg der

---

[124] Vgl. zur Differenzierung der Bedeutungen André Cabassut, Art. Discrétion, DSAM III 1957, 1311-1330, 1311.

[125] Vgl. zu diesem Aspekt mit Bezug auf die ignatianischen Exerzitien den Beitrag von Lothar Lies, Unterscheiden im ignatianischen Exerzitienprozeß, in: ZKTh 99 (1977) 156-182.

[126] Vgl. zu diesen Überlegungen und zum folgenden insgesamt Meures, Unterscheidung, hier 280.

geschöpflichen Selbstverwirklichung ist die Unterscheidung der Geister schließlich im Zusammenhang der theologischen Ethik zu deuten, insofern sie dem Ziel der Angleichung des menschlichen *Handelns* an den Willen Gottes dient. Sie geht jedoch über das hinaus, was eine allgemeine theologische Ethik leisten kann; denn im Horizont der allgemein bestimmbaren Maximen, Normen und Haltungsbilder hilft sie, die sich erst im Spannungsfeld von vorgegebener Situation, subjektiver Disposition und Sinnvorgabe (Gottesbezug) erschließende Praxisoption des einzelnen vorzubereiten, die zwar im Vollzug als rational auszuweisen, nicht aber im Einsatz der sittlichen Vernunft *allein* gewinnbar ist.[127]

Schon von dieser skizzenhaften theologischen Ortsbestimmung her deutet sich die Weite des mit *Unterscheidung der Geister* gemeinten Geschehens an, das anfänglich als *Belebung und Orientierung christlicher Askese* (verstanden als Praxis zur Kultivierung der Gottesbeziehung im Hinblick auf die Angleichung des eigenen Wollens an den induktiv-situationsbezogen sich erschließenden Gotteswillen "für mich/uns" und in diesem Kontext als Einübung von Haltungen) durch eine *intuitive, nicht diskursive und daher erst an ihren Wirkungen eindeutig verifizierbare Vergewisserung des Menschen coram Deo* beschrieben werden soll.

Darin vereinen sich die Momente gnadenhafter Begabung (im Sinne des *Charismas* der Unterscheidung) und vernünftiger Maßhaltung (im Sinne der monastischen Tugend der *discretio*), die sich auch in den verschiedenen Anwendungsbereichen der Unterscheidung niedergeschlagen haben[128]. Während in der frühen christlichen Tradition die beide Aspekte umfassende Weite offengehalten wurde[129], hat schon die monastische Linie der Unterscheidungslehre von Cassian über Benedikt zu Gregor d.Gr. den Schwerpunkt auf die kluge Maßhaltung und damit auf das Verstandesurteil verlagert und damit eine Entwicklung vorbereitet, die in der mittelalterlichen Theologie ihre Fortsetzung finden und durch Thomas von Aquin systematisch eingeholt werden sollte. Während im 12. Jahrhundert Bernhard von Clairvaux noch einmal beide Aspekte umfassend zur Geltung brachte, spielt in der Systematisierung des Thomas das charismatische Moment nur eine untergeordnete Rolle[130]; der Bedeutungsgehalt von *discretio* im Sinne der monastischen Tugend wird in den Begriff der *prudentia* überführt[131] und damit in

---

[127] Vgl. Meures, Unterscheidung, 281. - Nähere Ausführungen zu diesem Aspekt folgen im Schlußkapitel der Arbeit.

[128] Switek hält zusammenfassend fest, die Unterscheidung der Geister habe sich in der ganzen christlichen Tradition auf zwei Anwendungsgebiete bezogen: "die Unterscheidung von 'wahr' und 'falsch' bzw. 'echt' und 'unecht', die vor allem für die Beurteilung der Propheten, Lehrer und Visionäre von Wichtigkeit ist, und die Unterscheidung von 'gut' und 'böse', hier in dem Sinne, ob ein 'Gedanke', eine innere Anregung von Gott stamme oder vom Bösen." (Discretio, 76).

[129] Hier ist insbesondere auf die "Dämonologie" der Wüstenväter zu verweisen sowie auf Origenes, der die Unterscheidungslehre zu einem ersten spekulativen Höhepunkt geführt hat, vgl. Switek, Discretio, 38-52.

[130] Vgl. zur Unterscheidung der Geister S.th. II-II, 172, 5 und 6.

[131] Vgl. Switek, Discretio, 60-62.

erster Linie der *ratio practica* zugeordnet.[132] Damit ist im Bereich der scholastischen Theologie eine weitgehende Trennung zwischen Spiritualität und Ethik grundgelegt. Zwar stellt die Reflexion der geistlichen Erfahrung in der Mystik einen gewissen Kontrapunkt dar; zudem halten die spätmittelalterlichen Traktate über die Unterscheidung der Geister den in der Tugendlehre ortlos gewordenen Aspekt der Beurteilung von Visionen und Prophezeiungen in Erinnerung. Eine die ursprünglichen Ansätze aufnehmende, die scholastische Perspektivverengung korrigierende - und damit zukunftsweisende - Formung erhielt die Lehre von der Unterscheidung der Geister jedoch erst wieder an der Schwelle der Neuzeit, insbesondere durch Ignatius von Loyola. Indem er an spätmittelalterliche Frömmigkeitsformen anknüpfte, diese aber im Durchgang durch seinen persönlichen geistlichen Erfahrungsweg transformierte[133], verlieh er der Unterscheidungslehre eine in ihrer Neuheit bis heute unübertroffene Gestalt und bleibende Relevanz.[134] Durch die Zuordnung zur zweiten Wahlzeit im Exerzitienbuch (EB 176) wird den Regeln zur Unterscheidung der Geister ein genau bestimmter Ort im Geschehen der Selbstvergewisserung, der Lebenswahl und - man könnte den Rahmen im Blick auf moderne Exerzitieninterpretationen noch weiter stecken - der Identitätsklärung des Christen im unmittelbaren Zusammenwirken von Gott und Mensch zugewiesen.

Vor dem skizzenhaft angedeuteten Hintergrund der christlichen Tradition der Unterscheidungslehre mag nun deutlich werden, warum sie für die vorliegende Studie als "roter Faden" gewählt wurde. Sie erscheint als ein methodisches Instrument, um den Prozeß der Sinnorientierung als Grundlage der Handlungsorientie-

---

[132] So kann an der Lehre von der Unterscheidung der Geister eine für die gesamte Theologie symptomatische Entwicklung beobachtet werden: Wenn Thomas in seinem theologischen Gesamtentwurf geistliches Leben und "akademische" Theologie noch zu einer Synthese zu führen vermochte, verfiel diese schon prekär gewordene Einheit im Spätmittelalter zunehmend einer für beide Seiten wenig fruchtbaren Trennung, die bis heute die Gestalt wissenschaftlicher Theologie insgesamt und theologischer Ethik im besonderen bestimmt, vgl. dazu Franz Furger in ders./Heimbach-Steins, Existenz, 7-13.

[133] Vgl. dazu insbesondere das Zeugnis der geistlichen Autobiographie des Ignatius: Der Bericht des Pilgers. Übersetzt und kommentiert von Peter Knauer SJ, Leipzig 1990, sowie: Ignatius von Loyola, Das Geistliche Tagebuch, hg. von Adolf Haas/Peter Knauer, Freiburg 1961, und die Briefe: Ignatius von Loyola, Geistliche Briefe, hg. von Hugo Rahner, Einsiedeln ²1956; Ignatius von Loyola, Deutsche Werkausgabe Bd. 1: Briefe und Unterweisungen. Übersetzt von Peter Knauer, Würzburg 1993.

[134] Karl Rahner hebt den Charakter der ignatianischen Exerzitien als "Dokument neuzeitlichen Geistes" hervor, das in der Kirche die Geburt von etwas gegenüber der mittelalterlichen Denkform wirklich Neuem befördert habe, insofern es darin um die Selbstfindung des Subjekts vor Gott gehe (vgl. Logik, 76f; Moderne Frömmigkeit, bes. 176ff). - Zu den traditionsgeschichtlichen Voraussetzungen der Unterscheidungslehre bei Ignatius vgl. besonders Hugo Rahner, "Werdet kundige Geldwechsler". Zur Geschichte der Lehre des heiligen Ignatius von Loyola von der Unterscheidung der Geister, in: Wulf, Ignatius, 301-341; Bakker; s.a Josef Weismayer, Ein Blick in einen fernen Spiegel. Spätmittelalterliche Traktate über die Unterscheidung der Geister, in: Imhof (Hg.), Nähe, 110-126; Günter Switek, Ignatianische Impulse für die katholische Frömmigkeit, in: ThPh 67 (1992) 356-380.

rung transparent zu machen und darin die Selbst-Verwirklichung des sittlichen Subjekts nachzuvollziehen. Als komplexes Kommunikationsgeschehen im Verstehenshorizont der Offenbarung erweist sie sich zugleich als eine Art "Operationalisierungsstrategie" für den Zusammenhang von Mystik und Politik. Insofern die Unterscheidung der Geister dementsprechend als geistlicher Weg der Praxisorientierung verstanden werden kann, soll sie in dieser Studie zunächst als strukturierendes Leitmotiv des theologischen Gesprächs mit Madeleine Delbrêl zur Geltung kommen. Es wird sich dabei zeigen, daß damit an das dem Verstehen aufgegebene "Material" nichts Fremdes herangetragen wird, sondern daß vielmehr - bis in die Terminologie hinein - eine den Suchbewegungen Madeleine Delbrêls immanente Struktur aufgedeckt werden kann. Zugleich kann über dieses Hilfsmittel des Verstehens der Versuch einer geistesgeschichtlichen Ortsbestimmung unternommen werden, insofern die Rekonstruktion der Praxis der Unterscheidung nicht ohne die Frage nach dem vorausgesetzten bzw. angezielten Sinnhorizont als "Vollzugsraum" angemessen geklärt werden kann.

Damit zeichnet sich aber, über die "Entfaltung" des Gesprächs mit Madeleine Delbrêl hinaus, für den dritten Teil der Studie ein zusätzliches "Vermittlungsproblem" ab: Denn wenn, wie dies insbesondere in der ignatianischen Gestalt der Unterscheidungslehre der Fall ist, das sich selbst entwerfende, im Vorgang der Wahl zu sich selbst kommende Subjekt in den Lichtkegel der Unterscheidungslehre tritt[135], stellt sich die Frage, inwiefern damit die gegenwärtige - spät- oder postmoderne - Situation überhaupt noch angemessen eingeholt werden kann. Unter dem Leitinteresse der Selbstvergewisserung theologischer (Sozial-)Ethik wird daher einerseits die Aufnahme der ignatianischen Unterscheidungslehre in sozialethischen Theorieansätzen dargestellt und auf ihre Tragfähigkeit hin befragt werden; andererseits wird mit diesen Konzeptionen und in kritischer Weiterführung nach den Rahmenbedingungen der Unterscheidungspraxis in der späten Moderne zu fragen sein, wobei die für Madeleine Delbrêl herausgearbeitete Situation und deren Bewältigung als Folie und Vergleichspunkt dienen kann.

---

[135] Vgl. dazu Bakker, 16.

2. *Begegnung*: Madeleine Delbrêl

Die Französin Madeleine Delbrêl (1904-1964), die in den folgenden Kapiteln als "Gegenüber" eines theologischen Gesprächsversuches ins Zentrum der Aufmerksamkeit treten soll, gehört nach dem Urteil Hans Urs von Balthasars "zu den bedeutendsten Frauen unseres Jahrhunderts"[1]. Von Balthasar ist nicht der einzige Theologe, der die Wichtigkeit dieser Frau für die Kirche der Gegenwart emphatisch betont hat. Von ihr wird gesagt, sie habe "durch ihr Leben verwirklicht, was man heute den Geist des Konzils, des 'aggiornamento' und des Dialogs nennt"[2].

Es ist bezeichnend, daß die Aufmerksamkeit für die 1964 verstorbene Madeleine Delbrêl und ihr Werk insbesondere im Umfeld des Zweiten Vatikanischen Konzils und der frühen Nachkonzilszeit angesiedelt ist und daß ihre Bedeutung mit der lebenspraktischen Auslegung der konziliaren Impulse begründet wird. Wenn sie ausdrücklich als Modell für nachkonziliares christliches Leben gedeutet wird, geschieht dies nicht von ungefähr, verbindet sich doch der Lebensweg Madeleine Delbrêls aufs engste mit jenen Aufbruchsbewegungen in der französischen Kirche, die - durch alle Schwierigkeiten hindurch - bedeutende Impulse für die im Konzil grundlegend erneuerte theologische Sichtweise der Welt und des Verhältnisses zwischen Kirche und Welt gegeben haben.[3]

Die zitierten Äußerungen können jedoch nicht darüber hinwegtäuschen, daß Madeleine Delbrêl bis heute sowohl in ihrem Heimatland Frankreich als auch in Deutschland selbst in kirchlichen Kreisen und unter Theologen nur wenig bekannt ist. Ihr Name ist immer noch ein "Geheimtip", und auch die wissenschaftliche Erforschung ihres Werkes steckt erst in den Anfängen.[4] Im folgenden soll Madeleine

---

1 Vgl. Vorwort zu GwL, 7.

2 Neufeld, Atheismus, 305. - Ähnlich äußert Jacques Loew, Madeleine Delbrêl lege durch ihren Lebensweg das Zeitalter nach dem Konzil aus (vgl. Einführung zu NK, 9); Josef Weismayer erkennt in Madeleine Delbrêls Schriften eine Wegweisung "für das Leben der christlichen Berufung mitten in der Welt des 20. Jahrhunderts" (Weismayer, 289).

3 Vgl. dazu besonders das 4. Kapitel der Arbeit.

4 Die "Association des amis des Madeleine Delbrêl", die durch Veröffentlichungen aus dem Nachlaß und regelmäßige Rundbriefe für die Bekanntmachung von Leben und Werk Madeleine Delbrêls Sorge trägt, stellt eine jährlich aktualisierte Bibliographie zu Madeleine Delbrêl zur Verfügung (vgl. Literaturverzeichnis); was die wissenschaftliche Beschäftigung mit Madeleine Delbrêl betrifft, kann die Bibliographie allerdings bislang erst bescheidene Anfänge dokumentieren. Die meisten der verzeichneten Veröffentlichungen sind kleine Beiträge erbaulichen Charakters. Davon abzuheben sind neben den einführenden Beiträgen in den Sammelbänden mit Schriften Madeleine Delbrêls (Balthasar, Conzemius, Guéguen, Lafon, Loew) einige deutschsprachige Aufsatzveröffentlichungen, die grundlegende Gesichtspunkte der Spiritualität und des Denkens von Madeleine Delbrêl erschließen (Furger/Heimbach-Steins, Greiner, Neufeld, Rotzetter, Steinmetz, Weismayer). - Darüber hinaus sind inzwischen einige Arbeiten zu verzeichnen, die zu einer umfassenderen theologischen Untersuchung beitragen: 1978 hat zunächst Charles Mann Biographie und Spiritualität Madeleine Delbrêls untersucht (The life and times of Madeleine Delbrêl: a

Delbrêl zunächst in einem knappen biographischen Abriß und anhand ihrer veröffentlichten Schriften vorgestellt werden (2.1). In einem zweiten Schritt sollen dann einige Linien der zeit- und geistesgeschichtlichen Einordnung skizziert werden (2.2).

2.1 Weg und Werk Madeleine Delbrêls - eine Skizze[5]

2.1.1 Biographische Orientierung

Madeleine Delbrêl wurde am 24.10.1904 als einziges Kind ihrer Eltern, des aus dem Arbeitermilieu aufgestiegenen Bahnbeamten Jules Delbrêl und der aus bürgerlichem Milieu stammenden Mutter Lucile, geb. Junières, in Mussidan/ Dordogne geboren.[6] Die familiäre Konstellation, die weder eine eindeutige soziale Zuordnung noch wegen der vielen berufsbedingten Umzüge eine geographische Beheimatung[7] erlaubte, ließ Madeleine Delbrêl früh eine gewisse Außenseiterposition einnehmen, so daß sie später von sich selbst sagte, sie sei "außerhalb aller richtigen Schuldiszipin" wie auch "außerhalb der sozialen Absperrungen" in

---

departure from systems of spirituality? Paris 1978, 2 Bde. [unveröffentlichte Doktorarbeit am Institut Catholique, Paris], vor allem biographisch-deskriptiven Charakters). Für die Beschäftigung mit Madeleine Delbrêl grundlegend und bisher unerläßlich ist die Biographie von Christine de Boismarmin (1985; deutsch: 1986 in einer allerdings unzulänglichen Übersetzung). Ohne wissenschaftliche Ambition geschrieben, verdankt sie sich der Nähe persönlicher Gefährtinnenschaft und der umfassenden Kenntnis des Nachlasses von Madeleine Delbrêl und vermittelt so ein lebendiges Portrait. Soeben erschienen ist die biographische Studie von Annette Schleinzer, Die Liebe ist unsere einzige Aufgabe. Das Lebenszeugnis von Madeleine Delbrêl, Ostfildern 1994; eine weitere grundlegende Arbeit zur Spiritualität der Lebensgemeinschaft Madeleine Delbrêls von Katja Boehme, der Übersetzerin der Anthologie "Leben gegen den Strom", befindet sich vor dem Abschluß. Darüber hinaus findet Madeleine Delbrêl in Frankreich inzwischen besonders in Studien zur "histoire religieuse" bzw. zur Erforschung des Katholizismus in der Zwischen- und Nachkriegszeit Beachtung, vgl. insbesondere die Dokumentation des Kolloquiums "Les communistes et les chrétiens. Alliance ou dialogue? Madeleine Delbrêl (1904 - 1933 - 1964), in: Le supplément. Revue d'éthique et théologie morale 173 (1990). - Die wohl früheste theologisch-philosophische Rezeption erfuhr Madeleine Delbrêl noch zu ihren Lebzeiten durch den französischen Jesuiten Gaston Fessard in dessen Werk De l'actualité historique, Bd. II (1960), vgl. dazu Kap. 4.3.3.

5 Die folgende Darstellung beschränkt sich bewußt auf jene Grundlinien der Biographie, die zum Verständnis der folgenden Kapitel unerläßlich sind. Details werden, soweit erforderlich, in den jeweiligen thematischen Zusammenhängen der Kapitel 3 und 4 ergänzt. Für ausführlichere biographische Studien sei verwiesen auf die Arbeiten von Boismarmin, Mann, Schleinzer (und demnächst Boehme).

6 Vgl. zum familiären Hintergrund und zu den spannungsreichen innerfamiliären Beziehungen Boismarmin, 13ff; Loew, Introduction NA 13f; Schleinzer, 62-72.

7 Bis zur Übersiedlung nach Paris im Jahr 1912 hatte die Familie außer in Mussidan schon in Lorient, Nantes, Bordeaux und Montluçon gewohnt. - Gleichwohl wird sich Madeleine Delbrêl zeit ihres Lebens auf ihre Herkunft aus der Gascogne und ihr südfranzösisches Temperament berufen.

einer gleichsam "anarchischen Situation" aufgewachsen.[8] Die unkonventionellen Rahmenbedingungen, zudem die künstlerischen Ambitionen, die die Eltern für ihre vielseitig begabte Tochter hegten[9], bestimmten ihre Jugend, die sie seit 1916 in Paris verbrachte. Eine eigentlich religiöse Erziehung im Elternhaus scheint es nicht gegeben zu haben, doch hat Madeleine Delbrêl den üblichen Katechismusunterricht besucht und auf diesem Weg einen ersten kindlichen Zugang zum katholischen Glauben gewonnen.[10] Dieses Fundament wurde jedoch bereits in den Entwicklungsjahren, in denen der agnostisch gesonnene Pariser Freundeskreis ihres Vaters Einfluß auf das junge Mädchen gewann, nachhaltig erschüttert, ja zerstört, so daß Madeleine Delbrêl wiederum rückblickend feststellt: "Mit Fünfzehn war ich strikt atheistisch und fand die Welt täglich absurder"[11]. Madeleine Delbrêl ist von jener Strömung eines rationalistischen Atheismus erfaßt, der sich in bestimmten intellektuellen Zirkeln der Hauptstadt konzentrierte.[12] Was einerseits als Reaktion auf das Grauen des ersten Weltkrieges aufgefaßt werden kann[13], gerät aber zugleich zu einer rationalistischen Überreaktion, die mit intellektueller Brillanz die Schattenseiten der Wirklichkeit zu kompensieren sucht, ohne doch der Konsequenz eines existentialistischen Nihilismus entgehen zu können.[14]

Ohne eine gezielte Ausbildung anzustreben, pflegte Madeleine Delbrêl ihre intellektuellen und künstlerischen Talente, indem sie Philosophie-Vorlesungen an der Sorbonne hörte[15], Zeichenkurse an einer Kunstakademie belegte[16], Gedichte schrieb[17] und in Zirkeln junger Intellektueller verkehrte, mit denen sie nicht zuletzt die Geselligkeit der "Goldenen Zwanziger" teilte.[18]

---

8 NA 282f, dt. NK 263. - Madeleine Delbrêl bewertet diese Umstände ihrer Jugend rückblikkend ausdrücklich als Chance.

9 Dem Wunsch ihrer Eltern zufolge sollte Madeleine Delbrêl Pianistin werden. Diesem Ziel wurde - so berichtet sie selbst - die gesamte schulische Ausbildung untergeordnet, vgl. NA 282, dt. NK 262f.

10 NA 283, dt. NK 263; vgl. Boismarmin 15; Loew, Introduction NA 14.

11 NA 283, dt. NK 263.

12 Maßgeblichen Einfluß übte insbesondere ein Freund der Familie Delbrêl auf die Heranwachsende aus: Dr. Armaingaud, der sich selbst "als Schüler Littrés, überzeugten Atheisten, als Sachwalter Montaignes auf dem Planeten" ausgab (vgl. Loew, Introduction NA 14; Boismarmin 16).

13 Boismarmin, 16f stellt diesen Bezug ausdrücklich her.

14 Vgl. dazu Madeleine Delbrêls Aufzeichnung "Gott ist tot, es lebe der Tod" (1921), die sie als 17jährige verfaßte (NA 53-55, dt. NK 42-44); dazu s.u. Kap. 3.2.1.1

15 Im Bericht einer Jugendfreundin (zitiert bei Loew, Introduction NA 15) werden insbesondere die Vorlesungen des rationalistischen Philosophen Léon Brunschvicg (1869-1944) erwähnt, die die beiden jungen Mädchen "um 1920" gehört haben.

16 Vgl. Boismarmin 19.

17 Für ihren Gedichtband "La route" erhält Madeleine Delbrêl den Literaturpreis Sully-Prudhomme 1926. - Zu weiteren literarischen Aktivitäten Madeleine Delbrêls in dieser Lebensphase vgl. Boismarmin 28-30.

18 Vgl. Boismarmin 19.

Dem Umgang mit Freunden, unter denen der spätere Dominikanerpater Jean Maydieu[19] eine Schlüsselrolle gespielt hat, verdankt sie letztlich den fundamentalen Wandel ihres Lebens, der in einem schmerzlichen Prozeß zu ihrer Konversion geführt und ihr im Jahr 1924[20] das Christentum neu erschlossen hat.[21] Die "Entdeckung" der christlichen Botschaft als Lebensfundament entlastet Madeleine Delbrêl zunehmend von der Notwendigkeit beständiger Selbstversicherung, so daß sie sich mit wachsender Gewißheit von sich selbst weg und den ihr begegnenden Aufgabenfeldern zuwenden konnte.[22]

---

[19] Jean Maydieu, geboren am 23.03.1900 in Bordeaux, gestorben am 27.04.1955 ebenda, Ordensprofeß am 23.03.1926 als "frère Augustin" O.P., zum Priester geweiht am 25.07.1930, war Mitarbeiter der Editions du Cerf und seit 1935 bis zu seinem Tod Chefredakteur der Zeitschrift "La Vie intellectuelle". Er spielte im intellektuellen Leben von Paris und insbesondere in der résistance eine wichtige Rolle. - Für ein persönliches Portrait des Mannes, der nach Herkunft, Temperament und Spiritualität viele Gemeinsamkeiten mit Madeleine Delbrêl gehabt zu haben scheint, vgl. das Sonderheft "Le Père Maydieu" der Zeitschrift "La vie intellectuelle" 27. Jg. Juli/August 1956.

[20] Im Rückblick schreibt sie: "Als ich zwanzig war, folgte eine überwältigende Konversion auf eine Zeit vernünftiger religiöser Suche" ("A vingt ans, une conversion violente suivi une recherche religieuse raisonnable", NA 283, dt. NK 263; meine Übersetzung weicht von der deutschen Druckfassung ab, vgl. dazu die Erläuterung in Kap. 3, Anm. 21). - Eine ausführliche Reflexion Madeleine Delbrêls auf das Konversionsgeschehen findet sich: VM^2 248-252; Schleinzer, 175 zitiert ein sehr persönliches Zeugnis Madeleine Delbrêls, in dem diese selbst ihre Konversion auf den 29.3.1924 datiert.

[21] Madeleine Delbrêl hatte Jean Maydieu und seine Freunde um 1922 im Hause des Dr. Armaingaud, seines Paten, kennengelernt, vgl. dazu auch "Le Père Maydieu", 15. Diese christlichen Studenten bildeten einen herausfordernden Kontrapunkt zu den agnostischen Überzeugungen, mit denen Armaingaud Madeleine Delbrêl in seinen Bann gezogen hatte. Gleichwohl blieb die weltanschauliche Differenz für sie längere Zeit eine Frage der intellektuellen Auseinandersetzung ohne existentielle Konsequenzen. Dieser Aspekt mag in den Hintergrund getreten sein gegenüber der Liebesbeziehung, die sich zwischen Jean Maydieu und Madeleine Delbrêl entwikkelte und die frühe Ordensberufung des jungen Mannes aus christlicher Familie zeitweise überlagerte. Während in der Familie Delbrêl bald von Verlobung gesprochen wurde, brach Jean Maydieu jedoch plötzlich und ohne sich zu erklären den Kontakt ab und trat ins Noviziat der Dominikaner ein. Für Madeleine Delbrêl bedeutete dieser Bruch eine schwere persönliche Krise, die zeitlich mit der frühen Erblindung des Vaters zusammentraf, der ob seiner Krankheit in einen nahezu asozialen Zustand absank und das familiäre Leben vor eine kaum erträgliche Belastungsprobe stellte (vgl. zum Ganzen Boismarmin 19-27; Schleinzer, 74-80). - Zwar erscheinen eine enttäuschte Liebesbeziehung und eine gleichzeitig kaum äußerst prekäre familiäre Situation nicht eben als günstige Voraussetzungen für eine tragfähige Sinnorientierung; gleichwohl ist auf diesem biographischen Hintergrund offenbar die Empfänglichkeit für jene Begegnung mit dem christlichen Sinnangebot gewachsen, die mit der intellektuellen Auseinandersetzung im Hause Armaingaud begonnen hat und allmählich in einer bohrenden Suche zur existentiellen Wende der Konversion geworden ist (vgl. zur Konversion Kap. 3.2.1).

[22] Nach ihrer Bekehrung hegte Madeleine Delbrêl zunächst den Wunsch, in den Karmel einzutreten. Dem stand die prekäre familiäre Situation entgegen, in der sie ihre Mutter nicht allein lassen wollte. Die Zeit des Aufschubs einer Entscheidung bewirkte dann allmählich ein Umdenken, das sie nach Wegen eines religiösen Lebens inmitten der "säkularen" Welt Ausschau halten ließ. (Vgl. Boismarmin 27; Loew, Introduction NA 19).

Unter der geistlichen Begleitung von Abbé Jacques Lorenzo[23] fand sie zunächst Anschluß an den "scoutisme" und nahm bald Führungsaufgaben in der Pfadfinderschaft ihrer Pfarrei St.-Dominique und in der Region Paris-Sud wahr.[24] Darüber hinaus engagierte sie sich mit einer Gruppe gleichgesinnter junger Frauen aus dem Pfadfinder-Milieu in den sozial-caritativen Aufgaben der Pfarrei.[25] Bereits hier gingen sozialer Dienst und Orientierung am Evangelium Hand in Hand: Wöchentlich traf sich der Kreis mit Abbé Lorenzo nicht nur zur Organisation der Arbeit, sondern auch zu Bibellektüre und Meditation.[26] In diesem Umfeld fand sie die zwei Gefährtinnen, mit denen sie sich auf eine Lebensgemeinschaft vorbereitete und schließlich im Oktober 1933 nach Ivry aufbrach.[27] Die wachsende Zielgerichtetheit ihres Tuns findet auch darin Ausdruck, daß sie sich - nach Jahren einer eher ziellosen intellektuellen Suche - zu einer konkreten, praktischen Ausbildung als Fürsorgerin entschloß.[28]

Ist der Weg aus dem Zentrum von Paris in die südöstliche Vorstadt Ivry geographisch nicht weit, so hätte doch die Distanz zwischen den sozialen Milieus am Ausgangs- und Zielpunkt der "Reise" kaum größer sein können. Ivry, die kommu-

---

23 Abbé Jacques Lorenzo (gest. 6.1.1958) spielt in der Biographie Madeleine Delbrêls und in der Geschichte ihrer Gemeinschaft eine herausragende Rolle. Seit Madeleine Delbrêls Einsatz in der Pfadfinderschaft auf dem Boden der Pariser Pfarrei Saint Dominique, der von Abbé Lorenzo angeregt worden war, bis zu dessen Tod ist er ihr erster und langjähriger geistlicher Begleiter. In dieser Aufgabe hat er Madeleine Delbrêl maßgeblich in der Initiative zu und der Gestaltung ihrer Gemeinschaft unterstützt, die er seit 1934 als Pfarrer von Ivry fortsetzen konnte. Als einer der ersten Mitarbeiter der Mission de France hat er schließlich im Jahr 1941 auch den Kontakt Madeleine Delbrêls dorthin und insbesondere zu Louis Augros (s.u.) vermittelt. - Von 1945-1950 war Lorenzo im Dienst der Mission de France Pfarrer an Saint-Hippolyte im 13. Pariser Bezirk (und damit in der Nachbargemeinde von Ivry), in jener Pfarrei, die in diesen Jahren zu einer "missionarischen" Pfarrei entwickelt wurde und in der - im Umfeld der missionarischen Gruppen der Dominikaner und der Jesuiten - die Bewegung der "progressistischen Christen" ihre Keimzellen hatte. Dort wuchs ein Spannungsfeld, das Abbé Lorenzo im Jahr 1950 veranlaßte, seine Demission zu erbitten, angesichts einer "unregierbar" gewordenen Pfarrei (vgl. Tranvouez, Mission 70; 82f). - Vgl. für ein geistliches Portrait dieses Mannes Madeleine Delbrêls Aufzeichnung "Une voix qui criait l'évangile. Le Père Lorenzo" (publiziert in den Lettres aux communautés de la Mission de France, Aug./Sept. 1959, vgl. JC 52-63). - Die Beziehungen zu und die Bedeutung Abbé Lorenzos für Madeleine Delbrêl und ihr Lebenswerk genauer zu untersuchen, wäre ein dringendes Desiderat weiterer Forschung.

24 Vgl. Boismarmin 30f. - Zur Entwicklung des scoutisme in Frankreich vgl. Cholvy, L'essor du scoutisme, in: Cholvy/Hilaire II, 374-384.

25 Dem leitenden Anliegen entsprechend, trägt die Gruppe den von Abbé Lorenzo vorgeschlagenen Namen "La Charité", der später für die Gemeinschaft Madeleine Delbrêls in Ivry eine erste Selbstbezeichnung werden sollte, vgl. Boismarmin 31; Schleinzer 118-128.

26 Vgl. Boismarmin 31f; Schleinzer 101-111.

27 Vgl. Boismarmin 32-36.

28 Madeleine Delbrêl beginnt die Ausbildung als "assistante sociale" im Oktober 1931 an der école Montparnasse und schließt sie im November 1936 ab. Ihre Examensarbeit wird unter dem Titel "Ampleur et dépendance du Service social" (Paris 1936) veröffentlicht.

nistische Musterstadt Frankreichs[29], wurde für Madeleine Delbrêl nach ihren eigenen Worten zur "Schule des angewandten Glaubens"[30] in vielfacher Hinsicht: Ghetto-Katholizismus[31] und militanter Atheismus der Kommunisten bilden die zwei Fronten, zwischen denen die drei Frauen zunächst ihren Ort finden mußten. Erleichtert wurde diese Standortsuche durch die soziale Aufgabe, die sie sich gesetzt hatten und die sie nicht an den jeweiligen ideologischen Grenzpfählen halt machen ließ.[32] Ihren ersten Standort, eine Wohnung in Ivry-Plateau, nahe dem Haus, in dem sie eine kirchliche Sozialstation aufbauen sollten, gaben die Frauen jedoch nach weniger als zwei Jahren wieder auf, als sie sahen, daß sie dort zu sehr auf den binnenkirchlichen Sektor beschränkt blieben und ihre eigentliche Umgebung kaum kennenlernen, geschweige denn menschlich erreichen konnten.[33] Sie siedelten deshalb in ein zentral, kurz hinter dem "roten Rathaus" der Stadt gelegenes Haus über[34], von wo aus Madeleine Delbrêl die Arbeit in der Sozialstation bis 1939 fortsetzte. - Die durch den Wohnungswechsel gewonnene Nähe zum politisch-sozialen Zentrum der Stadt und die entschiedene, aber institutionell lockere Bindung an die Pfarrei Saint-Pierre-Saint-Paul von Ivry-Centre können als programmatisch für die Lebensweise der Gruppe gelten.

Der Wandel der politischen Situation unter dem wachsenden Druck des Faschismus veränderte bald auch die Beziehungen zwischen Christen und Kommunisten, jedenfalls auf der Ebene der "Funktionäre". Wenn es dadurch zwischen den einander feindlich gesonnenen ideologischen Gruppen in Ivry zeitweise zu einer gewissen Entspannung kam, so gestalteten sich doch auch weiterhin die Bedingungen des Zusammenlebens schwierig. Gleichwohl führten soziale Not und politischer Druck die ideologischen Kontrahenten im konkreten Handeln zusammen.[35] Madeleine Delbrêl und Abbé Lorenzo als Pfarrer der Pfarrei Saint-Pierre-Saint-Paul von Ivry-Centre hatten aktiven Anteil an dem allmählichen Wandel, indem sie 1936 auf die von der kommunistischen Partei lancierte "Politik der ausgestreck-

---

29 Vgl. Loew, Introduction NA 21. - Für eine Skizze der wirtschaftlichen, sozialen und politischen Entwicklung der südöstlich von Paris an der Seine gelegenen Stadt vgl. Kap. 4.3.1.1.

30 NA 281, dt. NK 261; vgl. Neufeld, Atheismus 298f.

31 "En 1933, Eglise et Ville sont en plein antagonisme" (Langignon, 58). - Zur kirchlichen Situation und zur Gestaltung des Zusammenlebens zwischen Katholiken und Kommunisten vgl. neben dem zitierten Artikel von Martine Langignon v.a. Fouilloux, chrétiens, 166-172.

32 Vgl. zum Wandel der Haltung, mit der Madeleine Delbrêl ihrem "ideologischen" Umfeld begegnete, Fouilloux, Madeleine Delbrêl, 49; Neufeld, Atheismus 303.

33 Vgl. Schleinzer 136f.

34 Die Adresse "11, rue Raspail" ist heute noch der Wohnsitz einer der Gemeinschaften Madeleine Delbrêls wie auch der "Association des amis des Madeleine Delbrêl".

35 Vgl. VM^2 58f, dt. CmS 53f; Daille 32f; zu den politischen Rahmenbedingungen (insb. Sieg des Front populaire 1936) Cholvy/Hilaire III, 38-44; zur Situation in Ivry Fouilloux, chrétiens; Langignon, bes. 60-66.

ten Hand"[36] eingingen, gemeinsam mit den kommunalen Verantwortlichen eine Initiative für die Unterstützung der Arbeitslosen starteten[37] und in ähnlicher Weise während der Kriegsjahre die Zusammenarbeit gegen die Not der Bevölkerung insbesondere in der Folge der deutschen Bombenangriffe auf Ivry-Port[38] suchten.[39] Während der Kriegsjahre, in denen die kommunistische Führung aus dem Rathaus vertrieben war, wurde die kommunale Verwaltung der Arbeitsplatz Madeleine Delbrêls: Sie übernahm die Zuständigkeit für die Organisation der Sozialdienste im Département Seine.[40] Auch nach dem Wiedereinzug der Kommunisten ins Rathaus setzte sie diese Tätigkeit noch einige Zeit fort. 1946 zog sie sich aus dem kommunalen Dienst zurück[41] und widmete fortan ihre Zeit und Kraft verstärkt den Anliegen ihrer inzwischen angewachsenen Gemeinschaft[42] sowie verschiedenen Hilfsprojekten, die auf privater Basis organisiert wurden zur Unterstützung von Menschen, die sich hilfesuchend an die Gemeinschaft wandten. Dabei gingen sozial-caritatives und politisches Engagement[43] Hand in Hand, jeweils mehr von den Erfordernissen des Augenblicks geleitet als von einem vorab festgelegten politischen oder sozialen Programm.

Zugleich war Madeleine Delbrêl in diesen Jahren eingebunden in die missionarischen Aufbruchsbewegungen, die sich im Zusammenhang mit den Erfahrungen der Arbeitsdienstverpflichteten und der heimlich nach Deutschland eingeschleusten Arbeiterseelsorger zu formieren begannen.[44] Mit ihrem Erfahrungsvorsprung von fast zehn Jahren war sie für die im Aufbau befindliche Mission de France und deren ersten Superior, Louis Augros[45], eine gesuchte Ratgeberin.

---

[36] Vgl. den Radio-Aufruf von Maurice-Thorez am 17.04.1936 "Nous te tendons la main, catholique, ouvrier, employé, artisan, paysan, nous qui sommes des laïques, parce que tu es notre frère et que nous sommes accablés par les mêmes soucis." (zit. bei Boismarmin, 52).

[37] Vgl. Daille 33f.

[38] Der Stadtteil Ivry-Port wurde zweimal bombardiert, am 31.12.43 und am 26.08.44.

[39] Daille 34, wertet diese Aktionen einer konkreten "parteiübergreifenden" Zusammenarbeit gegen die Not der Bevölkerung als bedeutende Schritte einer irreversiblen Entwicklung - gesehen im Zusammenhang mit den größeren kirchlichen Versuchen einer missionarischen Neuorientierung: "L'Eglise, elle, avec notamment *La France, pays de mission?*, la fondation du séminaire de Lisieux, a vécu des événements irréversibles. A Ivry même entre le *comité des chômeurs* et le *bombardement du port*, les relations furent nombreuses, profondes, riches." (Hervorhebungen im Original); vgl. dazu auch Boismarmin 50-58; Langignon 64f.

[40] Boismarmin 60.

[41] Vgl. Boismarmin 77-83.

[42] Zur Entwicklung der Gemeinschaft, die zum fraglichen Zeitpunkt 15 Mitglieder zählte, vgl. Schleinzer 154-162.

[43] Vgl. die Beispiele bei Boismarmin 92-96; 115-117. Nähere Ausführungen Kap. 4.1 und 4.3.

[44] Vgl. allgemein Duquesne 273-307; Cholvy/Hilaire III, 98-104; zur Rolle Madeleine Delbrêls in der missionarischen Bewegung Fouilloux, Madeleine Delbrêl; vgl. dazu Kap. 4.2.

[45] Louis Augros, 1898-1982, Mitglied der Kongregation von Saint-Sulpice, war nach zehnjähriger Tätigkeit als Professor der Philosophie in Orléans und Issy-les-Moulineaux (1925-1935) zunächst Regens des Priesterseminars von Autun, ehe er 1941 von Kardinal Suhard zum Gründungs-Regens des Seminars der Mission de France in Lisieux berufen wurde. Im Zuge der Krise um die

Sie unterhielt vielfältige Beziehungen zu Geistlichen und Laien, die in diesen Aufbrüchen engagiert waren; an deren Entwicklung und an den Schwierigkeiten, die seit Ende der 40er Jahre auf die Mission de France, die Mission de Paris und die Arbeiterpriester zukamen, nahm sie regen Anteil. Ihre vielfältigen Kontakte mit Personen, die in unterschiedlicher Weise und in verschiedenen Rollen an den Konflikten teilhatten, nutzte sie nach Kräften zur Vermittlung und Verständigung. Da es um Anliegen ging, denen sie selbst ihre Lebenskraft verschrieben hatte, litt sie auch ganz persönlich an den Konflikten, die die französische Kirche der 50er Jahre mehr erschütterten, als es von der vergleichsweise kleinen Zahl der aktiv Betroffenen her zu vermuten gewesen wäre. So ist es vielleicht nicht erstaunlich, daß Madeleine Delbrêl, die, obwohl von zarter körperlicher Konstitution, alle ihre Projekte mit nahezu unerschöpflich scheinender Energie verfolgte, gerade in den kirchlich und politisch aufreibenden fünfziger Jahren sehr viel krank und in ihrer Arbeitskraft vielfach stark beeinträchtigt war.[46]

Bis zu ihrem Tod am 13. Oktober 1964 blieb Ivry der Lebens- und Erfahrungsraum für Madeleine Delbrêl. Hier hat sie ihre soziale, politische und religiöse Kompetenz erworben, die immer wieder von verschiedenen Seiten, Einzelpersonen, kirchlichen Verantwortungsträgern und Gruppen in Anspruch genommen wurde. Neben den Erfahrungen eines zeitgemäßen religiösen Gemeinschaftslebens[47] einerseits und der sensiblen Wahrnehmung der Lebensbedingungen der Arbeiterklasse als religiöse und ethische Herausforderung andererseits[48] spielte dabei insbesondere die christliche Identitätsbildung in einer nicht (mehr) christlichen Umgebung eine zentrale Rolle. Während in dieser Hinsicht die Herausforderung des Zusammenlebens und der ideologischen Auseinandersetzung mit dem praktisch gelebten Marxismus in Ivry lange Zeit ihre Wahrnehmung der religiösen Situation und ihre Reflexion auf die Bedingungen mündigen Christseins bestimmte[49], hat sie sich in den letzten Jahren ihres Lebens, spätestens seit etwa 1960, verstärkt mit der Problematik der Entchristlichung im Sinne eines religiösen

---

Mission de France mußte er diesen Posten 1952 verlassen. Nach zweijähriger Tätigkeit als Pfarrer in Givors arbeitete er noch mehr als zwanzig Jahre im pastoralen Einsatz unter schwierigen Bedingungen in Nordafrika. - Vgl. Augros, Eglise; Vinatier, Augros; Schleinzer 222-226; zu den Kontakten zwischen Louis Augros und Madeleine Delbrêl sowie zu Entwicklung und Krise der Mission de France und vgl. Kap. 4.1.

46 Vgl. dazu insgesamt Boismarmin 115-154.

47 Vgl. dazu insbesondere die Texte in CE; für eine ausführlichere Darstellung und Untersuchung dieses Lebensthemas Madeleine Delbrêls: Schleinzer 154-202; demnächst Boehme; in der vorliegenden Untersuchung kann dieser Aspekt nicht ausführlich behandelt werden.

48 Vgl. exemplarisch etwa die Texte "Vielfalt und Einheit der proletarischen Existenz" und "Erkenntnis und Tun", beide in: NA 93-104, dt. NK 77-89.

49 Vgl. insbesondere die Reflexionen über Ivry in VM; dazu Kap. 4.3.

Indifferentismus bzw. eines nicht dogmatischen, "pluralistischen" Atheismus auseinandergesetzt.[50]

2.1.2 Schriften

Eines der wichtigen Anliegen Madeleine Delbrêls war es, die Erfahrungen, die sie im Hinblick auf diese Themen in dem begrenzten Milieu ihres Lebensumfeldes Ivry gewonnen hatte, anderen mitzuteilen, sich dem Gespräch und der Diskussion zu stellen und insbesondere zu unvoreingenommener, verstehensbereiter Begegnung zu ermutigen. Dabei standen für sie immer die religiöse Grundmotivation und der Lebenszusammenhang ihrer Gemeinschaft im Mittelpunkt. Beides zusammen bildet als Einheit Maßstab und Korrektiv ihres Handelns, das sich in der Normalität eines gewöhnlichen Alltags als christliches Handeln zu bewähren sucht.

Madeleine Delbrêl, die Dichtung und Literatur früh als Ausdrucksmittel für sich und ihre Erfahrungen entdeckt hatte[51], hat ihre Fähigkeiten, mit dem Medium Sprache umzugehen, nach ihrer Bekehrung gezielt im Sinne ihrer Berufung eingesetzt. Sie hat nicht nur eine umfangreiche Korrespondenz und eine Fülle persönlicher Aufzeichnungen und Texte für ihre Gemeinschaft hinterlassen, sondern auch Vortragsmanuskripte und Artikel, in denen sie, von ihrem Erfahrungsfeld in Ivry ausgehend, zu politischen und religiösen Fragen der Zeit, oft aus ganz konkretem Anlaß, Stellung nahm. Gleichwohl hat sie selbst relativ wenig veröffentlicht. Abgesehen von den Schriften, die sie im direkten Zusammenhang ihrer beruflichen Tätigkeit publizierte[52], sind zu ihren Lebzeiten zwar etliche Artikel, aber lediglich ein Buch aus ihrer Feder erschienen[53]: "Ville marxiste terre de mission", in dem sie ihre Erfahrung mit den Möglichkeiten und Schwierigkeiten christlicher Präsenz im kommunistischen Milieu reflektiert.[54] Dieses Buch, 1957 in einer Phase ideologi-

---

50 Vgl. exemplarisch die Studien "Unsere Zeit als Zeit unseres Glaubens" und "Atheismus und Glaubensverkündigung", beide NA 219-232; 252-272, dt. NK 201-213; 233-254; dazu auch Neufeld, Atheismus, 299-303.

51 Vgl. oben Anm. 17.

52 Neben der Examensarbeit (s.o. Anm. 28): Le service social dans la réalité vivante, in: Revue des Jeunes, 29. Jg. (1938) 693-704; Veillée d'armes, Paris 1942 (das Buch wurde für Sozialarbeiterinnen im Einsatz für die Kriegsflüchtlinge aus den konkreten Erfahrungen der eigenen Arbeit geschrieben) sowie (im gleichen zeitlichen Horizont, aber an einen weiteren Kreis von Adressatinnen gerichtet) La femme et la maison, Paris 1942. Vgl. dazu Boismarmin 64-66; Schleinzer, 150f.

53 Vgl. die Liste bei Boismarmin 201f.

54 Ville marxiste terre de mission, Paris 1957 (VM). 1970 wurde das Buch in einer Taschenbuchausgabe erneut aufgelegt, und erst hier wurde der von Madeleine Delbrêl ursprünglich gewünschte Titel "Provocation du marxisme à une vocation pour Dieu" als Untertitel hinzugefügt. Dem ursprünglichen Text wurde der Briefwechsel mit Venise Gosnat, einem der führenden Funktionäre in der kommunistischen Stadtverwaltung von Ivry und engen Freund Madeleine Del-

scher Verhärtung in Kirche und Politik erschienen, kann als Vermächtnis Madeleine Delbrêls angesehen werden[55], insofern sie darin - nach fast 25 Jahren in Ivry - die Bilanz ihrer "Schule des angewandten Glaubens"[56] zieht und als durchaus politische Botschaft, vor allem in den kirchlichen Raum hinein, weitergibt.[57]

Nach dem Tod Madeleine Delbrêls wurden nach und nach mehrere Sammelbände mit Texten zu verschiedenen Themenbereichen herausgegeben, die das Bild ihres Wirkens und Denkens erweitern und vertiefen. Zunächst erschien im Jahr 1966 der Band "Nous autres, gens des rues", dessen Untertitel "Textes missionnaires" den weitgespannten thematischen Rahmen der darin versammelten Einzeltexte andeutet.[58] Titelgebend für den Band ist eine Aufzeichnung aus dem Jahr 1938, die als programmatisch für die Spiritualität der Gemeinschaft Madeleine Delbrêls gelten kann.[59] In chronologischen Blöcken zusammengestellt, enthält der Band Studien und Aufzeichnungen (einige davon waren bereits zuvor an verschiedenen Orten publiziert) aus der gesamten Zeit des Wirkens von Madeleine Delbrêl in Ivry bis hin zu jenem letzten Vortrag, den sie wenige Wochen vor ihrem Tod vor Studenten gehalten und in dem sie noch einmal eine Art Résumée ihrer Erfahrungen in Ivry festgehalten hat.[60]

Zwei Jahre später erschien der erste Band mit im engeren Sinne geistlichen Texten: "La joie de croire"[61], dem im Jahr 1973 mit "Communautés selon évan-

---

brêls, vorangestellt; am Schluß des Buches wurden einige Aufzeichnungen, unter anderem jener wichtige Text aus dem Jahr 1957, in dem Madeleine Delbrêl den Prozeß ihrer Konversion reflektiert, aufgenommen ("Réflexions sur la justice", VM^2, 243-252). - Die deutsche Übersetzung beruht auf der zweiten Auflage, berücksichtigt aber leider weder den Briefwechsel mit V. Gosnat noch die im Anhang zusätzlich veröffentlichten Texte.

55 Vgl. Boismarmin 136.

56 S.o. Anm. 30.

57 Für eine nähere Auswertung vgl. Kap. 4.3.2.

58 Nous autres, gens des rues. Textes missionnaires. Introduction de Jacques Loew, Postface de Louis Augros, Paris 1966 (2. Aufl. 1971) (NA). Der französischen Originalausgabe (60.000 Exemplare in der ersten Auflage) folgten Übersetzungen ins Italienische (1969), Portugiesische (1969), Spanische (1971) und ins Deutsche: Wir Nachbarn der Kommunisten. Übertragen und mit einem Vorwort versehen von Hans Urs von Balthasar, Einsiedeln 1975 (NK).

59 NA 63-67, dt. "Wir Leute von der Straße" (NK 49-53) - der Buchtitel weicht in der deutschen Übersetzung von dieser Vorgabe ab und verengt damit den Blickwinkel gegenüber der thematischen Bandbreite der Textsammlung.

60 Der Vortrag trägt den ebenso programmatischen wie provozierenden Titel "Milieu athée, circonstance favorable à notre propre conversion" (NA 281-293), der thetisch die Botschaft zusammenfaßt, die Madeleine Delbrêl bereits mit VM insbesondere innerkirchlich verkünden wollte. Deutsche Übersetzung: "Atheistische Umwelt als günstige Voraussetzung für unsere eigene Bekehrung (NK 261-274).

61 La Joie de croire. Préface de Jean Guéguen. Avant-Propos de Guy Lafon, Paris 1968 (JC). Übersetzungen ins Italienische (1970), Portugiesische (1970) und, auszugsweise, ins Deutsche: Gebet in einem weltlichen Leben. Übersetzt und mit einem Vorwort versehen von Hans Urs von Balthasar, Einsiedeln 1974 (GwL). - Die Sammlung enthält überwiegend kurze Texte zu Grundthemen des geistlichen Lebens (das Evangelium als "Lebensbuch"; evangelische Räte; geistliches Leben im Alltag; christliche Berufung in der "Welt", Gebet); viele der Aufzeichnungen sind dem Stil nach

gile"[62] ein weiterer folgte. Wie der Titel schon andeutet, sind darin überwiegend Texte zur Spiritualität der Gemeinschaft bzw. zu den Möglichkeiten eines zeitgemäßen christlichen Gemeinschaftslebens gesammelt. 1990 schließlich wurde eine Anthologie mit Auszügen aus Briefen Madeleine Delbrêls veröffentlicht.[63]

Damit liegt inzwischen eine breite Palette schriftlicher Aufzeichnungen Madeleine Delbrêls gedruckt vor, wenngleich noch immer eine Fülle von Material unveröffentlicht im Archiv ruht. Man kann jedoch davon ausgehen, daß mit den publizierten Texten die Grundgedanken und die Hauptthemen Madeleine Delbrêls auch in ihrer lebensgeschichtlichen Entfaltung repräsentativ abgedeckt sind. Vieles, was bislang nicht veröffentlicht ist, wiederholt und bestätigt das vorliegende Bild. Daher stützt sich diese Studie *in der Regel* auf die veröffentlichten Schriften. Lediglich in Einzelfällen wird auf unpubliziertes Material zurückgegriffen, wenn nur dadurch interessante Einblicke zu Spezialthemen eröffnet werden können.[64]

Meditationen oder Gebetstexte. Den Schlußteil des Bandes bildet die später auch separat publizierte Sammlung von Aphorismen "Alcide. Guide simple pour simples chrétiens" (Paris 1980; eine deutsche Übersetzung, allerdings in einer dem Inhalt wenig adäquaten Aufmachung, liegt vor unter dem Titel "Der kleine Mönch. Ein geistliches Notizbüchlein", Freiburg-Basel-Wien 1981). In liebenswürdig humorvoller Weise hält Madeleine Delbrêl darin so etwas wie eine "Mystik des Alltags" fest, indem sie Alcide alle möglichen alltäglichen Situationen im Lichte der geistlichen Berufung durchleuchten läßt, so daß sie auf Gott hin transparent werden. Das ignatianische "Gott in allen Dingen finden" und die Haltung der Indifferenz als Grundgestimmtheit eines geistlichen Lebens in der Banalität des Alltags finden hier eine authentische Gestalt.

62 Communautés selon l'Evangile, Paris 1973 (CE). Übersetzungen ins Italienische (1976) und, auszugsweise, ins Deutsche: Frei für Gott. Über Laien-Gemeinschaften in der Welt. Übertragen von Hans Urs von Balthasar, Einsiedeln 1976 (FG).

63 Indivisible amour. Pensées détachées inédites. Préface de Jaques Sommet. Introduction de Christine de Boismarmin, Paris 1991; dt.: Leben gegen den Strom. Denkanstöße einer konsequenten Christin, Freiburg-Basel-Wien 1992 (LS). - Meist kurze, oft aphoristisch anmutende Passagen aus Briefen Madeleine Delbrêls (ergänzt durch einige Abschnitte aus VM und NA) sind hier in thematischen Blöcken zu einer Anthologie zusammengestellt. Dieses Verfahren bedingt, daß das literarische Genus "Brief" in den meisten Fällen ebenso wenig erkennbar geblieben ist wie der/die Adressat/in. Ist eine solche Präsentation im Interesse der Wahrung der Intimsphäre der Beteiligten und der "Geschlossenheit" des Buch-Konzeptes durchaus nachvollziehbar, so ist doch die Ausblendung des Kontextes im Hinblick auf die Auswertung unter wissenschaftlichen Gesichtspunkten zu bedauern. Hier muß im einzelnen dann doch nach wie vor auf die vollständigen Texte im Archiv zurückgegriffen werden.

64 Dies gilt insbesondere für die Untersuchungen in Kap. 4, die zur Erhellung der gesellschaftlichen Dimension des Engagements von Madeleine Delbrêl anhand konkreter Beispiele auch auf unveröffentlichte Studien und Briefe zurückgreift.

2.2 Biographie im Spannungsfeld von moderner Gesellschaft und Kirche

Wenn von Madeleine Delbrêl gesagt werden kann, sie habe "die Situation des nachkonziliaren Christen in einer säkularen Welt vorweggenommen"[65], so bedeutet dies zugleich, sie im Zusammenhang einer größeren geistesgeschichtlichen Bewegung des französischen Katholizismus zu sehen. Es würde jedoch den Rahmen dieser Studie sprengen, den damit angesprochenen geschichtlichen und gesellschaftlichen Horizont ausführlich zu entfalten. Daher sollen lediglich einige Linien der Entwicklung streiflichtartig beleuchtet werden, um Leben und Werk Madeleine Delbrêls in *ihrem* zeit- und geistesgeschichtlichen Horizont verstehen und die Frage nach dem (in der zitierten Würdigung insinuierten) Modellcharakter für die *gegenwärtigen religiösen und ethischen Herausforderungen* adäquat einschätzen zu können.[66]

Den französischen Katholizismus der Zwischenkriegszeit und der Zeit nach dem Zweiten Weltkrieg durchzieht ein Strom theologischen, philosophischen wie politischen Denkens und Handelns, der die Mauern des relativ geschlossenen katholischen Milieus ("chrétienté") und des thomistischen Systemdenkens als "philosophia perennis" durchbricht und mit der Preisgabe dieser "Sicherungen" den irreversiblen Aufbruch zur säkularen Moderne bedeutet.[67]

Diese Bewegung hat ihre Wurzeln in der Zeit der Wende vom 19. zum 20. Jahrhundert, die durch eine intellektuelle und spirituelle Wiederbelebung des französischen Katholizismus gekennzeichnet ist.[68] Diese Verlebendigung wurde aber sehr rasch durch die sog. Modernismus-Krise "gebremst", die das katholische Denken (nicht nur) in Frankreich bestimmte und hemmte:[69] Die französische Neuschola-

---

65 Conzemius, 8.

66 Auch dieser Abschnitt wird im Sinne einer erst-orientierenden Skizze beschränkt. Sofern für das Verständnis bestimmter näher zu untersuchender Themen und Konstellationen erforderlich, werden in den jeweiligen Kapitelzusammenhängen detailliertere Einzeldarstellungen geboten.

67 Eine gute Orientierung dazu bieten Domenach/de Montvalon.

68 Nicht zufällig ereigneten sich gerade in dieser Zeit zahlreiche Konversionen Intellektueller zum christlichen Glauben und zur katholischen Kirche; erinnert sei etwa an Namen wie Léon Bloy, Jacques Maritain, Paul Claudel; vgl. dazu Convertis du XXe siècle sous la direction de Fernand Lelotte, Paris 1958 (4 Bde; dt. Übersetzung: Heimkehr zu Kirche. Konvertiten des 20. Jahrhunderts, Luzern 1959).

69 Max Seckler beschreibt in einem Beitrag über Maurice Blondel die Situation sehr anschaulich: "... unter einer erstarrten, mit Rissen und Klüften durchzogenen Kruste brodelt und kocht es. Der befreiende Ausbruch bleibt versagt; eine völlige Neuorientierung bleibt von der Struktur des Ganzen her ausgeschlossen. Aber in den Hüllen des Alten wächst lautlos und fast unmerklich das Neue heran. Gerade die katholische Theologie ist den Kräften der Vergangenheit auf so vielfältige Weise verbunden und verflochten, daß selbst der verwegenste Schritt nach vorne wie in Fesseln geschieht." In: Schultz (Hg.), Tendenzen, 74-79, 74f; vgl. ähnlich Roger Aubert, Die Theologie während der ersten Hälfte des 20. Jahrhunderts, in: Vorgrimler/van der Gucht (Hg.), Bilanz

stik[70] auf der einen Seite und neue philosophische Ansätze, die ihre inspirierende und provozierende Wirkung auf das theologische Denken nicht verfehlten[71], auf der anderen Seite trafen aufeinander - ein Geschehen, das von kirchlich-disziplinarischen Maßnahmen wie der Indizierung bestimmter Werke, die für den Aufschwung des Thomismus als "gefährlich" erachtet wurden, begleitet und mitbestimmt wurde.[72]

Die aus dieser Konstellation hervorgehende Entwicklung vollzieht sich zunächst auf der Ebene des nicht konfessionell abgegrenzten philosophischen Gesprächs, das in Frankreich - anders als etwa in Deutschland - eng mit der konkreten Politik verwoben ist.[73] Die Ortsbestimmung christlicher bzw. katholischer Positionen geht einher mit der Auseinandersetzung um ideologisch-politische Programme. Starke Kräfte des intellektuellen Katholizismus, nicht zuletzt viele Vertreter des Thomismus, tendieren zu Beginn des Jahrhunderts und zum Teil noch über deren Indizierung durch Pius XI. im Jahr 1926 hinaus zur "Action française" und ihrem monarchistischen, nationalistischen, antideutschen und antisemitischen Pro-

---

II, 7-70, bes. 10-14; s.a. Yves M. Hilaire, Le réveil intellectuel et la crise moderniste, in: Cholvy/Hilaire II, 142-150.

70 Entscheidender Anstoß für die Neubelebung des Thomismus war von der Enzyklika "Aeterni patris" Leos XIII. (1879) ausgegangen. Zur Neuscholastik in Frankreich vgl. den Überblicksartikel von Paul Gilbert, Die dritte Scholastik in Frankreich, in: Coreth u.a. (Hg.), Christliche Philosophie II, 412-436.

71 In diesem Zusammenhang ist etwa auf die Lebensphilosophie Henri Bergsons und seines Nachfolgers an der Sorbonne, Emmanuel Le Roy sowie vor allem auf Maurice Blondels (frühes) Hauptwerk "L'action" (1893) zu verweisen, ebenso aber auch auf die denkerischen Impulse, die von Schriftstellern wie Léon Bloy, Charles Péguy, Paul Claudel oder Georges Bernanos ausgegangen sind. Wie sich diese untereinander noch einmal sehr verschiedenen Einflüsse in *einer* Biographie auswirken konnten, kann etwa an dem geistigen Weg Jacques Maritains studiert werden, der als Schüler Bergsons unter dem Einfluß von Léon Bloy zum Katholizismus konvertiert und später in ausdrücklicher Wendung gegen seinen Lehrer eine thomistische Philosophie vertritt, auf deren Basis er gleichwohl die Auseinandersetzung mit der Moderne, insbesondere eine den intellektuellen Herausforderungen derselben gewachsene neue Gestalt christlichen Denkens zu entwickeln sucht. Davon zeugt insbesondere sein Werk "Humanisme intégral" (Paris 1936, dt.: Christlicher Humanismus, Heidelberg 1950), das "als einer der wichtigsten geistigen Bezugspunkte für die katholische Intelligenz in der Zwischenkriegszeit und in den ersten Jahren nach dem Krieg" bezeichnet worden ist: Armando Rigobello, Jacques Maritain (1882-1973), in: Coreth u.a. (Hg.); Christliche Philosophie II, 493-518, 505; vgl. auch Raïssa Maritain, Die großen Freundschaften, Heidelberg 1954; zur intellektuellen Situation des Katholizismus in der Zwischenkriegszeit vgl. auch Hilaire, Les débats intellectuels et l'évolution de la presse catholique, in: Cholvy/Hilaire II, 314-320.

72 Betroffen waren neben Bergson insbesondere Loisy und Laberthonnière.

73 Ein diesbezüglich wichtiges Forum bietet die seit 1932 unter der Leitung von Emmanuel Mounier erscheinende Zeitschrift "Esprit", vgl. dazu J.-L. Loubet del Bayle, Les non-conformistes des années 30, Paris 1969; zur Diskussion um die Rolle Mouniers und seiner Zeitschrift im Zusammenhang von Vichy-Frankreich und der Résistance vgl. John Wright, Emmanuel Mounier, *Esprit* and Vichy, 1940-1944: Ideology and Anti-Ideology, in: Kedward/Austin, 171-189.

gramm.[74] Insgesamt herrscht auch in den 30er Jahren eine politische Orientierung nach "rechts" unter den Katholiken vor, die durch den notorischen Antiklerikalismus der "Linken" zumindest mitbedingt ist.[75] Vor diesem Hintergrund ist das Verhalten der Katholiken und der offiziellen Kirche angesichts des aufkommenden Faschismus sowie vor allem unter dem Vichy-Régime und der deutschen Besatzung zu sehen: Gibt es von vornherein eher eine deutschfeindliche Einstellung als einen aktiven antideutschen Widerstand, so findet die Regierung Pétain breite Unterstützung unter den Katholiken[76], gerade unter den besonders konservativen, deren Neigung zur Action française seit der Aufhebung der Indizierung durch Pius XII. im Juli 1939 auch kirchlich wieder gedeckt zu sein schien.[77] Verstärkt wurde die Hinwendung der Mehrzahl der Katholiken zu Pétain durch die Ablehnung der Dritten Republik als Verkörperung der "liberalen Demokratie"; der (von der Bischofsversammlung seinerzeit öffentlich mißbilligte) Sieg des Front populaire zur Zeit der großen sozialen Unruhen im Frühsommer 1936 saß den konservativen Kräften als Stachel im Fleisch.[78]

---

[74] Vgl. Gilbert, Scholastik, 423; ausführlicher zur Action française und dem seit 1925 eskalierenden Konflikt mit Pius XI.: Jacques Prévotat, L'Action française: de l'apologée à la condamnation, in: Cholvy/Hilaire II, 294-313.

[75] Gleichwohl müssen erhebliche Unterschiede in den politischen Optionen der Katholiken, die sich zwischen "extrem rechts" (Action française) und "Mitte-links" (La Jeune République) orientieren, berücksichtigt werden, vgl. Hilaire, L'engagement des croyants face aux événements, in: Cholvy/Hilaire III, 36-44, 37f.

[76] Nur wenige unter den französischen Bischöfen haben eine *eindeutig* antifaschistische und antinazistische Haltung eingenommen; dies gilt nicht nur hinsichtlich ihrer z.T. enthusiastischen Unterstützung Pétains und der jedenfalls überwiegend loyalen Einstellung zum Vichy-Régime auch noch nach der Besetzung der "zone libre" im November 1942, sondern auch für die vielfach zu spät und zu undeutlich gekommenen Stellungnahmen gegen die Juden-Deportationen sowie für die vielfach nur zögernden Proteste gegen die Einrichtung der Arbeitsdienst-Verpflichtung (Service de travail obligatoire, S.T.O.) und die diesbezüglichen Ratschläge gegenüber den Betroffenen in den katholischen Jugendverbänden, vgl. zum Ganzen Halls, Christen; ders., Catholicism under Vichy: A study in diversity and ambiguity, in: Kedward/Austin, 133-146. - Ausnahmen im Sinne eines dezidierten und öffentlich gemachten Anti-Nazismus und eines entschiedenen Eintretens für die verfolgten Juden stellen lediglich die Kardinäle Saliège (Toulouse) und Théas (Montauban) dar. Eine eher zwielichtige Rolle spielte hingegen der "Primas Galliens", Kardinal Gerlier von Lyon. Auch der Erzbischof von Paris, Kardinal Suhard, und der Vorsitzende der "Assemblée nationale des cardinaux et archéveques", Kardinal Liénart von Lille, agierten deutlich pro-pétainistisch und riefen zur Unterordnung unter den "pouvoir établi" auf.

[77] Nach der Niederlage 1940 kann buchstäblich von einem Pétain-Kult gesprochen werden; das vielzitierte Diktum Kardinal Gerliers bringt auf den Begriff, was die Mehrheitsmeinung der französischen Katholiken gewesen sein dürfte: "Pétain c'est la France; et la France, aujourd'hui, c'est Pétain". Das von Pétain ausgegebene antiliberale (und, historisch gesehen, antirevolutionäre) politische Programm einer Erneuerung Frankreichs unter dem Motto "travail, famille, patrie" hat die Kirche enthusiastisch aufgenommen - wiederum mit den Worten Kardinal Gerliers: "ces trois mots sont les notres"); vgl. dazu neben den in Anm. 76 zitierten Aufsätzen von Halls: Duquesne, 45-60; Hilaire, Vers une révolution chrétienne et nationale?, in: Cholvy/Hilaire III, 73-76; Pierrard, 89-96.

[78] Unter den christlichen Gruppierungen in der Politik hatten sich lediglich die vier Abgeordneten der "Jeune République" dem "Front populaire" angeschlossen, vgl. Hilaire, L'engagement, 38.

Auch in der Résistance[79] muß unterschieden werden zwischen dem Widerstand gegen die deutschen Besatzer auf der einen Seite und dem erst allmählich - nämlich mit dem Vordringen prodeutscher und von den Besatzern gesteuerter Kräfte in Vichy[80] - an Boden gewinnenden Widerstand gegen das Vichy-Régime selbst. In diesem Zusammenhang spielen katholischerseits die seit 1928 erscheinenden "Etudes" der Jesuiten und "La Vie intellectuelle", die von den Dominikanern herausgegeben wird, sowie seit November 1941 die überwiegend von Jesuiten getragenen "Cahiers clandestins du témoignage chrétien"[81] eine wichtige Rolle als Organe eines ausdrücklich geistigen, nicht unmittelbar politischen Widerstands.

Ein Aspekt der intellektuellen Auseinandersetzung, in der philosophische wie theologische Reflexion und politische Option ineinandergreifen, ergibt sich in den Krisen der 30er und 40er Jahre aus den ideologischen Konstellationen. Faschismus/Nazismus auf der einen und Marxismus/Kommunismus auf der anderen Seite fordern die Denker eines "christlichen Humanismus" und Personalismus[82] ebenso heraus wie die Theologie angesichts des in beiden Ideologien programmatischen Atheismus.

Seit dem Beginn der 40er Jahre, also in umittelbarem Erfahrungszusammenhang mit den Geschehnissen des Krieges und der Besatzung artikulieren sich daher die angedeuteten Umbrüche kirchlich und theologisch insbesondere in einer Erneuerung unter dem Leitgedanken der Inkarnation. Diese Neuorientierung schlägt sich auf verschiedenen Ebenen nieder: Nach einigen eher "privaten" Vorstößen treten die missionarischen Bewegungen seit 1941 kirchlich offiziell auf den Plan.[83] Mit dem Verbot der Arbeiterpriester im Jahr 1954 wird deren Speerspitze

---

79 Vgl. dazu Pierrard, 97-126.

80 Repräsentiert durch Namen wie Laval, Darnand, Henriot. Insbesondere seit der deutschen Besetzung der "zone libre" im November 1942 gewinnen sie an Einfluß, während Marschall Pétain seinen Handlungsspielraum gegenüber den Besatzern nahezu vollständig eingebüßt hat.

81 Unter den Autoren befanden sich u. a die Jesuiten Gaston Fessard, der das erste Heft (France, prends garde de perdre ton âme") gestaltete, und Henri de Lubac. Vgl. zum Programm der T.C. Renée Bédarida, L'armes de l'esprit. Témoignage chrétien, 1941-1944, Paris 1977; sowie dessen Vorwort zur Neuausgabe der Zeitschrift: Cahiers et Courriers clandestins du Témoignage chrétien, 1941-1944. Réédition intégrale et fac-similé, Paris 1980 (2 Bde).

82 Insbesondere ist hier an Jacques Maritain und Emmanuel Mounier und die um beide Denker gescharten Kreise zu denken.

83 Wenngleich damit ein deutlicher Neuanfang markiert ist, so muß doch zumindest erwähnt werden, daß die Anfänge einer gezielten Arbeiterpastoral, eines Sozialkatholizismus und einer (wenn auch relativ schwachen) christlichen Gewerkschaftsarbeit in Frankreich bis ins 19. Jahrhundert zurückreichen. In den zwanziger Jahren des 20. Jahrhunderts als der unmittelbaren "Vorgeschichte" des hier näher betrachteten Zeitraums hat es wichtige Impulse einer neuen Wahrnehmung der religiösen Problematik des Proletariats gegeben: Man denke an Pierre Lhande S.J., der lange vor Abbé Godins Buch "La France pays de mission?" (1943) mit seiner Trilogie "Le Christ dans la banlieue", "Le Dieu qui bouge" und "Le Christ sur les fortifs" (1927-1931) auf die pastorale Herausforderung der Arbeitermilieus aufmerksam gemacht hat. - Als eine wichtige Inspirationsquelle für die missionarische Bewegung dürfen die seit Mitte der 20er Jahre reüssierenden Jugendverbände der Action catholique spécialisée nicht unerwähnt bleiben (1925 war die

zwar fürs erste gebrochen, jedoch ohne daß dadurch die Aufbruchsdynamik auf längere Sicht hätte suspendiert werden können.[84] In zum Teil enger personeller und institutioneller Verwobenheit ist dieser pastorale Aufbruch eingebettet in jene Bewegung, die als "nouvelle théologie"[85] bezeichnet wird: In Abkehr von der einseitigen neothomistischen Ausrichtung der Schultheologie suchen Theologen den Weg "zurück zu den Quellen" der Heiligen Schrift und der Kirchenväter sowie zugleich die Öffnung auf die Herausforderungen der modernen Philosophien, der Natur- und Gesellschaftswissenschaften. Die damit gewonnene größere Nähe zur konkreten Lebenswirklichkeit spiegelt sich auch in der Wahl neuer Themen und Schwerpunkte der theologischen Arbeit: Die Laien, die Geschichte, die irdischen Wirklichkeiten werden zu Themen der Theologie, ja mehr noch, sie werden als "loci theologici" allererst entdeckt.[86] - Eine Entwicklung bahnt sich darin an, die gegenüber den - zwar noch keineswegs überwundenen - ideologischen Frontstellungen der Zwischenkriegszeit Neues im Sinne einer Öffnung auf die Pluralität der säkularen Welt möglich erscheinen läßt, wie es im Zweiten Vatikanischen Konzil schließlich programmatisch Gestalt angenommen hat.[87]

J.O.C. Belge unter Joseph Cardijn gegründet worden): Deren verschiedene männliche und weibliche Zweige - Jeunesse ouvrière chrétienne (féminine) (J.O.C./F.), Jeunesse agricole catholique (J.A.C./F.), Jeunesse étudiante chrétienne (J.E.C./F.), Jeunesse indépendente chrétienne (J.I.C./F.), Jeunesse maritime chrétienne (J.M.C.). - haben in den Kriegs- und Besatzungsjahren zur politischen Bewußtseinsbildung und zur Wahrnehmung der heraufziehenden neuen pastoralen Aufgaben nicht unwesentlich beigetragen - etwa im Zusammenhang mit dem die jungen Leute betreffenden Problem des S.T.O. (s.o. Anm. 76).

84 Vgl. dazu die exemplarische Darstellung in Kapitel 4.2.

85 Hinter diesem Sammelbegriff steht keine Schule im eigentlichen Sinn, vielmehr ein "Netz" befreundeter und in einer gemeinsamen Intention verbundener Theologen, "die durchaus selbständig auf den verschiedenen Gebieten arbeiteten. Dazu gehörten das Studium der Kirchenväter, die Gnadenlehre, die Ekklesiologie ebenso wie die Pastoralsoziologie; hierher gehören die ökumenische Buchreihe 'Unam sanctam', die Congar 1937 gründete, die Kirchenväterreihe 'Sources chrétiennes', die de Lubac 1941 mit Jean Daniélou begann ..., und hierher eben auch das Experiment der Arbeiterpriester. Es war, wie gesagt, keine Schule und noch nicht einmal eine Richtung - vielleicht eine Mentalität der Offenheit und der Rückkehr zu den Quellen zugleich?" Herbert Vorgrimler, Henri de Lubac, in: Schultz (Hg.), Tendenzen, 416-421, 420; für eine Skizze der theologischen Diskussion um die "nouvelle théologie" vgl. Aubert, Theologie, 39-70 (mit weiterführender Literatur).

86 Bahnbrechend sind hier u.a. die ekklesiologischen Arbeiten Yves Congars sowie "Catholicisme" von Henri de Lubac zu nennen. Zentren der theologischen Neuorientierung waren insbesondere die Hochschule der Dominikaner (Le Saulchoir unter der Ägide von Marie-Dominique Chenu, der sie im Jahrzehnt von 1932-1942 leitete, und Yves Congar, der von 1931-1954 dort Fundamentaltheologie lehrte) sowie die Schule der Jesuiten von Lyon-Fourvière. Beide Ausbildungsstätten und viele der in ihnen wirkenden führenden Theologen wurden durch die Restriktionen der Enzyklika "Humani generis" (1950) gemaßregelt bzw. von ihren Wirkungsmöglichkeiten abgeschnitten. - Vgl. Chenu, Une école de théologie, Le Saulchoir, avec les études de Giuseppe Alberigo, Etienne Fouilloux, Jean Ladrière et Jean-Pierre Jossua, Paris 1985; Leprieur (pass.); Raymond Winling, La théologie catholique en France au XXe siècle, in: NRT 111 (1989) 537-555, bes. 547-550; Karl Heinz Neufeld, Christliche Erfahrung und theologische Reflexion. Entwicklungen der Theologie in Frankreich, in: StdZ 193 (1975) 269-278, bes. 269-274.

87 Vgl. dazu Comblin.

Damit überlappen sich politische und religiöse Fragestellungen in einer komplexen gesellschaftlich-politischen, ideologischen und intellektuellen Gemengelage. Dies gilt in je anderer Weise für die sozial explosiven Vorkriegsjahre, die Kriegs- und Besatzungszeit und die Nachkriegsjahre. Gab es trotz aller Differenzen in den 30er Jahren zugunsten einer Verbesserung der sozialen Zustände Ansätze zu einer gewissen Entspannung über ideologische Grenzen hinweg, so schlägt die Situation nach den Turbulenzen und Verwirrungen der Jahre 1940-1944 in der Nachkriegszeit und insbesondere in den Jahren des Kalten Krieges in eine erneut verschärfte Konfrontation um: Von den politisch-internationalen Rahmenbedingungen vorgezeichnet, spiegelt sie sich in der innerkirchlichen Entwicklung wider[88] und führt auch gesellschaftlich zu scharfen Polarisierungen angesichts der neu aufbrechenden politischen Konflikte im Osten Europas, in Indochina und in Nordafrika.[89]

Die Furcht vor dem Kommunismus, die in den politischen Entwicklungen im Ostblock sowie in Fernost ihr *fundamentum in re* hatte, bestimmt in dieser Phase nicht nur die vatikanische Politik, sondern auch die Perspektive, in der in Frankreich politisches Handeln von Christen wahrgenommen wird. Beispielhaft sei an die Auseinandersetzungen um die Unterzeichnung des "Appells von Stockholm" der internationalen Friedensbewegung gegen die Atombombe und an das Manifest "Christen gegen die Atombombe", mit dem der Appell von Stockholm ausdrücklich unterstützt wurde, erinnert.[90] Diejenigen Christen, die sich öffentlich zu den Aktionen der Friedensbewegung bekannten, erfuhren die nahezu geschlossene Ablehnung nicht nur der französischen Bischöfe, sondern auch fast der gesamten katholischen Presse, von "La Croix" bis zu "Témoignage chrétien", die sich bei aller Verschiedenheit der Reaktionen im einzelnen auf den gemeinsamen Nenner des "Progressismus"-Vorwurfs bringen läßt. Damit wird jene Tendenz des Nachkriegs-Katholizismus, die in Anknüpfung an Erfahrungen der Résistance die Zusam-

---

88 Vgl. die Kette der Abwehr- und Disziplinierungsmaßnahmen, die seit 1949 die französische Kirche erschütterten und die Pierre Pierrard von den "schrecklichen fünfziger Jahren" (vgl. Pierrard 263f) sprechen läßt: Auf das Verbot jeglicher Zusammenarbeit zwischen Christen und Kommunisten im Juli 1949 folgt im Jahr 1950 die Enzyklika "Humani generis", und in den Jahren 1952-1954 ergehen in rascher Folge die Maßnahmen gegen die Arbeiterpriester und die Mission de France bis hin zum faktischen Verbot der Fabrik-Arbeit für alle Priester und zur vorübergehenden Schließung des Seminars der Mission de France, vgl. Hilaire, La crise des prêtres-ouvriers et les origines du complexe anti-romain, in: ders./Cholvy III, 221-234. (dazu Näheres in Kap. 4.2)

89 Cholvy, La décolonisation et la guerre d'Algérie, in: ders./Hilaire III, 234-244.

90 Die Durchschlagskraft des Appells von Stockholm, so Tranvouez, ergibt sich aus drei charakteristischen Merkmalen, nämlich (erstens) seiner Einfachheit, dank derer er (zweitens) die Massen zu bewegen vermag, wofür sich (drittens) die kommunistische Partei mit aller Macht einsetzt, vgl. Tranvouez, Catholiques, 140 (dort findet sich auch der Text des Appells); das letztgenannte Charakteristikum genügte, um die Unterstützung der Initiative für Christen mehr oder weniger vollständig zu desavouieren bzw. jene, die sich dennoch dazu bekannten, des Progressismus zu verdächtigen. Man beachte, daß weniger als ein Jahr zuvor das römische Verbot der Zusammenarbeit von Christen mit Kommunisten - unter Strafe der Exkommunikation - ergangen war (vgl. dazu Stehle 255f).

menarbeit mit Kommunisten für möglich und notwendig hält, bezeichnet - und stigmatisiert.[91] An dieser Bewegung und ihrer Unterdrückung, die zeitgleich und in enger Verwobenheit mit den Auseinandersetzung um die missionarische Bewegung und die Arbeiterpriester vonstatten geht, läßt sich der "Klimawechsel" in der Zeit des Kalten Krieges deutlich ablesen.[92]

Erhebliche "Ungleichzeitigkeiten" bestimmen so die politische, religöse und theologische Situation der Vorkonzilszeit - eine Zeit der Gärung, die nicht zufällig mit jener gebremsten Aufbruchsdynamik der Modernismuskrise ein halbes Jahrhundert zuvor verglichen wird, von der in diesem Kapitel eingangs die Rede war und deren Folgen auch in den fünfziger Jahren noch in den kirchlich-theologischen Gefilden irrlichtern.[93]

Der Versuch, Madeleine Delbrêl in diesem politisch-intellektuell-religiösen Kontext zu situieren, muß von der ihr Leben bestimmenden religiösen Grunderfahrung ausgehen. Die frühe Atheismuserfahrung, die daraus erwachsene existentialistische Grundierung des Lebensgefühls und der Umschlag der Konversion zu einem entschiedenen und die gesamte Lebensgestalt bestimmenden christlichen Glauben spielen zusammen in der Ausprägung der Perspektive, in der Madeleine Delbrêl Welt und Gesellschaft "politisch" wahrnimmt: einerseits in einer großen Offenheit für alles Weltliche, die sich ja gerade in ihrer welthaften, von allen Berührungsängsten freien Lebensweise niederschlägt; andererseits unter dem Vorzeichen einer scharfen Antithese, die die Welt gemäß der in ihr wirksamen religiösen Grundoptionen einteilt.[94] Diese Wahrnehmungsweise macht nicht halt an den

---

91 Die Tendenzen des französischen Linkskatholizismus, die unter dem Stichwort "Progressismus" zusammengefaßt wurden, bündig zu umschreiben, ist nicht einfach. Tranvouez unterscheidet zwischen einem engeren und einem weiteren Verständnis: Im engeren Sinn meine Progressismus eine politische Haltung der mehr oder weniger kritischen Solidarität mit den Kommunisten, die insbesondere aus den Erfahrungen der Résistance und des Krieges erwachsen ist und ihren konkreten geschichtlichen Ort in der Nachkriegszeit und den Jahren des Kalten Krieges hat. Im weiteren Sinn bezeichne das Stichwort Progressismus im Vokabular der Kirche zwischen 1949 und 1957 die "Irrtümer" und "Abweichungen" jener katholischen Avantgarde, die sich selbst als missionarische Bewegung identifiziert habe; vgl. Tranvouez, Catholiques 132-171, hier 132f; vgl. auch Pierrard 162-168; 262-270 (beide Autoren geben eine gute Übersicht über den hier nur angedeuteten Zusammenhang, die involvierten Persönlichkeiten und Publikationsorgane, und nennen weitere Literatur); zu den schärfsten Kritikern des Progressismus "im weiteren Sinn" gehört der Jesuit Gaston Fessard, vgl. die einschlägigen Beiträge, die in seinem Werk "De l'actualité historique" II (1960) zusammengefaßt sind; darin nimmt er u.a. die Reflexionen Madeleine Delbrêls über das Verhältnis Christen-Kommunisten in deren Werk VM für seine Argumentation in Anspruch, was zu einer Auseinandersetzung zwischen Delbrêl und Fessard geführt hat, vgl. dazu Kap. 4.3.3.

92 Dies gilt auch für die päpstliche Politik und Verkündigung, vgl. Chenu, Soziallehre, 65; zum kirchenhistorisch-politischen Hintergrund vgl. auch Stehle 247-268.

93 Comblin, 74.

94 Von dieser Sichtweise auf die politisch-ideologischen Gegebenheiten muß jedoch die Hinwendung zu den konkreten Menschen gleich welcher ideologischen Gruppierung sorgfältig abgehoben werden.

Institutionen: Die "Gretchenfrage" des biblisch verankerten, lebendigen und selbständigen Gottesglaubens wird für Madeleine Delbrêl auch und gerade zum Kriterium der Authentizität kirchlichen Selbstvollzugs. Sie gelangt damit von ihrer eigenen existentiellen Option her zu einer "modernen" Kritik traditionaler Formen von christlicher Religiosität und plädiert - in ihrem geschichtlichen Kontext durchaus bahnbrechend - für einen innerkirchlichen Pluralismus der Lebensformen und für die entschiedene Öffnung der Kirche auf die säkulare Welt hin, die gleichwohl als höchst ambivalent wahrgenommen wird. Moderne als Säkularisierung prägt somit die Biographie und die religöse Entschiedenheit Madeleine Delbrêls von Grund auf; insofern ist dem eingangs zitierten Diktum von Viktor Conzemius zuzustimmen.

Die lebensgeschichtliche Entwicklung der religiös-politischen Perspektive Madeleine Delbrêls spiegelt aber zumindest ansatzweise auch den Wandel, der sich zwischen den 20/30er Jahren und den 60er Jahren hinsichtlich der Gestalt der Moderne abzeichnet. Ausgangspunkt der religiösen Biographie Madeleine Delbrêls ist die existentialistisch-nihilistische Position der Leugnung des christlichen Gottes, "weil er in der Welt des 20. Jahrhunderts absurd" sei[95]; die mit der Konversion gewonnene christliche Entschiedenheit reift in der Konfrontation mit dem "quasi-religiösen" Atheismus ihrer kommunistischen Umgebung, also in der Konstellation einer klaren Alternative von Sinnangeboten, die je für sich einen Totalanspruch auf Gestaltung und Deutung menschlicher Existenz erheben: mit oder ohne (bzw. gegen) Gott[96]. Zwar wächst unter den erlebten Herausforderungen dieser Situation das Bewußtsein für die Infragestellung der überkommenen Gestalt von Kirche als eines geschlossenen Systems und damit die konsequent durchgetragene Einsicht und Absicht, Moderne im Sinne der Säkularität der Welt ernst zu nehmen. Aber erst gegen Ende ihres Lebens gewinnt für Madeleine Delbrêl die Perspektive einer echten Pluralisierung der Lebens- und Sinnentwürfe in der Entdeckung eines weit um sich greifenden, praktisch gelebten und nicht-dogmatischen Atheismus die Oberhand. Mit dieser Gestalt eines eher gleichgültigen oder indifferenten Atheismus, der an dem Fehlen eines die Praxis herausfordernden "radikalen" Sinnangebotes nicht mehr leidet, bricht gleichsam die Moderne in neuer Gestalt und Qualität, nämlich in der sich anbahnenden extremen Pluralisierung, die jedes Totalmodell der Welt- und Sinndeutung für obsolet zu erklären scheint, in das Leben Madeleine Delbrêls ein. Es ist noch nicht mehr als ein fernes Wetterleuchten der sog. Postmoderne, was sich hier in den späten Jahren Madeleine Delbrêls abzeichnet - in der Phase, in der die Kirche als ganze im Konzil endlich Anlauf nimmt, sich auf die Herausforderungen der säkularen Moderne einzulassen. Doch ist es nicht unwichtig, diesen Wandel der Perspektive mitzube-

95 VM^2, 250.
96 Zu Madeleine Delbrêls religiöser Interpretation des Kommunismus vgl. Kap. 4.2.3 und 4.3.2.

denken, gerade im Hinblick auf die Frage der Relevanz der Gesprächsbeiträge, die Madeleine Delbrêl für heutige Herausforderungen leisten kann.

In den folgenden beiden Kapiteln wird an exemplarisch ausgewählten Themenkreisen zu zeigen sein, wie für Madeleine Delbrêl religiöse Identitätsbildung und -vergewisserung und politisches Handeln (in einem weiten Sinne gefaßt) Hand in Hand gehen. Die religiöse Grundoption hat Erschließungscharakter für die Unbeliebigkeit sozialer und politischer Situationen als Herausforderungen einer authentischen christlichen Praxis, die sich nicht mehr auf die Rückendeckung einer Tradition und/oder eines tragenden Milieus stützen kann, sondern in der konkreten Auseinandersetzung und Infragestellung die "materialen" Grundlagen des eigenen Bekenntnisses freilegen, je neu aktuieren und auf ihre Tragfähigkeit überprüfen muß. Zugleich hat aber auch die konkrete Situation erschließenden und bestimmenden Charakter für die je neu zu gestaltende *Inkarnation* des Bekenntnisses jenseits vorgegebener Modelle oder Handlungsanweisungen und erweist sich so als notwendiger Ort einer kreativen, lebendigen Glaubenspraxis.

Zweiter Teil
Unterscheidung der Geister im Lebenswerk Madeleine Delbrêls

3. *Entfaltung*:

Glaube als Lebenswahl im Spiegel der Lebenserfahrung Madeleine Delbrêls

Im folgenden Kapitel, das die textbezogene Untersuchung zur "Unterscheidung der Geister" im Werk Madeleine Delbrêls eröffnet, sind zunächst die Grundlagen eines Konzeptes christlicher Identität, wie es in den Reflexionen Madeleine Delbrêls hervortritt, freizulegen. Vor dem Hintergrund der biographischen Skizze ist dabei zu berücksichtigen, daß es sich in den Texten, die zur Untersuchung herangezogen werden, nicht um theoretische Erörterungen handelt, sondern um Überlegungen, die aus dem Lebenszusammenhang einer ganz bestimmten Praxis erwachsen sind und zu deren Bewältigung dienen sollten, also auch wieder unmittelbar auf Praxis hin ausgerichtet sind.

Dies vorausgesetzt, sollen die folgenden textnahen Analysen einen durch das erkenntnisleitende Interesse der Unterscheidung des Christlichen perspektivierten Einblick in die bestimmenden Koordinaten der Spiritualität Madeleine Delbrêls geben. Anders als in den folgenden Kapiteln wird es hier deshalb weniger darum gehen, einzelne Texte im ganzen auszulegen, als vielmehr darum, im Gespräch mit den Texten behutsam zu systematisieren, was sich an Grundlinien innerhalb des zu bearbeitenden Textkorpus herausschälen läßt. Dabei ist die Gefahr zu vermeiden, einem Werk, das in sich nicht systematisch-diskursiv angelegt ist und keine "Lehre" übermitteln wollte, sondern überwiegend aus Gelegenheitstexten verschiedener Art und literarischer Gestalt besteht, "von außen" her eine Systematik aufzuzwingen. Um daher nicht etwas Fremdes hineinzulesen, muß sich die Auslegung sehr sorgfältig von den Texten leiten lassen. Zentrale Gedanken bzw. Sinnachsen sollen aufgespürt werden, gerade auch in Aufmerksamkeit für je neue Akzentsetzungen in unterschiedlichen thematischen und kommunikativen Zusammenhängen, um so in einer vorsichtigen Annäherung das gedankliche Fundament der aus Leben und Werk Madeleine Delbrêls sprechenden Spiritualität freizulegen. Von diesem Anliegen her erklärt sich der Aufbau des Kapitels.

Die Überschrift "Glaube als Lebenswahl" benennt *das* Lebensthema Madeleine Delbrêls, das sich biographisch aus dem Prozeß der Konversion, der Abkehr vom Atheismus und der Hinwendung zu einem entschiedenen Bekenntnis zum Gott der Christen erschließt. Der folgende Abschnitt ist deshalb dem Gewinn dieser Option als leitender Perspektive einer christlichen Lebensgestalt gewidmet (3.1). Zunächst gilt es, den Prozeß der Konversion mit seinen Spiegelungen und Auswirkungen in den Reflexionen Madeleine Delbrêls nachzuzeichnen, insofern darin das Fundament ihrer Spiritualität, der Orientierung ihrer Praxis, kurz: die Wurzel dessen, was christliche Identität in diesem Leben ausmacht, als Anerkennung des "Primates Gottes" zutage tritt (3.1.1). Die Grundentscheidung der konvertierten Existenz bedarf der Gestaltung und Kultivierung im täglichen Leben, in den Herausforderungen der je konkreten Umstände. Richtschnur in diesem fortdauernden Prozeß ist für Madeleine Delbrêl das Evangelium als Wort Gottes, dessen Erschließung als Quelle eines wirklichen, übernatürlichen Lebens für sie untrennbar mit dem Prozeß der Hinkehr zu Gott verbunden ist. Der zweite Teil dieses Abschnitts gilt deshalb dem Umgang mit dem Evangelium als dem Nährboden der christlichen Existenz, dessen Pflege für Gewinn und Erhalt christlicher Identität von entscheidender Bedeutung ist (3.1.2). Alle weiteren Überlegungen bauen auf diesem Fundament auf.

Im Schema des Ternars von Glaube, Hoffnung und Liebe, auf den Madeleine Delbrêl selbst häufig zurückgreift, gewinnt die fundamentale Orientierung am Evangelium konkretere Züge (3.2). Von welchem Element dabei auch immer ausgegangen wird - letztlich konvergieren sie auf den Handlungsanspruch des Doppelgebotes der Liebe hin, das als *das* Strukturprinzip christlichen Handelns festgehalten werden kann (3.2.1 - 3.2.3). Die Bedeutung von Glaube, Hoffnung und Liebe für eine christliche Praxis konkretisiert sich in einigen, in den Reflexionen Madeleine Delbrêls immer wiederkehrenden Ausdrucksgestalten der theologischen Tugenden, in denen die Spannung des doppelpoligen Liebesgebotes aufgenommen und die wechselseitige Verwiesenheit von Verwurzelung in Gott und Ausrichtung der Lebensenergien auf die Menschen in bestimmten Haltungsbildern Gestalt gewinnt (3.2.4). Von dieser Stufe der Konkretion aus kann in einer zusammenfassenden Überlegung nach Kriterien der Praxis gefragt werden (3.2.5) - eine Frage, die auch in den folgenden Abschnitten des Kapitels jeweils resümierend gestellt werden soll, um die einzeln entfalteten Aspekte der spirituellen Grundlegung auf die leitende Perspektive der Unterscheidung des Christlichen hin zuzuspitzen.

Das Doppelgebot der Liebe als Strukturprinzip christlicher Praxis erschließt in den Reflexionen Madeleine Delbrêls zugleich deren notwendig apostolische Dimension, die deshalb im dritten Abschnitt zu bedenken sein wird (3.3). In der Rede vom "Apostolat als Normalfall der christlichen Existenz" geht es um die innere Notwendigkeit der Weitergabe der "umsonst empfangenen" Gabe des Glaubens und der Liebe, darin aber letztlich um das Zusammentreffen der Ansprüche von Gott und Welt in der Existenz der Glaubenden. Im Horizont der Inkarnation kann diese Spannung nicht in einem simplen Entweder-Oder aufgelöst werden; denn die Wahl des Glaubens geschieht notwendigerweise innerhalb der Welt und unter deren Bedingungen. Dies ist, was Madeleine Delbrêl den "normalen Gewaltzustand" des Glaubens nennt, in dem es ganz konkret um die Situation der Unterscheidung als christlicher Grundsituation geht (3.3.1). Der Antagonismus von Glaube und Welt stellt, wo er offen aufbricht, die Glaubenden in eine "missionarische Situation", die zur extremen Herausforderung, aber gerade darin auch - nach der Lebens- und Glaubenserfahrung Madeleine Delbrêls - zum Ort einer Vertiefung und Bewährung der Grundentscheidung werden kann (3.3.2). Auch im Hinblick auf die Dimension der Auseinandersetzung mit der Welt als dem stets ambivalenten Ort der christlichen Praxis ist deshalb die Frage nach den Kriterien der Praxis zu stellen (3.3.3), bei denen es in diesem Fall einerseits um die Frage der richtigen Wahrnehmung von "Welt" und andererseits um die Frage der Artikulation von "Glaube" geht.

Im letzten Abschnitt des Kapitels ist schließlich die ekklesiale Dimension der christlichen Existenz als wesentliches Moment einer im Glauben verwurzelten Identität zu bedenken (3.4). Für Madeleine Delbrêl ist die Einsicht in die überindividuelle Gestalt des Christlichen, die Bindung an die Kirche - in deren sehr konkreter irdisch-institutioneller Gestalt - unbedingt verknüpft mit dem Prozeß der Konversion, die sie letztlich als Antwort auf die sakramentale Wirklichkeit der Taufe entschlüsselt (3.4.1). Christ-werden und Einwurzelung in die Kirche sind zwei Seiten der einen Medaille, der Zugehörigkeit zu Christus, deren lebensgeschichtliche Realisierung den einzelnen Glaubenden wie der Kirche als ganzer in wechselseitiger Verwiesenheit aufgetragen ist. Dieses wechselseitige Aufeinander-Angewiesensein bringt Madeleine Delbrêl in ihrer Ausdeutung des Bildes von der Kirche als geschichtlich wirksamer Leib Christi zum Ausdruck (3.4.2), mit dem sie sich - in Anlehnung an die Hauptströmung der zeitgenössischen Ekklesiologie - gegen ein juridisch verengtes, vom Gesichtspunkt der Institution dominiertes Verständnis von Kirche wendet und - vor dem Hintergrund sie belastender innerkirchlicher Auseinandersetzungen[1] - eine profilierte Spiritualität der Kirchlichkeit entwirft. In diesem Horizont gewinnt die Frage nach den Kriterien der Praxis (3.4.3) ihre besondere Brisanz und Plastizität.

Aufbau und Struktur des ganzen Kapitels sind damit vorab skizziert. Der Entwurf der Grundlinien der Spiritualität Madeleine Delbrêls, der aus den folgenden Ausführungen deutlich werden soll, wird im vierten Kapitel mit exemplarischen Untersuchungen zu einzelnen gesellschaftlichen Bewährungsfeldern der Unterscheidung präzisiert und "gefüllt" werden. Hier jedoch geht es, ignatianisch gesprochen, um "Prinzip und Fundament"[2].

---

1 Gemeint sind die Auseinandersetzungen um die Bewegung der Arbeiterpriester und um die Mission de France im Jahrzehnt zwischen 1950 und 1960, an denen Madeleine Delbrêl lebhaften Anteil genommen hat.

2 Vgl. EB 23.

3.1 Eine überwältigende Entdeckung: Der Primat eines lebendigen Gottes

3.1.1. Konversion[3]

"Gott ist tot" oder: Nietzsche gegen Pascal

"Allein derjenige, der als Erwachsener vom Atheismus zum Glauben gekommen oder als Glaubender Atheist geworden ist, kann - wenn er sich davon Rechenschaft gibt - ermessen, welchen Reichtum schon im heutigen Leben der Glaube für den Christen bedeutet."[4] Madeleine Delbrêl weiß, wovon sie spricht, denn sie schaut auf eine wechselvolle Glaubensgeschichte zurück, vor deren Hintergrund die zitierte Äußerung als ein Fazit persönlicher Rechenschaftsablage zu lesen ist. Der ernsthaft begeisterte Kinderglaube, zu dem sie durch den traditionellen Katechismus-Unterricht hingeführt worden war und den die Zwölfjährige in der feierlichen Erstkommunion besiegelt fand, erlag bald dem Druck starker entgegengesetzter Kräfte. Die agnostischen Kreise, in denen sich die Heranwachsende in Paris bewegte, und das Fehlen einer überzeugenden Glaubensstütze in der Atmosphäre eines sich selbstsicher gebenden rationalistischen Nihilismus führten Madeleine Delbrêl nicht nur zum Verlust des kindlichen Glaubens, sondern in eben diese Haltung eines rationalistisch-nihilistischen Atheismus, von dem die Siebzehnjährige mit der Aufzeichnung "Gott ist tot ... es lebe der Tod" (1922) ein faszinierend bedrückendes Beispiel gibt.[5] Das Wort Nietzsches vom Tod Gottes aufgreifend, verlangt Madeleine Delbrêl, daraus die praktischen Konsequenzen zu ziehen - nicht mehr so zu leben, als ob Gott lebe: Das absolute Maß, an dem das Leben sich messen lassen muß, ist der Tod, und angesichts dieses Maßstabs kann das menschliche Leben - sei es von Glück oder von Unglück erfüllt - nur "ein ganz kleines" sein. Der Tod als das "große, unbestreitbare, vernünftige Unglück" zwingt dazu, "realistisch, positiv, praktisch" zu werden; mit beißender Ironie mokiert sie sich über den "allgemeinen Mangel an Lebensvernunft", über jene, die naiv, unlogisch oder idealistisch so tun, als könnten sie dem Tod etwas Dauerhaftes entgegensetzen und so das Leben retten.[6] In der Gebärde eines trotzig verzweifelten Realismus zählt sie sich zu den "Leute(n), die

---

[3] Zentrale Bezugstexte für die folgende Darstellung: Dieu est mort ... vive la mort (NA 53-55, dt.: Gott ist tot ... es lebe der Tod, NK 42-44); Celui qui me suit ne marche pas dans les ténèbres (NA 72-80, dt.: Wer mir folgt, wandelt nicht in der Finsternis, NK 58-66); Réflexions sur la justice, (VM^2 243-252).

[4] VM^2 247.

[5] NA 53-55, dt. NK 42-44 . Hans Urs von Balthasar nennt den Text "eine Art nihilistisches Manifest" (Einleitung zu GwL 8).

[6] Vgl. die Charakterisierung der Situation des Ungläubigen, die Madeleine Delbrêl in einer späten Skizze (1960) gibt. Sie hält darin v.a. fest, daß "für den Ungläubigen schon das Leben selber vom Tod erschlagen wird. ... Das Leben wird zur Vollendung des Todes, alles ist vom Nichts und von der Absurdität befallen." (NA 190, dt. NK 174).

sich amüsieren, die die Zeit totschlagen, bis schließlich die Zeit sie totschlägt ...", und dies in dem Wissen, daß "wir (alle) dem einzig wahren Unglück ganz nahe sind".[7] Die so vehement, so rücksichtslos vorgetragene Haltung einer nihilistischen Vernünftigkeit, die Madeleine Delbrêl mit einer verbreiteten Stimmungslage der zwanziger Jahre verbindet, kann dennoch das Leiden an der Frage nach dem Sinn eines Lebens vor dem Nichts nicht verbergen: "... sie ist nicht erledigt, die Nachfolge Gottes. Überall hat er Vermutungen von Ewigkeit, von Macht, von Seele hinterlassen ..."[8] - Während der Tod das Erbe Gottes antritt, allmächtig, allein dauernd, weil "Gott im zwanzigsten Jahrhundert ... absurd (ist), unvereinbar mit einem gesunden Menschenverstand sowohl als religiöser Glaube wie als philosophische Hypothese, ... unerträglich, weil nicht einzuordnen"[9], bleibt mit der Sprache des Glaubens eine Ahnung des Verlorenen schmerzlich gegenwärtig. Die "Vermutungen von Ewigkeit, von Seele" setzen dem verzweifelten Heroismus nihilistischer Vernunft dennoch zu, diesem Stolz auf die eigene Rationalität, der eher bereit ist, die "unheimliche Farce" einer absurden Welt zu ertragen als in einer "Wette" à la Pascal zu "kapitulieren".[10]

Nietzsche gegen Pascal - ein Kampf der Titanen treibt die junge Studentin der Philosophie um in ihrer leidenschaftlichen Suche nach einer Antwort auf die Frage nach dem Sinn des Daseins, die vor der Vernunft bestehen kann.[11]

"Ich entschloß mich zu beten" oder: Pascal gegen Nietzsche

Nicht philosophische Spekulation, sondern eine Begegnungserfahrung wird Madeleine Delbrêl einen Ausweg aus der Aporie des letztlich lebensfeindlichen Rationalismus eröffnen. Diese Wendung der Entwicklung ist bezeichnend für ihre Art der Auseinandersetzung mit existentiellen Herausforderungen; zugleich offenbart

---

7 NA 54f, dt. NK 43f. (Im zweiten zitierten Halbsatz weicht meine Übersetzung geringfügig vom veröffentlichten deutschen Text ab. Die französische Fassung lautet: "On est tous tout près du seul vrai malheur ..." NA 55).

8 NA 54, dt. NK 43.

9 VM² 250.

10 Im Rückblick schreibt Madeleine Delbrêl: "Als ich (noch) nicht an Gott glaubte, fand ich jeden Tag mehr - ich hatte diese Bestandsaufnahme etwa sechzehnjährig begonnen -, daß die Welt und die Geschichte, daß unsere Welt und unsere Geschichte die unheimlichste Farce seien, die man sich vorstellen kann. Dennoch hätten hundert (noch) hoffnungslosere Welten mich nicht veranlaßt, mich einen Schritt zu bewegen, wenn mir ein religiöser Glaube als tröstende Hoffnung vorgestellt worden wäre. Ich war viel zu stolz auf die intellektuellen Fähigkeiten des Menschen, als daß ich mich in einer "Wette" hätte zum Aufgeben bewegen lassen. Wetten und sich selbst aufs Spiel setzen war, im eigentlichen Sinn des Wortes, eine der großen menschlichen Kapitulationen." (VM² 248.) Madeleine Delbrêl nimmt hier das berühmte Argument des "pari", der Wette, aus den Pensées Pascals auf, vgl. Pensées, 233.

11 Jacques Loew zitiert Madeleine Delbrêl mit der Aussage: "Um diese Zeit (gemeint ist die atheistische Phase ihrer Jugend, M.H.-St.) hätte ich die ganze Welt preisgegeben, um zu erfahren, was ich darin trieb." (Einleitung zu NK 15)

sie im Kern schon den ihr gesamtes Leben bestimmenden positiven Gehalt der frühen, kompromißlos durchlebten Atheismuserfahrung.

Sehr früh, bewußt wahrscheinlich während ihrer Philosophie-Studien an der Sorbonne bei Léon Brunschvicg, hatte sich Madeleine Delbrêl einem programmatischen Anti-Idealismus verschrieben, einem Realismus - später eine der Schlüsselvokabeln ihrer Schriften - , den sie zur Methode ihrer Auseinandersetzung mit der ihr begegnenden und sie herausfordenden Wirklichkeit erhob und vor dessen Tribunal sie den überlieferten christlichen Gottesglauben als "idealistisch" verurteilen zu müssen glaubte. Aus dem Abstand von mehr als 30 Jahren zurückblickend schreibt sie 1957 über den Prozeß, der sie zu einer Lebenswende führen sollte: "Der Glaube versteht sich schlecht mit einem Idealismus, sei es, daß er eingeschlossen bleibt im Gehäuse unseres Geistes, sei es, daß er unser Handeln durchdringt. Vielleicht war ich schon näher beim Glauben, als ich dachte, als ich - mehr und mehr - meiner Aufmerksamkeit für das Wirkliche eine beständige Arbeit der Reflexion und der Überlegung abforderte. Diese elementare Form einer Methode in der Suche nach Antworten auf Fragen des Lebens brachte mich zu einem Wandel dessen, was zu meiner Grundfrage geworden war: Die Frage 'Wie bewahrheitet sich die Nicht-Existenz eines Gottes?' (wandelte sich) zu der Frage 'Existiert Gott (wohl doch)?'" Dieser Wandel der Fragestellung verdankte sich einem Impuls, der Madeleine Delbrêls Wirklichkeitswahrnehmung und -verständnis entscheidend verändern sollte: "Tatsächlich hatte sich zwischen diesen beiden Fragen etwas ereignet: Die Begegnung mit mehreren Christen, weder älter noch dümmer noch 'idealistischer' als ich; d.h. sie lebten das gleiche Leben wie ich, diskutierten ebensoviel wie ich, tanzten wie ich. In mancher Hinsicht waren sie mir sogar überlegen: Sie arbeiteten mehr als ich; sie hatten eine wissenschaftliche und technische Ausbildung, die mir fehlte; (sie verfügten über) politische Überzeugungen, die ich nicht hatte und die mir fern lagen."[12]

Die hier rekapitulierte und gedeutete Begegnung mit der Gruppe um Jean Maydieu eröffnet ihr neue Perspektiven: Die gleichaltrigen jungen Leute imponieren ihrem Realitätssinn durch offenkundige Tüchtigkeit in Ausbildung und Weltkenntnis. Um so erstaunlicher ist für Madeleine Delbrêl die Entdeckung, daß gerade diese "Realisten" entschiedene Christen sind, die ihre Überzeugung unbefangen zum Ausdruck bringen und als Leitlinie ihres Handelns offenlegen. Was Madeleine Delbrêl zunächst als "Faktum, das es zu beobachten, zu kritisieren, zu nutzen gilt wie die anderen", in ihre Lebenswelt zu integrieren sucht, wird so zur fundamentalen Erschütterung ihrer negativen Gewißheit von der Unerträglichkeit Gottes in der Absurdität der Welt.[13] Ohne ihre "realistische" bzw. anti-idealistische

---

[12] Beide Zitate: VM² 249.

[13] "Diese Kameraden wurden damals zu einer Tatsache meiner Lebenswelt, die es zu beobachten, zu kritisieren, zu nutzen galt wie die anderen. Aber die Tatsache, die sie darstellten - an den ihr angemessenen Platz gerückt - führte (mich) in einen Widerspruch zu dem letzten Punkt der Reflexion, zu dem ich vorgedrungen war: Gott im zwanzigsten Jahrhundert war absurd, unvereinbar

Grundhaltung preiszugeben, ja gerade, um sie nicht verraten zu müssen, gelangt Madeleine Delbrêl auf dem Weg über die Verunsicherung ihrer atheistischen Gewißheit zu einer Neuverteilung der Gewichte hinsichtlich der sie zuinnerst bewegenden Frage: "Wenn ich aufrichtig sein wollte, durfte Gott, der nicht mehr strikt unmöglich war, auch nicht mehr als sicher inexistent behandelt werden. Ich wählte das, was mir als das Beste erschien, um meine veränderte Perspektive zum Ausdruck zu bringen: Ich entschloß mich zu beten."[14]

Nicht die Preisgabe des Vernunftanspruchs, sondern die Beugung der Vernunft vor der Einsicht in eine bislang verschlossene Wirklichkeitsdimension bzw. ihre Öffnung auf diese neue Dimension hin ermöglichte also mit der Überwindung eines enggeführten Rationalismus den ersten bewußten Schritt auf dem Weg der Konversion, die als solche weitgehend im dunklen Hintergrund der Lebensgeschichte Madeleine Delbrêls verbleibt. Den Entschluß zu beten deutet Madeleine Delbrêl selbst rückschauend als vertrauende Öffnung auf eine größere, noch unbekannte personale Wirklichkeit hin: "Später, lesend und nachdenkend, habe ich Gott gefunden; aber indem ich betete, habe ich geglaubt, daß Gott mich fand und daß er die lebendige Wahrheit ist, und daß man ihn lieben kann, wie man eine Person liebt."[15] Die Erfahrung einer menschlichen Begegnung, in der Madeleine Delbrêl sah, "daß die um eine ewige Bestimmung 'Wettenden' ... Menschen von Charakter oder von wissenschaftlicher Bildung waren"[16], was in ihren Augen dafür bürgte, daß diese Menschen dem Kriterium des Realismus standzuhalten ver-

---

mit einem gesunden Menschenverstand sowohl als religiöser Glaube wie als philosophische Hypothese, er war unerträglich, weil nicht einzuordnen. Bis dahin hatte es in meiner Umgebung nur sehr wenige Christen gegeben. Ihre Religion erschien mir als soziale Verhaltensweise ebenso bedeutend und diskussionswürdig wie andere 'Sitten und Gebräuche', die einen gleichgültig, die anderen tragisch. Sie bereiteten mir keinerlei Schwierigkeiten, die ein Glaube hätte verursachen können. Im Gegensatz dazu bereiteten mir meine Kameraden alle die Schwierigkeiten, die ein Glaube verursacht, und zwar auf brutale Weise. Ja, sie machten es sich recht bequem in meiner Wirklichkeit! Aber sie brachten mich zu dem, was ich wohl 'ihre Wirklichkeit' nennen muß, und was für eine Wirklichkeit war das! Sie redeten über alles, aber auch über Gott, der ihnen so unentbehrlich zu sein schien wie die Luft. Sie verstanden sich mit jedermann gut, aber mit einer Unbekümmertheit, die so weit ging, daß sie sich dafür entschuldigten, brachten sie in alle Diskussionen, Zukunftsentwürfe und Erinnerungen, Worte, 'Ideen', Standpunkte Jesu Christi ein. Sie hätten einen Stuhl für ihn herbeischaffen können - selbst dann hätte Christus nicht lebendiger erscheinen können. Ja, sie gingen ihrer Arbeit nach, Vergnügen und Ärger begegneten ihnen wie allen Menschen, all das war für sie ganz und gar gegenwärtig. Aber gleichermaßen waren sie eingenommen von dem, was als die große Wende ihrer Lebenssituation und als Wiedervereinigung mit diesem Gott erschien, den sehen zu sollen sie schon im voraus zufrieden waren." (VM² 250f)

14 VM² 251. - Vgl. dazu auch den Auszug aus einem der geistlichen Briefe Madeleine Delbrêls, in dem sich im Licht der nunmehr gewonnenen Gewißheit die Umkehrung der eigenen existentiellen Fragen spiegelt: IA 30, dt. LS 38.

15 VM² 251. - Später wird Madeleine Delbrêl diese Grundeinsicht des Glaubens wiederholt in die Formel fassen: "Gott ist Jemand", vgl. NA 196-198, dt. NK 180-182 CE 181, dt. FG 151; dazu auch: Loew, Einleitung zu NK 26f.

16 VM² 248.

mochten, hat den Stolz des Rationalismus gebrochen und Pascal über Nietzsche siegen lassen.

Den entscheidenden Schritt der inneren Erfahrung, der diese Umkehr der Lebensrichtung erst ermöglicht, deutet Madeleine Delbrêl in einer von der biographischen Erfahrung abstrahierenden Reflexion an, in der sie wiederum die Sphäre des "allmächtigen" Todes mit der Sphäre Gottes konfrontiert (eine Gegenüberstellung, die in Madeleine Delbrêls Schriften immer wiederkehrt und die angefochtene Grundbefindlichkeit des Menschen beständig im Bewußtsein hält): Ist man auf der einen Seite in das "Todesmilieu dessen eingetaucht, dem unser menschliches Lieben gilt ...", so bedarf es auf der anderen Seite einer anfänglichen Berührung der "undurchdringbare(n) Welt des Insichseins Gottes ..., um in sich ein solches Grauen vor der Finsternis zu entdecken, daß das Licht des Evangeliums uns nötiger wird als Brot."[17] In der wie auch immer vermittelten Ahnung[18] dieses anderen "Pols", des "unergründlichen Dunkels Gottes", das etwas qualitativ anderes zu sein verheißt, als die "Finsternis der Menschen" es ist, wird diese überhaupt erst als Finsternis dechiffriert; erst der vom "schwarzen Licht" Gottes getroffene Mensch wird der in der Tiefe seiner Existenz gärenden Verzweiflung inne, und in solchem Innewerden liegt die unerläßliche Voraussetzung zur Anerkenntnis der eigenen völligen Hilfsbedürftigkeit und zur Annahme der sich darbietenden Hilfe.[19] Die anfängliche Berührung durch die Sphäre Gottes erschließt dem von aller auf Menschen bauenden Erwartung Entblößten, dem "selig Verzweifelten", in der nun voll bewußt gewordenen Situation äußerster existentieller Bedürftigkeit das Evangelium in der Fülle seiner Kraft als "einzige Hoffnung".[20] Hier liegt die Wurzel der "überwältigenden Bekehrung"[21], auf die sich Madeleine Delbrêl mit

---

17 NA 72, dt. NK 58.

18 Madeleine Delbrêl abstrahiert in dieser Überlegung von der Konkretheit ihrer eigenen Erfahrung, in der die Begegnung mit überzeugten und überzeugenden Christen eine Art Katalysatorfunktion im Hinblick auf den Bekehrungsprozeß hatte. Andere "Vermittlungen" bis hin zu einer "mystischen Berührung" durch die Wirklichkeit Gottes sind denkbar.

19 In diesen Einsichten enthüllt sich eine Strukturanalogie zu der mystischen Grunderfahrung der "Nacht" des Glaubens, der "Gottesfremde" etc., die das Denken und die Spiritualität Madeleine Delbrêls insbesondere mit der Mystik des Johannes vom Kreuz und der Therese von Lisieux verbindet. Nicht zufällig bezieht Madeleine Delbrêl sich wiederholt auf diese beiden Heiligen des Karmelitenordens. Vgl. zur Thematik der dunklen Nacht bei Johannes und Therese: Hinricher.

20 "Wer das schmale Evangelienbuch nicht mit der Entschlossenheit eines Menschen ergreift, dem eine einzige Hoffnung verbleibt, wird es weder entziffern noch dessen Botschaft empfangen." (NA 72, dt. NK 58). Die Hinführung zu diesem existentiellen Verständnis des Evangeliums verdankt Madeleine Delbrêl insbesondere der geistlichen Begleitung Abbé Lorenzos, vgl. JC 52ff und die einschlägigen Hinweise in Kapitel 2.1.

21 Madeleine Delbrêl spricht von ihrer "conversion violente" (NA 283), ein Ausdruck, der in vergleichbarer Kürze kaum adäquat zu übersetzen ist; in ihm verdichten sich die komplexen biographischen Hintergründe des Geschehens aufs äußerste. Jeder der verschiedenen Übersetzungsvorschläge bringt nur einen Teilaspekt des mitschwingenden Bedeutungsgehaltes zur Sprache: Die Konversion wird "stürmisch" (Balthasar), "plötzlich" (Conzemius), "heftig" (Balthasar; Steinmetz) genannt, während Jean Guéguen in seinem Vorwort zu JC sogar von der

aller Diskretion zeit ihres Lebens immer wieder beruft und die zum Leitmotiv ihrer gewandelten Existenz als Christin wird. Denn, so hält sie in einer der letzten Aufzeichnungen vor ihrem Tod fest: "Bekehrung ist ein entscheidender Augenblick, der uns abkehrt von dem, was wir über unser Leben wissen, damit wir, Aug in Auge mit Gott, von Gott erfahren, was er davon hält und daraus machen will. In diesem Augenblick wird Gott für uns zum Allerwichtigsten ... Ohne diesen höchsten, überwältigenden Primat des lebendigen Gottes, der uns einfordert, seinen Willen unserem Herzen vorstellt, damit es in Freiheit Ja oder Nein antworte, gibt es keinen lebendigen Glauben."[22] Die Anerkenntnis des "Primates Gottes" führt den bekehrten Menschen so zum Evangelium als dem Wort Gottes, dem er sich anvertraut und das er als Quelle der Hoffnung in sich aufzunehmen bereit ist, um ihm schließlich durch sein "gewandeltes" Leben die Antwort seiner freien Entscheidung zu geben.

3.1.2 Wort Gottes[23]

Die "Menschwerdung des Wortes Gottes in uns"[24]

Die existentielle Einsicht in das Ausgesetztsein des Menschen zwischen den beiden undurchdringlichen Räumen des Dunkels Gottes und der Finsternis der Menschen[25] hatte Madeleine Delbrêl als Schlüsselerfahrung für die Hinwendung zum Evangelium als "einziger Hoffnung" entziffert. Der Zustand der völligen Desillusionierung, der Entblößung von aller irdischen, in menschliches Vermögen gesetzten Erwartung wird zur Brücke, über die die heilende Gottesbotschaft den vom Todesmilieu des Atheismus umfangenen Menschen erreichen kann. Wer in solcher Verfassung, die schon nicht mehr blinde, sondern "selige" Verzweiflung ist[26], nach dem Evangelium greift, wird "selbst ergriffen werden von den Worten, die Geist sind ..., und wer sich nicht verweigert, kann schlicht zu einem neuen Ausdruck dieser Worte werden."[27] Dies nennt Madeleine Delbrêl das "große Geheim-

---

"conversion brutale" spricht (9). Im Hinblick auf die Tiefenwirkung der Erfahrung, die Madeleine Delbrêl noch als Sechzigjährige bewegt, sich als "Neukonvertierte" zu bezeichnen, scheint mir das Adjektiv "überwältigend" am besten geeignet, die existentielle Aussage einzuholen.

22 NA 287, dt. NK 268.

23 Zentrale Bezugstexte für Abschnitt 3.1.2: Missionnaires sans bateaux (NA 68-71, dt.: Missionare am Ort, NK 54-57); Celui qui me suit ne marche pas dans les ténèbres (NA 72-80, dt.: Wer mir folgt, wandelt nicht in der Finsternis, NK 58-66); Le livre du Seigneur (JC 31f, dt.: Das Buch des Herrn, GwL 17f); L'amour de Dieu traduit (JC 48-51); Deuxième groupe de notes sur la prière (JC 217-231, dt.: Notizen über das Gebet II, GwL 74-93); Vocation chrétienne dans ce qu'elle a d'essentiel (CE 38f, dt.: Worauf es bei einer christlichen Berufung wesentlich ankommt, FG 24f).

24 NA 71, dt. NK 57.

25 Vgl. NA 72, dt. NK 58.

26 Vgl. NA 72, dt. NK 58.

27 NA 72, dt. NK 58.

nis" des Evangeliums: Als "Sprechen des Wortes Gottes" ist es "zum betrachteten und erzählten Menschenleben geworden".[28] Die schlichte Formel enthält in sich eine ganze Theologie des Wortes, das als Selbst-Aussage Gottes eine unablässige Dynamik von Mensch-Werdung des Wortes und Aus-Wortung seines Wirkens nährt; in der betrachtenden Aneignung und erzählenden Weitergabe dieses Geschehens vollziehen sich Inkarnation des Wortes und Wortwerdung seines lebendigen Wirkens je neu. Darin erkennt Madeleine Delbrêl die "erleuchtende und verwandelnde Kraft", die dem Evangelium innewohnt und die sich demjenigen mitteilt, der sich dem "Geheimnis" des Evangeliums öffnet: "Es braucht nur eine in Anbetung niedergesunkene Seele und ein von allem Vertrauen auf Menschen entblößtes Herz", um an sich selbst die verwandelnde Kraft des Wortes zu erfahren, das je neu Mensch werden, Menschen zum lebendigen, "inkarnierten" Ausdruck seiner selbst machen will.[29]

Die "Menschwerdung des Wortes Gottes in uns", die sich durch die Vertiefung in das Evangelium ereignen wird, gewinnt in Madeleine Delbrêls Überlegungen geradezu leitmotivischen Charakter. Insofern darin die grundlegende Bestimmung des christlichen Lebens, seine Mitte und sein Sinn im Rückbezug auf Christus als das menschgewordene Wort Gottes, erreicht ist, wird die Formel von der "Menschwerdung des Wortes Gottes in uns" zum Inbegriff der Glaubensentscheidung im Vollzug, des Glaubensgeschehens, das - vom Menschen her gesehen - erst in einem aktiv-passiven Geschehen-Lassen Gestalt gewinnen kann: "Wenn wir unser Evangelium in Händen halten, sollten wir bedenken, daß das Wort darin wohnt, das in uns Fleisch werden will, uns ergreifen möchte, damit wir - sein Herz auf das unsere gepfropft, sein Geist dem unsern eingesenkt - an einem neuen Ort, zu einer neuen Zeit, in einer neuen menschlichen Umgebung sein Leben aufs neue beginnen."[30] Das "Geheimnis" des Evangeliums[31] erschließt sich also, indem man es an sich geschehen läßt, indem man es erleidet und aushält[32], indem man sich seiner

---

[28] Die dichte französische Formulierung ist kaum adaequat zu übersetzen: "... il (das Evangelium, M.H.-St.) est la Parole du Verbe de Dieu, il est le verbe de Dieu fait vie humaine contemplée et racontée." (NA 73, dt. NK 59). Im Zusammenhang des Satzes erschließt sich die "Parole du Verbe de Dieu" als das *wirksame* Sprechen, eben als das im Menschenleben verinnerlichte, als solches aber gerade erzählend und tätig weitergegebene, in menschlichem Handeln sich mitteilende Evangelium. Wenn also die Übersetzung "Sprechen des Wortes Gottes" beibehalten wird, so muß dies im erklärten Sinne verstanden werden.

[29] Zitate: NA 73, dt. NK 59.

[30] Vgl. JC 32, dt. GwL 18.

[31] Madeleine Delbrêl bedenkt dieses "Geheimnis" durchaus in seiner trinitarischen Struktur, wenn sie vom Evangelium als "sich spendendem Leben" (NA 73, dt. NK 59), vom "Wort, das Fleisch werden will in uns" und von den Worten, die "Geist und Leben" sind" (JC 31, GwL 17), spricht. Vgl. dazu auch NA 69, dt. NK 55: "Der Heilige Geist, der ganze Heilige Geist in unserem armen Herzen, die Liebe, so groß wie Gott, die in unserem Herzen schlägt wie ein Meer, das um jeden Preis sich befreien, sich dehnen, einströmen will in all diese undurchdringlichen Leute, diese ausweglosen Wesen hinein."

[32] Vgl. JC 31, dt. GwL 17; auch: NA 74, dt. NK 60.

Dynamik überantwortet und so in eine Art "Lebensbündnis"[33] mit ihm einwilligt, das eine grundlegende Wandlung, eine Umformung der gesamten Existenz zum Inhalt hat: "Wer sich dergestalt in das Evangelium Christi vertieft, verzichtet auf das eigene Leben, um ein Schicksal zu empfangen, das Christus zu seiner alleinigen Form hat."[34]

Diese Formulierungen, die eine aus dem Nährboden persönlicher und gemeinschaftlicher Praxis des Lebens mit dem Evangelium und aus einer darin sich ereignenden tiefen mystischen Erfahrung erwachsen sind, bergen nicht nur den Keim einer Theologie der Inkarnation; sie bilden vielmehr den Kern des "evangelischen Existentialismus" Madeleine Delbrêls. Zugleich verbinden sie ihr Denken mit jenem aus der Ekklesiologie der Kirchenväter quellenden Strom mystischer Theologie, der mit dem Theologoumenon von der Gottesgeburt aus dem Herzen der Kirche und der Gläubigen inkarnatorisches Denken befruchtet und genährt hat.[35] Interessant an der hier aufscheinenden "Verwandtschaftsbeziehung" scheint vor allem die Weite der Perspektive zu sein, die sich in Madeleine Delbrêls Reflexionen vom Topos der "Menschwerdung des Wortes Gottes in uns" her erschließt. So vermeidet Madeleine Delbrêl in der Entfaltung dieses Gedankens von vornherein jede individualistische Engführung; sie bindet das Basisgeschehen der "konvertierten" Existenz an die Kategorie des Zeugnisses bzw. an den Typus des Zeugen und damit an die jeder christlichen Berufung von der Taufe her innewohnende Sendung, die notwendig aus dem "Ergriffenwerden" vom Wort Gottes resultiert.[36] Dies klang bereits in den zitierten Texten an, wenn etwa als Finalität der in uns sich vollziehenden Inkarnation des Wortes dessen neues Auf-Leben unter gewandelten geschichtlichen und gesellschaftlichen Bedingungen zur Sprache kam. Es geht darum, daß das sich inkarnierende Wort von dem konkreten Leben in all seinen konkreten Bezügen, gesellschaftlichen Bedingtheiten, ekklesialen Bindungen etc. Besitz ergreift und formend darauf einwirkt. Einmal "ergriffen", kann man deshalb das Wort nicht mehr wie etwas Äußerliches - wie ein Requisit, das nur zu "passenden" Gelegenheiten hervorgeholt wird - behandeln. Man trägt es vielmehr in sich und "läßt es sinken bis auf den Grund seiner selbst, bis zur Angel, in der unser ganzes Selbst sich dreht".[37] Darin wird zugleich eine Verpflichtung übernom-

---

[33] Vgl. JC 32, dt. GwL 18.

[34] JC 32, dt. GwL 18; vgl. Gal 2,20. - An anderer Stelle spricht Madeleine Delbrêl von der "Fügsamkeit", sich von dem in uns Mensch gewordenen Gotteswort "modeln" zu lassen, vgl. NA 71, dt. NK 57.

[35] Vgl. dazu die noch immer maßgebliche Studie von Hugo Rahner, Die Gottesgeburt. Die Lehre der Kirchenväter von der Geburt Christi aus dem Herzen der Kirche und der Gläubigen, in: ders., Symbole der Kirche. Die Ekklesiologie der Väter, Salzburg 1964, 13-87.

[36] Vgl. zu der darin implizit bereits eröffneten apostolischen und ekklesialen Perspektive der Berufung die folgenden Abschnitte 3.3 und 3.4.

[37] NA 70, dt. NK 56. - Ähnlich wie in der Aufnahme der Metaphorik von Licht und Finsternis und im Topos der Gottesgeburt klingt auch in der Redeweise vom "Grund des Selbst" ("fond de soi") die Tradition der christlichen Mystik an: hier scheint sich die Terminologie des "Seelengrundes" widerzuspiegeln. - Derartige Verweise, denen im Rahmen dieser Arbeit nicht weiter nachgegan-

men, der Dignität des Wortes zu entsprechen, indem man die eigene Existenz dessen inkarnatorischer Dynamik vorbehaltlos zur Verfügung stellt, so daß das 'innere' Geschehen wiederum 'nach außen' hin wirksam werden kann. Daß darin nicht etwas Zusätzliches, gar fakultativ Hinzukommendes zu dem inkarnatorischen Geschehen "in uns", sondern vielmehr ein für diesen Prozeß konstitutives Moment gesehen werden muß, wird deutlich, wenn Madeleine Delbrêl nicht zögert, den allgemeinen Auftrag zur Zeugenschaft mit dem sakramentalen Priestertum zu vergleichen: "Wenn der missionierende Priester der Träger des Wortes Gottes ist, so sind wir als Missionare ohne Priestertum eine Art Sakrament des Wortes. Haben wir das Wort Gottes einmal erkannt, so ist uns das Recht entzogen, es nicht weiter zu empfangen. Haben wir es einmal empfangen, so muß es auch Fleisch werden in uns; ist es einmal in uns Fleisch geworden, so dürfen wir es nicht bei uns behalten: wir gehören fortan denen, die darauf warten."[38]

Das Evangelium als Lebensregel

In der Preisgabe der eigenen Existenz an das Wirken des Wortes Gottes eröffnet sich - das wurde im vorigen Abschnitt deutlich - das "Geheimnis" des Evangeliums als ein "sich spendendes Leben"[39], als "Geist und Leben", wie Madeleine Delbrêl in verschiedenen Zusammenhängen mit Joh 6,63 betont.[40] Im Kern meint dies die Offenbarung der "allbeherrschenden, überwältigenden Gegenwart Gottes"[41], die - im Glauben angenommen - dem Leben eine neue Richtung gibt. Denn das "vom Glauben enthüllte Bewußtsein, daß der lebendige, gegenwärtige, liebende Gott existiert"[42], entdeckt in dieser Offenbarung einen "Appell, Gott zu begegnen"[43]. Damit ist die "Entdeckung", daß Gott liebend gegenwärtig ist, in ihrer Wirkung auf den aufnahmebereiten Menschen ausgesagt, so daß hier erneut und in anderen Worten ein Wirkaspekt des Geschehens, das unter dem Stichwort "Menschwerdung des Wortes Gottes in uns" bedacht wurde, eingeholt ist. Angesichts der Aufforderung zur Begegnung mit Gott verlangt die gewandelte Existenz aber nach einer "Einführung" und Wegweisung in den neu eröffneten, in gewisser Weise geweiteten Lebensraum, sie bedarf einer Hermeneutik, die das eigene Le-

---

gen werden kann, dienen hier nicht der Rekonstruktion von Traditionslinien, die ohnehin schwerlich beweisbar wären. Es geht eher darum, anhand der Hinweise auf solche "Anklänge" anzudeuten, wie Madeleine Delbrêls erfahrungsgesättigte Theologie - gewollt oder eher intuitiv - in den breiten Strom christlicher Mystik und geistlicher Erfahrung eintaucht und daraus schöpfend Altes in neuer Weise und Gestalt lebendig werden läßt.

[38] NA 71, dt. NK 56f.

[39] "... le secret de l'Evangile est essentiellement une communication de vie." (NA 73, dt. NK 59)

[40] Vgl. NA 74, dt. NK 60; JC 31, dt. GwL 17; JC 228, dt. GwL 89.

[41] NA 76, dt. NK 62.

[42] CE 38, dt. FG 24f.

[43] NA 76, dt. NK 62.

ben als Gottesbegegnung begreifen und gestalten hilft. Diese Hermeneutik findet sie im Evangelium, in der Orientierung an der Gestalt Jesu: "Gott wählen" kann nur, wer "in Jesus Christus ... hineinflüchte(t)", wer "vom Evangelium Belehrung darüber erwarte(t), wie man Gottes Liebe erträgt und ihn liebt, so wie er uns liebt. Jesus, im Evangelium erfaßt, betrachtet, nachgeahmt, wird zur langsamen und allmählichen Offenbarung dessen, was unser Leben sein soll."[44] Das Evangelium als Einweisung in die Lebensart Jesu Christi: damit ist wiederum der Gedanke der Umformung der christlichen Existenz erreicht: Von der schöpferischen Kraft des "in uns" Mensch gewordenen (und immer neu werdenden) Wortes Gottes durchwaltet, steht die gewandelte christliche Existenz unter dem Schicksal Christi, sie nimmt seine "Form" an, unterstellt sich der Norm seines Lebens, die im Evangelium aufleuchtet.

Was dies für die christliche Lebensgestaltung - unter welchen konkreten Umständen auch immer - bedeutet, läßt sich nicht theoretisch abstrakt erhellen. Vielmehr bedarf es dazu der unablässigen Wechselwirkung zwischen dem Wort Gottes - in der ganzen Fülle der oben angesprochenen Bedeutungsgehalte - als dem "Formprinzip" und den konkreten Umständen als dem "Medium", in dem sich dieses christliche Leben vollzieht und entwickelt. Das Evangelium als "Sprechen des Wortes Gottes" wird also das unmittelbare "Gegenüber" der sich in bestimmten gesellschaftlichen Umständen verwirklichenden christlichen Existenz sein - als Leitlinie und Wegweiser, der keine "Ausweichmanöver" aus der Konkretheit einer Situation, einer Lebenslage, eines Konfliktes erlaubt, sondern - unter bestimmten "Regeln" - mitten hinein und hindurch führt.[45] In diesem Zusammenhang von Regeln bzw. vom Evangelium als "Lebensregel" zu sprechen, darf nicht im Sinne einer Lektüre des Evangeliums mißverstanden werden, in der "Rezepte" für jede beliebige Alltagssituation gefunden werden sollen. Ein solcher, fundamentalistischer Zugriff auf das Wort Gottes liegt Madeleine Delbrêl fern. Vielmehr geht es darum, im täglich einzuübenden, vertrauten Umgang mit dem Evangelium jene Grundhaltungen zu entdecken und zu kultivieren, die das eigene Leben tatsächlich "christusförmig" machen, d.h. es in einer "inkarnierten", nicht weltabgewandten Weise Gott zugewandt sein lassen.

Zur Gewährleistung der Authentizität fordert Madeleine Delbrêl verschiedene Bedingungen ein, deren Beachtung einen subjektivistischen oder willkürlichen Gebrauch des Evangeliums verhindern soll. Sie verlangt einen von eigenen In-

---

[44] CE 38, dt. FG 24. - Die Aussage steht zwar im Zusammenhang einer Reflexion auf die Berufung der Gruppe Madeleine Delbrêls; insofern sie dabei aber auf das Wesentliche jeder christlichen Berufung abhebt ("Unsere Berufung ist nichts Anderes als das Wesentliche jeder christlichen Berufung", ebd.), darf der Gedanke wohl auch in allgemeinerem Zusammenhang aufgegriffen werden. Vgl. dazu auch Lafon, Avant-propos JC 25.

[45] Sehr bezeichnend für diese Konstellation dürfte sein, was von Madeleine Delbrêl erzählt wird, daß während der Jahrzehnte in Ivry die Tageszeitung und die Bibel ihre einzige Dauerlektüre gewesen seien (Christine de Boismarmin, mündlich).

teressen freien, gleichsam indifferenten Hörer des Evangeliums, der sich nicht über, sondern unter das Wort stellt und die Botschaft "mit Kinderohren" - ohne Abstriche und ohne Hinzufügungen - vernimmt und "tut".[46] Sie betont, das Evangelium sei als ganzes zu vernehmen, so daß auch eine bevorzugte Orientierung an einem bestimmten Wort des Herrn nicht zur Vernachlässigung anderer führen darf.[47] Dazu bedarf es einer konstanten, regelmäßigen und nicht "wählerischen" Lektüre, die sich - ohne sich seiner rationalistisch zergliedernd zu bemächtigen - dem ganzen Evangelium aussetzt, sich einer immer neuen und nicht durch Gewöhnung abgestumpften Wahrnehmung aufschließt und so eine je tiefere Durchdringung der Existenz mit dem "Lebenswort" des Evangeliums zuläßt.[48]

Was dies konkret bedeutet, erschließt sich insbesondere in Madeleine Delbrêls Überlegungen zum Ternar der "theologischen Tugenden" - Glaube, Hoffnung, Liebe.[49] In unterschiedlichen Zusammenhängen, in denen mal das eine, mal das andere Element besonders bedacht wird, konvergieren diese Reflexionen schließlich immer auf das Doppelgebot der Liebe als "Grundgesetz des Reiches Gottes" hin. In der Gesamtheit der Überlegungen wird somit deutlich, wie Madeleine Delbrêl in einem "konstanten" und "nicht partikularistischen" Leben und Lesen des Evangeliums den Einheitspunkt gefunden hat, von dem her und auf den hin sie eine Grundstruktur christlicher Spiritualität entwickelt und gestaltet.

Im folgenden Abschnitt ist deshalb die Skizze einer Antwort auf die Frage, was die Konversion für die religiöse Signatur, für die Identitätsmerkmale der gewandelten Existenz näherhin bedeutet, mit Hilfe des Madeleine Delbrêls Überlegungen durchziehenden Ternars zu strukturieren. Dabei geht es im Zusammenhang dieser Studie nicht darum, den glaubenspsychologisch interessanten Prozeß der "Realisierung" der Konversionsentscheidung im einzelnen nachzuzeichnen. Insofern Madeleine Delbrêls Selbstvergewisserung auf das Wesentliche, das schlechthin Grundlegende christlicher Existenz und auf dessen Unterscheidung (nicht: Trennung) von fakultativ (zeit-)bedingten Formen seiner Verwirklichung zielt, soll vielmehr versucht werden, im Rückgriff auf ihre entsprechenden Reflexionen zunächst jene Aspekte herauszuarbeiten, die sie - aus ihrer Perspektive der Identitätsfindung und Gestaltung eines religiösen (Gemeinschafts-)Lebens in einer säkularisierten Umgebung - für *jedes* authentisch christliche Leben für konstitutiv hält. Dieser Hinweis ist nicht nur insofern bedeutsam, als jede Gestalt christlichen Lebens durch eine Fülle geschichtlicher und gesellschaftlicher Rahmenbedingun-

---

46 Vgl. JC 48.

47 "Les paroles du Seigneur sont un tout, elles ne se disloquent pas. Si nous vivons davantage l'une d'elles, ce ne doit pas être au détriment d'une autre." (JC 49).

48 "A la lecture constante de l'Evangile, lecture non particulariste, reprise sans mémoire et toujours à neuf, nous demandons un contact réceptif avec une parole-vie qui laisse la possibilité à cette parole d'aller en nous partout et aussi loin qu'elle veut aller, car en chacun de nous il y a aussi une 'extrémité de la terre'." (JC 49f).

49 Vgl. Greiner 16.

gen bestimmt ist, weshalb auch und gerade die besten Modelle der christlichen Tradition nur unter Beachtung dieses Bedingungsgefüges zeitgemäß gelebt werden können und zur Bewahrung ihrer Authentizität der "Fortschreibung" und Wandlung bedürfen. Darüber hinaus ist der Hinweis zum Verständnis der Überlegungen Madeleine Delbrêls selbst wichtig, da sie immer ausdrücklich situationsbezogen - in ihren Gegebenheiten und für diese - denkt, redet und schreibt. Ebenso wie sie nie die Absicht hatte, einen Orden zu gründen und eine neue kirchliche Institution zu schaffen, hatte sie auch nie die Absicht, der Nachwelt eine Sammlung allgemein gültiger Wahrheiten oder eine geschlossene theologische Theorie zu überlassen. Vielmehr ging es ihr jeweils darum, angesichts konkreter Erfordernisse, vor die ihre eigene Identitätssuche, ihre Gemeinschaft oder bestimmte kirchliche bzw. gesellschaftliche Gegebenheiten sie stellten, eine Klärung herbeizuführen. Innerhalb solcher Überlegungen erhärtet sich dann das für wesentlich und notwendig ebenso wie das für fakultativ Gehaltene, so daß der Versuch dennoch legitim erscheint, in behutsamer Annäherung an die Texte das in Madeleine Delbrêls Sicht Konstitutive jedes christlichen Lebens herauszufiltern. Die situative Rückbindung einer Überlegung wird, wo es zum Verständnis der Aussage notwendig erscheint, aber jeweils mit zu thematisieren sein.

In weiteren Schritten wird im vierten Kapitel anhand ausgewählter Beispiele nach den vielfältig bedingten Formen der Umsetzung dieses Fundaments in der konkreten geschichtlichen und gesellschaftlichen Situation zu fragen sein. Auch dabei wird die Frage nach den Kriterien der Authentizität im Vordergrund stehen, so daß deutlich wird, daß es bei der Unterscheidung zwischen dem schlechthin Konstitutiven christlichen Lebens überhaupt und der Authentizität seiner möglichen Verwirklichungsformen nicht um eine Abstufung der Wichtigkeit nach geht, sondern vielmehr um die Beleuchtung der verschiedenen Ebenen eines einzigen komplexen Klärungsprozesses.

3.2 Glaube - Hoffnung - Liebe: Die Signatur der Existenz unter dem Primat Gottes[50]

3.2.1. Glaube: Ein Realismus[51]

Den schmerzhaften Prozeß der Bekehrung an sich geschehen lassen, den Glauben empfangen, der in der Taufe keimhaft in das menschliche Leben eingesenkt worden ist, bedeutet den Eintritt in einen neuen Horizont, in eine neue Dimension von Wirklichkeit, die das Fassungsvermögen des Verstandes übersteigt. Im Wiedergewinnen des "Seelenzustandes der Neugetauften" erschließt sich daher dem bekehrten Menschen ein neues Wirklichkeitsverhältnis. Denn der Glaube ist nicht eine Philosophie, eine Idee, sondern ein geschenktes Leben[52]; er betrifft folglich das ganze Sein, nicht nur ein möglichst intellektuell geprägtes "geistliches Leben"; er bindet dieses Leben unbedingt an Gott, den Geber und Urheber der Gabe des Glaubens[53], aber zugleich nicht weniger unbedingt an die Welt und die Menschen der bestimmten Zeit und Umgebung, in der es sich - nach dem Willen Gottes - vollzieht. Deshalb bedeutet das Geschenk des Glaubens den Gewinn eines neuen "Prinzips" der Wahrnehmung und Gestaltung der Lebenswirklichkeit im ganzen[54]; Madeleine Delbrêl nennt es "Realismus des Glaubens". Diesen unmittelbaren Lebensbezug des Glaubens unverkürzt wahrzunehmen, ist Voraussetzung eines lebendigen Glaubenslebens, das sich nicht in eine "Weltanschauung", eine "Denkweise" ohne konkrete Relevanz für das Handeln verflüchtigt.[55]

Angeregt durch die Auseinandersetzung mit einer bestimmten ideologischen "Wissenschaftsgläubigkeit", die sie v.a. in ihrem kommunistisch geprägten Umfeld beobachtete, vergleicht Madeleine Delbrêl den Glauben mit einer "der Wissen-

---

50 Zentrale Bezugstexte für die Abschnitte 3.2.1 - 3.2.3 dieses Kapitels: Manifeste du chrétien au monde athée (NA 194-202, dt.: Christliches Manifest an die atheistische Welt, NK 178-186); Temps d'aujourd'hui, temps de notre foi (NA 219-232, dt.: Unsere Zeit als Zeit unseres Glaubens, NK 201-213); Espoir marxiste, espérance chrétienne (NA 233-251, dt.: Marxistisches Hoffen und christliche Hoffnung, NK 214-232); Athéismes et évangélisation (NA 252-272, dt.: Atheismus und Glaubensverkündigung, NK 233-254); L'amour de Dieu traduit (JC 48-51); Réaliser de cette terre l'amour pour lequel Dieu nous a créés (JC 71-79, dt.: Schon auf Erden die Liebe verwirklichen, für die wir geschaffen wurden, GwL 47-50 [Teilübersetzung]); Sans privilège (JC 107-108, dt.: Ohne Privileg, GwL 111-112); Une vocation pour Dieu parmi les hommes (JC 157-159); Mission ou démission (JC 171-178, dt.: Mission oder Demission, GwL 101-110). - Vgl. auch Greiner 16-20.

51 Vgl. auch Neufeld, Atheismus, 298-305.

52 Vgl. NA 248, dt. NK 229.

53 Vgl. NA 246, dt. NK 227.

54 Knapp zusammengefaßt, formuliert Madeleine Delbrêl die Quintessenz der neuen, durch das Wort des Evangeliums vermittelten Wirklichkeitssicht des Glaubens als "Leben, wo unsere Gewißheit, daß Gott uns liebt, und unsere antwortende Liebe eine einzige Einheit bilden, (ein) Leben, das jeder Einzelne mit allen andern zusammen lebt: durch und für Gott." (NA 247, dt. NK 228).

55 Zur gleichwohl notwendigen "Fremdheit" des inkarnierten Glaubens in der Welt vgl. unten Abschnitt 3.3.2.

schaften vom Leben, zum Beispiel der Biologie", die "Gesetze des Lebens, einer Realität, auf die man durch die gefundenen Gesetze einwirken kann"[56], lehrt. Dieser Vergleich setzt sich kritisch gegen den Vorwurf ab, der Glaube bedeute, einem "idealistischen System der Philosophie anhangen"[57], und fordert zugleich zu einer Revision des Glaubens und zur Reinigung des christlichen Lebens von seinem "idealistische(n) Anteil" auf. An anderer Stelle - vor dem gleichen Hintergrund der Auseinandersetzung - bezeichnet Madeleine Delbrêl den Glauben auch als "Wissenschaft vom Mysterium", vom "wahren", weil nicht wissenschaftlich-technisch auflösbaren Mysterium.[58] Darin scheint erneut die kritische Bedeutung ihrer Rede vom "Realismus des Glaubens" als Korrektiv eines rationalistisch eingeschränkten Wirklichkeitsverständnisses auf.

Das Bestehen auf der Öffnung der Wirklichkeit "nach oben" in der Bestimmung des Glaubens als "Wissenschaft vom Mysterium" und die Betonung seines Lebensbezuges im Vergleich mit der Biologie zur Abwehr des Idealismus-Vorwurfs korrigieren bzw. ergänzen sich dabei gegenseitig: Es kommt darauf an, den zugleich "übernatürlichen" und "natürlichen" Charakter des Glaubens zu entdecken und in der wechselseitigen Durchdringung beider Dimensionen zu leben. Die Klärung dessen, was der Glaube wirklich ist, führt daher - immer noch im Kontext des "Wissenschafts"-Vergleichs - zu der "Definition": "Der Glaube ist allen Ernstes die Wissenschaft von etwas Realem, das uns übersteigt und uns angeht." Lehrer dieser Wissenschaft ist Gott selbst, "Lehrbuch" das Evangelium, Gegenstand "das ewige Leben".[59] Die Spannung von "übernatürlich" und "natürlich" kommt darin zum Ausdruck, daß das "ewige Leben" als das Reale in einer doppelten Beziehung erfahren wird: indem es uns zugleich übersteigt (*dépasse*) und betrifft (*concerne*). Das eine ist nur im Zusammenhang des anderen wahr, und diesem Zusammenhang gilt es auf der Ebene des ganz konkreten menschlichen Lebens, das sich nicht ins rein Geistige verflüchtigen kann, Rechnung zu tragen. Deshalb hebt Madeleine Delbrêl an anderer Stelle hervor, der Realismus des Glaubens könne nur unter der Voraussetzung ein übernatürlicher sein, daß er zugleich ein natürlicher sei,[60] oder: Der Glaube ist "eine praktische, eine angewandte Wissenschaft"[61].

Von dem in vielen Variationen durchgespielten Gedanken her, der Glaube dürfe nicht zu einer Abstraktion verkommen, er müsse konkret und den Umständen gemäß gelebt werden[62], stellt sich die Frage, wie das "ewige Leben" als das Reale und das Mysterium zugleich nach Madeleine Delbrêls Sicht der Dinge in diese Konkretheit hineinspielt, sie prägt und in neuer Weise als "Wirklichkeit" ver-

---

[56] Vgl. NA 224, dt. NK 206.

[57] Madeleine Delbrêl schreibt diese Sichtweise den Kommunisten zu, vgl. NA 224, dt. NK 206.

[58] Vgl. NA 195, dt. NK 179.

[59] Vgl. NA 195, dt. NK 179.

[60] Vgl. NA 260, dt. NK 241.

[61] Vgl. NA 225, dt. NK 207; JC 177, dt. GwL 109.

[62] Vgl. z.B. JC 173, dt. GwL 103.

stehbar macht. Dazu gilt es zunächst, sich das wenige "Notwendige und Gewisse" zu vergegenwärtigen, das der Glaube den Menschen in bezug auf die "Realität" des "ewigen Lebens" zu wissen gibt, indem er ihn "Gott von innen kennen" läßt "durch Teilnahme an seinem Geist, an seinem Werk" und ihn "eintreten läßt in Gottes Intimität".[63] Von diesem im Glauben offenbaren "Notwendigen und Gewissen" ausgehend ist dann alles zu ordnen und zu werten, was den einzelnen in ihrem konkreten Alltag als "Pflicht", als Aufgabe, als Wunsch etc. entgegentritt. Insofern all das nur im Sinne einer "Ableitung" von jenem "Notwendigen und Gewissen", nie aber absolut verpflichten und Kräfte binden kann[64], stellt die Erwägung des "Notwendigen und Gewissen" die Grundlage der im Glauben zu vollziehenden Unterscheidungsarbeit zur Einsicht in den konkreten Willen Gottes als Wegleitung des Handelns vor.

Dieses "Notwendige und Gewisse" erschließt sich im Bekenntnis zu Jesus Christus, dem Mensch gewordenen, für die Menschen gestorbenen und von Gott auferweckten Gottessohn, also im Akt des Glaubens selbst. Denn nur dank der "Tatsache" des Gott-Menschen Jesus Christus ist es Menschen möglich, jene "Tatsachen" über den lebendigen Gott zu "wissen", die er uns wissen lassen wollte[65]: Dank seiner kann man wissen, daß "Gott Jemand ist", daß er die Menschen liebt und zur in Freiheit antwortenden Liebe berufen hat[66], daß die Menschheit in dieser Bestimmung zu Gott hin unterwegs ist und darin ihr "Ewigkeitsschicksal" erwartet und schließlich, daß die vermeintliche Herrschaft des Todes dialektisch in die Unsterblichkeit hinein aufgehoben ist.[67] In der Dialektik

---

63 NA 226, dt. NK 208.

64 Vgl. NA 226, dt. NK 208.

65 Vgl. zum Ganzen NA 194-202, dt. NK 179-186.

66 "Er (Gott, M. H.-St.) wollte ..., daß wir wüßten: Er ist jemand, er lebt, er handelt, er liebt, und zwar intensiver als alles, was wir über Leben, Handeln, Lieben wissen mögen. Wir können aber wissen, was Gott mit uns ist, was er für uns ist, was er aus uns macht und machen wird: das ist sein Werk. Wir wissen, wie Gott uns liebt, und wissen auch, wie wir ihn lieben sollen und können." (NA 198, dt. NK 181) Man ist erinnert an Madeleine Delbrêls rückblickende Darstellung ihrer Konversionsentscheidung, in der sie sich eben dieser Möglichkeit personaler Liebe zu Gott überantwortete (vgl. VM^2 252).

67 In Abgrenzung von der marxistischen Dialektik spricht Madeleine Delbrêl von der Dialektik des christlichen Lebens, in der die "natürliche" Tatsache der Sterblichkeit mit der "über-natürlichen" Tatsache der Unsterblichkeit vermittelt wird. Auch diese Madeleine Delbrêls Reflexionen über die Jahrzehnte hinweg durchziehende Thematik verweist zurück auf den entscheidenden biographischen Umschlag der Konversion, in der sich nicht die leitenden Themen ihres Denkens, aber die Perspektive zu deren Deutung grundlegend wandelten. Die Infragestellung des Lebens durch das unausweichliche Todesschicksal, die in der frühen Aufzeichnung "Gott ist tot, es lebe der Tod" zu einer nihilistischen "Lösung" geführt wurde (vgl. dazu auch NA 190, dt. NK 174; NA 209, dt. NK 192f), erfährt im Licht des Glaubens eine "Aufhebung", die den Tod ohne Verharmlosung Tod sein und dennoch eine Heilsperspektive gelten läßt: "Aufgrund des Wortes Gottes glaubt der Christ, daß der Mensch unsterblich ist, daß die gesamte Menschheit auf ein Ewigkeitsschicksal zugeht. Er glaubt an die Auferstehung aller Toten der Menschheit ... Er glaubt es auf das Wort Gottes hin und nicht aufgrund einer Art magischer, grotesker Taschenspielerkunst. Er glaubt, daß ... das Leben durch den Tod hindurch seine Erfüllung findet, daß der Tod selber eine Daseinsbe-

von Tod und Leben, von Sterblichkeit und Unsterblichkeit, von Zeit und Ewigkeit wird deutlich, inwiefern der Glaube ganz konkret als "geschenktes Leben" zu begreifen ist: Er sprengt die Eindimensionalität einer Wirklichkeit, die allein vom Todesschicksal allen Lebens her ihr Maß und ihre Grenze erhält; in der Zusage einer größeren Wirklichkeit "ist der Glaube damit beauftragt, uns in der Zeit Ewiges vollbringen zu lassen. Uns einwirken zu lassen auf die Episoden unserer Ereignisse, unserer Geschichte, um aus jeder vergänglichen Episode ein ewiges Ereignis zu machen."[68] Im Licht des Glaubens sind die konkreten Ereignisse der Gegenwart - in der Perspektive einer "präsentischen Eschatologie" - als Momente der "Ewigkeit" zu entschlüsseln. Das geschieht, indem der Glaube sie in der Kraft der Hoffnung als Ort der Liebe Gottes erkennt, die durch das Handeln der Glaubenden dem Alltagsgeschehen "implantiert" werden muß. *Hoffnung* und *Liebe* sind somit die beiden Kräfte, die den Glauben in die Dialektik von "Zeit" und "Ewigkeit" einspannen; indem die Hoffnung die Ewigkeitsdimension des Zeitlichen ans Licht bringt, den Kreis der Todverfallenheit sprengt und einen Sinn der Geschichte eröffnet, ermöglicht sie den Einsatz der Liebe als konkrete Erfüllung der Ewigkeitsdimension schon in der Zeit. Der "Realismus des Glaubens" gewinnt daher in den beiden ergänzenden Elementen des Ternars der theologischen Tugenden erst seine volle Gestalt.

3.2.2. Hoffnung: Gottes Leidenschaft für die Welt

Die christliche Hoffnung bewirkt im Menschen "eine Fähigkeit, zu ersehnen und zu empfangen, was wir von uns aus weder ersehnen noch empfangen noch überhaupt wissen können"[69]: Sie bildet im Menschen gleichsam das Wahrnehmungs"organ" für die "übernatürliche" Dimension der Wirklichkeit, für die Ewigkeitsbestimmung in der Zeit, für die Berufung der sterblichen Geschöpfe zur Unsterblichkeit aus und wird damit zur Brücke, über die der Glaube als "Realismus" in der Welt konkret wirksam werden kann. Denn sie rückt die alltäglichen oder außergewöhnlichen Ereignisse in eine Perspektive, die über die Grenze des Sichtbaren, des empirisch Nachprüfbaren hinausweist und das Weltgeschehen mit einem die Grenze des Todes sprengenden Sinn erfüllt. Dieser Sinn kommt ihr gleichsam entgegen aus der Verheißung Gottes, die an der "Tatsache" des Lebens Jesu Christi "ablesbar" ist für diejenigen, die sich dem schmerzhaften Prozeß der

---

rechtigung hat, daß er zwar gräßlich bleibt, aber nicht sinnlos ist. Gleich jedem vernünftigen Menschen sieht der Christ, wie sein Dasein von der Geburt bis zum Tod ein dauerndes Werden ist, begleitet von einer dauernden Zerstörung. Er glaubt aber, daß in diesem und durch dieses Werden hindurch etwas keimt, der unsterbliche Mensch in ihm sich entfaltet, täglich am Werden, um aber ewig zu bleiben, was er geworden ist." (NA 198f, dt. NK 182f)

68 NA 225, dt. NK 207.

69 Vgl. NA 246, dt. NK 227; auch JC 124.

Bekehrung unterwerfen. Aus diesem Zusammenhang der Bekehrung als Lebenswende zur Hoffnung hin wird das Bild verständlich, mit dem Madeleine Delbrêl in Anspielung auf Joh 16,21 die Hoffnung als "den Schmerz der Frau, die ein Kind zur Welt bringt," bezeichnet.[70] Damit bringt sie zum Ausdruck, daß die Gestaltung des Lebens vom Standpunkt der Hoffnung her immer unter der Anfechtung durch gegenläufige, diese Hoffnung negierende Kräfte stehen wird, während die Treue zu der in der Glaubenswahl getroffenen Option die Arbeit der Hoffnung erfordert, um das Neue - den von Gott geschenkten Sinn -, in der Welt tatsächlich zu "gebären", Fleisch werden zu lassen.

Im Licht der Inkarnation ist die christliche Hoffnung auf die Treue zum menschlichen Hoffen verpflichtet.[71] Christliche Hoffnung, die sich im Leben mit und nach dem Evangelium aus der Kraft der göttlichen Verheißung nährt, ist zur Vollendung der menschlichen Hoffnungen berufen und darf diese nicht überspringen. Gegen die Gefahr praktischer Ignoranz in der Vertröstung auf ein "besseres Jenseits" angesichts konkreter Bedürfnisse und Nöte, denen das menschliche Hoffen sich wie ein Hilfeschrei entgegenstemmt, besteht Madeleine Delbrêl daher mit Nachdruck auf dem Zusammenhang zwischen der christlichen Hoffnung auf Erlösung und dem leidenschaftlichen Einsatz gegen konkretes Unrecht und seine Folgen für die Menschen.[72] In der Auseinandersetzung mit ihrem Umfeld im kommunistischen Ivry gewinnt diese Überlegung zum konkret geschichtlichen Bezug der christlichen Hoffnung eine sehr unmittelbare Bedeutung für die Ausbildung der christlichen Identität in einem ideologisch geprägten Milieu: Sie bietet ein kritisches Korrektiv gegen eine voreilige Immunisierungsstrategie, die angesichts ideologischer Gegnerschaft zur Ignoranz gegenüber den Nöten der Arbeiterwelt verleiten könnte, insofern das Proletariat im Angebot des Kommunismus bereits eine kämpferische und daher wirksame Antwort auf die Infragestellung seiner Lebenschancen gefunden zu haben scheint.[73] Der Gefahr, nur mehr die abgelehnte ideologisch geprägte Antwort, nicht aber die menschlichen Nöte zu sehen, auf die christliche Hoffnung ihrerseits eine Antwort zu geben hat, begegnet der energische Verweis auf den notwendigen Zusammenhang von "menschlichem Hoffen" und "christlicher Hoffnung". Dieser Zusammenhang ist so eng, daß die Qualität der christlichen Hoffnung von der Intensität des menschlichen Hoffens geradezu ab-

---

70 Vgl. NA 249, dt. NK 230. - Vgl. Greiner 18f.

71 Vgl. NA 249-251, dt. NK 230-232.

72 "Kann man mit wirklicher Hoffnung, ein für allemal, auf Erlösung der Welt hoffen, ohne leidenschaftlichen Herzens das Unrecht in der Welt und seine Folgen enden sehen zu wollen, selbst wenn nicht alles Böse darauf zurückzuführen ist? Kann man ehrlich Erlösung hoffen, ohne zu wünschen, daß auch die Folgen jener Sünden aufhören, die man Egoismus, Rechtsbruch, Repression nennt?" (NA 250f, dt. NK 232).

73 Vgl. Neufeld 303.

hängig gemacht werden kann.[74] Denn die Botschaft des Evangeliums, die Verkündigung Jesu selbst, wendet sich "an das Hoffen der menschlichen Herzen", indem sie ihnen das Ziel ihres Hoffens zuspricht.[75] Die Jesus Nachfolgenden haben deshalb kein Recht, "weniger menschlich (zu sein) als er, weniger auf das menschliche Hoffen (zu) achten als er."[76] In ihrem und durch ihr Handeln haben sie den Menschen das Ziel des Hoffens "zuzusprechen". Christliche Hoffnung ist daher die Triebkraft des zeitlichen Engagements, das der Glaube eingehen muß, will er sich selbst und Gott als seinem Geber treu bleiben.

Wie der Glaube bewegt sich die Hoffnung im Raum einer Geschichte, die von ihrem Ziel her schon in der Zeit als "ewig" bedeutsam erfahren und von dieser Perspektive her erfüllt wird. Die Spannung von "Zeitlichkeit" und "Ewigkeit" wird den aus christlicher Hoffnung lebenden Menschen deshalb um so mehr in die Zeit, in seine Zeit, hineinstellen, damit er so inmitten dieser vorbehaltlosen "Zeitlichkeit" das für die Ewigkeit Erhoffte entdecke.[77] Insofern ist sie einerseits das strikte Gegenteil von Vertröstung auf eine bessere Zukunft im Jenseits, andererseits aber ebenso weit davon entfernt, "faule Kompromisse" mit einer Gegenwart zu schließen, die aufgrund von Not, Elend und Ungerechtigkeit das ihr innewohnende "Ewigkeitspotential" unter Verschluß hält: Auf die Vollendung des erhofften Heils hin entfaltet die christliche Hoffnung eine "gewaltige Tat- und Wirkkraft" im Innern der Glaubenden, um sie zu befähigen, "der Heilsgeschichte jene Taten ein(zufügen), die ihr einzufügen wir berufen waren".[78] Inhalt und Ziel der Hoffnung auf Erlösung als Richtschnur der christlichen Lebensorientierung können nur plausibel gemacht werden, wenn in der Gegenwart als Ort dieses Lebens und seiner Bewährung etwas davon für die nächsten Menschen konkret erfahrbar wird - als Antwort auf die Hoffnungen, die diese menschlichen Herzen erfüllen. Damit verweist die Hoffnung ihrem Wesen nach auf die Liebe als die Ausdrucksgestalt

---

74 "In einem Herzen, das menschlich wenig erhofft, ist auch nicht viel christliche Hoffnung, selbst wenn dieses Herz das eines Christen ist." (NA 249, dt. NK 230; vgl. auch den ganzen Abschnitt NA 249-251, dt. NK 230-232).

75 "Indem er (Jesus, M.H.-St.) Leute anredet, die weinen und darauf hoffen, nicht (mehr) zu weinen, die auf Frieden hoffen, auf Gerechtigkeit hoffen, dem Übermaß der Armut zu entrinnen hoffen, verkündet er die ewigen Seligkeiten und ruft die Menschen auf, sie zu erhoffen." (NA 250, dt. NK 231. Meine Übersetzung weicht vom veröffentlichten deutschen Text geringfügig ab).

76 NA 250, dt. NK 231.

77 "Denn wenn die Hoffnung das ewige Leben anzielt, so tut sie das schon ausgehend von der Zeit und in ihr. Ihre Aufgabe ist nicht, uns auf Erden die Geduld beizubringen, um eine Ewigkeit zu erwarten, die für nach dem Tod in Reserve gehalten wird. Auch wo sie auf das ewige Leben vorausblickt, hofft die christliche Hoffnung auf das Gegenwärtige, denn was sie für die Ewigkeit erhofft, existiert bereits und existiert in Fülle. *Die christliche Hoffnung hofft Jesus Christus, hofft Gott.* Was Gott gestern war, das bleibt er heute, und das wird er morgen sein. Und Jesus Christus ist endgültig auferstanden." (NA 248, dt. NK 229. Der durch *...* markierte Satz fehlt in der veröffentlichten deutschen Übersetzung.)

78 NA 248, dt. NK 229.

von Glaube und Hoffnung und insofern als "größtes" der Elemente des Ternars (vgl. 1 Kor 13,13).

3.2.3 Liebe: Das Grundgesetz des Reiches Gottes

Die Orientierung am Evangelium als Lebensregel konkretisiert sich für Madeleine Delbrêl in der Wahrnehmung des Doppelgebotes der Liebe als "Grundgesetz des Reiches Gottes". In zahlreichen Aufzeichnungen bedenkt sie Inhalt und Charakter des Liebesgebotes in der Doppelpoligkeit von Gottes- und Nächstenliebe, deren rechte Verhältnisbestimmung den Kern jeder evangelischen Spiritualität bildet. Die Einheit des Liebesgebotes stellt deshalb den strukturbildenden theologischen Bezugspunkt ihrer Reflexion christlicher Praxis dar. Ein zentrales Motiv des Evangeliums, auf das Madeleine Delbrêl immer wieder anspielt, ist das johanneische "Gott ist Liebe" (vgl. 1 Joh 4,8). Aus dieser "Bestimmung" Gottes als Liebe ergibt sich alles Weitere. Denn es handelt sich nicht um ein ferne bleibendes, anbetungswürdiges Geheimnis, sondern um das "Programm" der Zuwendung Gottes zu den Menschen und infolgedessen auch um das "Programm", nach dem die Menschen sich einander zuwenden sollen.[79] "Das Himmelreich ist die persönliche Liebe Gottes in Christus für jeden von uns und die eines jeden von uns für jeden anderen."[80] Schlüssel zum Verständnis der Einheit des Liebesgebotes und zu dessen Bedeutung als Richtmaß christlicher Praxis ist das "in Christus", die Inkarnation der göttlichen Liebe in konkreter menschlicher, weltlicher Wirklichkeit. Die in Jesus Christus Mensch gewordene göttliche Liebe ist als das Prinzip der göttlichen Gegenwart unter den Menschen das Primäre jeder christlichen Liebe und ermöglicht deren Weitergabe unter den Menschen. Die zitierte Formulierung legt den Schwerpunkt auf den Aspekt der personalen Zuwendung, mit der die Liebe jede(n) einzelne(n) ohne Vor- oder Gegenleistung gelten läßt. Deshalb spricht Madeleine Delbrêl im Zusammenhang mit dem "Prinzip Liebe" vom "Gesetz der Freiheit"[81]: Die Zuwendung der göttlichen Liebe setzt das Eigene des Menschen, jedes Menschen frei, und sie spricht diesen Menschen in seiner Freiheit an, zu lieben und damit das Gute zu verwirklichen (oder es zu lassen).

Vom Angelpunkt der Inkarnation her erschließt sich im Evangelium die Liebe als Prinzip auch der Präsenz der Christen in der Welt[82]: Insofern Gott der absolute Primat der Liebe zukommt - "Gott ist Liebe" und "Er hat uns zuerst geliebt ..."[83] - , ist die Liebe grundlegend Gabe, die den Menschen von Gott überantwortet ist und

---

79 Vgl. JC 50.
80 NA 112, dt. NK 97.
81 NA 199, dt. NK 183.
82 Vgl. JC 50.
83 Vgl. JC 50; JC 71f, dt. GwL 47f; JC 110.

die ihn ganz durchdringen, ja "durchbohren" soll.[84] Denn es geht darum, daß die göttliche Liebe - durch uns - ihren Weg in die Welt hinein nehmen kann. Dem Prinzip der Inkarnation gemäß ist dies der einzige Weg realer Mitteilung der göttlichen Liebe. Lieben heißt daher immer zuerst: Liebe empfangen[85]; im Aufnehmen der Gabe wird der/die Empfangende ein "Scharnier der Gnade", in ihm vollzieht sich das Sakrament der göttlichen Liebe.[86] Die hier angesprochene Kommunikation der göttlichen Liebe durch die menschliche Liebe, die sich selbst wiederum der Gabe Gottes verdankt, drückt Madeleine Delbrêl verschiedentlich mit einem Bild aus, das die Dynamik dieses Prozesses aufnimmt: Sie spricht vom "Fließen und Zurückfließen der Liebe zwischen der Welt und Gott" und stellt fest, in eben diesem Prozeß bestehe die Liebe Gottes, die ein mit der ganzen Menschheit solidarischer Christ von Gott für alle erhält und ihm für alle zurückgibt."[87]

In Anbetracht des Zusammenhangs von Gabe, Weitergabe und Rückgabe der Liebe klärt sich das Gott und Mensch aneinander bindende Beziehungsgefüge, das im Doppelgebot der Liebe gemeint ist: Es gibt für den Menschen nur eine grundlegende Zugehörigkeit, nämlich die Zugehörigkeit zu Gott. Deren notwendige Konsequenz ist aber die welthafte Liebe zum Nächsten, so daß sich die Einheit des Liebesgebotes zweifach ausfaltet: in die kindliche Liebe zu Gott, dem Vater (*amour filial à Dieu*), und in die geschwisterliche Liebe zu den Menschen (*amour fraternel*[88] *aux hommes*).[89] Madeleine Delbrêl besteht darauf, daß die Nächstenliebe nicht als ein *Mittel* der Gottesliebe angesehen werden darf. Vielmehr ist die Gottesliebe ein *Zustand*, in dem man nicht anders kann, als die Menschen "auf übernatürliche Weise" zu lieben.[90] Diese von der affektiven menschlichen Liebe abzuhebende "übernatürliche Liebe" *ist* die Liebe Christi selbst, d.h. sie ist inkarniert und erlösend[91]; sie lebt aus der gemeinsamen Bezogenheit auf den Vater, nicht aus einer primär affektiven Beziehung der "Geschwister" untereinander. Dieser Ursprung schützt vor einem Umschlagen von Freundschaft in Feindschaft auf-

---

84 Vgl. JC 41, dt. GwL 31; JC 72, dt. GwL 47f; JC 79.

85 Vgl. JC 110, dt. KM 83f.

86 JC 195f, dt. KM 83f.

87 CE 83, dt. FG 63 (Meine Übersetzung weicht in Wortwahl hinsichtlich der Fließmetaphorik vom veröffentlichten Übersetzungsvorschlag von Balthasars ab); vgl. zum Bild des Sich-Verströmens in bezug auf das "in uns" inkarnierte "Leben des Geistes" auch IA 41, dt. LS 52.

88 Gegenüber den vorliegenden Übersetzungen, die "amour fraternel" durchgehend mit "brüderliche Liebe" wiedergeben, bevorzuge ich das Adjektiv "geschwisterlich", das den umfassenden Charakter der gemeinten Liebe zu den Menschen deutlicher zum Ausdruck bringt. Im Französischen hat dieses Wort kein Äquivalent; "fraternel" kann daher sowohl "brüderlich" als auch "geschwisterlich" bedeuten.

89 JC 107, dt. GwL 111; JC 121.

90 "L'amour des hommes n'est pas un moyen de l'amour de Dieu. C'est l'amour de Dieu qui est un état dans lequel on ne peut pas ne pas aimer surnaturellement les hommes. Les moyens que le Christ nous a donnés pour atteindre l'amour de Dieu sont donc en même temps ceux qui nous permettront d'atteindre l'amour des autres." (JC 72)

91 Vgl. JC 72; JC 157.

grund bestimmter Interessen. Insofern sie im Licht der Gabe Gottes eine neue Wahrnehmung des Anderen ermöglicht und erfordert, ist die "übernatürliche" geschwisterliche Liebe eine Quelle des Friedens.[92] Sie macht die Christen überdies mit innerer Notwendigkeit zu "Aposteln", denn die Liebe erträgt nicht tatenlos das denkbar tiefste Elend der "Geschwister", das in der Gottlosigkeit oder Gottferne besteht. Die menschliche und christliche Zuwendung zum Nächsten ist so in jeder Hinsicht ein Akt oder eher eine sich täglich neu aktuierende Haltung der Nachfolge Christi, des Christus-Werdens.[93]

Deshalb kann es keinen echten Konflikt zwischen den Erfordernissen der Gottesliebe und jenen der Nächstenliebe geben; eine vermeintliche "Konkurrenz" läßt auf eine verzerrte Sichtweise eines der beiden Momente der unteilbaren "übernatürlichen" Liebe schließen.[94] Die Koinzidenz beider Pole der Liebe, kraft deren christliche Praxis in der Welt Zeichen der Hoffnung setzt und so den Glauben als Realismus bewährt, läßt sich im Nachvollzug der grundlegenden Ausdrucksgestalten von Glaube, Hoffnung und Liebe verdeutlichen, was Madeleine Delbrêl formelhaft zusammenfaßt, wenn sie sagt: "Der Glaube ist der zeitliche Einsatz der ewigen Liebe Gottes zur Welt"[95].

---

92 Vgl. JC 42f dt. GwL 33-35.

93 Vgl. JC 157; JC 182.

94 Hier setzt Madeleine Delbrêls Kritik einer Trennung oder auch nur zu starken Betonung der Unterscheidung zwischen kontemplativem und aktivem Leben an. Vgl. dazu die Ausführungen in Kapitel 4.3.2.

95 NA 225, dt. NK 207; vgl. NA 290, dt. NK 271; JC 178, dt. GwL 109.

3.2.4 Ausdrucksgestalten von Glaube - Hoffnung - Liebe[96]

Gemäß der oben zitierten Formel, die den inneren Zusammenhang der theologischen Tugenden verdichtet zur Sprache bringt, ist der Glaube unaufgebbar an die Zeit, an eine konkrete Gegenwart verwiesen, in der er wirksam werden muß. In diesem Sinne versteht Madeleine Delbrêl den Primat der Liebe, wenn sie betont, der Glaube könne nur dann "kraftvoll gelebt werden, wenn er uns im Jetzigen, Augenblicklichen, Unmittelbaren erleuchtet und stärkt. Denn der Glaube ist da für die Liebe. Das Leben, das er von innen her verwandelt, wird somit ein Leben, das die Liebe Gottes kundtut und verwirklicht, sie trägt, so wie ein Baum seine Früchte trägt, ein Leben, in dem die beiden Gebote untrennbar und unteilbar eins sind".[97] Dieses Ineinanderwirken von Gottes- und Nächstenliebe im menschlichen Handeln und ihre konstitutive Abhängigkeit von der primär wirkenden göttlichen Gabe spiegeln sich in den unterschiedenen, aber dennoch untrennbar zusammengehörenden Ausdrucksgestalten, in denen diese doppelpolige Liebe sich als Frucht des Glaubens in der Kraft der Hoffnung vor Gott und den Menschen artikuliert: *Schweigen - Sammlung - Einsamkeit - Gebet* als Raum und Medium der Begegnung mit Gott und seiner Liebe; unbedingte *Verfügbarkeit* für das Wirken der sich immer neu inkarnierenden Liebe Gottes; *Sanftmut und Demut* als Chiffre der Geschöpflichkeit, die sich in der Kommunikation zwischen Gott und Mensch wie der Menschen untereinander auswirkt; *Güte* als "der sinnliche Leib der Liebe Gottes", als die konkrete Gestalt der Nächstenliebe. Grundlegend im Sinne des Primates der sich inkarnierenden göttlichen Liebe ist jene Ebene, auf der der Mensch sich ausdrücklich Gott zuwendet, Raum schafft oder Raum läßt für die Begegnung, für den Empfang der Gabe. Deshalb ist an erster Stelle von jenen Artikulationen zu sprechen, die explizit der Gottesliebe gelten und kraft derer dann

---

96 Zentrale Bezugstexte für die folgenden Überlegungen (Abschnitt 3.2.4): Celui qui me suit ne marche pas dans les ténèbres (NA 72-80, dt.: Wer mir folgt, wandelt nicht in der Finsternis, NK 58-66); La Bonté (NA 151-158, dt.: Güte, NK 135-142); Milieu athée, circonstance favorable à notre propre conversion (NA 281-293, dt.: Atheistische Umwelt als günstige Voraussetzung für unsere eigene Bekehrung, NK 261-274); Pourquoi nous aimons le père de Foucauld (JC 33-39); Une voix qui criait l'Evangile (JC 52-64); Partout où nous sommes (JC 89f, dt.: Überall wo wir sind, GwL 115-117); Le silence (JC 100-106); Sans privilège (JC 107f, dt.: Ohne Privileg, GwL 111f); L'humilité (JC 109-116); L'Extase de vos volontés (JC 127f, dt.: Die Ekstase deiner Verfügungen GwL 113f); La foi et les temps (JC 179-184); Premier groupe de notes sur la prière (JC 198-210, dt.: Notizen über das Gebet I, GwL 51-68); Deuxième groupe de notes sur la prière (JC 217-231, dt.: Notizen über das Gebet II, GwL 74-93); "Apprenez de moi que je suis doux et humble de coeur" (CE 115-119, dt.: "Sanft und demütig von Herzen", FG 87-91); Douceur et humilité du Christ, condition et signe d'un coeur converti (CE 120-125, dt.: Demut als Zeichen eines bekehrten Herzens, FG 92-97); Le recueillement - le silence - la solitude (CE 156f, dt.: Sammlung - Schweigen - Einsamkeit, FG 129f); Lettres sur la prière (CE 158-162, dt.: Briefe über das Gebet, FG 131-135); La prière et l'Evangile (CE 163-165, dt.: Gebet und Evangelium, FG 136-138).

97 JC 178, dt. GwL 110.

die menschliche Weitergabe der Liebe ebenfalls ein Akt der Gottesliebe sein kann.

Einsamkeit - Schweigen - Sammlung - Gebet[98]

"Die wesentliche Offenbarung des Evangeliums ist die der allbeherrschenden, überwältigenden Gegenwart Gottes. Sie ist ein Appell, Gott zu begegnen, und man begegnet ihm nur in der Einsamkeit."[99] Was bedeutet die Forderung nach *Einsamkeit* in diesem Zusammenhang? Wenn "die wahre Einsamkeit ... nicht in der Abwesenheit der Menschen, sondern im Anwesen Gottes (liegt)"[100], wie Madeleine Delbrêl sagt, wird deutlich, daß es nicht um einen Rückzug aus der weltlichen Umgebung, sondern um einen bestimmten Modus des In-der-Welt-Seins geht.[101]

Vorbilder, die auf je unterschiedliche Weise eine solche Grundhaltung der Einsamkeit gelebt haben, in der der Mensch dem "Evangelium als Lebensregel" Recht und Raum gibt, sind für Madeleine Delbrêl ausdrücklich Charles de Foucauld[102] und ihr langjähriger Spiritual und geistlicher Betreuer der Gruppe, Abbé Jacques Lorenzo[103]. Beide charakterisiert sie unter Anspielung auf Johannes den Täufer als "Rufer in der Wüste". Ein besonders deutliches Beispiel für das, was Madeleine Delbrêl - wohl v.a. unter dem Einfluß Abbé Lorenzos - mit ihrer Rede von der Einsamkeit meint, bietet ihr Portrait des Geistlichen, in dem sie aus der eigenen Erfahrung andeutet, wie für ihn die "Einsamkeit" Prinzip der geistlichen Beglei-

98 Vgl. auch Schleinzer 162-169.

99 NA 76; dt. NK 62.

100 NA 76; dt. NK 62.

101 Um von vornherein dem Mißverständnis einer Idealisierung oder Spiritualisierung der Einsamkeit vorzubeugen, ist schon hier darauf aufmerksam zu machen, daß Madeleine Delbrêl die Einsamkeit in ihrer Ambivalenz als Freiraum wie als Belastung durchaus ernst nimmt. Mit dem ihr eigenen Realitätssinn spricht sie ebenso von der Not der menschlichen Einsamkeit wie von der unausweichlichen "apostolischen Einsamkeit", der der Missionar in der Masse ausgesetzt ist. Vor dem Hintergrund dieser verschiedenen Aspekte der "solitude" ist die Reflexion auf den positiven Aspekt der Einsamkeit als Modus des "In-der-Welt-bei-Gott-Seins" nachzuvollziehen. Vgl. dazu: Notes sur la Solitude, JC 95-99.

102 Weil er ein Mann der Anbetung gewesen sei, sei er ein Mann der Einsamkeit und der Wüste gewesen, charakterisiert Madeleine Delbrêl Charles de Foucauld, dessen Vorbild sie und ihre Gruppe wichtige geistliche Impulse verdanken, nicht zuletzt den Gedanken, daß jeder Mensch, wo er auch immer sei, sich seine Wüste schaffen müsse, um anbeten zu können ("Parce que homme d'adoration, le Père de Foucauld a été homme de solitude et de désert. Partout où va un homme ... l'homme doit faire son désert.") Vgl. Pourquoi nous aimons le Père de Foucauld, JC 33-39, Zitat 33.

103 In einem Portrait Lorenzos, das Madeleine Delbrêl im Jahr nach dessen Tod für die "Lettres aux communautés de la Mission de France" verfaßt hat, stellt sie schon die Konstellation seines Todes als symbolisch für sein "einsames" Sein unter den Menschen dar: Er starb am Fest Epiphanie während einer Fahrt in der vollbesetzten Metro, inmitten der Menge das Offizium des Tages betend. Vgl. JC 52-64, v.a. 52.

tung gewesen sei: Jene, denen er am engsten verbunden zu sein schien, sei es durch das gemeinsame Priestertum, sei es durch das unbedingte Gut des Evangeliums, dessen Botschafter er für sie gewesen ist, seien oft gerade durch die Folgen dessen, was er ihnen übermittelt hat, von ihm entfernt worden. Die Einsamkeit, die Madeleine Delbrêl als Folge des besonderen Charismas des Abbé Lorenzo zur Weckung und Entdeckung von Berufungen erklärt, ergibt sich aus der Unterwerfung unter die Eigendynamik dieser Berufungen, die in verschiedene Richtungen gelenkt und u. U. dem Verständnis dessen, dem sich eine solche "Initialzündung" verdankt, entzogen werden.[104] Das Portrait Abbé Lorenzos, das an die Inspirationsquelle und den Kern von Madeleine Delbrêls Denken über die Einsamkeit heranführt, zeigt deutlich, worum es bei diesem Moment eines Lebensstils unter der "Regel" des Evangeliums geht: um das Leben im Licht und im Angesicht Gottes, um das "Aug-in Aug zu Gott"[105], das den Menschen, der sich diesem Anspruch stellt, zu einem Einsamen macht - mit allen Konsequenzen von "menschlicher" und "apostolischer" Einsamkeit, die damit verbunden sein können.

Die Verwirklichung eines solchen Modus hängt nicht von einer bestimmten Lebensform ab, sondern kann Prinzip jedes christlich gestalteten Alltags sein. Denn letztlich bemißt sich die Einsamkeit vom Wesen des Glaubens her, wie Madeleine Delbrêl in einem späten Text erläutert: Der Glaube, Geschenk Gottes für die Welt, ist als solcher ein "Fremdling" auf Erden[106], er sprengt die irdischen Maßstäbe, weist den Menschen ein in das, was er aus sich heraus nicht ist und nicht sein kann, was er aber gleichwohl als lebenstiftende Beziehung nötig hat - ob er es weiß oder nicht. Insofern ist der Glaube als Geschenk Gottes der Ruf des Menschen in sein Eigenstes und bedarf der Antwort in persönlicher Treue, in Freiheit und "mit dem Herzen eines selbstverantwortlichen Menschen"[107]. Die in diesem Zusammenhang wiederholte Forderung nach der Einsamkeit als notwendiger Bedingung von Ruf und Antwort macht deutlich, daß damit jener "Ort" letzter Frei-

---

[104] "Ceux auxquels il parut lié le plus fortement, soit par l'essentiel sacerdotal qu'il partageait avec eux, soit par l'absolu évangélique dont il avait été pour eux le messager, furent souvent éloignés de lui par les conséquences mêmes de ce qu'il leur avait donné. La grâce, à laquelle il servit d'instrument devint fréquemment en eux un dynamisme expansif, alors que la même grâce, lorsqu'il la recevait pour lui-même, le fixait de plus en plus à un axe anterieur, le livrait à une force d'approfondissement. C'est par cette plongée dans le mystère de Dieu qu'il rejoignait le monde. Mais les cheminements de ceux qui rejoignaient ce même monde en gravitant à sa surface lui devenaient difficiles à comprendre ..." (Ebd., 61f).

[105] Ebd. Vgl. auch das Gebet "Überall, wo wir sind", in dem es heißt: "Die Einsamkeit, o mein Gott, / besteht nicht darin, daß wir allein sind, / sondern darin, daß du da bist, / denn vor dir sinkt alles in Tod, / oder alles wird du. ... Allein sein / heißt nicht, die Menschen hinter sich gelassen oder sie verlassen zu haben; / allein sein heißt wissen, daß du groß bist, mein Gott, / daß einzig du es bist ..." (GwL 115-117, Zitat 115). Indem das Gebet diesen Gedanken in eine Meditation des brennenden Dornbusches ausmünden läßt, wird deutlich, daß Einsamkeit hier den Ort der Gottesbegegnung, der Offenbarung bezeichnet. Vgl. auch Lafon, Avant-propos CE, 21f.

[106] NA 289, dt. NK 270 (Die Passage des Textes, auf die hier Bezug genommen wird, ist identisch mit CE 101-103, dt. FG 77-79).

[107] NA 289, dt. NK 270.

heit des Menschen angesprochen ist, an dem er unvertretbar gemeint und *coram Deo* zur Entscheidung gerufen ist. Insofern kann Madeleine Delbrêl von der "Rückversetzung in den Zustand der Bekehrung" als Synonym für die Einsamkeit als "Ort des Kontaktes mit Gott" sprechen: "Sind wir in den Zustand der Bekehrung zurückversetzt, so lernen wir, daß unser Glaube an den Gottes-und-Menschen-Sohn (!) uns unlösbar an Gott, der uns den Glauben schenkt, und an den Menschen bindet, den Menschen innerhalb der Schöpfungswelt, die Menschheit im ganzen. Denn auch wir können sagen: 'Einer für alle.' Jeder von uns erhält den Glauben für alle. Die Einsamkeit, in die uns Gott gestoßen hat, macht uns bewußt solidarisch mit jedem Menschen, der in diese Welt kommt, mit allen Völkern, die Christus am Jüngsten Tag zusammenrufen wird."[108] Darin wird zugleich der im Lebensmodus der Einsamkeit freigesetzte Weltbezug der Glaubenden angemahnt, der insofern aller Beliebigkeit entzogen ist, als jede(r) einzelne seinen Glauben grundsätzlich "für alle" empfängt. Die Einsamkeit als Modus der größten Nähe zu Gott ist somit zugleich der Kristallisationspunkt der Weltverantwortung des "Aug-in-Aug mit Gott" lebenden Menschen.

Deshalb gilt es, diese "Einsamkeit" inmitten der alltäglichen Lebensvollzüge zu entdecken und zu leben. Sie muß sich in den zahlreichen kleinen "Einsamkeiten" vollziehen, denn "unsere winzigen Einsamkeiten sind gleich groß, gleich erregend und gleich heilig wie alle Wüsten der Welt, derselbe Gott bewohnt sie, er, der die Einsamkeit heiligt."[109] Wenn Madeleine Delbrêl diesen Gedanken illustriert und zum Beispiel ebenso von der "Einsamkeit der Sitzbank, auf der andere Wesen ihren Anteil am Weltgeschick tragen", sprechen kann wie von der "Einsamkeit der Küche angesichts des Gemüsetrogs" oder vom "einsame(n) Gang durch den Garten, um einen Salatkopf zu holen", wird wiederum deutlich, daß es nicht darum geht, um des Gewinns von Einsamkeit willen auf bestimmte Dinge oder Aktionen zu verzichten, sondern das Tun der Dinge, die getan werden müssen, mit jener Einsamkeit zu erfüllen, die Anwesenheit Gottes ist.

Um diesen Gedanken zu konkretisieren, ergänzt Madeleine Delbrêl die Forderung der Einsamkeit durch jene des *Schweigens*: "Einsamkeit gibt es nicht ohne Schweigen. Schweigen heißt zuweilen den Mund halten, immer aber lauschen."[110] Es geht darum, dem in uns Mensch gewordenen Wort Gottes Raum und Gehör zu verschaffen, es zum Prinzip, zum Wegweiser auch der alltäglichen Lebensvollzüge werden zu lassen: "Wenn wir ... mit den Lippen die inneren Anregungen des Wortes Gottes in unserem Herzensgrund äußern, brechen wir das Schweigen nicht." Und: "Das Schweigen ist keine Ausflucht, sondern Sammlung unserer selbst im Hohlraum Gottes."[111] Schweigen ist die Haltung der *Sammlung* - ebenfalls ein sehr

---

[108] NA 289, dt. NK 270.

[109] NA 77; dt. NK 63. Der französische Text verwendet hier ausdrücklich den Plural "solitudes", was in der Übersetzung nicht konsequent durchgehalten ist.

[110] NA 78, dt. NK 64.

[111] NA 78;79, dt. NK 64;65.

wichtiges Motiv in diesem Zusammenhang -, in der das Wort Gottes sprechen kann; sich sammeln, Ruhe in und um sich schaffen (*se recueillir*), was nicht ohne ein Eintreten ins Schweigen (*faire silence*) geschehen kann, heißt Gott vernehmen, sich disponieren für das Aufnehmen und Tun der Botschaft, für das Wahrnehmen und Tun des Willens Gottes.[112] Dies ist keineswegs ein bloßer Verzicht auf Aktivität oder auf Ablenkung, sondern eine Angelegenheit höchster Aktivität und Anspannung, ein "Unternehmen des Eifers": Den Zustand der Sammlung erreicht nur, wer sammelt, was ihm wichtig ist, wer alle Spuren auf das Ziel seiner Suche hin auf das Genaueste verfolgt.[113] Unser ganzes Selbst muß sich so in die Haltung des Schweigens und der Sammlung transformieren, daß "Gott nicht das Wort abgeschnitten wird".[114]

Einsamkeit als "Ort" des Kontaktes mit Gott, Schweigen als Disponibilität für die Vernehmbarkeit des "in uns" sprechenden Wortes Gottes und Sammlung als zielgerichtete Ausrichtung auf die Gottesbegegnung hin kulminieren als Modi des evangelischen Lebens im *Gebet*, das seinerseits wiederum nicht Selbstzweck, sondern Mittel, allerdings unerläßliches Mittel[115] der Kultivierung eines Lebens nach dem Evangelium ist, entsprechend der Aufforderung, immerfort zu beten (Lk 18,1; 1 Thess 5,17). Um diese Bedeutung des Gebetes zu veranschaulichen, vergleicht Madeleine Delbrêl es häufig mit dem Atmen.[116] Es ist die Lebenskraft der christlichen Existenz, die vom Heiligen Geist bewirkt wird und durch uns hindurch wiederum wirksam werden soll.[117] So ist das Beten selbst wie schon das Verlangen danach Gabe, die dem glaubenden Menschen zuteil wird, die mit dem Glauben und kraft seiner erfleht und geschenkt wird.

Wie der Glaube selbst ist das Gebet als Mittel des Glaubens deshalb ein ganzheitlicher Vollzug des Menschen: Es bedeutet, ohne Ablenkung und "in Wahrheit zu Gott hinschauen", und zugleich: "es mit Gott zu tun haben, wie wir im Augenblick unseres Todes mit ihm zu tun haben werden: allein." Diese ganzheitliche Hinwendung zu Gott, das Aufbringen der ungeteilten "liebenden Aufmerk-

112 Vgl. JC 100-106.

113 In der kleinen Aufzeichnung "Sammlung - Schweigen - Einsamkeit" aus dem Jahr 1957 vergleicht Madeleine Delbrêl die religiöse Sammlung mit der Tätigkeit eines Goldsuchers, eines Forschers oder eines Verliebten, die sich keinerlei Hinweis auf die Spur ihres Begehrens entgehen lassen werden, vgl. CE 156f, dt. FG 129f (Zitat im Text: CE 156, FG 129).

114 C'est notre vie tout entière qui doit faire silence, qui doit faire taire tout ce qui parle en nous égoïstement ou orgueilleusement de nous, qui doit faire taire tout ce qui est entré en nous, tout ce qui est 'vain', ce qui est opinion sans poids de Dieu, tout ce qui fait le vrai bruit, obstacle à la parole de Dieu. ... C'est tout nous-même qui ne devrait pas couper la parole à Dieu." (JC 104.)

115 "Es gibt kein Leben nach dem Evangelium ohne Gebet." (CE 163, dt. FG 136) - Die folgenden Überlegungen beschränken sich auf die grundlegenden Aspekte der Thematik, die jedes evangeliumsgemäße Leben - vor einer "Spezialisierung" in bestimmten Lebensformen - betreffen.

116 Vgl. z.B. CE 158, dt. FG 131; CE 162, dt. FG 134; CE 164, dt. FG 137; JC 205f, dt. GwL 61f.

117 Vgl. CE 160, dt. FG 132.

samkeit"[118] bedeutet das "Lassen" des Ichhaften, Bindenden, sofern es daran hindert, in das "Wir" einzutreten, welches das Gebet Christi ausmacht: "Das Gebet eines Christen ist das Gebet Christi. Aus Christi Gebet ist kein Toter, kein Lebender ausgeschlossen. Hier wird das umfassendste 'Wir', das möglich ist, ausgesprochen. Im Glauben soll unser Gebet mit diesem 'Wir' zusammenfallen. So nehmen wir am Gebet Christi teil, der das unsere für jeden einzelnen in der Gesamtheit der Menschen tätig, wirksam sein läßt, in einer Tatkraft, einer Wirksamkeit, die uns sonst unzugänglich blieben."[119] In der Kraft des geschenkten Glaubens nimmt das Gebet als Beten mit Christus die Gestalt der Hoffnung auf umfassende Erlösung an und gewinnt damit in der ungeteilten Hinwendung zu Gott zugleich seine Ausrichtung auf die Menschen, die stellvertretend einbezogen sind: "So im Gebet Christi selber beten, das Mysterium bejahen, das es enthält, heißt mit dem höchsten Einsatz auch für die uns zunächst anvertrauten Menschen beten ... auch für uns selbst."[120]

Als ungeteilte Aufmerksamkeit für Gott und zugleich höchster Einsatz für die Menschen ist das Gebet, das im Glauben wurzelt, auch seinerseits wieder ein Gehilfe des Glaubens[121]. Es führt ein in eine tiefere Vertrautheit mit Gott und in die Kenntnis seines Willens. Madeleine Delbrêl entfaltet diese Gesichtspunkte in einer Folge von "Notizen über das Gebet"[122], deren erster Teil im folgenden resümiert sei: Es ist der immer gleiche Grundakt der Zugehörigkeit zu Gott, der unter den sich wandelnden Bedingungen der Zeiten und Räume, in denen Menschen leben, sich je neu und anders artikulieren muß. In diesem Grundakt der Beziehung des Menschen zu Gott bildet sich das Wissen um die Geschöpflichkeit als "Richtwert" der Beziehungspflege, ohne den weder Dankbarkeit, Bewußtsein von Gnade noch Demut in einem unverkrümmten Sinne gedeihen können. Gebet ist in diesem Horizont der Akt der bewußten Zustimmung des Willens zu dem, was der Glaube "weiß", daß nämlich als Getaufte(r) glauben heißt, "vom Leben unseres Gottes leben". Schließlich ist das Gebet als Grundakt des Glaubens auch Grundakt der Kirche und der Kirchenzugehörigkeit, insofern nur im Gebet begreifbar ist, was es mit der Kirche als "Leib Christi" und der Zugehörigkeit der Gläubigen als Glieder an diesem "Leib" auf sich hat.[123]

Das Gebet wird hier als Mittel der Aktuierung und der existentiellen Erkenntnis der lebenschaffenden und -erhaltenden Beziehungen, in denen die Glaubenden

---

[118] Vgl. zu diesem Begriff, der hier in Anlehnung an die Deutung des sog. "Examen generale" der ignatianischen Exerzitien (EB 43) als "Gebet der liebenden Aufmerksamkeit" verstanden wird: Willi Lambert, Die wichtigste Viertelstunde des Ignatius. Sinn, Methode und Hintergrund der "allgemeinen Gewissensprüfung" nach Ignatius, in: Korrespondenz zur Spiritualität der Exerzitien Nr. 38 28. Jg. (1978) 35-45.

[119] Vgl. JC 219f, dt. GwL 76f (Zitat 77).

[120] JC 220, dt. GwL 78.

[121] Vgl. z.B. JC 199f, dt. GwL 53f.

[122] JC 198-210, dt. GwL 51-68; vgl. auch JC 217-231, dt. GwL 74-93.

[123] Vgl. JC 198-201, dt. GwL 51-55; JC 211-214, dt. GwL 69-73. - Vgl. dazu unten Abschnitt 3.4.

gehalten sind und sich bewegen, vorgestellt. Als solches wird es für das seiner selbst vor Gott bewußt gewordene Leben der Glaubenden zum Instrument der jederzeitigen Verfügbarkeit für den Anruf Gottes. Dazu bedarf es aber höchstmöglicher Anpassungsfähigkeit an die "Umstände" bei gleichzeitiger Wahrung des wesentlichen Charakters des Gebetes.

Diesen Gedanken formuliert Madeleine Delbrêl in verschiedenen Texten in Verbindung mit der Bedeutung des Gebetes für die Möglichkeit, das Evangelium zu leben. Als Scharnier zwischen Evangelium und Leben ist das Gebet Medium der lebendigen Begegnung mit dem im Evangelium sich darbietenden Wort Gottes, mit dem Herrn. Darin wird die bereits eingeführte Grundhaltung des Hinhörens und Empfangens wieder aufgegriffen: Indem das Gebet "die Arbeit in Empfang nehmen (soll), die Gott, durch die Vermittlung des Evangeliums, in uns vollbringen will", wird es zur Brücke "zwischen dem Lesen des Evangeliums und unseren armen Versuchen, seinen Beispielen und Vorschriften zu entsprechen"[124]. Denn um die Worte des Evangeliums in das gegenwärtige Leben "übersetzen" zu können, müssen sie im "Schallraum ... unser(es) Heute" vernommen werden: "Wir können als Isolierte im Wort des Herrn nicht unterscheiden, was er heute von uns will. Unser Beitrag besteht darin, heute, in der heutigen Welt zu lauschen, was der Herr von jeher für heute von uns will, für die heute lebenden Menschen, für unsern heutigen Nächsten, und zu bitten, daß wir es sehen und begreifen."[125]

Die in diesen Texten zum Ausdruck kommende Funktion des Gebetes als Mittel der lebendigen, geistgeleiteten Praxis des Evangeliums in der konkreten menschlichen Umwelt bildet den Komplementäraspekt zu der Bedeutung, die ihm als Ausdruck und Gehilfe des Glaubens zur Pflege der Gottesbeziehung zukommt. Beide Gesichtspunkte weisen das Gebet als Vollzug der Liebe aus, der seinerseits wieder zu größerer Liebe hinführen kann.[126] Gerade als Akt konkreter Liebe kann das Gebet nicht von den Umständen absehen, innerhalb deren sie sich vollzieht. Hinsichtlich seiner Formen, Orte und Zeiten muß es in höchstem Maße flexibel sein, ohne jedoch zur freien "Improvisation" zu geraten[127] und sich damit der Gefahr von Beliebigkeit und "Dilettantismus" auszusetzen[128]. Was dies näherhin bedeutet, veranschaulicht Madeleine Delbrêl anhand des Problems von Zeit und Zeitnot des Betens: Unter der Überschrift "Abholzen oder Bohren" vergleicht sie das Gebet als "Brennstoff" des Glaubens mit der Heizung, die unterhalten werden muß, um menschliche Behausungen zu wärmen. Brennstoff kann man einerseits durch das Abholzen von Wäldern oder durch Abbau von Kohle gewinnen, was jeweils Arbeiten von großer Flächenausdehnung erfordert. Man kann aber auch nach Öl bohren und, statt große Flächen zu bewirtschaften, in die Tiefe gehen.

---

[124] JC 201f, dt. GwL 55f.
[125] JC 228f, dt. GwL 89f.
[126] Vgl. z.B. JC 71f, dt. GwL 48f; JC 202ff, dt. GwL 56ff.
[127] Vgl. JC 223-225, dt. GwL 82-84.
[128] Vgl. JC 226-228, dt. GwL 86-89.

Ähnlich verhalte es sich mit den Möglichkeiten des Betens, wofür in einer Zeit, da die Existenzbedingungen einem immer schnelleren Wandel unterworfen sind, neue Formen gefunden werden müssen. Während "bei den Kontemplativen ... alles auf ein Maximum aktiven Gebets ausgerichtet" und der Aufwand für die Unterhaltung des Feuers so beträchtlich sei, "daß dazu anscheinend ganze Wälder abgeholzt und wieder aufgeforstet werden müssen", ist "heutzutage in manchem städtischen Leben das Gebet nur durch Bohrungen möglich, wobei Intensität die Dauer ersetzt."[129] Um diese Methode des Gebetes praktizieren zu können, ist jene bereits dargestellte gesteigerte Aufmerksamkeit vonnöten, die unter den Stichworten "Einsamkeit", "Schweigen", "Sammlung" thematisiert wurden. Denn "um in unserem Leben zu bohren, darin Gebetsschächte einzurichten, gilt es, im voraus die spärlich verfügbaren Räume zu entdecken, die dafür günstigsten Augenblicke auszukundschaften" und diese dann zu "Bohrinseln" oder "Bohrtürmen" zu gestalten, die tatsächlich erkennbar sind - ein noch so kleines, sinnenhaftes Zeichen zur Unterbrechung der umgebenden Tätigkeit zu setzen.[130]

Solche Gebetspraxis, die in liebender Aufmerksamkeit die Freiräume oder "Schächte" entdeckt, durch die man im Alltag die Gegenwart Gottes aufsuchen kann, wird dem Scheinkonflikt zwischen den Erfordernissen der Gottes- und der Nächstenliebe entgehen. Denn das Grundgesetz des evangelischen Lebens kann aus sich selbst heraus kein echtes Dilemma für den schaffen, der nach ihm zu leben und zu handeln sucht. Zu entdecken, was "der Herr von jeher für heute von uns will"[131], gelingt jedoch nur im Gebet um das richtige "Sehen und Begreifen", das ein Werk des Heiligen Geistes ist. Die hier anklingende Herausforderung einer "Unterscheidung der Geister" in der alltäglichen Lebenspraxis zielt auf die Voraussetzung jener Haltung der Bereitschaft, die Madeleine Delbrêl unter dem Stichwort "Verfügbarkeit" ebenfalls als fundamentale Ausdrucksgestalt der Liebe thematisiert.

Verfügbarkeit

Mit dem Stichwort "Verfügbarkeit" (*disponibilité*) beschreibt Madeleine Delbrêl die aufmerksame Gegenwart der Liebenden vor Gott und den Menschen: jene gesteigerte Aufmerksamkeit, in der dem Menschen in der Alltäglichkeit seines Daseins die "Lichter der Verfügungen Gottes", die "Funken seines Willens" in den eigenen unspektakulären Lebensvollzügen und Aufgaben aufgehen können.[132] Ein Leben in solcher Verfügbarkeit, die der christlichen Berufung wurzelhaft ent-

---

[129] JC 222f, dt. GwL 81f; vgl. auch JC 205-208, dt. GwL 61-65.
[130] Vgl. JC 223-225, dt. GwL 82-84, (Zitat:223/83).
[131] JC 229, dt. GwL 90.
[132] Vgl. JC 127, dt. GwL 113.

spricht, macht den Christen in der Banalität seines Alltags zum Propheten des Willens Gottes, denn alles erscheint darin als Element des göttlichen Plans, in dem jede(r) einzelne eine ganz bestimmte Aufgabe erfüllt.[133] Madeleine Delbrêl nennt dies die Vorherbestimmung des Menschen "zur Ekstase", zum Heraustreten aus der Gefangenheit seines Daseins in den engen Grenzen der rein menschlichen Wahrnehmung und ihrer Bewertungsmaßstäbe. Sie wird nur erreicht im Anerkennen der Grenzen der Vernunft und im Sich-Einlassen auf jene transzendente Wirklichkeit, die das Fassungsvermögen des Verstandes auf die Dimension des Geheimnisses hin übersteigt.[134] Erst in dieser Offenheit für die "Verfügungen Gottes" kann der Anruf Christi in der Botschaft des Evangeliums den einzelnen Menschen in seiner unverwechselbaren geschichtlichen und gesellschaftlichen Situation persönlich erreichen, in seinem Leben Wurzel schlagen und Frucht bringen.[135]

Daher nimmt diese Haltung der Verfügbarkeit notwendigerweise sehr konkrete Gestalt an, etwa in der Aufmerksamkeit für all das, was sich in der je eigenen Lebenswelt ereignet, um darin den je persönlichen Anruf Gottes, die Herausforderung der Liebe zu erkennen. Jede Nachricht kann eine persönlich betreffende Angelegenheit sein.[136] Solche Aufnahmefähigkeit verlangt eine vorbehaltlose Zeitgenossenschaft: In der Wahrnehmung des je Notwendigen wie in der Bereitschaft, dieses Notwendige zu tun, gilt es, sich dem Tempo der Gegenwart anzupassen, schnell zu sein, denn ohne ein angepaßtes Tempo laufen die besten realistischen Absichten Gefahr, schon veraltet zu sein, ehe sie in die Tat umgesetzt sind. Deshalb braucht es zugleich eine gesunde Selbsteinschätzung, jede(r) muß die eigenen Möglichkeiten genau kennen bzw. zu erkunden trachten, ohne in falscher Bescheidenheit Kräfte der Liebe brach liegen zu lassen. Madeleine Delbrêl betont ausdrücklich, daß es nicht nur um die Frage gehen darf: "Wozu bin ich fähig?", sondern daß ebenso die Frage gestellt werden muß: "Wozu *könnte* ich fähig sein?" Die Herausforderung der "wirksamen und konkreten" Nächstenliebe ist nicht zuletzt eine Sache der Kreativität, eine Mobilisierung bisher ungenutzter oder unentdeck-

---

133 "Nicht sind wir Armselige, die man sich selbst überläßt,/ immer Glückselige, die berufen wurden,/ berufen, zu wissen, was dir zu tun gefällt,/ berufen, zu wissen, was du jeden Augenblick von uns willst:/ Leute, die dir ein bißchen nötig sind,/ Leute, deren Gebärden dir fehlen würden,/ wenn wir uns weigerten, sie zu tun." (JC 128, dt. GwL 114)

134 Vgl. JC 48.

135 "L'appel du Christ reste le même pour les chrétiens du monde entier et de tous les temps. Mais chacun est interpellé là où il est, au jour qu'il est, dans sa vie et dans sa peau. Les commandements du Seigneur sont immuables, ils exigent des hommes un même coeur nouveau, mais ce coeur ne peut battre qu'avec notre vieux coeur, que dans notre histoire personelle et qu'à l'heure de notre transit dans l'évolution humaine." (JC 179)

136 Was es bedeutet, sich in dieser Weise die Geschehnisse der Welt zu eigen zu machen, umschreibt Madeleine Delbrêl im Sinne der geforderten "Verfügbarkeit" folgendermaßen: "Etre capable de faire, tout près ou très loin, ce qui a besoin d'être fait, être apte à en devenir capable, ne pas avoir un devoir absolu qui s'oppose à un éloignement, à une entreprise, c'est être concerné personellement, convoqué personellement à agir." (JC 182)

ter Kräfte gemäß dem "Du sollst ... lieben *aus allen Deinen Kräften*."[137] Denn mangelnde Bereitschaft, mit der Zeit zu gehen, ist in ihrer Wirkung letztlich ein Mangel an Liebe und so ein Verstoß gegen die christliche Berufung.[138]

Daß Madeleine Delbrêl mit solchen Aufrufen zu vorbehaltloser Zeitgenossenschaft nicht einer bequemen Anpassung das Wort redet oder eine Verwässerung christlicher Identität betreibt, versteht sich im Gesamtzusammenhang ihrer Reflexionen von selbst. Fortgesetzte Inkarnation der göttlichen Liebe kann nur geschehen, wo Welt und Geschichte als Ort, an dem sich diese göttliche Liebe ereignet, auch als Ort der eigenen Existenz des Christen oder der Christin erkannt und anerkannt werden. Nicht Preisgabe der Berufung, sondern deren radikales Ernstnehmen führen daher zu der dargestellten Forderung. Dieser Zusammenhang wird komprimiert deutlich, wo sich das Motiv der Verfügbarkeit als christliche Grundhaltung mit dem Motiv des Kreuzes als Gestalt der totalen Liebe verbindet.[139] Das Kreuz ist Symbol des evangelischen Lebens und als solches "weder für die Welt noch für uns fakultativ"[140]. Als Kreuz Christi ist es Symbol der Rettung für die Welt und für jeden einzelnen Menschen und zugleich Symbol der "Arbeit" der Christen, die die Inkarnation fortzusetzen berufen sind. Mit Christus gekreuzigt zu sein, ist daher die Voraussetzung einer Liebe zur Welt, die das Geschenk der göttlichen Liebe leibhaft werden läßt. Von diesem heilsgeschichtlichen Bezugspunkt her kann Madeleine Delbrêl sagen, das Kreuz sei das Erklärungsmodell, in dem sich die Spannung des Engagements der Liebe löst und das Gleichgewicht christlicher Existenz gewahrt bleibt.[141] Als Symbol der Weltgebundenheit, der Berufung des in Gott verwurzelten Menschen zur Welt[142] ist das Kreuz paradoxerweise die Garantie dafür, daß die in diesem Zeichen stehende Berufung nicht scheitern wird. Auch wenn dem konkreten Handeln, das aus dem Impuls der Liebe hervorgeht, um die göttliche Liebe zu inkarnieren, kein meßbarer Erfolg beschieden sein mag, gilt: Das im Zeichen des Kreuzes übernommene "aus allen Kräften lieben" kann im Sinne der Erlösung nicht scheitern, auch wenn es nach menschlichem Ermessen eher den Anschein des Gegenteils hat.[143] Ein solches Modell "kreuzförmiger", den Verfügungen Gottes anheimgegebener und eben darin welthafter Existenz konterkariert die Wertmaßstäbe der modernen Welt, die von meßbaren Kriterien wie Er-

---

[137] JC 183f (Hervorhebungen M.H.-St.); dazu auch Lafon, Avant-propos CE, 16-18.

[138] "Ne pas être prêts, ou ne pas se rendre prêts à suivre les temps, est aujourd'hui, par rapport à Dieu, un vol; par rapport à l'Eglise, le plus nuisible des sabotages." (JC 183)

[139] Vgl. dazu JC 117-120, dt. GwL 39-44.

[140] Vgl. NA 110, dt. NK 95.

[141] Vgl. JC 162.

[142] "... der Christ hat inmitten der Menschen zu leben. Christus, aus dem er lebt, schenkt ihm keine Flügel zur Evasion in den Himmel, sondern ein Schwergewicht, das ihn ins Tiefste der Erde hinabzieht. Diese Berufung zur Welt ... ist nur die Folge unseres Erlöstseins durch Christus." (NA 111, dt. NK 96). Vgl. das Bild vom Kreuz, an dem Petrus verkehrt angenagelt ist, als Symbol der "im Himmel" verwurzelten und auf Erden Frucht tragenden christlichen Existenz, NA 79, dt. NK 65.

[143] Vgl. JC 159.

folg und Leistung bestimmt sind. Vor diesem Hintergrund, den eine christliche Lebensgestaltung keineswegs einfach hinter sich lassen geschweige denn ignorieren kann, postuliert Madeleine Delbrêl kontrastierend eine auf das Selbstverständnis des christlichen Menschen bezogene Grundhaltung, die sie "Sanftmut und Demut" nennt.

Sanftmut und Demut

Mit dem Wort Jesu "Nehmt mein Joch auf euch und lernt von mir, denn sanft ich bin und demütig von Herzen" (Mt 11,29) ruft Madeleine Delbrêl in ihren Reflexionen auf die Ausdrucksgestalten der Liebe immer wieder die "Gesinnung Christi" als verbindlichen Orientierungsmaßstab auf. Sanftmut und Demut, "die Züge Jesu Christi selbst"[144], gelten ihr als Chiffre der vorbehaltlosen Hingabe an Gott, als Bereitschaft, sich dem Willen Gottes zu überantworten und "die unerbittliche Hinordnung des Menschen auf den Schöpfer neu (zu) lernen".[145] In der Annahme der eigenen Geschöpflichkeit als Akt der Demut, die nur von Jesus selbst gelernt werden kann, wird sie zum Zeichen eines bekehrten Herzens und zur Voraussetzung echter Geschwisterlichkeit im Sinne des Liebesgebotes.[146] Denn indem sie den Menschen durch die ihm widerfahrenden Demütigungen - Leiden, Scheitern, Mißerfolg - hindurch seine Nichtigkeit erfahren läßt (Madeleine Delbrêl bezieht sich auf die alttestamentliche Gestalt Hiobs), stellt sie ihn in die Entscheidung für oder gegen Gott. Demut ist so kein passives Geschehen-Lassen, sondern ein höchst aktives, die Vernunft und das Herz des Menschen herausforderndes Geschehen. Es geht grundlegend um die Anerkenntnis der Geschöpflichkeit, um die Anerkenntnis der "Hand Gottes". Gedemütigt angesichts seiner Nichtigkeit, kann sich der Mensch immer noch in zweifacher Weise dazu stellen, kann "Nein" sagen und sich der Verzweiflung überlassen oder "Ja" sagen und damit den "Anfang einer wahrhaften Liebe zu dem Gott" setzen, "der solche Liebe nur von denen empfängt, die ihn als das Alles anerkennen, das er ist, und sich selbst als das Nichts, aus dem er sie immerfort schafft." So ist Demut das Medium, kraft dessen Gott seine Taten durch uns wirken kann.[147]

Eine solche religiöse Grundhaltung zeitigt Wirkungen auf die Praxis des Glaubens und der Liebe. Sie setzt die Haltung der Dankbarkeit gegenüber Gott und

---

144 "C'est la douceur et l'humilité qui sont - dans l'amour filial à Dieu, fraternel aux hommes - les traits mêmes de Jésus-Christ." (JC 107, dt. GwL 111).
145 CE 115, dt. FG 87; vgl. JC 45f, dt. GwL 36f.
146 Vgl. CE 120-125, dt. FG 92-97; NA 271f, dt. NK 253f.
147 Vgl. CE 115-119, dt. FG 87-91 (Zitat: 119/91).

den Menschen frei und bewahrt vor Überheblichkeit im Umgang mit anderen.[148] Die Korrektur des Gottesverhältnisses in der praktischen Anerkenntnis der Geschöpflichkeit, die die Christen im Wissen um ihr Geschaffensein und ihre Abhängigkeit von Gott "geringe Leute", "Kleine" vor Gott sein läßt[149], spiegelt sich im Verhältnis zu den Menschen: Auch vor den Menschen sind sie "klein, nicht bedeutsam, nicht wichtig: ohne Privileg, ohne Rechte, ohne Besitz, ohne Überlegenheit". Sie sind "sanft, weil auf zarte Art ehrfürchtig vor dem, was Gott gewirkt hat und was verletzt ist, von Gewalt geschändet. Sanft, weil sie selber Opfer des Argen sind und von ihm befleckt."[150]

Weil solches Klein-Sein, das Einnehmen des letzten Platzes[151] die Voraussetzung für den Empfang der Gabe Gottes ist, denn Gott gibt sich selbst immer den Geringen[152], ist die Konvergenz der entsprechenden Haltung vor Gott und vor den Menschen schlechthin unerläßlich: Man kann nicht vor Gott als Empfangende(r) "klein" bleiben wollen und zugleich als große(r) Gönner(in) vor den Menschen auftreten.[153] Die Haltung der "Kleinen" vor den Menschen ist freilich nicht zu verwechseln mit zaghafter Zurückhaltung. Vielmehr geht es darum, den Blick der Liebe nicht zu verstellen durch die Konzentration auf eigene Sorgen, Rechte, Privilegien. Mit der Freiheit des Geschöpfes, das sich seines Aufgehobenseins im Plan Gottes sicher sein kann und dadurch eigener Sorge grundsätzlich enthoben ist[154], wendet sich die Aufmerksamkeit der Liebenden den anderen zu, die als Nächste den eigenen Weg kreuzen oder begleiten. Diese Aufmerksamkeit der Liebe nimmt im konkreten Handeln die Gestalt der Güte an.

---

148 Vgl. kontrastierend dazu Madeleine Delbrêls Überlegung zur Undankbarkeit, die als Indiz für die "Naturalisierung" des Glaubens diesen Glauben zu einer Absurdität für die Nichtglaubenden mache (NA 183f, dt. NK 168).

149 Vgl. JC 107, dt. GwL 111.

150 JC 107, dt. GwL 111.

151 Vgl. JC 39.

152 Vgl. z.B. JC 110.

153 "Dieu se donnera toujours aux *petits* et nous devons percevoir l'illogisme qu'il y aurait à ne vouloir être pour les autres que le *grand* qui donne, en restant pour Dieu le *petit* qui reçoit." (JC 110).

154 Diesen Zusammenhang gilt es zu betonen, um nicht den Vorwurf einer Verkürzung des Liebesgebotes auf Madeleine Delbrêl zu ziehen. Die starke Betonung der Nächstenliebe geht bei ihr nicht auf Kosten der Selbstliebe, vielmehr hegt sie eine wache Aufmerksamkeit auch für die seelische Gesundheit der einzelnen, die sich unter dem Doppelgebot der Liebe in die Nachfolge Jesu begeben. Es ist aber vor allem die existentielle Wende der Konversion, die darin geschehende Neuordnung des Beziehungsgefüges, in dem sich der einzelne Mensch erfährt, wodurch sich die Einheit des Liebesgebotes an ihm selbst konkretisiert.

Die Liebe, die aus Gott stammt, ist und bleibt auch in der Gestalt der geschwisterlichen Liebe Mysterium.[155] Als solche ist sie gefährdet durch die Möglichkeit eines falschen Verständnisses, das sich auf Kosten einer konkreten Praxis der Liebe hinter dem Mysterium verschanzen könnte. Deshalb betont Madeleine Delbrêl immer wieder die Bedeutung der Güte, jener Ausdrucksgestalt der Liebe, die gegen den Rückzug ins Mysterium, gegen eine spirituelle Überhöhung und Abstraktion gewappnet ist. Sie ist die "menschliche Übersetzung des Mysteriums der Liebe", deren "sinnlicher Leib", der "außerhalb des Mysteriums" liegt.[156] Sie ist so untrennbar von der geschwisterlichen Liebe wie diese von der Gottesliebe, die sie spiegelt und unter den Menschen versinnlicht. Sie ist gleichsam die Bodenhaftung der Liebe, deren realistische Alltagsgestalt, die "nur dann authentisch, voll, kräftig, unaufgeblasen und lückenlos" sein kann, "wenn sie die Folge der Liebe in uns ist, wenn sie von Gott kommt, ein Widerschein Gottes ist."[157] In einem Menschen diese Güte zu erfahren, der Güte Christi zu begegnen, bedeutet die Erfahrung der personalen Zuwendung, die den einzelnen Menschen in seinem Eigenwert antrifft und annimmt, sei er noch so verschattet und verdunkelt von Fehlern und Schwächen, noch so sehr gehemmt durch vielfältige Schranken, die sein Inneres von innen oder außen blockieren.[158]

Von diesem Kerngedanken her erschließt sich die Folgerung, das Evangelium könne nur da als "gute Botschaft" ankommen, wo es von jemand verkündet wird, der die Gebärden der Güte Jesu Christi vollzieht, der den anderen, die andere als Person in ihrem Eigenwert, in ihrer Freiheit als Geschöpf aus einem seinerseits freien Herzen anspricht.[159] Hierin erschließt sich "Güte" als eine Qualität des Herzens, das - jenseits aller Gefühlsseligkeit - von der einen "übernatürlichen" Liebe zu Gott und den Menschen erfüllt ist.

---

155 "Weil sie aus Gott ist, von Gott ausgeht, ist die Liebe ein Mysterium. Für uns ist es ebenso schwierig, ihr Mysterium zu ertragen, wie der Flucht in sie hinein zu widerstehen, um wenigstens einem Teil dessen zu entrinnen, was ihre Übersetzung in unser menschliches Leben wäre: der Güte, wie Christus sie uns in seinem menschlichen Leben vorgelebt und gelehrt hat." (NA 154, dt. NK 138).

156 NA 154f, dt. NK 138f; vgl. NA 249f, dt. NK 231.

157 NA 155, dt. NK 139.

158 "Begegnet man Jesus Christus, so hat man nicht das Empfinden, wieder unschuldig geworden zu sein; man kann erfahren, daß man sich wegen gewisser Schwächen nicht mehr schuldig zu fühlen braucht, man erfährt aber rasch, welche Fehler einem wirklich anhaften. Doch seine Güte hält alles für heilbar, sie lehrt uns, daß dieses Wir-selbst, das von der Welt so maltraitiert wird, einen von Reichtum, Macht, Schwungkraft, Einfluß, Glanz und Erfolg völlig unabhängigen Wert hat. Die Güte Christi wirkt mit uns zusammen; mehr noch: sie erhofft von uns, von jedem irgend etwas. Seine Güte ist allem andern zuvor: eine Begegnung, die uns bestätigt, daß wir existieren, die uns für uns selber gegenwärtig macht, die mit uns zusammen in einem gemeinsamen Leben voranschreitet." (NA 156f, dt. NK 140f; vgl. auch NA 112f, dt. NK 97f).

159 Vgl. NA 231f, dt. NK 212f. - Vgl. dazu die Bemerkungen von Guéguen, Préface JC, 16f zur Güte als der Sprache des Glaubens.

Das Tun der "Güte", das sich in Akten konkretisieren kann, die in der Sprache der Tradition die "Werke der Barmherzigkeit" genannt werden[160], ist eine Pflicht christlicher Hoffnung. Gegen die Hoffnungslosigkeit der Armen setzt sie die Hoffnung stiftenden Gebärden der Güte Christi und damit die Erfahrung des Mysteriums der Liebe.[161] Zugleich eröffnet sich damit ein kritisches Moment gegenüber einer in der allgemeinen Praxis greifbaren Abwertung der Güte, deren Symptome Madeleine Delbrêl schon im alltagssprachlichen Gebrauch des Wortes "gut" greifen zu können glaubt.[162] Darüber hinaus diagnostiziert sie in der Beobachtung der gesellschaftlichen Werte und Prioritäten eine nahezu "universale Abwesenheit der Güte", an der die menschlichen Herzen allmählich zu ersticken drohen. Ersatzwerte für die Tugend der "Güte" wie "Solidarität", "Großzügigkeit", "Einsatz", die Madeleine Delbrêl sehr wohl positiv würdigt, können, sofern sie Mittel der Liebe im christlichen Sinne sein sollen, dennoch der Güte nicht entraten. Denn ohne diese sind sie "im Leben vieler einzelner von einer blinden Gleichgültigkeit für die Unzahl der menschlichen Wesen begleitet", während im Wirtschaftsleben "ruchloser Zynismus", in der Politik "Grausamkeit", im internationalen Leben "ungeheuerliche Verachtung für den Hunger der andern, den Tod der andern, die physische oder moralische Unterdrückung der andern" jede Proklamation von Solidarität, Großzügigkeit usw. Lügen strafen.[163] Von daher kommt echter Güte im Tun, in der Begegnung von Menschen geradezu eine Offenbarungsfunktion zu, insofern sie die Kategorie des Personalen, der Eigenwertigkeit des einzelnen gegen die Mechanismen einer entpersönlichten Welt geltend macht und so "Sauerstoffzufuhr für die Herzen" bedeutet.[164]

---

[160] Vgl. zu dieser Gleichsetzung NA 268, dt. NK 250.

[161] Vgl. NA 248-250, dt. NK 230-232.

[162] Vgl. NA 154f, dt. NK 138; vgl. NA 230f, dt. NK 212.

[163] NA 154, dt. NK 138.

[164] "Deshalb erwirkt die Begegnung mit einem wirklich guten Mann, mit einer wirklich guten Frau bei den Mitmenschen etwas, das nicht zum Bereich des bloßen Gedankens gehört: das Phänomen wirklicher Sauerstoffzufuhr für die Herzen. Diesen Menschen wird bewußt, daß ihrem menschlichen Leben etwas Wesentliches zurückgegeben wurde." (NA 154f, dt. NK 139; vgl. dazu auch das Beispiel, das Madeleine Delbrêl aus ihrer persönlichen Erfahrung beisteuert: NA 157f, dt. NK 141f).

3.2.5 "Die Gebärden Christi nachahmen": Kriterien der Praxis[165]

In der Skizze zum Ternar der theologischen Tugenden konnte aufgewiesen werden, wie in Madeleine Delbrêls Entwurf die gelebte Einheit von Gottes- und Nächstenliebe als Trägerin eschatologischer Hoffnung und darin als Ausdruck eines realistischen Glaubens begriffen wird. Ihre Deutung der komplexen Einheit des Liebesgebotes nimmt so die Verhältnisbestimmung von Glaube, Hoffnung und Liebe in 1 Kor 13,13 auf, die die Liebe unter den dreien "am größten" nennt. Madeleine Delbrêl entfaltet die Einheit von Gottes- und Nächstenliebe, das Strukturprinzip gläubiger und hoffender Praxis, als "amour filial à Dieu" und "amour fraternel aux hommes" in den verschiedenen im voranstehenden Abschnitt dargelegten Ausdrucksgestalten, gemäß der Überzeugung, daß es in der evangelischen Weisung um die fortgesetzte Inkarnation der Liebe Gottes selbst geht. An diesen Ausdrucksgestalten von Glaube, Hoffnung und Liebe - Gebet, Verfügbarkeit, Sanftmut und Demut, Güte - lassen sich zugleich einige Kriterien bzw. Prüfsteine der Authentizität christlicher Praxis ablesen.

Ein erstes Kriterium ergibt sich aus dem *Primat der göttlichen Liebe*, in dem die "übernatürliche" Liebe, die Menschen leben, überhaupt erst Bestand haben kann. Christliche Praxis der Liebe zu Gott und zu den Menschen ist daher immer Empfang und Weitergabe der Gabe Gottes. Weil wir "nicht die eigene Liebe ..., sondern die Gottes" zu verschenken haben[166], unterscheidet sich die "geschwisterliche Liebe" nach dem Liebesgebot, das uns aufträgt zu lieben, "wie Jesus uns geliebt hat"[167], von der rein menschlichen Liebe; sie bleibt abhängig von der göttlichen Liebe, d.h. sie bedarf der lebendigen "Beziehungspflege" in der konstanten Lektüre des Evangeliums, im Gebet, in der Aufmerksamkeit für die Manifestationen des Willens Gottes in den Geschehnissen und Begegnungen des Alltags. Darin bleibt sie sich bewußt, Weitergabe der Liebe Gottes zu sein, d.h. sie wird sich nicht menschlichen Vorlieben, Sympathien etc. überlassen, sondern versuchen, jedem Menschen, der/die als Nächste(r) den eigenen Weg kreuzt, das Angebot der Liebe Gottes in einer ihm oder ihr verständlichen Sprache erfahrbar zu machen. Zum anderen ist sie sich als menschliche Liebe in der lebendigen Bezogenheit auf Gott der menschlichen Grenzen bewußt, was vor Überheblichkeit und gönnerhaftem Auftreten ebenso wie vor unkritischer Bewunderung des Gegenübers schützt: Auf

---

[165] Zentrale Bezugstexte für diesen Abschnitt: Eglise et mission (NA 107-119, dt.: Kirche und Mission, NK 92-104); Manifeste du chrétien au monde athée (NA 194-202, dt.: Christliches Manifest an die atheistische Welt, NK 178-186); Athéismes et évangélisation (NA 252-272, dt.: Atheismus und Glaubensverkündigung, NK 233-254); Réaliser dès cette terre l'amour pour lequel Dieu nous a créés (JC 71-79, dt.: Schon auf Erden die Liebe verwirklichen, für die wir geschaffen wurden [Auszug]); Action apostolique aujourd'hui (JC 168-170, Apostolisches Wirken heute, GwL 97-100); La foi et les temps (JC 179-184).
[166] JC 72, dt. GwL 48.
[167] JC 72, dt. GwL 48.

Erden kann "die gottgewollte Liebe nur die eines Sünders für einen anderen Sünder sein".[168] Dabei wirkt sie nach den "Gesetzen" der göttlichen Liebe, die in zwei weiteren Kriterien zu fassen sind: *Personalität* und *Universalität*.

Sie ist die *"persönliche Liebe eines Jemand zu einem Jemand"*[169], wie Gott nicht "etwas", sondern "Jemand" ist.[170] In persönlicher Begegnung, in personaler Zuwendung und Ernstnahme des jeweiligen Nächsten, wer immer es sei, vermittelt sie die Annahme des Menschen, des Geschöpfes, durch den Schöpfer und Erlöser, indem sie seinen Eigenwert im voraus zu jeder Leistung freilegt und ihn liebenswert macht. Eben dies ist der tiefste Kern dessen, was Madeleine Delbrêl in ihren Überlegungen zum Stichwort "Güte" als Haltung derer, die auf ihrem Weg "die Gebärden Christi" nachahmen, zum Ausdruck bringt. Immer wieder betont sie dabei aber auch die Gefahr, daß ein solches "Programm" zur Überforderung geraten müsse, sofern nicht das entsprechende Handeln vom Gebet unterfangen sei, das allein Glaube und Hoffnung vermitteln könne.[171] Im Gebet als dem Ort der Einheitserfahrung von Glaube, Hoffnung und Liebe wächst dem Menschen die Kraft zu, in den Nächsten die Adressaten der Liebe Gottes zu sehen und sie - gleichsam auf Hoffnung hin - mit dieser geschenkten Liebe Gottes in menschlichen Gebärden zu lieben. Dem Kriterium der personalen Zuwendung der Liebe Gottes, der Inkarnation der Gabe in der je individuellen Gestalt, die ein(e) konkrete(r) Liebende(r) ihr angesichts eines konkreten menschlichen Gegenübers gibt, korrespondiert notwendigerweise jenes der universalen Spannweite der Liebe Gottes.

Die Forderung der *Universalität der geschwisterlichen Liebe* ist, so betont Madeleine Delbrêl, nur aufrechtzuerhalten und einzulösen, wenn sie auf die Gottesliebe zurückbezogen wird. Anderenfalls besteht die Gefahr, das Gebot der Nächstenliebe an die Stelle der Gottesliebe zu rücken und damit den Maßstab zu verlieren, der eben erst in der Einheit der beiden Dimensionen der Liebe aufleuchtet. Denn es geht darum, "jeden Menschen so zu lieben, Christus, Gott in jedem Menschen so zu lieben, daß es ohne Vorliebe, ohne Kategorien, ohne Ausnahme geschieht."[172] Diese grundsätzliche Universalität einer gleichwohl konkreten Liebe besteht dann darin, daß die Zuwendung zu bestimmten Menschen nicht auf

---

[168] NA 261, dt. NK 243. - Diesen Gedanken wiederholt Madeleine Delbrêl vor allem im Zusammenhang der Verhältnisbestimmung zwischen Christen und Kommunisten von einem religiösen Standpunkt aus, vgl. dazu Kapitel 4.3. Die Relativierung der menschlichen Liebe durch den Verweis auf die Sünde ist aber als Aspekt eines realistischen Glaubens auch darüber hinaus von Bedeutung.

[169] NA 118, dt. NK 103.

[170] Vgl. NA 196f, dt. NK 180.

[171] "Im Gebet, und nur im Gebet wird sich uns der Herr in 'jedem' offenbaren, kraft eines immer geschärfteren, klarsichtigeren Glaubens. Im Gebet können wir die Hingabe an jeden erbitten, ohne die es keine Liebe gibt; durch das Gebet wird unsere Hoffnung zum Format und zur Vielheit der uns begegnenden Menschen heranwachsen oder zur Tiefe ihrer Not." (JC 71, dt. GwL 47).

[172] JC 71, dt. GwL 47.

Kosten anderer gehen darf[173], daß nicht die Übernahme einer Aufgabe, die ein "Nächster" uns gestellt hat, die Wahrnehmung neuer Herausforderungen der Liebe verhindert. So sehr also die Herausforderung des Liebesgebotes von absolutem Rang ist, so wenig darf eine bestimmte, aus vielfältigen Bedingtheiten erwachsene Antwort auf diese Herausforderung ihrerseits verabsolutiert werden. Das widerspräche der Bereitschaft, der Verfügbarkeit für den je neuen Anruf Gottes, der uns in jeder Situation treffen und neue Aufbrüche verlangen kann. Daraus ergibt sich als viertes Kriterium das der *Flexibilität* oder *Anpassungsbereitschaft*:

Denn die "Nächsten" sucht man sich nicht aus, und die Frage "Wer ist mein Nächster, meine Nächste?" erheischt - zumal in einer schnellebigen und sich wandelnden Gesellschaft - immer neue, flexible Antworten.[174] Dies hat nicht nur einen pragmatischen, sondern einen eminent theologischen Grund: Wenn Jesus Christus uns in den Menschen begegnet, und zwar gemäß Mt 25 insbesondere in Gestalt der Nackten, Hungrigen, Fremden, Obdachlosen usw., ist die Frage, wo und wie sich die Liebe inkarnieren muß, in den jeweils aktuellen persönlichen und gesellschaftlichen Verhältnissen immer neu zu stellen, wenn die Praxis ihrem Anspruch, notwendige Konsequenz der Gottesliebe zu sein, entsprechen will. Es ist also die inkarnatorische Grundstruktur der Liebe selbst, die jede einlinige Festlegung der christlichen Praxis verbietet: nicht Parteinahme, nicht engagierter Einsatz, aber die Exklusivität einer solchen Option, die andere *grundsätzlich* von der Mitteilung der Liebe auszuschließen gedächte, widersprechen der Einheit des Liebesgebotes.[175] Dieses Kriterium schließt somit unmittelbar an die Ausdrucksgestalt der "Verfügbarkeit" an, es kann als dessen "Übersetzung" in die Konkretheit der geschwisterlichen Liebe verstanden werden.

In den skizzierten Kriterien, nach denen die Liebe Gottes als Gabe in dem immer neu auszutarierenden labilen Gleichgewicht von Personalität und Universalität menschlich "situationsgerecht" weiterzugeben ist, konkretisiert sich das Grundgesetz des Lebens nach dem Evangelium. Als fortgesetzte Inkarnation der göttlichen Liebe legt dieses Leben in der Kraft eines realistischen Glaubens Spuren der Hoffnung in und für eine Welt, in der diese Hoffnungsperspektive allzu oft verschlossen oder verschüttet zu sein scheint. In diesem Sinne ist das Leben nach dem Evangelium aus sich heraus und von seinem Wesen her "apostolisch".

---

173 "Die Liebe Christi ist universal. Jede Liebe zu gewissen, die uns der Liebe zu den andern beraubt, ist nicht Liebe Christi." (NA 116, dt. NK 101).

174 Vgl. JC 180f; JC 168-170, dt. GwL 97-100.

175 Im Datum der Einheit des Liebesgebotes wurzelt Madeleine Delbrêls Position in der Auseinandersetzung mit der kommunistischen Ideologie, insofern sie darin eine Zerstörung dieser Einheit, ein Ausspielen beider Elemente des Liebesgebotes gegeneinander und darin eine "Gleichgewichtsstörung" der Nächstenliebe entdeckt.

3.3 Apostolat als "Normalfall der christlichen Existenz"[176]

Vor allem in späteren Texten, die der Auseinandersetzung mit den Herausforderungen der zeitgenössischen Atheismen gewidmet sind, bringt Madeleine Delbrêl den wesentlich apostolischen Charakter des christlichen Glaubens und jeder christlichen Existenz zur Geltung. So schreibt sie in der Aufzeichnung "Réflexions sur la justice" (1957) im Rückblick auf die eigene Konversionserfahrung:

"Diese umsonst empfangene Wahrheit (der liebenden Gegenwart Gottes, M.H.-St.) schulde ich umsonst. Ich schulde sie Gott, der sie mir geschenkt hat; ich schulde sie den Menschen, denn Menschen haben mir geholfen, ihr zu begegnen, sie für möglich zu halten, ihre ersten Worte zu erlernen. Sie sind für alle Menschen gleich ... es gibt eine immer gleiche Schuldigkeit, nämlich das einzige absolute Gut der Menschen zu befördern, das alle anderen Güter groß macht, indem es sie in eine Beziehung setzt: Gott. Wenn unsere geschwisterliche Liebe nicht so weit reicht, bleibt sie schwach: gegenüber Gott, den wir mehr als alles übrige und aus unserem ganzen Selbst lieben sollen, gegenüber unserem Nächsten, den wir um Gottes willen lieben sollen wie uns selbst; die apostolische Liebe ist ein Werk der Gerechtigkeit."[177]

Die "Apostolizität" des christlichen Lebens versteht sich also als verbindliche, jeder Beliebigkeit entzogene Antwort auf den je persönlichen Anruf Gottes, dem es in der Gestaltung des Lebens aus der Dynamik der Glaubensbeziehung "gerecht" zu werden gilt. Entsprechend der Forderung größtmöglicher Flexibilität

---

176 Zentrale Bezugstexte für den Abschnitt 3.3 sind: Réflexions sur la justice, (VM^2 243-252); Connaissance et Action (NA 103f, dt.: Erkenntnis und Tun, NK 88f); La misère de l'esprit (NA 120-125, dt.: Das Elend des Geistes, NK 105-110); A la suite d'une décision romaine (NA 166-179, dt.: Nach einer römischen Verlautbarung, NK 149-163); Caractéristiques d'une paroisse missionnaire (NA 180-186, dt.: Kennzeichen einer missionierenden Pfarrei, NK 164-170); La bonne nouvelle (NA 187-190, dt.: Die gute Neuigkeit, NK 171-174); Révision de foi (NA 191-193, dt.: Seinen Glauben prüfen, NK 175-177); Lumière et ténèbres (NA 207-212, dt.: Licht und Finsternis, NK 191-195); Temps d'aujourd'hui, temps de notre foi (NA 219-232, dt.: Unsere Zeit als Zeit unseres Glaubens, NK 201-213); Athéismes et évangélisation (NA 252-272, dt.: Atheismus und Glaubensverkündigung, NK 233-254); Milieu athée, circonstance favorable à notre propre conversion (NA 281-293, dt.: Atheistische Umwelt als günstige Voraussetzung für unsere eigene Bekehrung, NK 261-274); Action apostolique aujourd'hui (JC 168-170, dt.: Apostolisches Wirken heute, GwL 97-100); Mission ou Démission (JC 171-178, dt.: Mission oder Demission, GwL 101-110).

177 "Cette vérité reçue gratuitement, je la dois gratuitement; je la dois à Dieu qui me l'a donnée, je la dois aux hommes, car ce sont des hommes qui m'ont aidée à la rencontrer, à la savoir possible, à apprendre les premiers mots de ce qu'elle est. Pour tous les chrétiens ... ils sont pareils. Il y a une dette identique, la dette de propager le seul bonheur absolu des hommes celui qui grandit tous les autres bonheurs en les faisant relatifs: Dieu. Si notre amour fraternel ne va pas jusque-là, il reste infirme: envers Dieu que nous devons aimer plus que tout et de tout nous-mêmes, envers notre prochain que nous devons aimer pour Dieu comme nous-mêmes; l'amour apostolique est une oeuvre de justice." (VM^2 252; vgl. auch die ähnliche, jedoch von der persönlichen Erfahrung abstrahierende Formulierung NA 210, dt. NK 194).

einer wirklich "zeitgenössischen" Glaubenspraxis kann die Wahrnehmung des apostolischen Anspruchs je nach den Bedingungen der religiösen Situation einer Gesellschaft sehr unterschiedliche Gestalt annehmen. Deshalb unterscheidet Madeleine Delbrêl zwischen der *apostolischen* Grundsituation, die im Wesen des Glaubens wurzelt, und den sich wandelnden *missionarischen* Herausforderungen, denen die christliche Existenz zu entsprechen hat.[178]

3.3.1 Apostolat: ein "normaler Gewaltzustand"[179]

Madeleine Delbrêl bezieht sich auf die Erfahrungen ihrer eigenen Glaubensgeschichte, wenn sie, wie im oben zitierten Text ausgedrückt, den apostolischen Charakter der christlichen Existenz rückbindet an das Datum der Bekehrung. Bereits im Zusammenhang mit dem Gedanken der "Menschwerdung des Wortes Gottes in uns", die uns gleichsam an die Menschen ausliefert,[180] und mit der Notwendigkeit der Weitergabe der empfangenen göttlichen Liebe als Einlösung der Einheit des Liebesgebotes ist die im Glauben als Lebenswahl übernommene Verbindlichkeit deutlich geworden. In der Aufnahme des biblischen Bundes-Motivs beleuchtet Madeleine Delbrêl den gemeinten Zusammenhang von geschenkter Gottesgemeinschaft und aufgetragener Hinwendung zu den Menschen im Dienst des Aufbaus der universalen Heilsgemeinschaft noch einmal als die apostolische Dimension des Liebesgebotes: Unter Bezugnahme auf das erste Lied vom Gottesknecht (Jes 42,1-9; insbesondere V 6-7) erwägt sie den Gedanken: "Gott hat uns zum Bund *gemacht*. Wir sind ein Faktum göttlichen Bundes. Jede Messe mahnt uns an die schrankenlose Weite dieses Bundes."[181] Diese heilsgeschichtliche Konstellation ist in die Aktualität einer jeden "Gegenwart", in die gegebene historische Situation und deren Alltagsgestalt zu übersetzen: "Damit aber dieses Faktum wahr sei, dieser Bund von uns gelebt werde, so umfassend wie er im Geist und in der Gnade ist, muß er konkret und täglich unter den uns bekannten Menschen, an der Stelle, an die wir gesetzt sind, praktiziert werden. ... diese Menschen unter allen übrigen bilden für uns das konkrete Gesicht des Volkes, mit dem Gott in uns den Bund schließen will."[182] Daher kann "apostolisches" Wirken von seinem Grund

---

[178] Die Begriffsverwendung in den unterschiedlichen Zusammenhängen bei Madeleine Delbrêl läßt keine ganz eindeutige Definition der beiden Termini zu; die angedeutete Differenzierung scheint jedoch der in den Texten erkennbaren Schwerpunktsetzung zu entsprechen. - Vgl. dazu aber auch Schleinzer, 252-255; das hier diagnostizierte qualitative Gefälle zwischen den Begriffen *apostolat* und *mission* in Madeleine Delbrêls Verständnis scheint mir jedoch auch nicht durchgehend in ihrem Werk verifizierbar zu sein.

[179] "Un état violent normal", vgl. NA 176ff, dt. NK 160ff; NA 248, dt. NK 229.

[180] S.o. Abschnitt 3.1.2.

[181] NA 210, dt. NK 194 (Hervorhebung im Origignal).

[182] NA 211, dt. NK 194f.

her nicht auf eine Spezialaufgabe für besonders ausgebildete und freigestellte kirchliche Funktionäre reduziert werden, sondern prägt die christliche Existenz ihrem Wesen nach, weil der Glaube als der "zeitliche Einsatz der ewigen Liebe Gottes zur Welt"[183] gelebt werden muß.

Hinter diesem "Muß" verbirgt sich jedoch das, was Madeleine Delbrêl als "normalen Gewaltzustand" umschreibt: Sie verankert ihn in dem Antagonismus zwischen "Welt" und "Himmelreich", der deshalb unumgänglich zu sein scheint, weil die Wahl, die der Glaube für die Christen bedeutet, notwendigerweise *innerhalb der Welt* geschieht und gelebt wird.[184] In Anlehnung an die johanneische Sicht der "Welt" als des Gott-fremden und -widrigen Bereichs differenziert Madeleine Delbrêl zwischen der Welt als dem geschichtlich-konkreten, solidarisch zu gestaltenden Lebensraum der Menschen und denjenigen Elementen, die innerhalb dieser Lebenswelt im Gegensatz zu Gott und damit auch im Gegensatz zur Wahl der bekehrten menschlichen Existenz stehen. Es geht dabei also keineswegs um eine "weltverneinende" Haltung[185], sondern vielmehr um die notwendige "Unterscheidung der Geister", ohne die ein christliches Leben in voller Solidarität mit der Welt der Gefahr des Identitätsverlustes ausgesetzt wäre. Um die Doppelgesichtigkeit der Welt zum Ausdruck zu bringen, unterscheidet Madeleine Delbrêl deshalb zwischen Welt und "Welt"; letzteres bezeichnet das, was in der Welt verborgen im Widerspruch zum Glauben steht und erst angesichts der Eindeutigkeit der Glaubenswahl als solches zutage tritt.[186] Dieser Antagonismus bleibt daher "nicht idealistisch oberhalb der Welt schwebend". Er begegnet auch keineswegs nur in Gestalt gewisser Menschen, die Gott aus ideologischen Gründen leugnen,

---

[183] NA 225, dt. NK 207; vgl. NA 290, dt. NK 271; JC 178, dt. GwL 109.

[184] "Verlangt das Evangelium nicht insgesamt, in der Welt und gegen die 'Welt' verkündet zu werden? Stellt es den Glauben nicht dar als eine innerhalb der Welt vorgenommene Wahl zwischen 'Welt' und Himmelreich, als eine Wahl, die uns Jesus Christus erkauft hat und zu der er uns die Kraft gibt? ... Kann Apostolat etwas anderes sein als lebendiger Widerspruch zwischen dem, was Gott in uns als das Seine beschlagnahmt hat, und dem, was vor unsern Augen uns fremd bleibt?" (NA 176f, dt. NK 160).

[185] "Wenn wir uns damit abfinden, Randsiedler des menschlichen Daseins zu sein, Dilettanten in Dingen, welche die Existenz der Menschen ausmachen, wenn wir es normal finden, unter Tauben stumm zu bleiben, weil wir ja doch nicht zur 'gleichen Welt' gehören, nicht die 'gleichen Ideen', die 'gleiche Erziehung' haben, nicht zur 'gleichen Partei' gehören, was werden wir dann 'aus unserem Bruder' gemacht haben, an dem Tag, da wir die gemeinsame Straße verlassen, um vor dem Herrn zu erscheinen?" (NA 184, dt. NK 168). Die hier im Rahmen der Reflexion auf die "Kennzeichen der missionarischen Pfarrei" nachdrücklich eingeforderte "Welthaftigkeit" der spirituellen Grundforderung zeigt sich sowohl in der bewußt "säkular" gestalteten religiösen Lebensweise der Gruppe Madeleine Delbrêls als auch in den vielfältigen sozialen und politischen Engagements, die Madeleine Delbrêl eingeht, sowie in den Stellungnahmen, die sie im Kontext der kirchlichen Auseinandersetzungen um die zeitgenössischen missionarischen Bewegungen abgibt (vgl. Kap. 4).

[186] "Solange der Glaube darin nicht laut und klar redet, kann die Welt eine scheinbare Zweideutigkeit bewahren. Sobald aber der Glaube ihr offenbart ist, hört die Welt auf zweideutig zu sein, die 'Welt', die sich in ihr verbirgt, tritt hervor, widersprüchlich zum Glauben." (NA 184, dt. NK 168)

oder gewisser verselbständigter gottwidriger Kräfte ("Strukturen der Sünde"), sondern "jeder Christ weiß, daß er davon durchdrungen und durchbohrt wird, wobei er frei bleibt, darin Gott zu wählen, oft in täglich sich erneuernden Entscheidungen."[187] Eben diese Konstellation der je neu zu treffenden bzw. zu bestätigenden Wahl macht in Madeleine Delbrêls Sicht den "gewaltsamen Zustand" der apostolischen Situation aus, die dann gerade nicht eine zusätzliche Entscheidung für irgendeine besondere Berufung voraussetzt, sondern im Zentrum der Glaubensentscheidung selbst verankert ist und mit dieser übernommen wird.

Die diagnostizierte Grundsituation der christlichen Existenz ist damit phänomenologisch als permanente Entscheidungssituation qualifiziert. Dieser herausfordernde Charakter kommt jedoch keineswegs in jeder denkbaren Konstellation gleichermaßen zum Ausdruck. In einer von christlichen Traditionen geprägten Gesellschaft etwa bleibt die apostolische Signatur der christlichen Existenz verborgen.[188] Erst in der Herausforderung, die eine nicht (mehr) christliche - weitgehend entchristlichte oder militant atheistische - Gesellschaft für christliches Selbstverständnis und christliche Praxis darstellt, tritt der beschriebene "normale Gewaltzustand" mit der Notwendigkeit, *in der Welt* zwischen "Welt" und Gott zu wählen, ins Bewußtsein und wird damit zur "missionarischen Situation".

Doch nicht einmal in einer solchen Situation erschließt sich die apostolische Verpflichtung "von selbst". Denn auch für Christen ist es nicht selbstverständlich, ihre Lebens- und Glaubenssituation in einer derartig ausdrücklich religiösen Weise zu reflektieren. Daß die religiös-metaphysische Analyse der Bedingungen des Glaubens kein prägender Faktor des tatsächlichen, gegenwärtigen christlichen Selbstverständnisses ist, weiß sie selbst sehr genau. Im Verschwinden der apostolischen Dimension aus dem Bewußtsein der Christen sieht Madeleine Delbrêl das zentrale Problem angesichts der Herausforderungen, die nicht nur ein militant marxistisches Milieu, sondern auch und in weit größerem Ausmaß die schleichende Entchristlichung und der praktische Atheismus breiter Massen an eine christliche Lebensgestaltung und an die gesellschaftliche Präsenz der Christen stellen. Ebensowenig wie die Apostolizität des Christentums auf Strategien der Missionierung zu reduzieren ist, kann das Problem der Konfrontation von Christen und Nicht-Christen verschiedenster Prägung gelöst werden, indem man sich darauf beschränkt, nach Methoden wirksamer(er) Präsenz zu fahnden, so unerläßlich dies auch ist. Vorab ist auch hier nach den Wurzeln des angezeigten Verlustes zu fragen.[189]

---

[187] NA 184, dt. NK 168; vgl. auch NA 249, dt. NK 230.

[188] "Wo wir das christliche Leben unter Christen leben, begegnen wir den normalen Umständen apostolischen Einsatzes nicht. Im allgemeinen und normalerweise haben wir darin keine Erfahrung", schreibt Madeleine Delbrêl in einer Skizze zum Thema "Apostolisches Wirken heute" (1960), JC 169, dt. GwL 98.

[189] Insofern diese Fragestellung selbst zu einer genaueren Klärung der Grundlagen des Glaubens, seiner wesentlichen Existenzbedingungen beiträgt, ist sie bereits an dieser Stelle der Untersu-

Unter dem Stichwort der "Naturalisierung" des Glaubens beschreibt Madeleine Delbrêl den Prozeß des Verlustes der "übernatürlichen Wirklichkeit" des Glaubens in dessen Verwechslung mit einer "christlichen Mentalität" bzw. mit dem "gesunden Menschenverstand".[190] Das, was Madeleine Delbrêl - wie dargelegt - als entscheidende Quelle der Orientierung authentischer christlicher Praxis hervorhebt, nämlich das Wissen um den Geschenkcharakter des Glaubens und der göttlichen Liebe, wird in dieser Betrachtungsweise überlagert von Ausdrucksformen einer eingebürgerten christlichen Mentalität[191], in der das Evangelium nicht mehr als "Neuigkeit" vernommen und deshalb auch nicht als "gute Botschaft" weitergesagt werden kann.[192] Der Verlust eines wesentlichen Teils der Wurzeln christlicher Existenz wird kompensiert - und verschleiert - durch die Festlegung auf vermeintlich "christliche Verpflichtungen".[193] Um eine christliche Identität zu wahren und sichtbar zu halten, wird die Pflege des Glaubens einseitig auf bestimmte Formen seines Ausdrucks reduziert: Kult, Zeremonien, kirchliche Disziplin, die selbst "nur noch ungenügend von den ursprünglichen Säften des Glaubens an Gott getränkt" sind.[194] Die Konzentration darauf ist dann Ausdruck einer Schwächung des Glaubens, wenn "das innere Band zwischen den Pflichten und den Glaubensnotwendigkeiten aufgehoben ist", so daß die als verpflichtend erachteten Elemente der "religiösen Praxis" den Zufälligkeiten der sich wandelnden Zeitanschauungen unterworfen sind.

Dieser schleichende Prozeß der "Naturalisierung", in dem das religiöse Leben seine eigentliche Basis, die lebendige Gottesbeziehung und damit zugleich das Bewußtsein der eigenen Kreatürlichkeit, einbüßt, kann in einer zwar säkularisierten, doch von christlichen Sitten und Gebräuchen nachhaltig geprägten Gesellschaft lange verborgen bleiben. In der Konfrontation mit dem Problem des Atheismus in seinen verschiedenen Spielarten muß die tödliche Schwäche der in ihrer "Substanz" angekränkelten "christlichen Mentalität" jedoch bald und unerbittlich zutage treten[195]: Einerseits wird sie sich unfähig zeigen, der Infragestellung des

---

chung aufzugreifen. Die Frage weist darüber hinaus auf die Thematik der konkreten Auseinandersetzung Madeleine Delbrêls mit der Verhältnisbestimmung von Christen und Kommunisten, die in ihrem Lebensumfeld in Ivry einer exakten Klärung bedurfte. Vgl. dazu Kapitel 4.3.2.

190 Vgl. NA 253, dt. NK 234.

191 "In dieser Mentalität wurde das freie Geschenk Gottes, das Erkennen-Dürfen, wer er ist, das Handeln-Dürfen, wie er will, das Geschenk des Geschaffenen und des ewigen Lebens, der Schöpfung und der erlösenden Menschwerdung ... zu einer Art angeborenem Besitz des im Christentum Aufgewachsenen, ein Erbgut christlicher Familien." (NA 253, dt. NK 234).

192 NA 187-190, dt. NK 171-174; NA 253-257, dt. NK 234-238.

193 " ...man hängt sich an besondere Moralismen, an politische Optionen, nimmt einen bestimmten Lebensstil, an sich indifferente Gewohnheiten an, betrachtet das alles aber als Verpflichtungen des christlichen Lebens, setzt es mit dem Glaubensleben gleich." (Ebd.; vgl. auch NA 191-193, dt. NK 175-177).

194 NA 254, dt. NK 235.

195 Vgl. NA 254-257, dt. NK 235-238. - Vgl. auch Neufeld, 300-302, der die Selbständigkeit des Glaubens als prominentes Anliegen Madeleine Delbrêls hervorhebt.

"Erbgutes der christlichen Familien" etwas entgegenzusetzen, so daß auch die verbliebenen Ausdrucksformen des Christentums als zufällig entlarvt werden; andererseits wird, wer nicht mehr um den Wert des Glaubens als Geschenk weiß, auch den Atheisten nicht wirklich als einen Menschen ernst nehmen können, für den es keinen Gott gibt und der - vielleicht unbewußt - von einem "wesentlichen Hunger" nach dem, was ihm fehlt, befallen ist.[196] Ohne ein aufmerksames Sensorium für die Situation des Atheisten wird christliche Praxis in einer atheistischen Umgebung jedoch ihren apostolischen und missionarischen Charakter zwangsläufig verfehlen.[197]

Insofern gerade in einer solchen Begegnung die in der Glaubenswahl übernommene wesentliche Verpflichtung zur Weitergabe der geschenkten göttlichen Liebe bestehen bleibt, ist sie als "missionarische" Situation qualifiziert. Sie ist dadurch gekennzeichnet, daß Menschen, die das Evangelium als "gute Neuigkeit" noch nicht kennengelernt oder es verloren haben, von neuem die Botschaft erfahren sollen, und daß dies in einer Konstellation geschieht, die den Glaubenden und zur Weitergabe Gerufenen ihre in der Glaubenswahl begründete Fremdheit gegenüber der Umgebung unausweichlich vor Augen führt.

3.3.2 Die "missionarische Situation"

"Zwei Abgründe"

Möglicherweise inspiriert durch Johannes vom Kreuz, auf dessen Schema des "Berges der Vollkommenheit" sie sich ausdrücklich bezieht[198], entwirft Madeleine

---

[196] In der "Phänomenologie" des Atheisten, die Madeleine Delbrêl in ihren späteren Texten eindringlich skizziert, spiegelt sich deutlich ihre eigene, bis in die letzten Fasern ihrer Existenz durchlittene Atheismuserfahrung, die sie im Licht der Konversion "auswertet".

[197] Vgl. z.B. NA 188-190, dt. NK 172-174.

[198] Eine Abbildung der Skizze des "Berges der Vollkommenheit" oder eher: der Wege, die auf den "Berg der Vollkommenheit" führen, findet sich in: Des Heiligen Johannes vom Kreuz Aufstieg zum Berge Karmel. Nach der neuesten kritischen Ausgabe aus dem Spanischen übersetzt von Ambrosius a S. Theresia, München [6]1967 (Sämtliche Werke Bd. 1), XXIV. - Madeleine Delbrêl bezieht sich darauf in einer Überlegung, in der sie die Reform des Karmel im 16. Jahrhundert als Beispiel für die - in verschiedensten Erscheinungsformen - sich immer wiederholende Notwendigkeit der Erfindung neuer Formen des Apostolats vorstellt. Sie beschreibt die Situation, in der Johannes vom Kreuz sich in den Dienst der Karmel-Reform stellte, als den "Augenblick, da das beschauliche Leben der Karmelleute, innerlich entkräftet und gefährdet, zwar kontemplativ bleiben, aber jetzt zu dem kontemplativ-apostolischen Leben werden wollte, das eines Tages die Patronin aller Missionen (d.i. Therèse von Lisieux, M.H.-St.) leben sollte." (NA 178, dt. NK 161). Damit erblickt sie in dem Beispiel der Karmelreform eben jenen Umschlag von einer "gewöhnten" und daher der apostolischen Dimension nicht bewußten religiösen Lebensweise zu einer angesichts bestimmter Herausforderungen religiöser und politischer Art (Reformation, "Entdeckung Amerikas") neu erwachenden, die Apostolizität der eigenen Berufung wieder entdeckenden christlichen Praxis. Vor diesem Hintergrund deutet Madeleine Delbrêl die Skizze des Karmel-

Delbrêl ein Schema für die missionarische Situation ihrer Gegenwart. Dieser bildhafte Entwurf spiegelt in äußerster Verdichtung die Extremerfahrungen ihrer religiösen Biographie und damit die bleibenden Bezugspunkte der Orientierung ihrer Praxis:

"Wenn man sich ein Schema für unsere missionarische Situation ausdenken wollte, so müßte man eine Gratlinie zeichnen, die jeden Augenblick in uns und vor uns her sichtbar wäre. Spitz und schneidend, wird sie durch die Begegnung zweier Abhänge gebildet. Unter sich widersprüchlich, begegnen sie einander in uns. Der eine steigt auf aus der Verheißung Gottes, der andere sinkt ab bis zur Abweisung Gottes. Aber unsere Augen reichen auf beiden Seiten nicht bis ans Ende. Zwischen diesem Nicht-mehr-Sichtbaren und der Gratlinie ist alles sichtbar, in einem bestürzenden Ausblick. Wissen wir aus Erfahrung um die Existenz und die Nähe eines Abgrunds und eines Mysteriums, so können wir die ganze Jäheit der Abhänge ermessen, ihren Anblick deuten und verstehen, daß auf einem solchen Boden ein einziger Fehltritt dem Absturz gleichkommt. Wir verstehen auch, daß, wenn beide Abhänge wie zum Kampf gegeneinander aufzusteigen scheinen, ihre Begegnung unseren eigenen Namen tragen wird, falls sie sich in uns vereinen. Unsere missionarische Situation wird entweder heißen: 'Ich diene nicht' oder 'Gott rettet'."[199]

Das Schema, mit dem Madeleine Delbrêl einerseits eine gleichsam objektive Situationsbeschreibung von metaphysischen Ausmaßen anbietet, andererseits die persönliche Aneignung dieser Situation kraft religiöser Erfahrung beschreibt, ist in ihrer eigenen Erfahrung mit dem Atheismus und dessen Überwindung in der Konversion als Wahl des Glaubens an den liebenden Gott, der rettet, grundgelegt. Das Bild von den zwei Abgründen erinnert an die "beiden dunklen Räume", deren man sich in der Tiefe der eigenen Existenz bewußt geworden sein muß, um sich "mit Leib und Seele" dem Evangelium anzuvertrauen.[200] Was dort in der Gegenüberstellung von Licht und Finsternis und in der paradoxen Erfahrung des "schwarzen Lichtes" Gottes, das die Glaubende in sich aufnimmt und das ihr zur Wegleitung wird[201], zum Ausdruck kommt, wird hier mit dem Bild der beiden Abhänge, die in der Person der Glaubenden als Gratlinie zusammentreffen, abgebildet. Diese Gratlinie ist der Ort, der Weg des christlichen Lebens, der sich - wie Madeleine Delbrêl in einem anderen Text zur gleichen Thematik erläutert - vom Leiden Christi her erschließt, insofern darin das "Verworfensein Gottes durch die Welt" wie "die Mysterien Gottes" gleichermaßen inkarniert zur Anschauung kom-

---

Reformers als eine Art geistlichen Wegweiser, der "zeigt, wie man in einer bestimmten apostolischen Situation den Sinn für das Ziel behält, ohne sich den Hals zu brechen." (NA 179, dt. NK 162).

199 NA 179, dt. NK 162f.

200 Vgl. NA 72, dt. NK 58 und oben Abschnitt 3.1.2.

201 NA 287, dt. NK 268.

men.[202] Auf diesem "schwindelerregenden" Weg gehen die Glaubenden als "Mittler", als solche, die "zum Bund gemacht" worden sind.[203] Darin liegt die Verpflichtung, sich die Herausforderung der "missionarischen Situation" zu eigen zu machen und angesichts der Begegnung der "beiden Abhänge" in uns die Wahl des Glaubens jeweils zu erneuern, so daß die Botschaft Gottes von der Gratlinie her in die Abgründe hineinschallen kann.

Die missionarische Grundsituation ist also gekennzeichnet durch das Zusammentreffen zweier absoluter Ansprüche: der Leugnung Gottes seitens des Menschen und der Selbsterschließung Gottes in bleibender Geheimnishaftigkeit.[204] Insofern "Welt" darin sehr konkret und herausfordernd ihre Widersprüchlichkeit zu Gott zu erkennen gibt, kann sich die vom Glauben als Lebenswahl bestimmte christliche Existenz der gegebenen Entscheidungssituation nicht entziehen. Was in allgemein-abstrakter Darlegung einfach und eindeutig klingt, kann jedoch in einer konkreten Situation, in der die "Abgründe" jener unausweichlichen Entscheidungssituation hinter vertrauten menschlichen Gesichtern erahnbar werden, in scheinbar aporetische Dilemmata führen: Der Glaube steht plötzlich und unabweisbar als Fremdling zwischen den Menschen, und wer ihn gewählt hat, wird selbst fremd unter den nächsten Menschen.[205]

Denn die exponierte Position des auf der Gratlinie wandernden Glaubenden erlaubt keine harmonische Verschmelzung der beiden Abgründe, die sich rechts und links öffnen. Ihr unvermittelbares Zusammentreffen auf dem Grat ist selbst Ausdruck der wesentlichen Fremdheit, in die der/die Glaubende durch den Glauben versetzt ist, weil dieser nicht "von der Welt" ist, sondern Geschenk Gottes, das den Menschen als "in der Welt" lebenden in seinen "Herrschaftsbereich" hineinzieht. Sich dieser Fremdheit bewußt zu werden bedeutet, den "Seelenzustand der Neugetauften", von dem Madeleine Delbrêl so oft als Voraussetzung der bewußten apostolisch-missionarischen Sendung spricht, zurückzugewinnen.[206]

---

[202] Vgl. die Aufzeichnung "Licht und Finsternis", NA 207-212, bes. 210, dt. NK 191-195, bes. 193f; auch: NA 248f, dt. NK 230.

[203] NA 210, dt. NK 194.

[204] Diesen Zusammenhang betont Madeleine Delbrêl in einer Reflexion auf die Bestimmung der "missionarischen Pfarrei", die in ihrer Grundsätzlichkeit ebenso für die Standortbestimmung des einzelnen Glaubenden in der missionarischen Situation gilt: "Die Mission ist die Kontaktstelle zwischen der Liebe Gottes und der Weigerung der Welt." (NA 185f, dt. NK 170).

[205] NA 168, dt. NK 151; NA 172, dt. NK 155; NA 183, dt. NK 167f; NA 289, dt. NK 269.

[206] Vgl. z.B. NA 208, dt. NK 192; NA 248, dt. NK 229; NA 289, dt. NK 270.

Mit Nachdruck weist Madeleine Delbrêl vor allem in einigen späten Texten[207] auf die Rückwirkung hin, die von der "missionarischen Situation" auf die Identität der Glaubenden selbst ausgeht. Eine Aufzeichnung, die die zeitgenössische Glaubens- bzw. Unglaubenssituation - den Johannes-Prolog assoziierend - unter dem Gegensatzpaar von Licht und Finsternis zu charakterisieren versucht, verortet die "Wurzel der missionarischen Liebe" in der Erfahrung des tragischen Kontrastes zwischen dem Licht Gottes, das ein bewußter Christ in sich aufnimmt, und dem Dunkel, das die sich selbst genügenden Menschen umgibt. Zugleich stellt sie aber fest: "Dennoch sollten die Kontakte mit dem gegenwärtigen Atheismus oder dem Unglauben oder der Gleichgültigkeit nicht nur dazu helfen, missionarische Liebe zu erzeugen, sondern auch einen verlebendigten, ausgeweiteten Glauben zeitigen, der selber mehr Licht empfangen kann."[208] Insofern die Erfahrung des Antagonismus, die denjenigen nicht äußerlich bleiben kann, die sich im oben dargestellten Sinn "missionarisch" auf die Situation einlassen, ein neues Bewußtsein für den Geschenkcharakter des Glaubens wachruft[209], ist diese "Kontrasterfahrung" tatsächlich "Generator"[210] eines vertieften, realistischeren Glaubens.

Die Erfahrung des Kontrastes, die nicht einfach dem Glauben eine andere Möglichkeit zur Seite stellt, sondern ihn mit dem kontradiktorischen Gegensatz seiner selbst konfrontiert, ihn also in seinem Kern in Frage stellt, bietet deshalb "günstige Bedingungen für unsere eigene Bekehrung"[211], weil die Konfrontation zur Stellungnahme zwingt, sei es im Sinne des "realistischen Glaubens" - wie oben dargelegt -, sei es im Sinne der Kapitulation vor den Plausibilitäten des Gegenübers und damit der Preisgabe des Eigenen.[212]

Die geforderte Stellungnahme bezieht sich nicht auf periphere Fragen, sondern - und hier spricht Madeleine Delbrêl wiederum deutlich vor dem Hintergrund ih-

---

[207] Die im folgenden zitierten Texte stammen alle aus den Jahren 1960-1962, in denen Madeleine Delbrêl, vor dem Hintergrund ihrer Erfahrung im kommunistischen Ivry, verstärkt über die Atheismus-Problematik im erweiterten Sinn nachdenkt.

[208] NA 208, dt. NK 191; vgl. NA 263f, dt. NK 245f.

[209] Sie durchbricht die Macht der Gewohnheit und läßt den Glauben neu als "unerhörtes, unfaßlich unverdientes Kleinod" erscheinen (NA 208, dt. NK 192).

[210] Der französische Text erscheint hier um einiges plastischer als die deutsche Übersetzung, wenn es heißt: "... les contacts de l'athéisme actuel, ou bien de l'incroyance, ou bien de l'indifférence, ne doivent pas être seulement générateurs de la charité missionnaire, ils doivent être générateurs d'une foi vitalisée, d'une foi dilatée pour recevoir plus de lumière." (NA 208)

[211] Vgl. NA 222, dt. NK 204 (in der veröffentlichten deutschen Übersetzung fehlt an dieser Stelle die Entsprechung für das Adjektiv "favorables"); vgl. auch NA 248, dt. NK 229.

[212] Darin unterscheidet sich der Erfahrungshorizont Madeleine Delbrêls grundlegend von den gegenwärtigen Bedingungen in Westeuropa, von denen sich Glaube und christliche Identität herausgefordert sehen müssen und denen die viel beschworene "Neu-Evangelisierung Europas" sich zu stellen hätte.

rer Kontakte mit den Kommunisten in Ivry - auf das Grundlegende, auf den Kern des Glaubens und der Hoffnung, auf das Bekenntnis zu dem lebendigen Gott Jesu Christi. Um der Infragestellung und Bedrohung dieses "Kerns" christlicher Identität standhalten zu können, genügt dann nicht die Wiederholung dessen, was schon immer gesagt und bekannt wurde, vielmehr "(sind) wir gleichzeitig genötigt ..., unsere eigene Hoffnung zu revidieren, um ihre Wirklichkeit in der Fülle zu leben".[213] Die Stichworte von der *Revision* (*réviser, révision*) des Glaubens bzw. der Hoffnung und von der *Wieder-Bekehrung* (*reconversion*)[214] weisen auf die Notwendigkeit des je neuen und tieferen Vollzugs der Lebenswahl des Glaubens hin und lenken zugleich die Aufmerksamkeit darauf, daß die "Realisierung" des Glaubens in unbeliebiger Wechselwirkung an die konkrete Lebenserfahrung, an die Lebensgeschichte des oder der Glaubenden zurückgebunden ist.

Vor diesem Hintergrund sind nun die Kriterien der Unterscheidung zu resümieren, unter denen sich die "eigene Bekehrung", die je neue Vergewisserung der christlichen Identität, vollzieht, wodurch zugleich der Boden bereitet wird, auf dem die missionarische Herausforderung der Situation angenommen werden kann.

3.3.3 "Apostolat" unter inkarnatorischem Anspruch: Kriterien der Praxis[215]

Ziel der Unterscheidung muß es sein sicherzustellen, daß die Botschaft von der umsonst gegebenen Liebe Gottes, die gute Neuigkeit des Glaubens, bewahrt und in der Verkündigung des Evangeliums unverfälscht weitergegeben wird. Das bezieht sich jedoch nicht nur auf die Person der "Missionare", die Sorge zu tragen haben für ihre eigene Glaubwürdigkeit als Verkünder. Darüber hinaus muß das "Gegenüber" der Verkündigung von vornherein so in den Prozeß der Weitergabe der Botschaft einbezogen werden, daß die angesprochenen Menschen mit ihrem jeweiligen Vorverständnis, in ihrer eigenen Sprache, in ihren konkreten Existenzbedingungen die Chance erhalten, die Botschaft als das, was sie ist, zu vernehmen. Angesichts dieser Notwendigkeit sind deshalb einige grundlegende Kriterien der apostolisch-missionarischen Praxis zu erwägen.

Von der Einsicht in das Wesen des Glaubens und der Liebe als zur Weitergabe bestimmter Gabe kommt Madeleine Delbrêl dazu, "Apostolat als Normalfall der

[213] NA 235, dt. NK 216.

[214] Vgl. dazu auch NA 263f, dt. NK 245.

[215] Die Entwicklung der Kriterien der Praxis ist für Madeleine Delbrêl untrennbar mit ihrem persönlichen und politischen Umgang mit den Kommunisten in Ivry verbunden. Insofern sie ihre Kriterien anhand der konkreten Auseinandersetzung mit diesem Umfeld entwickelt und vor allem in VM dargelegt hat, wird deren Aufarbeitung Gegenstand einer eigenen Untersuchung sein, die Kapitel 4.3 der Studie vorgelegt wird. Hier geht es lediglich darum, die über den konkreten Erfahrungsraum Madeleine Delbrêls hinaus gültigen Grundlinien zu skizzieren.

christlichen Existenz" anzunehmen; insofern dieser "Normalfall" nach ihrer Diagnose des zeitgenössischen Christentums jedoch keineswegs im Bewußtsein der Christen Heimatrecht genießt, vielmehr erst in der Wahrnehmung einer veränderten "religiösen Landkarte" das Bewußtsein der Glaubenden erreicht, ergibt sich als erste Grundforderung der Praxis die möglichst genaue *Kenntnis der Umstände*, unter denen sich das eigene Leben vollzieht und in deren Ensemble es die apostolische Herausforderung des christlichen Glaubens in Gestalt einer konkreten "missionarischen Situation" zu entdecken gilt.

Diese Forderung bezieht sich sowohl auf die konkreten gesellschaftlichen, sozialen, wirtschaftlichen und kulturellen Verhältnisse, in denen die Menschen der eigenen Umgebung leben[216], als auch auf die geistige Signatur dieser Umgebung, die durch vielfältige Einflußfaktoren geprägt ist.[217] Es geht dabei also vorrangig um echte und solidarische Teilnahme an den Lebensvollzügen der konkreten gegenwärtigen Menschen, und in dieser Teilnahme um Verstehen der Bedingungen, die die Menschen in bestimmter Weise sein, denken und empfinden lassen. Es gilt ihre Werte, Werthierarchien, Ziele und Hoffnungen[218] zu kennen und zu verstehen, aus welchem Wurzelboden sie erwachsen. Dazu kann es notwendig sein, sich über das Vertrautwerden mit der Mentalität der "Leute von der Straße" hinaus auch in das Studium bewußtseinsprägender Ideologien und Meinungen zu vertiefen. In jedem Fall wird erst die genaue Kenntnis der Rahmenbedingungen, die das Leben der Menschen auf allen Ebenen prägen, es erlauben, deren Offenheit oder Verschlossenheit gegenüber der Botschaft des Evangeliums zu verstehen und geeignete Wege und Mittel der Verkündigung zu finden.

Zudem wird das Wesentliche des Glaubens in einer entgegengesetzt geprägten Umgebung nur bewahrt und entwickelt werden können, wenn die Situation "bei vollem Bewußtsein" mit den Gefahren und Chancen, die sie bereithält, wahrge-

---

216 So fordert Madeleine Delbrêl etwa in einem Text von 1950 mit dem programmatischen Titel "Erkenntnis und Tun", für ein wirklich zeitgenössisches Leben sei es unerläßlich, die Lebensbedingungen der Arbeiterwelt im Jahr 1950, auf die jedes Glied der Gesellschaft bewußt oder unbewußt einwirke, zu kennen, und zwar nicht allein in einer "objektiv" feststellenden Manier, sondern in einer Weise, die zu einer "neugewagten Begegnung" führt und - angesichts der "passiven Mitwirkung" des eigenen Lebens an der "chronischen Gewaltsamkeit" - zu einer Stellungnahme zwingt. (Vgl. NA 103f, dt. NK 88f).

217 Vgl. dazu z.B. die Skizze "Das Elend des Geistes" (NA 120-125, dt. NK 105-110), in der Madeleine Delbrêl den Gedanken durchspielt, daß die Gottferne der gegenwärtigen Menschen - die sie analog zu existentieller sozialer Not als das geistige Elend schlechthin versteht - nicht zuletzt durch die Entfremdung zwischen Mensch und Erde, Mensch und Natur hervorgerufen worden sei, insofern in der Veränderung des Verhältnisses zwischen Mensch und Dingen der Bezugspunkt auf einen gemeinsamen Schöpfer und damit die Eröffnung einer "übernatürlichen" Wirklichkeitsdimension - zugunsten der Selbstmächtigkeit des "homo faber", der mit Hilfe der "Technik" die Dingwelt beherrscht und mit Hilfe der Wissenschaft die Natur ihrer Geheimnisse beraubt -, verloren gegangen sei.

218 Vgl. als ein Beispiel für Madeleine Delbrêls Versuch, der geistigen Signatur ihrer konkreten Umgebung auf die Spur zu kommen, den Text "Marxistisches Hoffen und christliche Hoffnung", NA 233-251, dt. NK 214-232.

nommen wird. Auf dieser Grundlage erst wird die verlangte Flexibilität in der Anpassung an die gegebene Situation erreicht werden können, ohne daß sie zur Verkrümmung der christlichen Identität führt. Dazu müssen schließlich die entdeckten Wertpräferenzen und -hierarchien mit den eigenen Optionen verglichen, wo immer möglich Gemeinsamkeiten ausfindig gemacht, aber ebenso allfällige Äquivokationen, Mißverständnisse und (Selbst-)Täuschungen aufgedeckt werden.[219] Als Maßstab zur Orientierung der hier geforderten *Unterscheidungsarbeit* bieten sich dabei die aus der Einheit des Liebesgebotes entwickelten Kriterien der Praxis an.

Diese Art der Annäherung an die Wirklichkeit, die Madeleine Delbrêl selbst in den Jahrzehnten ihres Lebens im kommunistischen Ivry sehr gründlich praktiziert hat, entspricht in den bisher dargestellten Schritten der Sache nach den ersten beiden Elementen des von Joseph Cardijn proklamierten Dreischritts *Sehen - Urteilen - Handeln*.[220] Sie führen konsequent hin zum dritten Element, dem "Handeln", für das Madeleine Delbrêl weitere zwei Kriterien bereithält: *Glaubwürdigkeit der Lebensweise* und *Eindeutigkeit des Zeugnisses*.

Wenn Klarsichtigkeit und genaue Kenntnis der Umstände notwendige Voraussetzungen zu verantwortlichem und angemessenem Handeln sind, so fordert andererseits solche genaue Kenntnis der Umstände auch zum *Handeln*, zu entschiedener Stellungnahme heraus.[221] Dabei geht es nicht allein um verbale Programme, sondern um eine mit dem eigenen Leben gegebene und vertretene Antwort auf die in den Umständen erkannte Herausforderung. Das "Programm" eines christlichen Lebens, das sich der missionarischen Herausforderung in einer bestimmten gesellschaftlichen Konstellation stellt, kann nicht unabhängig von einer Lebensweise vertreten werden, die den Inhalt der Botschaft für die konkrete menschliche Umgebung plausibel werden läßt.

Das in dieser Überlegung angesprochene Kriterium der *Glaubwürdigkeit der Zeugen* bringt Madeleine Delbrêl in Zusammenhang mit dem von ihr immer wieder mit Nachdruck vertretenen Anspruch des Glaubens, ein "Realismus" zu sein.[222] Sie hebt deshalb die Bedeutung der ungeteilten Zeitgenossenschaft hervor, die die Künder des Evangeliums als "Realisten" ausweist: "Wer nicht Realist ist, ist kein Zeitgenosse".[223] Die realistischen (nicht glaubenden) Zeitgenossen sind nicht an einer "Idee" des Glaubens, an einer Lehre, interessiert, die keinen Bezug zur Realität (zu ihrer Realität) hat. Nicht über den Inhalt des Glaubens werden sie daher Bescheid wissen wollen, sondern über dessen Bedeutung für das Leben der Glaubenden. Die Kernfrage lautet: "Wozu ist der Glaube gut?"[224], welche

---

[219] Vgl. z.B. VM^2 98-104, dt. CmS 78-82.
[220] Vgl. Repplinger; dazu oben Kapitel 1.1.1.
[221] Vgl. z.B. NA 103f, dt. NK 88f.
[222] S.o. Abschnitt 3.3.1.
[223] Vgl. NA 223, dt. NK 205.
[224] NA 223, dt. NK 205.

Handlungsrelevanz besitzt er in der konkreten Realität, in der jemand behauptet, ein Glaubender oder eine Glaubende zu sein.

Nur unter der Voraussetzung, daß diese(r) Jemand selbst weiß, "wozu der Glaube gut ist", wird er/sie seine Antwort den ausdrücklich oder stumm fragenden Zeitgenossen durch die Art und Weise seines/ihres Daseins und Handelns plausibel machen können. Dies geschieht in der konkreten, gleichwohl die wesentliche Fremdheit des Glaubens in der Welt nicht verleugnenden Solidarität mit den Menschen der Umgebung in ihrer jeweiligen Situation nach Maßgabe der Kriterien der Praxis, die sich in der Auslegung des biblischen Liebesgebotes auffinden ließen: Ohne eine konkrete Option für die Menschen, denen die Botschaft des Evangeliums als "gute Neuigkeit" gesagt werden soll, kann diese nicht als "realistisch" erfaßt und ernstgenommen werden. Sei es, daß der missionierende Christ aus seiner Einsicht in den Schuldzusammenhang, der ihn als Mitglied der Gesellschaft mitverantwortlich sein läßt für das wirtschaftliche und soziale Elend bestimmter Menschen(gruppen), im Sinne der "Option für die Armen" Konsequenzen für seine eigene Lebensweise zieht[225]; sei es, daß er sich angesichts der Begegnung mit Atheisten Rechenschaft darüber ablegt, welchen Stellenwert er Gott in seinem Leben tatsächlich zubilligt und was ihm der Verlust Gottes bedeuten würde, um so von seiner eigenen "Wahl" her die Situation des Atheisten zumindest im Ansatz erfassen zu können.[226] Was hier angedeutet wird, läuft in jedem Fall darauf hinaus, daß der Glaube für Nicht-Glaubende nur dann als bedeutungsvoll erfahren werden kann, wenn die Bedeutung einerseits durch die konkrete Existenz des Zeugnis-Gebenden real vermittelt und verbürgt wird und wenn diese konkrete Existenz andererseits in einem Realitätszusammenhang mit den Empfängern der Botschaft steht. Deshalb formuliert Madeleine Delbrêl als eine Art Grundgesetz des Apostolates die Regel: "Damit aber der Glaube vernommen, seine Botschaft verstanden werde, müssen die Verkündenden zusehen, daß sie von der Welt durch nichts anderes getrennt sind als durch ihren Glauben. Sie müssen den Menschen dieser Welt wie Blutsbrüder und Schicksalsgefährten verbunden sein wollen, und wenn sie aufgrund ihres Glaubens Fremdlinge sind, dürfen sie es in keiner anderen Hinsicht durch eigene Schuld sein."[227] Erst wenn solche größtmögliche Nähe in allen menschlichen und weltlichen Belangen wirkliche Zugehörigkeit und zugleich letzte Distanz des Christen zu seiner Lebenswelt glaubwürdig erfahrbar werden läßt, kann er für seine Mitmenschen als jemand in Erscheinung treten, "der die Dinge dieser Welt gemäß ihrem Wert und in ihrer Wirklichkeit liebt" und zugleich "Gott allen weltlichen Dingen vorzieht". Gott als Vorzugsregel, der Glaube als Lebenswahl leiten dann seine Entscheide so, daß "man sieht, wie er

---

[225] Vgl.dazu näherhin Kapitel 5.4.
[226] Vgl. NA 188-190, dt. NK 172-174.
[227] NA 183, dt. NK 167.

den unsichtbaren Gott wählt". Darin wird der Glaubende den Nicht-Glaubenden Anlaß zu der Frage, "ob es etwas die Welt Übersteigendes gibt".[228]

Es kann aber sein, daß die "Veranschaulichung" der Existenz des unsichtbaren Gottes durch das "als lebendige Hypothese Gottes" gesetzte Dasein der Christen[229] einer zusätzlichen "Sicherung" oder Explikation bedarf, um wirklich verstanden zu werden. Deshalb findet der genannte Aspekt der Glaubwürdigkeit unter bestimmten Bedingungen eine notwendige Ergänzung in dem Kriterium der *Eindeutigkeit des Zeugnisses*.

Entstanden aus der Erfahrung der Mehrdeutigkeit von Handlungen je nach dem Referenzsystem, innerhalb dessen sie gedeutet werden, hebt es auf die in bestimmten Situationen unverzichtbare Ergänzung des nicht-verbalen Handelns durch das erklärende und vereindeutigende Wort - oder: explizit religiös gesprochen - durch das Bekenntnis ab. Die Notwendigkeit der Ergänzung des Handelns durch das Wort ergibt sich also aus der "missionarischen Situation" selbst, insofern sie aus der praktischen Konfrontation konkurrierender Wertsysteme ersteht, welche der einzelnen Handlung eine jeweils unterschiedliche, bisweilen konträre Bedeutung unterlegen. In solchen Gegebenheiten, die Madeleine Delbrêl insbesondere in der Gemeinschaft und Auseinandersetzung mit überzeugten Kommunisten in Ivry kennengelernt hat, ist dann im Interesse aller Beteiligten die bloße *Anwesenheit* überzeugter Christen nicht ausreichend. Um die Authentizität ihrer Lebensweise zu sichern und zu gewährleisten, daß sie für die Andersdenkenden ein missionarisches Zeichen der "guten Botschaft" sein *kann*, ist es vielmehr unerläßlich, die konkrete, am Liebesgebot ausgerichtete Praxis[230] durch das *Bekenntnis* zu vereindeutigen. Dabei wird die Botschaft nur dann zugleich "realistisch" bleiben und ihre Eindeutigkeit bewahren oder von neuem gewinnen, wenn auch hier das "Gesetz der Inkarnation" von Grund auf ernst genommen wird; wenn also "das immer gleiche Wort Gottes", das in den sich wandelnden Gegebenheiten in jeweils neuer Gestalt "Mensch wird", Sprache und Gestalt der Menschen annimmt, unter denen es "wohnt". Wenn es deshalb in bestimmten Situationen einer ideologisch "besetzten" Lebenswelt Menschen braucht, "die sich öffentlich zu Gott bekennen; Menschen, die ihr Leben durch Gott erklären"[231], so gilt dieses Kriterium immer nur in unlösbarer Verbindung mit dem zuvor genannten, das nichts anderes besagt als die Verwirklichung des Grundgesetzes der Inkarnation in der Entdeckung der apostolisch-missionarischen Dimension der christlichen Existenz. Die Zusammengehörigkeit der beiden Kriterien verweist so wiederum zurück auf das Schema der

---

[228] NA 188f, dt. NK 172f.

[229] NA 188, dt. NK 172.

[230] Solche Praxis kann, wie Madeleine Delbrêls Erfahrungsberichte belegen, u.U. zu gemeinsamen Aktionen mit den Kommunisten zugunsten der am schlechtesten gestellten Glieder der Gemeinschaft führen und muß sich als praktischer Einsatz für mehr Gerechtigkeit in concreto nicht *notwendig* vom Engagement der Kommunuisten unterscheiden.

[231] VM^2 121, dt. CmS 97.

"missionarischen Situation", insofern die verbindliche, orientierende Beziehung auf das Bekenntnis zum Mensch gewordenen Gott der Liebe gleichsam die Gratlinie beschreibt, auf der die christliche Existenz ihr ohne andere Abstriche welthaftes Dasein zu gestalten hat.

Mehr implizit als explizit tendieren die bisherigen Überlegungen zur apostolisch-missionarischen Grundsituation des Glaubens bzw. der glaubenden Menschen auf einen weiteren, für die Realisierung dieses "Programms" schlechthin fundamentalen Aspekt der christlichen Existenz: auf die sakramentale und ekklesiale Dimension des Glaubens, insofern dessen "Wirklich-Werden" in der Taufe grundgelegt und an die Kirche als "Lebensgemeinschaft" rückgebunden ist. Die komplexe Aneignung der Wirklichkeit des Glaubens als Gewinn einer christlichen Identität ist daher - auch im Raster der Lebenserfahrung Madeleine Delbrêls - nicht zureichend beschreibbar, ohne dieser Dimension des Glaubens eine eigene Überlegung zu widmen.

3.4 Das Mysterium der Kirche[232]

Mit anderen vom Atheismus zum christlichen Glauben Konvertierten teilt Madeleine Delbrêl die Erfahrung, daß die von Gott selbst geschenkte Hinwendung zu Gott zugleich eine Hinwendung zur Begegnung mit der Kirche bedeutet.[233] So kann sie in den einleitenden Abschnitten ihres Buches *Ville marxiste, terre de mission* programmatisch feststellen: "Das Wort Kirche möchte ich in jeder Zeile so oft wie das Wort Gott schreiben."[234] Den engen Zusammenhang zwischen der

---

[232] Zentrale Bezugstexte für diesen Abschnitt: Eglise et mission (NA 107-119, dt.: Kirche und Mission, NK 92-104); Voyage-éclair à Rome (NA 126-128, dt.: Blitzreise nach Rom, NK 111-113); L'amour de l'Eglise (NA 133-138, dt.: Liebe zur Kirche, NK 118-124); Perplexités sur l'obéissance et l'amour du prochain (NA 159-165, dt.: Ratlosigkeiten angesichts des Gehorsams und der Nächstenliebe, NK 142-148); L'Eglise, une même vie dans un même corps (NA 203-206, dt.: Die Kirche, ein einziges Leben in einem einzigen Leib, NK 187-190). - Alle diese Texte stammen aus dem Jahrzehnt zwischen 1950 und 1960, d.h. sie stehen im Kontext der Krise und des römischen Verbots der Arbeiterpriester und damit im Kontext einer Auseinandersetzung, in der es weit über den akutellen Konfliktherd hinaus um grundlegende Fragen des Kirchenverständnisses, der Bestimmung des Verhältnisses von Kirche und Welt, von Priestertum und Laientum usw. ging. (Vgl. dazu auch Kapitel 4). - Außerdem wird auf einen späteren Text zurückgegriffen, der eine Ansprache Madeleine Delbrêls an ihre Equipen anläßlich der Eröffnungsrede Papst Pauls VI. zur zweiten Konzilssession 1963 wiedergibt: A propos d'un discours de Paul VI (CE 42-49, dt.: Anläßlich einer Ansprache Pauls VI. FG 28-34).

[233] Vgl. dazu etwa Jacques Loew, der schreibt: "Cette conversion qui vient de Dieu, amène en même temps à chercher la rencontre avec l'Eglise." (Communautés chrétiennes au service de la parole de Dieu, in: ders./ Pierre Grelot, Parole de Dieu, langage humaine et communautés chrétiennes, o.O. 1980, 101-161 (Zitat: 107).

[234] VM^2 42. - Hans Urs von Balthasar bescheinigt Madeleine Delbrêl treffend "Kirchlichkeit bis in die Knochen und völlige Freiheit von kirchlichen Schablonen" (Vorwort zu GwL, 13).

Wirklichkeit des Glaubens und der Kirche hält sie aber auch im Hinblick auf den Aufbau der Kirche selbst fest, etwa wenn es in einer späten Aufzeichnung aus dem Jahr 1960 heißt: "Das Wachstum der Kirche ist mit dem Wachstum des Wortes Gottes verbunden: das Wort Gottes in sich aufnehmen, sich von ihm wachsen lassen: so nimmt man teil und arbeitet mit am Wachstum der Kirche."[235] Ein und dieselbe Kraft wirkt als Prinzip der christlichen Existenz der einzelnen und der Kirche; und sie wirkt nicht in zwei voneinander unabhängig zu denkenden "Räumen", sondern indem sie beide "Räume" beständig aneinander verweist und füreinander öffnet. In dieser Einsicht wurzelt die Konsequenz, mit der Madeleine Delbrêl die kirchliche Dimension eines Lebens als Christ oder Christin betont und praktisch zur Geltung bringt. Der Zusammenhang von Glaube und Kirche erschließt sich im theologischen Charakter der Kirche als "Mysterium", als mystischer Leib Christi, und findet seinen Kristallisationspunkt im Sakrament der Taufe, das die Zugehörigkeit zu Gott in der "Einwurzelung in die Kirche"[236] bewirkt.[237]

3.4.1 Taufe: Einwurzelung in die Kirche[238]

"Mit der Taufe hat der Christ seine Freiheit gegen die Freiheit Christi eingetauscht. Er ist frei, weil Christus souverän frei ist, aber er hat kein Recht mehr zu wählen: eine Lebensgestalt[239], die eine andere wäre als diejenige Christi, eine Aktion, die nicht diejenige Christi wäre, ein Denken, das dem Christi nicht entspräche.[240] ... Dieser Lebensstand ist der der Kindschaft Gottes in Christus, mit all den

[235] JC 145, dt. NK 27.

[236] Für diesen Ausdruck vgl. z.B. NA 126, dt. NK 111.

[237] Freilich weist Madeleine Delbrêl auf die Möglichkeit hin, daß diese Wirkung des Sakraments dem Bewußtsein verborgen bleibt. Deshalb spricht sie auch im Zusammenhang der Taufe oft von der Notwendigkeit der Bekehrung, vgl. z.B. NA 287, dt. NK 267.

[238] Nur in relativ wenigen Texten entfaltet Madeleine Delbrêl ihre Gedanken zur Tauftheologie bzw. -spiritualität explizit. Dennoch ist die Taufe als Sakrament der Eingliederung in Christus/Kirche ebenso wie das Geschehen der Konversion als bewußte Hinkehr zu der mit der Taufe besiegelten "übernatürlichen" Wirklichkeit in ihrem Denken durchgehend präsent. - Vgl. dazu auch Boehme, Vorwort zu LS, 7-9.

[239] In der Übersetzung des französischen Ausdrucks "état de vie" weiche ich an dieser Stelle von der gedruckt vorliegenden deutschen Ausgabe ab: von Balthasar übersetzt den Ausdruck mit "Lebensstandard", was mir eine zu enge Interpretation nahezulegen scheint.

[240] Den hier angesprochenen Gedanken, die eigene Freiheit in der Taufe gegen die Freiheit Christi einzutauschen, entfaltet Madeleine Delbrêl an anderer Stelle unter dem Bild der "Gefangenschaft": "Der Christ ist ein Gefangener./ *Gefangener* eines Lebens: des Lebens Christi. Er ist nicht der Propagandist einer Idee, sondern das Glied eines Leibes, der lebt und wachsen will./ *Gefangener* eines Gedankens: er ist kein Frei-Denker noch der Propagandist einer Idee, sondern die Stimme eines anderen: His Master's Voice./ *Gefangener* einer Bewegung: einer Sehnsucht, die das Maß Gottes hat, der retten will, was verloren ist, heilen, was krank ist, einen, was getrennt ist, immerfort und grenzenlos./ Christ sein heißt Gefangener eines Tatbestandes sein, Gefangener von Dimensionen, die in allem nicht mehr die unsern sind, Gefangener, sozusagen,

Brüdern Christi, die mit ihm zusammen Christus sind. Stehend vor Gott und vor der Welt, in Gott und in der Welt, ist er mit allen andern zusammen Christus. Der totale Christus, Christus-Kirche: das ist der Tatbestand, an dem er nichts ändern kann."[241]

Der erste Teil des Zitats nimmt den paulinischen Gedanken des "Seins in Christus" - "nicht mehr ich lebe, sondern Christus lebt in mir" (Gal 2,20) - als Grundaussage über den in der Taufe geschehenden und im Prozeß des christlichen Lebens einzulösenden "Herrschaftswechsel" auf. An anderer Stelle spricht Madeleine Delbrêl über die Taufe als Geboren-werden für die Bewegung der Liebe, in die das von der Kirche dargebotene Evangelium einführt.[242] Die mit der Taufe anfanghaft eröffnete neue Wirklichkeit erschließt sich in ihrer Fülle erst in einem *Prozeß* der Einführung, der "Erziehung", im beständigen Sehen und Hören des Evangeliums, dessen authentische Darbietung Aufgabe und Verantwortung der Kirche ist.[243] Sich dieser "Einführung" in der eigenen Lebens- und Glaubensgeschichte zu öffnen, wie dies im Abschnitt über das "Wort Gottes" (3.1.2) beschrieben wurde, ist notwendig, soll die im Sakrament empfangene Gabe wirksam werden, zu wirklicher Neugeburt führen.[244]

Im zweiten Teil des Zitats bindet Madeleine Delbrêl die Aussage über den "Lebensstand" der Getauften an die Wirklichkeit der Gemeinschaft der Glaubenden zurück: Die Taufe als Geboren-werden in die Kindschaft Gottes hinein, in die geschwisterliche Beziehung zu Christus, stellt zugleich eine geschwisterliche Verbindung mit allen anderen Glaubenden her, die ebenfalls an dieser Beziehung zu Christus teilhaben. Sie verbindet sie in der positiven Zugehörigkeit zu Christus; zugleich versetzt sie aber auch die einzelnen wie die Kirche als ganze in die Notwendigkeit, einen grundlegenden "Bruch" mit der Welt zu vollziehen: Anders ist der Gewinn der Freiheit Christi nicht möglich.[245] "Wir müssen uns diese Notwendigkeit vor Augen führen: daß christliches Dasein brechen muß, um christlich zu sein, einfach aufgrund der Taufe. Keiner kann durch die Taufe Fleisch und Blut der Kirche werden, Fleisch und Blut Christi werden, ohne daß es zwischen ihm

---

einer Freiheit, die im voraus für uns gewählt hat. In dieser Gefangenschaft muß der Missionar den Christus verkündigen, den er lebt, eine Botschaft vermitteln, die er empfangen hat und nicht verändern darf, ein Heil weiterreichen, das nicht von ihm stammt und das Ausmaß der Welt hat. Er kann diesen Christus, den er lebt, nicht ändern, er ist sein Gefangener. Er kann diese Botschaft nicht berichtigen, er ist ihr Gefangener. Dieses Heil, er kann es nicht einschränken, er ist sein Gefangener." (Auszug aus einer bei Loew, Einleitung zitierten unveröffentlichten Aufzeichnung unter dem Titel "Mission et Missions", NA 20, dt. NK 18). - Zur Ausdeutung dieses Gedankens vgl. außerdem die in Abschnitt 3.2.4 dargelegten Ausdrucksgestalten von Glaube, Hoffnung und Liebe.

241 NA 107, dt. NK 92.

242 Vgl. CE 82, dt. FG 62.

243 Vgl. CE 82, dt. FG 62.

244 Vgl. dazu die Überlegung zum Thema "Gebet und Sakramente" JC 209, dt. GwL 67.

245 Vgl. dazu außer den im Abschnitt über den Apostolat (3.3) herangezogenen Aussagen über die Fremdheit des Glaubens in der Welt insbesondere CE 42-49, dt. FG 28-34.

und der Welt zu einem Widerspruch kommt; nur durch einen solchen werden wir fähig, am Werk der Erlösung Christi teilzunehmen. ... Dennoch ist ein Bruch nur dann christlich, wenn er durch die Einigung mit Christus und die Teilnahme an seinem Weltwerk begründet ist. Man bricht nicht, um zu brechen."[246]

Die hier angedeutete ambivalente Bestimmung des christlichen "Standortes", die für den einzelnen Christen ebenso zutrifft wie für die Kirche als Gemeinschaft der Christus Angehörenden, spiegelt noch einmal die in den voranstehenden Kapiteln entfaltete Situation der christlichen Existenz im Spannungsgefüge von Hingabe an Gott und Hingabe an die Menschen, von der innigen Beziehung zu Gott und den Menschen, welche das Leben nach der Einheit des Liebesgebotes bewirkt, auf der einen Seite und einer letzten, im Glauben begründeten Fremdheit auf der anderen Seite. Indem Madeleine Delbrêl die Notwendigkeit des "Brechens" mit der Welt betont, greift sie auch in diesem Zusammenhang die Problematik der *Unterscheidung* des Christlichen wieder auf. Sie hebt deren positive Gestalt hervor, wenn sie darauf insistiert, daß es nicht um den Bruch als solchen gehen darf, sondern daß die Zugehörigkeit zu Christus, die Maß nimmt am Evangelium[247], das entscheidende Authentizitätskriterium für den gleichwohl unvermeidlichen Vollzug des Bruches mit der "Welt" darstellt.[248] Ergänzend zu den bisher dargestellten Reflexionen Madeleine Delbrêls zur Unterscheidung und Identität der christlichen Existenz kommt hier die Gemeinschaftsdimension ins Spiel, die diesen Orientierungsprozessen und Entscheiden notwendig innewohnt: Einerseits vollzieht sich der Klärungsprozeß christlicher Identität für jede und jeden einzelne(n) in der Öffnung auf diese überindividuelle Dimension. Andererseits steht die Kirche als ganze selbst unter dem nämlichen Gebot der Unterscheidung und ist an das genannte Kriterium der im konkreten Lebensvollzug einzulösenden Zugehörigkeit zu Christus gebunden. Die ekklesiale Eingebundenheit des christlichen Bekenntnisses gehört so zum Essentiellen und Existentiellen des Christlichen, wenngleich es sehr unterschiedliche Wege und Stile zu deren konkret praktischer Einlösung - auf der individuellen wie auf der gemeinschaftlichen Ebene - geben mag.[249]

Die Entdeckung und Anerkennung des "Primates Gottes" als orientierende Größe des konkreten christlichen Lebens ist deshalb in keinem Fall eine individuelle Angelegenheit. Sie bedeutet vielmehr, in den Zustand der Kirche versetzt zu sein[250], mit der "unaufhörlichen Tat" Gottes, "die zugleich Heilsgeschichte, Kirchengeschichte, Geschichte der Gottesbürgerschaft ist", verwoben und verschweißt zu sein. Darin hat jede und jeder einzelne "seine Gebärde zu tun, aber

---

246 CE 42, dt. FG 28.
247 Vgl. dazu oben Abschnitt 3.1.2.
248 Vgl. dazu auch Lafon, Avant-Propos CE, 19f. Lafon betont, die Notwendigkeit des Brechens liege einzig in der Wahrung der Kontinuität der einmal übernommenen Berufung begründet (ebd. 20).
249 Vgl. dazu u.a. CE 42-49, dt. FG 28-34.
250 Vgl. JC 229, dt. GwL 91.

diese ist nur eine einzelne Schwingung innerhalb des steten, universellen Vorandrängens des Heiligen Geistes."[251]

Damit deutet sich eine Perspektive an, welche die Gemeinschaftsdimension des Glaubens, die ekklesiale Einbindung, sowohl *synchron* - im Hier und Jetzt der je eigenen Praxis - als auch *diachron* - in der Rückbindung an die Geschichte Gottes mit den Menschen - wahrzunehmen in der Lage ist. Für Madeleine Delbrêls Sicht auf die konkrete Kirche, in der sie lebt, die sie zu verstehen trachtet und mit der sie sich in vielfältiger Weise auseinandersetzen muß[252], ist das in mehrfacher Hinsicht bedeutend: Damit ist eine metaempirische, genuin theologische, näherhin christologische und pneumatologische Betrachtungsweise eingeführt, die dennoch die Ebene der konkret erfahrenen Wirklichkeit nicht einfach überspringt. Sie eröffnet aber die Möglichkeit, konkrete Kirchenerfahrungen über den unmittelbaren Eindruck hinaus unter einen theologischen Maßstab zu stellen, der nicht wiederum in der Kirche selbst, sondern im Heilshandeln Gottes - in Christus, im Wirken des Heiligen Geistes - liegt, dessen Instrument auch die Kirche als ganze ist.

Im Kontext eines solchen Zuganges erschließt sich der von Madeleine Delbrêl betonte Gedanke, das Evangelium von der Liebe Gottes könne nur unter der Voraussetzung verständlich in die Aktualität der Gegenwart "übersetzt" werden, daß die Übermittler in der Kirche als dem Ort der geschichtlichen Präsenz dieser Liebe Gottes verwurzelt sind.[253] Kein einzelner Christ, mag er seine Berufung noch so ernst nehmen, kann deshalb *als einzelner* Christus repräsentieren. Es gibt vielmehr eine grundlegende Wechselwirkung zwischen den individuellen Berufungen und ihrer kommunitären Einbindung, deren praktische Verwirklichung für die Lebendigkeit der Kirche als ganzer wie für die Gestaltung der christlichen Existenz der einzelnen von vitaler Bedeutung ist.[254]

Diese hier erst angedeuteten Überlegungen sind im folgenden zu entfalten: In einem nächsten Schritt soll deshalb das Bild der Kirche, wie es in Madeleine Delbrêls Reflexionen aufscheint, in seinen unterschiedlichen Facetten skizzenhaft nachgezeichnet werden (3.4.2). Im Anschluß daran wird der Frage nachzugehen sein, wie Madeleine Delbrêl die christliche Existenz als "Kirche-Sein" charakterisiert (3.4.3).

---

[251] NA 107, dt. NK 92.

[252] Vgl. Guéguen, Préface JC, 9, der in den Reflexionen Madeleine Delbrêls "un souci peu commun de réalisme et de perspicacité sur les événements de l'Eglise" findet. Zu Loyalität und Kritik Madeleine Delbrêls gegenüber der Kirche vgl. auch Conzemius, Madeleine Delbrêl, 26.

[253] Vgl. NA 133-135, dt. NK 118-120.

[254] Vgl. NA 137f, dt. NK 122-124; CE 42f, dt. FG 24f. - Vgl. dazu Lafon, Avant-Propos CE, 11-13.

3.4.2 Die Kirche - "Leib Christi"

Der im voranstehenden Abschnitt zuletzt entfaltete Gedanke, das authentische und verständliche christliche Zeugnis hänge von der Verwurzelung der Zeugen in der Kirche ab, ruht - wie Madeleine Delbrêls theologisches Denken überhaupt - auf dem Fundament der Inkarnation als heilsgeschichtlicher "Tatsache": "Wir werden die Liebe Gottes in der Welt nicht vermenschlichen[255] können, das Evangelium, das nur die Kundgabe der Liebe ist, nicht in sie hineintragen können, wenn wir nicht zuvor die Inkarnation dieser Liebe in der Kirche, dem mystischen Leibe Christi, annehmen."[256] Der Gedanke der in Christus geschehenen und in der Kirche fortgesetzten Inkarnation der Liebe Gottes in der Geschichte stellt den Kern von Madeleine Delbrêls ekklesialem Denken dar.[257] Wesen und Auftrag der Kirche, die deshalb als "mystischer Leib Christi" dargestellt wird, bestimmen sich von diesem Fundament her. Madeleine Delbrêl bringt das zum Ausdruck, indem sie die theologische Formel "Christus-Kirche" im Sinne einer Identifikation aufgreift.[258] Sie verweist damit auf das Zentrum, von dem her und auf das hin sich die christliche und kirchliche Standortbestimmung vollzieht und die Kirche als solche wie die Zugehörigkeit zu ihr eine theologische, näherhin christologische, Begründung erhält: "Christus und die Kirche (sind) dasselbe" oder präziser: "Jesus heute", das ist die Kirche.[259] Den gleichen Gedanken, jedoch mit einer wichtigen Zusatzbemerkung, hält sie in einer Reflexion auf "das Gebet und die Kirche" fest: "Ohne Gebet bleibt es für uns schwer verständlich, daß die Kirche Jesus Christus ist. Wir fassen nicht, zu welchem Austausch wir in ihr eingeladen sind; aller Austausch, der von Andern zu uns oder von uns zu Andern geht, ist immer Christus, der zu Christus unterwegs ist oder von Christus herkommt."[260] Die Aussage "die Kirche *ist* Jesus Christus" darf, das deutet sich in der Überlegung zum Gebet an, nicht ontolo-

---

[255] Im französischen Text steht hier das Verb "incarner".

[256] NA 135, dt. NK 120.

[257] Zwar benutzt Madeleine Delbrêl neben dem in ihren Reflexionen prominenten Modell des Leibes Christi auch andere Bildmotive, um die theologische Wirklichkeit der Kirche zu beschreiben. Im Zusammenhang dieser Studie kommt es jedoch nicht auf eine vollständige Darlegung ihrer ekklesiologischen Vorstellungen an; es geht vielmehr darum, die Bedeutung, die Madeleine Delbrêl der Kirche für die christliche Identitätsbildung und für die dazu notwendige Unterscheidung der Geister zumißt, zu untersuchen. Deshalb werde ich meine Darstellung von der ekklesiologischen Kernidee des "Leibes Christi" her aufbauen und andere, ergänzende oder korrigierende Facetten des Kirchenbildes jeweils an geeigneter Stelle diesem roten Faden zuordnen. - Eine grundsätzliche Kritik des organischen Kirchenmodells, das den Positionen gegenwärtiger Theologie so nicht mehr entspricht, kann ebenfalls nicht Inhalt dieser Studie sein und ist für das o.g. Interesse auch erläßlich.

[258] Vgl. z.B. den zu Beginn von Abschnitt 3.4.1 zitierten Text.

[259] NA 133f, dt. NK 118f.

[260] JC 200, dt. GwL 54f.

gisch verstanden werden.[261] Vielmehr geht es um die Verwirklichung dessen, was die "Berufung" der Kirche genannt werden könnte: Nicht eine statische Identität, sondern eine dynamische Identifikation, deren Realisierung ohne die geistliche Übung des Gebetes, ohne gläubige Praxis nicht gelingen kann, scheint im Hintergrund der sprachlichen Gleichsetzung zu stehen. Sofern diese Deutung zutrifft, ist die Aussage über die Gleichsetzung der Kirche mit Jesus Christus die stärkste Formulierung des heilsgeschichtlichen Auftrags, kraft dessen die Kirche das in Jesus Christus Mensch gewordene Mysterium der Liebe Gottes in der Geschichte[262] zu verwirklichen hat. Dies muß gegen ein mögliches triumphalistisches Mißverständnis, das sich bei einer ontologischen Lesart der Formulierung nahelegen könnte, hervorgehoben werden. Unter der Voraussetzung der vorgeschlagenen, eher "geschichtstheologischen" Deutung der Formel muß nun nach Konkretionen dieses Fundamentalsatzes im Bild der Kirche gefragt werden: Dabei wird es einerseits um die Explikation des Auftrags, der "Existenzberechtigung" der Kirche gehen, andererseits wird das Modell, nach dem die in der Kirche geschichtlich sich inkarnierende Liebe Gottes kommuniziert werden soll, näher zu beleuchten sein.

Die "Arbeit von Christus-Kirche"[263]

Als Fortsetzung der Inkarnation durch die Geschichte hindurch ist die Kirche auf das Tun der Taten Jesu verpflichtet. Das Werk, die "Arbeit" Christi, ist - so bringt es Madeleine Delbrêl in einer zusammenfassenden Formel zum Ausdruck - "das Heil der Welt". Diese Arbeit ist der Kirche zu treuen Händen übergeben; Madeleine Delbrêl macht das deutlich, indem sie die gleiche Formel, die sie für die "Arbeit" Christi gefunden hat, auf die Kirche anwendet[264]: "Die Arbeit der Kirche ist das Heil der Welt; Welt kann einzig durch Kirche gerettet werden. Kirche ist Kirche nur, weil sie rettet. Wir sind nicht Christus-Kirche, wenn wir nicht Rettende sind. Wir sind nicht Rettende, wenn wir nicht Kirche sind. Wir sind nicht Kirche, wenn wir nicht die ganze Kirche sind: jedes Glied gehört zum gesamten Leib. Und wir sind die ganze Kirche nur, wenn wir an unserem exakten Platz stehen, was nichts anderes heißt als: an unserem Platz in der Welt, wo Kirche sich durch uns hindurch vergegenwärtigt."[265]

---

[261] Vgl. dazu etwa die kritischen Überlegungen gegen eine solche "ontologistische" Spielart christozentrischer Ekklesiologie bei Kehl, Kirche, 80f.

[262] Vgl. NA 135, NK 120.

[263] Die Formulierung findet sich NA 110, dt. NK 95.

[264] In der deutschen Übersetzung wird dieses sprachliche Signal abgeschwächt, indem "le travail du Christ" als "das Wirken Christi", "le travail de l'Eglise" jedoch mit "die Arbeit der Kirche" übersetzt wird, vgl. NA 108, dt. NK 93.

[265] NA 108, dt. NK 93.

Die zitierte gedankliche Reihe setzt an bei dem inkarnationstheologisch rückgebundenen Heilsauftrag als Fundament der Daseinsberechtigung und als Kriterium der Authentizität der Kirche. Im Denkmodell des Leibes Christi bindet sie die Einlösung dieser Berufung an die Wechselwirkung zwischen den einzelnen und dem Ganzen. So führt sie die notwendige Spannung des Kirche-Welt-Verhältnisses ins Zentrum des Kirchenbildes selbst ein. Ohne einer "Auflösung" der Wirklichkeit von Kirche in eine rein "weltliche" Angelegenheit Vorschub zu leisten, verhindert sie damit von vornherein eine isolierte Sichtweise, als ob Kirche ohne Welt gedacht werden könnte. In dem hier zu erörternden Zusammenhang des Kirchenbildes steht freilich der Aspekt der Hinwendung der Kirche zur Welt im Sinne des "Rettens" im Vordergrund: Die Welt als rettungsbedürftige ist die Aufgabe der Kirche. Die Frage, was die Kirche positiv von der Welt gewinnen, von ihr lernen könnte[266], bleibt hier weitgehend ausgeblendet.[267]

Unter dem Aspekt der rettenden Präsenz der Kirche in der Welt als Fortsetzung der "Arbeit Christi" gestaltet sich ihre Aufgabe insbesondere als Dienst an der Verkündigung des Evangeliums. Sie ist beauftragt, das Evangelium zu bewahren und weiterzugeben.[268] In verschiedenen Zusammenhängen besteht Madeleine Delbrêl darauf, daß allein "die Kirche" das Recht und die Pflicht hat, das Evangelium auszulegen und weiterzugeben, und daß in diesem von der Kirche tradierten Evangelium die verbindliche Richtschnur der christlichen Existenz gefunden wird.[269] Dabei präzisiert sie in diesen Kontexten die Bedeutung des Wortes "Kirche" nicht. Anstatt diese "Lücke" sogleich mit bestimmten festlegenden und einschränkenden Interpretationen zu schließen, scheint es sinnvoll, die Offenheit ernst zu nehmen und auch in diesem Fall die oben beschriebene Wechselwirkung zwischen dem Glaubensentscheid der einzelnen und der Glaubensgeschichte der Kirche als ganzer in Betracht zu ziehen.[270] Denn erst im Zusammenwirken beider Momente - Sorge der Kirche um die authentische Weitergabe des Evangeliums auf der einen Seite, lebendige Aneignung und Wachsen-Lassen des Wortes Gottes, dem sich die Glaubenden öffnen, auf der anderen Seite - kann der Auftrag der

---

266 Eine Frage, die in der Pastoralkonstitution des II. Vatikanums, Gaudium et spes, explizit aufgenommen worden ist, vgl. bes. Art. 44.

267 Diese Frage kommt jedoch in anderen Kontexten, z.B. in der konkreten Auseinandersetzung mit Wegen und Formen missionarischer Arbeit, ins Spiel. Vgl. dazu Kapitel 4.2.

268 Vgl. JC 48f; CE , dt. FG 24f.

269 Vgl. insb. JC 48f. - Dieser Ansatz weist wiederum zurück auf die persönliche Glaubensgeschichte Madeleine Delbrêls, in der das Leben mit dem Evangelium eine Schlüsselrolle spielt. Nicht zuletzt aus dieser geschärften Aufmerksamkeit für das von der Kirche dargebotene Evangelium erklären sich die Dankbarkeit und die unverbrüchliche Loyalität, die Madeleine Delbrêl der Kirche durch alle Krisen hindurch bewahrt.

270 Die vorgeschlagene Lesart erfährt eine Bestätigung durch Aussagen, in denen Madeleine Delbrêl selbst auf diese Wechselwirkung in bezug auf die Verlebendigung des Evangeliums im Austausch zwischen den Glaubenden und der ganzen Kirche zu sprechen kommt, vgl. z.B. JC 144, dt. GwL 28.

Kirche, die Inkarnation Jesu Christi in der Geschichte fortzusetzen, erfüllt werden.[271]

Diese geschichtliche Aufgabe steht aber, wie oben gezeigt wurde, unter der unaufhebbaren Bedingung eines grundlegenden "Bruches", dem sich die Christen und die Kirche kraft ihrer Zugehörigkeit zu Christus und aufgrund der Ambivalenz der Welt[272] nicht entziehen können. Deshalb vollzieht sich die "Arbeit von Christus-Kirche" im Zeichen des Kreuzes: "Das Kreuz ist weder für die Welt noch für uns fakultativ. Das bejahte und geschulterte Kreuz ist der Hauptteil unserer Arbeit. Auch diese Arbeit des Kreuzes ist in uns ein Tatbestand: 'Ihr seid mit Christus gekreuzigt.' Das ist unsere grundlegende Arbeit, der Rest kommt danach. 'Wer mein Jünger sein will, ergreife sein Kreuz', und erst dann: 'Folge mir nach.' Im gekreuzigten Herrn ist die Welt potentiell gerettet, und einer leidenden Welt, die zu leiden nicht aufhören wird, haben wir die Freude Christi zu vermitteln."[273] Mit dem Gedanken der "Kreuzförmigkeit" des kirchlichen Auftrags trägt Madeleine Delbrêl eine kämpferische Attitüde in ihr Kirchenbild ein. Sie macht sich die Rede von der streitenden Kirche zu eigen und bestimmt deren Berufung im Ausgang von der "Bruchstelle" zwischen Gott und Welt, zwischen der Hoffnungsbotschaft des Glaubens und dem Gottfeindlichen in der Welt. Dazu bedient sie sich wiederholt einer aggressiven Kampf- und Kriegsmetaphorik, die einer von der Ekklesiologie des Zweiten Vatikanischen Konzils geprägten Sichtweise fremd, ja zuweilen abstoßend erscheinen will.[274] Es scheint angemessen, solche "Störfaktoren" als Warnsignal zu deuten, Madeleine Delbrêl bei all ihrer Aktualität und Modernität nicht vorschnell für eine Theologie zu vereinnahmen, die sie nicht vertreten hat, ja noch gar nicht vertreten konnte.

Im Hinblick auf die Herausforderungssituation, die die Welt (als "Welt") für den Glauben darstellt, parallelisiert sie die Berufung der einzelnen und die Sendung der Kirche insgesamt, ja führt sie in eins zusammen. Dadurch stehen beide, je mehr sie ihre Berufung leben, umso tiefer in der Dialektik des Glaubens, der ein Höchstmaß an "In der Welt Sein" und zugleich eine radikale Fremdheit ihr gegenüber verlangt.[275] Chiffre für diese Situation ist in den Reflexionen Madeleine Delbrêls insbesondere das biblische Bild des Exodus.[276]

---

271 Von dieser umfassenden Gestalt des kirchlichen Auftrags her wäre natürlich über die Verkündigung des Evangeliums hinaus von weiteren Aspekten der kirchlichen Sendung zu sprechen, etwa von der Liturgie und den Sakramenten. Dies geschieht in verschiedenen Reflexionen Madeleine Delbrêls, vgl. z.B. JC 209f, dt. GwL 67f; JC 213f, dt. GwL 72f. Für den hier analysierten Zusammenhang scheint jedoch eine Entfaltung dieser Bereiche nicht zentral zu sein.

272 Vgl. zur Unterscheidung zwischen Welt und "Welt" oben Abschnitt 3.3.1.

273 NA 110, dt. NK 95.

274 Vgl. z.B. NA 184f, dt. NK 168f; NA 248f, dt. NK 230; NA 286f, dt. NK 266f.

275 Vgl. hier besonders die Überlegungen zur "missionierenden Pfarrei", NA 180-186, dt. NK 164-170, v.a. NA 182-184, dt. NK 166-168.

276 Vgl. z.B. NA 118f, dt. NK 104; JC 161f; JC 181.

Diese Spannung wiederzuentdecken und in ihr leben zu lernen, ist deshalb das positive Anliegen, das sich für Madeleine Delbrêl auch mit der Rede vom "Glauben der streitenden Kirche" verbindet. So überrascht es nicht, wenn sie zu dessen Charakterisierung die gleichen Vokabeln verwendet wie zur Beschreibung des Zustands der Bekehrung als einer Grundbefindlichkeit des glaubenden Menschen. Insbesondere kehrt in diesem Zusammenhang der Topos vom "gewaltsamen Zustand" wieder.[277] Aus dieser Koinzidenz wird erneut deutlich, daß in der Sicht Madeleine Delbrêls der Glaube der Kirche, die Situation der Kirche in der Welt nicht anders beschrieben werden kann als die existentielle Situation der einzelnen Glaubenden im Spannungsfeld von Zugehörigkeit zu Gott und Sendung in die Welt. Damit kehrt der Gedankengang zu der Frage zurück, wie das Verhältnis der einzelnen Christen zur Kirche bestimmt oder nach welchem Modell die innere "Ökonomie" der Kirche gedacht wird.

"Ein einziges Leben in einem einzigen Leib"

In einer Aufzeichnung aus dem Jahr 1960, die unter dem Titel "Die Kirche, ein einziges Leben in einem einzigen Leib"[278] steht, denkt Madeleine Delbrêl über die Wirklichkeit der Kirche und deren Darstellbarkeit in unterschiedlichen Kirchenmodellen nach, die Tradition und aktuelle Verkündigung zur Verfügung stellen. Dabei konfrontiert sie insbesondere das Modell der Kirche als Gesellschaft mit jenem des Leibes Christi; auf den ersten Blick als eine Art Vermittlungsgröße, bei näherem Hinsehen jedoch eher als Pendant zum Gesellschaftsmodell schiebt sich das Bild des Volkes Gottes zwischen die beiden kontrastiven Ansätze.[279]

Als Gesellschaft verstanden, geht es in der Kirche um die Teilnahme an einer Organisation, die die Beachtung eines Kodex sozialer Spielregeln verlangt. Die Strukturen, in die sich die Glieder der Gesellschaft bzw. die Mitbürger des Volkes Gottes kraft der Taufe eingliedern, bleiben jedoch letztlich etwas Äußeres, ein Gerüst zur Regelung und Sicherung des je eigenen Standortes im sozialen Gefüge der Kirche. Madeleine Delbrêl bestreitet weder die Notwendigkeit einer sozialen Organisationsform für die Kirche noch den Bedarf an Spielregeln, nach denen sich das Leben der Menschen innerhalb der Institution und ihrer Strukturen zu gestalten hat.[280] Sie besteht jedoch nachdrücklich darauf, daß eine solche Sichtweise

[277] Vgl. NA 286f, dt. NK 267.
[278] NA 203-206, dt. NK 187-190.
[279] Anders Loew, Einleitung 28f, der in dem Gebrauch, den Madeleine Delbrêl von der Volk-Gottes-Metapher macht, einen Kontrast zum Gesellschaftsmodell und eine Vorwegnahme der Konzilsekklesiologie sieht.
[280] Vgl. in dem genannten Text bes. NA 204, dt. NK 188.

allein unzureichend ist, um die Wirklichkeit der Kirche als "Medium" des übernatürlichen Lebens zur Geltung zu bringen.

Um diese Dimension einholen zu können, bedient sie sich des Organismus-Modells: Mit der bevorzugten Aufnahme der Leib-Christi-Metapher zur Erhellung des theologischen und geistlichen Charakters der Kirche steht Madeleine Delbrêl im Kontext der Ekklesiologie ihrer Zeit, die insbesondere durch die Enzyklika "Mystici corporis" (1943) einen starken Impuls zur Überwindung des allzu sehr an juridischen Kategorien orientierten Modells der "societas perfecta" erhalten hatte. Gleichwohl gibt sie dem Bild der Kirche als Leib Christi eine ganz eigene Färbung: Auf dem Fundament ihrer dem Konversionsgeschehen entwachsenen Spiritualität gestaltet sie im Medium des organischen Kirchenbildes vor dem kontrastiven Hintergrund des Gesellschaftsmodells eine Art Tiefentheologie und -spiritualität der Kirchlichkeit. Deren Kernaussage wird nirgendwo prägnanter zusammengefaßt als in der zitierten Formel vom "einzigen Leben in einem einzigen Leib", dessen Quellgrund Jesus Christus ist: "... in das intime Mysterium der Kirche einzutauchen, in den mystischen Leib ..., bringt uns zu Bewußtsein, daß wir und unsere Brüder nicht mehr nur in einem Volk, sondern in Jesus Christus unseren Ort haben."[281] Die Verortung in Jesus Christus - erinnert sei hier die oben besprochene dynamische Identifikation zwischen Christus und der Kirche - findet Ausdruck im Bild der Zelle des Organismus, das zugleich das Eingebunden- und Eingeborgensein in und die unerläßliche Hingabe der eigenen Lebenskraft an dieses Ganze versinnbildet.[282] Denn so wie die einzelnen als Zellen ihr Leben nicht losgelöst vom Leib führen können, baut sich das Leben des Leibes erst aus dem Leben der Zellen auf: um in der Welt sichtbar zu sein, muß die Kirche allererst sein, und "sie ist durch jeden von uns"[283]. Aus dieser Tiefendimension der kirchlichen Wirklichkeit heraus gilt es, die "religiösen Gebärden" und die sozialen Spielregeln, in denen die Kirche sich äußert und "nach außen" hin wirksam wird, zu gestalten. Zugehörigkeit zur Kirche im dargestellten Sinn heißt dann in erster Linie, den eigenen *Glauben*, "lebendige, unerhört wirksame Zellen des mystischen Leibes

---

[281] NA 203, dt. NK 187. - Meine Wiedergabe des Zitats weicht vor allem im ersten Teil des Satzes zugunsten größerer Textnähe von der Übersetzung von Balthasars ab: "Mais plonger dans le mystère intime de l'Eglise, dans le Corps mystique ..., nous fait prendre conscience de notre place et de la place de nos frères non plus seulement dans un peuple, mais dans Jésus-Christ." Das in der deutschen Textausgabe ausgesparte "(non) *plus*" deutet auf einen von Madeleine Delbrêl intendierten Kontrast zwischen dem alttestamentlichen Volk-Gottes-Begriff und ihrem christologischen Kirchenverständnis hin - ein weiteres Argument gegen die von Jacques Loew propagierte Deutung Madeleine Delbrêls als Vorläuferin der Ekklesiologie des Zweiten Vatikanums. Damit eröffnet sich jedoch zugleich ein sehr viel weiterer Fragehorizont. Die heute stark diskutierte Frage nach dem christlichen Umgang mit der Bibel Israels wäre gerade im Zusammenhang mit Madeleine Delbrêls vom Leben mit dem Evangelium geprägter Spiritualität nicht unbedeutend. Eine diesbezügliche Untersuchung ihres Werkes kann im Rahmen dieser Studie aber nur als Desiderat weiterer Forschung angemeldet werden.

[282] Vgl. NA 203, dt. NK 187.

[283] NA 203, dt. NK 187.

Christi zu sein"[284], wahr zu machen. Dies ist ein Kommunikationsprozeß, der einer loyalen Eingliederung in das Beziehungsgefüge des mystischen Leibes bedarf und dessen Vollzug unter den "vitalen Austauschgesetze(n) der Gnade" eine Wandlung des ganzen inneren Menschen in die Dimension des Geheimnisses hinein erwirkt.[285]

Das Bild der Kirche, das Madeleine Delbrêl skizziert, stellt keinen dogmatischen Traktat vor, sondern ein Programm konkret gelebter Kirchlichkeit. Es überwindet ein vom Blick auf die Institution und ihre Strukturen bestimmtes Verständnis der Kirche, nicht indem es diese negiert oder für unbedeutend erklärt, sondern indem es "hinter" das "natürliche" Erscheinungsbild der Institutiton zurückfragt auf deren geistliche Tiefendimension, aus der sich ein kirchliches *Leben* im Horizont von Heilsbotschaft und Sendung nur speisen kann. Diese Tiefendimenison konkretisiert sich für Madeleine Delbrêl im Bild des mystischen Leibes Christi als eines "Kommunikationsmodells" der Gnade. Angesichts der bisher vorgestellten theologischen Rekonstruktion des Ansatzes ist daher im folgenden zu fragen, welche Konsequenzen sich aus dem Modell für die Gestaltung der Kommunikations*prozesse* innerhalb des Kirchen-Organismus bzw. für das "Kirche-Sein" der Glaubenden ergeben.

3.4.3 Kirche-Sein: Kriterien der Praxis

Durch die bisherigen Überlegungen zu Madeleine Delbrêls Kirchenverständnis zieht sich wie ein roter Faden der Primat der Praxis, den sie aus dem Modell des Austausches zwischen den Gliedern (Zellen) und dem Ganzen (Organismus, Leib) plausibel entwickelt: "Nehmen wir wirklich teil am inneren Leben der Kirche, dann sind Echtheit und Intensität dieser Teilnahme keine bloße Angelegenheit der Erkenntnis."[286] Denn es geht ja um die konkrete dynamische Identifikation mit Jesus Christus, die unter den Bedingungen der Geschichte nur in der Kirche als der fortgesetzten Inkarnation des Gott-Menschen statthaben kann.[287] "Medien" dieser Identifikation sind das Evangelium, dessen Quintessenz in der Einheit des Liebesgebotes zu fassen ist, und die Sakramente[288]. Vor dem Hintergrund der geistlichen Grundoptionen Madeleine Delbrêls ergeben sich daher die Kriterien christlicher Existenz im Sinne von Kirche-Sein als organische Folgerung aus den bisher

---

284 NA 295, dt. NK 189.

285 Vgl. NA 295, dt. NK 189. - Zu den praktischen Konsequenzen, die diese Sicht der Kirche für Madeleine Delbrêl zeitigt, vgl. exemplarisch Guéguen, Préface JC, 18-21.

286 NA 133, dt. NK 118.

287 In diesen Horizont gehören auch die verstreuten Aussagen Madeleine Delbrêls über die bräutliche Liebe zwischen Christus und der Kirche, mit denen sie sich in die Tradition christlicher Brautmystik einreiht; vgl. dazu insbesondere JC 146-150, dt. GwL 21-26.

288 Vgl. z.B. IA 117-119, dt. LS 143f.

dargelegten Facetten christlicher Identität. Ein erstes zentrales Kriterium kirchlicher Praxis kommt unter dem Stichwort *Liebe* zur Entfaltung.

"Man müßte alles daran setzen, die Kirche *liebenswert* erscheinen zu lassen. Müßte mit äußerster Anstrengung alles zu vermeiden suchen, was überflüssigerweise ihre Liebe als unentzifferbar erscheinen läßt. ... Man muß alles daran setzen, die Kirche *liebend* zu machen. Ihre Liebe ist weitgehend in unsere Hand gelegt."[289] Wenn die Kirche als geschichtliche Fortsetzung der Inkarnation der Liebe Gottes in der Welt[290] verstanden wird, kommt dem Ziel, sie "liebenswert" und liebend" zu machen, unbedingte Priorität zu. D.h., die Beziehungen, aus denen sie sich aufbaut, der Austausch zwischen ihren Gliedern muß von diesem Kriterium geleitet sein, damit sie die Liebe Christi gemäß dem Gebot der Einheit von Gottes- und Nächstenliebe in sich verwirklichen und "nach außen" hin ausstrahlen kann.

Für die Bestimmung der inneren "Ökonomie" der Kirche (des Leibes Christi) geht Madeleine Delbrêl deshalb als Schlüssel zur Deutung und Gestaltung der inneren Beziehungen und Austauschprozesse von der Feststellung aus: "Wir sind erkennende und liebende Zellen"[291]. In der Haltung erkennender, verstehender Liebe erschließen sich die Beziehungen, in denen die "Organe" des Leibes einander verbunden sind; erst dadurch wird eine Kommunikation möglich, die dem Kriterium der Liebe, die die Kirche in ihrem Innern und nach außen hin zu verwirklichen gesandt ist, entsprechen kann.

Ein Beispiel, das diesen Gedanken konkretisiert, gibt Madeleine Delbrêl in dem kurzen Bericht über ihre Blitzreise nach Rom im Mai 1952, die - mitten in der Krise der Arbeiterpriesterbewegung - im Zeichen einer äußerst angespannten Auseinandersetzung innerhalb des "Organismus" der Kirche stand. Für die Reisende selbst diente sie als Pilgerfahrt dem Zweck der kirchlichen Vergewisserung - nicht als Privatangelegenheit, sondern als Erfüllung einer ihr aus der Situation zuwachsenden kirchlichen Aufgabe.[292] Beim Gebet im Petersdom meditiert Madeleine Delbrêl über das Felswort (Mt 16,18) und über die dreimalige Frage Jesu an Petrus "Liebst Du mich?" (Joh 21,15-17). Dabei kommt sie zu der Einsicht: "Ich

---

289 NA 137, dt. NK 122.

290 Vgl. NA 135, dt. NK 120.

291 Vgl. NA 135, dt. NK 120. - Lafon unterstreicht diesen Aspekt, wenn er Madeleine Delbrêls Reflexionen dahingehend auslegt, "que l'Eglise n'est jamais tenue comme une chose parmi les choses, mais comme le sujet d'un acte, d'une énergie" (Avant-Propos CE, 11). Im gleichen Kontext stößt er ins Zentrum von Madeleine Delbrêls Kirchenverständnis vor, wenn er zusammenfassend sagt: "Avant donc être une institution et une structure, l'Eglise est un milieu fertile: là seulement peuvent subsister des foyers partiels, des centres qui, à leur tour, sont générateurs, parce qu'une puissance traverse un tel milieu, réside en lui et même, plus radicalement, le fait être, simplement." (ebd., 12).

292 Vgl. den Text NA 126-128, dt. 111-113; dazu auch Guéguen, Préface JC, 7-9..

begriff, wie sehr die hierarchische[293] Kirche von den Menschen, von allen Menschen, als die erkannt werden müßte, die sie liebt. Petrus, ein Stein, von dem man fordert, daß er liebe. Ich begriff, wieviel Liebe man einströmen lassen müßte in alle Äußerungen der Kirche."[294]

Derartige Überlegungen gewinnen an Brisanz und praktischer Bedeutung, wenn sie im Horizont der Klärung der Beziehungen zur kirchlichen Hierarchie, der Aufgabenverteilung und der Kompetenzen zwischen unterschiedlichen Gruppen in der Kirche gelesen werden; in den fünfziger Jahren stand diese Klärung für Madeleine Delbrêl wie für alle, die in irgendeiner Weise an der Auseinandersetzung um die Arbeiterpriester, um neue Formen des Arbeiterapostolates und um die Frage angemessener kirchlicher Reaktionen auf die fortgeschrittene Entchristlichung weiter Teile Frankreichs beteiligt waren, auf der Tagesordnung.

Immer wieder scheint in den Reflexionen Madeleine Delbrêls über die Kirche gerade die Verhältnisbestimmung zur Hierarchie als Gegenstand ihres Ringens auf.[295] In diesem Ringen um Loyalität ohne Uneigenständigkeit erweist sich das Kriterium des liebenden Erkennens als Schlüssel zur Konfliktlösung, oder anders gesagt: zum Gewinn einer kirchlich verwurzelten christlichen Identität: Es dient der Entdeckung dessen, was die Kirche theologisch und geistlich ihrer Sendung nach ist, was die Hierarchie innerhalb der Kirche gemäß der "Ökonomie des Heils"[296] ist, unter dem oft genug unansehnlichen Gewand ihrer menschlichen, "natürlichen" Erscheinung. Beides zu unterscheiden ist dabei ebenso notwendig wie eine völlige Trennung zu vermeiden, um den Gefahren von Ideologisierung bzw. Häresie zu entgehen. Worum es Madeleine Delbrêl geht, ist die konstruktive Aufnahme des dieser Spannung innewohnenden Konfliktpotentials als geistliche Aufgabe für alle Glieder der Kirche. Loyalität innerhalb des ganzen Organismus ist dann nichts anderes als Treue zu sich selbst, zur eigenen Lebenskraft; sie realisiert sich nicht in einem passiv-fatalistischen Geschehenlassen, sondern in der sorgfältigen Unterscheidung der unterschiedlichen Funktionen, die das Leben des Ganzen erhalten, und die in je unterschiedlicher Weise die Sorge jedes Gliedes sein müssen. Diese Sichtweise, die aus der liebenden Erkenntnis bzw. der erkennenden Liebe der Glieder zueinander erwächst, verlangt daher ein höchst realistisches und eigenständiges Wirken der einzelnen und Gruppen innerhalb der Öko-

---

[293] Im französischen Text steht "l'église hiérarchique" (NA 128); in der deutschen Übersetzung fehlt das Adjektiv (NK 113).

[294] NA 128, dt. NK 113. - Guéguen, Préface JC 12f, zitiert aus einem Brief Madeleine Delbrêls von 1955, in dem sie die Fels-Metapher unmittelbar auf "Rom" anwendet. Darin drückt sich ebenso der Wille zu unbedingter Loyalität aus wie die Schwierigkeit, diese ohne Verlust der Lebendigkeit durchzuhalten: "J'ai essayé d'intensifier en moi la réalité des relations que le Christ veut entre chacun d'entre nous et celui auquel l'Eglise est confiée: une plongée dans l'épaisseur du Corps mystique. Rome reste le roc. Pour que ses pierres restent le roc, il faut que beaucoup de vies leur soient données sans condition."

[295] Vgl. Guéguen, Préface JC, 13.

[296] Vgl. NA 135, dt. NK 120.

nomie des Ganzen, das ebenso aus der Verschiedenheit der Aufgaben und Berufungen wie aus der übergreifenden Solidarität der Glieder lebt.[297]

Erst in solchem Zusammenwirken aller Glieder wird die Kirche "liebend" und dann auch "liebenswert" sein, weil sie in eine einzige Bewegung der Liebe einschwingt, die keine andere sein kann als die der Liebe Christi: "Diese Liebe ist wie ein unaufhaltsamer Antrieb zu allen Enden der Erde hin, mögen sie geographisch oder sozial verstanden sein. ... Sie ist wie ein Drang, jene wiederzufinden, denen Christus sich als erster entgegengeworfen hat: die Kleinen, Leidenden, Mittellosen."[298] Der Ausblick auf die Bewegungsrichtung der Liebe macht die Relationen deutlich, in denen sich Kirche verstehen muß, die Dimensionen der Liebe, auf die hin sich gelebte Kirchlichkeit ausstrecken muß, und verbietet ein Verharren in binnenkirchlicher Nabelschau, ein Sich-Verfangen im Netz der Institution. Kirche-Sein, wie es sich in Madeleine Delbrêls Lebensgestalt und Reflexion darstellt, ist eine Funktion ihres christlichen Realismus.

Von dem zentralen Kriterium der erkennenden Liebe als Gestaltungsprinzip und Zielgröße kirchlicher Praxis fällt Licht auf ein weiteres Kriterium: Madeleine Delbrêl nennt es *Gehorsam* und präzisiert ihr Verständnis im Hinblick auf die organische Ganzheit der Kirche: "Unser Gehorsam ist zugleich passiv und aktiv, denn er ist Gehorsam gegenüber einer Lebensordnung, gegenüber einem Lebensrhythmus, einer Lebensfortzeugung."[299] Es geht daher auch in der Haltung des Gehorsams um eine bestimmte Art der Teilnahme der einzelnen Glieder am Ganzen, das ja, wie oben gezeigt wurde, erst aus der wechselseitigen Abhängigkeit zwischen den Gläubigen und der Kirche als dem "Leib Christi" seine Lebendigkeit gewinnt. Wenn Gehorsam daher auch in einer bestimmten Weise Abhängigkeit meint, so kann es sich nicht um eine sklavische Abhängigkeit handeln. Ausdrücklich wendet sich Madeleine Delbrêl gegen eine Haltung, die der Kirche gegenüber in Unmündigkeit verharrt[300]. Vielmehr stehen die Gläubigen zur Kirche - oder

---

[297] Madeleine Delbrêl bringt diesen Zusammenhang in ihrer Reflexion über die "Liebe zur Kirche" prägnant zum Ausdruck: "Wenn es ein Verrat ist, sich gegen die Kirche aufzulehnen (man spricht viel davon), so besteht ein anderer darin, aus ihr etwas zu machen, was sie nicht ist, sie auf etwas einschrumpfen zu lassen, was sie als Ganze nicht ist, oder auf etwas, das von ihr nur inspiriert ist: Bewegungen, Orden, Gruppen usf. ... Wenn es Unglaube ist, nicht in jedem Menschen das zu sehen, was er durch Christus ist, besteht auch darin ein Mangel an Wahrheit, aus einigen mehr zu machen, als sie sind. Jeder soll in Wahrheit dem Glauben gemäß behandelt werden: die Getauften als Glieder unseres eigenen Leibes, die Priester als Ausspender der sakramentalen Gnade, die Bischöfe als Hüter des Glaubens und als Verantwortliche für den Apostolat, der Papst als der gemeinsame Vater. ... Man wird sehen, daß unsere Begegnungen mit Christen in echte Lötstellen verwandelt werden, daß wir die Priester mit dankbarem Herzen lieben werden - ohne deshalb immer ihre besondere Sicht der Dinge zu teilen -, daß die Hierarchie unsere anspruchsvolle und lastende Sorge werden wird." (NA 136, dt. NK 121).

[298] NA 137, dt. NK 122f.

[299] NA 134, dt. NK 119.

[300] "Der Kirche gegenüber stehen wir oft in der Haltung eines, der ein Zeugnis für gutes Verhalten möchte. Die Kirche aber teilt keine Zeugnisse aus; sie ist, und wir sind in ihr. Sie ist der Leib

besser: in der Kirche - in einem Verhältnis, das in gleicher Weise aus "Initiative" und Bereitschaft zur "Unterwerfung"[301] lebt und in diesem Sinne Gehorsam als Hörbereitschaft und umfassende Verantwortung zugleich ist.

Eine solche Bestimmung des Gehorsams hält die Forderung der Loyalität unbedingt aufrecht, sucht aber jede Form von "Fetischismus" gegenüber der Autorität, der die Eigenverantwortlichkeit lähmt, zu vermeiden.[302] So besteht Madeleine Delbrêl etwa darauf, daß die Glaubenden gegenüber den Bischöfen eine eigene Verantwortung haben, sie mit der konkreten weltlichen Wirklichkeit zu konfrontieren und zu informieren.[303] Analoges gilt für die Art und Weise, wie die Glaubenden von der Kirche Rat, Weisung, Ge- oder Verbote empfangen sollen - in einem "freien, aber vitalen" Gehorsam: D.h. unter Einsatz des gesunden Menschenverstandes, mit der Freiheit zum Dissens, die jedoch nicht von der Pflicht zur Loyalität entbindet.[304]

Damit steht jedes einzelne Glied der Kirche in einer hohen Verantwortlichkeit für die Kirche, die er oder sie an einem ganz bestimmten Platz in der Welt unvertretbar *ist*, eine Aufgabe, die aber nur in der gelebten Bindung an die Kirche als ganze erfüllt werden kann.[305] Die Freiheit, die sich darin ausdrückt, ist deshalb zugleich in höchstem Maße Bindung an die Sendung, die die Kirche und ihre Glieder miteinander teilen, an den göttlichen Lebensstrom, der gleichsam im Flußbett der Kirche durch Zeit und Geschichte fließt.[306] Madeleine Delbrêl bringt dies zum Ausdruck, wenn sie betont, daß "einzig in der Kirche und durch sie ... das Evangelium Geist und Leben (ist)"[307].

Damit schließt sich der Kreis dieses Kapitels, in dem es um die Grundlagen der christlichen Standortbestimmung, der Identität des Christen in den Reflexionen Madeleine Delbrêls ging. In bezug auf das Thema "Liebe zur Kirche" zieht Made-

---

Christi, und wir sind die Glieder dieses Leibes. Unsere Abhängigkeit, unsere Ergebenheit ihr gegenüber verlangen zwar äußere Akte als Zeichen, betreffen aber vor allem das Innere, den Lebenskern. Unsere Abhängigkeit ihr als Leib gegenüber ist beträchtlich. Aber nicht minder beträchtlich ist auch unsere Initiative, Verantwortlichkeit, Funktion. Die Vorsehung will, daß wir darin unersetzlich seien." (NA 134, dt. NK 119.)

301 Vgl. NA 134, dt. NK 119.

302 Vgl. dazu NA 127, dt. NK 112f.

303 Vgl. NA 127, dt. NK 112; NA 136, dt. NK 120f. - Daß sie selbst diese Verantwortung ernst genommen, umgekehrt aber auch von den Amtsträgern Gehorsam im beschriebenen Sinne erwartet hat, geht etwa aus der Art und Weise hervor, wie sie sich nach verschiedenen Seiten in die Auseinandersetzung um die Arbeiterpriester und die Mission de France eingeschaltet hat.

304 Vgl. NA , dt. NK 143-148, insb. NA , dt. NK 143-145. - In diesem Text, der im Zusammenhang mit dem zweiten Verbot der Arbeiterpriester unter Johannes XXIII. im Jahr 1959 zu lesen ist, thematisiert Madeleine Delbrêl die Gehorsamsfrage im Bild der Beziehung zwischen Mutter und Kind und leitet die Problematik des kirchlichen Gehorsams mit der Überlegung ein, daß es Arten eines falschen Gehorsams gebe, die - gegenüber der Mutter angewandt - nur kränkend sein können. - Vgl. zum Thema des Gehorsams auch NA 108-110, dt. NK 93-95.

305 Vgl. NA 108, dt. NK 93.

306 Vgl. IA 115, dt. LS 139.

307 NA 138, dt. NK 123.

leine Delbrêl selbst ein Fazit, das hier als ein vorläufiges Resumée wiedergegeben werden soll. Es kann sowohl für die zuletzt in den Blick genommene kirchliche Dimension als auch im Hinblick auf die anderen zuvor beleuchteten Facetten der Grundoption Madeleine Delbrêls hinsichtlich der christlichen Berufung insgesamt gelesen werden:

"*Aus all dem ergibt sich für uns*, daß unsere Liebe (*amour*) zur Kirche uns immer tiefer, immer verständiger und liebevoller in Glaube und Liebe (*charité*) ihr inneres Geheimnis mitteilen muß. Damit ist auch gesagt, daß unsere Kirchenliebe uns nicht verpflichtet, in Aktionsformen und unter Vokabeln zu handeln, die offiziell kirchlich sind, wohl aber den Mut zu haben, unsere Lebensrinde aufbrechen zu lassen, damit in die Knospe der Liebe, die unsere Berufung darstellt, unser Lebenssaft und Mark sich ergieße. Unsere Aufgabe ist nicht, eine Knospe aufs Papier zu malen, nach dem Modell einer anderen; ein Schößling sprießt von innen. Sind wir den Imperativen der evangelischen Liebe wahrhaft treu, so können wir die Knospe sein, die Gott heute will, immer innendurch (!) mit dem Stamm verbunden, Blatt auf Blatt entfaltend, auch bereit, abgerissen zu werden, falls sie unzeitgemäß ist, nie sicher, aus uns selber für morgen recht zu behalten, sicher aber, daß es nicht zwei 'Heilige Geister' gibt, daß es nicht schlimm ist, wenn wir uns einmal täuschen, falls man weiß, daß man irren kann, aber daß die Angst vor dem großen Abenteuer, *die Angst vor jenem Geist, von dem man nicht weiß, woher er weht und wohin er treibt*, unser größter Mangel an Liebe für die Kirche wäre."[308]

[308] NA 138, dt. NK 123f (Hervorhebungen im Original).

4. *Gestaltung*: Glaube als Unterscheidungskraft in gesellschaftlichen Handlungszusammenhängen

Nach der Skizze des "geistlichen Fundaments", auf dem die Biographie Madeleine Delbrêls ruht, ist der Kreis der Untersuchung auf die gesellschaftlichen und kirchlichen Zusammenhänge ihres Handelns auszuweiten. Denn die Suche nach einer gegenwartsbezogenen, einfachen und authentischen Gestalt christlicher Existenz, die Leben und Werk Madeleine Delbrêls kennzeichnet, beschränkt sich nicht auf den individuellen Rahmen oder auf die christliche Kleingruppe ihrer Lebensgemeinschaft. Vielmehr versteht sie sich umfassend erst im Kontext der tiefgreifenden Wandlungsprozesse, denen sich die Kirche im 20. Jahrhundert stellen mußte - darin den kulturellen, sozialen und politischen Umbrüchen der europäischen Zivilisation im 19. Jahrhundert nachhängend.

In mehreren exemplarischen Analysen soll daher im folgenden die orientierende Kraft des Glaubens, wie sie sich im gesellschaftlichen Handeln Madeleine Delbrêls auswirkt, zur Anschauung gebracht werden. Das Feld des "gesellschaftlichen Handelns" wird dabei bewußt weit gefaßt: konkrete politische Einzelaktionen, Stellungnahmen in kirchlichen Handlungszusammenhängen und der Versuch einer "ideologischen" Ortsbestimmung gehören in je eigener Weise zu diesem Problemkreis. In einem ersten Abschnitt (4.1) sollen Beispiele eines konkreten politischen Einsatzes vorgestellt werden, zu dem Madeleine Delbrêl sich namentlich zugunsten von Menschen bewegen ließ, die - im Kontext der spanischen Diktatur bzw. im Amerika des Kalten Krieges - politischer Verfolgung ausgesetzt waren. An den Einzelaktionen, die Madeleine Delbrêl zusammen mit anderen Engagierten unternahm, lassen sich bestimmte Grundmotive und Kriterien ihres öffentlich-politischen Handelns erheben, die zeigen, daß ihre Aktionen nicht in irgendeiner Weise "partei-politisch" oder strategisch geprägt, sondern eher von der Einsicht in die Notwendigkeit prophetischer Kritik in bestimmten Krisensituationen geleitet sind.

In einem zweiten Abschnitt soll die Stimme Madeleine Delbrêls in einem innerkirchlichen Handlungs- und Problemzusammenhang zu Wort kommen, der nicht zuletzt unter dem Gesichtspunkt der (Neu-)bestimmung des Verhältnisses von Kirche und Welt bzw. des Verständnisses von Kirche in der Welt von Interesse ist (4.2). Gemeint ist die Anfang der 50er Jahre in die Krise geratene "Mission de France"; Madeleine Delbrêl, die seit Beginn dieses Versuchs einer pastoralen Neuorientierung in Frankreich enge Beziehungen zu einigen der Verantwortlichen unterhielt, hat im Jahr 1953 - in der Phase der Zuspitzung der Konflikte - eine Situationsanalyse verfaßt, die einerseits unter dem Aspekt der Identität der Initiative selbst und andererseits unter dem bereits genannten Aspekt der Klärung des Kirche-Welt-Verhältnisses äußerst aufschlußreiche Perspektiven auf das Denken der

Verfasserin eröffnet. Insofern es darin um die Kirche als "gesellschaftliche Größe" geht, kommt diesem Handlungsfeld eine im weiteren Wortsinn politische Bedeutung zu. Vor dem Hintergrund der Beziehungen, die Madeleine Delbrêl zur Mission de France pflegte (4.2.1), und einer Übersicht über die Geschichte der Initiative bis 1953 (4.2.2) soll die im Anhang dieser Arbeit erstmals veröffentlichte Studie aus dem Delbrêl-Archiv als Beispiel einer Handlungsorientierung in einem komplexen kirchlich-gesellschaftlichen Zusammenhang analysiert werden (4.2.3).

Die dritte Untersuchung hängt inhaltlich eng mit der zweiten zusammen, bezieht sich aber noch einmal auf einen anderen Handlungszusammenhang: In einer Analyse des Buches "Ville marxiste, terre de mission" (1957) soll die Unterscheidungsarbeit nachvollzogen werden, mit der Madeleine Delbrêl ihren eigenen ideologisch-politischen Standort angesichts der Herausforderung der "marxistischen Stadt" Ivry geklärt und gefestigt hat (4.3). Auf der Basis eines "Portraits" der Stadt Ivry, wie es sich in den Aufzeichnungen spiegelt (4.3.1), soll die Summe ihrer diesbezüglichen Erfahrung, die sie nach etwa fünfundzwanzig Jahren des Lebens in Ivry in ihrem Buch dargestellt hat, im Hinblick auf die darin reflektierten Kriterien einer christlichen Handlungsorientierung untersucht werden (4.3.2). Eine aufschlußreiche Ergänzung dazu bietet die Auseinandersetzung, die Madeleine Delbrêl mit dem Jesuiten Gaston Fessard um dessen Rezeption ihrer Analyse in dem Werk "De l'actualité historique" (1960) geführt hat (4.3.3).

Alle in diesem Kapitel bearbeiteten Texte stammen aus dem Jahrzehnt zwischen 1950 und 1960. Sie gehören somit in das letzte Viertel der Lebenszeit Madeleine Delbrêls und spiegeln - nicht nur in dem Buch "Ville marxiste" - die Summe ihrer religiösen und politischen Lebenserfahrung, aber auch die Spuren der persönlichen - und kirchlichen - Konflikte, die jene hier untersuchten Klärungen provoziert haben.

4.1 Prophetische Einsprache: Madeleine Delbrêls Engagement zugunsten politisch Verfolgter

Das gesellschaftlich-politische Engagement Madeleine Delbrêls spielt sich vor allem in ihrem unmittelbaren Lebensumfeld, der Stadt Ivry, und im Zusammenhang der dort andrängenden sozialen Erfordernisse ab. Es ist jedoch nicht Ziel dieser Analyse, etwa die Spuren der Arbeit Madeleine Delbrêls im Sozialdienst von Ivry bis ins einzelne zu rekonstruieren.[1] Vielmehr geht es darum, die Grundzüge ihres Engagements freizulegen, wie sie sich aus dem dargestellten Fundament ihrer Spiritualität ergeben. Daher bietet es sich an, Beispiele explizit politischen Handelns herauszugreifen, zu denen auch schriftliche Äußerungen Madeleine

---

[1] Vgl. dazu die Hinweise in Kapitel 2.1.1.

Delbrêls vorliegen. Aus den Jahren um 1950, nachdem sie ihr öffentliches Amt aufgegeben hatte und sich der gemeinsamen Arbeit innerhalb der Kommunität und mit den in Ivry untergekommenen spanischen Flüchtlingen widmete[2], sind mehrere Anlässe bezeugt, zu denen Madeleine Delbrêl gemeinsam mit anderen Personen und Gruppen zugunsten politisch Verfolgter und ungerecht Verurteilter das Wort nahm und Partei ergriff. Die Fälle, von denen hier die Rede sein soll, stellen in je unterschiedlicher Weise Symptome der weltpolitischen Verhältnisse der Zeit dar, so daß ihnen über die zur Disposition stehenden menschlichen Einzelschicksale hinaus paradigmatische Bedeutung zukommt.

Die "34 von Barcelona"

Ein Fall, der Madeleine Delbrêl zu politischer Stellungnahme herausforderte, war die Verhaftung der sog. *34 von Barcelona*, die im März 1952 zu empörten Reaktionen der internationalen Öffentlichkeit führte. Eine drastische Erhöhung der Tarife des öffentlichen Nahverkehrs in Barcelona war von seiten der Passagiere mit einem Boykott beantwortet worden. 34 Verantwortliche wurden festgenommen und durch ein Militärgericht zum Tode verurteilt. Madeleine Delbrêl beteiligte sich an den französischen Protesten mit einem offenen Brief an die spanischen Katholiken, der durch ihre spanischen Freunde und Bekannten verbreitet wurde.

In diesem Schreiben hebt sie insbesondere auf die Notwendigkeit des Protestes angesichts derartiger Unrechtsmaßnahmen ab: Erscheint der Boykott als ein Zeichen allgemeinen Protestes der Bevölkerung gegen die Regierung[3], so besiegelt die drakonische Sanktion den von den Regierenden herbeigeführten "Bruch" mit dem Volk.[4] Jedoch darf sich eine christliche Stellungnahme zu dem Vorfall nicht darauf beschränken, den Bruch als politisches Faktum zu konstatieren. Vielmehr gilt es zu fragen, welche Reaktion erfordert sei, um der Wahrheit Genüge zu tun, "die uns anhält, der Welt das Antlitz der Liebe zu zeigen". Die im Zusammenhang von Wahrheit und Freiheit entdeckte Forderung nach Wahrhaftigkeit als sittlicher Grundhaltung auch im politischen Handeln motiviert die Aufforderung zum politischen Protest, die Madeleine Delbrêl ihren Adressaten behutsam, aber doch eindeutig übermittelt: Angesichts einer solchen Maßnahme zu schweigen, bedeute Komplizenschaft mit den Tätern; wenn es daher in bestimmten Ländern nötig sein

---

2 Vgl. Boismarmin 92-96.

3 "Les grêves de mars ... apparaissent comme une protestation générale englobant et des couches sociales disparates et des secteurs économiques divers et des provinces de mentalités opposées." ("Les 34 de Barcelone". Message aux catholiques d'Espagne, Archives Madeleine Delbrêl)

4 "L'emprisonnement des "34 de Barcelone" apparait, vue par delà vos frontières, comme une rupture entre votre peuple et ses chefs." (ebd.)

könne, um der Wahrheit willen "Gefangener mit den Gefangenen" zu sein, so könne es in anderen Ländern darauf ankommen, einen deutlichen Bruch mit den Machthabern zu vollziehen.[5]

Protest gegen den Eucharistischen Kongreß in Barcelona

Wenige Wochen später, im Mai 1952, beteiligt sich Madeleine Delbrêl mit einem für die Zeitschrift "Témoignage chrétien" bestimmten Artikel[6] an den Protesten gegen den in Barcelona stattfindenden internationalen eucharistischen Kongreß. Insofern diese Veranstaltung in der Öffentlichkeit unvermeidlich als eine kirchliche Unterstützung des Franco-Regimes erscheinen müsse, argumentiert sie darin aus einer Position der Solidarität mit jenen Spaniern, die vor der Verfolgung durch das diktatorische Regime Francos nach Frankreich geflüchtet sind und sich durch eine solche kirchliche Geste erneut als marginalisiert und verhöhnt erfahren müssen. Sie macht sich die Perspektive der spanischen Flüchtlinge zu eigen, die sie aus persönlichen Kontakten mit in Ivry untergekommenen Spaniern kennt, und schildert die Wirkung, die das Ereignis auf diese Menschen ausübt: Indem die spanische Kirche die Weltkirche zum Eucharistischen Kongreß nach Barcelona einlädt, lädt sie *de facto* in das francistische Spanien ein. Dies aber kann - und muß aus der Perspektive der Verfolgten - als Sympathie-Erklärung mit dem Regime gedeutet werden; zudem gibt das Ereignis dem Regime, das sich als "katholische Regierung" bezeichnet, eine willkommene Gelegenheit zur Propaganda. Erscheint also die Einladung zum Eucharistischen Kongreß als Paktieren der Kirche mit der Franco-Diktatur, so wirkt sie zugleich gegenüber den Opfern dieses Regimes, die ihr Land verlassen mußten, als eklatante Desolidarisierung; die Botschaft lautet: "Die Kirche fühlt sich zu Hause, wo ihr (die Flüchtlinge) keine Heimat mehr habt."[7]

Nachdem Madeleine Delbrêl mit diesen Gesichtspunkten die Perspektive der Opfer ins Bewußtsein gehoben hat, wendet sie das Blatt und mahnt die Verantwor-

---

5 "Politiquement, le gouvernement franquiste pose une acte qui pourrait aggraver singulièrement certains jugements qui pèsent sur lui. Mais à ces répercussions politiques s'ajoutent l'anxiété de nombreuses consciences chrétiennes. Elles se demandent, fraternellement, quelle sera votre prise de position, à vous, en face de ce fait? Combiens d'entre nous voudraient apprendre qu'au nom de la 'Vérité qui délivre', vous protestez contre une mesure dont votre silence vous rendrait solidaires... Si dans certains pays il faut, pour lui (la vérité, M.H.-St.) être fidèle, être captif avec les captifs, il faut, dans d'autres pays, savoir marquer des ruptures avec ceux qui emprisonnent. Le visage que la Vérité nous charge de montrer au monde c'est l'amour. Ce n'est pas avec la police que nous pouvons le révéler."

6 Zitiert bei Boismarmin, 115f. - Der Artikel ist jedoch offensichtlich nicht veröffentlicht worden.

7 Vgl. "L'Eglise est chez elle dans le pays où vous n'êtes plus chez vous." (zitiert bei Boismarmin, 116).

tung der französischen Christen angesichts der Flüchtlinge in ihrem Land an: Sie fragt: "Haben wir diesem Spanien, das in Frankreich Tür an Tür mit uns lebt, ein gastfreundliches Gesicht gezeigt, wie es Christus entspricht?"[8] Sie unterstreicht die Dringlichkeit dieser Frage, indem sie an das Schicksal der Spanier erinnert, die vor dem Ausbruch des II. Weltkriegs in Frankreich die "Gastfreundschaft" eines Lageraufenthaltes erfahren haben, um dann das Lagerleben gegen den Kriegsdienst in der französischen Armee einzutauschen. Angesichts dieser Geschichte, die Franzosen und Spanier miteinander verbindet, klagt Madeleine Delbrêl das - nur selten durchbrochene - internationale Schweigen an, das auf dem Schicksal der Flüchtlinge lastet. Damit lenkt sie die Aufmerksamkeit wieder zurück auf die Ebene politischer Verantwortung, die den Christen aufgegeben ist. Sie verlangt in bestimmten Situationen und Konstellationen, in denen Unrecht geschieht oder verfestigt wird, entschiedenen und hörbaren Einspruch im Dienst der Humanität.

Die bisher skizzierten Aktionen, an denen Madeleine Delbrêl sich beteiligt oder die sie auf eigene Faust unternommen hat, stehen im Kontext der Franco-Diktatur. Sie offenbaren über die Einzelfallhilfe hinaus eine Tendenz zur Unterstützung der Opposition gegen eine Diktatur, die sich mit der Aura des Katholischen umgibt, jedoch in menschenverachtender Weise und mit maßlosen Polizeistaat-Methoden gegen christliche Grundorientierungen verstößt. Die Argumentation zeigt, daß ihre Unterstützung des Widerstands nicht genuin politisch, sondern religiös motiviert ist. Die daraus erwachsende Solidarisierung mit den Armen - in den genannten Beispielen sind dies Menschen, die zu Unrecht ihrer Freiheit und/oder ihrer Heimat beraubt sind bzw. deren Leben bedroht ist - geht jedoch über ein caritatives Engagement deutlich hinaus. Sie zielt auf die Ebene einer politischen Verantwortung, die im Namen der gefährdeten bzw. verletzten Humanität öffentlich Druck ausüben muß gegen unheilige Allianzen wie gegen konkreten Mißbrauch von Recht und Macht. Im konstruktiven politischen Protest soll die menschliche Solidarität wirksam werden. Damit spricht aus Madeleine Delbrêls Handeln in diesem Zusammenhang weniger ein politisches Programm als eine Art *prophetischer Einsprache und Kritik*.

Die "Affaire Rosenberg"

Ähnliches läßt sich auch an dem wohl spektakulärsten Fall studieren, in dem Madeleine Delbrêl zugunsten von Opfern politischen Unrechts Partei ergriff, diesmal im ideologischen Horizont des Kalten Krieges und der "Hexenjagd", der sich Marxisten und des Marxismus Verdächtigte in den USA ausgesetzt sahen. In

[8] "A l'occasion du Congrès de Barcelone, demandons-nous, avons-nous pour cette Espagne qui vit en France à côté de nous, réalisé le visage d'une hospitalité selon le Christ?" (zitiert bei Boismarmin, 116).

den ersten Monaten des Jahres 1953 bewegte das Schicksal des Ehepaares *Ethel und Julius Rosenberg* die internationale Öffentlichkeit: Die amerikanischen Forscher waren unter dem Vorwurf, atomare Geheimnisse an die Sowjetunion verraten zu haben, nach einem offensichtlich tendenziös geführten Prozeß zum Tod durch den Elektrischen Stuhl verurteilt worden. Während das Urteil auf den Aussagen von Belastungszeugen gründete, die selbst schuldig gesprochen waren und sich durch ihre Voten "freizukaufen" hofften, fanden die Unschulds-beteuerungen der Angeklagten ebenso wenig Gehör wie die öffentlichen Proteste namhafter Wissenschaftler.[9]

Madeleine Delbrêl beteiligte sich zusammen mit zwei Pariser Juristen an der Abfassung eines Berichts über die Angelegenheit zuhanden des Papstes. Durch ihre Vermittlung[10] konnte einer der beiden Juristen, ein jüdischer Anwalt, das Schriftstück im Vatikan übergeben - er wurde sowohl von Msgr. Veuillot als auch von Msgr. Montini, damals Prosekretär des Staatssekretariates, empfangen. Ziel war es, eine Intervention des Papstes zu erwirken, die dann auch erfolgte. Da kein Botschafter des Vatikans in den USA akkreditiert war, wurde der Einspruch des Papstes, der die Vollstreckung des Todesurteils verhindern sollte, durch einen Apostolischen Gesandten überbracht. Dies geschah am 13. Februar 1953 und wurde am Tag danach im Osservatore Romano veröffentlicht[11]; ob die Protestnote jedoch ihrem primären Adressaten, Präsident Eisenhower, überhaupt zur Kenntnis kam, ist nicht bekannt.

Madeleine Delbrêl meldete sich auch persönlich zu Wort, zunächst auf einer von verschiedensten weltanschaulichen Gruppen zugunsten der Rosenbergs abgehaltenen Versammlung im Vélodrome d'Hiver in Paris[12], sodann in einem Leserbrief, der unter der Überschrift "Chrétiens et procès" in der Zeitschrift "La Croix" gedruckt wurde.[13] Alle Protestaktionen blieben jedoch erfolglos; die Verurteilten wurden in der Nacht vom 19. zum 20. Juni 1953 hingerichtet.

In ihrem Artikel argumentiert Madeleine Delbrêl ähnlich wie in dem offenen Brief an die spanischen Katholiken: In beiden Fällen geht es um die Wahrhaftigkeit des christlichen Zeugnisses, das angesichts eklatanten Unrechts ein Schweigen nicht duldet. Nach einer kurzen Darstellung der Umstände des Prozesses und einem Rekurs auf die Intervention des Papstes vom 13. Februar wendet sie sich an die christlichen Gewissen. Sie weist hin auf die Herausforderung der Ungerechtig-

---

9 Insbesondere der amerikanische Chemiker und Nobelpreisträger Harold C. Durey und Albert Einstein protestierten und bekundeten ihre Skepsis gegenüber der behaupteten Schuld der Rosenbergs.

10 Vgl. Guéguen, Préface JC, 9f.

11 Osservatore Romano vom 14.2.53, S.1.

12 Der Darstellung bei Boismarmin, 117 zufolge wich sie bei der Versammlung von ihrem vorbereiteten Manuskript ab und redete spontan. Der Tenor der Ausführungen entspreche aber dem, was sie wenig später in La Croix veröffentlichte (s.u.).

13 La Croix, 3.3.1953.

keit, die in der aktuellen Flut von Prozessen gegen mißliebige Personen wie an dem "Komplott des Schweigens und (der) Verzerrung der Tatsachen"[14] liege: Sie stellt die (rhetorische) Frage, ob Christen nicht allzu oft mitschuldig seien an dieser Situation. Das Wort des Papstes, das in seinem ursprünglichen Zusammenhang die Situation von Christen hinter dem "eisernen Vorhang" umschrieb, wird hier umfassender auf die notorischen Ungerechtigkeiten, die der "Kalte Krieg" hervorbringt, bezogen. Sie werden aber nicht als ein unabwendbares Schicksal dargestellt, sondern Madeleine Delbrêl macht nachdrücklich auf die Mitverantwortung von Christen aufmerksam, die schweigend hinnehmen, was geschieht, statt entschieden zu protestieren, wo das Unrecht offen zutage liegt: "Angesichts des Unglücks der anderen ist das Schweigen niemals neutral: schweigen bedeutet bestätigen." Und mit Blick auf den Fall Rosenberg fährt sie fort: "Angesichts einer Hinrichtung bedeutet Schweigen nicht zweifeln, sondern es bedeutet, vollkommen sicher sein, daß ein Mensch sterben muß. Der Zweifel, selbst der leiseste Zweifel, muß reden. Ein Zweifel, der stumm bleibt, macht uns zu Lügnern."[15]

Der Vorwurf der Lüge bzw. die Forderung nach Wahrhaftigkeit markieren den Anspruch und das leitende Interesse, das Madeleine Delbrêl mit ihren öffentlichen Stellungnahmen verfolgt. Es geht um die Authentizität des christlichen Zeugnisses, komme es "gelegen oder ungelegen", ohne jeden Kompromiß an eine wie auch immer geartete Doktrin oder Staatsraison, jenseits aller politischen Vereinnahmungen und Parteiungen. Dabei sieht sie sehr wohl die Schwierigkeiten, die sich angesichts konkurrierender Ansprüche der Einlösung dieses "Programms" entgegenstellen können: Es kann scheinbar ein Dilemma zwischen unterschiedlichen Solidaritäten provozieren. Ebenso kann es aber auch zu gezielten Zusammenschlüssen zugunsten der leidenden Menschen über ideologische Grenzen hinweg führen, was dann in der Regel Verdächtigungen von "rechts" und/oder von "links" nach sich zieht.[16] Derartige Schwierigkeiten lassen sich nicht in jedem Fall vermeiden. Sie auf sich zu nehmen, gehört - so Madeleine Delbrêl - zum Bemühen um die von der christlichen Botschaft geforderte Wahrhaftigkeit, die allen denkbaren Gestalten der Lüge ins Angesicht widerstehen muß: ebenso einer totalen Anpassung wie einer totalen Verweigerung gegenüber dem politischen System; einer

---

[14] Madeleine Delbrêl bezieht sich hier ausdrücklich auf die Weihnachtsbotschaft Pius' XII. des Jahres 1952, in dem er im Hinblick auf die Leiden der Katholiken im Osten von einem die Verfolgungssituation vertuschenden "Komplott des Schweigens und einer Verdrehung der Tatsachen" gesprochen hatte (Utz-Groner II, Nr. 3303).

[15] "Devant le malheur des autres, le silence n'est jamais neutre: se taire, c'est approuver. Devant une exécution, se taire, ce n'est pas douter, c'est être entièrement sur, qu'un homme doit mourir. Le doute, le plus léger doute doit parler. Un doute qui reste muet nous fait menteurs." (Chrétiens et procès, La Croix, 3.3.1953)

[16] "Engagés dans des solidarités diverses, le même effort de vérité semble alors les opposer. Il leur devient difficile de ne pas se reprocher et leurs interventions et leurs abstentions. Les uns reprocheront aux autres leurs constantes interventions à droite pendant qu'on leur reprochera leurs permanentes interventions à gauche." (ebd.)

ideologisch motivierten Einseitigkeit der politischen Sorge und Aufmerksamkeit, einer einäugigen Systemkritik oder einer Voreingenommenheit, die sich nicht der Überprüfung am Maßstab der konkreten Realität stellt. Jede Überfremdung des christlichen Zeugnisses durch Kategorien oder Beschränkungen, die nicht "vor Gott" Bestand haben, ist in dieser Sicht der Dinge eine Lüge.[17] Was Madeleine Delbrêl mit diesem Maßstab sichern will, ist nichts anderes als die Verwirklichung der Liebe auch als Richtschnur des politischen Handelns.

Alle in diesem Abschnitt vorgestellten Anlässe, zu denen Madeleine Delbrêl (öffentlich) Stellung bezog, lassen über die jeweils geleistete oder zumindest angestrebte Einzelfallhilfe bestimmte politische Grundintentionen erkennen: Gerade im Horizont des Kalten Krieges und der Verhärtung der ideologischen Fronten in Gesellschaft und Kirche können die Interventionen Madeleine Delbrêls als prophetische Wortmeldungen qualifiziert werden: Einerseits opponiert sie damit gegen bestimmte Unrechtsverhältnisse, gegen den Mißbrauch des Rechts und gegen ein Paktieren der Kirche mit den Mächtigen, indem diese sich ihrer kritischen Kraft und ihrer Anwaltsfunktion für die Unterdrückten begibt. Andererseits appelliert sie an die Gewissen der Christen und kritisiert die Lethargie, mit der das geschehende Unrecht weithin hingenommen wird. Sie verbindet diesen Appell mit dem Anspruch der Wahrheit, die die schweigenden Zuschauer des Weltgeschehens zu Lügnern mache. Damit stellt sich unweigerlich die Frage, unter welchen Bedingungen um der Wahrheit - oder in der Anwendung auf die Gewissensverpflichtung der einzelnen: um der Wahrhaftigkeit - willen geredet werden *muß*. Diese Frage beantwortet Madeleine Delbrêl wiederum vom Liebesgebot her, das ebenso den Einsatz für "Recht und Gerechtigkeit", für die Sicherung der Lebensmöglichkeiten der Armen und ihrer Rechte Beraubten, gebietet, wie es - um der Liebe zu den Sündern willen - die Entlarvung der Sünde, die sich auch in Unrechts*strukturen* niederschlägt, verlangt. Mit diesem Anspruch gehen schon die bisher analysierten Beispiele für das vom Glauben orientierte politische Engagement Madeleine Delbrêls über eine bloße Krisenintervention hinaus; sie zielen auf eine kritische Begleitung des Zeitgeschehens aufgrund einer konkreten Option der Solidarität mit den Benachteiligten, Armen und Rechtlosen.

---

[17] "Mentir, c'est alors laisser notre inquiétude s'enfermer avec ou contre les tenants d'un systéme; c'est avoir une sollicitude unilatérale; considérer, même un seul homme, comme un étranger à notre coeur. Mentir, c'est se désintéresser des Rosenberg parce qu'ils sont marxistes, ou de tel polonais parce qu'il ne l'est pas; accuser la raison d'état à l'Ouest et l'ignorer à l'Est; dénoncer la délation légale à Moscou et l'accepter à Washington. C'est salir nos défenses par nos accusations a priori; plaider d'avance d'innocent pour l'accusé, mais coupable pour le juge. C'est étrangler notre témoignage dans des catégories et des cloisonnements que Dieu ne reconnait pas." (ebd.)

4.2 Suchbewegungen angesichts einer säkularisierten und pluralistischen Welt: Madeleine Delbrêls Auseinandersetzung mit der Entwicklung der Mission de France

Die Entstehung des Industrieproletariates im 19. Jahrhundert, die ideologische "Aufarbeitung" der neuen gesellschaftlichen Wirklichkeit durch Karl Marx, die Philosophien des Positivismus und des Rationalismus - die sozialen und kulturellen Entwicklungen des 19. Jahrhunderts hatten eine neue, "moderne Welt" heraufgeführt, die an der Kirche vorbei und ohne ihr Zutun entstanden war und zu der sie keinen Zugang hatte, ja gegen die sie sich lange genug verbarrikadiert hat. Diese "Entdeckung" der Avantgarde des französischen Katholizismus in den ersten Jahrzehnten des 20. Jahrhunderts brachte, gepaart mit den Folgen der großen Krisen der Zeit - I. Weltkrieg, Weltwirtschaftskrise, Faschismus, II. Weltkrieg - Bewegung in scheinbar unverrückbare Fronten. Neue Berührungen und Begegnungen wurden, aus der Not geboren, möglich. Hinter der "Mauer", die - wie Kardinal Suhard es formulierte - die Kirche von der Arbeiterwelt trennte, wurde jene "moderne Welt" sichtbar und ebenso zur sozialen Herausforderung wie etwa die konkrete Begegnung und Zusammenarbeit mit der Kommunistischen Partei im Widerstand gegen den Faschismus zur intellektuellen Herausforderung für Philosophen und Theologen wurde.

Durch die konkreten gesellschaftlichen Vorgänge, die von der Kirche - bzw. von denjenigen ihrer Exponenten, die es wagten, über die Mauern zu schauen - sozial und ideologisch eine eindeutige Standortbestimmung verlangten, wurden so jene theologischen Auf- und Umbrüche im Selbstverständnis von Kirche, in der Bestimmung des Priesterbildes, in der Verhältnisbestimmung von Kirche und Welt mitvorbereitet, die im Zweiten Vatikanischen Konzil zum Durchbruch kommen sollten. In diesen Prozessen der Neuorientierung von Kirche in der Welt spielen die missionarischen Aufbrüche in der französischen Kirche der 40er und 50er Jahre eine bedeutsame Rolle. Sie stellen ein entscheidendes Praxisfeld dar, auf das hin und in dessen Kontext die theologisch-ekklesiologischen Suchbewegungen sich orientierten. Madeleine Delbrêl hatte daran gerade in der Anfangsphase nicht unwesentlichen Anteil, insofern sie fast zehn Jahre früher als die meisten anderen "Missionare" den Weg in ein entchristlichtes, militant atheistisches Arbeitermilieu gefunden und in Ivry echte Pioniererfahrungen gesammelt hatte. Dieser "Vorsprung" ließ sie zu einer gesuchten Gesprächspartnerin und zu einer gleichsam natürlichen Verbündeten werden, als Anfang der 40er Jahre unter der "Schirmherrschaft" des Pariser Kardinals Suhard die "Mission de France" und wenig später die "Mission de Paris" Gestalt gewannen, um - in offiziellem kirchlichen Auftrag - neue Wege einer missionarischen Präsenz der Kirche in den geographischen und soziologischen Missionsgebieten Frankreichs zu bahnen.

Als die missionarische Bewegung Anfang der 50er Jahre in die Krise geriet, die Mission de France und insbesondere die Existenz der Arbeiterpriester grundsätzlich in Frage gestellt wurden, spielte Madeleine Delbrêl zwar nicht mehr die gleiche, prägende Rolle wie in den Anfängen; gleichwohl hat sie die Entwicklung der Bewegung intensiv miterlebt und kontinuierlich begleitet. Dabei hat sie sich - vor allem in der Zeit der Krise - besonders mit der Frage der Treue der Mission zu ihrem Auftrag, zu den Bedingungen und den Schwierigkeiten seiner Verwirklichung auseinandergesetzt. Diese Thematik soll im folgenden aufgenommen werden. Sie zeigt exemplarisch, wie die Klärung christlicher Identität für Madeleine Delbrêl über die individuelle Glaubensgeschichte hinaus in der Standortbestimmung von Kirche in der Welt Gestalt gewinnen muß - eine Frage, die ebenso die Ekklesiologie wie die Soziallehre der Kirche betrifft.

Im Zentrum des Abschnitts soll eine bisher unveröffentlichte Studie Madeleine Delbrêls über die Situation der Mission de France im Herbst 1953, also mitten in der großen Krise, stehen. Um den Zusammenhang und die Genese ihrer Überlegungen transparent werden zu lassen, ist eine Annäherung in zwei Schritten erforderlich: Zunächst werden die Beziehungen Madeleine Delbrêls zur Mission de France kurz nachgezeichnet; darauf folgt eine knappe Darlegung der Genese der Mission de France und ihrer Situation im Herbst 1953, also zur Entstehungszeit der Studie. Daran schließt sich die Textanalyse an, die den Kern des Kapitels bildet und - über den aktuellen kirchengeschichtlichen Ort hinaus - zu zentralen Aspekten und Kriterien des sozialbezogenen und ideologiekritischen Denkens im Werk Madeleine Delbrêls hinführt.

4.2.1 Madeleine Delbrêls Beziehungen zur Mission de France

Von Anfang an hat Madeleine Delbrêl die Geschichte und Geschicke der Mission de France, ihres Seminars in Lisieux (und später in Limoges) und des von beiden sorgfältig zu unterscheidenden, jedoch mit beiden eng zusammenhängenden Experiments der Arbeiterpriester begleitet. In besonderem Maße gilt dies für die vorbereitende Phase der Orientierung, die der Gründung der Mission de France und der Eröffnung des Seminars vorausging, sowie für die ersten Jahre der Arbeit des Seminars unter der Leitung von Louis Augros und des ihm zugeordneten Teams von Geistlichen. Bindeglied zwischen "Ivry" und der Mission war zunächst Abbé Jacques Lorenzo[18] . Er gehörte zu den ersten Mitarbeitern von Louis Augros und vermittelte im September 1941 eine Begegnung zwischen diesem und Madeleine Delbrêl, die sich zu dieser Zeit zu Exerzitien in Lisieux aufhielt.[19] Das Treffen sollte bestimmend werden für die Grundausrichtung der neuen missionarischen Institution: Hatten etliche Ratgeber Augros gedrängt, die Mission

18 Zu Abbé Lorenzo vgl. Kap. 2.1.1 (Anm. 23).
19 Vgl. Boismarmin 70f; Fouilloux, Madeleine Delbrêl 93; Schleinzer 222-226.

de France als Priesterkongregation und also ordensähnlich einzurichten[20], so bestärkte Madeleine Delbrêl ihn ausschlaggebend in der Absicht, der Mission de France eine "säkulare" Gestalt zu geben und auf jeden Versuch einer quasi klösterlichen Ordnung zu verzichten.[21] Der auf den ersten Blick überraschend große Einfluß, den Madeleine Delbrêl bereits bei der ersten persönlichen Begegnung auf Augros und dessen programmatische Überlegungen bezüglich der Gestaltung des Seminars der Mission de France gewann, erklärt sich aus der Autorität bereits achtjähriger Pioniererfahrung, die die Sozialarbeiterin aus Ivry in exakt den Bereichen gesammelt hatte, denen die künftige Arbeit der Mission de France gewidmet sein sollte: christliche Existenz, missionarische Methoden und missionarische Spiritualität, entwickelt und praktiziert in Gemeinschaft, angesiedelt und "eingewurzelt" in dem dezidiert atheistischen und proletarischen Milieu von Ivry.[22]

Insofern daher Augros und die ersten Schüler/Mitarbeiter der Mission de France in Leben und Arbeit Madeleine Delbrêls ein ihren Intentionen und Zielen sehr nahestehendes Modell sahen, verwundert es nicht, daß deren programmatische Überlegungen zu Art und Weise der missionarischen Präsenz der Gruppe und zu einer ihr angemessenen Spiritualität wegweisende Bedeutung auch für die entsprechende Orientierung und Standortbestimmung der Mission de France zunächst im Seminar von Lisieux als Ausbildungszentrum gewinnen konnten. Namentlich auf zwei Texte wird immer wieder Bezug genommen: Über die grundlegende Skizze Madeleine Delbrêls zum Lebenskonzept ihrer kleinen Gemeinschaft in Ivry mit dem Titel "Nous autres gens de rues" schreibt Louis Augros, sie habe die Bildungsbemühungen im Seminar von Lisieux während der ersten Jahre grundlegend inspiriert.[23] Das Gedicht "Bal de l'obéissance" wird ebenfalls als Inspirationsquelle der Mission de France ausdrücklich genannt.[24] So repräsentieren

---

20 Vgl. Augros, Église 52-55.

21 Über diese Begegnung schreibt Louis Augros im Nachwort zu der Sammlung von Texten Madeleine Delbrêls "Nous autres gens des rue": "Elle me parla de ce qu'elle essayait de vivre avec quelques amies, sans règle ni consécration particulières et sans souci de durer au-delà du temps d'existence que Dieu leur concéderait à chacune. 'Nous croyons que l'Evangile a été écrit pour être vécu et nous pensons que Dieu nous appelle à le vivre ensemble. C'est tout. Et nous ne pensons pas devoir chercher plus loin.' Cette parole fut pour moi d'autant plus libératrice que je ne me croyais pas du tout appelé à être un fondateur religieux." (NA 296; vgl. auch ders. Eglise 53f.); die Erinnerung Augros' wird durch die Darstellung Daniel Perrots, eines weiteren Mitglieds des ersten Leitungsteams und späteren Generalbevollmächtigten der französischen Bischöfe für die Mission de France, bestätigt, vgl. Perrot, 37; Six, Cheminements, 40f unter Berufung auf einen Brief von Perrot.

22 Zu den Ursachen für die Anziehungskraft, die das "Modell" Madeleine Delbrêls auf die Mission de France ausübt, vgl. ausführlicher Fouilloux, Madeleine Delbrêl, 96-100. - Augros sah in der Equipe Delbrêl bereits verwirklicht, was Godin/Daniel als Modell für die Mission de Paris vorschlugen, vgl. das Zitat aus einem Brief von Augros an Godin/Daniel bei Vinatier, Suhard, 257.

23 Vgl. NA 63-67, dt. NK 49-53; Augros, Nachwort, NA 296; vgl. dazu auch Boismarmin, 72; Fouilloux, Madeleine Delbrêl, 93.

24 Perrot, 37. - Erstveröffentlichung des Gedichts: La vie spirituelle Aug./Sept. 1949, abgedruckt in: NA 81-83, dt. NK 67-69; vgl. dazu Steinmetz.

beide Texte nach den Aussagen der ersten Verantwortungsträger der Mission de France beispielhaft den gemeinsamen Ausgangspunkt, der Madeleine Delbrêls tiefe Verbundenheit mit der Mission im gemeinsamen Anliegen verstehen läßt.

Die Inspiration und Orientierung, welche die entstehende Mission de France über persönliche Kontakte wie in der Auseinandersetzung mit schriftlichen Zeugnissen aus den Erfahrungen Madeleine Delbrêls gewann, führten fast selbstverständlich nicht nur zu einer engen geistig-geistlichen Verbundenheit, sondern auch zu konkreter Zusammenarbeit zwischen "Ivry" und "Lisieux". Während der ersten Jahre des Seminars in Lisieux wurde Madeleine Delbrêl wiederholt zu Vorträgen eingeladen.[25] Ebenso gab es begrenzte Zusammenarbeit zwischen Frauen der Equipe Madeleine Delbrêls und Priestern der Mission de France[26], so daß man mit Etienne Fouilloux resumieren kann: Ivry diente der Mission de France ebenso als Modell missionarischer Arbeit in einem glaubensarmen Umfeld wie als Modell der Spiritualität.[27]

Gerade die inspirierenden Kontakte und Kooperationen brachten jedoch über kurz oder lang auch gewichtige Unterschiede zwischen der Equipe Delbrêl und der Mission de France (wie auch zwischen ersterer und anderen missionarischen Projekten der Zeit) zum Vorschein. Diese Unterschiede, die zu einer allmählichen Lockerung der Beziehung führten, gründen einerseits in Charakter und Konzeption beider Initiativen, andererseits in divergierenden Auffassungen bezüglich bestimmter Fragen des "missionarischen" Vorgehens.

Als unterscheidende Charakteristika, die das "Profil" der Equipe Delbrêl nachhaltig prägen und die Basis ihrer "missionarischen" Auffassungen bilden, arbeitet Fouilloux vor allem folgende drei Merkmale heraus: eine zeitweise zwar sehr kritische, aber entschieden durchgetragene Beziehung zur Pfarrei von Ivry-Centre, eine für unaufgebbar erachtete Bedeutung des sozialen Dienstes sowie eine gleicherweise aktive wie kontemplative Berufung karmelitischer und foucauldscher Prägung.[28] Die beiden ersten Kriterien bezeichnen die doppelte Loyalität der Gruppe gegenüber der Kirche, *durch* die und innerhalb derer sie sich gesandt weiß, einerseits und gegenüber der Welt, dem Lebensraum, *in* den sie sich

---

[25] Vgl. Augros, Nachwort 296. Boismarmin, 72 nennt beispielhaft für die Impulse, die Madeleine Delbrêl mit ihren Vorträgen in Lisieux gab, die Themen "La place du laïcat dans l'Eglise" und "Que rien ne nous soit profane". Fouilloux, Madeleine Delbrêl, 93 erwähnt, daß Madeleine Delbrêl im Jahr 1944 den Seminaristen in Lisieux über ihre Tätigkeit als Sozialarbeiterin im Dienst der Stadt, die dadurch bedingte Zusammenarbeit mit den regierenden Kommunisten und die Schlüsse, die sie daraus für ihr religiöses Leben zieht, berichtet.

[26] Vgl. Fouilloux, Madeleine Delbrêl 94.

[27] "Ivry lui (i.e. Mission de France) sert tout autant de modèle missionaire pour le travail en milieu peu croyant que le modèle spirituel" (a.a.O., 93).

[28] Vgl. Fouilloux, Madeleine Delbrêl 95-106.

gesandt weiß, andererseits.[29] Denn während Madeleine Delbrêl allen Schwierigkeiten und Auseinandersetzungen zum Trotz an der Pfarreibindung als Zeichen der Zugehörigkeit zum Organismus der Kirche festhält, schafft gerade die Sozialarbeit, in welchem Auftrag sie auch getan wird, echte Bindungen an die konkrete Lebenswelt und die Lebensverhältnisse der Menschen, denen die Frauen "missionarisch" begegnen wollen. Mit dieser doppelten Option entgeht die Laieninitiative, die sich bewußt jeder institutionellen Regulierung und damit auch der Festlegung auf bestimmte Formen und Erfordernisse eines traditionellen religiösen Lebens verweigert, einem Grundproblem der Mission de France, wie es sich im Konflikt um die Arbeiterpriester manifestiert: der Frage nämlich, inwiefern die "Einwurzelung" in das neue Milieu die Preisgabe bestimmter, traditionell als wesentlich erachteter Elemente der Berufung (im konkreten Fall: der priesterlichen Berufung) unumgänglich macht. Daß Madeleine Delbrêl für diese Problematik jedoch gerade aufgrund ihrer konkreten sozialarbeiterischen und missionarischen Erfahrung aufs höchste sensibilisiert war, zeigen ihre Auseinandersetzungen mit und Reflexionen auf diese für sie brennend aktuellen kirchlichen Fragen. Davon wird in den folgenden Abschnitten noch ausführlich zu handeln sein.

Das dritte Kriterium steht für die geistliche Grundierung und Fundierung des zwischen den Polen von "kirchlicher" und "weltlicher" Loyalität sich einspannenden Lebens der Gruppe. Das Bestreben, die Einheit von vita activa und vita contemplativa als Gruppe auf zeitgemäße und undogmatisch flexible Weise zu leben, dürfte ein nicht unwesentliches Motiv für die energische Verteidigung der eigenen Unabhängigkeit der Equipe gewesen sein, die Madeleine Delbrêl gegenüber Vereinnahmungs- bzw. Institutionalisierungstendenzen jeder Art übte. So widersetzte sie sich auch - trotz aktiver missionarischer Zusammenarbeit zwischen Gruppen ihrer Gemeinschaft und Gruppen der Mission de France - dem von Louis Augros favorisierten Gedanken eines formellen "Anschlusses" der Equipe an die Mission de France.[30] Bei aller gegenseitigen Unterstützung und freundschaftlichen Zusammenarbeit legte sie Wert auf eine gewisse Distanz, die Eigenstand und institutionelle Unabhängigkeit der Gruppe sichern half und wechselseitige Kritik im Interesse des gemeinsamen Anliegens ermöglichte.[31]

Die fortschreitende Entwicklung beider Gruppen spricht für die Klugheit der Entscheidung Madeleine Delbrêls gegen eine zu enge Anbindung an die Mission de France. Dissens in wichtigen Fragen scheint die konkrete Zusammenarbeit

---

[29] Den "Standort" der Equipe so zu bestimmen, scheint aus den Texten gerechtfertigt, wenngleich J. Loew das Wort von der "doppelten Treue" für Madeleine Delbrêl ausdrücklich zurückweist, vgl. Loew, Einleitung, NK 23.

[30] Vgl. Boismarmin, 74; Fouilloux, Madeleine Delbrêl, 94.

[31] Ein Brief von Louis Augros an Madeleine Delbrêl vom 21.5.1942 (Archives Madeleine Delbrêl) spiegelt dessen Wunsch, eine Gruppe aus der Gemeinschaft Madeleine Delbrêls möge sich in Lisieux niederlassen, ebenso wie die offenbar bereits erfolgte negative Antwort Madeleine Delbrêls. Nach Boismarmin, 74, hatte Augros dabei offensichtlich an eine "mehr oder weniger formelle" Angliederung der Frauengruppe an die Mission de France gedacht.

zunehmend belastet zu haben, so daß Madeleine Delbrêl ihre Besuche in Lisieux nach einigen Jahren einstellte.[32] Fouilloux benennt wiederum drei Kernpunkte der Auseinandersetzung, die hier im Sinne einer Problemanzeige den folgenden Analysen vorgeschaltet werden sollen. Sie betreffen erstens das Verständnis des Proletariates, das Madeleine Delbrêl aufgrund ihrer Erfahrung als Sozialarbeiterin eher in der Perspektive der konkreten soziologischen und psychologischen Vielfalt seiner Lebensbedingungen als in der Perspektive einer einheitlichen ideologischen "Front" im Klassenkampf wahrnimmt; zweitens die vorrangige Einschätzung des Marxismus unter dem Gesichtspunkt eines "quasi-religiösen Atheismus", demgegenüber die Beurteilung als Gesellschaftstheorie im Hintergrund bleibt; drittens die "Kirchlichkeit" der missionarischen Initiativen im Sinne ihrer Beziehung zur konkreten hierarchisch strukturierten Institution der römischen Kirche.[33]

Damit sind einige sehr grundsätzliche Themen angesprochen, die Madeleine Delbrêls kritische, aber in der zuweilen recht harten Kritik doch beständig solidarische Auseinandersetzung mit der Mission de France und den Arbeiterpriestern bestimmen. So sehr die Divergenz der Auffassungen in diesem Punkt die Stellung Madeleine Delbrêls im Ganzen der Bewegung mit der Zeit verändert hat - Fouilloux konstatiert wohl zu Recht, sie habe Anfang der fünfziger Jahre nicht mehr im Zentrum des Geschehens gestanden, wie dies in der Aufbruchszeit zehn Jahre zuvor der Fall war[34] -, so sehr hat sie doch in der Treue zum gemeinsamen Anliegen die Bewegung gerade in der Zeit der Krise nach Kräften gestützt. Sie selbst schreibt in einem Brief an Daniel Perrot vom 20. Oktober 1953, sie habe mit der Mission de France eine Art "Untergrundbeziehung" gepflegt.[35] Dies geschah z. B. durch Kontakte zu einzelnen Mitgliedern und Gruppen der Mission de France, der Mission de Paris und anderen Arbeiterpriestern, aber auch durch eine beständige Begleitung in Reflexion und Gebet.[36] Überdies wußte Madeleine Delbrêl die vielfältigen Kontakte, die sie auch zu Verantwortlichen der kirchlichen Hierarchie unterhielt, zugunsten der gefährdeten missionarischen Bewegung zu nutzen.[37] Schließlich gehört zu der Praxis dieser kritischen Solidarität aber auch das, was man als "correctio fraterna" im biblischen Sinn bezeichnen kann.[38] Ein sehr aufschlußreiches Beispiel für diese Art "nachbarschaftlichen" Dienstes, den

32 Genaue Angaben dazu sind mir nicht bekannt.

33 Vgl. Fouilloux, Madeleine Delbrêl, 111-116.

34 Fouilloux, Madeleine Delbrêl 110.

35 "J'ai gardé avec la Mission une sorte de voisinage souterrain." (Archives Madeleine Delbrêl).

36 In diesem Zusammenhang ist auch die erste "Blitzreise" Madeleine Delbrêls nach Rom zu verstehen, die sie im Mai 1952 zu dem einzigen Zweck unternahm, in der Zeit der offen ausbrechenden Krise um die Mission de France und die Arbeiterpriester einen Tag lang in den Anliegen der französischen Kirche in Sankt Peter zu beten; vgl. dazu den kurzen Bericht NA 126-128 (dt. NK 111-113); Boismarmin 109-113.

37 Beispielhaft für die Mittlerrolle, in die sie während der Phase des Konfliktes hineinwuchs, ist etwa ein Brief an den damaligen Weihbischof von Paris, Mgr. Brot, vom 11.12.1953 (Archives Madeleine Delbrêl), der im folgenden Abschnitt noch ausführlicher berücksichtigt werden wird.

38 Vgl. J. Gewiess, Art. "Brüderliche Zurechtweisung" I (biblisch), $LThK^2$, II, 717f.

Madeleine Delbrêl den Verantwortlichen der Mission de France anbot, soll in diesem Kapitel ausführlich vorgestellt werden. Es handelt sich dabei um die eingangs erwähnte kritische Studie über den Zustand der Mission de France im Herbst 1953, also in der Phase der zugespitzten innerkirchlichen Auseinandersetzung um das Experiment der Arbeiterpriester. Die bisher erst angedeuteten Perspektiven der Auseinandersetzung Madeleine Delbrêls mit dem Kurs, den die Mission de France steuerte, gewinnen darin klarere Konturen. Zuvor muß jedoch kurz der aktuelle Hintergrund skizziert werden, in den die Überlegungen Madeleine Delbrêls einzuordnen sind.

4.2.2 Die Situation der Mission de France im Oktober 1953

Die Situation der Mission de France im Oktober 1953 kann nicht isoliert dargestellt werden. Sie ist nur im Zusammenhang der zu diesem Zeitpunkt ihrem Höhepunkt entgegensteuernden Krise der Arbeiterpriester zu verstehen, mit deren Geschick sie eng verbunden war. Um diesen Zusammenhang sachgerecht skizzieren zu können, muß wenigstens ein knapper Rückblick auf die zum fraglichen Zeitpunkt bereits zwölfjährige Geschichte der Mission de France eingeblendet werden.[39]

Die Initiative des Pariser Kardinals Emmanuel Suhard zur Gründung der Mission de France im Jahr 1941[40] verdankt sich verschiedenen Erfahrungen und Impulsen, die das Augenmerk des Erzbischofs auf die schwierige pastorale Situation nicht nur im Raum Paris, sondern in weiten Teilen Frankreichs lenkten und ihn bewogen, angesichts der Diskrepanz zwischen der tatsächlichen "religiösen Land-

---

39 Im Rahmen dieses Abschnittes kann keine detaillierte historiographische Aufarbeitung der Ereignisse und Entwicklungen der missionarischen Bewegungen im Frankreich der 40er und 50er Jahre unternommen werden, vgl. für einen Überblick Cholvy/Hilaire; Pierrard; Wattebled. Es geht lediglich um eine knappe Orientierung über die Grundzüge der Entwicklung, die die Mission de France in den ersten zwölf Jahren ihres Bestehens durchlaufen hat und die für das Verständnis der Situationsanalyse Madeleine Delbrêls unerläßlich ist. Darüber hinaus wird jeweils auf einschlägige Spezialliteratur verwiesen.

40 Vgl. dazu ausführlicher Augros, Eglise, 46-52; Faupin, 27-38; Perrot, 17-38; Six, Cheminements, 11-36; Vinatier, Suhard, 221-252; Wattebled, 31-47. - Zu dem besonderen Augenmerk, das Kardinal Suhard schon als Bischof von Bayeux und Lisieux und als Erzbischof von Reims auf die missionarischen Bedürfnisse der französischen Kirche richtete, vgl. auch de la Brosse, pass.

karte"[41] Frankreichs und den überkommenen pastoralen Methoden nach neuen Wegen zu suchen.[42]

Die nicht erst durch das Buch von Abbé Godin[43] zur Diskussion gestellte, aber durch diesen Impuls zur unausweichlichen Provokation gewordene Frage, ob Frankreich Missionsland sei, steht also als These hinter den Bemühungen des Pariser Kardinals und bringt die pastorale Problematik dergestalt auf den Punkt, daß über eine Bestandsaufnahme der aktuellen Situation hinaus die herkömmliche Vorbereitung der Priester auf den pastoralen Dienst und die Strategien christlicher Präsenz neu bestimmt werden müßten. In diesem Rahmen steht die Initiative zur Gründung der Mission de France, die Kardinal Suhard seinen Kollegen in der Versammlung der französischen Kardinäle und Erzbischöfe (Assemblée des Cardinaux et Archevêques, A.C.A.) bei deren Versammlung im Juni 1941 vorstellte und nach der Billigung des Vorhabens in einem Brief vom

---

41 Vgl. die grundlegenden zeitgenössischen Studien zur Pastoralsoziologie: Gabriel Le Bras, Etudes de sociologie religieuse, Bd.1: Sociologie de la pratique religieuse dans les campagnes françaises, Paris 1955; Bd.2: De la morphologie à la typologie, Paris 1956 (das Werk enthält Einzelstudien, die seit 1931 publiziert worden waren); Fernand Boulard, Problèmes missionnaires de la France rurale, par F. Boulard avec la collaboration de A. Achard et H.-J. Emerard, Bd. 1 u. 2, Paris 1945; einen guten Überblick (unter Auswertung der Studien von Le Bras und Boulard) geben Cholvy, La religion, 123-140, und Cholvy/Hilaire, Histoire III, 167-208.

42 Die zunehmende Entchristlichung weiter Gebiete Frankreichs und die sehr ungleiche Verteilung des Klerus in den französischen Diözesen war schon verschiedentlich Gegenstand soziologischer Analysen und prospektiver Überlegungen gewesen, vgl. die Rekonstruktion der Tradition des Gedankens "Frankreich - Missionsland" als Metapher der das nachrevolutionäre Frankreich (allerdings mit erheblichen regionalen Differenzen) erfassenden "déchristianisation" bei Poulat, Naissance, 115-177. - Richtungweisend für den von Kardinal Suhard in die Versammlung der französischen Kardinäle und Erzbischöfe vermittelten und durch seine Initiative umgesetzten Plan eines überdiözesanen Seminars zur Ausbildung eines inländischen Missionsklerus waren insbesondere das 1937 in Paris erschienene Buch von M. Bettencourt, L'apostolat rural, und verschiedene Beiträge von Beauftragten der Action catholique rural, die im Jahr 1941 in den Cahiers du clergé rural erschienen. In diesen Publikationen wird die Idee eines eigenen Seminars für die "Missions intérieures" propagiert.

43 Henri Godin/Yvan Daniel, La France pays de mission, Paris 1943. - Vgl. zu dem Buch und zu dessen Wirkung ("une sorte de 'bombe spirituelle'", Vinatier, Suhard, 243) Poulat, Naissance, 36-51; Vinatier, Suhard, 253-283. - Der schockartigen Wirkung, die das Buch bei seinem Erscheinen auslöste, wird es zuzuschreiben sein, daß zunächst kaum substantielle Kritik an den Diagnosen und Therapievorschlägen der Autoren geäußert wurde (vgl. Wattebled, 60f). Zur Einordnung der Positionen gilt es jedoch zu berücksichtigen, daß die Perspektive Godins (1906-1944) durch den Kontrast zwischen seiner stark christlich-volkskirchlich geprägten Heimat, der Franche-Comté, und seinen Erfahrungen als Kaplan der J.O.C. mit der jungen Generation des Hauptstadt-Proletariates bestimmt ist, vgl. Cholvy, La religion, 123; Duquesne, 381-388. Die Verallgemeinerung der Erfahrungen Godins schon in seiner Studie, vor allem aber in deren Rezeption, die aus der *Frage*, ob Frankreich Missionsland sei, eine entsprechende *Aussage* machte, führte daher leicht zu einer Überzeichnung der Lage, vgl. Cholvy/Hilaire, Histoire religieuse, 121-125. - Andererseits blieb, bedingt durch die soziologischen Gewährsleute, auf die die Verfasser sich bezogen (Durkheim, Bureau), in der Betrachtungsweise Godins die grundlegende Beziehung zwischen kommunistischer Ideologie und der Lebenswelt des Proletariats unberücksichtigt - ein Aspekt, der zu einer Art Schicksalsfrage für die Arbeiterpriester werden sollte, vgl. Wattebled, 58f.

September 1941 konkretisierte.[44] Sie galt dem Ziel, schon geweihte Priester und noch in Ausbildung befindliche Seminaristen für den pastoralen Dienst in den inländischen Missionsgebieten, vor allem ländlichen Regionen, vorzubereiten.[45]

Dem Gedanken entsprechend, die pastorale Erneuerung müsse von der Ausbildung der Priester her ihren Anfang nehmen, sollte als Keimzelle der Mission de France ein überdiözesanes Seminar zur speziellen Vorbereitung von Priestern auf ihren missionarischen Dienst eingerichtet werden. Mit der Vorbereitung und Leitung des Seminars, das - nicht ohne symbolische Bedeutung - in Lisieux, in lokaler und geistlicher Nähe zum Karmel der kleinen Therese[46], seinen Ort fand, wurde Père Louis Augros[47] beauftragt. Unter seiner Leitung wurden in dem Seminar, das im Oktober 1942 den ersten Jahrgang Seminaristen aufnehmen konnte, neue Formen des gemeinschaftlichen Lebens ebenso erprobt[48] wie innovatorisches theologisches Denken im Zeichen der Devise "zurück zu den Quellen".[49] Die theologische Ausbildung wurde zudem in den Zusammenhang von Praxiserfahrung und de-

---

44 Der Brief und die beigefügte Skizze zum kanonischen Status der neuen Institution findet sich u.a. bei Faupin, 21-25. - Zu den näheren Umständen der Vorbereitung und der Gründung der Mission de France vgl. Vinatier, Suhard, 226-242.

45 In seinem Brief an Louis Augros vom 22.11.1941 umschrieb Kardinal Suhard die die Programmatik der Mission de France bestimmende Ausgangslage: "Le vrai motif qui justifie et 'la Mission de France' et le 'séminaire de ladite Mission' est le suivant. Il y a en France de vastes régions qui, en raison de leur déchristianisation, sont assimilables aux pays de mission. Or ces régions déshéritées n'ont en réalité pas de missionnaires, soit parce que dans ces régions il y a et il y aura toujours pénurie de prêtres pour l'évangélisation, soit parce que les trop rares prêtres qui surgissent là ne sont pas préparés à la vie missionnaire." (zit. bei Faupin, 25-27, hier 25f). - Um diesem Mißstand abzuhelfen, sollten im Seminar von Lisieux Priester und Seminaristen aus den verschiedenen Diözesen (solchen, die über genügend Priesternachwuchs verfügen und bereit sind, Kräfte für die Mission in "unterversorgten" Gebieten freizustellen, wie auch aus den Missionsgebieten selbst) zur besonderen Ausbildung zusammenkommen. Dadurch sollte jedoch weder eine Trennung vom Diözesanklerus provoziert noch das Pfarreiprinzip durchkreuzt werden, wobei in der Realität aber vor allem das pfarrliche Leben vielerorts völlig zum Erliegen gekommen war und daher ganz neue Anfänge gefordert waren (vgl. die Fortsetzung des Briefes, Faupin, 26). Insbesondere insistierte der Kardinal in seinem Schreiben auf der Notwendigkeit einer soliden intellektuellen und theologischen Ausbildung, um den Anforderungen der missionarischen Arbeit begegnen zu können (ebd., 26f).

46 Vgl. Six, Cheminements, 24-29; de la Brosse, 123-134.

47 Louis Augros (vgl. Kapitel 2, Anm. 45) hatte sich schon als Regens des Seminars von Autun durch die Einführung neuer Methoden, z.B. des Zusammenlebens in kleinen Gruppen, Anerkennung und Kritik zugezogen, vgl. Vinatier, Suhard, 232. Zu seinem Wirken als erster Superior des Seminars der Mission de France von 1941-1952 vgl. Vinatier, Augros, 17-72.

48 Augros, Eglise, 55-59.

49 Augros, Eglise, 60-63; die Ausbildung im Seminar wurde durch Augros und seine drei Mitarbeiter Lorenzo, Perrot und Levesque getragen. Sie wurde seit dem Sommer 1945 ergänzt durch jährliche Vollversammlungen für alle Seminaristen in Ausbildung und die "Ehemaligen", zu denen Theologen von außerhalb - Chenu, Congar, Feret, Liégé u.a. - eingeladen wurden. Außerdem gab es einen regelmäßigen Austausch mit anderen Trägern der apostolischen Erneuerung, vgl. Augros, Eglise, 69f; Vinatier, Augros, 34; zu den zahlreichen, zeitgleich sich formierenden apostolisch-missionarischen Initiativen auch Vinatier, Suhard, 233.

ren Reflexion auch im Einbezug neuer pastoral-soziologischer Methoden gestellt.[50] Die Studenten absolvierten Praktika in Fabriken bzw. auf Bauernhöfen[51] und wurden in den Studienzeiten mit Impulsen von bereits praktisch tätigen "Missionaren" und "Missionarinnen", unter ihnen auch Madeleine Delbrêl, konfrontiert. Ein neues Verhältnis von Theorie und Praxis wurde also prägend für die Ausbildung in Lisieux, die sich so in den sachlich-theologischen Schwerpunkten[52] wie im Stil des Zusammenlebens erheblich von der zeitgenössischen Praxis der Klerikerausbildung unterschied.

Die Aufbruchsstimmung[53], mit der im Seminar von Lisieux die neu wahrgenommenen pastoralen Herausforderungen angenommen wurden, führte in Verbindung mit dem Zuwachs an Erfahrung zu weiteren Schritten und Initiativen. Im Sommer 1943 konnten die ersten zwei Equipes in ländliche Missionsgebiete ausgesandt werden. Ihnen folgten in den Jahren danach weitere Gruppen, die in unterschiedli-

---

50 Auch Fernand Boulard (s.o. Anm. 21) gehörte zu den Gastdozenten in Lisieux, vgl. Vinatier, Augros, 34.

51 Die Idee solcher Praktika (*Stages*) entwickelte sich aus den Erfahrungen im Zusammenhang des Krieges: Seminaristen und Priester, die in Gefangenschaft oder im Arbeitsdienst (Service du Travail Obligatoire) in Deutschland gewesen waren, kamen ernüchtert und gereift im Hinblick auf ihr künftiges Einsatzfeld zurück (vgl. zu dieser Thematik ausführlich Poulat, Naissance, 180-375; auch: Cholvy/Hilaire, Histoire religieuse, 98-103; Duquesne, 296-303). Sie hatten Erfahrungen in und mit der Arbeitswelt und der Welt der Arbeiter gemacht, die ihnen anders als jede theoretische Beschäftigung - und diese ergänzend - eine Vorbereitung für die kommenden Aufgaben werden sollten. Aufgrund dieser zunächst unfreiwilligen, kriegsbedingten "Horizonterweiterung" wurden die "Stages", sei es als Ferienpraktika von einem Monat oder als längere Praxisphasen von einem oder zwei Jahren, für die Studenten zu einer wesentlichen Quelle der Erfahrung und Orientierung. Insofern sie den Seminaristen eine konkrete Lektion hinsichtlich der "Mauer" erteilten, die die Welt der Arbeiter von der Kirche trennte, entwickelten sie sich, nicht ohne erhebliche Kontroversen auch innerhalb der Mission de France, zu einer Keimzelle für das Modell der Arbeiterpriester (vgl. Poulat, Naissance, 476-486). Sie waren gleichwohl von Anfang an umstritten und galten den Kritikern insbesondere im Hinblick auf die Integrität des Priesterbildes als gefährlich, vgl. Augros, Eglise, 64-68; Perrot, 42f.50f. Für die Erfahrungen der heimlich in den Arbeitsdienst in Deutschland eingeschleusten Priester vgl. etwa das Tagebuch des Jesuiten Henri Perrin, mit dem die Bezeichnung "Arbeiterpriester" in den kirchlichen und öffentlichen Sprachgebrauch eingeführt wurde (Journal d'un Prêtre ouvrier en Allemagne, Paris 1945, dt.: Tagebuch eines Arbeiterpriesters, München 1955).

52 Besondere Akzente lagen auf der biblischen Theologie und auf dem Studium von Kirchen- und Theologiegeschichte, vgl. Augros, Eglise, 60-63. Damit wurden Gegengewichte zu einer allzu sehr im Neothomismus erstarrten Schultheologie gesetzt. Der Stil der Ausbildung in Lisieux dürfte damit am ehesten jenem theologischen Denk-Stil vergleichbar sein, wie er unter der Leitung von P. Chenu in der Dominikaner-Hochschule von Saulchoir gepflegt wurde, vgl. dazu Marie-Dominique Chenu, Une école de théologie, Le Saulchoir, Paris 1937 (die Brisanz einer solchen Neuorientierung läßt sich nicht zuletzt daran ablesen, daß das Buch 1942 indiziert und Chenu von seinen Leitungsaufgaben in Le Saulchoir entbunden wurde).

53 In den Berichten von Beteiligten und Zeitzeugen ist immer wieder vom "Pfingstgeist" die Rede, der die Anfänge der Mission de France beflügelt habe, vgl. etwa de la Brosse, 85-89; Perrot, 17; Poulat 379.

chen Tätigkeitsfeldern engagiert waren.[54] Zeitgleich mit den ersten definitiven Aufbrüchen in die pastorale Praxis entwickelten sich jedoch auch charakteristische Horizonterweiterungen: War die Arbeit der Mission de France ursprünglich vorrangig, wenngleich nicht ausschließlich, auf die von der "déchristianisation" erfaßten ländlichen Regionen konzentriert und hielt am Prinzip der Flächenpastoral und an der Pfarreistruktur fest, so lenkte vor allem Henri Godin vor dem Hintergrund seiner Erfahrung als Kaplan der Christlichen Arbeiterjugend (J.O.C.) die Aufmerksamkeit der Verantwortlichen auf die besondere missionarische Situation in großstädtischen Arbeitermilieus und gab damit den Anstoß zu einer mehr milieuorientierten Ausrichtung der missionarischen Arbeit.[55] Sein zusammen mit Yvan Daniel verfaßtes Buch "La France pays de mission?" entstand in enger Kooperation und im ständigen Gespräch mit "Lisieux", und es war Louis Augros, der ihn drängte, seine Einsichten dem Kardinal vorzutragen.[56] Hier liegen die Wurzeln eines neuen, auf die besondere missionarische Situation der Großstadt Paris zugeschnittenen Projektes: Nach einigen Vorklärungen in der zweiten Jahreshälfte 1943 fand die "Gründungsversammlung" der Mission de Paris um die Jahreswende 1943/44 im Seminar von Lisieux statt.[57] Ziel der neuen Initiative, die - zwar in engem Kontakt mit der Mission de France - dennoch ein eigenes, diözesanes Unternehmen darstellte, sollte es sein, durch verschiedene pastorale Schwer-

---

54 Im Juni 1949 - also unmittelbar nach dem Tod Kardinal Suhards und vor dem Erlaß des römischen Dekrets über die Zusammenarbeit von Katholiken und Kommunisten, mit dem der Arbeitermission der erste empfindliche Schlag versetzt wurde - umfaßte die Mission de France 19 Gemeinschaften in ländlichen Gebieten, 16 städtische Gemeinschaften, 2 Gruppen in der "Mission de la Mer" und 17 Priester, die als Arbeiter tätig waren, vgl. Perrot, 61.

55 Daß der Anstoß für diese neue Form der missionarischen Arbeit von einem Verantwortlichen der J.O.C. gegeben wurde, ist nicht ohne Brisanz. Denn damit wird gleichsam von innen heraus und gegen die überwiegende Meinung des Klerus auf die Grenzen der Katholischen Aktion verwiesen, vgl. dazu Augros, Eglise, 74f. - Zu Action catholique, J.O.C. etc. vgl. Cholvy, La religion, 149-159; Wattebled, 13-29; das Verhältnis zwischen diesen kirchlichen Institutionen des Laienapostolats und der Mission de France, der Mission de Paris und den Arbeiterpriestern gestaltete sich dementsprechend zwiespältig; zwar erwuchs das Bewußtsein für die Notwendigkeit neuer missionarischer Initiativen nicht zuletzt aus der Arbeit der J.O.C., doch entstand trotz der Bemühungen um Zusammenarbeit und Abstimmung der pastoralen Strategien in der konkreten Arbeit zunehmend der Eindruck von Konkurrenz. Vgl. exemplarisch die gemeinsame Erklärung über "Mission et action catholique" von Verantwortlichen der Mission de France, der Mission de Paris, der Katholischen Aktion des Mittelstandes, der Katholischen Aktion der Arbeiter und der Katholischen Aktion der Landbevölkerung, in: Masses ouvrières 4 (1948), 30-39 (eine deutsche Übersetzung erschien in HerKorr 3 [1948/49] 79f).

56 Vgl. dazu Augros, Eglise, 74-79.

57 Vom 27.12.1943 bis zum 15.1.1944 trafen sich im Seminar von Lisieux die geistigen Urheber und künftigen Verantwortlichen, Priester und Laien, der neuen missionarischen Initiative, die von Kardinal Suhard ausdrücklich und dauerhaft gestützt wurde und bald auch in anderen Diözesen (auf Wunsch der zuständigen Bischöfe) Schule machen sollte. Unter der Leitung von Abbé Hollande nahm die Mission de Paris im Januar 1944 ihre Arbeit mit zunächst sechs Priestern und einigen Laien auf. Vgl. dazu ausführlicher Augros, Eglise, 74-82; de la Brosse, 142-147; Poulat 378-414.

punkte die über die traditionelle Pfarreiseelsorge[58] nicht mehr erreichbaren Arbeitermilieus der Großstadt wieder neu für die christliche Botschaft aufzuschließen.[59] So ist es nicht verwunderlich, daß gerade im Rahmen der Mission de Paris das Modell der Arbeiterpriester konkrete Gestalt annahm[60]; nach anfänglich diffusen und wenig tragfähigen Versuchen, in kirchen-, ja glaubensfernen Milieus Aufmerksamkeit für die Glaubensverkündigung zu wecken[61], entwickelte sich bald unter den in den Arbeitervierteln wirkenden Priestern die Einsicht, ihre Gemeinschaft mit den Arbeitern dürfe, wenn sie glaubwürdig sein wolle, nicht vor dem Fabriktor enden.[62] Denn die mit "La France, pays de mission?" schockartig verbreitete Einsicht, daß "die Kirche" die Arbeiterwelt praktisch überhaupt nicht kenne, daß neben ihr und ohne ihr Zutun eine ganz neue, eben die moderne Welt im Entstehen begriffen sei[63], verstärkte die theologische Motivation der Missionare, die Botschaft Christi in jener neuen Welt zu inkarnieren. Dazu galt es jedoch, die "alte" Gestalt des "Christentums"[64] hinter sich zu lassen und an einer neuen, in der modernen, säkularen Welt inkarnierten Gestalt von Kirche zu bauen. Eben dies war ein Grundmotiv der Orientierungsversuche der Missions-Initiativen. Es galt

---

58 Davon abzuheben ist das etwa zeitgleich mit der Mission de Paris an verschiedenen Orten entwickelte Modell der "missionarischen Pfarrei". Es verbindet sich in Paris mit dem Namen des Abbé Michonneau und seiner Pfarrei Sacré Coeur de Colombes, vgl. Georges Michonneau, Paroisse, communautaire missionnaire. Conclusions de cinq ans d'expérience en milieu populaire, par l'Abbé Michonneau et l'équipe sacerdotale du Sacré-Coeur de Colombes, présentées par le R.P. Chéry, O.P., Paris 1945 (^{2}1946); weitere Pariser Pfarreien orientierten sich an diesem Modell, vgl. Vinatier, Suhard, 290-304. - Auch Madeleine Delbrêl hat sich mit dem Profil der missionarischen Pfarrei befaßt; der in NA aufgenommene Text zu diesem Thema stammt jedoch aus späterer Zeit (1960), vgl. NA 180-187, dt. NK 164-170.

59 Die Zielsetzung der Mission de Paris war damit zwar noch nicht auf das Modell "Arbeiterpriester" festgelegt - es entwickelte sich vielmehr aus den tastenden Erfahrungen von in der Mission de Paris tätigen Priestern, vgl. de la Brosse, 145. Aber die Orientierung auf die Arbeitermilieus hin war eindeutig und verbindlich. So versprach jedes der Gründungsmitglieder während einer nächtlichen Meßfeier zum Abschluß der Versammlung in Lisieux: "Devant la Vierge Marie, suivant le jugement de l'équipe, je m'engage par serment à consacrer toute ma vie à la christianisation de la classe ouvrière de Paris" (Vinatier, Suhard, 264). - Zu den Zielsetzungen und zur Arbeit der Mission de Paris vgl. ausführlicher Poulat, 378-414.

60 Vgl. auch Gregor Siefer, Art. Arbeiterpriester, in: LThK^3 I 1993, 927-929 (mit Literatur).

61 Vgl. die Beispiele bei Vinatier, Suhard, 265.

62 Vgl. Poulat 394-403; Vinatier, Suhard, 266f. - Im August 1944 waren unter den Priestern der Mission de Paris vier als Arbeiter tätig, 1949 waren es zwölf (Vinatier, Suhard, 267).

63 Vgl. z.B. A. Depierre, Monde chrétien, monde moderne, in: Esprit, August/September (1946), 322-244.

64 Die Notwendigkeit einer neuen Gestalt von Kirche, die nur wenige Jahre später mit dem Postulat des "aggiornamento" zum Leitmotiv des Zweiten Vatikanischen Konzils werden sollte, verschaffte sich auch in der Unterscheidung der traditionellen "chrétienté" von einer neu zu entwerfenden, mit der modernen Welt gesprächsfähigen Kirche Ausdruck. So spricht etwa Emmanuel Mounier von der Agonie der "feudalen, bourgeoisen abendländischen Christenheit", die an der sie umgebenden Gleichgültigkeit und an ihrer eigenen Gedankenlosigkeit zugrundegehen müsse, um einer neuen, "aus neuen sozialen Schichten und neuen, außereuropäischen Edelreisern" aufblühenden Christenheit Platz zu machen (L'agonie du christianisme, in: Esprit, Mai 1946, zit. nach: Domenach/Montvalon 26).

mutatis mutandis ebenso für die Mission de France wie für die Mission de Paris und die Arbeiterpriester.

Erst von diesem Punkt her, der die geschichtliche und theologische Tragweite der neuen Initiativen markiert, wird die Kritik verständlich, die diese "Neuheiten" in der Kirche von Anfang an erfuhren, rührten sie doch an Traditionen, von denen Identität und Substanz der katholischen Kirche abzuhängen schienen. So berichtet Louis Augros, der offene und im Vergleich zu den diözesanen Seminarien freizügige Lebensstil im Seminar der Mission de France habe den Verdacht mangelnden Ernstes genährt[65]; gelegentlich beobachtete mangelnde pastorale Sensibilität der jungen Priester in den Stützpunkten der Mission de France habe Zweifel an der Fruchtbarkeit ihres Wirkens im Sinne der Kirche aufkommen lassen.[66] Schließlich habe es Befürchtungen gegeben, das "weltliche" Engagement der Priester, die in der Arbeiterwelt Fuß zu fassen suchten, werde die Integrität des priesterlichen Amtes, das nahezu ausschließlich von seiner kultischen Funktion im Kontext einer etablierten christlichen Gemeinde her definiert wurde, in Frage stellen.[67]

Die Kritik, die die Arbeit der missionarischen Initiativen von Anfang an begleitet hatte, verstärkte sich in dem Maße, wie die Arbeit sich konkretisierte und die missionarischen Gruppen sich an ihren verschiedenen Einsatzstellen etablierten. Verständigungsschwierigkeiten der Equipes mit dem jeweiligen Diözesanklerus, mit den Pfarreien, auch mit den ortsansässigen Zweigen der katholischen Aktion prägten die Erfahrungen der Missionare der Mission de France. Priester der Mission de Paris gerieten in dem Maße in die Schußlinie, wie sich ihr Selbstverständnis als "Arbeiter unter Arbeitern" ausprägte und sie über die eigentliche Fabrikarbeit hinaus Engagements in der Arbeiterwelt übernahmen. Dies gilt namentlich für die Mitarbeit in Streikkomitees während der großen Streikwellen im Herbst 1947 und im Frühjahr 1950[68], in denen die Arbeiter für die Sicherung des Existenzminimums auf die Straße gingen, für die Beteiligung an Demonstrationen, und vor allem für politisches Engagement, etwa in der internationalen Friedensbewegung[69], für gewerkschaftliche Tätigkeit. Insbesondere letztere bildete einen

---

65 Augros, Eglise, 86f. - Anders als sonst in Priesterseminaren üblich, waren die Seminaristen für den Haushalt weitgehend selbst zuständig, so daß man selbstverständlich für Besorgungen u.ä. das Haus verließ, aber auch in der Freizeit, denn das Haus in Lisieux bot nach dem Bericht von Augros keinerlei Entspannungsmöglichkeiten. Solche, im Vergleich zu dem üblichen "monastischen" Lebensstil in den Seminaren ungewohnte Freiheiten provozierten Argwohn und die Sorge, daß mit dem Seminar von Lisieux den benachbarten Priesterseminaren eine unerwünschte Konkurrenz erwachsen könnte. Fehlinformationen, deren Spuren Louis Augros auch in Rom verfolgen konnte, taten ein übriges (vgl. ebd., 87).

66 Vgl. Augros, Eglise, 88f.

67 Vgl. dazu beispielhaft den Artikel von M.-D. Chenu zum Thema "Le sacerdoce des prêtres ouvriers" in: La vie intellectuelle, Febr. 1954, 175-181; zur Vorgeschichte und zum Hintergrund vgl. Leprieur, 212-234.

68 Vgl. Vinatier, Suhard, 273; Tranvouez, 139.

69 Vgl. dazu Tranvouez, 132-171.

heiklen Punkt der Auseinandersetzung, bedeutete doch gewerkschaftliches Engagement de facto Mitarbeit in der C.G.T., der kommunistischen Gewerkschaft.

Galten diese Bedenken den genannten missionarischen Initiativen generell, so gingen die wachsenden Unstimmigkeiten zwischen dem französischen Episkopat und der Mission de France zudem von der Tatsache aus, daß die Mission de France als Einrichtung der A.C.A. in deren Verantwortung und zu deren Verfügung stehen sollte. Der Tod Kardinal Suhards am 30. Mai 1949 bedeutete daher auch insofern einen tiefen Einschnitt in der Geschichte der Mission de France, als sie mit ihm nicht nur ihren eigentlichen Gründer, sondern auch das Bindeglied und gleichsam den Garanten der Authentizität ihrer Sendung gegenüber der A.C.A. verlor. Nachfolger Kardinal Suhards als Präsident der A.C.A. und zugleich als Vorsitzender der Bischofskommission, die nach dem vorläufigen Statut für die Mission de France zuständig sein sollte, wurde Kardinal Achilles Liénart, der Bischof von Lille.[70] Während dieser erst in eine Rolle hineinwachsen mußte, die ihm nicht unbedingt auf den Leib zugeschnitten zu sein schien, sammelten sich bei ihm Beschwerden von Ortsbischöfen bezüglich der Mission de France in einem Maße, das Handlungsbedarf anzeigte, und dies zu einer Zeit, in der das kirchliche und kirchenpolitische Klima für die pastoralen und theologischen Aufbrüche in Frankreich ohnehin rauher wurde.[71] Die Unzufriedenheit etlicher Bischöfe mit der "Politik" der Mission de France richtete sich zunehmend auf Louis Augros als deren Verantwortlichen, so daß dieser schließlich die Initiative ergriff und das Gespräch mit Kardinal Liénart suchte. Infolge des ausführlichen Gesprächs der Verantwortungsträger beider Seiten am 25. Februar 1952 in Lille, über das der Kardinal die Bischöfe auf der Frühjahrsvollversammlung der A.C.A. unterrichtete, und nach einer Beratung der Bischöfe über die Mission de France bei der gleichen Gelegenheit verfaßte Liénart ein "Monitum" zu den Haupteinwänden des Episkopates gegenüber der Mission. Diesen Text überbrachte er dem Leitungsteam von Lisieux, als er zur Priesterweihe am 29. März 1952 dorthin kam.[72]

Die Kritikpunkte, die in diesem Monitum erläutert werden, beziehen sich im wesentlichen auf drei Aspekte: Die Mission mißachte den ihr ins Stammbuch geschriebenen Auftrag, insofern sie nicht vorrangig für die am stärksten vom Priestermangel betroffenen Diözesen zusätzliche Kleriker zur Verfügung stelle, wie dies im Art. 2 des Statuts vorgesehen sei; sie habe sich zudem Kompetenzen angemaßt, die nicht ihrer Sendung entsprächen, insofern sie eine Führunsgrolle für

---

70 Zu dem vorläufigen Statut für die Mission de France, dessen Approbation Kardinal Suhard noch kurz vor seinem Tod aus Rom erhielt, vgl. Faupin, 39-66.

71 Ende Juni 1949 wurde per Dekret des Hl. Offiziums ein Verbot jeglicher Zusammenarbeit zwischen Christen und Kommunisten verhängt. Im August 1950 wurden mit der Enzyklika "Humani generis" führende französische Theologen, insbesondere solche der Jesuiten-Schule von Lyon-Fourvière, gemaßregelt.

72 Vgl. für den vollständigen Text des "Mahnschreibens" und zu den Reaktionen der Verantwortlichen der Mission de France Perrot, 63-83.

die gesamte missionarische Bewegung in Frankreich beanspruche. Diese Rolle sei ihr von den Bischöfen nicht zuerkannt worden; im Seminar von Lisieux werde eine zu einseitige Art der Ausbildung verfolgt, die schließlich auf ein neues Priesterbild[73] hinauslaufe. Als kritikwürdige Faktoren werden hier insbesondere die Überbewertung der Equipes als Lebensform schon im Seminar gegenüber der Spiritualität des einzelnen und dessen Einordnung in die Gemeinschaft der ganzen Kirche, sowie die Überbetonung des forschenden Lernens und der Autorität der Theologen gegenüber der Vermittlung des "depositum fidei" und der Anerkennung der lehramtlichen Autorität genannt.

Durch das gesamte Schreiben zieht sich wie ein roter Faden der Vorwurf, der Anerkennung der bischöflichen Autorität - und deren Alleinzuständigkeit für die apostolischen Belange in den jeweiligen Diözesen - die Eigenverantwortung der Mission de France entgegengestellt zu haben. Hinter dieser tiefgreifenden Unstimmigkeit kommt ein Mangel an Verständigung und Dialog zwischen den Bischöfen und der Mission de France zum Vorschein. Was bis 1949 durch den engen Kontakt mit Kardinal Suhard zumindest "aufgefangen" schien, mußte sich nach dessen Tod deutlich negativ auswirken. Die bischöfliche Kommission unter Vorsitz von Kardinal Liénart hatte, so Perrot, ihre "Kontakte" zur Mission de France darauf beschränkt, Klagen und Beschwerden der Bischöfe entgegenzunehmen.[74] Die im Statut vom Mai 1949 geregelte bischöfliche Zuständigkeit für die Mission de France, deren Mißachtung den Verantwortlichen von Lisieux vorgeworfen wird, wurde praktisch seit dem Tod Kardinal Suhards nicht mehr wahrgenommen.[75] Nun wurde nicht nur über das Monitum, in dem von eventuellen Versäumnissen der Bischöfe keine Rede ist, sondern insbesondere über die Entlassung von Louis Augros als Superior des Seminars von Lisieux versucht, der bischöflichen Autorität neue Geltung zu verschaffen und einen "unbelasteten" Neubeginn zu ermöglichen. Auf diese Maßnahme, die für erhebliche Unruhe und Besorgnis innerhalb der Mission de France sorgte, reagierte eine Gruppe langjähriger Mitarbeiter der Mission bzw. des Seminars Ende Mai 1952 mit einem ausführlichen Bericht zuhanden von Kardinal Liénart.

Dieser Bericht, der auf den Stellungnahmen zahlreicher Equipes der Mission de France beruht, schildert die Reaktionen der Betroffenen auf das disziplinarische Einschreiten der Bischöfe, legt die aktuelle Situation der Gemeinschaften und ihre besonderen Schwierigkeiten dar und formuliert die Wünsche der Mission de France für die Zukunft, die sich insbesondere auf eine klarer strukturierte Zusammenarbeit zwischen den diözesanen Verantwortungsträgern und der Mission de

---

[73] Insbesondere wird der Stellenwert des "Arbeiterpriester"-Modells relativiert, das nicht als die "Höchstform" der priesterlichen Berufung und als Endziel der Ausbildung im Seminar von Lisieux erscheinen dürfe (vgl. Perrot, 67f).

[74] Perrot, 69. - Vgl. zu der zögerlichen Umsetzung der im vorläufigen Statut von 1949 vorgesehenen institutionellen Regelungen auch Vinatier, Liénart, 31-34.

[75] Vgl. Perrot, 71.

France richten.[76] Das Papier - ein Signal der Bereitschaft zu konstruktiver Zusammenarbeit - wurde von Kardinal Liénart positiv aufgenommen, ja es bewirkte - das wird von den Zeitzeugen einmütig berichtet - einen grundlegenden Wandel in der Einstellung des Kardinals gegenüber der Mission de France: fortan habe er sie zu seiner Sache gemacht im Bewußtsein, damit das missionarische Erbe Kardinal Suhards anzutreten.[77]

Zum Ende des Studienjahres 1952 trat die Entlassung von Louis Augros in Kraft. Als neuer Leiter des Seminars, das nach der Ausweisung aus Lisieux durch den Bischof von Bayeux und Lisieux, Mgr. Picaud, nach Limoges umsiedelte[78], wurde Père Basseville - wie Louis Augros gehörte auch er der Kongregation der Sulpizianer an - ernannt. Zudem wurde Daniel Perrot zum "Délegué général" der Mission de France berufen; ihm wurde die besondere Zuständigkeit für die Regelung der kirchenrechtlichen Situation der Priester der Mission de France gemäß dem provisorischen Statut sowie für die Pflege der Kontakte zwischen Bischöfen und Mission, v.a. im Hinblick auf die Gründung und Beauftragung neuer missionarischer Gemeinschaften vor Ort übertragen.[79]

Trotz der Bemühungen um eine Klärung der Situation und um Beseitigung der Kommunikationsstörungen zwischen Mission de France und Bischöfen nahmen die Schwierigkeiten sowohl in der Praxis als auch auf der Ebene der Institution im Lauf des Jahres 1953 zu[80]; es sollte das bis dato schwierigste Jahr für die Mission de France werden. Im Mai 1953 fand eine apostolische Visitation durch P. Paul Philippe O.P. statt.[81] Die jährliche Vollversammlung vom 30. Juni bis 3. Juli 1953 in Limoges spiegelte die Unruhe, die sich in der Mission de France ausbreitete.[82]

---

76 Der Text des ausführlichen Berichts, der von Daniel Perrot, André Levesque und Maurice Giboin redigiert wurde, findet sich bei Perrot, 72-83; darin wird u.a. eine genaue Aufstellung der von der Mission de France in insgesamt 27 Diözesen ausgesandten Priester nach Einsatzgebiet und Tätigkeitsfeld gegeben, vgl. 74-76; auch: Vinatier, Liénart, 40-43.

77 "Le cardinal Liénart prit conscience qu'il recevait l'héritage missionnaire du cardinal Suhard. Dès lors, la Mission de France devint son affaire." (Perrot, 82) - Von diesem Wandel in der Einstellung Kardinal Liénarts zeugt auch die Antwort, die er den Gemeinschaften der Mission de France durch die Hand der Redaktoren des Berichts zukommen ließ, vgl. Perrot, 82f; Vinatier, Liénart, 42.

78 Vgl. Perrot, 71; nach Faupin, 47 und Vinatier, Liénart, 33 hatte Mgr. Picaud bereits im Herbst 1950 darauf gedrungen, daß das Seminar von Lisieux an einen anderen Ort außerhalb seiner Diözese verlegt werde.

79 Während die Ernennung von Daniel Perrot schon zum 9.7.1952 in Kraft trat, wurde P. Basseville im September ernannt, vgl. Vinatier, Liénart, 44. - Zur Ernennung und zu den Aufgaben des neuen Generalbevollmächtigten vgl. Perrot, 83-104.

80 Vgl. Vinatier, Liénart, 88-93.

81 Vgl. Perrot, 120; Six, cheminements, 66-68.

82 Die Studienwoche, zu der Yves Congar als Referent eingeladen war, stand unter dem Thema "le sacerdoce et le laïcat devant les tâches communes de l'évangélisation". Berichte sprechen von erregten Diskussionen auch mit den anwesenden Bischöfen (Liénart und Rastouil), vgl. Perrot, 127f; Vinatier, Liénart, 47-51.

Ende Juli verbot ein Brief Kardinal Pizzardos[83] an alle französischen Bischöfe die "stages" für die Seminaristen.[84] Wenig später, am 24. August 1953, teilte Nuntius Marella Kardinal Liénart mit, bis zur Verabschiedung des neuen Statuts für die Mission de France[85] habe das Seminar in Limoges geschlossen zu bleiben.[86] Auf diese Hiobsbotschaft für die Mission de France folgten innerhalb weniger Wochen die Aufforderungen seitens der Religiosenkongregation an die Ordensoberen und seitens des Hl. Offiz an die Bischöfe, das Arbeiterpriester-"Experiment" zu beenden.[87] Führende Bischöfe Frankreichs wie Kardinal Liénart oder Kardinal Gerlier nannten diese Entscheidung "eine Katastrophe für die französische Kirche"[88]. Trotz aller negativen Entwicklungen der Monate zuvor hatte man eine solche Restriktion nicht erwartet. Intensive Bemühungen, im Gespräch mit dem Papst und den römischen Behörden doch noch zu einer Klärung der Situation und zu einer Rücknahme des völligen Verbots zu kommen, erwiesen sich letztlich als erfolglos.[89] Zum Stichtag 1. März 1954 mußte der Rückzug der Arbeiterpriester von der Arbeit vollzogen werden.[90]

Damit ist in aller Knappheit die Genese der Mission de France und ihre aktuelle Situation im Oktober 1953 aufgezeigt: Es ist ein Schwebezustand zwischen "Sein und Nichtsein". Ein neues Statut ist zwar in Arbeit[91], doch es sollte noch bis zum August 1954 dauern, ehe die Mission de France mit der Apostolischen

---

83 Kardinal Pizzardo war seit 1939 Präfekt der Kongregation für die Seminarien und Universitäten und von 1951-1959 Sekretär des Hl. Offiz.

84 Dem Schreiben war Anfang Juli 1953 ein Brief des Kardinals an Bischof Bazelaire, den Beauftragten für das Seminar in Limoges, vorausgegangen, in dem er seinem Erstaunen darüber Ausdruck verlieh, daß im Seminar Schriften "marxistischen Charakters" frei zirkulierten, und das Verbot kommunistischer Presseerzeugnisse im Seminar bekräftigte. Six, Cheminements, 68; auch: Vinatier, Liénart, 91 (nach dessen Darstellung geht der entsprechende Brief direkt an den Leiter des Seminars).

85 Das vorläufige Statut von 1949 war für drei Jahre approbiert worden; im Sommer 1952 war es bis zur nächsten apostolischen Visitation - eben jener vom Mai 1953 - verlängert worden, vgl. Faupin, 48.

86 Auf Betreiben Kardinal Liénarts wurde schließlich erreicht, daß die 23 Kandidaten des Weihekurses 1954 ins Seminar zurückkehren konnten, allerdings unter verschärften disziplinarischen Bedingungen, die von der Seminarienkongregation diktiert wurden, vgl. Perrot, 135; Vinatier, Liénart, 51.

87 Am 29.8. werden die Ordensoberen aufgefordert, "ihre" Arbeiterpriester von der Arbeit zurückzuziehen. Am 23.9. und in den Tagen darauf teilt Nuntius Marella bei Zusammenkünften in Paris, Lyon und Toulouse den Bischöfen den römischen Befehl zur Beendigung des Arbeiterpriester-Einsatzes mit, vgl. Perrot, 136-139; aus der Sicht der Dominikaner: Leprieur, 39-62.

88 Vgl. Six, Cheminements, 78f; Vinatier, Liénart, 52.

89 Vgl. dazu ausführlich Perrot, 131-261; 94-96; Vinatier, Liénart, 147-158.

90 Auf die im Zeichen des Verbots erfolgende Spaltung der Arbeiterpriester in zwei Gruppen, jene, die sich "unterwarfen", und jene, die weiter als Arbeiter tätig blieben, kann hier nicht eingegangen werden. Vgl. dazu aus der umfangreichen Literatur insbesondere Die Arbeiterpriester; Dansette; Leprieur; Perrot; Poulat; Siefer.

91 Kardinal Liénart legte der Nuntiatur bereits am 21.10.1953 den Entwurf eines neuen Statuts und eines Reglements für das Seminar vor, vgl. Perrot, 158.

Konstitution "Omnium ecclesiarum" eine neue juridische Basis und den Kern eines neuen, auf dieser Grundlage zu erstellenden Statuts erhielt.[92] Für den Augenblick befinden sich zumindest das Seminar und seine Verantwortlichen in einer Art Paralyse.

4.2.3 "Radikale" Kritik. Madeleine Delbrêls Stellungnahme zur Situation der Mission de France im Jahr 1953

In den Archives Madeleine Delbrêl findet sich eine Studie Madeleine Delbrêls vom Oktober 1953[93], in der sie zu Händen von Louis Augros und Daniel Perrot, dem Generalbevollmächtigten der französischen Bischöfe für die Mission de France, ihre Einschätzung der internen Situation der Mission de France darlegt. Anlaß für diese Darstellung sind Bitten, die Madeleine Delbrêl von verschiedenen Seiten erreicht hatten, in der Zuspitzung der Krise um die Mission de France und die Arbeiterpriester Stellung zu beziehen.[94] Daß sie es in dieser Situation für angemessen hält, ihre Meinung, von der sie betont, sie wolle in keiner Weise eine "*intervention*" sein, auch dem verantwortlichen Vermittler zwischen der Mission, den französischen Bischöfen und Rom zur Kenntnis zu bringen, ist für Madeleine Delbrêls Haltung gegenüber der Mission wie überhaupt für ihre Art des achtungsvollen Umgangs mit Gesprächs- und Konfliktpartnern typisch.

Sie beginnt ihre Skizze, die sie den Adressaten mit der Zusicherung ihrer tiefen, in den Anfängen gründenden Verbundenheit (*radical attachement*, 2) zusendet, mit einer Rekapitulation der "Wurzeln" oder - in ekklesiologischer Terminologie - der "notae" dieser Institution, die welthaft (*séculière*), evangeliumsgemäß (*évangélique*), gemeinschaftlich (communautaire) und missionarisch (*missionnaire*) sein wollte (2).[95] Die Erinnerung der Programmatik der Mission dient der Strukturierung der

---

92 Vgl. dazu Faupin, 67-97. - Zur weiteren Entwicklung der Mission de France vgl. die Darstellungen bei Faupin; Perrot; Six.

93 21 Manuskriptseiten einschließlich des Begleitbriefes an Daniel Perrot; die bisher unveröffentlichte Studie ist im Anhang I zu dieser Arbeit unter Beibehaltung der ursprünglichen Seitenzahlen vollständig abgedruckt. Zitate aus diesem Dokument werden im folgenden mit der Angabe der jeweiligen Seitenzahl des Manuskripts direkt im Text belegt ( ).

94 Vgl. den Brief an Daniel Perrot vom 20.10.1953, mit dem Madeleine Delbrêl die Zusendung der im folgenden zu untersuchenden Studie begründete, [Anhang I])

95 Perrot, der diese Kennzeichen ebenfalls als fundamental darstellt, erläutert deren programmatische Implikationen für die Spiritualität der Mission folgendermaßen: "*Séculière*: ne pas être des religieux, mais des prêtres diocésains dont la vie spirituelle est commandée et renouvelée, dans l'obéissance au réel, par les responsabilités et les exigences de leur ministre. *Communautaire*: vivre en communauté et travailler en équipe non seulement pour être soutenu, mais pour porter témoignage et insérer dans la pâte le levain de la charité. *Missionnaire*: 'être grec avec les Grecs', partager la vie de ceux auxquels on est envoyé pour parler leur langue et, avec eux, construire l'Eglise. *Evangelique*: annoncer l'Evangile lui-même, dépouillé de toute abstraction,

Skizze, in der - bildlich gesprochen - jede dieser Wurzeln "ausgegraben" und mit den daraus hervorgewachsenen Trieben und Früchten verglichen wird; aus ihrer Perspektive zieht Madeleine Delbrêl also eine Bilanz der bisherigen Entwicklung der Mission de France vor dem Hintergrund und am Maßstab der Intentionen des Anfangs.[96] Die folgende Analyse nimmt deshalb die Gliederung der Skizze auf. Bei der Darstellung der Hauptakzente von Würdigung und Kritik der Mission de France geht es zunächst darum, die darin implizit und gleichsam spiegelbildlich aufscheinenden "missionarischen" und spirituellen Optionen Madeleine Delbrêls zu entschlüsseln und zugleich über die inhaltlichen Perspektiven hinaus den bestimmenden methodischen Aspekten ihrer Auseinandersetzung auf die Spur zu kommen.

Auf den ersten Blick erstaunlich setzt die Bilanz mit der Erörterung eines Gesichtspunktes ein, der in der Liste der "notae" der Mission de France bislang nicht aufgetaucht ist und in anderen Quellen zur Programmatik der Mission auch so nicht vorkommt. Madeleine Delbrêl ergänzt die vier genannten "notae" durch eine fünfte, die sich für sie aus der Entwicklungsgeschichte der Mission de France ergibt und die - weil im strengen Sinn des Wortes konstitutiv - gerade in den Zeiten der Krise erhebliche Bedeutung gewinnt: Sie eröffnet ihre Skizze mit einem Abschnitt über die

Hierarchischen Wurzeln (racines hiérarchiques)

Damit ist zunächst einmal die Verwurzelung der Mission de France als Institution der Kirche in einem Entscheid der Versammlung der französischen Kardinäle und Erzbischöfe (A.C.A.) angesprochen. So betont Madeleine Delbrêl, im Unterschied zu anderen missionarischen Initiativen in Frankreich handele es sich bei der Mission de France nicht um einen an der "Peripherie" entstandenen charismatischen Aufbruch, der im nachhinein von den Bischöfen gutgeheißen worden sei,

---

philosophie ou idéologie, et pour cela le vivre le plus radicalement possible, spécialement dans la pauvreté." (a.a.O., 29f; vgl. auch 32f).

96 In einem Brief vom 30. Oktober 1953 (Archives Madeleine Delbrêl) hat Louis Augros auf die Analyse Madeleine Delbrêls reagiert. Darin bestätigt er ihr die Scharfsichtigkeit ihrer Diagnose, hält ihr jedoch zugleich vor, sie stütze sich hauptsächlich, wenn nicht ausschließlich auf ihre Kenntnis der Pariser Gruppen ("les Parisiens"; es scheint, daß Augros selbst nicht zwischen Mission de France und Mission de Paris unterscheidet, sondern die Gruppen der Mission de Paris der Mission de France subsumiert). Auch in Ivry arbeitete eine Gruppe der Mission de Paris, mit denen Madeleine Delbrêl in Kontakt stand, vgl. Boismarmin, 73. Diese seien jedoch nicht in jedem Fall repräsentativ für die Gesamtheit der Mission de France. Augros geht davon aus, ein Blick auf das Ganze der Mission hätte auch Madeleine Delbrêl in manchen Punkten milder urteilen lassen.

sondern um eine direkt vom Episkopat ins Leben gerufene und beauftragte Einrichtung (vgl. 3).

An anderer Stelle, die zugleich erklärt, weshalb Madeleine Delbrêl diesen Gesichtspunkt hervorhebt, bringt sie den gemeinten Sachverhalt zum Ausdruck, indem sie von einem die aktuellen Schwierigkeiten der Mission mitverursachenden "juridischen Mißverständnis" spricht, das sowohl innerhalb der Mission als auch außerhalb, etwa in bestimmten interessierten Presseorganen, kursiere und vergessen lasse, "daß die Mission de France aus dem einmütigen Willen des französischen Episkopates um eines genau bestimmten Zieles willen entstand(en sei): nämlich den am weitesten entchristlichten Zonen Priester zuzuführen, die dort nicht mehr vorhanden waren, und diese für ein besonders schwieriges Apostolat auszubilden."[97]

Die weit mehr als nur formale Bedeutung dieses Gesichtspunktes wird von verschiedenen "internen" Zeugnissen aus dem Raum der Mission de France bestätigt: Allem voran wird immer wieder die Rolle des Kardinals Suhard, des eigentlichen Gründervaters und Protektors der Mission de France, herausgehoben.[98] Aber gerade die Rolle des Kardinals Suhard als Schlüsselfigur scheint das geschilderte Mißverständnis befördert zu haben, denn sie erklärt in dem schon zitierten Brief an Mgr. Brot: "Der Ursprung der Mission ist heute oft vergessen. Man verwechselt ihn mit dem Ursprung der Mission de Paris. Man neigt dazu, ihn der Verantwortung der großen Gestalt des Abbé Godin zuzuschreiben, infolge seiner Begegnung mit Kardinal Suhard."[99] Als Folge dieser Verwechslung sieht Madeleine Delbrêl auch in den eigenen Reihen der Mission de France ein Verständnis wachsen, demzufolge diese Einrichtung mehr "als eine Art Freikorps" erscheint, "das von der Hierarchie zwar anerkannt, aber nicht (ursprünglich) gewollt war" und dessen "Rechte und Pflichten damit in einem Raum der Unsicherheit verbleiben"[100]. Daß sie ihre Bilanz mit der Diskussion dieses zuletzt eingeführten Gesichtspunktes eröffnet, kann als Hinweis auf die Bedeutung verstanden werden, die sie ihm zumißt: Die "hierarchischen Wurzeln" erscheinen in ihrer Darstellung als ein Schlüssel zum Verständnis der aktuellen Problematik der Mission de France.

Wenn Madeleine Delbrêl in bezug auf die "hierarchischen" Wurzeln der Mission de France eine gewisse Entfremdung zwischen Mission und Episkopat trotz des bleibenden Aufeinander-Angewiesenseins diagnostiziert (vgl. 3)[101], führt sie

---

97 Brief an Mgr. Brot vom 11.12.1953, 1f.

98 Vgl. oben Kapitel 4.2.2.

99 Brief an Mgr. Brot, 2.

100 Ebd.

101 In bezug auf die erste Phase der Krise, die im März 1952 mit dem Monitum Kardinal Lié-narts gegenüber den Verantwortlichen des Seminars von Lisieux akut wurde, diagnostiziert Madeleine Delbrêl eine Entfremdungsbewegung der Mission de France von ihren "hierarchischen" Wurzeln. Diese Sichtweise kann eine gewisse Rückendeckung durch die im Monitum Kardinal Liénarts artikulierten Vorwürfe einiger Bischöfe gegenüber dem von ihnen getragenen überdiözesanen Seminar für sich geltend machen, wobei die ungeklärten kanonistischen Gesichtspunkte, welche die

dies auf eine Verwechslung verschiedener Typen von Berufung zurück, denen die Mission de France in der Orientierungsphase des Anfangs begegnete. In der Rekapitulation der Genese der Mission führt Madeleine Delbrêl eine diesbezüglich bedeutsame Unterscheidung ein, die sowohl für ihr Bild der Mission de France als auch im Hinblick auf ihr eigenes kirchliches Selbstverständnis aufschlußreich ist: Von Anfang an steht die Mission de France als Werk der Bischöfe unter einer "hierarchischen", d.h. einer im Zentrum der Kirche wurzelnden Berufung (*vocation hiérarchique*, 4). Angesichts der Neuheit des Auftrags wie auch des Typus der Institution selbst konnte die Mission de France jedoch die genaue Gestalt, die ihrer Sendung angemessen gewesen wäre und in der sich der von ihr erwartete missionarische Impuls artikulieren sollte, nicht im vorhinein kennen. Zur Verwirklichung ihrer besonderen Berufung bedurfte sie daher gewisser Orientierungshilfen bzw. Vorbilder, die sie nicht zuletzt in Menschen fand, die - ebenfalls einer missionarischen Berufung folgend - bereits über Erfahrungen im "Missionsland" Frankreich verfügten, ja in jene Gefilde vorgedrungen waren, die zu erreichen die Mission sich erst anschickte.

Unter den zahlreichen Einzelinitiativen, die als Inspirationsquellen in Frage kamen[102], spielte Abbé Godin und sein Buch, wie im voranstehenden Abschnitt gezeigt, eine besondere Rolle. In Lisieux habe es einen "Schock" ausgelöst, schreibt Madeleine Delbrêl[103]. Es gehörte somit in dem schon sensibilisierten "missionarischen" Milieu von Lisieux zu den zunächst überfordernden, gleichwohl aber unerläßlichen "Initiationserfahrungen", die in Madeleine Delbrêls Sicht der Dinge prägend waren für die Konfrontation der Mission de France und ihrer Mitglieder mit der ihnen anvertrauten Aufgabe.[104]

Daß auch Madeleine Delbrêl selbst zu den Pionieren gehörte, die der Mission de France richtungweisende Impulse gaben, ist bereits dargestellt worden. Da sie also persönlich involviert war und ihre Diagnose folglich nicht als gänzlich außenstehende, neutrale Beobachterin schrieb, gewinnt die Unterscheidung, die sie in bezug auf die unterschiedlichen Typen missionarischer Berufung einführt, zusätzlich an Gewicht. Im Gegensatz zur Mission de France kamen diese "Pioniere" nämlich von der "Peripherie" der Kirche her; als einzelne waren sie be-

---

faktische Situation der Jahre zwischen 1949 und 1952 erheblich beeinflußten, in beiden Stellungnahmen außer Betracht bleiben.

102 Perrot schildert in der Einleitung seines Buches über die Mission de France die pfingstliche Aufbruchstimmung, welche in der französischen Kirche der 30er und 40er Jahre Platz griff: "C'est dans cette espérance de rechristianisation que prend naissance et se déploie un grand mouvement missionnaire. Un peu avant, en même temps ou bientôt après l'ouverture du séminaire de Lisieux, le père Loew se faisait docker avec les dockers de Marseille, le père Epagneul fondait les Frères missionnaires des campagnes, le père Voillaume engageait les Petits Frères de Jésus 'au coeur des masses', le père Michonneau, Fils de la Charité, faisait de la paroisse du Sacré-Coeur à Colombes une 'communauté missionnaire', le Prado prenait un nouvel essor avec Mgr. Ancel ..." (a.a.O., 35).

103 Brief an Mgr. Brot, 2.

104 Vgl. dazu auch die entsprechenden Überlegungen im Abschnitt über die "racines missionnaires".

rufen, bis "an die Grenzen" vorzustoßen und im "einsamen, schmerzlichen Bemühen" die genaue Gestalt ihrer Berufung zu entziffern (vgl. 3). Es handelt sich dabei also um Berufungen, die nicht im "Zentrum", sondern in der "Peripherie" der Kirche wurzeln, als partikular, weil persönlich bzw. individuell zu klassifizieren und von daher sowohl nach dem Maß ihrer Gestaltungsfreiheit als auch in bezug auf die Grenzen ihrer Sendung von jener "hierarchischen" Berufung der Mission de France zu unterscheiden sind. Gerade in ihrem Eigenstand konnten sie zu einer gewichtigen Orientierungshilfe für die Mission de France werden; durch ihren Vorsprung an Erfahrung und Konkretion in Spiritualität und Aktion übten sie einen so starken Einfluß aus, daß dessen mitreißende Dynamik die angesprochene Differenz in den Hintergrund treten ließ und das Spezifikum einer "hierar-chischen" Berufung, das die Gestaltwerdung der Mission de France prägen sollte, mehr und mehr aus dem Blickfeld geriet.[105]

Madeleine Delbrêl interpretiert dies als eine in der Entwicklung der Mission de France rasch platzgreifende Horizontverengung gegenüber der ursprünglichen Weite der Berufung (vgl. 4), und sie erläutert dies mit dem Hinweis auf die strukturelle Differenz zwischen der Berufung und "Heiligkeit" einzelner und der Berufung, zu der die Kirche als ganze (repräsentiert in der Hierarchie) unablässig unterwegs ist. Der entscheidende Aspekt in diesem Gedanken wird deutlich in den Bildern für die Kirche, "die große Lebendige", die gleicherweise als Haus, Baum oder Leib versinnbildet sein kann und die unablässig und ohne Verlust der Kontinuität voranschreitet von dem, was sie ist, zu dem, was sie werden soll. Klingt hier der Gedanke der "ecclesia semper reformanda" wie derjenige einer beständig sich geschichtlich inkarnierenden Kirche deutlich an, so wird an dieser Stelle doch vor allem der Blick auf die Kirche als Ganze, als lebendiger Organismus ("Baum", "Leib") und als Heimat für grundsätzlich alle Menschen ("Haus") forciert. Damit ist ein Grundkriterium der kritischen Rückschau auf die Entwicklung der Mission de France als Institution der Kirche aufgedeckt. Indem Madeleine Delbrêl deren kirchliche Berufung anmahnt, weist sie auf die Konsequenzen hin, welche die Verwechslung der Grundtypen von "individueller" und "hierarchischer" Berufung in bezug auf das Handeln und Denken in der Mission de France zeitigten.

Für die Ebene des Handelns stellt Madeleine Delbrêl fest: "Die Mission war berufen, neue Zweige sprießen zu lassen, aber aus den alten Ästen: Pfarreien, etablierte Bewegungen etc. In dem Maß, in dem das Neue das "Alte" wenigstens im Geist beträchtlich überwog, geriet sie in sich selbst aus dem Gleichgewicht" (4). Die "Gleichgewichtsstörung" resultiert offenbar aus der schwierigen Verhältnisbestimmung zwischen der Integration in die vorgefundene kirchliche Struktur (Pfarrprinzip; Territorialprinzip) und deren Fortführung und Weiterentwicklung bzw. Wiederbelebung (etwa in bezug auf die missionarische Laienbildung im

[105] Madeleine Delbrêl formuliert diesen Eindruck, ohne ihn an dieser Stelle mit exakten Daten bzw. Verweisen auf bestimmte Ereignisse zu belegen.

Rahmen der verschiedenen Zweige der Katholischen Aktion) einerseits und andererseits der Entwicklung und Erprobung neuer Wege der missionarischen Präsenz in den der Mission de France anvertrauten, mehr oder weniger tiefgreifend entchristlichten geographischen und soziologischen Regionen.

Herausragend unter den Bemühungen, in einer neuartigen Herausforderungssituation der Kirche neuartige Wege zu beschreiten, ist zweifellos das Modell der Arbeiterpriester, das bald zum Kristallisationspunkt der Hoffnungen der jungen Priester der Mission wie der Befürchtungen und Verdächtigungen gegenüber der Mission de France avancierte.[106] Die erst angedeutete Problematik verweist bereits hier auf die theologisch-praktische Grundfrage, wie das "Programm" der Inkarnation der Kirche, des Evangeliums in der Welt in ihrer Konkretheit zu verwirklichen sei, wie dabei "Neues" und "Altes" zu vermitteln sei, die Kirche also sie selbst - als Kirche Gottes Kirche der Menschen (*et vice versa*) - sein bzw. je neu werden könne.

Entsprechend hält Madeleine Delbrêl auch für die Ebene der theologischen Reflexion (was sich konkret auf die Schwerpunktsetzung in der Ausbildung der Seminaristen in Lisieux/Limoges beziehen dürfte) das Problem der rechten Verhältnisbestimmung von innovatorischer Recherche in bezug auf die lehrmäßige Fundierung des innovatorischen Handelns einerseits und der bleibend notwendigen Orientierung am stets neu zu verlebendigenden Traditionsgut der Kirche, an dem, was ihr als "tägliches Brot" verbleibt, andererseits fest (vgl. 4f). Dabei geht es ihr keineswegs um eine Zurückweisung des innovatorischen Momentes überhaupt oder zumindest für den Bereich der "Hierarchie" im weitesten Sinn. Das Bild vom "täglichen Brot" als dem Grundnahrungsmittel, über das hinaus jede Zeit die Nahrungsmittel ergänzen mag, die am besten den Bedürfnissen der Menschen entsprechen, weist darauf hin, daß es hier vielmehr grundlegend um das Kernproblem der *Identitätsbewahrung* der Kirche, der *Kontinuität bei größtmöglicher Wandlungs- und Innovationsfähigkeit* in der Vermittlung dieser Identität geht. Daß sie aber in der Trägerschaft beider notwendiger Lebensmomente der Kirche unterschiedliche Akzente zwischen "Zentrum" und "Peripherie" setzt, zeigt sich, wenn sie die Notwendigkeit einer Ausgewogenheit zwischen Innovatorisch-Besonderem und Bewahrend-Allgemeinem wiederum unter Hinweis auf die zentral kirchliche (hierarchische) Berufung der Mission betont und gegen die größere Freiheit zu innovatorischen Experimenten im Bereich der "Peripherie" abgrenzt.

In bezug auf die kirchliche bzw. hierarchische Wurzel der Mission de France faßt Madeleine Delbrêl ihre kritische Bilanz daher in einer zweifachen Schlußfolgerung zusammen: (1) Der guten Vorbereitung der Mitarbeiter der Mission für den speziellen Aspekt ihrer Aufgabe habe (2) eine nur unzureichende Ausrichtung auf das, was ihnen mit allen Priestern und allen Christen gemeinsam ist, gegenübergestanden. Damit diagnostiziert Madeleine Delbrêl sowohl auf der

---

[106] S.o. Kapitel 4.2.2.

Ebene des konkreten pastoralen und missionarischen Handelns als auch auf der Ebene der theologischen Reflexion eine Diskrepanz zwischen dem Besonderen des Auftrags der Mission de France und ihrem Anteil an der allgemeinen kirchlich-priesterlichen Berufung. Insofern der besondere Auftrag in der konkreten Umsetzung die Tendenz entwickele, den Aspekt der lebendigen Teilhabe an der allgemeinen kirchlichen Sendung zu verdrängen, entstünden Schwierigkeiten, welche letztlich die kirchliche Identität der Mission de France bzw. ihrer Priester beträfen. Diese Beobachtung einer Unausgewogenheit, eines Gleichgewichtsverlustes angesichts der Notwendigkeit neuer Wege der Inkarnierung der Kirche in der Welt, in deren ganz unterschiedlichen Gestalten und Milieus, wird auch die folgenden Abschnitte des Skizze durchziehen.

"Welthafte" Wurzeln (Racines séculières)

Ähnlich wie im vorigen Abschnitt dargestellt, zieht Madeleine Delbrêl auch für das Kennzeichen der "Säkularität", der "Weltlichkeit" der Mission de France eine ambivalente Bilanz, und zwar unter zwei Gesichtspunkten: Zum einen beleuchtet sie die "Weltlichkeit" der Mission de France in deren Verhältnis zur "Welt", also zu dem Ziel ihrer Sendung, zum anderen nimmt sie die Rolle dieses Merkmals der Mission im Zusammenhang mit dem "Weltklerus" als ganzem, also im Hinblick auf die kirchlich-priesterliche Einbindung dieses Spezialtypus kirchlicher Sendung in Betracht.

Sie betont zunächst positiv, daß die Mission eine "schicksalhafte Seite" dieser Zeit erkannt und ihre Rolle darin übernommen habe - in einem Bereich der Wirklichkeit, in dem die Kirche praktisch abwesend gewesen sei (6). Damit nimmt sie die ausdrückliche Sendung der Mission de France für die am stärksten entchristlichten Zonen Frankreichs und deren entschiedene Verwirklichung schon in den ersten Jahren des Aufbaus auf. Wenn sie dennoch in der Einwurzelung der Mission (als Repräsentantin der Kirche als ganzer) im "Säkulum" ein Gefahrenpotential für deren authentische Sendung erblickt, so bedeutet das keineswegs eine grundlegende Infragestellung der "Säkularität" als eines konstitutiven Moments der Mission. Gerade um die Identitätsfindung und -bewahrung der missionarischen Gruppe "en plein milieu païen" hat Madeleine Delbrêl ihr Leben lang viel zu intensiv und existentiell engagiert gerungen, als daß sie dieses Kennzeichen des missionarischen Dienstes - sei es in der Antwort auf eine "vocation hiérarchique" wie im Fall der Mission de France, sei es in der Dynamik einer "vocation individuelle" wie für Madeleine Delbrêl persönlich - preisgeben könnte.[107] Jedoch ist es ge-

[107] An dieser Stelle sei noch einmal an Madeleine Delbrêls ausschlaggebenden Einfluß gerade bezüglich dieses Merkmals der Mission de France erinnert, s.o. Kapitel 4.2.1.

rade ihre eigene Erfahrung, die ihr den Blick geschärft hat für die Gefahren, denen die "Missionare" im entchristlichten - vielfach militant atheistischen - Milieu ausgesetzt sind.[108] Von daher versteht sich der Hinweis auf zwei "Versuchungen", die das Eintauchen in die "Welt" provoziert: "Sich gefangennehmen zu lassen von jenen Regionen der gegenwärtigen Wirklichkeit, die sie (die Mission) selbst entdeckt hatte, und die Menschen von heute um der morgigen willen zu vergessen, und sei es auch, damit dieses Morgen singe." (6)

In der ersten "Versuchung" wiederholt sich das Moment der Horizontverengung, das bereits in der Prüfung der "hierarchischen Wurzeln" den Ausgangspunkt der Kritik darstellte; hier geht es um eine selektive Wirklichkeitswahrnehmung, die die Realität auf den Sektor zu beschränken geneigt ist, den sie selbst für sich entdeckt hat. Demgegenüber bezieht sich die zweite "Versuchung" auf eine ideologische Gefährdung durch die säkularisierte "Eschatologie" des Marxismus und impliziert damit einen Hinweis auf die besondere Problematik der Arbeiterpriester, die in den proletarischen Milieus, im gewerkschaftlichen Engagement etc. in sehr viel direkterer Weise als andere Mitglieder der Mission de France mit der kommunistischen Propaganda in Berührung kamen. Die Metapher vom "singenden Morgen", um dessentwillen Menschen von heute vergessen, ja geopfert werden, ist bei Madeleine Delbrêl aus diesem Kontext heraus zu verstehen, in dem sie ja selbst sehr unmittelbar gelebt und mit dem sie - wie noch zu zeigen sein wird - eine tiefgreifende Auseinandersetzung durchgestanden hat.

Im Hinblick auf den zweiten Gesichtspunkt - die "Weltlichkeit" der Mission de France innerhalb des Weltklerus (vgl. 6f) - diagnostiziert Madeleine Delbrêl eine gewisse Unreife und quasi pubertäre Überheblichkeit des jungen Sprößlings: Dabei verkennt sie keineswegs die Tragik der Entwicklung, wenn sie etwa schreibt, daß "Grausamkeiten", die der Mission widerfuhren und die nicht ohne weiteres als kindisch zu bagatellisieren sind, durch eine ganze Anzahl "Bubenstreiche" von seiten der Mission provoziert worden seien.[109] Das in diesem Kontext zwar nicht näher aufgeschlüsselte Wort von den "Grausamkeiten der Kindheit", die Made-leine Delbrêl der Mission de France vorhält, erklärt sich zumindest im Ansatz, wenn sie auf eine gewisse Tendenz zur Arroganz und zur Selbstüberschätzung hinweist: "Sie hat sich nicht immer vor dem zu hüten gewußt, wogegen ihr säkularer Charakter sie bewahren sollte: eine gewisse aristokratische Meinung von sich selbst". Und:

---

[108] Zu diesem Problemkreis hat sie in etlichen Texten Stellung genommen. Die umfassendste Auseinandersetzung damit bietet ihr Buch "Ville marxiste - terre de mission", das im folgenden Abschnitt einer eigenen Analyse unterzogen wird, und zwar vornehmlich unter dem hier bereits anklingenden Aspekt ihrer Strategien der Auseinandersetzung, Unterscheidung und Identitätsklärung in dem existentiell und ideologisch herausfordenden Umfeld.

[109] Das Bild vom unbändigen Sohn findet sich auch bei Louis Augros, der sich als "Vater" der Mission de France fühlte, in einem Brief vom 20.7.1952, den er nach seiner Ablösung vom Leitungsamt im Seminar von Lisieux an seinen Nachfolger, Père Basseville, schrieb: "Cet enfant, ce n'est pas une petite fille. C'est un robuste garçon, plein de vie, dur, rétif, sauvage, toujours prêt à ruer dans les brancards et à faire des folies ..." (Vinatier, Augros, 69).

"Mit solcher Großherzigkeit verlangte sie danach, ihren Brüdern im Priestertum das beste dessen, was sie entdeckt hatte, mitzuteilen, daß sie nicht immer daran dachte, daß sie auch von ihnen etwas empfangen könnte." (6f).

Daß eine solche Haltung der völligen Vereinnahmung durch das Neue der eigenen Sendung zu konkreten Belastungen nicht nur der allgemeinen Atmosphäre im Klerus, sondern auch in der Zusammenarbeit vor Ort führen konnte, bestätigt auch der Bericht zur Lage der Mission de France vom 30. Mai 1952, den drei ihrer Mitglieder, die Priester Lévesque, Perrot und Giboin (die beiden erstgenannten gehörten mit Louis Augros zum Leitungsteam) nach dem ersten Monitum und dem Bekanntwerden der bevorstehenden Ablösung Louis Augros' zur Information Kardinal Liénarts redigierten. Darin ist etwa von einer anfänglich zu ausschließlichen Konzentration der neuen Equipes auf die Erkundung ihrer Arbeitsfelder die Rede, was den Kontakt zu anderen Priestern, insbesondere zu Kaplänen der katholischen Aktion, beeinträchtigt habe.[110] In die gleiche Richtung wie die Beobachtungen Madeleine Delbrêls, die offenbar vor allem eine gewisse Gespanntheit der Atmosphäre zwischen den Priestern der Mission de France und dem Weltklerus aufnehmen, weist auch eine etwas später festgehaltene persönliche Reflexion Daniel Perrots über die Ursachen der Schwierigkeiten der Mission de France: "Die erste Schwachstelle der Mission liegt in ihr selbst. Ihr Erzfeind ist nicht das Hl. Offiz ..., sondern ihr Geist der Selbstzufriedenheit und des Ehrgeizes. Wenn wir doch zu gehorchen verstünden! ... Wenn unser Glaube doch groß genug wäre, uns den wahren Gehorsam zu lehren!"[111]

"Evangelische Wurzeln" (racines évangeliques)

Auf den ersten Blick erstaunlich, im Kontext der gesamten Skizze jedoch folgerichtig, ist die Akzentsetzung, unter der Madeleine Delbrêl diesen Gesichtspunkt der Identität der Mission de France diskutiert. Denn es geht ihr dabei offenbar weniger um einzelne inhaltlich bestimmte Kriterien der Verwirklichung des Evangeliums im Leben der Mission de France als um die nur im Gesamtzusammenhang der Kirche zu wahrende Authentizität des Evangeliums. Zwar greift sie zu Beginn des Abschnitts einen Gedanken auf, der in ihrer Spiritualität generell eine wichtige Rolle spielt, den des "demütigen" Zeugnisses, der für sie ein wesent-

---

[110] Der Bericht ist vollständig wiedergegeben in: Perrot 72-83, vgl. hier 78; s.auch oben Kapitel 4.2.2.

[111] "La première faiblesse de la Mission est en elle-même. Son pire ennemi n'est pas le Saint-Office ... mais son esprit de suffisance et d'orgueil. Si nous savions d'obéir! ... Si notre foi était assez grande pour nous apprendre une obéissance vraie!" - Tagebuchnotiz vom 1.3.54 während des zweiten Rom-Aufenthaltes von Perrot, in: ders., 243. Es ist nicht ganz ausgeschlossen, daß die Überlegungen, die Madeleine Delbrêl Perrot im Oktober 1953 vorlegte, hier einen gewissen Widerhall finden.

liches Kennzeichen des Lebens nach dem Evanglium ist.[112] Demut spricht sie dem Zeugnis der Mission de France vor allem deshalb zu, weil die einzelnen Mitglieder in der Eingliederung in eine Erneuerungsbewegung ganz hinter dieser zurücktreten und so der "Heroismus jedes einzelnen" in vielfacher Hinsicht in eine "allgemeine Tatsache" verwandelt werde (7). Dies ist jedoch der einzige inhaltlich konkrete Aspekt, den Madeleine Delbrêl in bezug auf die "evangelischen Wurzeln" ins Gespräch bringt.

Ihre Überlegungen sind durch den zentralen Gedanken bestimmt, daß allein "die Kirche" befähigt sei, das Evangelium im Vollsinn des Wortes zu leben und zu verkündigen (vgl. 7f). Von daher formuliert sie eine notwendige Wechselwirkung zwischen der Kirche als ganzer und jeder evangelischen Erneuerungsbewegung, die sich auf ihrem Boden zu entwickeln beginnt: "Jeder Versuch zur Erneuerung der Kraft des Evangeliums birgt in sich die Versuchung zum Ausbrechen. Niemals läßt er die Kirche mit dem identisch bleiben, was sie vorher war: Er reißt sie auseinander, oder er verlebendigt sie ... Und er verlebendigt sie in dem Maße, in dem er sich von ihr verlebendigen läßt." (8)

Dem hier artikulierten Grundgedanken entspricht die Schlußfolgerung, nach der eine Berufung zum Leben nach dem Evangelium sich nur in einer konkreten Lebensbeziehung zur Kirche verwirklichen kann (vgl. 8). In diesem bei Madeleine Delbrêl häufig betonten Zusammenhang spiegelt sich weniger eine spekulativ-theologische Erkenntnis als die in ihrer eigenen Glaubensgeschichte, im Kontext ihrer Bekehrung gewonnene und für ihr christliches Selbstverständnis zentral gewordene Erfahrung, daß die von Gott selbst gnadenhaft ermöglichte Hinwendung zu Gott und zum Evangelium zugleich die Orientierung zur Begegnung mit und zur Eingliederung in die Kirche bedeutet habe.[113] Von der Basisüberzeugung ausgehend, daß ein authentisches Leben des Evangeliums im Vollsinn[114] nur im organischen Zusammenhang der Kirche möglich ist, beleuchtet Madeleine Delbrêl diesen Aspekt der Gestaltwerdung der Mission de France: Sie hebt positiv hervor, daß für die Mission ein zentraler Gehalt der "Idee" von Kirche in bisher ungekanntem Maße Realität geworden sei, nämlich die aktive Rolle, die jeder einzelnen Zelle des Leibes Christi zukomme. Wiederum habe die Mission also in der Verwirklichung ihres Auftrags ein vergessenes bzw. vernachlässigtes Lebensmoment der Kirche entdeckt und durch ihre Praxis in den Bereich kirchlicher Wirklichkeit gehoben, um den Preis jedoch - wie Madeleine Delbrêl feststellt -, daß das für bekannt Gehaltene, der organische Zusammenhang der kirchlichen Lebensvollzüge

---

[112] Vgl. Kapitel 3.2.4.

[113] Vgl. Kapitel 3.4.

[114] Diese Präzisierung ist unabdingbar, denn auch Madeleine Delbrêl weiß aus eigener Erfahrung um die reale Möglichkeit, daß Elemente des Evangeliums auch außerhalb der Kirche, ja sogar in dezidiert akirchlichen und achristlichen Lebenszusammenhängen verwirklicht werden, vgl. etwa ihre von tiefem Respekt und Freundschaft gekennzeichneten Berichte über den Geist der "Brüderlichkeit", die sie bei den Kommunisten in Ivry gefunden hat, NA 284 u.ö.

im ganzen, wenn nicht in Vergessenheit geraten, so doch auf die Ebene der Abstraktion zurückgedrängt worden sei (vgl. 8). Dementsprechend mahnt Madeleine Delbrêl auch unter diesem Gesichtspunkt eher eine Ergänzungsbedürftigkeit als eine Korrektur der Linie der Mission an, um der Gefahr einer "Atomisierung" des kirchlichen Lebens in der Mission de France wirksam zu begegnen (vgl. 9).

Interessant ist, daß Madeleine Delbrêl für den Gedanken, den sie in diesem Abschnitt skizziert, auf das Beispiel des heiligen Franziskus zurückgreift (vgl. 9). Franziskus, von dem sie sagt, keiner habe besser, als er es in seinem "Testament" getan habe, das aufeinander-Angewiesensein aller Glieder des (Kirchen-)Leibes erklärt[115], gilt auch in der Mission de France und im Kontext ihrer theologisch-spirituellen Orientierung als eine Schlüsselfigur, als Prototyp der "Rückkehr zum Evangelium".[116] Mit der Bezugnahme auf das Beispiel des Franziskus greift Madeleine Delbrêl ein in der Mission selbst als bedeutsam erachtetes Paradigma auf. Damit evoziert sie erneut den ekklesialen Zusammenhang, diesmal in der Perspektive der Geschichte evangelischer Erneuerungsbewegungen als Lebenselement der Kirche. Erst darin gewinnt die eigenartige Akzentsetzung dieses Abschnitts ihre Plausibilität.

Um den Aspekt der "Kirchlichkeit" der Mission de France, wie Madeleine Delbrêl sie versteht, noch etwas umfassender zu beleuchten, empfiehlt es sich, den schon an früherer Stelle zitierten Brief an Mgr. Brot hinzuzuziehen, mit dem Madeleine Delbrêl ausdrücklich eine Lanze für die Mission bricht und folglich stärker als im vorliegenden Text auch jene Verantwortlichkeiten für die aktuelle Problemlage benennt, die außerhalb der Mission selbst liegen.

So hebt sie gegenüber dem Weihbischof die wechselseitig bestimmenden Einseitigkeiten in der Wahrnehmung der Berufung der Kirche hervor: einerseits die Tendenz zur Verabsolutierung des neu Entdeckten bei den "Pionieren", wie oben beschrieben, andererseits die in eingefahrenen Geleisen verharrende und oft ängstlicher Besorgnis entspringende Unwilligkeit der "Etablierten", dieses Neue wahrzunehmen. Die Konfrontation beider Positionen führe zur *Dialogunfähigkeit* zwischen den verschiedenen Gruppen im Klerus. Dies bedinge, daß die Übernahme neuer Verantwortungsbereiche durch Priester der Mission de France wenn nicht blockiert, so doch oft durch den Widerstand der Vorgesetzten (im jeweiligen Diözesanklerus) empfindlich erschwert und durch die Einforderung der Gehorsamspflicht selbst in unwesentlichen Dingen konterkariert werde.[117]

---

[115] Madeleine Delbrêl beläßt es an dieser Stelle bei dem allgemeinen Verweis auf das Testament des Franziskus.

[116] Vor allem Marie-Dominique Chenu hat in seinen Reflexionen zur Rolle der Mission de France als Erneuerungsbewegung der Kirche "aus den Quellen" immer wieder auf das Beispiel des Franziskus zurückgegriffen und seinen Aufbruch als gelungene Reform demjenigen Luthers gegenübergestellt, der gescheitert sei, insofern er der Kirche als ganzer einen bleibenden "Riß" zugefügt habe, vgl. z.B. Chenu, L'Evangile dans le temps, 125-129; Vinatier, Augros, 29.

[117] Vgl. Brief an Mgr. Brot, 4.

Indem Madeleine Delbrêl gerade gegenüber einem Vertreter der kirchlichen Hierarchie den Finger in die Wunde innerkirchlicher bzw. innerklerikaler Kommunikationsstörungen bezüglich der Mission de France und ihres Auftrags legt, betont sie den notwendigen Komplementäraspekt zu den gegenüber Augros und Perrot geäußerten Sorgen um die nötige Weite der kirchlichen (Selbst-)Wahrnehmung der Mission: Die Frage nach der Verantwortlichkeit in und für die Kirche, nach der ausreichenden Pflege der Ursprungsbeziehung ist nicht nur an den jungen "Schößling" zu stellen, um ein Bild Madeleine Delbrêls aufzugreifen, sondern in wenigstens gleicher Dringlichkeit auch an den "Stamm" der Kirche: Eine gewisse Absonderung der Priester der Mission de France ist nicht allein diesen Pionieren anzulasten, sondern stellt ebenso das Verhalten und die Haltung des übrigen Klerus in Frage. Madeleine Delbrêl geht in einem anderen Text zum gleichen Thema sogar noch einen Schritt weiter und erklärt die Angelegenheiten der Mission zu einer Angelegenheit der Kirche als ganzer, gerade im Hinblick auf die Verantwortlichkeiten, die angesichts der Krise der Jahre 1953/54 in Frage stehen.[118] Insofern damit jedoch ein Gesichtspunkt angesprochen ist, der in Madeleine Delbrêls Studie erst unter dem Stichwort der "missionarischen Wurzeln" entfaltet wird, soll an dieser Stelle der Hinweis genügen.

"Gemeinschaftliche Wurzeln" (Racines communautaires)

Auf verschiedenen Ebenen läßt sich für die Anfänge der Mission de France das "kommunitäre" Moment benennen; und mit dieser positiven Erinnerung eröffnet Madeleine Delbrêl den kurzen vierten Abschnitt ihrer Skizze (vgl. 9): Daß die Mission de France überhaupt ins Leben gerufen wurde, verdankt sie dem gemeinsamen Willen der Bischöfe, der bedrängenden kirchlichen Lage entsprechend zu handeln. Von Anfang an bestimmte die Option für ein Gemeinschaftsleben in "Equipes" das Konzept der Mission de France. Zur Vorbereitung darauf wurde auch im Seminar diese Art des Gemeinschaftslebens praktiziert.[119] Die komprimierte, aber differenzierte Rekapitulation dieser den Gemeinschaftsaspekt der Mission betreffenden Fakten kommt, ohne daß es an dieser Stelle ausdrücklich gesagt wird, deren positiver Würdigung gleich[120], die für Madeleine Delbrêl aus der eigenen Lebensoption und den darin gewonnenen Erfahrungen heraus ohnehin sehr naheliegt. Welches Gewicht sie dieser Seite der Gestaltwerdung der Mission beimißt, wird deutlich, wenn sie ergänzt, die Tragweite der durch die Mission hin-

---

[118] Vgl. NA 139-144.

[119] Zur Verifizierung dieser Gesichtspunkte vgl. oben Abschnitt 4.2.2.

[120] Diese Schlußfolgerung legt sich auch vom parallelen Aufbau der bisher analysierten Abschnitte her nahe, die jeweils mit den Positiva der "Bilanz" einsetzen.

sichtlich des Gemeinschaftslebens geschaffenen Tatsachen sei noch kaum abzuschätzen.[121]

Gegenüber den Vorteilen eines solchen Konzeptes - Madeleine Delbrêl hebt insbesondere den spirituellen Gesichtspunkt der Loslösung des einzelnen von sich selbst hervor - warnt sie jedoch vor den zugleich damit verbundenen Gefahren und bezieht sich hier vor allem auf ein Problem, das bereits an früherer Stelle, nämlich bei der Kritik des Verhältnisses zwischen der Mission de France und dem Weltklerus, angeklungen ist: Die Gruppe könne als kollektives Ich an die Stelle des individuellen Ichs treten und dessen Tendenz zur Abschottung nach außen hin übernehmen. Der positive Wille zur Gemeinschaft stehe somit in Gefahr, durch Cliquenbildung pervertiert oder wenigstens von seiner missionarischen Zielsetzung entfremdet zu werden, die im Interesse eines authentischen Zeugnisses einen Austausch über die engen Grenzen der "Kirchenzelle", die die Equipe bildete, erheischte. Offenbar hat Madeleine Delbrêl, indem sie dies andeutet, konkrete Beispiele, sei es der Abschottung missionarischer Gemeinschaften, sei es des gegeneinander gerichteten "Konkurrenzkampfes" verschiedener Gruppen vor Augen, ohne darauf jedoch unmittelbar Bezug zu nehmen (vgl. 10).

Wie bereits in den vergangenen Abschnitten zieht Madeleine Delbrêl aus den ambivalenten Beobachtungen den Schluß einer gewissen Ergänzungsbedürftigkeit, weniger in der Programmatik als in der Realisierung dieser fundamentalen Option der Mission de France. Das schließt deren grundlegende Bejahung und - wie es an einer Stelle bereits in Madeleine Delbrêls bildhafter Darstellungsweise deutlich wurde - den Wunsch nach Reifung und Festigung und damit Überwindung der wohl unvermeidlichen "Kinderkrankheiten" ein, unter denen die Mission de France in der ersten Dekade ihres Bestehens zu leiden hatte.

"Missionarische Wurzeln" (Racines missionnaires)

Die unter dieser Überschrift zusammengefaßten Überlegungen betreffen nach Madeleine Delbrêls eigener Einschätzung den Kern der Problematik um die Mission de France (vgl. 11). Sie sind auf das Ziel der Mission, ihre Bestimmung für die "milieux déchristianisées", und die in dieser Sendung grundgelegten konzeptionellen und praktischen Experimente der Umsetzung bzw. Verwirklichung des Auftrags gerichtet.

[121] Die Bildung von Lebens-, Glaubens- und Arbeitsgemeinschaften, wie die Equipes der Mission de France es sein wollten, bedeutete ja sowohl gegenüber dem herkömmlichen Modell des allein auf seiner Pfarrstelle lebenden Weltpriesters als auch gegenüber dem Modell der Orden und Kongregationen, die ihr Gemeinschaftsleben in einem mehr oder weniger abgesonderten Raum entfalteten, eine grundlegende Neuerung.

Ausgehend von der kirchenpolitischen Lage, die den Hintergrund des Textes bildet, glaubt[122] Madeleine Delbrêl die zunächst abwartende, dann intervenierende Haltung Roms mit der Einsicht in die von vornherein gegebene Ambivalenz, welche die Bestimmung der Mission de France auszeichnet, erklären zu können. Es ist an dieser Stelle nicht zu diskutieren, ob die vorgetragene Einschätzung der römischen Einsicht in die Probleme der missionarischen Situation Frankreichs realistisch ist bzw. von welchen Faktoren sie bestimmt wurde. In dem hier erörterten Zusammenhang interessiert vielmehr, daß Madeleine Delbrêl selbst, und zwar aufgrund ihrer eigenen, in praktischer Erprobung gewonnenen Erfahrung zu der Sicht der Dinge gelangt ist, die sie "Rom" zuschreibt, und diese zum Ausgangspunkt ihrer Analyse der Problematik macht. Sie spricht in aller Schärfe von der "étroite, ... dramatique coïncidence" zwischen dem authentischen Ziel der Mission de France und der besonderen Gefahr, der sie - aufgrund dieses Zieles - von Anfang an ausgesetzt gewesen sei. Ohne Umschweife kommt sie zu dem Kristallisationspunkt, in dem die umfassende Problematik der Konfrontation der Missionare mit ihrem entchristlichten bzw. militant atheistischen Umfeld am schärfsten sichtbar wird, und benennt damit wohl auch einen, wenn nicht sogar *den* Kernaspekt der römischen Beunruhigung bezüglich der Mission de France[123]: "Man muß den Mut haben zu sagen ..., daß die Mission in dem Maße zum Marxismus neigt wie sie die Mission ist, daß aber, wenn eine *Tendenz zum Heil* gegenüber dem Marxismus Teil ihrer eigenen Berufung ist, eine *Tendenz zur Verbündung* ihre besondere Versuchung darstellt." (12)

Diesen Gedanken der - als Verwirklichung der ursprünglichen Berufung bzw. als Versuchung - ambivalenten, gleichwohl aber notwendigen Beziehung der Mission zum Marxismus hat Madeleine Delbrêl ungefähr zeitgleich zu dem hier untersuchten Dokument in einem weiteren kurzen Text, den sie auf die Bitte und zuhanden eines Bischofs[124] verfaßte, ausgeführt.[125] Soweit dies für die Verdeutlichung der hier vorgetragenen Überlegungen hilfreich ist, bietet es sich daher an, den inhaltlich und zeitlich parallelen Text hinzuzuziehen.

Um zu erläutern, was sie mit den genannten Alternativen meint, wählt Madeleine Delbrêl den Weg einer phänomenologisch-historischen Rekonstruktion der

---

[122] Gerade in diesem Zusammenhang und in der Darlegung ihrer Deutung der Geschehnisse äußert sich Madeleine Delbrêl betont vorsichtig und bringt die Subjektivität ihrer Einschätzung deutlich zum Ausdruck, wenn sie immer wieder formuliert "je pense ...", "je sais ..." (vgl. v.a. 11).

[123] Politische Implikationen der römischen Interventionen gegenüber der Mission de France und den Arbeiterpriestern wurden zwar offiziell regelmäßig dementiert. "Hinter den Kulissen" kamen jedoch offenbar massive politisch-ideologische Beweggründe zum Vorschein, wie etwa D. Perrot in seinen Berichten über seine offiziellen Gespräche, die er im Auftrag der französischen Bischöfe mit den römischen Verantwortungsträgern führte, erkennen läßt, vgl. Perrot, 133-262.

[124] Fouilloux, 113, nennt als Adressaten Mgr. Lallier, den Bischof von Nancy.

[125] "Tendance d'alliance, tendance de salut", NA 129 - 132; dt. NK 114 - 117, wobei die deutsche Übersetzung jedoch den im Kontext unzweifelhaften Bezug auf die Mission de France unkenntlich macht.

Begegnungsgeschichte von Mission de France und Marxismus im Proletariat; dabei geht es ihr jedoch weniger um eine historische Rekapitulation der Ereignisse als darum, die in der Bestimmung der Mission de France (und des Anliegens der Mission des Proletariates überhaupt) grundgelegte Not und Notwendigkeit einer klaren Unterscheidung beider "Tendenzen" vor Augen zu führen, von denen sie sagt, es bedürfe dazu "einer solchen übernatürlichen Kühnheit, daß die nächstliegende Lösung immer darin bestehen werde, entweder dem Ziel zu entsagen oder die Versuchung zu leugnen." (12)[126] Dieser Gedanke, der in Madeleine Delbrêls Auseinandersetzung mit der Mission de France und den Möglichkeiten einer "Christianisierung" des Proletariates immer wiederkehrt, bringt das Anliegen der Unterscheidung der Geister als inhaltlich wie methodisch zentrales Motiv und Strukturelement aller ihrer diesbezüglichen Suchbewegungen zur Sprache. In dem hier untersuchten Text wie an vielen anderen Stellen ihres Werkes verwendet Madeleine Delbrêl im entsprechenden Zusammenhang bevorzugt die Worte "discerner" und "discernement" und bewegt sich damit schon terminologisch im direkten Umfeld der "Unterscheidung der Geister".[127]

Um zu erfassen, was näherhin in Madeleine Delbrêls Sicht Auslöser und Gegenstand der notwendigen Unterscheidungsarbeit für die Mission de France (und ebenso für parallele, nicht institutionelle missionarische Bemühungen) ist, sei ihre Erläuterung skizziert. Ausgangspunkt ist wiederum die Bestimmung der Mission de France für die "milieux déchristianisées" durch den französischen Episkopat. Diese Weichenstellung habe die Hinwendung zum Proletariat zu einem konstitutiven Moment der Berufung der Mission de France gemacht, und mit dem ganzen Gewicht dieser Berufung habe sie sich in das Proletariat eingesenkt (vgl. 13). Hier lauert jedoch bereits die erste Schwierigkeit: Verdeckt, vielleicht sogar verharmlost durch das von vielen im Munde geführte Stichwort der "entchristlichten Massen" (*masses déchristianisées*) blieb das "Proletariat" eine weithin unbekannte Größe, und dieses Element des Unbekannten, das dem Begriff "Proletariat" anhaftete, war der schlagende Beweis dafür, daß sich zwischen der Kirche und dem Proletariat eine "Mauer" aufgerichtet hatte (vgl. 13). Mit dem Bild der Mauer nimmt Madeleine Delbrêl eine insbesondere durch Kardinal Suhard, den Promotor und Protektor der missionarischen Aufbrüche im Frankreich der 30er und 40er Jahre, ins Gespräch gebrachte Metapher auf, die in den Anfängen von Mission de France und Mission de Paris geradezu

[126] Ganz ähnlich formuliert Madeleine Delbrêl in dem o.g. Paralleltext: "Cette coïncidence, dans la Mission, du but et du danger, demande pour l'affronter une telle audace surnaturelle, que les tentations normales seront ou de refuser l'un, ou de nier l'autre." (NA 129)

[127] In dem Paralleltext "Tendance d'alliance, tendance de salut" nennt Madeleine Delbrêl als - nach ihrer Erfahrung - grundlegende Voraussetzungen einer gelingenden Unterscheidung "une foi sans cesse alimentée, une tête franchement éclairée sur la doctrine marxiste et enfin une ascèse du coeur" (NA 129f).

leitmotivischen Charakter annahm.[128] In einer kritischen Weiterführung stellt Madeleine Delbrêl jedoch sogleich fest, das Bild der Mauer sei noch zu schwach, um die tatsächliche Wirklichkeit zu erfassen, der sich die Missionare konfrontiert sahen; denn hinter der Mauer tat sich ihnen eine völlig neue, unbekannte Welt auf, deren Rätselhaftigkeit zugleich das eigene Geschick, die eigene Bestimmung umfaßte (vgl. 13).

In dieser objektiv wie subjektiv höchst ungesicherten Situation der Konfrontation kam den Missionaren die bereits dargestellte Begegnung mit jenen "Pionieren" entgegen, welche die Mauer schon erklommen und wie Kundschafter der neuen Welt das kennengelernt hatten, was - auf den Begriff gebracht - die "Apostasie des Proletariates" heißt. Die Wirkung dieser Pioniererfahrung beschreibt Madeleine Delbrêl wiederum mit einem anschaulichen Bild, das diesmal aus der Photographie entlehnt ist: Das Leben der "Kundschafter" geht aus dem Entwicklerbad des proletarischen Milieus hervor wie ein Negativ, auf dem jedes bisher - bewußt oder unbewußt - genossene Privileg einen schwarzen Fleck der Ungerechtigkeit hinterläßt (vgl. 13). Der Vergleich mit dem Vorgang der Entwicklung eines Films deutet auf die Irreversibilität und den kathartischen Charakter des Prozesses hin, der mit dem Eintauchen in das Proletariat in Gang kommt und dessen erster Schritt in der Entdeckung besteht, daß das Unglück, dem man im proletarischen Milieu begegnet, auf der Ungerechtigkeit gesellschaftlicher Strukturen beruht. Eine unbefangene Rückkehr zum Ausgangspunkt ist den Missionaren, die in der Absicht wirklicher Begegnung die "Mauer" übersprungen hatten, nach einer solchen Begegnung nicht mehr möglich. Sie sind gezeichnet von einem unauslöschlichen Schock, auf den sie nicht vorbereitet waren und zu dessen Bewältigung sie keine Hilfe bekamen (vgl. 13/14). Die gleiche Erfahrung wie die von der "Peripherie" her kommenden Pioniere haben, so fährt Madeleine Delbrêl fort, auch die ersten Gesandten der Mission de France bei ihrem Eintauchen in das proletarische Milieu gemacht, und auch sie waren unvorbereitet und konnten nicht auf Hilfen zur konstruktiven Aufarbeitung der sie treffenden "Schocks" zurückgreifen.

Die Diagnose einer - in sich noch einmal vielfältigen - Schockerfahrung, die die (in der Regel selbst nicht dem Proletariat entstammenden) Missionare im Milieu ihrer Zielgruppe unweigerlich machen mußten[129], ist auf der Basis eigener Erfah-

---

[128] In seiner Einführung zu Suhard, Eglise, schreibt Olivier de la Brosse, 24f, das Wort von der Mauer, die abgerissen werden müsse, sei seit 1943 (dem Jahr, in dem der Kardinal "La France, pays de mission?" las und die Mission de Paris auf den Weg gebracht wurde, M.H.-St.) tagtäglich in den Gesprächen des Bischofs wiedergekehrt. Ein vielzitiertes Beispiel aus den Predigten des Kardinals findet sich in der Ansprache, die er bei der Feier seines goldenen Priesterjubiläums und des 20. Jahrestages seiner Bischofsweihe am 5. Dezember 1948 in Notre-Dame hielt. Darin heißt es: "C'est toujours le même: il y a un mur qui sépare l'Eglise de la masse. Ce mur, il faut l'abattre à tout prix, pour rendre au Christ les foules qui l'ont perdu." (ebd., 298).

[129] Madeleine Delbrêl berichtet ausführlich von ihren eigenen schockartigen "Initiationserfahrungen", durch die sie nach ihrer Ankunft in Ivry gegangen ist und die - im Rückblick gesehen - ein tragfä-

rung ein äußerst wichtiges Element in Madeleine Delbrêls Analyse der Schwierigkeiten der Mission de France. Dabei hat die lapidare Feststellung einer nicht nur mangelhaften, sondern fehlenden Vorbereitung der Missionare auf die spezifische Neuheit der sie erwartenden Aufgaben und Arbeitsbedingungen im proletarischen Milieu allein noch keinen sehr hohen Erklärungswert[130], insofern - jedenfalls in Madeleine Delbrêls Sicht der Dinge - die faktisch eingetretenen Schwierigkeiten daraus nicht zwangsläufig resultieren. Sie hebt ausdrücklich hervor, daß die "ersten"[131], die die Schockerfahrung der Begegnung mit dem Proletariat durchlitten, in zwar sehr unterschiedlicher Weise ein missionarisches "Erwachsenenalter" erreicht und so die Katharsiserfahrung der Ungerechtigkeit für sich fruchtbar gemacht hätten.[132] Hingegen habe der Schock der ersten Aufbrüche die "Psychologie der Mission" so geprägt, daß er ihr Erwachsenwerden verhindert habe (vgl. 14).

Damit überträgt Madeleine Delbrêl die Schwierigkeiten, die einzelne Pioniere beim Eintauchen in ein fremdes Milieu und in der Übernahme einer neuen Aufgabe erfuhren, auf die Mission de France als ganze: Gemäß der Aufgabe, die ihr nach dem Willen des französischen Episkopates zugedacht war, hatte die Mission de France selbst Pioniercharakter; als Experiment konnte sie weder auf eine sie absichernde Vorbereitung noch auf kompetente Hilfe zurückgreifen, so daß die als Reaktion auf eine eklatante soziale und ekklesiale Notsituation ins Leben gerufene Initiative eher einer sich allmählich ausbildenden und erprobenden *Bewegung* entsprach als einer in sich wohlorganisierten und nach geregelten Abläufen funktionierenden Institution. Wenn überhaupt eine Analogiebildung zwischen individuell-persönlichen Verhaltens- und Reaktionsweisen einerseits und dem "Verhalten" einer Institution andererseits zulässig ist - wie im vorliegenden Text insinuiert -, dann wohl in bezug auf eine solche Konstellation, die eine Institution *in statu nascendi*, in einem Vorstadium zeigt, in welchem zwar eine Intention, ein Ziel und ein starker Wille der initiierenden Persönlichkeiten als "Startkapital" gegeben sind, nicht aber eine (erprobte) Konzeption und eine Struktur, die die gelingende Umsetzung der maßgeblichen Absichten garantieren könnten. Im Fall der Mission de France läßt sich diese Situation, die Madeleine Delbrêl aus ei-

---

higes Fundament für ihr authentisches Leben im marxistisch-proletarischen Milieu der Stadt legen halfen, vgl. NA 281-293, dt. NK 261-274. In VM^2 136 (dt. CmS 108) schreibt sie - vor dem Hintergrund ihrer Erfahrungen und Beobachtungen: "Die Begegnung des missionarischen Geistes mit dem marxistischen Geist führt fast unvermeidlich zu einem Schock."

130 Auf diesen Gesichtspunkt kommt Madeleine Delbrêl jedoch im Zusammenhang der Arbeiterpriester wiederholt zu sprechen.

131 Der Text ist an dieser Stelle nicht ganz eindeutig. Offenbar meint Madeleine Delbrêl hier mit den "ersten" sowohl die Pioniere von der "Peripherie" als auch die ersten Missionare der Mission de France, die sich demzufolge nach Madeleine Delbrêls Meinung im Maß ihrer missionarischen "Reife" von der Gesamtentwicklung der Mission abzusetzen scheinen. Für den hier interessierenden Argumentationszusammenhang ist diese Frage jedoch nur von untergeordneter Bedeutung.

132 Ein Beispiel dafür, wie ein solcher "Reifungsprozeß" sich vollziehen konnte, bieten die Aufzeichnungen Madeleines selbst über ihre Erfahrungen in Ivry. Diesem Aspekt wird noch besondere Aufmerksamkeit zu widmen sein.

genem solidarischen Miterleben vor Augen hat, wie im voranstehenden Abschnitt gezeigt, anhand der vorliegenden Literatur recht gut rekonstruieren.

Auf der Basis der dargestellten und hier nicht weiter zu problematisierenden Folgerung von den Erfahrungen einzelner auf die "Psychologie der Mission" als ganze gelangt Madeleine Delbrêl zu dem Zwischenergebnis, die Mission sei zwar dazu bestimmt gewesen, dem Proletariat - und in diesem Medium dem Marxismus - zu begegnen, sie sei jedoch weder für die eine noch für die andere Begegnung gerüstet gewesen (vgl. 14).[133] Daß die auf den ersten Blick etwas unvermittelt scheinende Einführung der Begegnung mit dem Marxismus im Medium des Proletariates keine Identifizierung oder undifferenzierte Vermischung insinuiert, wird in den folgenden Ausführungen Madeleine Delbrêls deutlich, die gerade in gegenteiliger Absicht auf eine saubere Unterscheidung beider "Größen" hinarbeiten und in der Gefahr der mangelhaften Differenzierung die entscheidende Gefährdung der Mission und ihres genuinen Auftrags identifizieren. Auch dabei geht sie implizit wieder von eigenen Erfahrungen aus, wenn sie zunächst die ambivalente Wirkung beschreibt, die die Begegnung mit engagierten Marxisten im Proletariat für den unvorbereiteten und von der Ungerechtigkeitserfahrung schockierten Missionar zeitigt: "Jedem für menschliche Werte aufgeschlossenen Menschen nötigt die Begegnung mit einem entschlossen marxistischen Milieu Respekt ab. Für Menschen aber, die gerade erst niedergeschmettert wurden durch die Entdeckung menschenunwürdiger proletarischer Lebensbedingungen, muß diese Begegnung eine *Blendung* verursachen." (14, Hervorhebung M. H.-St.) Eine Blendung, die die notwendige Unterscheidung verhindert, denn das erste, was die Begegnung mit dem marxistisch-proletarischen Milieu denjenigen offenbart, die sich anschicken, das Leben dieser Menschen zu teilen, sind Elemente des Evangeliums - Großherzigkeit, Hingabe, Warmherzigkeit, Aufrichtigkeit (vgl. 14)[134] -, die dort so überzeugend gelebt werden, daß sie den in christlich-missionarischer Absicht aufgebrochenen Neuankömmling hinsichtlich der Kraft des Zeugnisses nur beschämen können. Diese Wirkung ist spontan so stark, daß sie *ver*kennen läßt, was in der Praxis dieses Milieus und in den sie leitenden Optionen dem Evangelium entgegensteht, ja es leugnet - und zwar nicht aus einer nur unvollkommenen Verwirklichung der bestimmenden guten Absichten, sondern aufgrund des lebensbe-

---

[133] In seinem bereits erwähnten Brief vom 30.10.53 bestätigt Louis Augros nachdrücklich Madeleine Delbrêls Diagnose, die Begegnung mit dem Marxismus sei der springende Punkt, an dem zugleich Authentizität und Gefährdung der Mission hingen. Er differenziert jedoch hinsichtlich der Vorbereitung der Missionare auf diese Aufgabe: Die Vorbereitung sei gewiß unzureichend gewesen - bedingt durch die Neuheit der Aufgabe und den allgemeinen Mangel an Erfahrung, jedoch seien diejenigen, die die gesamte Ausbildung in Lisieux durchlaufen hätten, besser gerüstet gewesen als die anderen. - Darüber hinaus stellt er im Hinblick auf die Mission de Paris und die Mehrzahl der Arbeiterpriester fest, sie hätten sich freiwillig vom Rest der Kirche und schließlich auch von der Mission de France abgesondert und nur noch mit ihren Bischöfen Kontakt gehalten.

[134] Vgl. dazu auch NA 129, dt. NK 114.

stimmenden Programms, das wenn nicht in Gestalt einer Theorie[135], so doch in Gestalt einer alles Handeln begründenden "Hoffnung, die man in der ganzen Welt lärmen hört und die streitet für das [irdische] Glück", gegenwärtig ist.[136] In diesem Stadium der Begegnung, in dem dem Missionar die Menschen des neuen Milieus "wie Gerettete und Führer zugleich"[137] erscheinen, sieht Madeleine Delbrêl die einzige wirkliche Gefährdung der Mission, insofern hier die entscheidende "Weichenstellung" (*aiguillage*) bezüglich der das Verhältnis bestimmenden "tendance d'alliance" oder "tendance de salut" erfolgt (15).

In direkter, spürbar engagierter Bezugnahme auf die aktuelle Konfliktsituation um die Mission de France und die Arbeiterpriester führt Madeleine Delbrêl die einzelnen Diskussionsaspekte auf den nach ihrer Sicht der Dinge springenden Punkt zurück: "Man kann die Priester in Soutane oder im Blaumann gehen lassen, sie in der Fabrik lassen oder zurückholen, sie an eine Pfarrei binden oder an ein Wohnviertel, man kann eine ganze mögliche Evangelisierung Disziplinarmaßnahmen aufopfern; *die Gefahr wird unvermindert bleiben, solange Christen den Marxismus als einen gesunden Zustand einschätzen und zu den Marxisten gehen, nicht um dessentwillen, was ihnen fehlt, sondern um dessentwillen, was sie haben*. Im Gegensatz dazu kann man die Mission äußerlich 'retten', sie neu beginnen lassen ohne Veränderung: Wenn diese 'Weichenstellung' nicht entschieden wird, wird die Mission von innen her untergraben, sie wird nicht Jesus Christus zu den Marxisten bringen, sondern nur mit ihnen das wiederholen, was diese auch schon ohne sie sagten, und ihnen dabei den Bezug auf das Evangelium liefern." (15/16) In der hier so apodiktisch vorgetragenen, in ihren Reflexionen nahezu topisch gewordenen Diagnose des Marxismus als "Krankheit" faßt Madeleine Delbrêl das Ergebnis eigenen langen Ringens um eine christlich verantwortbare Verhältnisbestimmung zum Marxismus bzw. zu den Marxisten zusammen. Daß diese Frage für sie keineswegs abstrakt philosophisch zu lösen war, sondern - aus der praktischen Begegnung und Konfrontation in Ivry erwachsen - auch im Hinblick auf die Ebene der praktischen Zusammenarbeit zu entscheiden war, geht aus ihrer Biographie hervor. Wie sehr sie dieses Problem beschäftigt hat, spiegelt ein Großteil ihres

[135] Die scheinbare Abwesenheit der marxistischen Theorie, die die meisten Menschen im proletarischen Milieu gar nicht explizit kennen, ist nach Madeleines Erfahrungen ein Faktor, der die Praxis für den christlichen Missionar noch attraktiver macht: "Man kann diese Tendenz zur Verbündung nur verstehen, wenn man das Potential an Verführungskraft kennt, das ein mutig marxistisches Milieu in sich trägt. Großmut, Kameradschaft, Aufrichtigkeit, Selbstverleugnung haben von dort her für viele Christen neue Glaubhaftigkeit gewonnen. *Das Ganze wirkt noch mitreißender, wenn es sich um marxistische Basisgruppen handelt, denen die intellektuelle Systematik fremd ist.*" (NA 129; dt. NK 114, Hervorhebung M.H.-St.)

[136] Madeleine Delbrêl unterscheidet zwischen marxistischer (espoir) und christlicher Hoffnung (espérance), vgl. NA 233 - 251, dt. 214-232.

[137] Ein ähnlicher Gedanke aus dem o.g. Paralleltext kann diese Formel erläutern: "Von Gott aus betrachtet sind die Marxisten die unglücklichsten, die kränksten Menschen ... Sie bedurften des Arztes ... Wir sind auf sie wie auf Gesunde zugeschritten ... zuweilen wie auf Gesundmacher: hier liegt, glaube ich, die erste Abweichung vom Wege." (NA 131, dt. NK 116)

Werkes wider, in dem sie die Problematik christlicher Bewußtseinsbildung und Identitätsklärung angesichts der im Proletariat begegnenden marxistischen Herausforderung immer wieder reflektiert hat.

Im Hinblick darauf treibt sie auch im vorliegenden Text den Gedanken noch einen Schritt weiter, um so zu der bereits angedeuteten Differenzierung zwischen "Proletariat" und "Marxismus" vorzustoßen: "Der Marxismus ist nicht die Rückkehr eines kranken Proletariates zur Gesundheit, er ist die soziale Sünde, der das Elend des Proletariates Gelegenheit zum Aufblühen gegeben hat." (16) "Soziale Sünde" meint in diesem Zusammenhang im strengen Sinn die kollektive Gottesleugnung des Marxismus, hat also zunächst eine andere Stoßrichtung als das heute auf dem Weg über die lateinamerikanischen Befreiungstheologien auch in der europäischen Theologie und in der lehramtlichen Verkündigung eingebürgerte Stichwort von der "sozialen Sünde" oder den "Strukturen der Sünde". Eine genaue Analyse des Gedankengangs wird jedoch zeigen, daß der Sinngehalt des heute geläufigen Theologoumenons von den Strukturen der Sünde in Madeleine Delbrêls Überlegungen sehr wohl eine bedeutsame Rolle spielt, und zwar als Fundament bzw. Möglichkeitsbedingung der im marxistischen Atheismus diagnostizierten "sozialen Sünde", insofern dieser Begriff die explizit religiöse Ebene ihrer geistigen Auseinandersetzung mit dem Marxismus bezeichnet. Es geht ihr im wesentlichen darum, den Sog des Atheismus bewußt zu machen, in den zu geraten droht, wer sich, angezogen durch die Hochherzigkeit der Aktivisten, der Dynamik der marxistischen Aktion unbesehen anschließt bzw. überläßt. In dem Augenblick, in dem der Missionar aufhört, den Marxismus als "Sünde" zu identifizieren, sei er "durch falsche Langmut umgefallen angesichts einer 'zu taufenden Gesellschaft'." Das Proletariat, das getauft werden könne, werde verwechselt mit einem quasi-religiösen Atheismus, der - wenngleich er mit dem Proletariat eine ganze Zivilisation mitreißt - doch etwas ganz anderes sei als jenes (vgl. 16).[138] Diese Unterscheidung zwischen dem Proletariat als einer eigenen sozialen Gruppe, einer von der bürgerlichen Gesellschaft verschiedenen "Zivilisation" einerseits und der Ideologie, die sich in dieser Zivilisation eingewurzelt hat, andererseits gilt es zu erfassen. Sie zum Maßstab des missionarischen Handelns im Proletariat zu machen, ist für Madeleine Delbrêl vor allem Engagement auf kommunaler oder gewerkschaftlicher Ebene die unerläßliche Bedingung eines Handelns, das mit der ursprünglichen Sendung der Mission de France und mehr noch mit dem Glauben selbst in Einklang steht (vgl. 17).

Das Argument, das Madeleine Delbrêl immer wieder für die Unerläßlichkeit dieser aller konkreten Zusammenarbeit vorgängigen Unterscheidung einführt, ist der Verweis auf zwei Grundoptionen, die die marxistische Aktion bestimmen: der Kampf gegen Gott und der Klassenkampf. Unter der Voraussetzung dieser Optio-

---

[138] In dem bereits mehrfach zitierten Paralleltext vergleicht Madeleine Delbrêl den marxistischen Atheismus mit einer Häresie: "Man vergißt, daß, wenn eine Kultur getauft werden kann, eine Häresie sich nicht taufen läßt; und hier geht es um Ärgeres als Häresie: um den theoretischen und aktiven Atheismus." (NA 129, dt. NK 131).

nen, von deren fundamentalem Charakter sie sich insbesondere durch das Studium einschlägiger Texte von Lenin überzeugt hat[139], hält sie fest, sich der marxistischen Aktion anzuschließen, bedeute für die in und mit dem Proletariat lebenden und arbeitenden Christen, ein Moment in das eigene Handeln einzuführen, das "positiv" gegen Gott gerichtet ist und auf Dauer den Zusammenbruch ganzer Bereiche des "übernatürlichen", religiösen Lebens intendiert.[140] Die aktuellen Schwierigkeiten, in welche die Mission de France und insbesondere eine Anzahl Arbeiterpriester angesichts der Herausforderung zum Engagement in ideologisch einschlägig festgelegten Organisationen (Partei, Gewerkschaft) geraten sind, gelten ihr als ein Beleg für die Wirksamkeit der antireligiösen Programmatik des Marxismus-Leninismus.

Im Blick auf diese Entwicklungen, die Madeleine Delbrêl als Katastrophe bezeichnet (womit sie sicher ohne Übertreibung die Erschütterung zum Ausdruck bringt, die mit der Krise der Mission de France und der Arbeiterpriester die französische Kirche und Öffentlichkeit erfaßt hatte), hält sie es für angebracht zu fragen, inwiefern die debattierten Ereignisse selbst eine Situation des Klassenkampfes im marxistischen Sinn darstellen. Damit scheint sie - fast etwas überraschend nach der scharfen Grenzziehung, die sie bisher in den Vordergrund gestellt hatte - ein neues kritisches Moment in die Analyse einzubringen. Doch zeigt sich rasch, daß sich das Blatt nur scheinbar wendet; die kritische Überlegung bleibt auch im folgenden auf die Unterscheidung des eigentlichen missionarischen Auftrags im Rahmen der divergenten, wenn nicht sogar zuweilen konträren "zeitlichen" Bindungen der Kirche, innerhalb deren er verwirklicht werden soll, bezogen. So schreibt sie zunächst andeutend: "... wenn die Tendenz zur Verbündung

---

139 Vgl. dazu die Hinweise in Abschnitt 4.3.2.

140 Vgl. 17. Die Subtilität dieser "Unterwanderung" beschreibt Madeleine Delbrêl ausführlicher im Paralleltext: "Selbstredend führt in einer marxistischen Umwelt ... menschliche Bruderschaft auch zu gemeinsamen menschlichen Taten, auch außerhalb von Politik und Beruf. Ich bin sicher, daß viele dieser Taten keinerlei Mitwirkung am Marxismus besagen, daß aber *fast immer* im Kern dieser Taten oder in ihrem Gefolge ein Eingreifen oder eine Stellungnahme sich anbietet, die dann mit dem eigentlichen Nervensystem des Marxismus in Verbindung setzt. Eben deshalb bedarf es eines klaren Kopfes und eines gezügelten Herzens. Denn diese *Zusammenarbeit* ist aus einem doppelten Grund zu vermeiden, weil sie uns mit einer gigantischen Kraft der Entchristlichung verkoppelt und weil sie uns selber entchristlicht. Selbst die großen Theoretiker des Marxismus haben wohl nicht voll ermessen, wie unerbittlich logisch ihre beiden Grundentscheidungen waren: Tod Gottes und Klassenkampf; Atheismus und Haß auf gewisse Menschen. In dem Maße, als dieser Haß irgendwo legitim praktiziert wird, befindet sich das Reich Gottes im Rückzug. Was im Kollektiven wahr ist, ist es vielleicht noch mehr im Individuellen. Wenn ein Christ regelmäßig am marxistischen Handeln teilnimmt, wenn er sich 'praktisch' eine Art 'Recht auf Haß' zubilligt, wird selbst unter militanten Katholiken, die sich dessen gar nicht bewußt sind, eine Art perniziöser Anämie sein übernatürliches Sein untergraben. Dieser Zustand kann in ihm mit einem unversehrt scheinenden Glauben zusammen bestehen; aber allmählich werden ganze Teile seines Gnadenlebens *zermürbt*. Und in dieser Zermürbung wäre der eigentliche Grund für bestimmte sittliche Fehltritte oder für einen Bruch mit der Hierarchie zu suchen." (NA 130, dt. NK 115, Hervorhebung im Original)

gegenüber dem Marxismus m.E. die einzig wirkliche Gefahr für die Mission ist, wenn das Sich-selbst-Wiederentdecken mir ihre einzige Rettung zu sein scheint, so empfinde ich es doch als ziemlich peinlich, daß die tatsächlichen oder möglichen Abwege von jenen gebrandmarkt werden, die unter einem anderen Blickwinkel einer analogen Gefahr begegnet sind, ohne weniger verletzt daraus hervorgegangen zu sein." (18)[141] Wenn sie dann das Proletariat zwischen "zwei Sünden der Welt", dem Kapitalismus, der es hervorgebracht, und dem Marxismus, der sich seiner bemächtigt habe[142], lokalisiert, geht es immer noch um die Frage, welchen "Standort" die Kirche und näherhin die Mission de France in diesem Szenario einnehme bzw. ihrem Auftrag entsprechend einzunehmen habe.

Nicht, daß die Kirche unter den Reichen und Mächtigen anwesend sei, bedeute einen Skandal; sie habe vielmehr dort zu sein, insofern sie kraft ihres Heilsauftrags diesem Milieu der Sünde in einer "tendance de salut" zugeneigt sein müsse (vgl. 19). Aber wie im Falle der Mission de France gegenüber dem Marxismus sei auch die authentische Erfüllung dieses genuinen Auftrags bedroht durch eine Verbündung, die zudem durch lange Gewöhnung jedes missionarischen Schwungs verlustig gegangen sei. Die Allianz zwischen Kirche und Kapitalismus, deren "Verwüstungen" wiedergutzumachen die Mission de France angetreten sei, sei der wirkliche Skandal, weil sie die "Sünde der verantwortlichen sozialen Gemeinschaften" verdeckt habe, die darin bestand, das leidende Proletariat in einem Zustand der Absonderung, in einer Art Apartheid, die ein bürgerliches Christentum von der Welt der Arbeit trennte, entstehen und wachsen zu lassen (19).

Mit dieser Wendung der Überlegung hin zu den Versäumnissen und Verblendungen der mit einer bürgerlich-kapitalistischen Welt alliierten Kirche gegenüber dem Proletariat kommt Madeleine Delbrêl dem Sinn der heutigen Rede von den "Strukturen der Sünde" sehr nahe.[143] So stellt sie in einem Text vom Februar 1954 fest: "Eine atheistische Welt entsteht nicht neben christlichen Gemeinden, ohne daß diese schuldig wären, wenigstens eines blinden Egoismus. Die wirtschaftlichen, das Heidentum fördernden Ursachen sind selber die Summe sündiger Herzen."[144] Mag man auch aus heutiger Sicht den hier insinuierten

[141] Ähnlich äußert sie sich in dem Brief an Mgr Brot vom 11.12.1953, wenn sie auf die Gefahr ungerechter Urteile gegenüber der Mission de France hinweist, insofern "ces jugements sont portés par des Prêtres et des Chrétiens, qui ... sont installés dans d'autres erreurs, si admises, qu'ils gardent bonne conscience et ne causent pas de scandale." (a.a.O., 1); vgl. auch Madeleine Delbrêls Studie "Eglise et mission" (1951) NA 107-119, dt. NK 92-104.

[142] Ebenso wie die von Madeleine Delbrêl vorgelegte religiöse Interpretation des Marxismus nur einen Aspekt der Ideologiekritik thematisiert und in Ermangelung einer gründlichen philosophischen Auseinandersetzung aufs Ganze gesehen recht undifferenziert bleibt, fällt auch die Auseinandersetzung mit dem Kapitalismus eher holzschnittartig aus, etwa wenn behauptet wird, der Kapitalismus habe keine Lehre (*doctrine*) (vgl. 18).

[143] Vgl. z.B. Johannes Paul II., Enzyklika "Sollicitudo rei socialis" (30.12.1987) Nr. 36; Apostolisches Schreiben "Reconciliatio et Paenitentia" (2.12.1984) Nr. 16.

[144] NK 192 (NA 142f).

Zusammenhang zwischen religiös motiviertem Handeln und wirtschaftlichen Gegebenheiten wenigstens in bezug auf die makrostrukturelle Ebene gesellschaftlicher und ökonomischer Verhältnisse für naiv halten, so bleibt gleichwohl festzuhalten, daß Madeleine Delbrêl sehr deutlich ein Defizit kirchlichen Handelns im Hinblick auf die Wahrnehmung christlicher Weltverantwortung anmahnt: Die Versuchung, dieses Defizit als eine nur verzögerte Reaktion auf ein neues soziales Problem zu bagatellisieren, wehrt sie ab mit dem Verweis auf die - allzu lang für selbstverständlich gehaltene - Allianz der Kirche mit der bürgerlichen Gesellschaft bzw. dem kapitalistischen System, eine Verbindung, die sie selbst - analog zu derjenigen mit dem Marxismus - als ideologische Verirrung brandmarkt (vgl. 19). Die - zudem erst sehr spät einsetzende - "Rettungsaktion" der Mission de France mußte in der Perspektive der ideologischen Konstellation für viele als Störfaktor wirken, den man zu neutralisieren suchte, indem er von vornherein der ideologischen Vereinnahmung verdächtigt und jede Neuerung, welche die missionarische Präsenz im proletarischen Milieu tatsächlich oder scheinbar notwendig werden ließ, als Abweichung von oder Mangel an kirchlichem Geist in Frage gestellt wurde.

Indem Madeleine Delbrêl das Problem der Mitverantwortung für aktuell vorhandene, ungerechte gesellschaftliche Gegebenheiten, das sie an anderer Stelle auch in bezug auf die Rolle jedes einzelnen anspricht[145], an kirchliche Strukturen und Institutionen (Pfarrgemeinden; Mission de France; Episkopat) heranträgt, zielt sie hier explizit auf die sozialethischen Optionen der Kirche. Sie versteht die ethische Fundierung und Orientierung des kirchlichen Handelns in der Welt in unmittelbarem Zusammenhang mit deren missionarischem Auftrag und verlangt dementsprechend so etwas wie eine "soziale Bekehrung" der einzelnen Christen, der christlichen Gemeinden und der Kirche als ganzer.[146] So schreibt sie etwa - mit einem vergleichenden Seitenblick auf die Anstrengungen, die für die "ausländischen Missionen" aufgebracht werden: "... nötig sind heute glaubende Menschen, die wie für die ausländischen Missionen ihr Gebet, ihr Leiden und, anstatt ein bißchen Geldes, die Wiedergutmachung unseres Kollektivegoismus, unserer gottmörderischen Selbstsucht spenden. Unser Gebet wird in dem Maße wahr sein, als es erkennt, wofür es betet. *Es wird wahr sein, wenn es, für die Ungläubigen betend, in uns richtigstellt, was Ursache ihres Unglaubens war.*"[147]

Diese Richtigstellung wird jedoch - so Madeleine Delbrêl - nur insoweit gelingen, als sie Maß nimmt an der jeder gesellschaftlich konkreten Option - für die Armen, gegen bestimmte ideologische Verbündungen etc. - vorgeordneten eschatologischen Perspektive der Verwirklichung des Reiches Gottes, das allen Menschen zugesagt ist. Damit wird weder die konkrete soziale Verantwortung für

---

[145] Vgl. z.B. NA 103-106, dt. NK 88-91.
[146] Vgl. M. Sievernich, Soziale Sünde und soziale Bekehrung, in: ThG 36 (1993) 30-44.
[147] NK 129 (NA 143; Hervorhebung M.H.-St.).

die gesellschaftlich Benachteiligten zurückgenommen, wie es auf den ersten Blick scheinen könnte, noch wird die Notwendigkeit gesellschaftlich-politischer Stellungnahme im Engagement für mehr Gerechtigkeit relativiert. Vielmehr bindet Madeleine Delbrêl alle diese Notwendigkeiten zurück an den Ausgangspunkt der missionarischen Sendung, deren authentische Verwirklichung das Thema ihrer Studie ist. Durch die Einführung der religiösen Kategorie des zum Heil berufenen Sünders, die auf alle Menschen, gleich in welche ideologischen Zusammenhänge sie verstrickt sind, zutrifft, bringt sie ein letztes Korrektiv, einen unhintergehbaren Referenzpunkt aller in missionarischer Absicht getroffenen sozialen und/oder politischen Optionen ins Spiel. Nicht das Engagement für die Armen oder für gerechtere Lebensverhältnisse im Proletariat wird damit in seiner evangelischen Authentizität in Zweifel gezogen; abgewehrt werden soll jedoch die in einem solchen Engagement naheliegende ideologische Festlegung in den Kategorien von Reich und Arm, Proletariat und Kapital etc., die dann aus der Liebe zu den einen Gleichgültigkeit oder gar Haß gegenüber den anderen meint ableiten zu müssen und deren Heilsbedürftigkeit vergessen läßt (vgl. 20).

Deshalb plädiert Madeleine Delbrêl für die Notwendigkeit, im Vollzug des Glaubens ("Gebet") einen Standort zu gewinnen, der zur kirchlichen Selbstkritik, zur Ideologiekritik gegenüber unheiligen Allianzen jeglicher Provenienz befähigt und daher auf allen Ebenen, vom individuellen bis zum institutionellen Handeln, eine dem ursprünglichen Sendungsauftrag der Christen und der Kirche gerecht werdende Wahl ermöglicht. Damit ist wiederum die Aufgabe der Identitätsklärung der Kirche als ganzer angemahnt, die für jede Zeit und gesellschaftliche Situation neu zu leisten ist, damit Inkarnation des Wortes Gottes als authentisches Programm der Kirche gelingen kann und nicht zugunsten einseitiger Allianzen preisgegeben wird. Die damit aufgeworfene Frage nach möglichen Konkretionen dieses Gedankens wird im folgenden Abschnitt weitergeführt werden. Hier galt es zunächst, den Horizont abzustecken, in den Madeleine Delbrêl ihre Auseinandersetzung mit den aktuellen kirchlichen Problemen stellt und damit einerseits den exemplarischen Charakter der analysierten Einzelstudie herauszustellen sowie andererseits einen Wegweiser im Hinblick auf den sozial-ethischen Gehalt der verhandelten Frage aufzurichten.

4.3 Ideologie und Praxis in der Kritik: Madeleine Delbrêl in der Auseinandersetzung mit dem Marxismus in Ivry

Der konkrete geschichtlich-gesellschaftliche Zusammenhang zwischen dem "missionarischen" Impetus des christlichen Glaubens und der Konfrontation mit dem Marxismus im Frankreich der 40er und 50er Jahre ist als jene Konstellation zutage getreten, die Madeleine Delbrêls religiöse und (im weiteren Sinn) politische Orientierung prägt. Im folgenden soll die entsprechende Auseinandersetzung näher untersucht werden, die Madeleine Delbrêl in dem Handlungsfeld der "marxistischen Stadt" Ivry - dem jahrzehntelangen Lebensraum und Bezugsrahmen ihrer Erfahrung, ihres Handelns und Denkens - geführt hat.

Sie hat die Reflexion auf diese in persönlichen Beziehungen wie im sozial(politisch)en Engagement auf kommunaler Ebene geführte Auseinandersetzung um *ihren* Standort als Christin im Gefüge der marxistisch geprägten Stadt in ihrem Buch "Christ in einer marxistischen Stadt" niedergelegt. Aus verschiedenen in den fünfziger Jahren verfaßten Aufzeichnungen redigiert und 1957 veröffentlicht, ist die Schrift in eine kirchlich wie politisch schwierige, von den Auseinandersetzungen um die missionarische Bewegung und die Arbeiterpriester wie von den Auswirkungen des Kalten Krieges belastete Situation und Atmosphäre hineinkonzipiert. Angesichts verhärteter ideologischer Fronten geht Madeleine Delbrêl das Wagnis ein, ihre Erfahrungen "grenzüberschreitender" Begegnung wie die daraus gewonnenen Einsichten über die Möglichkeit christlich-missionarischer Präsenz im kommunistischen Milieu zu veröffentlichen, und zwar sowohl an die Adresse der Christen als auch an die Adresse der kommunistischen Freunde: den einen als kritische Antwort auf die These, im marxistischen Milieu könne der Glaube nicht gedeihen, und mithin als Beitrag zur Frage des Apostolats in der Arbeiterwelt; den anderen als Angebot der Information über einen christlichen Standpunkt, der bei aller ideologischen Differenz aus der Grundhaltung der Liebe das Gespräch und die Verständigung sucht. Die Verfasserin ist sich dabei des Risikos, von beiden Seiten mißverstanden zu werden, sehr bewußt.[148] So will sie ihr Buch nicht als abschließendes Wort verstanden wissen, sondern als "Arbeitshilfe"[149] - die Orientierung auf die Praxis hin, aus der die Reflexionen hervorgegangen sind, wird darin deutlich. Dieser Anspruch bezieht sich auf die Überlegungen, die Madeleine Delbrêl zur Bestimmung der Kriterien und der Grenzen einer Zusammenarbeit zwischen Christen und Kommunisten anstellt.

Dies zu untersuchen, soll daher Gegenstand des folgenden Abschnitts sein. Damit kann die Intention der Darlegungen präzisiert und ihre Grenze markiert werden: Eine Gesamtinterpretation des Buches "Christ in einer marxistischen Stadt" ist nicht angestrebt. Vielmehr soll versucht werden, die Grundlinien der Unterscheidung, die Madeleine Delbrêl in bezug auf ihr ideologisches Umfeld entwickelt, zu rekonstruieren. Dies bedingt, daß *ihre* Auseinandersetzung mit dem Marxismus in der Gestalt, wie sie ihn in Ivry erlebt hat, dargestellt wird. Nicht geleistet werden kann in diesem Zusammenhang jedoch eine umfassende Beurteilung der "ideologiekritischen" Position Madeleine Delbrêls unter dem Gesichtspunkt, ob und inwiefern sie dem Marxismus als philosophischem System bzw. als

---

148 Vgl. die Vorrede, die Madeleine Delbrêl ihrem Buch voranstellt, VM^2 41-52 (nicht in der deutschen Ausgabe enthalten).

149 "un outil de travail", VM^2 51.

Gesellschaftstheorie gerecht wird. Eine solche, geistesgeschichtliche Fragestellung würde vom Gegenstand dieser Untersuchung ablenken. Ebenso wenig ist beabsichtigt, eine eigene Auseinandersetzung mit dem Marxismus zu führen.

Der Zuspitzung der Fragestellung entsprechend, beginnt die Analyse des Buches mit einer Skizze des Handlungsfeldes Ivry, wie es sich in den Aufzeichnungen spiegelt. Über den Aspekt der Sachinformation hinaus kommen darin bereits jene Gesichtspunkte zur Geltung, denen Madeleine Delbrêl besondere Aufmerksamkeit widmet und die ihre Wahrnehmung prägen. Vor diesem Hintergrund kann die "Summe" ihrer Erfahrungen hinsichtlich der im marxistischen Milieu der Stadt erforderten christlichen Unterscheidung der Geister erarbeitet werden. Ihre diesbezüglichen Überlegungen, deren zentrale Orientierungsmarke das Doppelgebot der Liebe bildet, finden eine interessante, weil für die Vorgehensweise Madeleine Delbrêls charakteristische Bestätigung in der Auseinandersetzung mit Gaston Fessard um dessen Rezeption des Buches "Christ in einer marxistischen Stadt", die im letzten Teil dieses Abschnitts rekapituliert werden soll.

Fessard analysiert die das Werk bestimmende implizite Unterscheidungs-struktur und stellt dabei als erster eine Parallele zur ignatianischen Unterscheidung der Geister fest. Trotz weitgehender Übereinstimmung der Sache nach sieht Madeleine Delbrêl *intentionaliter* tiefgreifende Differenzen zwischen ihrer Position und der des Jesuiten: Sie beziehen sich zunächst auf den größeren Zusammenhang - die harsche Kritik des Progressismus und bestimmter theologischer Positionen der Arbeiterpriester -, innerhalb dessen Fessard auf Madeleine Delbrêls Buch Bezug nimmt. Vor allem aber distanziert sich Madeleine Delbrêl vom *Stil* der Kritik Fessards, in dem sie ihr Kernanliegen einer Verwirklichung der Liebe auch und gerade in bezug auf den ideologischen Gegner gefährdet sieht.

4.3.1. Das Praxisfeld Ivry - eine "marxistische Stadt"

Im ersten Teil ihres Buches "Christ in einer marxistischen Stadt" schildert Madeleine Delbrêl Ivry, wie sie es 1933 kennenlernte und wie es sich bis zum Zeitpunkt der Niederschrift des Buches entwickelt hat.[150] Dabei geht es jedoch weniger um den *Prozeß* der Veränderung als um das Ergebnis, den Status quo Mitte der fünfziger Jahre, der sich weitgehend bestätigen und noch differenzieren läßt anhand von neueren Studien zur wirtschaftlichen, sozialen und politischen Entwicklung der Stadt vor und während der Zeit, in der Madeleine Delbrêl dort lebte. In einer Zusammenschau ihrer Aufzeichnungen und der Ergebnisse der soziohistorischen Untersuchungen soll versucht werden, das Umfeld zu skizzieren, in dem Madeleine Delbrêl von 1933-1964 gelebt hat; es bildet Voraussetzung und Hinter-

[150] VM² 55-67, dt. CmS 44f.

grund jenes Prozesses einer durch den Glauben orientierten ideologisch-politischen Unterscheidung bildet, der ihr gesellschaftliches Handeln bestimmt.

"Ivry ist eine alte Stadt"[151]

Das alte Ivry lebt gleichsam fort in den christlichen Gemeinden der Stadt[152], als deren Symbol die Kirche Saint-Pierre-Saint-Paul im Zentrum der Stadt - gegenüber der Metro-Station - gelten kann.[153] Die Gestalt der Pfarreien entspricht, so Roger Daille, "dem Stil der Zeit"[154]. Ihr gesellschaftliches Erscheinungsbild ist geprägt durch caritative Einrichtungen, Verbände, Ferienlager etc. Trotz der antiklerikalen Anfeindungen, denen insbesondere die Pfarrei Saint-Pierre-Saint-Paul im 19. Jahrhundert ausgesetzt war, ist die Nachfrage nach den Sakramenten und insbesondere den Übergangsriten mit dem Bevölkerungswachstum der Stadt kontinuierlich angestiegen. Auch in der ersten Hälfte des 20. Jahrhunderts verläuft die Entwicklung weitgehend kongruent mit den demographischen Kurven; erst seit 1962 ist ein regelrechter Abbruch der Tradition zu verzeichnen.[155] Hinsichtlich der Präsenz der Kirche in der Öffentlichkeit der Stadt ergibt sich ein ambivalenter Befund: Einerseits sorgen energische Kräfte wie die Aktivisten der christlichen Arbeiterjugend (J.O.C.) oder der dynamische Abbé Lorenzo als Pfarrer von Ivry-Centre für eine christliche Präsenz in der Öffentlichkeit; andererseits hält sich die Kirche (als ganze) "etwas abseits der Bevölkerung"[156]. Darin spiegeln sich die Folgen des Antiklerikalismus ebenso wie die notorische Verzögerung, mit der die Kirche der geschichtlichen Entwicklung begegnet. Diese Ambivalenz bekommt Madeleine Delbrêl bei ihrer Ankunft in Ivry sehr deutlich zu spüren. Zunächst herrscht die Erfahrung des scharfen Antagonismus vor, den auch Martine Langignon für den Anfang der 30er Jahre betont.[157] Das Jahr 1936, das politisch durch

---

[151] VM^2 59, dt. CmS 44.

[152] Als Madeleine Delbrêl 1933 nach Ivry kommt, gibt es dort drei katholische Kirchen, eine vierte ist im Bau, vgl. Daille 31.

[153] "Die Kirche trägt in ihrer Organisation wie in ihren Einrichtungen (oeuvres) die Kennzeichen ihrer Vergangenheit. So lebt das alte Ivry in jenem der dreißiger Jahre fort. Provinziell und traditionsgebunden, ist es durch eine Minderheit christlicher Herkunft vertreten, die dem neuen Ivry insofern etwas voraus hat, als sie vor ihm da war." Langignon 57; ganz ähnlich: VM^2 60, dt. CmS 45; Daille 31f.

[154] Daille 31.

[155] Vgl. dazu im einzelnen Daille 31f, der anhand der zahlenmäßigen Erfassung von Taufen und kirchlichen Trauungen die Entwicklung der kirchlichen Praxis zwischen 1881 und 1987 skizziert.

[156] Daille 32.

[157] Vgl. Langignon 59; Madeleine Delbrêl berichtet von ihren ersten Erfahrungen der Konfrontation so: "Die gläubigen Christen meines Bekanntenkreises benahmen sich wie die alteingesessene Minderheit in einer eroberten Stadt. Wie zu Kriegszeiten machte man beim Gegner keine Unterschiede. Alle waren der Feind, von dem man sich möglichst fernzuhalten hatte. Andererseits empfingen mich Leute, die ich gar nicht kannte, auf der Straße mit Steinwürfen und heftigen Be-

den Sieg der Volksfront gekennzeichnet ist, steht für eine Differenzierung der Lage: Einerseits entstehen im Zeichen der "ausgestreckten Hand" Ansätze einer fruchtbaren Zusammenarbeit im Dienste des Gemeinwohls[158]; damit erhalten die vorsichtigen Versuche des Bürgermeisters Marrane, auf Integration anstatt auf Konfrontation hinzuarbeiten, Auftrieb[159]; zum anderen haben auf kommunistischer Seite nach wie vor antiklerikale Demonstrationen wie die Einrichtung der Ziviltaufe Konjunktur, und Katholiken reagieren auf die Streiks des Jahres 1936 provokant unsolidarisch.[160] Tiefreichende wechselseitige Verletzungen gestalten den Prozeß einer Überwindung der abgeschotteten "Gegengesellschaft" (*contre-société*, Yvan Daniel), in der sich die Katholiken verschanzt haben, äußerst mühsam.

Insofern die Christen als Gruppe das alte, von der geschichtlichen Entwicklung überlagerte Gesicht der Stadt repräsentieren, vergleicht Madeleine Delbrêl deren "etwas sonderbare Lage ... mit den Verhältnissen in einem 'kolonisierten' Land ...: der Stamm eines solchen Landes bleibt erhalten, aber er empfindet die Nation und die Zivilisation der Kolonisatoren als etwas Fremdes."[161] Damit ist eine Situation der Distanz, ja des Bruches zwischen dem "alten" und dem "neuen" Ivry, zwischen "Ureinwohnern" und "Kolonisatoren" angedeutet. Wer sind diese "Kolonisatoren", wie sieht das "neue" Ivry aus?

"Ivry ist eine proletarische Stadt"[162]

Seit Mitte des 19. Jahrhunderts, im Zuge der Industriellen Revolution, hat sich die Stadt im Südosten der Hauptstadt[163] zu einem der wichtigsten Industrie-standorte für den Großraum Paris entwickelt. Nicht nur als Lagerplatz und Umschlaghafen für die Versorgung der Metropole (v.a. Holzlager), sondern auch als Ansiedlungsort für Fabriken der metallverarbeitenden und der chemischen Industrie sowie für Betriebe der Nahrungsmittelbranche gewinnt die Stadt an der Seine erhebliche Bedeutung.[164] Vor allem kleine und mittlere Betriebe siedeln sich in Ivry

---

schimpfungen. Den Priestern und Katholiken ging es ebenso. Die Kinder lieferten sich in den Wohnvierteln und in der Schule wahre Schlachten. Von jedem Neuankömmling wurde erwartet, daß er sich entweder als Katholik oder als Kommunist zu erkennen gab. Auf den ersten Blick schien die Bevölkerung nur aus Katholiken und Kommunisten zu bestehen, so sehr bestimmten ihre Streitigkeiten das tägliche Leben." (VM^2 56f, dt. CmS 42; eine ähnliche Schilderung gibt Madeleine Delbrêl auch in NA 283f, dt. NK 264)

[158] Vgl. dazu die Hinweise in Kapitel 2.1.1.

[159] Vgl. dazu Langignon 59f.

[160] Vgl. Langignon 61, die etwa berichtet, Katholiken hätten die Arbeiter gezielt dadurch provoziert, daß sie mit dem Gebetbuch unter dem Arm an den Streikenden vorübergezogen seien.

[161] VM^2 59f, dt. CmS 44f.

[162] VM^2 60, dt. CmS 45.

[163] Seit 1860 gehört Ivry zu Paris, vgl. Pennetier u.a., 12.

[164] Vgl. zu Entwicklung und Struktur des Industriestandortes Ivry im einzelnen Pennetier u.a., 12-18.

an - Madeleine Delbrêl spricht von 300 Fabriken, die das Bild der Stadt bestimmen.[165]

In der Bevölkerungsentwicklung und -struktur spiegelt sich das Bild einer alten Arbeiterstadt[166]: Im Jahr 1930 liegt der Anteil der Arbeiter bei einer Gesamteinwohnerzahl von ca. 50.000 über 65% der erwachsenen Bevölkerung; er geht nach dem zweiten Weltkrieg zwar zurück (53,7% der erwerbsfähigen Bevölkerung im Jahr 1954), hält sich aber auch 1962 noch bei 50%.[167] Innerhalb der Arbeiterschaft ergibt sich ein stark differenziertes Bild: Ca. 12% sind im Bereich der öffentlichen Versorgung tätig, 18% in wechselnden (öffentlichen oder privatwirtschaftlichen) Bereichen ("manoeuvres") und 36% als Fabrik- oder Lagerarbeiter. Diese verschiedenen Gruppen unterscheiden sich untereinander noch einmal erheblich durch Herkunft und Altersstruktur: Neben den Arbeitern, die aus Ivry stammen, ergänzen einerseits große Gruppen von Migranten, die aus der Provinz in den Wirtschaftsraum der Hauptstadt strömen, andererseits die Pendler aus Paris das Arbeitskräftepotential, das die Fabriken der Stadt absorbieren. Während sich die Kräfte aus den ländlichen Regionen vor allem im Bereich der öffentlichen Versorgung konzentrieren, finden sich unter den "manoeuvres" viele Pariser, und zwar vor allem noch sehr junge sowie (nicht spezialisierte) alte Arbeiter; die mittlere Altersgruppe der qualifizierten Arbeiter städtischer Herkunft (und oft mit einer familiären Arbeitertradition) konzentriert sich im Bereich der Fabrik- und Lagerarbeiter.[168] Besonders in der metallverarbeitenden Industrie ist ein hoher Anteil an Facharbeitern zu verzeichnen.[169] Sie bilden eine Art "Aristokratie"[170] des Proletariates, aus der sich nicht zuletzt das Potential partei- und gewerkschaftspolitischer Aktivisten in Ivry rekrutiert.[171]

Unabhängig von dem differenzierten Profil der Arbeiterschaft nach Herkunft und Qualifikation sind die Lebensbedingungen des Proletariates um 1930 generell sehr schlecht. Das Fehlen eines sozialen Sicherungssystems und insgesamt niedrige Löhne halten die Arbeiter in einer totalen Abhängigkeit vom "Patron". Krankheit oder Invalidität bedeuten persönliche und familiäre Katastrophen. Die meist übervölkerten Quartiere, häufig von den Fabrikbesitzern gestellt und kontrolliert, bieten nur höchst unzureichenden Raum und miserable hygienische Verhältnisse.

---

165 VM^2 60, dt. CmS 45.

166 Vgl. Pennetier u.a., 27.

167 Vgl. zu diesen Daten und ihren Bezugsgrößen Pennetier u.a., 20-22.

168 Vgl. Pennetier u.a., 20f (die Zahlen beziehen sich auf die Situation um 1930).

169 Während die chemische Industrie und die Nahrungsmittelindustrie durch einen geringen Anteil an Facharbeitern und durch ein entsprechend niedriges Lohnniveau gekennzeichnet sind, "verlangt das Vorherrschen der metallverarbeitenden Kleinindustrie einen bedeutenden Anteil an Facharbeitern. Die Arbeiter werden hier sehr schnell zu Spezialisten. Die entsprechende berufliche Rangordnung beeinflußt nicht nur die Löhne, sie bedingt im allgemeinen auch einen hohen Stand der Technik und läßt mächtige Gewerkschaften entstehen." (VM^2 60, dt. CmS 45).

170 Daille 33.

171 Vgl. VM^2 60, dt. CmS 45f.

Ganze Familien hausen in einem Zimmer ohne Heizung und Wasser, Wand an Wand mit fremden Menschen.[172] Als Sozialarbeiterin lernt Madeleine Delbrêl die bedrückenden Wohn- und Lebensverhältnisse der Arbeiterfamilien, denen praktisch jedes wirkliche Privatleben und selbst ein Minimum an Intimsphäre verwehrt ist, aus eigener Anschauung kennen. - Unter der kommunistischen Kommunalverwaltung werden in Ivry ab 1928 die ersten Sozialwohnungen (Habitations à bon marché, H.B.M.) errichtet; 1937 gibt es in der Stadt 800 solcher Wohnungen, die insbesondere für kinderreiche Familien gebaut sind und etwa 10% der Bevölkerung aufnehmen. Nach dem Krieg wird überall in den Industrievorstädten von Paris, so auch in Ivry, der Bau von Sozialwohnungen erheblich verstärkt.[173]

"Ivry ist eine marxistische Stadt"[174]

Politisch stellt Ivry seit den 20er Jahren ein Unikum nicht nur in der "banlieue rouge" bzw. im Großraum Paris, sondern in ganz Frankreich dar: seit 1925 behauptet sich - mit der einzigen, von der Besatzungsmacht erzwungenen Unterbrechung der Kriegsjahre - die kommunistische Partei im Rathaus der Stadt, und zwar mit nahezu stetig wachsendem Stimmenanteil.[175] Für diese außergewöhnliche Entwicklung können verschiedene erklärende Faktoren angeführt werden: Zunächst sind, so Pennetier, historische Ursachen zu berücksichtigen, insbesondere das Scheitern sozialistischer Stadtregierungen zu Beginn des Jahrhunderts und eine Phase der Polarisierung zwischen den linken Kräften nach dem ersten Weltkrieg, aus der die kommunistische Partei in konkurrenzloser Geschlossenheit hervorging, ohne daß echte politische Alternativen in Sicht gewesen wären.[176] Daneben verdankt die Partei ihren dauerhaften Erfolg nicht zuletzt dem persönlichen und politischen Geschick von Georges Marrane, der von 1925 bis zum Ausbruch des Zweiten Weltkrieges und erneut seit 1945 Bürgermeister der Stadt ist; ihm

---

[172] Vgl. dazu die Beispiele bei Pierrard, 25-31.

[173] Vgl. Pennetier u.a., 24f.

[174] VM^2 62, dt. CmS 47. - Madeleine Delbrêl verwendet die Begriffe "Marxismus/marxistisch" und "Kommunismus/kommunistisch" synonym. Darin spiegelt sich ihr über die konkrete Begegnung und praktische Konfrontation vermittelter Zugang, der an theoretischen Debatten nur insofern interessiert ist, als sie die konkreten Herausforderungen klären helfen. - In meiner Darstellung halte ich mich, soweit Texte referiert und Textzusammenhänge rekonstruiert werden, an die jeweils von Madeleine Delbrêl benutzten Begriffe.

[175] Pennetier u.a., 27 nennen folgende Wahlergebnisse für die kommunistische Partei: 1925: 32%; 1929: 38%; 1935: 43%; 1945: 68% (im Zusammenschluß mit anderen Linksparteien); 1947: 56% (ohne Koalition); 1953: 61%. - Die Verfasser betonen, daß die Kommunistische Partei selbst bei der Wahl von 1939 (nach dem Abschluß des Hitler-Stalin-Paktes) in Ivry - anders als sonst im Großraum Paris - keine Stimmeinbußen erlitten habe (sie nennen jedoch für diese Wahl keine genauen Zahlen).

[176] Vgl. Pennetier u.a., 26-28.

werden besondere Fähigkeiten zugeschrieben, tüchtige Mitarbeiter zu gewinnen, und zwar, wie das Beispiel Madeleine Delbrêls zeigt, nicht nur aus den Reihen der Partei. Zum anderen muß die besondere Struktur der Arbeiterschaft von Ivry berücksichtigt werden, in der die Partei auf verschiedenen Ebenen, in aktiver wie passiver Identifikation, einen starken Rückhalt hat.[177] Die Verankerung der Partei in der Bevölkerung wird zudem durch eine geschickte Sozialpolitik und den Aufbau eines umfassenden Netzes informeller Aktivitäten, z.B. Angeboten der Freizeitgestaltung, intensiv unterstützt: "Die dreißig Jahre kommunistischer Stadtverwaltung bedeuten, daß das öffentliche Leben Ivrys von zugleich offiziell-städtischen und kommunistischen Organisationen durchwoben ist: städtische Einrichtungen, Gesundheitsdienste, soziale und zugleich kommunistische Einrichtungen wie Heime und Jugendhäuser, Arbeitsvermittlung, preisgünstige Wohnblocks, Sportvereine, Filmklubs, Tanzabende, Bazare und Feste, Lokalzeitungen und häufige Versammlungen."[178]

Nicht zu vernachlässigen ist schließlich die Nähe zum übergeordneten Parteiapparat in Gestalt des Generalsekretärs der P.C., Maurice Thorez: Sein Wahlkreis Ivry sollte in Zusammenarbeit mit den Aktivisten vor Ort zur kommunistischen Musterstadt des Landes ausgebaut werden. Dazu gehört, daß die kommunalen Funktionäre durchweg militante, mit "missionarischem" Eifer ausgestattete Marxisten sind; kommunales Leben und ideologische Anliegen werden in einer Weise miteinander verflochten, die keine Trennung erlaubt und eine Abschottung von der kommunistischen Einflußsphäre *praktisch* unmöglich macht: "Wer die Verbindung zu den kommunistischen oder quasi kommunistischen Einrichtungen in Ivry abbrechen wollte, müßte mit dem praktischen Leben dieser Stadt brechen. Man würde im lokalen Bereich ein 'Staatenloser'."[179]

---

[177] Madeleine Delbrêl entwirft eine skizzenhafte Typologie der Einwohnerschaft von Ivry. Darin unterscheidet sie verschiedene Typen von Anhängern der kommunistischen Partei, die das System in unterschiedlicher Weise und Funktion mittragen: Eine erste Gruppe sind - in Analogie zu den Traditionskatholiken - die Kommunisten "von Geburt"; in unverbrüchlicher Sicherheit stehen sie "eher dogmatisch als mystisch" zu ihrem politischen Bekenntnis, das für sie eher eine Sache der Tradition als der persönlich gewonnenen Überzeugung ist. - Diesen "Traditionskommunisten" steht eine in sich disparate Gruppe von "Neukommunisten" gegenüber; sie setzt sich zusammen aus ehemaligen Christen, die von der Kirche enttäuscht sind, aus "Rebellen verschiedener Herkunft; Menschen guten Willens, die auf ihren Einsatz warten". Einerseits gibt es Spezialisten, "vollausgebildete Kämpfer", die über den kommunalen Rahmen hinaus politische und ideologische Verantwortung übernehmen, und andererseits Aktivisten, "Basiskämpfer, die für die Aktion und nicht für die Doktrin ausgebildet" sind und in Unkenntnis der letzten Ziele für unmittelbare Anliegen kämpfen. Schließlich gibt es auch unter den Kommunisten die "lauen", eher mittelmäßigen Sympathisanten, auf die nicht unbedingt zu zählen ist. - Alle diese Gruppen zusammen formen, so das Resumée Madeleine Delbrêls, ein für die Kirche (abgesehen von ihrer offiziellen Ebene) undurchdringliches Milieu. (Vgl. VM^2 64f, dt. CmS 49).

[178] Vgl. VM^2 62f, dt. CmS 47.

[179] VM^2 63, dt. CmS 48. Ähnlich hat Madeleine Delbrêl schon die Erfahrung beschrieben, die für sie bei ihrer Ankunft in Ivry auf die Beobachtung der scheinbar totalen Konfrontation folgte: "Die offiziell zur Schau getragene Trennung zwischen Katholiken und Kommunisten verdeckte nur,

Als Wahlbezirk des Generalsekretärs der französischen kommunistischen Partei ist Ivry nicht nur Muster- und "Hauptstadt" des französischen Kommunismus, sondern zugleich eine Art "Kaderschmiede", in der zahlreiche Funktionäre eine Lehrzeit absolvieren, in der praktische und theoretische Studien betrieben werden, nationale und internationale Tagungen stattfinden. Über die kommunale Ebene hinaus ist die Stadt zugleich Zentrum, Studienort und Studienobjekt des französischen Kommunismus.

"Ivry ist eine Stadt mit atheistischen Bezirken"[180]

Madeleine Delbrêl beschreibt Ivry als eine Stadt, in der es atheistische Bezirke "von eindrucksvoller Dichte" gibt, wo sich die Menschen nicht nur abseits von der Kirche halten, sondern auch ein "elementarer Skeptizismus" keinen Platz hat; "sie erwarten alles von der Wissenschaft".[181] Madeleine Delbrêl sieht dieses Phänomen zunächst unterschieden von der marxistischen Prägung der Stadt; sie stellt die These auf, nicht der Marxismus sei in Frankreich Quelle bzw. Ursache des Atheismus, sondern umgekehrt seien Atheisten empfänglich für das Sinnangebot des Marxismus, insbesondere dann, wenn "das Leben sie enttäuscht": "Ich bin der Auffassung, in Frankreich führt der Marxismus nur sehr selten zum Atheismus; der Marxismus setzt sich vielmehr da fest, wo der Atheismus den Menschen in eine ausweglose Situation bringt. Anders als in manchen unterdrückten Nationen verdanken deshalb, wie mir scheint, die marxistischen Zonen Frankreichs ihren Atheismus nicht dem Marxismus. Im Gegenteil, der Marxismus erfüllt den Atheismus mit einer realistischen und positiven Aufgabe."[182] Unabhängig von der Frage, ob diese These der religionssoziologischen und -psychologischen Überprüfung standhalten könnte[183], ist sie hier insofern von Interesse, als Madeleine Delbrêl die Situation, mit der sie sich in Ivry konfrontiert sieht, offensichtlich vor dem Hintergrund ihrer eigenen aporetischen Erfahrung mit dem Atheismus interpretiert. Damit verschafft sie sich einen im besten Sinn des Wortes wohlwollenden Zugang zu den Menschen, denen sie begegnet: Sie sieht in ihnen nicht in erster Linie ideologische Gegner, sondern Menschen, die in einer existentiellen Notsituation einen konstruktiven Ausweg gesucht - und ihn im Marxismus gefunden haben. Darüber hinaus hält diese Deutung des Atheismus-Phänomens, das in Ivry in Koalition mit dem Marxismus auftritt, die Rückfrage nach der Verantwortung für die

---

daß sie durch unvermeidliche, im wahrsten Sinn offizielle Beziehungen miteinander verbunden waren. Jeder wollte die Trennung, aber es gab keine Trennung, weil sie undurchführbar war." (VM^2 57, dt. Cms 42f).

180 VM^2 61, dt. CmS 46.

181 VM^2 61, dt. CmS 46.

182 VM^2 61, dt. CmS 46.

183 Das kann und muß an dieser Stelle nicht untersucht werden.

Hinkehr zum Atheismus offen: Madeleine Delbrêl wird diese Frage auch an die Kirche richten. Jedenfalls wendet sich ihre These aber gegen die in kirchlichen Kreisen gängige Auffassung, die im Marxismus den Sündenbock bzw. in marxistisch geprägten Milieus eine strukturelle Verhinderung des Glaubens sieht.[184] Madeleine Delbrêls Auffassung von der primären Rolle des Atheismus, der im Zusammenspiel mit dem Erleiden existentieller Krisen zu einer Art "Humus" des praktischen Marxismus werde, korrespondiert so mit ihrer noch weitergehenden These, eine atheistische Umgebung (und dabei denkt sie wiederum an Ivry als "ihre Schule des angewandten Glaubens") bilde eine "günstige Voraussetzung für unsere eigene Bekehrung".[185]

Mit diesen Überlegungen ist aber die Ebene der Beschreibung des Umfeldes, das Madeleine Delbrêl in Ivry vorfand, bereits überschritten. Sie weisen voraus auf die Deutung der Situation in einer bestimmten Perspektive der Wahrnehmung, die im folgenden Abschnitt entfaltet werden soll.[186]

4.3.2 "Christ in einer marxistischen Stadt" - die "Summe" der Erfahrungen Madeleine Delbrêls

Mit Pierre Pierrard läßt sich die Berufung, der Madeleine Delbrêl in Ivry folgte, zusammenfassen in der Aufgabe, den "Graben" zwischen Christen und Kommunisten zu überwinden.[187] Dazu bedurfte es einer bestimmten Perspektive auf die vorgefundene Situation in der Stadt, die sich in der bereits angesprochenen These zum Verhältnis von Atheismus und Marxismus andeutet. Diesen Blickwinkel gilt es nun zunächst zu präzisieren.

Das Interesse, mit dem Madeleine Delbrêl ihre Begegnungen mit dem Marxismus in Ivry reflektiert, beschreibt sie in einem Text aus dem Jahr 1960, in dem sie die Erfahrungen, auf die sie sich beruft, qualifiziert: Im Hinblick auf ihr in Ivry gewonnenes Erfahrungspotential weist sie als Motivation ein Interesse an der Entwicklung von Techniken oder Taktiken im Umgang mit den Marxisten ebenso zurück wie die Absicht, ein Experiment (im naturwissenschaftlichen Sinne) zu machen; vielmehr bezieht sie ihre Erfahrungskompetenz ausdrücklich und aus-

---

[184] Dieser Auffassung entgegenzutreten, ist eines der Hauptanliegen ihres Buches wie ihrer Stellungnahmen im Zusammenhang der Krise der missionarischen Bewegung in Frankreich überhaupt. Aus diesem Anliegen erhält das Buch in den 50er Jahren seine aktuelle Brisanz.

[185] NA 281-293, dt. NK 261-274.

[186] Wegen der "Scharnierfunktion" dieses Aspektes zwischen Beschreibung und Deutung wurde hier die von Madeleine Delbrêl in ihrem Buch gewählte Reihenfolge durchbrochen: Dort ist der Atheismus-Aspekt dem Marxismus-Aspekt vorgeordnet - wie es der These Madeleine Delbrêls entspricht.

[187] Vgl. Pierrard 179.

schließlich auf die Ebene des gelebten Lebens: "Wenn ich unterwegs Dinge entdeckt habe, die ich nicht wußte, habe ich doch nicht gelebt, um zu lernen, sondern ich habe gelebt (!), um zu leben. Der Ausdruck, der dem, was ich sagen möchte, am nächsten kommt, ist: 'vertraut sein mit einem Klima, mit einem Land, mit einer Arbeit'. Was ich versuchen möchte, Euch zu sagen, entspricht ein wenig dem, was jemand sagen könnte, der lange Zeit in Afrika gelebt hat; ein Mensch, der weder Arzt noch Ökonom oder Architekt oder Philologe ist, einer, der heute einfach so weit an die lokalen Lebensbedingungen angepaßt ist, daß sie ihn nicht zu übermäßigem Kräfteverschleiß oder zu einer künstlichen Lebensweise nötigen. Und das in einer Gegend, die als ungesund gilt."[188] Diese Bestimmung der eigenen Kompetenz hilft, Anspruch und Grenzen der Aufzeichnungen Madeleine Delbrêls zu klären. Die Berufung auf langjährige Lebenserfahrung legitimiert Madeleine Delbrêl; daß und wie sie ihre eigenen Erfahrungen reflektiert und kommentiert, ist Bestandteil ihrer genuinen Kompetenz; die Abwehr eines wissenschaftlichen Anspruchs wie die Zurückweisung jeder Erwartung, sie habe Patentrezepte für den Umgang mit den Marxisten zu bieten, kann auch als Schutz vor Vereinnahmung oder Funktionalisierung ihrer Überlegungen durch Dritte verstanden werden.[189]

In all ihren Aussagen über die Bedingungen des Glaubens im kommunistischen Umfeld bezieht sich Madeleine Delbrêl auf ihre Erfahrungen *in Ivry*.[190] Ihr Gegenüber dort ist eine bestimmte Gestalt des (Vulgär-)Marxismus[191], der ihr insbeson-

---

[188] "Pour qu'il n'y ait malentendu, je précise dans quel sens je prends ici le mot expérience. Je ne le prends pas dans le sens où l'on dit 'avoir de l'expérience'. Il n'est en effet pas question de recettes acquises, d'un capital d'opinions, d'un rodage de technique. Je ne le prends pas davantage dans le sens 'expérience de laboratoire'. Si j'ai découvert en cours de route des choses que je ne savais pas, je n'ai pas vécu pour apprendre, j'ai vécu pour vivre. L'expression qui approche de plus près ce que je veux dire est: 'avoir l'expérience d'un climat, d'un pays, d'un travail'. Ce que j'essaierai de vous dire correspond un peu à ce que pourrait dire un homme qui a longtemps vécu en Afrique; un homme qui ne serait ni médecin, ni économiste, ni architecte, ni philologue, un homme qui, simplement, serait aujourd'hui assez adapté aux conditions locales de la vie pour qu'elles ne le forcent pas à une usure anormale ou à des régimes artificiels. Cela, même dans une région dite insalubre." (VM^2, 253-257, 253f). Der Text mit dem Titel "Foi chrétienne et marxisme" wurde erst im Anhang zur zweiten Auflage von "Ville marxiste" veröffentlicht; es handelt sich dabei um ein Vortragsmanuskript für einen Studientag zum Marxismus.

[189] Der zitierte Text stammt aus dem Jahr 1960. In diesem Jahr wurde das Buch Gaston Fessards "De l'actualité historique" veröffentlicht, dessen zweiter Band eine längere sehr kritische Abhandlung über den "Progressismus" enthält; darin bezieht sich der Autor mehrfach auf Madeleine Delbrêl (insbesondere auf VM), die er als eine Art Kronzeugin für seine Position beanspruchen zu können glaubt. Insofern es in dieser Sache zwischen Fessard und Madeleine Delbrêl in den Monaten vor der Veröffentlichung des Buches eine Auseinandersetzung gegeben hatte, (vgl. dazu unten 4.3.3), ist es denkbar, daß die zitierten Bemerkungen in diesem Zusammenhang stehen.

[190] "Unablässig gehen diese Aufzeichnungen von Ivry aus und kehren dorthin zurück. Das örtliche Milieu wird ständig als Zeuge beansprucht." (VM^2 49f)

[191] Madeleine Delbrêl resümiert ihre Skizze der ideologischen Situation in Ivry mit der Feststellung, so stelle sich "der Marxismus der Mehrheit der Menschen dar, die ihm ihr Leben hingeben und - nicht mehr als ich, oft weniger als ich - sein System wirklich studieren können." (VM^2 79, dt. CmS 61; vgl. auch in der nicht übersetzten Einführung zu VM^2 42f)

dere in den beruflichen und privaten Beziehungen zu einzelnen Menschen und Gruppen sowie in der Kommunalpolitik der Stadt begegnet. Es ist somit nicht in erster Linie die marxistische Philosophie oder die leninistische Lehre, aus der sie ihre Folgerungen zieht, sondern die von diesen Lehren mehr oder weniger direkt imprägnierte Praxis.[192] Diese Praxis deutet Madeleine Delbrêl vor allem unter dem Gesichtspunkt, daß und wie sie *als kommunistisch geprägtes Milieu* Lebensraum für *Christen* ist. Mag ein solcher Zugang für eine Theoriediskussion daher wenig ergiebig erscheinen, so dürfte er im Hinblick auf die Frage einer aus dem Glauben gewonnenen Praxisorientierung um so aussagekräftiger sein.

"Apriori der Bereitschaft"

Ihre Lebenserfahrung im Umgang mit den Marxisten von Ivry führt Madeleine Delbrêl zum entschiedenen Widerspruch gegen die Meinung, "die kommunistische Luft (sei) für Christen gefährlich zum Atmen"[193]. Sie nennt die pessimistische Einschätzung absurd, eine kommunistische Umgebung wirke grundsätzlich glaubenszerstörend, und ein christliches Leben sei in solchem Umfeld allenfalls unter Aufbietung heroischer Tugenden überhaupt möglich[194]. Im Jahr 1957 - im Rückblick auf das Verbot der Arbeiterpriester, das zwei Jahre später noch einmal wiederholt werden sollte, und im Horizont der Erfahrungen des Kalten Krieges - solchen Widerspruch öffentlich zu behaupten, hat etwas Provokatives. Madeleine Delbrêl leugnet oder bagatellisiert damit keineswegs die Schwierigkeiten, die den "missionarisch" engagierten Christen aus dem Spannungsfeld zwischen ihrem Einsatz in der Arbeiterschaft und den Bindungen an die offizielle Kirche faktisch erwachsen sind.[195] Allerdings widerspricht sie einer Haltung, die aus den eingetretenen Problemen - vorschnell und einseitig - auf die Unmöglichkeit eines christli-

---

[192] Vgl. die Bemerkungen, die Madeleine Delbrêl der Einleitung zu VM über ihre Begegnungen mit den Marxisten und, durch diese vermittelt, mit dem Marxismus festhält (VM^2 49). - Tranvouez, Chrétiens 88f weist sehr deutlich auf diesen Bezugsrahmen hin, der Madeleine Delbrêls Perspektive bestimmt und sie etwa von der Haltung jener "progressistischen Christen" im XIII. Pariser Bezirk unterscheidet: "On incline à penser que la réflexion de Madeleine Delbrêl est très marquée par le fait qu'elle vit à Ivry, c'est-à-dire, comme elle l'écrit elle-même, dans une 'Ville marxiste', où le communisme est en quelque sorte installé, où il est, localement, le pouvoir. Ses références sur le marxisme, ce sont les brochures du Parti. Elle fonctionne en *face à face*, dans *un schéma postrévolutionnaire*. Au contraire, les 'chrétiens du XIIIe' voient surtout les communistes comme des compagnons de lutte contre le pouvoir bourgeois. ... Les 'chrétiens du XIIIe' fonctionnent en *côté à côté*, dans *un schéma prérévolutionnaire*."

[193] VM^2 254.

[194] Vgl. VM^2 255.

[195] Das dürfte aus der Analyse der Studie zur Mission de France im vorangehenden Abschnitt exemplarisch deutlich geworden sein. - Madeleine Delbrêl spricht in bezug auf die Entwicklung der missionarischen Bewegung im Umfeld marxistisch geprägter Arbeitermilieus sogar ausdrücklich von einer "tragischen Begegnung", vgl. VM^2 97, CmS 77.

chen Lebens in marxistisch geprägtem Milieu schließt, ohne nach den vom (kirchlichen) Herkunftsmilieu der "Pioniere" gesetzten Rahmenbedingungen zu fragen.[196]

Eine Grundfrage, die sich für Madeleine Delbrêl angesichts solcher Reaktionen stellt, bezieht sich auf die Einstellung, mit der die Glaubenden der gegebenen Welt- und Lebenssituation begegnen. Sie postuliert in diesem Zusammenhang einen Wechsel der Haltung "von einem Apriori der Unbeweglichkeit, der Statik zu einem Apriori der Bereitschaft"[197]: Nur so könne man heute realistisch glauben.[198] Dies bedeutet aber nichts anderes, als sich das scheinbar widrige Umfeld zunächst als Ort der Begegnung mit jenen Nächsten zu erschließen, die man sich nicht aussucht, die aber für die Gläubigen die "normalen Umstände" bilden, unter denen der Glaube gelebt werden kann und gelebt werden soll; sie insistiert darauf, nicht in einem voreiligen Urteil Möglichkeiten der Glaubensentwicklung, die das eigene Umfeld bereithält, preiszugeben - etwa "weil andere, unbekannte Nächste" scheinbar günstigere Umstände zur Verwirklichung des Glaubens verschaffen könnten.[199] Roger Daille geht so weit zu sagen, die in dieser Überlegung eingeforderte Haltung der Bereitschaft, die faktischen Nächsten als solche und damit als Herausforderung einer authentischen Glaubenspraxis anzuerkennen, sei die "Botschaft", die Madeleine Delbrêl aus ihrer Auseinandersetzung mit der Situation der Moderne der Gegenwart vermittle.[200] Um diese weitreichende These erhärten oder widerlegen zu können, ist es notwendig, deren Bezugsrahmen bei Madeleine Delbrêl näher zu beleuchten; d.h. die ideologische Kontur ihres Umfeldes in den Blick zu nehmen.

"Der Marxismus - ein pseudoreligiöses Lehr- und Aktionsprogramm"

Madeleine Delbrêl schildert den Marxismus, wie er ihr begegnet, "als pseudoreligiöses Lehr- und Aktionsprogramm"[201]. Sie erkennt in dem kommunistischen Ivry eine Struktur, die im kleinen den Organismus des Weltkommunismus repräsentiert: In dem "Gewebe"[202] zahlreicher Organisationen, die das städtische Leben gestalten, entdeckt sie "ein Kraftfeld planvoller politischer Aktivität, die

---

[196] Vgl. VM^2 254f.

[197] "... pour avoir ce réalisme rapide de la foi, il faut changer nos à priori: passer d'un à priori d'immobilité, de statisme, à un à priori de promptitude ..." (Vgl. VM^2 256).

[198] Vgl. zum "Realismus des Glaubens" Kapitel 3.2.1.

[199] Vgl. VM^2 257.

[200] "... vivre la modernité et la situation des hommes d'aujourd'hui avec la conviction que ces hommes sont 'notre prochain' (Daille 37).

[201] Die Überschrift zu dem entsprechenden Abschnitt von VM lautet: "Le marxisme système pseudoreligieux de doctrine et d'action" (VM^2 74, dt. CmS 58).

[202] VM^2 76, dt. CmS 59..

Phänomene eines lebendigen politischen Wesens."[203] Das Organismus-Bild, in dem die Kommune Ivry einen Keim des Weltkommunismus repräsentiert und in diesen eingebunden ist, legt - zumal im Kontext der Madeleine Delbrêls Kirchenbild prägenden Leib-Christi-Ekklesiologie[204] - den Vergleich mit der Struktur der katholischen Kirche nahe: Explizit zieht Madeleine Delbrêl diesen Vergleich im Hinblick auf die Partei, in der sie "charakteristische Züge der Kirche mit erstaunlicher Symmetrie" nachgezeichnet sieht.[205] Die Partei ist Hierarchie und Lehramt, sie stellt "Priester und Propheten", ist "das Gewissen und die Interpretin der proletarischen Aufgaben und Kämpfe".[206] Die quasikirchlichen Züge, die Madeleine Delbrêl in der Struktur der Partei entdeckt, finden Ausdruck in den "notae ecclesiae", die die Partei "in ihrem eigenen Stil" verwirkliche: *Einheit* hinsichtlich der Lehre und strengen Disziplin; *Heiligkeit* in der säkularisierten Gestalt des Heroismus; *Apostolizität* in Gestalt des Expansionsdrangs; *Universalität* einerseits im Hinblick auf die globale "Landkarte" des Proletariates, zum anderen auf die Zukunftsperspektive einer Weltherrschaft.[207]

Als programmatisch-doktrinären Rahmen der marxistischen Aktion erkennt Madeleine Delbrêl einerseits das mit dem historischen Materialismus und dem wissenschaftlichen Atheismus gesetzte Ziel eines über jeden Zweifel erhabenen Weges zum Glück der Menschheit. Triebkraft der Verwirklichung ist das Leiden der Armen, dem der Marxismus mit einer säkularisierten Erlösungshoffnung begegnet. Das Leiden des Proletariates wird so einerseits als das zu überwindende Böse aufgedeckt, andererseits aber selbst als Mittel der "Erlösung" funktionalisiert: das Proletariat erscheint in der marxistischen Geschichtsdeutung als "auserwähltes Volk".[208] Seine größte Wirksamkeit entfaltet der Marxismus durch die Hoffnungen, die er nährt.[209]

Die knappe Skizze der Sichtweise Madeleine Delbrêls auf den Marxismus ihrer Umgebung läßt die religiöse Färbung des Bildes deutlich erkennen. Hierin liegen die Anknüpfungspunkte und die Grenzen ihrer Auseinandersetzung mit der Ideologie, die sie von der Basis ihrer eigenen religiösen Lebensorientierung her führt. Die Reflexion auf diesen Prozeß, der sie über viele Jahre hinweg beschäftigt hat, gewinnt in der aus zahlreichen verstreuten Notizen redigierten Schrift über Ivry

---

203 Vgl. VM^2 74ff, dt. CmS 58f (Zitat: VM^2 76, dt. CmS 59).
204 S.o. Kapitel 3.5.
205 VM^2 80, dt. CmS 62.
206 VM^2 80, dt. CmS 62.
207 VM^2 80, dt. CmS 63.
208 Madeleine Delbrêl nimmt diese quasi "geschichtstheologische", der Rhetorik des Progressismus entlehnte Deutung noch einmal auf, um unter "missionarischem" Aspekt die Differenz zu reflektieren, die zwischen dem Proletariat als den auch in der Kirche an den Rand gedrängten Armen der Industriegesellschaft und der marxistischen Lesart und Politisierung dieser gesellschaftlichen Größe besteht, vgl. VM^2 229-234 (erstaunlicherweise ist dieser Abschnitt in der deutschen Übersetzung ausgespart).
209 Vgl. zum Ganzen: VM^2 77-80, dt. CmS 59-62.

noch einmal besondere Aktualität im Rückblick auf die Auseinandersetzung um die missionarische Bewegung der 40er Jahre und insbesondere um die Arbeiterpriester.[210] Vor diesem Hintergrund reflektiert sie die Möglichkeiten und Kriterien einer authentischen christlichen Praxis im kommunistisch geprägten Milieu. Gegenüber der Bestandsaufnahme zur Mission de France, die im voranstehenden Kapitel untersucht wurde und die vor allem die Schwierigkeiten in der Verwirklichung des missionarischen Ziels vor Augen führte, sollen im folgenden insbesondere die Kriterien der Unterscheidung, die Madeleine Delbrêl auf der Grundlage des Glaubens entwickelt, untersucht werden. Um den Zusammenhang ihrer Überlegungen angemessen darlegen zu können, müssen dabei zuerst die von Madeleine Delbrêl diskutierten - tatsächlichen bzw. vermeintlichen - Anknüpfungspunkte, die sich den missionarisch engagierten Christen im marxistisch geprägten Milieu anboten, in den Blick genommen werden.[211]

Anknüpfungspunkte oder "Ansteckungsgefahr"?

Die von vielen Christen (und von der offiziellen Kirche) geteilte Sorge einer "marxistischen Ansteckung" aufnehmend, reflektiert Madeleine Delbrêl einige Gründe, die der "Anfälligkeit" für die "marxistische Ansteckungsgefahr" Vorschub leisten konnten.[212] Als eine erste Ursache nennt sie "Ärgernisse, die sich aus der Unwissenheit ergaben"; so seien die "Missionare" nicht in der Lage gewesen, zwischen dem Proletariat und dem Marxismus zu differenzieren.[213] Hier diagnostiziert Madeleine Delbrêl eine erste "Wortfalle": Indem die Arbeiterwelt und die Ideolo-

---

[210] Darauf nimmt sie in ihrem Buch auch ausdrücklich, aber doch in sehr verhaltener Weise Bezug: Indem sie den - trotz aller Erfahrungen des Scheiterns unentbehrlichen - Pionieren ausdrücklich den "Respekt des Schweigens" zollt (Vgl. VM^2 93, dt. CmS 73ff), macht sie auf den Hintergrund und Bezugsrahmen ihrer Überlegungen aufmerksam, ohne zuzulassen, daß ihr Buch gleichsam als "Urteilsbegründung" mißbraucht würde.

[211] Die in VM auch diskutierten Fragen nach Versäumnissen, mangelnder Vorbereitung und ungeklärter Aufgabenstellung der Pioniere werden hier - mit Rücksicht auf die Ergebnisse der voranstehenden Textanalyse zur Mission de France (4.2.3) nicht noch einmal aufgenommen. Da sich in den folgenden Überlegungen jedoch zahlreiche Bezüge auf die dort erarbeiteten Ergebnisse finden, sei dies hier im voraus vermerkt, um nicht die Anmerkungen mit Rückverweisen unnötig zu belasten.

[212] Madeleine Delbrêl leugnet die Tatsache dieser Gefahr nicht; sie kommt aber aufgrund ihrer eigenen Erfahrungen und Beobachtungen zu einer differenzierten Einschätzung der Lage und sieht das Problem nicht schon in der ideologischen Konstellation eines Gegenübers von Marxismus und christlichem Glauben.

[213] VM^2 98-101: "Scandales pour une ignorance", dt. CmS 78-80 (in der dt. Übersetzung heißt die Überschrift nicht ganz exakt: "Das Ärgernis der Unwissenheit"); Madeleine Delbrêl spielt hier auf die wie ein "Schock" wirkende, fundamentale Fremdheitserfahrung an, der sich die Missionare bei ihrem Eintauchen in die Welt des Proletariates ausgesetzt sahen und die eine Art "Blendung" verursachte.

gie, die sich ihrer angenommen hatte, mit dem gleichen Wort belegt wurden, begab man sich - unbewußt - einer wichtigen Möglichkeit der Unterscheidung. Bereits in diesem Gedanken scheint die leitende Perspektive einer Unterscheidung der Geister durch.[214] Sie läßt sich präzisieren anhand von Madeleine Delbrêls Überlegungen zum Problem von Äquivokationen, die ihr in ihrem konkreten politischen Alltag begegneten: Im Hinblick auf die "stärksten Fakten", die die Welt des Proletariates bestimmten - Armut und Ungerechtigkeit -, machten die "Pioniere" und "Missionare" im marxistisch geprägten Milieu verwirrende Erfahrungen, die zu Recht ein neues Engagement provozierten. Dabei konnte jedoch leicht jene Ebene der Wahrnehmung verfehlt werden, auf der die Unvereinbarkeit der marxistischen und der christlichen Deutung dieser "Fakten" hätte zutage treten können und müssen. Madeleine Delbrêls Sicht der Unterscheidung der differenten, ja zum Teil gegensätzlichen Deutungen der Armut einerseits und des Einsatzes für Gerechtigkeit - als Reaktion auf den offenkundigen Tatbestand der Ungerechtigkeit - andererseits soll im folgenden skizziert werden.

"Wortfallen": "Armut" und "Gerechtigkeit"

Die Wirkung des Mangels an Differenzierung potenziert sich in dem Maße, wie die Missionare praktisch zu "entdecken" beginnen, daß "andere" sich längst des Proletariates und seines Elends angenommen und dessen Situation wirksam auf eine hellere Zukunft hin zu dynamisieren begonnen haben.[215] Die Armut, die auf irgendeine Weise "fast immer" in die Motivation der Missionare hineingespielt habe[216], wird eben unter dem Blickwinkel ihrer ideologischen Interpretation und Funktionalisierung im Dienste eines höheren Zieles der Geschichte neu entziffert: In der marxistischen Lesart habe man "aus der Situation des (!) Armen eine Art Motor für eine Welt in Bewegung gemacht, ein erbärmliches und doch gewaltiges, stets zerbrechendes und immer wieder neu geschmiedetes Werkzeug, mit dem man eine Welt bauen kann, in der es keine Armen mehr gibt."[217] - Der Schock, den

---

[214] VM^2 100f, dt. CmS 79f. - Wohl kaum zufällig fällt hier wiederum das Stichwort "discerner": Die Missionare, die ihrem "Intellektualismus" um des neuen Milieus und ihrer Aufgabe willen abzuschwören bereit waren, erkannten gerade in dieser Haltung nicht die Wortfalle, die ihre eigene Sprache ihrem Denken stellte ("..., ils ne discernèrent pas le piège de vocabulaire, que la même langue posait cette fois à leur propre pensée.")

[215] Vgl. VM^2 104, dt. CmS 82.

[216] "Fast immer hat die Sorge um eine konkrete Treue zu den im Evangelium seliggepriesenen 'Armen' und der Armut Christen in das proletarische Milieu geführt. Die Armut hat sie angezogen" (VM^2 103, dt. CmS 82), sei es aus einer ursprünglichen Solidarität mit den Armen ("arm mit den Armen" sein) oder aus dem primären Motiv der Nachfolge Christi ("Christus auf dem Weg .... folgen, den er selbst gewählt hat") zur Verkündigung des Evangeliums an die Armen (vgl. VM^2 100, dt. Cms 79).

[217] Vgl. VM^2 104, dt. CmS 82.

die konkrete Armut bei ihrer "Entdeckung" den christlichen Arbeitermissionaren versetzte, mußte der Anfälligkeit für diese Interpretation Vorschub leisten. Aus der faktischen, durch Strukturen der Ungerechtigkeit hervorgerufenen unfreiwilligen Armut sei darin, so Madeleine Delbrêl, ein Instrument zur Dynamisierung der Geschichte gemacht worden, deren Endziel die Überwindung eben jener Armut hervorbringenden Strukturen der Ungerechtigkeit darstellt.[218] Insofern gewinnt die Solidarisierung mit dem Proletariat im marxistischen Interpretationsrahmen in der Sicht Madeleine Delbrêls die Qualität von "freiwilliger" Armut. Eben an dieser "Schnittstelle" diagnostiziert sie die "Wortfalle" für die missionarisch engagierten - und aus diesem Engagement heraus mit den Armen solidarisch gewordenen - Christen.

Deshalb verlangt Madeleine Delbrêl eine sorgfältige Unterscheidung zwischen christlichem und marxistischem Verständnis von Armut hinsichtlich der Verankerung in der Lehre (*le pourquoi doctrinal*) und bezüglich des Ziels (*le but*), um dessentwillen sie propagiert wird[219]; dann werde sich zeigen, daß sich hinter der vermeintlichen Gemeinsamkeit tiefgreifende Differenzen verbergen. Der Vergleich ist also auf der Ebene der Interpretation von (freiwillig akzeptierter) Armut als Mittel zu einem Ziel angesiedelt; er bezieht sich nicht auf den Umgang mit dem faktisch vorgefundenen und sozialpolitisch zu bekämpfenden Elend der Arbeiter.[220] In der marxistischen Interpretation erscheine die gegenwärtige Armut als notwendiger Beitrag zum Aufbau einer zukünftigen Welt, in der "alles das *Gut* aller" sein wird.[221] Dieser innerweltlichen und letztlich "materialistischen" Zielsetzung stellt Madeleine Delbrêl eine Sinngebung christlicher Armut gegenüber, die Ausdruck der Loslösung von allem, "was des Menschen Herz in Beschlag nimmt, ihn von Gott loslöst und zum Götzendiener macht", sein solle und als solche Zeugnis für Gott und für Christus gebe.[222] Die Differenz, ja der Gegensatz zwischen christlicher und marxistischer Interpretation der (freiwilligen) Armut liegt für Madeleine Delbrêl demnach nicht in der Frage, ob eine gerechte Verteilung aller Güter anzustreben sei (das würde sie nicht nur nicht bestreiten, sondern selbstver-

---

218 "Der Marxismus hat aus dem Leiden der Armen und der mörderischen Ungerechtigkeit unter den Menschen eine Art *sozialer Sünde* gemacht, die sich von Generation zu Generation fortpflanzt und durch gesellschaftliche Gruppen, deren Mitglieder mit dieser Sünde gleichsam identifiziert werden, immer wieder vergegenwärtigt wird. Das *Leiden der Armen* bewirkt die *Erlösung* von dieser historischen Sünde. Die Mittel dieser Erlösung sind der Haß und der von dem Leiden angestachelte Kampf." (VM^2 78, dt. CmS 60f, Hervorhebungen im Original; vgl. auch NA 236f, dt. NK 217f). Zur Deutung der Kategorie "soziale Sünde" bei Madeleine Delbrêl vgl. oben Abschnitt 4.2.3.

219 Vgl. VM^2 145, dt. CmS 116.

220 Dies entspricht der Praxis der Unterscheidung, die Madeleine Delbrêl in ihrem Engagement in Ivry übt: zwischen einer (nach der jeweiligen Einzelfallprüfung) möglichen Zusammenarbeit in konkreten caritativen bzw. sozialpolitischen Aktionen einerseits und der von ihr abgelehnten ideologisch-politischen Verbündung mit den Kommunisten (etwa durch Eintritt in die Partei).

221 Vgl. VM^2 146, dt. CmS 116 (Hervorhebung im Original).

222 " ... pour Dieu en tant que Dieu et pour le Christ en tant que Dieu" (VM^2 146, dt. CmS 116f).

ständlich aktiv unterstützen), sondern in der Frage, welche *Wertigkeit* diesem Ziel beigemessen werden darf: Ihr Einspruch richtet sich gegen dessen Verabsolutierung im Sinne einer immanenten Vollendung der Geschichte und damit gegen die säkularisierte Erlösungshoffnung, die der Marxismus nährt.[223]

Die prekäre Deutung der Armut, die die Christen im proletarischen Milieu herausfordert, hängt zusammen mit der strukturellen Ungerechtigkeit, die sich in der tatsächlichen Verteilung der Güter und Lebenschancen offenbart: So, wie sie sich in den Lebensbedingungen des Proletariates offenbart, wird sie für die meisten Christen, die dessen Lebensbedingungen zu teilen begonnen haben, zur Anklage ihres gesamten bisherigen Lebens.[224] Der Einsatz für Gerechtigkeit wird als Triebfeder des gesamten sozialen Handelns und als höchste Tugend im marxistischen Milieu entdeckt[225] und bewegt auch die christlichen Missionare.[226] In ihrem Bemühen um Unterscheidung einer christlich adäquaten Handlungsperspektive nimmt Madeleine Delbrêl diese Hochschätzung des Einsatzes für Gerechtigkeit zunächst positiv auf: Unrecht anzuprangern und für mehr Gerechtigkeit zu arbeiten muß - gerade im marxistischen Milieu - als prominentes Glaubwürdigkeitskriterium christlichen Handelns ernstgenommen werden: "Nicht zu sagen, was man von einem Unrecht denkt, ist im marxistischen Milieu ein Skandal im strengen Sinn des Wortes. Wenn wir nicht sprechen - weder durch Worte, noch durch Taten -, verweigern wir dem anderen ein wichtiges Gut: Aufklärung darüber, was der Glaube von den Gläubigen fordert, um Unrecht zu meiden und für Gerechtigkeit zu kämpfen."[227] Madeleine Delbrêl erklärt demnach den Einsatz für (menschliche) Gerechtigkeit zum Prüfstein des "missionarischen" Handelns.[228] Auch im Hinblick auf die marxistische Bestreitung Gottes insistiert sie auf der Unverzichtbarkeit des Engagements für mehr Gerechtigkeit, denn in der Anklage Gottes werde das christliche Alibi für den Verzicht auf irdische Anstrengung verfolgt.[229] Wenn Madeleine Delbrêl gleichwohl zwischen "menschlicher" und "übernatürlicher" Gerech-

---

223 Vgl. dazu die Studie "Marxistisches Hoffen und christliche Hoffnung" (NA 233-251, dt. NK 214-232).

224 Vgl. VM² 101f, dt. CmS 80f.

225 "In der öffentlichen Meinung des marxistischen Milieus ... wird bei der Beurteilung einer öffentlich wirkenden Persönlichkeit am höchsten die Gerechtigkeit geschätzt ... Alles, was die Partei als Gerechtigkeit bezeichnet, hat für einen Marxisten einen höheren Rang als alles andere, denn allen anderen Dingen gibt erst die Gerechtigkeit einen höheren Wert." (VM² 147, dt. CmS 117).

226 Vgl. VM² 101f, dt. CmS 80f.

227 VM² 148, dt. CmS 118.

228 Die ethische Forderung verbindet sich bei Madeleine Delbrêl nicht nur mit der religiösen Motivation, sondern auch mit einer religiösen "Begründung", wenn sie schreibt: "Wer im marxistischen Milieu die Ungerechtigkeiten der Welt unterschätzt, der überläßt anderen den Protest gegen etwas, was Gott selbst verurteilt hat." (VM² 149, dt. CmS 119). - Dabei ist allerdings zu berücksichtigen, daß es in diesem Kontext weder um die *Begründung* einer ethischen Norm ("Du sollst gegen Ungerechtigkeit kämpfen") noch um deren paränetische Einschärfung geht, sondern darum, welche *Bedeutung* dieser - selbstverständliche - Imperativ in einer bestimmten "missionarischen" Situation erhält.

229 Vgl. VM² 150, dt. CmS 119f

tigkeit differenziert, geht es ihr darum zu zeigen, inwiefern die marxistische Gerechtigkeitsforderung vom christlichen Glauben "transzendiert" werden muß: Während für einen Marxisten "die Liebe immer die Gestalt der Gerechtigkeit, und zwar einer ökonomischen Gerechtigkeit" annehme, bleibe die Gerechtigkeit für einen Christen immer nur der Anfang der Liebe, die damit rechnet, daß "nicht alles auf Erden zu regeln" ist, und alles menschliche Engagement, so unerläßlich es ist, unter eschatologischem Vorbehalt sieht.[230] Daher dürfe sich der christliche Einsatz nicht auf die Herstellung "ökonomischer" Gerechtigkeit für bestimmte Menschengruppen beschränken, wie dies der Marxismus - freilich im Dienst eines die ganze Menschheit der Zukunft umfassenden Glücks - praktiziere: "Der Marxismus entlarvt und bekämpft das Unrecht für einige betroffene Menschen von heute und für alle Menschen von morgen. Der Christ aber muß für alle Menschen von heute und von morgen das Unrecht entlarven - aus Liebe zu den Kleinen und Armen; aber auch aus Liebe zu den Sündern, deren Sünde es ist, andere Menschen in Armut zu stürzen, Mitmenschen, die sich dieses Los nicht selbst gewählt haben. Brot für die Armen und Erlösung für die Reichen sind zwei untrennbare Imperative der christlichen Gerechtigkeit. Allein der Hunger nach Gerechtigkeit um Gottes willen kann die Kraft geben, den beiden Imperativen und den von ihnen geforderten Entscheidungen gerecht zu werden."[231]

Indem Madeleine Delbrêl die universale Dimension der christlichen Gerechtigkeitsforderung soteriologisch deutet, relativiert sie nicht die Verpflichtung zum Einsatz für die konkreten Armen.[232] Was sie jedoch hier als Kriterium der Authentizität christlichen Handelns andeutet, bezieht sich auf die Wahrung der Einheit des Liebesgebotes: Die Liebe zu bestimmten Menschen von heute und zur Menschheit von morgen dürfe nicht um den Preis des Hasses gegenüber anderen Menschen erkauft werden.[233] In dieser Konstellation sieht Madeleine Delbrêl die entscheidende Trennlinie zwischen christlichem und marxistischem Einsatz. Die vom Marxismus geforderte, gleichsam "selektive" Nächstenliebe bedeute in Wahrheit eine Zerschlagung der Einheit des Liebesgebotes. Nur im Horizont der Gottesliebe sei eine zugleich konkret-engagierte und dennoch universale Nächstenliebe möglich.

---

230 "... für die christliche Gerechtigkeit ist der Schlüssel aller Lösungen eine Schuld, für die Christus einen teuren Preis bezahlt hat und die wir immer wieder mit ihm zahlen müssen." (VM^2 150, dt. CmS 120)

231 VM^2 149f, dt. CmS 119. - In diesem Zusammenhang ist an die Kritik Madeleine Delbrêls an der Allianz zwischen Kirche und Kapitalismus zu erinnern.

232 Im Gegenteil kann das Lebenszeugnis Madeleine Delbrêls als entschiedene "Option für die Armen" in Wort und Tat gelesen werden.

233 Im Schlußkapitel von VM resümiert Madeleine Delbrêl noch einmal die Dialektik von Liebe und Haß im marxistischen System: "Der marxistische Haß gegen wirkliche oder vermeintliche Unterdrücker hat für einen Marxisten ein Motiv der Liebe. Dieses Motiv der Liebe schließt aber nicht aus, daß für die kollektive Liebe von heute oder für die universelle Liebe von morgen Gewalttaten, Unterdrückung und Morde begangen werden." (VM^2 229, dt. CmS 178).

Aus den Überlegungen zur Gerechtigkeit können nun weiterreichende Schlußfolgerungen gezogen werden: Ausgangspunkt und "Entdeckungszusammenhang" von Gemeinsamkeiten mit den marxistischen Akteuren in Ivry ist für Madeleine Delbrêl die konkrete politische und soziale Praxis im Dienst einer menschenwürdigen Gesellschaftsgestaltung. Auf dieser Ebene ergeben sich Übereinstimmungen hinsichtlich konkreter Ziele, die sie für sich selbst im Evangelium vorgebildet findet. Gerade diese Ebene wird aber auch - als Resultat des Unterscheidungsprozesses - zum Ausgangspunkt und Austragungsort grundlegender Differenzen. Insofern erweist sich gerade in der Auseinandersetzung um die Möglichkeiten der Realisierung christlichen Handelns der *Primat der Praxis* als fundamental.

"Ein unheilbarer Bruch"

In Madeleine Delbrêls eigenem Erfahrungsweg konzentriert sich die Klärung dieses Zusammenhangs in jenem Prozeß, den sie an anderer Stelle auch als "zweite (bzw. neue) Konversion" bezeichnet[234]: Es handelt sich dabei um ihre persönliche Standortsuche im Verhältnis zu ihren kommunistischen Kollegen und Freunden, mit deren ideologischen Optionen sie in der Zusammenarbeit in Ivry in einer Weise konfrontiert wurde, die weder ein Ausweichen noch ein Verharren in der Unentschiedenheit erlaubte. Dieser Unterscheidungsprozeß führt sie zur Entzifferung des Handlungszusammenhanges "Ivry" als "missionarische Situation". Sie betont, die Schwierigkeiten, die sich in Ivry hinsichtlich der Bewährung ihrer Glaubensentscheidung einstellten, seien auf der Ebene der Praxis angesiedelt. Und: "sie kamen vom Evangelium", das ihr zugleich "Schutz und Anlaß der Versuchung" gewesen sei.[235] Sie sind angesiedelt in dem Spannungsfeld zwischen der (subjektiv) jeder prinzipiellen Fraglichkeit entzogenen Glaubensentscheidung und der Liebe, die Madeleine Delbrêl ihren marxistischen Freunden entgegenbrachte: Diese Liebe gründete sich nicht zuletzt auf die Entschiedenheit, mit der diese Menschen für *ihre* Sache einzustehen bereit waren - Madeleine Delbrêl erkannte darin trotz der Differenz in der Sache eine Art "Seelenverwandtschaft".[236] Für sie selbst bedeutete die Orientierung am Evangelium eine gesteigerte Sensibilisierung für das Leiden der Menschen in ihrer Umgebung, so daß der Einsatz für menschliche Ge-

[234] Vgl. NA 222, dt. NK 204. - Zur Rekapitulation des Prozesses vgl. VM^2 183-196, dt. CmS 139-150 sowie knapper: NA 285f, dt. NK 265f. - Madeleine Delbrêl selbst datiert diese innere Auseinandersetzung auf das Jahr 1935 (vgl. VM^2 188, dt. CmS 143); damit liegt ihre persönliche Entscheidung der Entwicklung jener Zusammenarbeit voraus, die durch das Angebot der "ausgestreckten Hand" und die Entspannung im Kontext der Volksfront-Regierung ermöglicht wurde.

[235] VM^2 183.189, dt. CmS 139.144.

[236] Vgl. VM^2 184, dt. CmS 139f.

rechtigkeit die Zusammenarbeit mit den Marxisten fast selbstverständlich nahelegte.

Die darin scheinbar selbstverständlich zutage tretenden Gemeinsamkeiten wurden in mehrfacher Hinsicht in Frage gestellt, und zwar wiederum durch die Praxis - nämlich durch jene Praxis, die Madeleine Delbrêl bei ihrem Gegenüber beobachtete: Der Einsatz für Gerechtigkeit und Glück der Menschheit von morgen erwies sich für sie als getragen und strategisch untermauert durch eine Dialektik von Wahrhaftigkeit und Lüge[237], von Liebe und Haß[238]. Denn gerade in der "Gerechtigkeits-Koalition" mit den Marxisten wird sie "mit der Gewalt konfrontiert, die nicht aus der Liebe, sondern aus dem Haß kommt"[239]. Für die Gewalt, sei sie auch im Dienst eines "guten Zieles" propagiert, kann sie keine Rechtfertigung im Evangelium finden, so daß sie hier einen "Widerspruch zu Christus" diagnostizieren muß.[240] In dieser Überlegung spiegelt sich das Verfahren, das Madeleine Delbrêl anwandte, um zu einer christlich-verantwortlichen Position zu gelangen: Sie sucht Orientierung in einer beständigen Lektüre und Meditation des Evangeliums in Rückkopplung an die zur Debatte stehenden Herausforderungen des Alltags. Den daraus resultierenden - für die Frage eines "marxistischen Engagements" negativen - Befund konfrontiert sie gleichwohl noch mit einer Art "Gegenprobe" anhand der Lektüre einiger Texte Lenins über die Religion; erst die Erfahrung dieser Konfrontation führt zu dem "unheilbaren Bruch", der Madeleine Delbrêl bei aller Solidarität und Zuneigung ("Nähe") zu den Menschen in Ivry vom Marxismus trennt.[241]

Ihre Suche nach Unterscheidung führt sie also auf die Fährte des Liebesgebotes: Im Licht des Doppelgebotes von Gottes- und Nächstenliebe als einer untrennbaren Einheit wird für sie der Bruch zwischen Christen und Marxisten of-

---

[237] Vgl. VM^2 184-188, dt. CmS 140-143. Madeleine Delbrêl entdeckt, daß "die Lüge als taktische Waffe benutzt wird" und kommt zu der Schlußfolgerung, daß - jenseits persönlicher Integrität einzelner Anhänger des Marxismus - "für den Marxisten ... weder die Lüge noch die Wahrheit eigenes Gewicht (hat), Gewicht hat nur, was sie bewirkt: der Erfolg oder der Mißerfolg." (VM2 184.185, dt. CmS 140.141).

[238] Vgl. VM^2 188f, dt. CmS 143-145. Vor dem Hintergrund des Liebesgebotes interpretiert Madeleine Delbrêl die Theorie des Klassenkampfes in den Kategorien von "Liebe" und "Haß".

[239] VM^2 189, dt. CmS 144.

[240] Vgl. VM^2 189, dt. CmS 144; NA 285, dt. NK 265f.

[241] Aus dieser Lektüre ging für Madeleine Delbrêl hervor: "Der Atheismus war erstens nicht nur ein konstitutiver Bestandteil des Marxismus, sondern gehörte zu seinen wesentlichen Zielen; als vorrangiges Ziel wurde er zweitens durch die Erziehungsarbeit der Partei unter ihren Mitgliedern verbreitet, und das Hauptmittel dieser Erziehung war die unmittelbare Aktion. Dem Glauben wurde gleichsam ein klinisches Attest über seine Todesschwäche ausgestellt, und ich konnte aus meinen ersten Reaktionen spüren, daß diese Methode ihre volle Wirkung nicht verfehlte. In diesem Augenblick erschrak ich tief, weil ich für Gott, mein kostbarstes Gut, fürchtete, und noch für etwas anderes, Unbekanntes, vielleicht könnte man sagen für die Ehre der Liebe. Die dreißig Seiten der Broschüre hatten zwischen dem Marxismus und mir einen unheilbaren Bruch verursacht. Seitdem ist dieser nie wieder geheilt." (VM^2 190, dt. CmS 145; vgl. auch NA 286, dt. NK 266).

fenbar, insofern jene die Liebe zu bestimmten Menschen von heute und zur ganzen Menschheit von morgen nur um den Preis des Hasses gegen andere Menschen von heute und der Ablehnung Gottes realisieren.[242] Demgegenüber hält Madeleine Delbrêl in den Elementen der "Logik des Evangeliums", die sie ihrer Diagnose des Marxismus als Aktionssystem gegenüberstellt, fest: "Zwischen dem Wohl ... der Menschen und einem aggressiven Akt gegen Gott kann es kein echtes Dilemma geben."[243] Den Kernpunkt der Auseinandersetzung sieht sie demzufolge in der Eigenart des Marxismus als untrennbarer Einheit von Lehr- und Aktionssystem; zwar "pseudoreligiös", erweist sich der Marxismus paradoxerweise zugleich als "auf religiöse Weise atheistisch", insofern er mit absolutem Anspruch eine Zukunftsvision vertritt, die eher einem religiösen Glauben als der wissenschaftlich ausweisbaren Vernunft entspricht.[244] Von dieser Einsicht her bestimmt sich das Verhältnis von Marxismus und Christentum als eine Art antithetischer Parallelismus hinsichtlich der auf ein Bekenntnis bezogenen, in beiden "Systemen" fundamentalen "Einheit der Praxis".

Auf der gleichen Linie versucht Madeleine Delbrêl die schmerzliche Erfahrung des Konfliktes zwischen menschlicher Nähe ("Liebe") zu den Kommunisten und dem offenkundig unüberwindbaren "Bruch" in bezug auf die respektiven Grundoptionen für eine existentielle "Wahrheit" zu klären.[245] Der Versuchung, den Bruch durch Konfliktunterdrückung zu vermeiden, begegnet sie mit zwei Argumenten: In

---

242 "Der Marxismus haßt Menschen von heute wegen *seiner* Liebe zu anderen Menschen von heute und mehr noch wegen *seiner* Liebe zur Menschheit von morgen. Er kann diese Menschheit nur an ihr Ziel führen, wenn er bis zum Äußersten seine zweischneidige Waffe einsetzen kann, wobei Haß und Liebe nicht zu trennen und bisweilen nicht zu unterscheiden sind." (VM^2 79, dt. CmS 61; Hervorhebungen im Original)

243 VM^2 195, dt. CmS 149.

244 "Der zur vollen Reife gelangte Kommunist begegnet Gott, um ihn zu leugnen, da, wo wir ihm begegnen, um ihn anzubeten, jenseits von Experiment und Kontrolle, kurz jenseits wissenschaftlicher Erkenntnis. ... Aber wenn der Marxismus so den historischen Materialismus in die Beschreibung der Zukunft 'deportiert', die nur außerhalb der reinen Vernunft behauptet und bestimmt werden kann, bewegt er sich auf der Linie eines nicht nur religiösen, sondern auch eines auf Offenbarung gegründeten Glaubens. Der absolute Anspruch der marxistisch-atheistischen Negation, die radikale Umkehrung (*perversion*) des 'religiösen Menschen', den er in seinen Dienst nimmt, ist eine Tatsache, die, wenn schon nicht selbst religiös, so doch weltweit eine religiöse Frage stellt." (VM2 201, dt. CmS 154; teilweise wortgleich: VM2 83, dt. CmS 65; im Zitat weiche ich geringfügig von der veröffentlichten deutschen Übersetzung ab).

245 "Ohne die Proportionen und die Unterschiede zu verwischen, kann ich nicht bedauern, daß in meinem Herzen für die Kommunisten, die ich kenne - und durch sie auch für die unbekannten - eine Liebe erwacht und gewachsen ist, der es weder an Leib noch an Seele noch an Gott fehlt. ... Aber die Nähe (die in der vielfältigen Gefährtenschaft in Ivry gewachsen ist, M.H.-St.) ist ein zerbrechliches Gut. ... Die Wahrheit bringt sie immer wieder in Gefahr; wenn nämlich Menschen von so unterschiedlicher Geistesart unter Umständen zusammenwohnen ..., die belastend und sogar dramatisch sind, dann kann man nicht mehr offen darüber sprechen, ob man eine Aufgabe annehmen oder ablehnen, ein Engagement eingehen oder sich daraus zurückziehen soll, ohne an Fragen zu rühren, bei denen ein Widerspruch oder eine Meinungsverschiedenheit jedesmal einen Bruch herbeiführen können." (VM^2 191f, dt. CmS 146f).

bezug auf den Atheismus der Marxisten unterscheidet sie ein "Anrecht auf Mitleid" vom Zugeständnis der "Unschuld"[246]; und der "Scheinlösung", den Konflikt durch Schweigen zu umgehen, stellt sie die Besinnung auf die Konfliktfähigkeit als Prüfstein echter christlicher Liebe gegenüber.[247] Diese Überlegung zielt jedoch nicht nur, ja nicht einmal vorrangig auf persönliche Beziehungen zwischen Christen und Marxisten, sondern auf die gleichsam metaphysische Gesamtkonstellation, in der ihr der Marxismus als das Böse bzw. als Werkzeug des Bösen erscheint. Dies entspricht der leitenden Perspektive, in der Madeleine Delbrêl den Marxismus als "quasi-religiösen Atheismus" und damit als Widerpart des Glaubens deutet.

"Günstige Voraussetzung für die eigene Bekehrung"

So wenig eine solche Diagnose Spielraum zur Versöhnung zwischen den Systemen bzw. Überzeugungen eröffnet - hierin unterscheidet sich Madeleine Delbrêl fundamental von allen "progressistischen" Bestrebungen und nähert sich der lehramtlich vertretenen Position strikter Unvereinbarkeit -, so behutsam "übersetzt" sie aber das Ergebnis ihrer Unterscheidung in ihrem Umgang mit den konkreten Repräsentanten der Ideologie in die Praxis. Die Suche nach Kriterien der christlichen Standortbestimmung setzt, das wird aus diesen Überlegungen deutlich, eine fundamentale Achtung des "Anderen" voraus. Es geht "um die Entscheidung, die auf beiden Seiten getroffen war und die in dieser Begegnung zu begründen und zu verantworten blieb"[248]. Die unbedingte Wahrung des Respektes vor dem/der Anderen geht dabei so weit, daß in der Kommunikation mit ihm/ihr der eigene "Lebensgrund"[249], der Verstehenszusammenhang des eigenen Handelns von den leitenden Grundoptionen her, mitteilbar und transparent werden soll - so wie andererseits das Bemühen um ein wirkliches Verstehen der Option des Ge-

246 Im Anschluß an das Jesus-Wort "Ich bin nicht für die Gerechten gekommen, sondern für die Sünder" schreibt Madeleine Delbrêl: "Wenn sich die Marxisten, wie immer ihr persönliches Leben sein mag, an einer weltweiten Leugnung Gottes beteiligen, haben sie aus diesem Grunde Anrecht auf Mitleid - doch eben auf Mitleid, nicht auf eine ursprüngliche Unschuld, wie ich sie ihnen manchmal beinahe hätte zuerkennen wollen." (VM^2 195, dt. CmS 149).

247 Wiederum im Anschluß an ein Wort Jesu ("Tut Gutes denen, die euch verfolgen") plädiert Madeleine Delbrêl für eine streitbare Liebe: "Eine Liebe, die sich davor fürchtet, das Böse bei denen zu erkennen, die sie liebt, ist eine schwache Liebe. Der Christ liebt niemals christlich, wenn er das Böse außer acht läßt; gerade wegen des Bösen liebt er noch mehr, um das Werk der Erlösung fortzusetzen. Wenn wir realistisch lieben wollen, dürfen wir keinesfalls übersehen, was die Menschen im allgemeinen und die Christen im besonderen durch den Marxismus leiden können." (VM^2 195, dt. CmS 149).

248 Neufeld, Atheismus, 303. - Vgl. dazu die in VM^2 (15-32) abgedruckten Briefe, die Madeleine Delbrêl an ihren marxistischen Freund und Gesprächspartner Venise Gosnat schrieb.

249 Das Stichwort "fond de vie" steht bei Madeleine Delbrêl in verschiedenen Zusammenhängen als Chiffre für die Gestalt ihrer Spiritualität, wie sie im 3. Kapitel skizziert wurde.

genübers die Kommunikation leitet. Deshalb entspringt der ebenso einfachen wie radikalen Orientierung an der Einheit des Liebesgebotes als Grundkriterium der Unterscheidung eine doppelte geistige Bewegung: Die Analyse der Optionen der Anderen und die Überprüfung der Treue zur eigenen Entscheidung konvergiert mit der genauen Wahrnehmung der radikalen Opfer- und Einsatzbereitschaft wie auch der Voraussetzungen, Wege und Methoden ihres Wirkens.[250] Nur auf diesem Weg kann - jenseits taktischer Erwägungen - herausgefunden werden, wie die eigene Wahrheit dem Gegenüber existentiell vernehmlich gemacht werden kann.

Damit wird die zunächst als widerständig und gefährlich erfahrene Umgebung in der Tat zu einer "günstigen Voraussetzung für die eigene Bekehrung" - um nun abschließend auf jene These zurückzukommen, in der Madeleine Delbrêl die "Summe" ihrer Erfahrung in Ivry zusammengefaßt hat. Wird die marxistisch geprägte Umgebung als "Versuchung", als Ort gefährlicher "Ansteckung" erfahren, so ist dies die Wirkung einer durch eine bestimmte Gerechtigkeitsvorstellung *orientierten Praxis*, die ihrerseits die herkömmliche Praxis der Christen *hinsichtlich des Einsatzes für soziale Gerechtigkeit* auf die Anklagebank verweist. Die Einsicht in diesen Zusammenhang kann den ersten Schritt nicht nur zur Überwindung der "Versuchung", sondern eben auch zur Änderung der eigenen Praxis und damit zur "Bekehrung" bewirken.[251] So wie die fremde Praxis eine wirksame Überprüfung der eigenen Praxis provoziert, so geht die kritische Auseinandersetzung mit der marxistischen Ideologie Hand in Hand mit einer Neuentdeckung und Vertiefung der eigenen Grundlagen hinsichtlich ihrer Relevanz für das Handeln: In der Konfrontation zweier praktisch "konkurrierender" Grundoptionen wird die Einheit von Theorie und Praxis neu entdeckt und in der Gestalt des Liebesgebotes als letztes Kriterium des authentischen Handelns im eigenen Referenzsystem entziffert.[252]

4.3.3 Die Rezeption der Position Madeleine Delbrêls durch Gaston Fessard

Der Jesuit Gaston Fessard[253] hat in einer Veröffentlichung aus dem Jahr 1960 als erster auf Madeleine Delbrêls Buch "Ville marxiste terre de mission" aufmerk-

[250] Vgl. dazu Kapitel 3.4.3.

[251] "Die Gnade, die uns in der Begegnung mit dem Marxismus zuteil wird, besteht darin, daß wir die Versäumnisse unseres christlichen Lebens und unsere eigene Verantwortung dafür klar erkennen." (VM^2 202, dt. CmS 155).

[252] Vgl. VM^2 202-204, dt. CmS 155-157.

[253] Gaston Fessard, von dem sein Ordensbruder und Freund Henri de Lubac gesagt hat, er sei "wohl der größte Philosoph, den wir in Frankreich gegenwärtig haben" (zitiert nach Boros, 183), "wurde am 18.2.1897 in Elbeuf-sur-Sein(e) geboren. Er trat in die Gesellschaft Jesu ein und wurde 1918 zum Priester geweiht. Sein Studium absolvierte er an der Sorbonne und am Institut Catholique in Paris; er schloß es mit dem Lizentiat in Philosophie und Jurisprudenz ab. Von 1935-1962 war er Redakteur bei den 'Etudes' und Sekretär bei den 'Recherches de science religieuse'. Nach phi-

sam gemacht.[254] Im Zusammenhang seiner Auseinandersetzung mit der geistigen Entwicklung des französischen Katholizismus der Nachkriegszeit greift er auf Madeleine Delbrêls Analyse der Bedingungen des Christseins in marxistischer Umgebung zurück und widmet ihr eine eigene detailgenaue Interpretation.[255]

"L'actualité historique" - Anmerkungen zu Fessards denkerischem Programm

Auf der Basis einer jahrzehntelangen Beschäftigung mit der Philosophie von Hegel, Marx und Kierkegaard setzt sich Fessard mit den vorherrschenden weltanschaulichen bzw. ideologischen Strömungen seiner Gegenwart, namentlich mit Liberalismus, Kommunismus und Nationalsozialismus auseinander. "Alle modernen Weltanschauungen haben nach Fessard einen Grundzug gemeinsam. Im Gefolge eines rationalistischen Liberalismus leugnen sie alle höheren Sehnsüchte des Menschen und sehen in einer rein innerweltlichen Glückserfüllung das natürliche Ziel

---

losophischen Studien zu Fichte, Descartes, Leibniz und Kant schrieb er eine Diplomarbeit über 'La méthode de réflexion chez Maine de Biran'. Léon Brunschvicq lobte diese Arbeit wegen ihres Scharfblicks, sie wurde aber erst 15 Jahre später veröffentlicht (vgl. Cahiers de la Nouvelle Journée, n° 39, 1938). In den Jahren 1925/26 traf Fessard bei drei Besuchen in Deutschland und Österreich mit Hugo und Karl Rahner, J.B. Lotz und E. Przywara zusammen. Seit Sommer 1926 studierte Fessard das Werk Hegels, daneben auch besonders 'L'action' von M. Blondel. Eine Freundschaft mit G. Marcel befruchtete sein eigenes Schaffen; viele Anregungen erhielt er auch von P. Teilhard de Chardin." (Schneider, 134 Anm. 1). - Eine komprimierte Übersicht zu Leben und Werk Gaston Fessards gibt Neufeld, Gemeinwohl; ausführlicher: Sales, Gaston Fessard (mit Literatur).

254 Vgl. Neufeld, Gemeinwohl 717; Schneider 134 (Anm. 1).

255 De l'actualité historique, Paris 1960, 2 Bde (im folgenden: AH). - Das sprachlich und gedanklich schwierige Werk ist nicht ins Deutsche übersetzt und in Deutschland auch kaum rezipiert. Zitate werden daher im folgenden nach eigener Übersetzung wiedergegeben; um einen genaueren Nachvollzug zu ermöglichen, werden zentrale Textpassagen in den Anmerkungen auch im Original zitiert. - Der erste Band von AH trägt den Untertitel "A la recherche d'une mèthode"; er versammelt zunächst einige Beiträge aus den 30er und 40er Jahren, in denen Fessard in bezug auf die Zeitereignisse seine Geschichtstheologie und vor deren Hintergrund eine philosophische Kritik der totalitären Ideologien entwickelt. Im zweiten Teil des Bandes entfaltet der Verfasser dann in zwei neu verfaßten Beiträgen mit der Dialektik von Jude und Heide das Grundprinzip seiner Geschichtstheologie (zu den Inhalten s.u.). Bezugsrahmen und Entstehungszeit der im zweiten Band von AH versammelten Beiträge sind bereits in dessen Untertitel, "Progressisme chrétien et apostolat ouvrier", genannt: es ist die Zeit der Auseinandersetzung um die missionarische Bewegung und die Arbeiterpriester, etwa seit 1949. Im ersten Teil des Bandes setzt sich Fessard mit dem christlichen Progressismus auseinander und unterzieht ihn anhand seiner dialektischen Geschichtstheologie einer fundamentalen Kritik; dann analysiert er das Experiment der Arbeiterpriester und dessen Scheitern im Horizont des Progressismus. In diesem Zusammenhang rezipiert er Madeleine Delbrêls Buch VM als Paradigma einer angemessenen apostolischen Haltung im Arbeitermilieu (AH II 114-142). Die im ersten Teil eröffneten Perspektiven der Kritik werden in den folgenden Abschnitten des Buches breiter und jeweils in der Auseinandersetzung mit konkreten Gegenpositionen entfaltet.

der Geschichte ... Die Negierung jeder Transzendenz ist das prometheische Projekt einer Menschheit, die sich kraft ihrer eigenen Fähigkeiten und Möglichkeiten selber vollenden möchte; es ist ein 'Antichristentum', das im Liberalismus begonnen, im Nationalsozialismus weitergeführt und im Kommunismus in einen totalen Säkularismus umgewandelt wurde. Alle drei Ideologien - Kommunismus, Nationalsozialismus und liberalistischer Humanismus - reduzieren das Gottesproblem auf rein politische und ökonomische Fragen."[256] Seiner Diagnose eines "strengen Parallelismus" zwischen Nationalsozialismus und Kommunismus[257] entspricht das Engagement, das Fessard zunächst als einer der führenden Köpfe der christlichen "résistance spirituelle" eingeht[258], ebenso wie seine Auseinandersetzung mit der Frage einer möglichen Kooperation von Christen mit Kommunisten; mit diesem Problem befaßt er sich seit der Initiative der "ausgestreckten Hand"[259], insbesondere jedoch in den Nachkriegsjahren, in denen jene Studien entstehen, die er 1960 im zweiten Band von "De l'actualité historique" vorlegt.[260]

Fessard setzt sich in einer kritischen Analyse mit dem Progressismus und seinen Vertretern[261] sowie mit der Entwicklung und dem Scheitern des Arbeiterpriester-Experiments, das er für eine unmittelbare Frucht des Progressismus hält, auseinander. Seine dezidiert antiprogressistische, zuweilen mit beißender Schärfe und Polemik vorgebrachte Position ruht auf einer dialektisch strukturierten Geschichtstheologie auf.[262] Sie gewinnt ihre *theologischen* Impulse einerseits aus der paulinischen Theologie[263], andererseits aus den ignatianischen Exerzitien, denen Fessard eine umfassende und tiefgründige Deutung gewidmet hat.[264] Dieses Werk läßt neben der theologisch-geistlichen Prägung des Jesuiten durch seinen Ordens-

---

256 Schneider 142.

257 Vgl. AH II 11.

258 Erinnert sei an Fessards Schrift "France, prends garde de perdre ton âme", mit der die Serie der "Cahiers clandestines de témoignage chrétien" (1941) eröffnet wurden. Zudem gab Fessard während des Krieges mit "Cité nouvelle" eine Zeitschrift heraus, die - als zeitweiliger Ersatz für die von den Besatzungsbehörden verbotenen "Etudes" - eine neue und menschlichere Gesellschaftsordnung propagieren sollte (vgl. Boros 183; Schneider 135, Anm. 8).

259 Vgl. Gaston Fessard, La Main tendue? Le Dialogue catholique-communiste est-il possible? Paris 1937.

260 Vgl. AH II 20; vgl. auch Sales, Gaston Fessard, 490.

261 Unter den von Fessard kritisierten Theologen und Philosophen finden sich u.a. die Namen Jean Lacroix, André Mandouze, Marie-Ignace Montuclard, Henri Desroches (als Promotoren der Bewegung der progressistischen Christen) ebenso wie Emmanuel Mounier, Jacques Maritain, Marie Dominique Chenu und Marie-Joseph Nicolas, um nur einige zu nennen; vgl. dazu AH II pass.

262 Vgl. dazu insb. Sales, Bedeutung.

263 Vgl. z.B. Le juif et le paien dans le monde d'après saint Paul, in: La question d'Israël (15.8.1936) 299-302; Connaissance de Dieu et Foi au Christ selon saint Paul, in: Mito et Fede (Archivio de Filosofia) 1966/2-3, Rom 1966, 117-160 (das Werk ist bereits 1926/27 entstanden, vgl. Sales, Gaston Fessard, 488).

264 La dialectique des Exercices de Saint Ignace de Loyola, Paris I (1956), II (1966), III (1984) (im folgenden: DE); vgl. dazu Schneider 134-191 (dort weitere Literatur).

gründer auch den Einfluß Hegels, des wichtigsten philosophischen Gewährsmanns für das Denken Fessards, deutlich werden.

Ziel seiner zeit- und gesellschaftskritischen geistigen Arbeit ist die philosophische Suche nach dem Sinn der Geschichte (*histoire*); damit verbindet er die Absicht, die Geschichtlichkeit (*historicité*) der Existenz des einzelnen als existentialontologische Grundstruktur transparent zu machen, in der sich der Lebenssinn des Menschen verwirklicht und die folglich die eigentliche Herausforderung an die Freiheit des einzelnen darstellt.[265] Fessards Denken kreist um die Frage: "Wie kann sich die menschliche Freiheit in der Geschichte verwirklichen und vor Gott verantworten?"[266] In der Einleitung zum ersten Band von "De l'actualité historique" beschreibt Fessard selbst das Gravitationszentrum seines Denkens: "Mein Denken bewegte sich beständig um ein Zentralproblem, das ich unablässig genauer zu erfassen suchte, wenn ich es auch jedesmal unter anderem Aspekt erforschte. Das Historische kann diese Mitte bezeichnen ... (insofern) es sich jedem unausweichlich aufdrängt, der den Ernst seiner Existenz so zu verstehen sucht, daß seine Zukunft und seine Entscheidungen klar werden."[267] Im Titel des zweibändigen Werkes ist die "existentialontologische" Fragestellung Fessards, die seine Auseinandersetzung mit den zeitgenössischen Weltanschauungen und Ideologien leitet, programmatisch zusammengefaßt: Der Begriff "actualité historique", den Schneider mit "geschichtliche Verwirklichung" übersetzt, bezeichnet für Fessard das "*hic et nunc* als Ort, an dem sich die freie Entscheidung des wesentlich geschichtlichen Seins, das wir sind, an der Schnittstelle von Zeit und Ewigkeit setzt und darin die ganze menschliche - soziale wie individuelle - Wirklichkeit konstituiert."[268] "Geschichte wird zur Geschichtlichkeit, wenn der einzelne im Hier und Jetzt seines Lebens nach dem Sinn und Ziel seines Lebens sucht und sich in Freiheit entscheidet. In der Gegenwart des eigenen Lebens steht für den Menschen alles auf dem Spiel, so daß er im konkreten Augenblick die ganze Wirklichkeit, die soziale wie auch die individuelle, konstituieren und begründen muß."[269]

Um die mit der Geschichtlichkeit der menschlichen Existenz gestellte Herausforderung der Freiheit näher bestimmen zu können, unterscheidet Fessard die drei Ebenen einer *natürlichen*, *menschlichen* und *übernatürlichen* Geschichtlichkeit: Alle drei werden unter den Gesichtspunkten von Inhalt, Zeitgestalt und reflexivem Zuhandensein für den Menschen, mithin unter dem Gesichtspunkt der

---

[265] Fessard versucht auf diesem Wege, die Denkstrukturen der "klassischen Ontologie" mit ihrer Konzentration auf die Kategorien von Natur und Vernunft auf die Dimension der Geschichtlichkeit hin zu übersteigen, ja mit dem Aufweis der Christozentrik der Geschichte im Hinblick auf die Existenz des Menschen eine "gewisse Präponderanz" des Geschichtlichen gegenüber der Natur aufzuzeigen (Vgl. AH I 114; dazu Schneider 137). Von diesem Ansatz her setzt er sich insbesondere mit thomistisch geprägten Denkern (wie Chenu, Maritain, Nicolas) auseinander.

[266] Vgl. Schneider 135.

[267] AH I 10 (zit. nach Neufeld, Gemeinwohl 715).

[268] AH II 7f; vgl. dazu Schneider 137-155.

[269] Schneider 138 (mit Verweis auf AH II 8 und 397).

Bedingungen des Freiheitsvollzuges, untersucht. Mit Schneider läßt sich Fessards Analyse wie folgt zusammenfassen: "Natürliche, menschliche und übernatürliche Geschichte stellen die drei Stufen einer Synthese und einer je größeren Einheit und Intelligibilität dar. Die Naturwissenschaft ordnet die Geschichte durch eine *äußere* Verbindung von Ereignissen. In der menschlichen Geschichte gibt es hingegen eine *innere* Verbindung der einzelnen Freiheitsakte: das Danach einer freien Handlung ist schon gegenwärtig im Vorher, wo es gewählt wurde, und die einmal vollzogene Handlung bewahrt dieses Vorher in dem nun wirklich gewordenen Nachher. Das Übernatürliche bedeutet für den Menschen das letzte Ziel seiner Geschichte, an dem er nicht erst in der Zukunft, sondern schon jetzt partizipiert; als absoluter *Sinn* der Geschichte ist das Übernatürliche die Einheit von Geschichte und Natur."[270] Auf diese Differenzierung der Kategorie Geschichtlichkeit gründet Fessard seine "geschichtliche Ontologie", die er als "Synthese von Wesens- und Existenzphilosophie" versteht.[271] Zentral ist dabei sein christozentrisches Geschichtsbild, das er in einer dreifachen Dialektik entfaltet. Diese dialektische Methode ist als typologische Geschichtsdeutung verstanden worden[272]; man kann auch von einer Symbolisierung der drei Ebenen der Geschichtlichkeit sprechen. Das Anliegen, von dem Fessards dreifache Dialektik bestimmt ist, läßt sich wiederum in der Frage erkennen: Wie findet der einzelne für sich das Sinnziel der Geschichte, oder noch präziser: Wie begegnet der einzelne dem Menschgewordenen als diesem Sinnziel?[273]

Dementsprechend sucht Fessard "nach Hegels Vorbild die innere Dialektik der Wirklichkeit und damit den Sinnzusammenhang der Geschichte aufzudecken. Er weiß, daß er so auch die Ansätze für moderne Irrwege nachweisen kann, die er in der Aufhebung der gegensätzlichen Spannung durch Vereinseitigung begründet sieht. Das erste große Gegensatzpaar ... findet sich beim hl. Paulus mit Jude und Grieche, denen gegenüber der Christ weder das eine noch das andere zu sein hat. Hegel bietet dann mit Herr und Knecht eine zweite Grundfigur für die Deutung der Geschichte. Fessard fügt schließlich mit Mann und Frau noch eine dritte hinzu, um auch hier, ebenso wie bei der Hegelschen Figur, die Lösung im christlichen Glauben und damit die endgültige Überwindung der Antagonismen aufzuzeigen. Offenkundig geht dieses Denken typologisch vor und zielt dabei letztlich auf ein Bild des neuen Menschen ab, wie ihn das Evangelium verkündet."[274] Die dreifache Dialektik ist als ganze zunächst von Paulus (Gal 3,28) inspiriert - der Text ruft alle

---

270 Vgl. Schneider 139-142 (Zitat 141; Hervorhebungen im Original); vgl. auch Sales, Gaston Fessard, 494-496.

271 Vgl. Schneider 149.

272 Vgl. Sales, Bedeutung, 306f.

273 Vgl. Schneider 149.

274 Neufeld 717. - Die *typologische* Verwendung der Kategorien ist unbedingt zu beachten, damit sie nicht als historische Urteile ("der verworfene Jude") mißverstanden werden.

drei Gegensatzpaare als prinzipiell "in Christus" überwunden auf - und wird in der Auseinandersetzung mit Hegel und Marx entfaltet.[275]

Ihre Grundgestalt ist und bleibt für Fessard die Dialektik Jude-Heide[276], in der sich gleichsam die vier möglichen Grundverhaltensweisen menschlicher Freiheit vor Gott abbilden: Ist Christus als das menschgewordene Wort der Scheitelpunkt der Geschichte, so stehen "vor Christus" die Grundtypen des erwählten Juden und des götzendienerischen Heiden einander gegenüber; "nach Christus" kehren sich die Vorzeichen um, indem dem nunmehr bekehrten Heiden der ungläubige Jude korrespondiert.[277] Im Schema der vier Grundtypen, denen gemäß sich menschliche Freiheit im Angesicht Christi als des geschichtlich offenbar gewordenen absoluten Sinnes der Geschichte verhalten kann, ist bereits die Frage der Wahl und mit ihr diejenige der Unterscheidung der Geister gestellt und verortet. Fessard macht sie zum Zentrum seiner Interpretation der ignatianischen Exerzitien, die er vor allem als Weg einer "wirklichen Bekehrung des Menschen" begreift: "Dieser Heilungsprozeß ist ein wachsendes Christwerden, das ganz auf die göttliche Freiheit ausgerichtet ist und das sich im Einsatz der menschlichen Freiheit und in einzelnen Wahlentscheidungen verwirklicht."[278] Was hier nur als Ergebnis angedeutet ist, entfaltet Fessard in seiner Analyse der vier Exerzitienwochen, in deren innerer Zuordnung er eine zirkuläre und eine geometrische Struktur freilegt. Die "zirkuläre Einheit" der Exerzitien, die sich zwischen "Prinzip und Fundament" (EB 23) und der "Betrachtung zur Erlangung der Liebe" (EB 230-237) im dialektischen Prozeß der vier Wochen entfaltet, realisiert sich vor allem darin, daß der Exerzitand am Ende dieses Prozesses erneut auf dessen Anfang zurückverwiesen wird, insofern er die Wahl je neu zu vollziehen und zu vervollkommnen hat.[279] Die geometrische Struktur der Exerzitien sieht Fessard im Bild einer Raute verwirklicht: Während die vertikale Achse zwischen "Gott" und "Satan" verläuft, verbindet die horizontale (Zeit-)Achse, auf der die vier Wochen des Exerzitienprozesses einge-

---

275 Vgl. dazu Sales, Gaston Fessard, 496-498; Schneider 149-155.

276 Vgl. Sales, Bedeutung.

277 Vgl. dazu das Schema AH II 55 (das Schneider 152, Anm. 9 irrtümlich Sales zuschreibt); Fessard selbst erläutert die vier Grundtypen in ihrer Funktion zur Symbolisierung der möglichen Entscheidungsweisen menschlicher Freiheit wie folgt: "Insofern ich von Kind auf christlich erzogen worden bin oder zum Glauben in der Kirche berufen worden bin, kann ich mich zum Beispiel als einen *Erwählten, einen Juden* betrachten, oder, falls ich eher meine persönliche Antwort auf diesen Ruf ins Auge fasse, als einen zum Glauben *bekehrten Heiden*. Die Ungläubigen meiner Umgebung wären dann entweder (falls sie die Offenbarung Christi noch nicht kennen) *götzendienerische Heiden* oder (falls sie diese zwar gekannt, aber ungläubig abgelehnt haben) *verworfene Juden*. Weil ich aber nur ein recht unvollkommener und sündiger Christ bin, muß ich mich umgekehrt als *götzendienerischer Heide* oder als *verworfener Jude* bekennen, wenn mir die Ungläubigen mit Begründung vorwerfen, die Forderungen meines Glaubens entweder mißzuverstehen oder überhaupt nicht zu erfüllen, - während diese Ungläubigen selbst, kraft der Prinzipien, die ihren Vorwürfen zugrundeliegen, als *Erwählte (Juden)* und *Bekehrte (Heiden)* meinen Platz einnehmen." (Paix ou Guerre? "Notre Paix", Paris 1951, 23f; zitiert nach: Sales, Bedeutung, 307.

278 Schneider 178.

279 DE I 164-177.181-190; vgl. Schneider 165f.

tragen sind, die Punkte "Alpha" und "Omega". Beide Achsen schneiden sich im "Hic et nunc" der Wahl.[280] Substantiell bzw. hinsichtlich des fundamentalen Symbolismus ist die "Geometrie" der Exerzitien identisch mit jenem oben zitierten Entwurf zur Grunddialektik der Geschichte[281]; sie bringt das "Proprium" der Fessardschen Exerzitiendeutung zur Anschauung: "Die 'Exerzitien' sind nicht nur Ermöglichungen (!) der Entscheidung, sie drücken vielmehr in dialektischer Aufeinanderfolge die wesentlichen Elemente des menschlich-göttlichen Dramas der Freiheit aus."[282] Vom zentralen Punkt der "Wahl" - dem "hic et nunc" bzw. dem Scheitelpunkt der Geschichte - ausgehend, wird die symbolisch in den vier Wochen der Exerzitien[283] repräsentierte Zeit in ein Vorher und ein Nachher eingeteilt; die "Freiheit ist damit in den 'Exerzitien' die notwendige Verbindung zwischen den Einzeletappen der Dialektik."[284] Im Augenblick der Wahl, "da der Exerzitant (!) im 'hic et nunc' seiner Lebenslage sich den Willen Gottes zu eigen macht, so wie sich dieser ihm offenbart hat, verwirklicht er auf eine konkrete und nicht mehr abstrakte Weise die Einheit zwischen Ewigkeit (in welcher der göttliche Wille west) und Zeitlichkeit (in der dieser göttliche Wille empfangen wird und die vom Willen Gottes her ihre Wahrheit und ihren Zusammenhang erhält). Im Augenblick der Wahl findet also die Zeit gleichzeitig ihre Wurzel und ihren Giebel, ihren Anfang und ihre Vollendung."[285]

Im konkreten Vollzug der Freiheit als "Scharnier" zwischen "Vorher" und "Nachher", zwischen Vergangenheit und Zukunft, gewinnt und bewährt der einzelne im "hic et nunc" seine geschichtliche Identität. Gemäß den vier möglichen Grundverhaltensweisen, die in der Jude-Heide-Dialektik symbolisiert und in jeder konkreten Existenz potentiell vorhanden sind, steht diese Identität je neu auf dem Spiel. In der Ausrichtung auf den Punkt Omega, die jedoch nicht linear, sondern dialektisch den Freiheitsvollzug strukturiert, aktuiert sich die Herausforderung der Existenz als Zirkel, der je neu zu durchlaufen ist. Die von Fessard zur Verdeutlichung seiner Überlegung gewählte Kombination der Figuren - der vertikalen und horizontalen Achse einerseits und des Zirkels andererseits - sprengt jedoch im Hinblick auf die geschichtliche Ontologie das Bild des Kreises auf: Der Weg der Freiheit scheint eher dem Bild einer Spirale, also einer *offenen* Kreisbewegung, zu folgen, die auf ein außerhalb ihrer selbst liegendes Ziel zuläuft. Dieses Ziel ist - theologisch gesprochen - die eschatologische Vollendung aller geschichtlich möglichen Vollzugsweisen der Freiheit im Punkt Omega.

Von diesen hier nicht weiter zu entfaltenden Überlegungen her wird die Grundausrichtung der Kritik, die Fessard am Progressismus übt, plausibel: Ange-

---

280 Vgl. das Schema bei Fessard im Anhang zu DE I (Figur 7); dazu Schneider 166f.
281 Vgl. dazu Fessards Hinweis AH II 55, Anm. 1.
282 Boros 184.
283 Vgl. zur Deutung der einzelnen Wochen bei Fessard Boros 188-198.
284 Roustang 245.
285 Roustang 245.

sichts der progressistischen Tendenzen, im gesellschaftlich-politischen Handeln eine Koalition zwischen Christen und Kommunisten zu verwirklichen und diese auch theoretisch zu rechtfertigen, wendet er sich gegen die seiner Meinung nach zentrale Gefahr, die Bedeutung des Atheismus im Marxismus zu unterschätzen: Die Neigung, den Atheismus im Marxismus für nur "provisorisch und methodologisch" zu halten, gehe am Kern der Ideologie vorbei[286], den Fessard anhand seiner dialektischen Geschichtstheologie mit dem Gegensatzpaar von Jude und Heide typologisch erhellen zu können glaubt. Es geht dabei also letztlich um die Gefahr, das Ziel der Geschichte zu verfehlen bzw. für den einzelnen die übernatürliche Ebene seiner Geschichtlichkeit, die zentrale Bezugsebene der Freiheit, als solche nicht in den Blick zu bekommen. Im Hinblick auf diese Grundfrage beschäftigt sich Fessard mit den Vordenkern des Progressismus.

"Ignatianisches" im Werk Madeleine Delbrêls?

Fessard, der von sich selbst sagt, seine kritischen Reflexionen zum Problem des Progressismus und zum Arbeiterpriester-Experiment seien diejenigen eines Intellektuellen "ohne Kontakt zur Realität"[287], hat das Buch Madeleine Delbrêls als eine Art praktische Bestätigung seiner eigenen theoretischen Einsichten aufgefaßt. Sie erscheint ihm als Kronzeugin für seine Idee der "actualité historique", und er entdeckt - nicht zu Unrecht - beachtliche und erstaunliche Parallelen zwischen seiner philosophischen Ideologiekritik und ihrer aus der Praxis erwachsenen Diagnose der Probleme, die sich den "Missionaren" im kommunistischen Umfeld entgegenstellen.[288]

Ansatzpunkt ist auch für Fessard das Problem von Äquivokationen, deren fundamentalste sich mit dem Wort "Proletariat" bzw. "Arbeiterklasse" einstelle.[289] Darin trifft sich seine Überlegung, die er an die Formel von der Notwendigkeit,

---

[286] Vgl. dazu im einzelnen AH II 49-71 (Zitat: 52).

[287] Vgl. AH II 109.

[288] "Loin de moi l'idée de faire endosser à la militante d'Ivry la responsabilité d'un tel échafaudage d'analyses et de synthèses tant dialectiques qu'historiques! Il me suffit que rien, en ses notes, ne vienne le démentir, ni même en menacer l'équilibre. Seulement, qu'on me permette de l'ajouter: théologien, étranger il est vrai par mon mode de vie au prolétariat ... j'ai eu, en lisant ou plutôt méditant *Ville marxiste Terre de Mission*, l'intime conviction que les vingt ans de réflexion dont témoignent les divers essais ici rassemblés en recevaient une confirmation plus précieuse que toutes celles que je pouvais imaginer ou souhaiter. D'abord parce qu'elle leur vient de qui vit en un milieu tout différent et ignore probablement tout de ces travaux, et aussi parce qu'elle porte directement, me semble-t-il, sur le centre autour duquel ils gravitent: l'*actualité historique* en laquelle chaque chrétien agit, parle ou écrit et prie." (AH II 141f)

[289] AH II 107.111ff.149ff.

die "Worte zu wägen" bindet[290], mit derjenigen Madeleine Delbrêls zu den "Wortfallen". In einer gründlichen Analyse zu den entsprechenden Überlegungen aus "Ville marxiste" greift er diesen Gedanken auf und integriert ihn in den Zusammenhang seiner eigenen Kritik. Dabei zielt Fessard über die Kritik von Einzelaspekten und das Aufzeigen bestimmter Fehler, die im Zuge der missionarischen Neuorientierung gemacht wurden, hinaus: Unter dem Aspekt der Zweideutigkeit der Sprache, die es aufzudecken gilt, geht es ihm in zweifacher Hinsicht um die Methode: einerseits um die Methode, die vonseiten der Kommunisten im Umgang mit der Religion angewandt wird, andererseits um eine methodisch gesicherte Art und Weise der Christen, mit den dadurch gestellten Herausforderungen umzugehen. Auch hierin trifft er sich mit den Anliegen Madeleine Delbrêls, wenngleich diese nicht explizit von ihrer "Methode" spricht.[291]

Fessards Rekonstruktion der Unterscheidungsarbeit, die Madeleine Delbrêl in ihrem Buch dargelegt hat, braucht an dieser Stelle nicht in ihren Einzelaspekten (Armut, Gerechtigkeit, der in beiden Themen sich offenbarende Gegensatz zwischen Christen und Kommunisten hinsichtlich des Sinns der Geschichte[292]) aufgenommen zu werden. Fessard hält sich hier eng an Madeleine Delbrêls Gedankengang und geht nur insofern darüber hinaus, als er die grundlegende Konvergenz zu seinem eigenen Denken mit Interpretamenten seiner Geschichtsphilosophie untermauert.

Fessard kommt allerdings bei seiner Interpretation von "Ville marxiste" zu einer interessanten, die Ebene der Methode betreffenden Beobachtung. Darauf soll etwas näher eingegangen werden.[293] In den Schlußfolgerungen zur Lebensweise des "Apostels", die sie aus ihrer Untersuchung zu den spezifischen Problemen des

---

[290] Vgl. AH 105-107. Fessard entnimmt die Formulierung einem Beitrag, der im Januar 1953 in der progressistischen Zeitschrift "La Quinzaine" erschien. Der Verfasser, der sich hinter dem Pseudonym "Apostolus" verbirgt, unterscheidet darin zwischen einer "spekulativen" und einer "praktischen" Wahrheit und plädiert in einem pathetischen Appell dafür, im Dienste jener praktischen Wahrheit zu kämpfen: "Elle (d.i. die "praktische Handlungswahrheit, M.H.-St.) crie, dans un témoignage abrupt. *Elle n'a plus le temps de peser ses mots.*" (a.a.O., 15; zitiert nach AH II 105, Hervorhebung M.H.-St.). - Fessard nimmt die schon in ihrem ursprünglichen Kontext polemische Formulierung auf und unterzieht sie - mit einer polemischen Replik auf den zitierten Artikel - einer scharfen Kritik: der im Liebesgebot verwurzelten Verpflichtung zum Handeln angesichts menschlicher Not (Fessard spielt hier auf 1 Kor 13 an) stellt er mit 1 Thess 5,21 die Unerläß-lichkeit sorgfältiger Unterscheidung zur Seite: "S'il veut obéir à l'impératif des nécessités urgentes ..., l'apôtre en est-il réduit à ne plus prendre 'le temps de peser ses mots'? Sans doute, la charité du Verbe incarné le presse-t-elle de 'tout croire', de 'tout espérer'. Mais le dispense-t-elle de 'tout éprouver', dans le même instant, pour 'retenir ce qui est bon et se garder de tout espèce de mal' (*I Th*, V,21)? Comment y réussir sans prendre 'le temps de peser ses mots', à commencer par ceux qui conseillent le contraire?" (AH II 105f)

[291] Näheres dazu in den Ausführungen zu Madeleine Delbrêls Reaktion auf die Rezeption ihres Buches durch Fessard, s.u.

[292] Vgl. oben Kapitel 4.3.2.

[293] Um den Nachvollzug zu erleichtern, werden die zentralen Texte Madeleine Delbrêls, auf die Fessard sich bezieht, jeweils mitzitiert.

Apostolats im marxistischen Milieu zieht, bekräftigt Madeleine Delbrêl ihre Forderung nach "'Originalität', die für eine Begegnung mit einer Umwelt ohne christliches Gepräge unerläßlich ist. ... Nirgends finden wir ein Vorbild, das wir nur zu imitieren brauchten. Jedes christliche Handeln verlangt ein Mühen um *Unterscheidung*, einen Willen zur *Disziplin*, Sorge um ein *angemessenes Verhalten*, Bemühen um *Treue* ... Es geht um einen *einfallsreichen Gehorsam*, der für jeden Akt im voraus zu entdecken weiß, welchen Stellenwert er in den Plänen Gottes hat."[294]

Von diesem Text ausgehend, versucht Fessard zu zeigen, daß Madeleine Delbrêl - sei es auch unbewußt - hier eben jene Willenshaltung einfordere, die der ignatianischen Wahlmethode entspreche.[295] Auf die Erläuterungen Madeleine Delbrêls selbst zurückgreifend[296], untermauert Fessard seine These, indem er von dem zitierten Text her "den eigenen Stil", der das geistliche Leben des Arbeiterapostels prägt, skizziert:

Das "*Mühen um Unterscheidung*" sei besonders gefordert, um den "Wortfallen" zu entgehen: Der Apostel müsse in der Lage sein, überall "den Geist des historischen Materialismus" wie des "marxistischen Atheismus" zu erkennen. Ebenso aber, fügt Fessard hinzu, müsse er, um "geistlichen Illusionen" zu entgehen, mit den subtilen, intellektuelle und affektive Kriterien verknüpfenden Regeln zur Unterscheidung der Geister vertraut sein, etwa jener, die Ignatius dem Exerzitanden an die Hand gibt, um den als "Engel des Lichtes" auftretenden Satan zu entlarven (EB 332-336).[297] Der "*Wille zur Disziplin*" verbinde den Apostel mit der Kirche in

---

[294] "Chaque action chrétienne va devoir investir un effort de *discernement*, une volonté de *discipline*, un souci d'*adaptation*, une recherche de *fidélité* dont le poids total mieux estimé nous protégerait des activismes en surface et de leurs toxines de déséquilibres. Il s'agit d'une *obéissance inventive*, où chaque acte est la découverte de ce qu'il est d'avance dans un dessein de Dieu." (VM[2] 175, dt. CmS 132; Hervorhebungen M.H.-St.)

[295] "Toute cette description, par sa dernière phrase en particulier, me parait, bien que sans doute son auteur n'y ait point songé, prescrire à la volonté une attitude se conformant, consciemment ou non, à la méthode d'élection ignatienne..." (AH II 128)

[296] Um der leichteren Lesbarkeit des Textes willen werden im Haupttext die Kommentare Fessards zu den einzelnen Punkten ohne Ausweis seiner "Anleihen" bei Madeleine Delbrêl wiedergegeben. In den Anmerkungen werden die Delbrêl-Zitate im französischen Text in Klammern ausgewiesen. Dabei wird auf die in dieser Arbeit verwendete zweite Auflage von VM verwiesen (während Fessard natürlich auf die erste Auflage - mit anderer Seitenzählung - rekurriert).

[297] "*un effort de discernement* qui sache reconnaître partout 'l'esprit du matérialisme historique', comme 'l'esprit de l'athéisme marxiste' et 'esprit du mal', 's'insinuant dans les affaires humaines avec des dosages si adroits que ses alliages avec elles laissent cohabiter l'amour et la haine, l'orgueil et l'abnégation, le meurtre et le sacrifice'. (VM[2] 84) Si bien, ajoutons le, que pour échapper aux illusions spirituelles qui les menacent, ne fut-ce qu'a travers des 'pièges de vocabulaire', l'apôtre devra être familiarisé avec les Règles de Discernement des esprit les plus fines, celle par exemple qu'indique Ignace quand, dans ses *Exercices Spirituels*, il traite de 'Satan transfiguré en ange de lumière'." (AH II 128f). Fessard bezieht sich hier auf die vierte bis achte Regel zur Unterscheidung der Geister in der zweiten Woche (EB 332-336): Darin geht es um die Unterscheidung der Ursachen der Trosterfahrung, , ob sie vom "guten" oder vom "bösen" Geist herrührt, welch letzterer eben in der Gestalt eines Lichtengels aufzutreten vermag und den Anschein des Guten erwecken kann, während er in Wahrheit das Gegenteil bewirkt. In Fessards Exerzitiendeutung

einer lebendigen Beziehung und einem Gehorsam, der dem Gehorsam, den der Kommunist der Partei entgegenbringt, an Unbedingtheit nicht nachstehe.[298] Die "*Sorge um angemessenes Verhalten*", die aus der Disziplin erwachse, bewahre den Missionar vor einer Trennung von Theorie und Praxis und erlaube ihm so, in allen Umständen einen verborgenen Aspekt der Liebe Gottes aufzuspüren und für die Menschen in den alltäglichen Lebenssituationen fruchtbar zu machen.[299] Das "*Bemühen um Treue*" bedeute, den Glauben nicht allein als intellektuelle Wirklichkeit zu begreifen, sondern vielmehr als Lebensbund, in dem die Liebe Gottes freigesetzt und durch den in der Alltäglichkeit der Lebenssituationen "etwas von Gott" für die Menschen sichtbar werden soll.[300]

Ist diese geistliche Grundlage für die missionarische Präsenz im marxistischen Milieu unerläßlich, so ist sie doch noch nicht zureichend. Der den "Gläubigen" des Marxismus beständig auferlegten Reflexion auf das Theorie-Praxis-Verhältnis kann der Christ nur wirksam begegnen, indem er sich einer analogen Mühe unterzieht, "um einerseits Lehre und Praxis des Marxismus zu kennen, und andererseits in seinem durch das Evangelium und die Kirche erleuchteten Glauben das Mittel zu finden, in ähnlich umfassender Weise seine Theorie und seine Praxis in einem diametral entgegengesetzten Sinn miteinander zu verknüpfen."[301]

Hinsichtlich dieser methodischen Reflexion findet Fessard in den Überlegungen Madeleine Delbrêls "alle Elemente einer Dialektik ..., die zentriert ist um das Verhältnis von Zeit und Ewigkeit und um die Einheit unserer Freiheit mit der göttlichen Freiheit in Christus"[302]. Sie konzentrieren sich in der von Madeleine Delbrêl immer wieder betonten entscheidenden Orientierung am Liebesgebot, das

---

spielen diese Unterscheidungsregeln eine zentrale Rolle. Vornehmlich gilt dies für die fünfte dieser Regeln, insofern sie den Menschen in besonderer Weise "auf die Abfolge seiner Gedanken achten läßt und fragt, ob alle politischen Pläne wirklich auf ein gutes Ziel hinlaufen. Die größte Gefahr der Illusion ist dort gegeben, wo sich der Satan in den 'Engel des Lichts' verwandelt hat und zu politischer und sozialer Intoleranz und zu falschen Absolutheitsansprüchen führt, so daß der Mensch zum Opfer einer Idee wird." (Schneider 186, vgl. auch ebd., 175-178).

298 "*une volonté de discipline* qui le lie à l'Eglise comme à un 'corps' non point 'abstrait ou conceptuel' mais 'vivant, agissant, fécond' (VM^2 153f) et le rende aussi inconditionnellement obéissant envers elle que le communiste l'est envers son Parti." (AH II 129).

299 "un *souci d'adaptation* qui, conséquence de cette discipline et semblable ici encore à celle du marxiste, 'répugne à tout séparatisme entre la doctrine et l'action' (VM^2 193), et s'ingénie à trouver dans 'chaque circonstance les conditions d'un aspect de l'amour de Dieu vécu grace à elles, traduit par ce qu'elles apportent dans la vie d'aujourd'hui, par des tâches d'aujourd'hui' (VM^2 237)." (AH II 129).

300 "une *recherche de fidélité* enfin, qui fasse de la foi non pas un contrat intellectuel où l'on se déclare d'accord, mais l'alliance dans la vie et pour la vie que la sainte Vierge a exprimé la première: Qu'il me soit fait selon votre parole (VM^2 236f). 'Si l'amour de Dieu est ainsi rendu libre en nous par notre entière soumission à lui, Dieu ne sera pas seulement présent, il sera manifesté, quelque chose de lui deviendra visible aux hommes, à nous-mêmes commes aux autres (VM^2 237)." (AH II 129).

301 Vgl. AH II 129f (Zitat 130).

302 AH II 131f.

insoweit erfüllt wird, als Gott jeweils der Vorrang eingeräumt wird. Darauf zielt das Geschehen der *Wahl*, das Fessard in Madeleine Delbrêls Überlegungen identifiziert und mit den Wahlzeiten im Exerzitienbuch des Ignatius (EB 175-188) in Beziehung setzt. Er rekurriert dabei auf einen Schlüsseltext aus "Ville marxiste":

Nachdem Madeleine Delbrêl die Grundelemente des geistlichen "Profils" des Arbeiterapostels (seinen "Lebensgrund") dargelegt hat, bringt sie den Kern der Herausforderung, die diese Berufung in sich trägt, noch einmal zum Ausdruck: "So wenig einer die Wirkungsbreite seines Lebens wählen kann, so wenig kann er seinen eigenen Platz darin wählen. Er muß da 'aushalten', wo das wichtigste religiöse Apostolat seinen Sitz hat; in dem Paradox der beiden aufeinander bezogenen christlichen Gebote: der Liebe zu Gott und der Liebe zu den Menschen. Eine[303] Eingliederung in die ganze menschliche Familie, also alle Menschen als Brüder anzunehmen, weil sie als 'Nächste' unsere Brüder sind, obwohl wir sie vielleicht noch gar nicht kennen; andererseits aber eine Trennung von allem Endlichen, das nicht bis zu Gott reicht, wodurch wir jedesmal nicht von den Dingen, sondern von den Menschen getrennt werden; diese beiden Imperative stellen einen Menschen vor einen unversöhnlichen Gegensatz[304]. Will man ihn gleichwohl versöhnen, so muß man die Trennung der beiden Gebote des Herrn ablehnen und sie alle beide in vollem Umfang erfüllen. In diesem idealen Punkt - man darf so sagen, weil dieser Punkt nur für einen *Augenblick* da ist, jedesmal, wenn der *Wille* sich meldet - erweist sich, ob Gott der Vorrang gegeben wird; es muß oft geprüft und erhärtet werden wie der Stahl."[305]

Hier erkennt Fessard wohl zu Recht das geistige Zentrum der Gedanken Madeleine Delbrêls: Der Augenblick der willentlichen Annahme des Doppelgebotes ist der Ort der Versöhnung der scheinbar unversöhnlichen Gegensätze, ein Geschehen, das als Grundakt der christlichen Praxis je neu zu vollziehen ist und in dem sich der "erfinderische Gehorsam" verwirklicht: Nichts anderes meint aber Fessards "hic et nunc", jenes Zentrum der Zirkelstruktur, die er im Exerzitienbuch herausgearbeitet hat. Anknüpfungspunkte, von denen her die Parallele zwischen Madeleine Delbrêls Unterscheidungsarbeit und den ignatianischen Exerzitien zu

---

303 Conzemius übersetzt: "*Die* Eingliederung" (CmS 169, vgl. den frz. Text in Anm. 161).

304 Conzemius schreibt "*das* wäre ein unversöhnlicher Gegensatz" (CmS 170, vgl. den frz. Text in der folgenden Anmerkung).

305 "Pas plus que le choix de volumes, cette vie n'a le choix d'une place qui soit sa place. Il est convié à 'tenir' là où habite le plus religieux sans doute des apostolats, limé par le paradoxe des deux imperatifs dont il est fait, dans le double noeud de la charité. Une incorporation à toute la famille humaine, à travers des frères qui seront ses frères parce que plus proches et qu'il ne connait peut-être pas encore; une séparation avec tout ce qui finit, qui se finit avant Dieu, séparation qui semble chaque fois nous séparer non des choses mais des êtres mêmes; ces deux impératifs sont deux contraires irréconciliables dans un homme. Leur obéir peut consister seulement à refuser de séparer les deux commandements du Seigneur, à les garder entier et tous les deux. A ce point idéal - là le mot est juste, car ce lieu n'existe qu'un *instant*, chaque fois que la *volonté* se prononce - se prouve la préférence donnée à Dieu et qui sera éprouvé aussi souvent que l'acier." (VM^2 219f, dt. CmS 169f, Hervorhebung M.H.-St.).

entfalten ist, findet Fessard insbesondere in den Bildern und Leitmotiven, mit denen Madeleine Delbrêl die Existenzform des "Missionars" charakterisiert.

Ist die Bestimmung der Willensentscheidung als Antwort auf einen Anruf[306] ein erster wichtiger Ansatzpunkt, so bezieht sich Fessard insbesondere auf das Bild der Freiheit des Apostels, der "unablässig zwischen ein echtes Gut und ein echtes Übel gestellt" ist und sich angesichts dieser permanenten Entscheidungssituation ("missionarische Situation") "von einem Augenblick auf den anderen nicht mehr erinnern wird, welch geheimnisvoller Kraft er sich bedient".[307] Darin sieht er einen Bezug zu "einem der bemerkenswertesten Züge der ignatianischen Spiritualität: dem Schnitt zwischen dem Augenblick der ersten Wahlzeit und den beiden anderen, wie zwischen der aktuellen Zeit der Tröstung ohne Ursache und dem 'Augenblick danach'".[308]

In der doppelten Bewegung des "Abschiednehmens" und "Zurückkehrens", des "Ausgehens" und "Eintretens", mit der der Missionar als "gottverbundener Mensch" sich an seinen Bezugspunkt, die "Absichten Gottes mit der Welt und mit ihm" bindet[309], liegt nach Fessard eine weitere Parallele zu den Exerzitien; näherhin erkennt er darin die gleiche Struktur, die Ignatius in der zweiten Regel zur Unterscheidung der Geister für die zweite Woche beschreibt: Gott, dem Schöpfer, der allein den 'Trost ohne Ursache' geben kann, "ist es eigen, einzutreten, hinauszugehen, Regung in ihr zu bewirken, indem er sie ganz zur Liebe zu seiner göttlichen Majestät hinzieht." (EB 330)[310]

Mit der Durchleuchtung des von Madeleine Delbrêl skizzierten "Lebensgrundes" auf seinen innersten Kern hin hat Fessard die Antwort auf die doppelte - nämlich inhaltliche und methodische - Herausforderung des geistlichen Funda-

---

306 Vgl. VM^2 220, dt. CmS 170; AH II 133. - Im Hintergrund steht für Fessard die oben skizzierte Grunddialektik von Jude und Heide als den möglichen Typen der Antwort menschlicher Freiheit auf den Anruf Gottes; Ziel der Unterscheidung ist es ja nach Fessard, daß "Gottes Anruf der Liebe den einzelnen auf dem Weg seiner Freiheit und Nachfolge treffen kann und die objektive Heilszusage Gottes in der subjektiven Lebensgeschichte des einzelnen vernommen wird." (Schneider 159)

307 Vgl. AH II 133f (in bezug auf die Zitate aus: VM^2 220, dt. CmS 170).

308 AH II 133. - Die erste Wahlzeit, die in unmittelbarer Nähe zur "Tröstung ohne vorausgehende Ursache" steht (EB 175; 330), stellt für Fessard den Grundtyp jedes Wahlaktes und zugleich das "Ideal des Freiheitsvollzuges" (DE I 74) dar, insofern sich darin das Ewige verzeitlicht und das Zeitliche verewigt (vgl. DE I 238), so daß menschlicher und göttlicher Wille, menschliche und göttliche Freiheit im "hic et nunc" in eins fallen, vgl. Schneider 169; Roustang 245.

309 VM^2 227, dt. CmS 176.

310 Vgl. AH II 134; zur Auslegung der Unterscheidungsregel: DE I 257-261. Zu Fessards Deutung der zweiten Unterscheidungsregel der zweiten Woche schreibt Schneider: "Die zweite Regel beschreibt das Maximum der Trosterfahrung. Die Tröstungen der guten Geister enthalten alle das Vorher einer vorausgehenden Ursache und müssen damit auf der horizontalen Achse bestimmt und auf ihre Beziehung zum Ziel geprüft werden; demgegenüber steht die 'Tröstung ohne vorausgehende Ursache' in einer direkten Beziehung zur vertikalen Achse, weil sich die horizontale Genese des freien Aktes in einem einzigen Augenblick totalisiert und das Ewige zeitlich und das Zeitliche ewig geworden ist." (Schneider 173)

ments des Missionars im marxistischen Milieu identifiziert. In beiderlei Hinsicht erweist sich dieser Lebensgrund als Identität stiftend, insofern er "nicht nur das gesamte geistliche Leben, sondern auch das Denken, ja auch das äußere Verhalten" unterfängt: Er enthält in sich "alle notwendigen intellektuellen Elemente ..., um die Interaktion von Theorie und Praxis in der Nachfolge Christi zu bestimmen und sie erfolgreich mit der historischen und dialektischen Methode von Marx zu konfrontieren."[311] Mit diesem Resümee lenkt Fessard das Interesse auf den "strukturellen" Ertrag der Reflexionen Madeleine Delbrêls: Mit ihrer Verknüpfung inhaltlicher und methodischer Überlegungen zur Bedeutung des Doppelgebotes hat sie - in bezug auf ihr Handlungsfeld - einen über die konkret reflektierte Herausforderungssituation hinausweisenden Beitrag zur Klärung des Theorie-Praxis-Problems geleistet, insofern sie einen theologischen Ansatzpunkt für die Sicherung der Einheit der Praxis benannt und von daher Kriterien der Unterscheidung entwickelt hat. Sie beziehen sich insbesondere auf die Bedeutung des Wortes im Arbeiter-Apostolat: einerseits, insofern der Verzicht auf eindeutige und vereindeutigende Rede das Handeln in der Sphäre prinzipieller Zweideutigkeit beließe und das Schweigen somit zur "Lüge" würde[312]; andererseits, insofern die das Handeln begleitende und erklärende Rede so mit dem "Lebensgrund", mit dem "Rhythmus des inneren Lebens" übereinstimmen muß, daß "Reden und Beten in eins zusammenfallen"[313]. Die Aspekte der Bedeutung des Wortes lassen sich von daher auf einen gemeinsamen Nenner bringen: Es geht darum, das Geheimnis des inkarnierten Wortes im Wort des Apostels selbst offenbar werden zu lassen, insofern dieses die Einheit von Handeln und Denken "in Christus" bezeugt.[314]

Madeleine Delbrêls Distanzierung von der Position Fessards

Im Herbst 1959 - als "De l'actualité historique" bereits bei Desclée im Druck war! - hat Gaston Fessard den Kontakt zu Madeleine Delbrêl gesucht und sie gebeten, die einschlägigen Passagen gegenzulesen, um sicher zu gehen, daß er ihre Gedanken nicht entstellt habe. Dies berichtet Madeleine Delbrêl in mehreren Briefen an Dritte, aus denen auch hervorgeht, wie ambivalent ihre Reaktion auf

[311] Vgl. AH II 134f (Zitat 134).
[312] Vgl. AH II 136f; VM^2 187, dt. CmS 142.
[313] Vgl. AH II 140; VM^2 132, dt. CmS 105
[314] Vgl. AH II 135f. - In der Absicht, die von Madeleine Delbrêl vorgelegte "Skizze" (vgl. VM^2 227, dt. CmS 176; zur inhaltlichen Entfaltung vgl. Kap. 3) des Lebensgrundes weiter zu entfalten, nimmt Fessard die hier rekapitulierten Aspekte ausführlich in den Blick (vgl. AH II 134-144) und interpretiert sie mit seinen eigenen Kategorien. Da hier keine umfassende Darlegung der Fessardschen Interpretation beabsichtigt ist, kann die Wiedergabe des Gedankengangs auf die vorgelegten Basisüberlegungen beschränkt bleiben.

die Interpretation Fessards ausgefallen ist.[315] Sie läßt sich auf folgende Punkte konzentrieren: Zum einen bestätigt Madeleine Delbrêl, Fessard habe ihre Überlegungen nicht ein einziges Mal entstellt (*déformé*). "Wie er sie entwickelt, sagt er (zwar) Dinge, die ich nicht sagen wollte, aber nicht solche, die ich nicht (auch) denke. ... Die Gründe, derentwegen er mein Buch heranzieht, sind sehr genau diejenigen, um derentwillen ich es geschrieben habe."[316]

Zum anderen, das wird bereits in dieser Äußerung deutlich, paart sich die Übereinstimmung im Urteil offenbar mit einer nicht unerheblichen Differenz in der Vorgehensweise: Fessard sagt bestimmte Dinge - und bedient sich dazu des Buches von Madeleine Delbrêl -, die zwar ihren Gedanken und Ansichten entsprechen, die sie aber bewußt nicht aussprechen *wollte*. Schließlich mokiert sich Madeleine Delbrêl über das "Ignatianische", das Fessard in ihren Überlegungen finden zu können glaubt.[317] Aus der Art und Weise, wie Madeleine Delbrêl auf Fessards Entdeckung der "ignatianischen Dialektik" in ihrem Werk reagiert, spricht dabei weniger ein Widerspruch in der Sache als eine Abwehr gegenüber einer Vereinnahmung für etwas, das ihr und ihrem Stil zu denken fremd ist: die Zuordnung zu einem bestimmten System oder zu einer Schule, die Einordnung in akademisch-theologische Rubriken.[318]

Der in den genannten Aspekten zum Vorschein kommende Vorbehalt wird in seinem Kern deutlicher, wenn man Madeleine Delbrêls Äußerungen zum Kontext, in dem Fessard ihr Buch interpretiert, berücksichtigt. Gegenüber Msgr. Veuillot

---

315 "... il voulait savoir s'il n'avait pas déformé ma pensée" (Madeleine Delbrêl in einem Brief an Msgr Veuillot vom 10.10.1959; wortgleich in einem Brief an eine Freundin - lt. Auskunft von Katja Boehme: Núria Carreras-Patxot - vom 19.11.1959) - Zum Zeitpunkt der Abfassung des Briefes ist Mgr. Louis Veuillot einer der engsten geistlichen Vertrauten Madeleine Delbrêls. Sie kennt ihn seit ihrer zweiten Romreise im Juli 1953; damals ist Veuillot der für die französischen Belange zuständige Mitarbeiter von Kardinal Montini im Staatssekretariat des Vatikans (nicht - wie Schleinzer, 185 u.ö. irrtümlich annimmt - Staatssekretär im Vatikan). In den kirchlich, politisch und auch für die weitere Entwicklung der Lebensgemeinschaft Madeleine Delbrêls schwierigen und belastenden 50er Jahren wird Veuillot zu einem wichtigen Gesprächspartner für Madeleine Delbrêl. Nach dem Tod von Jacques Lorenzo im Januar 1958 übernimmt Veuillot die geistliche Begleitung der Gruppe, die er auch als Bischof von Angers (seit Juni 1959) und seit 1961 als Koadjutor von Paris, wo er 1966 Erzbischof wird, weiterführt. - Der Brief an Veuillot ist abgefaßt zwischen dem ersten Treffen zwischen Gaston Fessard und Madeleine Delbrêl, bei dem sie das Manuskript des Buches erhalten hat, und ihrer (nach der Auskunft des Briefes) wiederum in einer persönlichen Begegnung mit dem Verfasser ausgetauschten Reaktion auf die Lektüre.

316 Brief an Veuillot vom 10.10.59.

317 "Mit Sicherheit ist der heilige Ignatius persönlich dafür verantwortlich, denn er ist der einzige Jesuit, mit dem ich während der ganzen letzten Jahre regelmäßige geistliche Beziehungen unterhalten habe ... um der Ehre Gottes willen" (Brief an Veuillot vom 10.10.59). Überdies hat Madeleine Delbrêl ihrem Amüsement (aber wohl auch ihrer Irritation) über Fessards "Entdeckung" der ignatianischen Dialektik in ihrem Buch in einem Spottlied Ausdruck gegeben, das sie auf die Melodie des Kirchenliedes "Je suis chrétien" geschrieben hat (vgl. Boismarmin, 165f, die eine Strophe daraus zitiert).

318 Mit ihrer "unkonventionellen" Art der Reflexion ist sie dabei dem genuin "ignatianischen" Stil wahrscheinlich viel näher, als ihr selbst bewußt gewesen sein mag.

deutet sie Thema und Inhalt von Fessards Untersuchung an; der zweite Band, schreibt sie, "untersucht den Progressismus und verfolgt dessen Entwicklung durch die Schriften von Theologen, Philosophen und Schriftstellern. Nach dieser Arbeit bleibt von ihnen nichts weiter als ein Blutbad 'von zerquetschtem Fleisch und Knochen'."[319] Zwar konzediert Madeleine Delbrêl, das folgende Kapitel über die Arbeiterpriester[320] sei "unvergleichlich weniger grob", und sie selbst gehe aus der Studie völlig unbehelligt hervor.[321] Gleichwohl hat sie den Eindruck, sie sei vor einen Karren gespannt worden, den sie nie ziehen wollte: So beteuert sie, sie habe nie eine Lehre verkünden wollen und wolle es zum fraglichen Zeitpunkt weniger denn je. Zudem deutet sie an, daß sie aus den Einsichten in die Schwierigkeiten der Lebensform der Arbeiterpriester und in die Anforderungen an ein dieser Berufung entsprechendes, tragfähiges geistliches Leben weniger unbedingt und apodiktisch bestimmte Schlußfolgerungen ziehen wolle, als Fessard es nahelegt. Wenn sie zu dieser Frage schweigt, so eben deshalb, weil sie die Möglichkeit verschiedener - versöhnlicher - Antworten sieht und offenhalten will.[322]

Dies alles läuft letztlich auf eine Grunddifferenz hinaus, die Gaston Fessard und Madeleine Delbrêl hinsichtlich ihrer *Einstellung* zu dem zur Debatte stehenden Problem trennt: Fessard sucht auf der Ebene philosophischer und theologischer Theorie eine Klärung zur Frage des Progressismus. Seinem dialektischen Denkansatz entsprechend - und nach eigenem Bekunden durch keinerlei praktische Erfahrungen erschüttert - kann er die Vereindeutigung seiner Position durch Polarisierung erreichen; menschliche Rücksichten bleiben in der Sachauseinandersetzung so weitgehend ausgeklammert, daß der fatale Eindruck entstehen konnte, den Madeleine Delbrêl in ihrem Brief an Veuillot bildhaft-drastisch zur Sprache bringt.[323] Madeleine Delbrêl ihrerseits sucht die Klärung einer christlich-verantwortlichen Position auf der Ebene *ihrer eigenen Praxis*, die sie in vielfältiger Weise mit Vertretern der gegensätzlichen Positionen verbindet. Das Ergebnis ihrer Be-

---

[319] "... une hécatombe 'd'os et de chair meurtrie'" (Brief an Veuillot vom 10.10.59). Dieses Urteil bezieht sich auf Kap. II (AH II 49-71).

[320] AH II 73-109.

[321] "An dieser Stelle (d.i. die Studie über die apostolische Haltung im Arbeitermilieu, Kap. IV, AH II 111-144, M.H.-St.) sitzen mein Büchlein und ich im Verhör, und wir gehen nicht nur weiß wie Schnee daraus hervor, sondern werden auch noch als das Vorbild für die einzige diesem Apostolat angemessene Grundhaltung hingestellt." (Brief an Veuillot vom 10.10.59).

[322] "De tout cela je suis reéllement profondément peinée. D'abord, parceque jamais je n'ai voulu donner une leçon. Parcequ'en ce moment je le voudrais moins que jamais. Enfin, je crois sincèrement que, dans bien des cas, la mise en place et en action de ce qu'il y a de plus simple et de plus fort dans notre Foi rendrait positivement impossible la détérioration de la vie sacerdotale par le travail. Je crois aussi que, sans cette mise en place et en acte, la suppression de travail ne supprimera pas un mal plus ou moins latent. Je crois aussi, que cette même mise en place permettrait aux prêtres qui travaillent de renoncer à leur travail sans renoncer à leur mission. Mais, pour prouver que cela est vrai il faudrait des preuves d'une autre valeur, d'un autre poids que les preuves qui sont les miennes." (Brief an Veuillot vom 10.10.59).

[323] Gleichwohl betont Fessard in der Einleitung zu AH II, er wolle keinen der Autoren, die er kritisiert, persönlich angreifen (vgl. AH II 21)!

mühungen bleibt eine Praxisreflexion; wenn Madeleine Delbrêl ihr Buch ausdrücklich als "Arbeitshilfe" bezeichnet[324], kommt die entsprechende Intention darin deutlich zur Geltung - auch als Abwehr eines von der Praxis abgelösten eigenständigen Theorieanspruchs.

Sie erlebt die konkreten Konflikte, die sich aus dem Aufeinandertreffen der scheinbar "unversöhnlichen Gegensätze" ergeben, sowohl an sich selbst und in ihrem unmittelbaren Lebensumfeld als auch im Kontakt mit vielen anderen in der missionarischen Bewegung engagierten Christen: Für sie hat das Problem ein menschliches Gesicht oder eher noch: viele menschliche Gesichter. Von diesem ganz anderen Erfahrungshintergrund her gelangt Madeleine Delbrêl keineswegs zu einer weniger entschiedenen Position in der Sache, wohl aber zu einer behutsameren, in gewisser Weise diskreteren Art des Umgangs auch mit dem ideologischen Gegner. Gerade die Herausforderung, die sich ihr mit der ideologischen Konstellation ihres Handlungsfeldes bot, hat sie ja zu jener unbedingten Option für das in jedem seiner Teile absolut ernstzunehmende Doppelgebot der Liebe geführt. Das aber setzt Maßstäbe für den Stil der ideologischen Auseinandersetzung: Bei aller Schärfe in der Sache - im Bemühen um Klarheit und unverfälschte Treue zur eigenen Grundoption - gilt es, das konkrete menschliche Gegenüber als "Nächsten" ernstzunehmen und entsprechend zu behandeln. Dieses Kriterium in der wissenschaftlichen Kritik ebenso anzulegen wie in der unmittelbaren persönlichen Begegnung und Konfrontation in einem konkreten Praxisfeld, ist ein Anliegen, das Madeleine Delbrêl gegenüber Gaston Fessard zum Ausdruck bringt, mit dem sie - wiederum typisch für *ihren* Stil im Umgang mit Menschen - nach dem spannungsvollen ersten Kontakt eine durchaus freundschaftliche Beziehung gepflegt hat.[325]

Darin wird nun noch einmal eine Ebene der Unterscheidung der Geister sichtbar, die mit der in Madeleine Delbrêls Buch so deutlich forcierten Einheit der Praxis zu tun hat: Was Fessard mit äußerstem Scharfsinn theoretisch erhellen konnte, hat Madeleine Delbrêl in erster Linie *gelebt*. Ihre nahezu widerwillige Reaktion auf die Interpretation Fessards, der sie in einer leichten Ironisierung Luft macht, erklärt sich daher letztlich aus der Sorge, die als letztes Kriterium der Authentizität christlichen Handelns in allen Konflikten durchzuhaltende Einheit der Praxis sei in und durch Fessards Diskussionsbeitrag gefährdet, und die Art, wie er ihre Reflexionen verwendet, ziehe sie damit auf eine Seite, die ihrer tatsächlichen Intention und Option entgegengesetzt sei.

---

[324] VM^2 51.

[325] So schreibt sie ihm zum Fest des hl. Ignatius (!), sie wünsche ihm zu diesem Datum, er möge "den Irrtum vernichten, aber ... das Leben seiner Opfer schonen" (Postkarte vom 30.7.1960, Archives Madeleine Delbrêl; der Text ist im Zusammenhang zitiert bei Boismarmin, 166).

Dritter Teil:
Unterscheidung der Geister als Strukturmoment christlicher Ethik

5. *Auswertung*: Elemente der Unterscheidung im Werk Madeleine Delbrêls

Im Rückblick auf die voranstehenden Kapitel sollen in den folgenden Überlegungen die Ebenen und Aspekte der Unterscheidung, die Madeleine Delbrêls Denken und Handeln strukturieren, zusammengefaßt werden. Einerseits werden damit die Werkanalysen im Hinblick auf das erkenntnisleitende Interesse dieser Studie resümiert; andererseits geht es darum, eine Brücke zur systematischen Auswertung des "Gesprächsversuches" mit Madeleine Delbrêl zu bauen, so daß geklärt werden kann, ob und inwiefern die Rekonstruktion ihrer Unterscheidungsarbeit über alle geschichtlichen und ideologischen Brechungen hinweg weiterführende Impulse für die theologische Profilierung christlicher Sozialethik vermitteln kann.

5.1 Erschließung eines Sinnhorizonts

Das biographische Datum der Konversion hat sich für das Handeln Madeleine Delbrêls im Kontext ihres Lebensumfeldes Ivry - und von dort aus im Handlungszusammenhang der missionarischen Bewegung und in bestimmten politischen Konstellationen - als schlechthin grundlegend erwiesen. Es steht für die weder in traditioneller Selbstverständlichkeit noch in einer plötzlichen Offenbarung verfügbare, sondern vielmehr einem längeren und schmerzvollen Prozeß abgerungene Eröffnung eines Sinnhorizontes, der die Wirklichkeit über das rational Erfaßbare hinaus auf Transzendenz hin weitet. In diesem Geschehen wird die Vernunft nicht entlassen; vielmehr wird sie herausgefordert durch die Wahrnehmung des religiösen Sinnangebotes als Erschließung einer Dimension der Wirklichkeit, die sich gleichwohl nicht mehr rationalistisch erklären läßt - und damit das vorgängige Wirklichkeitsverständnis grundlegend in Frage stellt. So wird die Vernunft selbst bis an ihre Grenzen beansprucht und zur Selbstüberschreitung im "Wagnis des Glaubens" geführt.[1] Im Loslassen des eigenen Vermögens wird das menschliche Dasein von der Last letzter Sinnlosigkeit befreit; durch die "gute Neuigkeit" des Evangeliums erfährt es die Ausrichtung auf eine konkrete Sinnperspektive in der

[1] Vgl. oben Kapitel 3.1. - Im Hinblick auf den im ersten Kapitel dieser Studie erörterten Status der Mystik in der Moderne läßt sich das Konversionsgeschehen auch als Konfrontation der Vernunft mit dem Anderen ihrer selbst und damit als Befreiung zu einer fundamentalen Selbstkritik deuten.

Neubestimmung des existentiellen Verhältnisses zu Leben und Tod, Dasein und Geschichte.[2] Diese wird als Orientierung bis in die alltäglichen Einzelentscheidungen wirksam und bereitet so den Ermöglichungsgrund eines christlich qualifizierten Handelns.

Die biographische Entwicklung, deren Scheitelpunkt die Konversion darstellt, zeigt allerdings, daß der schließlich gewonnene Sinnhorizont nicht fraglos zuhanden, sondern vielmehr einer fundamentalen Bestreitung im Namen der Kräfte moderner Vernunft - Rationalität und "Realismus" - ausgesetzt ist und der Auseinandersetzung mit diesen Herausforderungen abgerungen werden muß. Die Affizierung durch den existentialistischen Nihilismus hinterläßt ihre Spuren auch in der konvertierten Existenz. Der Blick in den Abgrund des Nichts begleitet die Lebensgeschichte Madeleine Delbrêls als unauslöschliche Einsicht in und existentielles Wissen um die Brüchigkeit und Gefährdetheit menschlichen Daseins. Der Ertrag dieser *Nachterfahrung* schlägt sich nieder in der Abwehr aller vermeintlichen Beschwichtigungen, jedes "idealistischen" Überbaus, der die *fragilitas humana* in geistigen Höhenflügen hinter sich lassen zu können glaubt. Er zwingt und ermächtigt auch die bekehrte Existenz dazu, das "übernatürliche" Elend derer, die ohne ein tragendes Sinnangebot der eigenen Nichtigkeit ins Auge sehen, ernst zu nehmen.

In Madeleine Delbrêls Plädoyer für eine ernsthafte Wahrnehmung des Atheismus als eines "übernatürlichen" Unheilszustandes, den Christen - wären sie sich nur des Wertes ihres Glaubens bewußt - als Herausforderung zu gesteigerter Solidarität erkennen müßten, drückt sich noch einmal das Bewußtsein der Nicht-Selbstverständlichkeit der eigenen Grundoption als einer gnadenhaft ermöglichten aus: Die Entscheidung für das Evangelium als "einzige Hoffnung" ist zunächst die Absage an ein nihilistisches "Credo" und zugleich die Hinkehr zum Gott Jesu Christi. Die Menschwerdung des Gottessohnes - eben dieses Moment der Inkarnation spielt in Madeleine Delbrêls theologischem Denken die zentrale Rolle - bedeutet in der Annahme der Gebrochenheit menschlichen Daseins die Verheißung letzten Gelingens. Die Konversion zu diesem Gott ist somit die Einwilligung in eine Beziehung, die eine grundlegend neue Lebensmöglichkeit freisetzt, indem sie die die eigene Erfahrung bedrängende Fragilität des Daseins zugleich ernstnimmt und transzendiert. Mit der Selbstzusage Gottes in seinem Mensch gewordenen Wort ist - jenseits rationalistischer und technokratischer Machbarkeit - ein unbedingter Wert *jedes* einzelnen menschlichen Seins in seiner Qualität als Geschöpf gesichert. Diese Zusage anzunehmen, bedeutet die Lebenswahl des Glaubens, die existentielle Grundentscheidung als Grundlage aller weiteren Lebensentscheidungen bis in die alltäglichen Vollzüge hinein.

Die Grundoption, die sich ihr in der Auseinandersetzung und schließlich im Bruch mit der biographisch vorgängigen Alternative nihilistischer Sinn-Negation

---

[2] Vgl. zur Deutung des Stellenwertes dieser Neuheitserfahrung in der Perspektive sittlicher Hermeneutik Demmer, Wahrheit 30-32 (vgl. oben Kapitel 1.1.1).

eröffnet hat, mußte später in der Konfrontation mit dem marxistischen Atheismus geklärt und bewährt werden. Dieses Gegenüber präsentiert sich als ein explizit sinnhafter Atheismus und folglich als konkurrierendes Sinnangebot, das zudem in der konkreten Situation des Arbeitermilieus von Ivry über einen eindeutigen "Platzvorteil" verfügt, insofern es die Not des Proletariates zum Ausgangspunkt nimmt.[3]

Die in der Praxis-Konstellation der "marxistischen Stadt" Ivry gegebene Herausforderung spitzt sich für Madeleine Delbrêl im Hinblick auf die Einheit des Liebesgebotes zu. Denn für den unbedingten Zusammenhang von Gottes- und Nächstenliebe in und mit der eigenen Existenz einzustehen, ist die Quintessenz ihres Lebens- und Glaubenszeugnisses, insofern sich in der Einheit des Liebesgebotes als letztem Kriterium des Handelns der in der Konversion erschlossene Sinnhorizont konkretisiert. Dieses zunächst formale Kriterium, an dem sich für Madeleine Delbrêl letztlich alles entscheidet, ist in der Konfrontation mit dem marxistischen Atheismus seiner eigentlichen Erprobung ausgesetzt. Hier begegnet die Bestreitung des Glaubens in neuer Gestalt: nicht als totale Sinn-Negation, sondern als Bestreitung Gottes um eines immanenten menschlichen Glückes willen, in der Proklamation einer parteilichen Menschenliebe aufkosten der Gottesliebe. In der Sichtweise Madeleine Delbrêls kristallisiert sich deshalb die schärfste Anfrage, die der Marxismus dem Christentum stellt, eben in der Bestreitung des Liebesgebotes hinsichtlich seiner *Einheit* und *Universalität*. Denn der Keil, der zwischen Gott und Mensch getrieben wird, zerstört nicht nur die Einheit von Gottes- und Nächstenliebe; er trennt zugleich Menschen von Menschen: Proletarier von Kapitalisten, Arme von Reichen, "Gute" von "Bösen". Indem er so den Blick auf den allen gemeinsamen Status als endliche, sündige Geschöpfe versperrt, verhindert er zugleich eine Praxis der grundsätzlich universalen, verzeihenden Liebe, die die Menschen als "Nächste" und als "Sünder" einander schulden[4] - ungeachtet des ebenso unverzichtbaren Kampfes für Gerechtigkeit, der die Anklage ungerechter Strukturen wie die Entlarvung konkreter Unrechtstaten einfordert.[5]

So kann von einem zentralen Punkt, in dem sich die Wahl des Glaubens als Lebensorientierung konzentriert, ein Menschen- und Weltbild, ein Verständnis von Geschichte und Gesellschaft in seiner Gesamtausrichtung in den Blick genommen

---

3 Sowohl die Konfrontation mit der nihilistischen als auch mit der marxistischen Bestreitung Gottes stellen in sich eindeutige Optionen und insofern klare "Alternativen" zum Sinnangebot des christlichen Glaubens dar. Damit vollzieht sich der Klärungsprozeß Madeleine Delbrêls in einem von der gegenwärtigen geistigen Situation, die von der postmodernen Infragestellung universalisierbarer Sinnstrukturen geprägt ist, grundlegend verschiedenen Rahmen. Diese Differenz muß als Grenze der Vergleichbarkeit ernst genommen werden.

4 Vgl. NA 261f, dt. NK 242-244, dazu oben 3.3.5. - Solche Liebe als "Liebe auf Hoffnung hin" (Schüller, Begründung, 64) streckt sich immer schon auf die heilvolle Vollendung der Geschichte durch Gott hin aus.

5 Vgl. zur Konkretisierung dieses Ansatzes die Überlegungen zur "Option für die Armen" unten im Abschnitt 5.4.

und anhand des in der Wahl gewonnenen Kriteriums einer Prüfung unterzogen werden. Solche Kritik dient der Klärung von Handlungsspielräumen und -perspektiven im konkreten Umgang mit Menschen, die sich ihrerseits in ihrem Handeln und Denken von bestimmten, u.U. gegenläufigen Grundoptionen leiten lassen; zugleich ermöglicht und verlangt sie die unerläßliche Klärung der eigenen ideologischen und politischen Position, die keineswegs fakultativ, sondern als Konkretion bzw. "Übersetzung" der religiösen Grundoption unverzichtbar zu einem Ort der Praxis wird, an dem sich die Lebenswahl des Glaubens bewähren muß.

Bereits hier wird deutlich: Die subjektive Gewißheit des Glaubens angesichts der Bestreitungen seitens der modernen Vernunft und der von ihr hervorgebrachten weltanschaulichen Konzeptionen lebensgeschichtlich einzuholen, verlangt praktische Konsequenzen: Die eigentliche Herausforderung stellt sich damit - nachdem die religiös-existentielle Grundentscheidung *subjektiv* der fundamentalen Bestreitung entrissen ist - als Klärung jener Vermittlungsebene, auf der das Handeln auf seinen orientierenden Horizont hin transparent und eindeutig werden soll. Diese Ebene der Vermittlung und die in ihr wirksam werdenden Elemente der Unterscheidung sollen im folgenden Abschnitt näher in den Blick genommen werden.

5.2 Identität in und durch Begegnung

Der Sinnhorizont, der in der Konversion als Grundentscheidung eröffnet ist, kann nur lebensbestimmend werden, wenn Formen und Wege gefunden werden, die eine Vermittlung zwischen dem Sinnziel und dem auf dieses Ziel ausgerichteten und von ihm orientierten Handeln ermöglichen. Insofern plädiert Madeleine Delbrêl zugleich für die Notwendigkeit der Kultivierung des Glaubens, für ein je neues "aggiornamento" in der Konkretheit der alltäglichen wie der außergewöhnlichen Herausforderungen, kurz für eine religiöse Lebensgestaltung, die jenseits vorgefertigter Modelle und Traditionen ihren angemessenen Ausdruck je neu finden muß. Dazu ist eine beständige Vergewisserung des Fundamentes, wie es im Sinnhorizont des Glaubens gelegt worden ist, unerläßlich. Für Madeleine Delbrêl hat sich in den Jahrzehnten ihres Lebens in Ivry - als einer stets neuen Herausforderung und "Schule" ihres Glaubens - der Weg zur Verwirklichung ihrer Lebenswahl immer klarer abgezeichnet: In der Rückschau läßt er sich - programmatisch, wie Madeleine Delbrêl selbst es freilich nicht formuliert hätte, - als Gewinn von *Identität in und durch Begegnung* beschreiben. Darin treffen sich, angedeutet in den beiden Substantiven "Identität" und "Begegnung", verschiedene innere und äußere Momente, welche die eigenständige religiöse Existenz konstituieren. Beide Momente sind - im Fessardschen Sinne - dialektisch miteinander verwoben, insofern sie einerseits die notwendigen Voraussetzungen zur Bewährung und Verwirklichung der Lebenswahl darstellen, andererseits aber je schon einen bestimmten Schritt im Prozeß der lebensgeschichtlichen Verwirklichung der Wahl repräsentieren. In den folgenden Überlegungen sollen die Gehalte der in den beiden Stichworten genannten impliziten Programmatik Madeleine Delbrêls resümiert werden.[6]

Identität

Der Verwurzelung im Evangelium hat Madeleine Delbrêl insbesondere die Einsicht in das - wie sie selbst formuliert - "*Notwendige und Gewisse*"[7] entnommen, die sie befähigte, ihr Leben als Christin individuell, im Zusammenhang ihrer Gemeinschaft und im Bezug auf die Kirche als Institution in weitgehender Unabhängigkeit und Freiheit gegenüber jeder Konvention zu leben. Der Rückhalt im Glauben an den Mensch gewordenen Gottessohn, an die personale Zuwendung Gottes zum Menschen als Geschenk der Liebe und Anruf zur antwortenden Liebe und an die Verheißung eines endgültigen Gelingens menschlicher Existenz trotz ihrer Bedrohung durch das unausweichliche Todesschicksal, entbindet die Glaubenden zu einer Freiheit, die sie das Wesentliche, schlechthin Fundamentale vom Unwesentlichen, Fakultativen unterscheiden und eine eigene Identität als Glaubende und als Zeitgenossen gewinnen läßt. Eben hier ist der Ort jenes "erfinderischen Gehorsams", den Gaston Fessard als Zentrum des Unterscheidungsgeschehens bei Madeleine Delbrêl ausgemacht hat. Die "Selbständigkeit des Glaubens"[8] oder die *Originalität*[9], die Madeleine Delbrêl verlangt, erweist sich tatsächlich nicht nur als Voraussetzung, sondern als hermeneutisches Prinzip einer zugleich authentischen und zeitgenössischen christlichen Existenz. Erst im Zusammenspiel von Glaubensgewißheit als "Fundament" einerseits und kreativer Umsetzung in der Aufmerksamkeit für die Erfordernisse der konkreten Situation als "Prinzip" andererseits kann folglich eine tragfähige und dynamische christliche

---

6 Neufeld faßt die "Basiswerte", die Madeleine Delbrêls religiöse Existenz prägen, in der Aufzählung "Grundlage im Evangelium, Bindung an die kirchliche Gemeinschaft, Auftrag zum apostolischen Zeugnis und zur praktischen Nächstenliebe, intensives Gebetsleben" zusammen (Atheismus, 303). Damit sind bedeutende Orientierungslinien für das Handeln Madeleine Delbrêls benannt, die jedoch im Hinblick auf die Elemente und Ebenen der Unterscheidung zu präzisieren sind.

7 Vgl. näherhin oben Kapitel 3.2.1.

8 Neufeld, Atheismus, 300.

9 Madeleine Delbrêl stellt Überlegungen dazu, was es heißt, Jesus nachzufolgen, unter eben diesen Anspruch der Originalität, in der sich "Gehorsam" gegenüber dem Anruf Gottes verwirklicht: "Unsere eigenen Lebensumstände müssen dem, was er uns gelehrt hat, gehorchen, und das wortwörtlich. Wir müssen sein Leben mit unserem Leben leben, oder besser, unser Leben muß durch sein Leben gelebt werden. Das aber bedeutet, *nicht eine Kopie zu sein, sondern ein Original*." (IA 52, dt. LS 64, Hervorhebung M.H.-St.).

Identität wachsen, die dem grundlegend *missionarischen Charakter* der christlichen Existenz Rechnung zu tragen vermag.

Im Hinblick auf die Verwirklichung der missionarischen Existenz, die sich als Grundforderung aus dem personalen und universalen Charakter der Liebe ergibt, ist für Madeleine Delbrêl die Unterscheidung von Glaube und Milieu zu einem Schlüsselkriterium für die Gestaltung der eigenen wie für die Kritik der vielfach vorfindlichen christlich-kirchlichen Praxis geworden. Dies gilt in zweifacher Hinsicht: Zum einen warnt sie vor der Gefahr, aus einem mangelnden Gespür für die Originalität, die der Glaube fordert, bestimmte überkommene christliche Milieus, traditionelle Formen christlichen und kirchlichen Lebens für den Ausdruck des Glaubens schlechthin zu halten und damit Fakultatives mit Notwendigem zu verwechseln. Dieser verbreitete Irrtum sei eine Ursache der Aushöhlung, der allmählichen Agonie oder des Zusammenbruchs des Glaubens in einer nicht mehr christentümlichen Umgebung.[10] Mit dieser Beobachtung, die Madeleine Delbrêl kritisch in ihre Sicht des zeitgenössischen real existierenden Katholizismus einbringt, liegt sie auf einer Linie mit prominenten Kritikern einer verbürgerlichten "Christenheit", die das eigentliche Christentum desavouiere. Im 19. Jahrhundert durch Kierkegaard[11] erstmals zur Geltung gebracht, spielen entsprechende Überlegungen im französischen Katholizismus der ersten Jahrhunderthälfte eine wichtige Rolle. Insbesondere Jacques Maritains Vision einer neuen Christenheit hat in dieser Hinsicht prägend gewirkt[12], ebenso Emmanuel Mouniers Diagnose der Agonie des bürgerlichen Christentums, das einem erneuerten, in neuen gesellschaftlichen und geographischen Räumen verwurzelten Christentum weichen werde.[13] Vor dem Hintergrund dieser Kritik wendet sich Madeleine Delbrêl zum anderen gegen die in kirchlichen Kreisen verbreitete Aversion gegen bestimmte "Missionsfelder", insbesondere marxistisch geprägte Milieus.[14] Dieser Vorbehalt, der aus der Sorge resultiert, ein solches Milieu sei per se verderblich für den

---

10 Vgl. oben Kapitel 3.3.1.

11 Kierkegaard spricht von der "Bestehenden Christenheit", die sich, indem sie sich mit der Welt arrangiert habe, vom "echten neutestamentlichen Christentum" entfernt habe und dem durch Christus und die Urgemeinde vorgestellten Ideal untreu geworden sei. - Vgl. zu diesem in Kierkegaards Werken breit anzutreffenden Motiv die Hinweise bei Ingrid Jacobsen/Hartmut Waechter/Hayo Gerdes, Registerband zu der von Emmanuel Hirsch und Hayo Gerdes hg. Werkausgabe, Gütersloh [2]1987 (GTB Siebenstern 630) 78f; vgl. dazu auch Martin Kiefhaber, Ärgernis Christentum. Provokationen Sören Kierkegaards, in: Pröpper/Peters/Steinkamp, Erinnern, 141-149.

12 Vgl. Die Zukunft des Christentums, Köln 1938; Christlicher Humanismus, insb. 128-201;

13 Vgl. L'agonie du christianisme, Esprit 1946 (in Auszügen abgedruckt bei Domenach/de Montvalon, 24-26).

14 Bereits in Kapitel 4.3.2 wurde darauf hingewiesen, daß Madeleine Delbrêl ihr Buch VM nicht zuletzt als Widerspruch zu den genannten kirchlichen Vorbehalten geschrieben hat und daß ihr Bestreben, Angst abzubauen und Vertrauen auf die Wirkmöglichkeiten eines selbständigen Glaubens zu begründen, insbesondere als ihr konstruktiver Beitrag in den Auseinandersetzungen um die Arbeiterpriester zu lesen ist.

Glauben, gründet sich zunächst auf die bereits genannte Verwechslung von Glaube und Milieu, offenbart aber zugleich eine Verkennung der missionarischen Dimension des Glaubens. Mangelnde Selbständigkeit und Originalität führen aber zu einer ängstlichen Abschottung gerade gegenüber solchen Milieus, die als missionarische Herausforderung im Sinne Madeleine Delbrêls bevorzugte Orte des Glaubens sein müßten.

Die Rückbesinnung auf das "Notwendige und Gewisse" wird so zur *conditio sine qua non* für einen befreiten und authentischen Glauben, der nicht gegen die Tradition, jedoch gelöst von "traditionalistischen" bzw. "konventionalistischen" Fesseln ein je neues "aggiornamento" sucht und die "Zeichen der Zeit" gerade in jenen Herausforderungen zu erkennen bereit und in der Lage ist, die querstehen zum Erwarteten und Bekannten.[15] Deshalb plädiert Madeleine Delbrêl nicht nur pragmatisch, sondern mit theologischen Gründen für einen beweglichen, anpassungsfähigen Glauben, der nicht ängstlich um die Bewahrung des *status quo* besorgt ist[16], sondern die Botschaft, der er sich verdankt, zu seiner zentralen, ja einzigen Aufgabe macht. Dies aber bedeutet: Weitergabe, Mission, und zwar durch eine vorbehaltlose Präsenz in dem Gott entfremdeten Milieu, eine Präsenz, die sich gleichwohl in bestimmten Situationen auch erklären und - im Interesse der authentischen Übermittlung der Botschaft - um die Eindeutigkeit des Handelns bemühen muß.

Hier ist auf die Überlegungen zur Klarheit und Eindeutigkeit der Sprache zurückzuverweisen, auf den Zusammenhang von Wort und Tun, der in bestimmten Praxis-Konstellationen - wie im marxistischen Umfeld der Stadt Ivry - zum Angelpunkt der Identität wird, insofern das Handeln für sich genommen, von der Warte unterschiedlicher ideologischer Vorverständnisse aus betrachtet, nicht nur verschiedene, sondern u. U. gegensätzliche Interpretationen zuläßt.[17] Ebenso ist aber auch an die prophetischen Aufrufe Madeleine Delbrêls zu erinnern, in denen sie angesichts konkreter Unrechtssituationen die Verantwortung der Christen zu reden, entschiedenen Protest vernehmlich zu machen, anmahnt und das verbreitete Schweigen als Lüge entlarvt.[18]

Sprache wird folglich zum Instrument und zum Kristallisationspunkt der Unterscheidung, insofern sie Mittel der vereindeutigenden Erklärung der eigenen Praxisorientierung und zugleich - in Schriftlektüre und Gebet - Medium der Hinwen-

---

15 Vgl. Chenu, signes; ders., Wandel, 100.

16 "Wenn wir versuchen, einfach nur den Glauben zu bewahren, einfach nur Christen zu bleiben, verkümmert unser Glaube meist - und meist bleiben wir gerade dann keine rechten Christen. Denn der 'status quo' scheint uns, von nahem betrachtet, die tödlichste Einstellung zu sein - vielleicht weil er in bezug auf den Glauben sozusagen gegen die Natur ist." (aus einem Brief Madeleine Delbrêls an Mgr. Glorieux vom 24.1.1961; Text bei Boismarmin, 169-171, Übersetzung bei Schleinzer, 297f, Zitat 298).

17 Vgl. den Abschnitt über die "Wortfallen" in Kapitel 4.3.2.

18 Vgl. oben Kapitel 4.1.

dung zu Gott ist. In dieser Perspektive erweist sich Madeleine Delbrêls Grundregel für das missionarische Handeln, daß Sprache und Gebet in eins fallen müssen, als bedeutsames Kriterium authentisch christlichen Handelns: Denn es weist zurück auf den Wurzelgrund der konvertierten Existenz, auf das Wort Gottes, das man "auf den Grund seiner selbst sinken" läßt[19], und zugleich auf die "Verantwortung" dieser letzten Orientierungsgröße vor denen, denen das eigene Handeln gilt. Als Moment des Handelns und als Medium der Reflexion auf dieses Handeln wird Sprache zum Einheitspunkt von Theorie und Praxis, von Mystik und Politik, von Kontemplation und Aktion, oder - um noch einmal auf Fessard zurückzugreifen - zum Schnittpunkt von vertikaler und horizontaler Achse jenes Koordinatensystems menschlichen Freiheitsvollzugs, in dem die Wahl sich ereignet. Handlungstheoretisch gewendet bedeutet dies, daß "der Glaube ... in sich selbst eine Praxis (ist), die als Praxis, also im konkreten kommunikativen Handeln, Gott für die anderen behauptet und im Handeln zu bewähren sucht. Der Glaube ist so Vollzug menschlicher Existenz in ihren äußersten Möglichkeiten."[20]

Begegnung

Die bisher reflektierten Elemente eines authentisch christlichen Handelns haben sich für Madeleine Delbrêl in der beständigen Herausforderung der marxistisch geprägten Umgebung geklärt. Das Umfeld fungiert dabei nicht nur als Folie oder Hintergrund, vor dem bestimmte eigene Optionen im Kontrast genauer hervortreten, sondern wird ganz konkret als Ort des Handelns mit und an Anderen erkannt und angenommen. *Begegnung* ist damit eine zentrale Kategorie der Vermittlung, insofern es nicht nur um ein unvermeidliches Aufeinandertreffen von Menschen unterschiedlicher weltanschaulicher Prägung geht, sondern vielmehr um die ausdrückliche Bereitschaft, in dem ungesucht begegnenden Anderen den *Nächsten* zu finden, der Gegenüber und Partner des eigenen Handelns ist und an dem sich die authentische Umsetzung der Grundoption erweisen und bewähren muß. Die darin liegende Herausforderung bezieht sich auf die dem Anderen als Nächsten geschuldete praktische Solidarität; als Grundhaltung verlangt sie ein bestimmtes und verbindliches Engagement für das Wohl der anderen. Zugleich aber muß der konkrete Ausdruck der Solidarität den erarbeiteten Kriterien eines authentischen Glaubenszeugnisses, insbesondere dem Kriterium der Einheit und Universalität des Liebesgebotes entsprechen, und das verbietet u.U. gewisse, von der Umgebung erwartete parteiliche Handlungsweisen.[21] Was daher den Anderen

---

19 NA 70, dt. NK 56 (vgl. oben Kapitel 3.1.1).

20 Peukert, Sprache, 66; vgl. auch Höhn, Vernunft, 176-182.

21 Vgl. zum Argument der gegensätzlichen Zielausrichtung christlichen und marxistischen Handelns VM² 210, dt. CmS 162.

in ihrer Umgebung gemäß der darin herrschenden Wertgrundlage als Verweigerung von Solidarität erscheinen muß, ist als Ausdruck der Treue zur eigenen Grundoption jedenfalls erklärungsbedürftig. Verlangt ist nicht weniger, als die für das eigene Handeln maßgeblichen Orientierungen über die Kluft gegensätzlicher ideologischer Bezugssysteme hinweg plausibel zu machen. Das Handeln soll als das, was es sein will, nämlich als solidarisches Handeln in einer *universalen* Solidarität, entschlüsselt werden können.[22] Genau darin erweist sich die Begegnung als "missionarische Situation": Sie provoziert Rechenschaft über den Glauben als orientierende Kraft des Handelns.

Implizit ist in den bisherigen Überlegungen ein weiteres Moment angeklungen, welches die christliche Praxis im marxistischen Umfeld grundlegend prägt: der *öffentliche und politische* Charakter des religiösen Bekenntnisses, das seinem Wesen nach praktisch werden muß.[23] Insofern es sich, um authentisch zu bleiben, im Horizont konkurrierender Wertsysteme und Zielperspektiven erklären muß, steht das religiöse Bekenntnis im politischen und gesellschaftlichen Handlungszusammenhang: Es muß Rechenschaft geben über die eigene Grundoption. Damit ist es, obgleich unvertretbar persönlich zu verantworten, keine Privatsache.[24] Die oben

---

22 Hier ist noch einmal auf Peukert zurückzugreifen, der den Zusammenhang der horizontalen und der vertikalen Richtung des Freiheitsvollzugs vom zentralen Bezugspunkt der Auferweckung Jesu her handlungstheoretisch rekonstruiert: "Die Erfahrung der Auferweckung wird in den neutestamentlichen Zeugnissen als Ermöglichung des Glaubens und zugleich immer als Sendung zur Bezeugung des Glaubens verstanden. Als anamnetische Solidarität mit Jesus, die durch sein Leben und das Handeln Gottes in ihm und an ihm ermöglicht ist, ist der Glaube an die Auferweckung Jesu zugleich Solidarität mit allen anderen. Er ist als anamnetische Solidarität universale Solidarität im Horizont der einen Menschheit und der einen Geschichte. Ja, die eine Menschheit konstituiert sich in der unbedingten Solidarität kommunikativen Handelns, das auf die Vollendung des Heils für alle vorgreift. Und genau das soll im konkreten Handeln dem einzelnen gegenüber realisiert werden. Und genau solches Handeln erscheint nun möglich, weil es auch durch den Tod nicht widerlegt wird." (Peukert, Sprache, 66f).

23 Gerade im Hinblick auf den grundsätzlich öffentlichen Charakter christlicher Existenz im marxistischen Milieu fordert Madeleine Delbrêl die Kongruenz von Sprache und Gebet (s.o.) ein: "... wenn man weiß, daß jeder, der mit einem Marxisten spricht, damit rechnen muß, zu vielen zu sprechen, dann müssen wir so sprechen, wie wir beten, und beides muß in eins zusammenfallen." (VM^2 131f, dt. CmS 104f).

24 Der skizzierte Zusammenhang kann noch einmal anhand eines Textes von Madeleine Delbrêl belegt und veranschaulicht werden: "... die verschiedenen Alltagsbeziehungen, die uns faktisch mit den Kommunisten verbinden, lassen unsere Stimme nur unter der Bedingung bis zu ihnen dringen, daß wir sie nicht bloß als unsere Nächsten behandeln, sondern, daß wir selber ihre Nächsten werden; das heißt zunächst jemand, der sie nicht meidet; jemand, dessen Dasein offen genug ist, um bekannt zu sein, der nicht auf sich selber zurückgekrümmt ist. Jemand, der in seiner für sie bekannten Existenz eine gewisse Dichte, ein gewisses Gewicht hat, wie sie es von einem 'wirklichen Menschen' (*un homme véritable*) erwarten; jemand, der fähig ist, etwas richtig zu machen und zu Ende zu führen, der von vornherein für die Dinge wach ist, die auch sie interessieren, die das Leben der Leute bewegen, angefangen von der Arbeitslosigkeit eines Einzelnen bis zu einer öffentlichen Katastrophe, vom Einsturz eines Begwerks bis zum algerischen Krieg. Was uns angesichts solcher Dinge in ihren Augen zu einem wirklichen Menschen macht, ist weniger unsere praktische Einstellung oder unsere Entscheidung, selbst wenn sie von der ihrigen abweicht, als

thematisierte Bedeutung der Sprache, die als Medium vernünftiger Verständigung zugleich zum Ernstfall der Unterscheidung konkreter Handlungsperspektiven wird, gewinnt hier noch eine zusätzliche politische Kontur.[25]

Einerseits im Hinblick auf die politisch-programmatische Bedeutung, die dem Atheismus im marxistischen System - und entsprechend auch dem religiösen Bekenntnis in einem marxistisch geprägten Milieu - zukommt, und andererseits im Wissen, daß kein Mensch in einem anderen Menschen Glauben *bewirken* kann[26], geht es deshalb darum, die eigene Lebensgestalt dem Anderen zu der Frage werden zu lassen, ob es etwas diese Welt Übersteigendes gibt.[27] Dem Anderen (Nächsten), der eine gegenläufige Grundoption getroffen hat, Gelegenheit zu geben, daß er sich eben diese Frage zu eigen machen kann, ist dabei nichts Fakultatives, sondern in der eigenen Grundoption verbindlich impliziert.[28] Um daher diese Frage zumindest anzubieten, gilt es, die in der Gottesbegegnung als Geschenk erfahrene Liebe durch die konkrete Lebensgestalt weiterzugeben und so den Grund der Hoffnung transparent und *erfahrbar* zu machen. Hier hat das oben genannte hermeneutische Prinzip der Originalität seinen genuinen Ort als Möglichkeitsbedingung je neuer Begegnung.[29]

Kreativität in der *lebensgeschichtlichen Realisierung* der Grundoption in *Aufmerksamkeit für den politischen und gesellschaftlichen Kontext* der Praxis wird so für die christliche Existenz zur *Gewissensfrage*, in der die genannten Grunderfordernisse im je neuen Vollzug der Unterscheidung miteinander zur Deckung gebracht werden müssen. Damit liegen die entsprechenden Überlegungen ganz auf der Linie des Apostolischen Schreibens Pauls VI. "Octogesima adveniens", in dem "in einer bis dahin (erg.: in der kirchlichen Sozialverkündigung, M.H.-St.) unbekannten Tonart der Christ mehr zur schöpferischen Erneuerung als zur Folgsamkeit auf-

---

vielmehr die Intensität des Interesses, das wir bekunden: die Priorität, die wir im Ganzen unseres Lebens den andern einräumen, das, was wir effektiv für die andern leisten. Ein echter, wahrhaftiger Mensch ist einer, der nicht verschweigt, was er ist und denkt, seiner Angst nicht nachgibt, vor allem nicht der, seinen eigenen Glauben mit der Negation der anderen zusammenprallen zu lassen." (NA 264f, dt. NK 246f)

25 Hinsichtlich der für Madeleine Delbrêl grundlegenden Einsicht in den Öffentlichkeitscharakters des Bekenntnisses zeichnet sich erneut eine Grenze der Übertragbarkeit auf die gegenwärtige Situation ab. In einer ideologischen Konstellation, in der zwei miteinander unvereinbare Sinnangebote und Handlungssysteme aufeinandertrafen, mußten Möglichkeiten und Grenzen gemeinsamen Handelns in einer prinzipiell öffentlich geführten Auseinandersetzung um die respektiven Optionen ausgelotet werden. - Demgegenüber erscheint heute ein kaum noch überbietbares Maß an Pluralisierung möglicher und prinzipiell akzeptierter Wertoptionen mit einer ebenso weitgehenden Privatisierung der persönlich zu verantwortenden Lebensorientierung einherzugehen.

26 Vgl. VM^2 160, dt. CmS 128.

27 Eben diese Erfahrung der Frag-Würdigkeit Gottes war für Madeleine Delbrêl der Initiationspunkt des Konversionsprozesses.

28 Vgl. VM^2 199f, dt. CmS 153.

29 Zu erinnern ist in diesem Zusammenhang an Madeleine Delbrêls Devise, nichts dürfe den Missionar von seiner Umgebung trennen außer dem Glauben, vgl. NA 183, dt. NK 167; dazu oben 3.3.3.

gefordert wird"[30], wenn eben dieser "erfinderische" und situationsgerechte Einsatz der einzelnen Christen als dem Gewissen unvertretbar aufgegeben und zur Verwirklichung des Glaubens unerläßlich in Erinnerung gerufen wird.[31]

Das Plädoyer für die Kreativität des Glaubens impliziert folglich nicht nur die Möglichkeit, sondern die Notwendigkeit pluraler Gestalten christlich orientierten Handelns in verschiedenen gesellschaftlichen, politischen und kulturellen Kontexten.[32] Diese über Madeleine Delbrêls eigene Überlegungen zwar hinausweisende Konsequenz hat dennoch in ihrem Denken Heimatrecht, was sich schon in dem von ihr betonten Gedanken der Zeitgenossenschaft, der "Heutigkeit", Vorläufigkeit und Begrenztheit des Lebensentwurfs, den sie mit ihrer Gemeinschaft zu gestalten suchte, ausdrückt. Was auf der Zeitachse als stetes Bemühen um "aggiornamento" erscheint, wird im Hinblick auf neu zu erschließende soziale und kulturelle Räume zur Forderung nach Inkulturation.[33] In Madeleine Delbrêls Erfahrungsbereich wurde sie virulent in bezug auf das - soziologisch als Proletariat, ideologisch als Marxismus - bestimmte Milieu der Stadt Ivry, das der überkommenen Gestalt des Christentums so weit entfremdet ist, daß es den missionarischen Pionieren als eine ganz "andere Welt" erscheinen mußte. Das auf diesem Erfahrungshintergrund gewachsene vorbehaltlose Eintreten für eine lebendige, bewegliche Praxis, die sich aus der Kraft des Glaubens orientiert, braucht gleichwohl einen Rückhalt in der Solidarität der Glaubenden untereinander. Notwendiges Korrelat der hier reflektierten Kategorien "Originalität" und "Begegnung" als Ele-

---

30 Chenu, Wandel, 84 (mit Bezug auf OA 42).

31 "Angesichts der Vielfalt der Situationen, der Funktionen und der Organisationen muß jeder sich darüber klar werden, wie er seinen Pflichtenkreis abzustecken hat, und nur von seinem ehrlichen Gewissen sich sagen lassen, zu welchem Einsatz er berufen ist. Inmitten weit auseinanderlaufender Bewegungen, in denen sich neben rechtmäßigen Forderungen auch sehr verworrene Bestrebungen zeigen, muß der Christ sehr sorgfältig seinen Weg wählen und sich hüten, sich auf bedingungslose und den Grundsätzen echter Humanität zuwiderlaufende Beteiligung an Unternehmungen einzulassen, sei es auch mit Berufung auf tief empfundene Solidarität. Will der Christ wirklich in Übereinstimmung mit dem, was sein Glaube ihn lehrt, seine spezifische Leistung erbringen - was gerade die Nichtgläubigen von ihm erwarten -, dann muß er bei seinem aktiven Einsatz hellwach darauf achten, seine Motivation deutlich hervortreten zu lassen, um in viel umfassenderer Sicht über die unmittelbar verfolgten Ziele hinausblickend, die Gefahren sowohl eines eigennützigen Partikularismus als auch die Freiheit erdrückender Gewaltmaßnahmen zu vemeiden." (OA 49) - Der Abschnitt des Apostolischen Schreibens liest sich nahezu wie ein Reflex dessen, was Madeleine Delbrêl in ihrer lebensgeschichtlichen Auseinandersetzung praktiziert und erfahren hat - und hebt es zugleich ins Licht eines sozialethisch das individuelle Bemühen übergreifenden Zusammenhangs.

32 Vgl. auch hierzu OA: "Unter den jeweils gegebenen Verhältnissen und je nach den persönlichen Bindungen des einzelnen muß freie Wahl bestehen zwischen verschiedenen Wegen zum Ziel. Ein und derselbe Glaube kann Triebkraft sein für Unternehmen verschiedener Art..." (Nr. 50, mit Bezugnahme auf GS 43)

33 Zur theologischen Problematik der Forderung nach Inkulturation des Glaubens vgl. Giancarlo Collet, Vom theologischen Vandalismus zum theologischen Romantizismus? Fragen zu einer multikulturellen Identität des Christentums, in: Conc 30 (1994) 19-27, bes. 25f, der die pauschale und inflationäre Verwendung des Begriffs durch ein Konzept konkreter Begegnung überholt.

menten einer praktisch sich konstituierenden christlichen Identität ist deshalb für Madeleine Delbrêl der ekklesiale Zusammenhang, in dem sich ihr Handeln vollzieht.

5.3 Ekklesialer Handlungszusammenhang

Gerade angesichts der geforderten Selbständigkeit des Glaubens ist sich Madeleine Delbrêl der Angewiesenheit der einzelnen christlichen Existenz auf den *ekklesialen Vollzug* des Glaubens als gemeinsamer Vergewisserung über das "Notwendige und Gewisse" bewußt. Kleine Gruppen christlichen Lebens wie die Gemeinschaft Madeleine Delbrêls, Interessengruppen, Verbände und Bewegungen innerhalb der Kirche, die Feier der Liturgie und die Ausrichtung auf das symbolische Zentrum der katholischen Kirche in ihrer hierarchischen Struktur kommen in Madeleine Delbrêls Sichtweise als je unterschiedliche Vollzugsebenen der Zugehörigkeit zum "Leib Christi" als dem Ort der geschichtlichen Verwirklichung des Evangeliums zur Geltung.

In diesem Zusammenhang ist zu erinnern, wie Madeleine Delbrêl die Kirche als organisches Gebilde auffaßt und wie sie das Verhältnis der einzelnen "Glieder" oder "Zellen" zum Ganzen bestimmt. Ein wesentliches Moment ihrer christlichen Berufung ist die gleichursprüngliche Wahrnehmung des Anrufes Gottes und des Gerufenseins in die Kirche, die als organische Einheit des Leibes Christi und Fortsetzung der Inkarnation in der Geschichte verstanden wird.[34] Darin drückt sich das Bewußtsein aus, daß die Daseinsberechtigung der Kirche nicht in ihrem institutionellen Charakter, in der Ordnung eines Systems liegt, sondern darin, daß zwischen denen, die sich zum Gott Jesu Christi bekennen, ein lebendiges Beziehungsgefüge wächst und sich im Wandel der Geschichte fortzeugt. Unter solchen Vorzeichen betrachtet, stehen die einzelnen Christen und die kleinen christlichen Gemeinschaften als "Glieder" bzw. "Zellen" des Leibes Christi unter dem gleichen Lebensgesetz wie die Kirche als ganze in ihrer hierarchischen Struktur. Der Vollzug der Sendung in die Welt, an der alle Elemente des Organismus in je eigener Weise teilhaben, steht für alle unter dem gleichen Kriterium: Für alle Subjekte und Ebenen des kirchlichen Selbstvollzuges gilt es, im konkreten welthaften Handeln dem Primat Gottes Geltung zu verschaffen[35]; das bewirkt zwar einen "Bruch" mit der Welt im johanneischen Sinn, der aber nur insofern gerechtfertigt ist, als er um der Treue zu Christus willen notwendig ist und diese im Handeln verwirklicht.[36]

---

[34] Vgl. oben Kapitel 3.4.1 und 3.4.2.

[35] Was dies im einzelnen bedeutet, hat sich exemplarisch im Unterscheidungsprozeß Madeleine Delbrêls angesichts der marxistischen Herausforderung wie in den anderen im 4. Kapitel analysierten Praxis-Konstellationen gezeigt.

[36] Vgl. CE 42, dt. FG 28; dazu oben Kapitel 3.4.1.

Was als Kriterium der Authentizität der Kirche und aller ihrer Glieder nach außen hin gilt, fungiert zugleich nach innen als kritisches Korrektiv, das von allen Gliedern und Zellen wechselseitig geltend zu machen ist.[37] Das ist eine unerläßliche Forderung der Verantwortung, die alle für einander und für das Ganze des kirchlichen "Organismus" tragen. Wenn Madeleine Delbrêl daher im kirchlichen Kontext von Gehorsam spricht, so ist auch hier stets jener verantwortliche, erfinderische Gehorsam gemeint. In dem Maße, wie darin einerseits die Originalität der dem Glauben entsprechenden Praxis an die gemeinschaftlich vergewisserte Grundlage des "Notwendigen und Gewissen" zurückgebunden bleibt, wird eben diese kreative Energie ihrerseits zum Handlungsprinzip für den kirchlichen Selbstvollzug in der Welt. Nichts ist diesem Verständnis der Kirche weniger angemessen als ein Konformismus, der an die Stelle eigener Kreativität die passive Erwartung von Regelungen seitens einer übergeordneten "Instanz" setzt, oder ein "Traditionalismus", der sich angesichts neuer Herausforderungen ängstlich auf das zurückzieht, was vermeintlich schon immer galt.[38]

Vielmehr verlangt Madeleine Delbrêl eine kreative Glaubenstreue gerade auch im kirchlichen Handlungszusammenhang, der daher nicht als Einengung, sondern als die Potentiale aller Glieder freisetzender und schützender Rahmen christlich orientierten Handelns verstanden werden darf.[39] Das schließt weder aus, daß dieser Rahmen gelegentlich schmerzvoll als Grenze erfahren werden kann, noch daß Grenzziehungen aus Angst vor einer neuartigen *Begegnung* zwischen Kirche und Welt, aus taktischen Erwägungen oder aus mangelnder Informiertheit und Verständigung zwischen den beteiligten "Zellen" *de facto* zur einengenden Fessel geraten.[40] Dieses Verständnis, das sich in Madeleine Delbrêls Auseinandersetzung mit höchst ambivalenten Kirchenerfahrungen herausgebildet hat und keineswegs eine heile Kirchen-Welt beschwört, erschließt sich in dem, was sie zum Thema "Liebe zur Kirche" schreibt, und in ihrem Anliegen, die Kirche "liebend und liebenswert" erscheinen zu lassen.[41]

Die Reflexion auf das offenkundig spannungsreiche Beziehungsgefüge, in dem die Glieder des Organismus der Kirche miteinander verbunden und in wechselseitiger Verantwortung aneinander verwiesen sind, wirft weiterführende Fragen im Hinblick auf die Gestaltung der innerkirchlichen Kommunikation und darüber hinaus auf die praktische Bestimmung des Kirche-Welt-Verhältnisses auf, die in Madeleine Delbrêls Überlegungen zumindest implizit enthalten sind.

---

37 Vgl. Kapitel 3.4.1. - Madeleine Delbrêls Studie zur Situation der Mission de France im Oktober 1953 (s.o. Kapitel 4.2) läßt sich z.B. genau unter diesem Vorzeichen verstehen.

38 Hier ist noch einmal auf die von Madeleine Delbrêl kritisierte Verwechslung von Glaube und Milieu zurückzuverweisen.

39 Vgl. NA 138, dt. NK 123f (ausführlich zitiert am Schluß des Kapitels 3.4.3).

40 Die Auseinandersetzung um die Arbeiterpriester und die Mission de France und die Restriktionen, die den Theologen der sog. "nouvelle théologie" auferlegt wurden, bieten hinreichend Beispiele für derartige Verwerfungen.

41 Vgl. in Kapitel 3.4.3.

Der verantwortungsbewußte und erfinderische Gehorsam, der als Kommunikations- und Handlungsprinzip in der Kirche herrschen soll, kann nicht losgelöst von der Sendung der Kirche und ihrer einzelnen Glieder geübt werden, die in den je unterschiedlichen Praxisfeldern Gestalt annehmen muß. Denn als konkrete Wirklichkeit menschlicher Subjekte ist Kirche nicht unabhängig von Welt zu denken und zu leben. Dementsprechend verlangt Madeleine Delbrêl zum Beispiel von den einzelnen aktiven Christen und christlichen Gruppen, es gehöre zu ihrer Verantwortung und zum recht verstandenen kirchlichen Gehorsam, die Bischöfe über ihre jeweiligen Praxiszusammenhänge zu informieren. Dies zielt im fraglichen Zusammenhang nicht in erster Linie auf eine etwaige Verpflichtung, in bestimmten Fragen eine bischöfliche Erlaubnis einzuholen; vielmehr geht es darum, die Bischöfe mit den Herausforderungen zu konfrontieren, denen sich die Kirche in ihren einzelnen "Zellen" vor Ort stellen muß, und sie daran zu beteiligen. Madeleine Delbrêl entdeckt hier eine besondere Verantwortung der kirchlichen Basis[42], der sie selbst auch immer wieder zu genügen versucht. Implizit (aber von Madeleine Delbrêl m.W. nicht ausdrücklich formuliert) klingt darin die Konsequenz an, die Bischöfe hätten ihre Angewiesenheit auf den Kontakt mit der "Basis" und auf die Teilhabe und Teilnahme an deren Erfahrungen im konkreten gesellschaftlichen Handeln anzuerkennen und ihr pastorales Wirken dementsprechend zu gestalten. Wenn dies auch in Madeleine Delbrêls Reflexionen nicht systematisch entfaltet wird, ist damit doch die Grundfrage einer innerkirchlichen Verständigung im Hinblick auf das soziale Handeln und die soziale Verkündigung der Kirche angesprochen: Dabei geht es einerseits um inhaltliche Orientierungen über Erfordernisse, Handlungsspielräume und -grenzen christlichen Engagements in bestimmten Praxiszusammenhängen; zum anderen ist damit die Frage nach Stil und Methode kirchlicher Kommunikation im Hinblick auf das welthafte, gesellschaftliche und politische Handeln angesprochen.[43] Was Madeleine Delbrêl für sich persönlich zur Maxime ekklesialen Handelns gemacht und in ihren Reflexionen auch als Impuls weitergegeben hat, muß daher weiter verfolgt werden: Kirchliche Sozialverkündigung, die bis in die jüngste Zeit "von oben" und oft ohne plausible Vermittlung der Basis vorgestellt wird[44], muß sich "von unten" her ihre Inspiration - dringende An-

---

[42] Madeleine Delbrêl spricht zwar eher von "Peripherie", so z.B. in der Studie zur Mission de France (s. Kapitel 4.2.3). Darin kommt m.E. der Einfluß eines zentralistischen und hierarchischen Kirchenbildes zum Tragen, das von Madeleine Delbrêls konkreter Erfahrung her jedoch durch stark basisbezogene Elemente ergänzt und immanent korrigiert wird; gleichwohl zeichnet sich hier eine Grenze ihres theologischen Denkens ab.

[43] Der Weg zur Frage nach Gestalt und Genese kirchlicher Sozialverkündigung, die seit etwa einem Jahrzehnt verstärkt ins Bewußtsein der kirchlichen Öffentlichkeit getreten ist, ist von hier aus nicht mehr weit! - Vgl. dazu Kapitel 1.1.1, bes. Anm. 43.

[44] ... und dabei in erschreckendem Maße unbekannt bleibt! - Vgl. Chenu, Wandel, 93; Büchele, Glaube, 26-58. - Beispielhaft sei auf die jüngsten einschlägigen Erhebungen in der von der Deutschen Bischofskonferenz in Auftrag gegebenen Studie "Frauen und Kirche" verwiesen, die zwar eine hohe Zustimmungsbereitschaft, paradoxerweise aber zugleich einen sehr geringen Bekannt-

lässe, Themen, Sprache - vorgeben lassen, wenn sie den Realitäten, in denen die Kirche "die Inkarnation des Wortes Gottes fortsetzen" soll, gerecht werden will.[45] Dies darf, so unerläßlich entsprechende Impulse auch weiterhin bleiben werden, nicht allein dem prophetischen Gespür einzelner engagierter Christen überlassen bleiben; vielmehr muß nach Wegen gesucht werden, wie dieser Anspruch in den Strukturen der Kirche verwirklicht werden kann.

Aus den Impulsen Madeleine Delbrêls kann dies freilich als Forderung extrapoliert werden; eine Antwort auf die Frage nach *Strukturveränderungen* in der Kirche im Hinblick auf das je notwendige "aggiornamento" und auf ein dieser Notwendigkeit gemäßes ekklesiales Kommunikationsnetz wird man von ihr nicht erwarten können. In dieser Hinsicht ist Madeleine Delbrêl einerseits durch das organische Kirchenbild, andererseits durch ihre starke, geistlich-symbolische Konzentration auf "Rom" als das Zentrum der Kirche[46] gebunden. Gleichwohl "unterläuft" sie mit prophetischer Intuition, die - wie gezeigt wurde - ihr politisches Handeln bestimmt, durch ihre Praxis gerade diese strukturellen Grenzen ihres Kirchenverständnisses. Der darin erneut zum Tragen kommende Primat der Praxis soll zum Abschluß des *Auswertungs*-Kapitels im folgenden Abschnitt noch einmal eigens reflektiert werden.

5.4 Primat der Praxis: Option für die Armen

Für Madeleine Delbrêl, die sich nie als Theoretikerin verstanden hat, stellt der Vorrang der Praxis eine Art immanenter Programmatik ihrer Arbeit und Reflexion dar. Besonders deutlich wurde der Stellenwert, den sie der Praxis als orientierendem Maßstab und Korrektiv jeder Theorie zumißt, in der Auseinandersetzung mit Gaston Fessard. Ebenso deutlich konnte im Verlauf der Untersuchungen herausgearbeitet werden, daß die Praxis, indem sie durch das Doppelgebot der Liebe orientiert ist, selbst noch einmal unter einem entscheidenden Kriterium steht, das ihre Einheit garantieren soll. Alle religiöse und sittliche Praxis ist in Madeleine Delbrêls Sichtweise an diesem Kriterium auszurichten. Wenn es einerseits gewisse Handlungsmöglichkeiten von ihren Zielsetzungen her ausschließt[47], fundiert es andererseits doch *zuerst* eine bestimmte verpflichtende Grundoption. Allfällige Grenzziehungen sind der Realisierung dieser Grundoption zugeordnet und dienen

---

heitsgrad der in der Verkündigung der Kirche vertretenen sozialethischen Positionen (etwa in Menschenrechtsfragen, zum Asylthema usw.) offenbaren.

45 Vgl. für eine knappe Bestandsaufnahme zu den bisher vorliegenden konkreten Ansätzen für ein solches Vorgehen den entsprechenden Abschnitt in Kapitel 6.

46 Vgl. z.B. ihre Blitzreise nach Rom im Jahr 1952, oben Kapitel 3.4.3.

47 Vgl. dazu die Kriterien, die Madeleine Delbrêl im Unterscheidungsprozeß ihrer "zweiten Konversion" leiten (dazu oben 4.3.2).

deren unverfälschter Verwirklichung. Wenn nun diese Grundoption in einem inhaltlichen Resümee konkretisiert werden soll, läßt sich nach allem, was bisher im Werk Madeleine Delbrêls herausgearbeitet werden konnte, von einer authentischen "Option für die Armen" sprechen[48], wobei diese in zweifacher Hinsicht oder auf zwei Ebenen zum Tragen kommt, die in der Biographie, oder genauer: im Erfahrungsweg Madeleine Delbrêls, verwurzelt sind.

Madeleine Delbrêl begreift "Armut" in einem doppelten Sinn: vor dem Hintergrund der eigenen religiösen Entwicklung und in Auseinandersetzung mit den ihr begegnenden Gestalten des Atheismus ist Armut für sie *primär* einc religiöse Kategorie. Sie begegnet zuerst - und am eigenen Leib - der "Armut der Gottlosigkeit", einer "metaphysischen" Armut also, die sie als tiefstes Elend qualifiziert, das einem Menschen widerfahren kann.[49] Von dieser Basis her ist Madeleine Delbrêls "Option für die Armen" ein letztes Motiv ihres missionarischen Einsatzes, der Versuch, mit der eigenen Existenz Gott bei den Menschen gegenwärtig zu machen, die ihn nicht kennen oder ihn verloren haben.

Diese primäre Motivation, die wiederum auf die Konversionserfahrung zurückgeführt werden kann und mit der Madeleine Delbrêl nach Ivry kommt, führt jedoch bald und definitiv zur Begegnung mit den konkreten Armen und deren konkreter Armut, die die Lebensverhältnisse der Proletarier beherrscht. Diese Armut ist materieller Art und geht doch zugleich darüber hinaus. In einem sozialkritisch-analytischen Text über die Lebensbedingungen der Arbeiter schreibt Madeleine Delbrêl dazu: "Die aus der industriellen Ära geborene und stets wachsende Armut ist die Entbehrung dessen, was man zu einem menschenwürdigen Dasein braucht. Sie ist Entwürdigung der primären Talente, eine Entwürdigung, die bis zur Auslöschung gehen kann."[50] Madeleine Delbrêl wählt die Solidarität mit Menschen eines Milieus, in dem beide Grundgestalten der Armut so aufeinandertreffen, daß die Menschen aus Mangel am Lebensnotwendigen selbst "materialisiert" werden.[51] Sie macht sich diese Solidarität zur Lebensaufgabe, und zwar nicht nur in ihrem beruflichen Einsatz als Sozialarbeiterin, sondern indem sie mit ihrer Gemeinschaft die Lebensbedingungen der Arbeiter teilt und, soweit es ihr möglich ist, sich die Perspektive dieser Armen zu eigen macht. Die Einschränkung "soweit es ihr möglich ist" darf nicht übergangen werden; denn Madeleine Delbrêl geht davon aus, daß jemand, der oder die nicht als Proletarier/in geboren

---

48 Der Begriff kommt bei Madeleine Delbrêl zwar nicht ausdrücklich vor; in den folgenden Überlegungen wird jedoch aufzuweisen sein, daß ihre "Lebenswahl" eine Praxis impliziert, die der "Option für die Armen" entspricht. - Vgl. zum Entstehungskontext und zur theologischen Konturierung des Begriffs Giancarlo Collet, "Den Bedürftigsten solidarisch verpflichtet". Implikationen einer authentischen Rede von der Option für die Armen, in: JCSW 33 (1992) 67-84.

49 Vgl. dazu NA 120-125, dt. NK 105-110.

50 Diversité et unité de la condition prolétarienne (NA 93-103, dt.: Vielfalt und Einheit der proletarischen Existenz, NK 77-87); Zitat: NA 101, dt. NK 85. - Der Text erschien erstmals in der Zeitschrift "Esprit" im Juli/August 1951.

51 Vgl. NK 101, dt. NK 86.

wird, sich dem Proletariat nicht restlos angleichen kann. Allein die Tatsache, freiwillig die Existenzbedingungen der Arbeiter zu teilen, diese Existenz zu *wählen*, bedeute eine Privilegierung gegenüber den Arbeitern, die in das Proletariat hineingeboren sind und schon deshalb keine oder nur äußerst beschränkte Möglichkeiten haben, über ihre Talente frei zu verfügen, einen Beruf nach Fähigkeit und Neigung zu ergreifen und so auch ihren gesellschaftlichen Ort und Status selbst zu bestimmen.[52] Zwischen denen, die freiwillig das Proletariat als ihren gesellschaftlichen Ort wählen, und den geborenen Proletariern besteht daher eine nicht überbrückbare Differenz; sie kann nur insofern ausgeglichen werden, als die praktische Solidarität mit den Arbeitern zum aktiven Protest gegen die versklavenden Strukturen führt.

Indem Madeleine Delbrêl sich für ein Leben der Solidarität mit den Armen im proletarischen Milieu entscheidet, realisiert sie also durch ihre Praxis den Protest gegen den Riß, der durch die Gesellschaft geht und Privilegierte von Versklavten trennt. Dem entspricht eine Lebensform, die den Bedingungen des Arbeiterlebens möglichst weitgehend angeglichen ist: Die Existenz "von der Hand in den Mund", die Wahl nicht-intellektueller Berufe bestimmt das Leben der Gruppe. Der Sozialdienst, den Madeleine Delbrêl in Ivry aufbaut, ebnet ihr den Weg zu den Menschen und eröffnet die Möglichkeit, in eine konkrete und positive Beziehung zu den politischen Verantwortungsträgern und den Strukturen zu treten, die das Leben in der Arbeiterstadt bestimmen. Der Einsatz wird weitgehend von den Zeitereignissen bestimmt: In den 40er Jahren z.B. gibt die Not der Bevölkerung, die durch den Krieg und die erschwerten Lebensbedingungen der Nachkriegsjahre diktiert ist, die Gestalt der praktischen Solidarität vor. In diesen Zusammenhang gehören nicht nur die zwischen kommunaler Behörde und Kirche koordinierten Einsätze zur Unterstützung von Opfern der Bombenangriffe auf Ivry, sondern auch die Initiativen, die Madeleine Delbrêl gemeinsam mit anderen zugunsten der in Ivry untergekommenen spanischen Flüchtlinge und mit diesen ergreift. Ebenso müssen im Zusammenhang der "Option für die Armen" die politisch-prophetischen Wortmeldungen Madeleine Delbrêls in Erinnerung gerufen werden, die sie zugunsten von Menschen und Menschengruppen, die aus politischen Motiven ihrer Grundrechte beraubt waren, lancierte.[53] Solche Einsprachen sind zugleich Protest gegen ungerechte und Ungerechtigkeit stützende Handlungsweisen und Strukturen, auch und gerade dann, wenn sie von christlichen Motiven gedeckt zu sein behaupten.[54]

---

52 Vgl. dazu Madeleine Delbrêls Überlegungen zur "Versklavung" (*servitude*) der Menschen im Proletariat: NA 93-103, bes. 96-99, dt. NK 77-87, bes. 80-83.

53 Vgl. Kapitel 4.1.

54 Hier ist etwa an die Proteste gegen die drakonischen Strafmaßnahmen der spanischen Behörden im Fall der "34 von Barcelona" oder gegen den Eucharistischen Kongreß in Barcelona zu erinnern, ebenso die Kritik der Allianz "Kirche-Kapitalismus", die Madeleine Delbrêl in verschiedenen Zusammenhängen vorbringt, vgl. dazu oben Kapitel 4.2.3.

Madeleine Delbrêls "Option für die Armen" konkretisiert sich so einerseits in Maßnahmen vor Ort, die caritativ oder kommunal-politisch ausgerichtet sein konnten (die sozialpolitische Zusammenarbeit mit den kommunalen Verantwortungsträgern etwa ging über eine caritative Nothilfe hinaus), als auch in advokatorischen und gesellschaftskritischen Initiativen zugunsten von Menschen, die in einer Verfolgungs- oder Unterdrückungssituation selbst keine Möglichkeiten hatten, ihre humanen Rechte einzuklagen.[55]

Über die Ebene der Einzelfallhilfe hinausgehend fordert Madeleine Delbrêl daher die Klärung der handlungsleitenden Optionen als Gebot verantwortlicher Zeitgenossenschaft. Sie konkretisiert dieses Postulat im Hinblick auf die Lebensbedingungen der Arbeiterwelt, mithin auf die sozial-strukturellen Verhältnisse, in die jede/r einzelne in einer Weise verwoben ist, die sie/ihn mitverantwortlich sein läßt für die in diesen Strukturen produzierten und etablierten gesellschaftlichen Ungleichheiten und Ungerechtigkeiten. Denn der Platz, den jemand innerhalb des gesellschaftlichen Gefüges einnimmt, ist nicht einfach Ergebnis einer schicksalhaften Fügung, auch wenn das mechanistisch anmutende Bild der Maschine, mit dem sie den gesamtgesellschaftlichen Zusammenhang charakterisiert, eine entsprechende Assoziation zunächst nahelegt; vielmehr ist die Art und Weise, wie jemand lebt, eine Stellungnahme zu den Verhältnissen, die - gleich wie sie ausfällt - verantwortet werden muß.[56] Dies zu sehen und zu wissen und dann bewußt zu den bestehenden sozialen Verhältnissen Stellung zu beziehen, sei eine Gewissensfrage für jede/n einzelnen.[57]

Wenn Madeleine Delbrêl in diesem Zusammenhang als Ansatzpunkt der angemahnten gesellschaftlichen Verantwortung das Informiert-Sein über die bestehenden Ungerechtigkeiten benennt, so meint sie damit jedoch mehr und anderes als ein rein theoretisches Wissen und zur Kenntnis-Nehmen bestimmter soziologischer Fakten. Vielmehr appelliert sie an die Fähigkeit der Menschen, Dinge und Menschen *auf neue Weise zu sehen*, also etwa den Versuch zu unternehmen, die Alltagsgeschehnisse aus der Sicht der "Habenichtse", der Arbeitslosen, der durch das System "Versklavten" zu betrachten und so ein neues Gespür für das scheinbar

---

55 So betont Madeleine Delbrêl in dem bereits herangezogenen Text über das "Elend des Geistes", in dem sie das doppelte Gesicht der Armut als materiellen Mangel wie als Beraubung humaner Lebensmöglichkeiten reflektiert: "In allen konkreten Lebenslagen des proletarischen Milieus kann der Missionar niemals das wirtschaftliche Elend, *so wie es ist*, für seine Brüder hinnehmen; er versucht Abhilfe zu schaffen durch Bemühungen, die von brüderlicher Hilfe bis zu Strukturreformen reichen." (NA 124, dt. NK 109; Hervorhebung im Original) - Meine Übersetzung weicht im zweiten Teil des Satzes von der veröffentlichten deutschen Textfassung ab; der französische Text lautet: "Dans toutes les modalités de vie au milieu du prolétariat, le missionnaire ne peut jamais accepter *telle quelle* pour ses frères la misère économique et tente de la réduire par des efforts allant de l'aide fraternelle aux réformes de structures."

56 "Welches auch unser Platz in dieser weiten Welt sein mag, wir sind Teil der ungeheuren Maschine, in der alles zusammenhängt, und unsere Art zu leben sagt zum gegenwärtigen Zustand der Dinge ja oder nein." (NA 103, dt. NK 88f)

57 Vgl. NA 103f, dt. NK 88f.

Selbstverständliche und Normale zu entwickeln. Es liegt auf der Hand, daß ein solches Unterfangen mehr verlangt als eine Eingebung des Augenblicks, daß es um die wirksame Veränderung der eigenen Praxis im Hinblick auf jene Grundhaltung geht, die als "Option für die Armen" bezeichnet wird. Damit ist wiederum der Primat der Praxis unterstrichen: Die eigene Praxis ist in ihrem Kontext wahrzunehmen, zu überprüfen und gegebenenfalls in Richtung auf gelebte Solidarität mit den Armen zu verändern. Alle Reflexion auf das eigene Handeln und auf den (gesellschaftlichen und ideologischen) Standort dieses Handelns steht so immer im Dienst der Praxis im Sinne einer "Arbeitshilfe", wie Madeleine Delbrêl im Hinblick auf ihr Buch "Ville marxiste terre de mission" formuliert hat. Hier offenbart sich wiederum die schon gelegentlich angesprochene Nähe zum methodischen Dreischritt "Sehen - Urteilen - Handeln".

Mit diesen Überlegungen ist ein Punkt erreicht, von dem her wieder zurückgefragt werden muß nach der Methode, die eine solche Orientierung resp. eine verbindliche Option als tragfähiges Fundament der Praxis finden läßt und untermauert. Die Frage weist nun aber über das Werk Madeleine Delbrêls hinaus. Implizit sind bereits Anknüpfungspunkte angesprochen worden, von denen her gegenwärtige theologisch-ethische Ansätze zur Reflexion auf eine christlich verantwortete sozialethische Praxis erreicht werden können. Der Gesprächsversuch mit Madeleine Delbrêl hat einige Grundelemente einer solchen Orientierung der Praxis aus dem Fundament des Glaubens zutage gefördert. Im konkreten Beispiel hat sich zunächst gezeigt, wie - unter der Bedingung einer schon nicht mehr christlich geprägten Umgebung - eine selbständige und begegnungsfähige christliche Identität in der Bindung an die Gemeinschaft der Glaubenden wachsen kann. Ebenso ist deutlich geworden, wie eine solche Verwurzelung der Existenz im Sinnhorizont des Glaubens eine verbindliche Orientierung der religiösen und sittlichen Praxis freisetzt. Die Ausrichtung an der Einheit des Liebesgebotes als letztem verbindlichen Kriterium zur Unterscheidung des christlich Möglichen und Geforderten hat sich dabei als dynamisierendes Moment einer Praxis erwiesen, die den Rahmen einer individualethischen und caritativen Hinwendung zu den Anderen als Nächsten auf ein prophetisch-politisches Engagement hin übersteigt und im gesellschaftskritischen Einsatz mit den Armen und gegen die versklavenden Strukturen eine wirksame Solidarität freisetzt. Von diesen Überlegungen ausgehend soll im abschließenden Kapitel der Studie die Frage nach der bei Madeleine Delbrêl so deutlich nachvollziehbaren Unterscheidung der Geister in den Horizont sozialethischer Grundlagenreflexion übersetzt werden.

6. *Vermittlung*: Unterscheidung der Geister im Horizont theologischer Ethik

Vor dem Hintergrund der exemplarischen Untersuchung zum Werk Madeleine Delbrêls ist im folgenden zu prüfen, inwiefern das Motiv der Unterscheidung der Geister für die theologische Profilierung christlicher Sozialethik fruchtbar gemacht werden kann. Dem im ersten Kapitel der Studie skizzierten Verständnis christlicher Sozialethik entsprechend, ist diese Frage jedoch auf den Horizont theologischer Ethik als ganzer zu beziehen. Insofern bietet es sich an, Impulse aufzugreifen, von denen her die Unterscheidung der Geister als Inspirationspotential in die bisherige theologische Ethik eingespielt werden konnte. Im Hinblick auf die Moraltheologie ist dabei besonders an den von Karl Rahner vorgelegten Entwurf einer Existentialethik zu denken, der von verschiedenen Ethikern aufgegriffen und weitergeführt worden ist. In einer knappen Rekapitulation dieses Ansatzes soll zunächst gezeigt werden, welche Impulse von daher in die theologische Ethik vermittelt wurden und inwiefern dadurch auch im Hinblick auf die sozialethische Reflexion neue Fragestellungen bzw. Wahrnehmungsmöglichkeiten eröffnet werden können (6.1). Vor diesem Hintergrund ist dann die Unterscheidung der Geister in den Blick zu nehmen: Sie ist zu erschließen als hermeneutischer Prozeß, in dem das zum Handeln aufgerufene *Subjekt* den Herausforderungscharakter einer konkreten *Situation* mit dem *Sinnhorizont*, auf den es sich deutend bezieht, so vermittelt, daß im Spannungsfeld dieser drei Pole eine Entscheidung möglich wird und eine Handlungsoption verbindlich ergriffen werden kann. Dieser Zusammenhang ist sowohl in bezug auf den individuellen Vollzug als auch im Hinblick auf die gemeinschaftliche Praxis näher zu beleuchten, insofern gemeinschaftliche Unterscheidungen zwar eigenständige Analogate zu individuellen Prozessen darstellen, zu ihrem Gelingen aber dennoch auf dem Gruppenprozeß zugeordnete individuelle Unterscheidungen angewiesen sind (6.2). Indem so einerseits der fundamentalethische Bezugsrahmen geklärt und andererseits der als Unterscheidung der Geister bezeichnete hermeneutische Prozeß präzisiert worden ist, können in einem weiteren Schritt die Möglichkeiten einer Transformation der bisherigen Einsichten in den sozialethischen Kontext geprüft werden (6.3). Dazu ist zum einen der Ertrag gemeinschaftlicher Unterscheidung als eines partizipativen und basisorientierten Verfahrens im Horizont des sozialen Lehrens der Kirche zu resümieren. Sodann sind Möglichkeiten der Umsetzung in sozialethische Zusammenhänge zu prüfen. Hier kann ein in den Vereinigten Staaten entwickelter und in Deutschland bisher wenig rezipierter Methodenvorschlag zur Entwicklung und Durchführung einer situationsbezogenen Gesellschaftsanalyse aufgenommen werden, der sich explizit auf das ignatianische Konzept der gemeinschaftlichen Unterscheidung bezieht. Vor diesem Hintergrund ist nach Anwendungsfeldern der Methode zu fragen - sowohl nach bisher vorliegenden Vorschlägen und Erfahrungen als auch nach möglichen kreativen Weiterentwicklungen. In einem abschließenden Fazit sind schließlich Konvergenzen zwischen den im Werk Madeleine Delbrêls entdeckten Elementen der Unterscheidung (vgl. 5. Kapitel) und den Impulsen aus der ignatianischen Unterscheidungslehre, die als methodologische Bausteine zu einer theologischen Profilierung sozialethischer Arbeit beitragen können, zu resümieren (6.4).

6.1 Die ignatianische Unterscheidungslehre als Inspirationsquelle theologischer Ethik

6.1.1 Impuls: Der existentialethische Ansatz Karl Rahners

In der Auseinandersetzung um die Situationsethik wie auch um Einflüsse des Existentialismus und der Existenzphilosophie, die in bezug auf die Ethik die Rolle des Einzelnen tendenziell absolut setzten und so einer auf das "Wesen des Menschen" rekurrierenden normativen Ethik den Boden zu entziehen drohten, griff Karl Rahner auf die Entscheidungslogik der Exerzitien des Ignatius von Loyola zurück.[1] Sie bietet einen Ansatz, der es erlaubt, zwischen der Ebene der Unvertretbarkeit des Individuums und der (von Rahner stets festgehaltenen) Ebene allgemeiner Normierung theologisch so zu vermitteln, daß eine klare Verhältnisbestimmung möglich wird: Das "positiv Individuelle", das nicht bloß als Konkretion des Allgemeinen bestimmt werden kann, wird darin als konstitutiver Bestandteil der sittlichen Forderung erkannt.[2] Die Existentialethik reflektiert deshalb auf den hermeneutischen Prozeß der Realisierung des sittlichen Subjekts, der sich allererst auf der Ebene der personal-beziehungshaften Inanspruchnahme entfaltet.[3] Existentialethik tritt so als notwendige Ergänzung der normativen (Essenz-)Ethik zur Seite.[4]

---

1 Vgl. zum Problemhorizont Richard Egenter, Art. Situationsethik, LThK IX ^{2}1964, 804-806; zum geistigen Umfeld der Rahnerschen Existentialethik Sanhüter, 4-8.

2 Vgl. Fraling, Existentialethik; Scannone, Logik .

3 Vgl. dazu im Schrifttum Rahners vor allem: Gefahren im heutigen Katholizismus, Einsiedeln ^{3}1955; Das Dynamische; Über die heilsgeschichtliche Bedeutung des Einzelnen in der Kirche, in: Sendung und Gnade, Innsbruck 1959, 88-126; Grenzen einer Wesensethik, in: Klaus von Bismarck, Neue Grenzen, Stuttgart 1966, 122-129; Freiheit in der Kirche, in: Schriften II, 95-114; Frage; Grenzen der Amtskirche, in: Schriften VI, 499-520; Der Anspruch Gottes und der Einzelne, Schriften VI, 521-536; Zur Situationsethik aus ökumenischer Sicht, in: Schriften VI, 537-544; Erfahrung des Geistes und existentielle Entscheidung, in: Schriften XII, 41-53; Moderne Frömmigkeit; Einige Bemerkungen zu einer neuen Aufgabe der Fundamentaltheologie, in: Schriften XII, 198-211. - Eine gründliche und erhellende Studie zu Gehalt und Bedeutung von Rahners Existentialethik bietet: Sanhüter (dort auch umfassende Literaturangaben).

4 Vgl. Franz Böckle, Art. Existentialethik, LThK III, ^{2}1959, 1301-1304, hier 1302; vgl. Rahner, Frage.

Rahners Entwurf bietet für das Konzept einer Existentialethik einen doppelten Begründungsansatz, zum einen in existentialontologischer[5], zum anderen in schöpfungs- und offenbarungstheologischer Argumentation.[6] Die zentrale Grundannahme des existentialethischen Ansatzes ist die ignatianische Überzeugung von der Möglichkeit des unmittelbaren Zusammenwirkens zwischen Gott und Geschöpf: "In den Exerzitien nimmt Ignatius unbefangen an, daß der Mensch mit einer praktisch erfahrbaren Möglichkeit zu rechnen hat, daß Gott ihm seinen Willen mitteilt, dessen Inhalt nicht einfach erkennbar ist durch rationale Überlegungen der gläubigen Vernunft aus den allgemeinen Maximen der Vernunft und des Glaubens einerseits und deren Anwendung auf eine bestimmte, ebenso rational diskursiv analysierte Situation andererseits."[7] Diese "erstaunliche Voraussetzung"[8] verweist auf den Kern, auf das "magis", das die Existentialethik von anderen Gestalten christlicher Ethik unterscheidet: Die Gottesbeziehung selbst ist Bedingung der Möglichkeit, ist Grundprinzip der Existentialethik, in der ethisches Erkennen und Tun eine Einheit bilden.[9] Suchen und Finden des "Willens des absoluten, unverfügbaren, geheimnishaften, freien Gottes"[10] sind Weg und Ziel der Existentialethik, die als solche Vollzug und lebensgeschichtliche Bewährung der fundamentalen Vorentscheidung vor Gott meint.[11] Damit setzt sie zwar auf einer jeder kategorialen Einzelentscheidung "existentiallogisch" vorausliegenden Ebene an, strukturiert aber zugleich auch die Ebene der konkreten Einzelentscheidungen des Alltags, ohne in Kasuistik umzuschlagen.[12]

Das Spezifikum der Existentialethik als Reflexion auf die sittliche Dimension der normativ-ethisch nicht adäquat einholbaren Einmaligkeit jedes einzelnen Menschen vor Gott erschließt sich in Rahners Deutung der ignatianischen Exerzitien als *Wahl*exerzitien. Darin mit der Deutung Fessards übereinstimmend[13], legt er die "Geistlichen Übungen" des Ignatius als Anleitung zum Finden des personal

---

5 Vgl. dazu v.a. Karl Rahner, Frage; ders., Logik, 96-100.

6 Vgl. im einzelnen Sanhüter, 9-15.

7 Rahner, Logik, 83. - In den den "Geistlichen Übungen" vorangestellten "Anmerkungen" (EB 15) gibt Ignatius dem Exerzitienbegleiter den Rat, "er solle sich weder zu der einen Seite hinneigen noch zu der anderen, sondern in der Mitte stehend wie eine Waage unmittelbar den Schöpfer mit dem Geschöpf wirken lassen und das Geschöpf mit seinem Schöpfer und Herrn."

8 Rahner, Betrachtungen, 16.

9 Vgl. dazu Sanhüter, 28f.191-194. Zu Recht weist Sanhüter in seiner Untersuchung darauf hin, daß die Rahnersche Existentialethik "in einem grundlegenden Sinn christliche Glaubensethik" ist (157); im Kontext von Rahners transzendentaltheologischem Ansatz darf daraus jedoch nicht auf sittliche Heteronomie geschlossen werden.

10 Sanhüter, 28.

11 Zum Begriff der "fundamentalen Vorentscheidung" und seiner Einbettung in eine den menschlichen Freiheitsvollzug reflektierende ethische Entscheidungstheorie vgl. Fraling, Existentialethik, 275-283; vgl. auch Demmer, Lebensentscheidung; Furger, Praxis; Kramer.

12 Vgl. Böckle, Existentialethik.

13 Vgl. Fessard, DE I 70-103; 190-231; Schneider, 166-170.

einmaligen Individualwillens Gottes aus[14] und trägt damit eine neue, existentiale Dimension in die theologische Ethik ein, die zugleich ihre eigene Methode der Vermittlung mit sich führt.[15]

Als Praxis der Gottesbeziehung eröffnen die Exerzitien einen Weg, diesen aus allgemeinen Prizipien nicht adaequat ableitbaren Willen Gottes zu erfahren. Während Ignatius einerseits mit der Möglichkeit der unmittelbar mystischen Einsicht in den Willen Gottes rechnet (*erste Wahlzeit*[16]) und andererseits die von der Klugheit geleitete rationale Abwägung von Gründen und Gegengründen nicht ausschließt (*dritte Wahlzeit*[17]), sind gerade für die Existentialethik die *zweite Wahlzeit* und die ihr methodisch zugeordnete Unterscheidung der Geister[18] grundlegend. Die zweite Wahlzeit ist gleichsam der "Normalfall" der Wahl, die auf einer individuellen Willenskundgabe Gottes beruht, welche zwar nicht den Rahmen "der allgemeinen Offenbarung, der Kirche und der Vernunft" sprengt, jedoch nicht ohne die von Gott gewirkte innere Bewegung zustandekommt.[19] Ihr Gegenstand ist das einmalig Besondere des Willens Gottes, das "positiv Individuelle" im existentialontologischen Sinn[20]; die Möglichkeit, den Individualwillen Gottes zu erkennen, beruht in Rah-

---

[14] Rahner betont immer wieder, daß die individuelle Wahl in den Exerzitien bereits eine allgemeine sittliche Orientierung voraussetzt, daß die Wahlgegenstände also von vornherein im Bereich dessen liegen, was im Rahmen der gläubigen Vernunft als sittlich gut oder zumindest indifferent erkannt wird und im Einklang mit der kirchlichen Lehre steht, vgl. z.B. Logik, 89; Erfahrung, 47f.

[15] Dieser Aspekt ist allerdings von Rahner selbst, soweit ich sehe, nicht eigens entfaltet worden. Hier liegt eines der Desiderate für eine weitergehende Rezeption der Existentialethik im *moraltheologischen* Kontext.

[16] "DIE ERSTE ZEIT IST: Wann Gott, unser Herr, den Willen so bewegt und anzieht, daß diese fromme Seele dem Gezeigten folgt, ohne zu zweifeln noch zweifeln zu können; so wie es der heilige Paulus und der heilige Matthäus getan haben, als sie Christus, unserem Herrn, nachfolgten." (EB 175) - Zu Rahners Deutung der drei Wahlzeiten vgl. Logik, 78-100. Auf die Auseinandersetzungen um Rahners Deutung der drei Wahlzeiten kann in diesem Zusammenhang nicht eingegangen werden, vgl. für eine Übersicht Sanhüter, 195-219; exemplarisch: Peter Knauer, Die Wahl in den Exerzitien des Ignatius von Loyola. Vom Geistlichen Tagebuch und anderen ignatianischen Schriften her gesehen, in: ThPh 66 (1991) 321-337.

[17] "DIE DRITTE ZEIT ist ruhig, indem man zuerst erwägt, wofür der Mensch geboren ist, nämlich, um Gott, unseren Herrn, zu loben und seine Seele zu retten. Und indem man dies wünscht, erwählt man als Mittel ein Leben oder einen Stand innerhalb der Grenzen der Kirche, um im Dienst für seinen Herrn und bei der Rettung seiner Seele Hilfe zu erlangen. Ich sagte 'ruhige Zeit': wann die Seele nicht von verschiedenen Geistern bewegt wird und ihre natürlichen Fähigkeiten frei und ruhig gebraucht." (EB 177).

[18] "DIE ZWEITE: Wann man aus der Erfahrung von Tröstungen und Trostlosigkeiten und aus der Erfahrung der Unterscheidung verschiedener Geister genug Klarheit und Erkenntnis gewinnt." (EB 176); Regeln zur Unterscheidung der Geister: EB 313-327;328-336 .

[19] Rahner, Logik, 92. - Zur Einschätzung der zweiten Wahlzeit als "Normalfall" heißt es bei Rahner: "Die erste Wahlzeit ist der ideale Grenzfall (nach oben) der zweiten Wahlzeit, die die Rationalität der dritten als *ein inneres* Element in sich selbst enthält, die dritte Wahlzeit ist der defiziente Modus der zweiten (und muß so aufgefaßt werden), der sich selbst nach oben in die zweite Wahlart zu überholen sucht." (ebd., 93; Hervorhebung im Original).

[20] Rahner, Logik, 95. - In der Zuspitzung auf die personal-dialogische Gottesbeziehung als Horizont und Ort des sittlichen Anrufes und seiner Verwirklichung liegt die bleibend bedeutsame Un-

ners Deutung auf der transzendentalen Erfahrung der Gnade und des Geistes, in der der einzelne immer schon auf Gott ausgerichtet ist.[21]

Mittel bzw. Methode der Erkenntnis, um im Raum der tragenden personalen Gottesbeziehung den im Hinblick auf die anstehende Entscheidung notwendigen Klärungprozeß zu vollziehen und damit die Wahl vorzubereiten, ist die Unterscheidung der Geister. Sie kann nur in der Haltung der Indifferenz[22] geschehen, die als Voraussetzung "für eine unvoreingenommene Wahrnehmung des Rufes"[23] unerläßlich ist und es dem Menschen erlaubt, sich jeweils für das zu entscheiden, was *mehr* (magis) dem Willen Gottes entspricht. Das entscheidende Kriterium für den Vollzug der Wahl stellt die Konvergenz von Wahlgegenstand und Trosterfahrung dar: "Gewählt werden soll, was durch die Erfahrung des Trostes bestätigt wird; in eben diesem deutet sich die Übereinstimmung mit dem Willen Gottes an."[24] D.h., es geht um die Erfahrung der Übereinstimmung zwischen dem als "Willen Gottes" Erkannten und der Selbsterfahrung des Subjekts bzw. um den "Ruf ins Eigene", in dem der einzelne in der Antwort auf den Anruf Gottes immer mehr zu sich selbst, zum Vollzug seiner Freiheit gelangt.[25]

6.1.2 Fundamentalethische Erschließung

Insofern die Lehre von der Unterscheidung der Geister sowohl Affektivität und Rationalität als auch mystische Erfahrung[26] und diskursive Erkenntnis in einer spannungsvollen Synthese zusammenführt, trägt sie in fundamentaler Weise der

---

terscheidung zwischen Existentialethik und einer an der Tugend der Klugheit orientierten Ethik, vgl. dazu und zu der Kritik, die Rahners Entwurf diesbezüglich erfahren hat, Sanhüter, 220-227; ferner Furger, Gewissen.

21 Vgl. dazu im einzelnen Sanhüter, 30-194.

22 Im "Prinzip und Fundament" der Geistlichen Übungen bindet Ignatius die Forderung der Indifferenz als Voraussetzung einer gelingenden Wahl an den letzten Sinn des menschlichen Daseins: "Der Mensch ist geschaffen, um Gott, unseren Herrn, zu loben, ihm Ehrfurcht zu erweisen und zu dienen und mittels dessen seine Seele zu retten; und die übrigen Dinge auf dem Angesicht der Erde sind für den Menschen geschaffen und damit sie ihm bei der Verfolgung des Ziels helfen, zu dem er geschaffen ist. Daraus folgt, daß der Mensch sie soweit gebrauchen soll, als sie ihm für sein Ziel helfen, und sich soweit von ihnen lösen soll, als sie ihn dafür (!) hindern. Deshalb ist es nötig, daß wir uns gegenüber allen geschaffenen Dingen in allem, was der Freiheit unserer freien Entscheidungsmacht gestattet und ihr nicht verboten ist, indifferent machen. ..." (EB 23) In dieser Perspektive wird der Zusammenhang zwischen der Haltung der Indifferenz und dem "Magis" der je besseren Erkenntnis und Angleichung an den Willen Gottes deutlich; vgl. dazu Rahner, Betrachtungen, 27-31.

23 Fraling, Hinführung, 171.

24 Vgl. Fraling, Existentialethik, 269f (Zitat: 270).

25 Vgl. Schneider, 106f.124f.

26 S.o. die Überlegungen zur Überzeugung des Ignatius vom unmittelbaren Zusammenwirken von Gott und Geschöpf.

Geschöpflichkeit des Menschen als leib-geist-seelischer Ganzheit Rechnung.[27] Sie weist so die Moraltheologie sehr deutlich auf die Notwendigkeit der Einbettung einer normativen Ethik in den größeren Zusammenhang einer theologischen Anthropologie und geschichtlichen Hermeneutik hin[28], ohne den die letzte humane Dimension der sittlichen Selbstverwirklichung, der auch jede normative Ethik zu dienen hat, verfehlt werden müßte. Darüber hinaus steht sie aber auch in einem eigentümlichen Erschließungszusammenhang mit der Selbsterfahrung vieler Menschen unserer Tage: Einerseits konvergiert sie mit der Wiederentdeckung der affektiven, nicht-rationalen Komponenten der menschlichen Selbst- und Weltwahrnehmung, die im Zuge der nach-aufklärerischen Kritik instrumenteller Rationalität an Bedeutung gewinnt. Zum anderen steht sie aber in Spannung zu diesen Strömungen, die immer auch in der Gefahr der Irrationalität stehen, die eine intersubjektive Verständigung nicht mehr zuläßt. Demgegenüber hält die Lehre von der Unterscheidung der Geister sowohl an der Notwendigkeit des Wägens und Prüfens der "Regungen" mit den Mitteln der Vernunft als auch an der Letztverbindlichkeit der Gottesbeziehung fest - nicht als Oktroi sittlicher Heteronomie, sondern als dialogischer Horizont theonomer Autonomie: Auf diesen Horizont des menschlichen Selbstvollzugs hin sind rationale und nicht-rationale Komponenten von Erfahrung und Erkenntnis in einer Weise finalisiert, die Willkür und Beliebigkeit von vornherein ausschließt und das sittliche Handeln unter ausweisbare Kriterien stellt, ohne einer rationalistischen Engführung zu erliegen.

Damit verbürgt die Lehre von der Unterscheidung der Geister eine untrennbare Einheit und echte Vermittlung von "Theorie" und "Praxis" des christlichen Selbstvollzugs bzw. die *Einheit der Praxis*. Sie hat in der evangelischen Bezeugung und Einforderung der Einheit von Gottes- und Nächstenliebe ihren theologischen Fluchtpunkt und ihr formales Prinzip, das gleichwohl der materialen Konkretisierung in menschlichen Grundhaltungen bedarf.[29] Eben der Herausbildung, Einübung und Überprüfung solcher Grundhaltungen ist aber die immer konkrete Unterscheidung der Geister verpflichtet.

In der theologisch-ethischen Reflexion der Gegenwart sind diese Impulse vor allem in der Neuinterpretation oder besser: Wiederentdeckung der ursprünglichen Weite der Lehre vom Gewissen integriert.[30] Die Interpretation des Gewissens als "hermeneutischer Ort des sittlichen Anspruchs"[31] korrigiert eine Engführung, die

---

27 Vgl. Josef Sudbrack, Fragestellung und Infragestellung der ignatianischen Exerzitien, in: GuL 43 (1970) 206-227; ders., Motive. Modelle für ein Leben als Christ, Würzburg 1971, 68-74.

28 Vgl. Demmer, Norm; ders., Wahrheit.

29 Vgl. dazu Demmer, Norm, 272-291; Rahner, Einheit; Tafferner, 200-229 (zu Rahner).

30 Eine Schlüsselrolle dabei spielen die Aussagen über das Gewissen in der Pastoralkonstitution des II. Vatikanums, "Gaudium et spes", Nr. 16; vgl. dazu Karl Golser, Das Gewissen als "verborgenste Mitte im Menschen", in: Ernst (Hg.), Grundlagen, 113-137.

31 Vgl. Demmer, Deuten, 36-77. "Dem Gewissen obliegt eine lebensgeschichtliche Hermeneutik, welche getroffene Wert- und Güterpräferenzen mit konkreten Lebensumständen im Akt einer einmaligen Deutung zu vermitteln versteht. Das Gewissen verantwortet verstehend und deutend

das Gewissen nur noch als Applikationsinstanz vorgegebener Normen begriffen hatte.[32] Mit der Rückbesinnung auf den bereits biblisch grundgelegten Charakter des Gewissens als Beziehungswirklichkeit[33] - ausgedrückt in der mystischen Rede vom "Seelengrund"[34] - wird das Verständnis des Gewissens als genuiner Ort der sittlichen Selbsterfahrung für jene normativ nicht erschließbare Dimension des einmaligen Individualwillens Gottes geöffnet, um den es in der Unterscheidung der Geister geht. Explizit stellt Klaus Demmer diese Verbindung her, wenn er die Gabe der Unterscheidung der Geister der "schöpferischen Kraft des Gewissens" zur Seite stellt, wo es in einer dialektischen Bewegung des Geistes um "erkennende Selbstbestimmung", mithin um die "Autonomie des Glaubenden" geht. Damit wird "in nüchternen Denkanläufen versucht, das hier und jetzt Gegebene auf seine Ewigkeitsbedeutung hin praktisch aufzuschlüsseln, die Geschichte trägt zutiefst theophanen Charakter, und das Gewissen ist der ursprüngliche hermeneutische Ort, diese Verstehensleistung zu vollbringen."[35] Bis in die Terminologie hinein erinnert Demmers Darlegung der genuinen Kompetenz des Gewissens an die um das Geschehen der Wahl zentrierte Dialektik der Freiheit in Gaston Fessards Exerzitieninterpretation.[36]

Auf der Linie dieser Öffnung und Weitung des Verständnisses liegt auch die Rekonstruktion der Lehre von der Epikie als "Mut zum Personalen in der Ethik", die in der spezifisch christlichen Interpretation dieses Lehrstücks Ansätze der Vermittlung zwischen Essenz- und Existentialethik wie auch zwischen autonomer Moral und christlicher Spiritualität zu entdecken vermag.[37] Dieses Lehrstück, das die für gelingende Sittlichkeit unerläßliche "praktische Urteilsfähigkeit des einzelnen"[38] reflektiert, verweist auf eine der "Nahtstellen" ethischer Bemühung, an der Gewissens- und Unterscheidungslehre einerseits und normative Ethik andererseits zusammentreffen.[39] Sie liegt in der Verantwortung für ethische Normfindung, in die einzelne, Gruppen und gesellschaftliche Institutionen als ethosbildende "Größen" in je spezifischer Weise eingebunden sind.[40] Der damit angesprochene Aspekt der Generierung von Ethos (und seiner begleitenden Reflexion in der Ethik) verweist auf ein weiteres Anwendungsfeld der Unterscheidung der Geister, das mehr als die bisher genannten Bereiche weiterer Erschließung und Klärung

---

das Gelingen der eigenen Lebensgeschichte. Hier liegt seine ursprüngliche Kompetenz." (Ebd. 73).

32 Vgl. dazu den traditionsgeschichtlichen Durchblick bei Mieth, Gewissen, bes. 141-148.

33 Vgl. Ebd., 141-143.

34 Vgl. Ebd., 169-175.

35 Vgl. Demmer, Anspruch, 85-88, Zitat: 87.

36 Vgl. oben Kapitel 4.3.3.

37 Virt, Epikie, bes. 268-277 (Zitat: 270); ders., Tugend, bes. 150f.

38 Virt, Tugend, 139.

39 Eine andere, über lange Zeit nahezu ausschließlich betonte "Nahtstelle" liegt in der situations- und sachgerechten Anwendung von Normen.

40 Vgl. Fraling, Normfindung, bes. 155-158.

bedarf. Denn angesichts der Vermittlungsproblematik zwischen individuellem sittlichem Bewußtsein und "objektiv" begegnenden sittlichen Herausforderungen stellt sich die Frage nach Möglichkeiten der Wahrnehmung von sittlicher Verantwortung in neuer und verschärfter Weise: Soll die Mauer individualistischer Abkapselung durchbrochen werden, die sich entweder auf die Alleinzuständigkeit des Individuums zurückzieht oder die sittliche Kompetenz an eine ferne gesellschaftliche Instanz delegiert, gilt es, nach Lernorten sittlicher Praxis zu suchen, an denen die grundlegende soziale Dimension der gleichwohl individuell zu übernehmenden sittlichen Inanspruchnahme konkret erfahren werden kann, ohne sofort in Überforderung zu kippen. Denn angesichts der wachsenden Kluft zwischen persönlicher Verantwortlichkeit und der Erfahrung quasi schicksalhafter Verstrickung in individuell nicht mehr auflösbare, übergreifende Verantwortungs- und Schuldzusammenhänge[41] erscheint es als ein dringliches Postulat der Ethosentwicklung, Vermittlungsebenen gemeinschaftlicher sittlicher Erfahrung einzuziehen und in gelebter Solidarität Räume für ethische Suchbewegungen zu erschließen, in denen die Erfahrung des Könnens und die Entdeckung und Annahme neuer Herausforderungen einander wechselseitig befruchten.[42] Hier könnte gerade auch für den Bereich der christlichen Moralerziehung, der kirchlichen Moralverkündigung und Bewußtseinsbildung die Tradition der Unterscheidung der Geister mit den ihr inhärenten gemeinschaftlichen Aspekten[43] ein noch weitgehend unausgeschöpftes Innovationspotential bergen. Es zu heben und über den Binnenraum kirchlicher Eliten hinaus fruchtbar zu machen, gehört noch weithin zu den künftigen Aufgaben ethischer Reflexion.

An dieser Stelle soll daher innegehalten und - den durch Rahner in die theologische Ethik vermittelten Impuls auf seine maßgebliche theologische Quelle, die Exerzitien des Ignatius von Loyola, hin zurückzuverfolgend - nach der Unterscheidung der Geister selbst gefragt werden. Dabei ist zuerst das Geschehen der Unterscheidung als hermeneutischer Prozeß zu klären; in einem weiteren Schritt kann dann über die individuelle Ebene hinaus die ebenfalls bereits von Rahner angesprochene, aber nicht weiter entfaltete[44] Frage nach der Anwendung der Unterscheidung in kollektiven Zusammenhängen verfolgt werden.

---

41 Vgl. Franz Xaver Kaufmann, Der Ruf nach Verantwortung, Freiburg 1992.
42 Vgl. dazu exemplarisch: Fraling, Basisgemeinden.
43 Vgl. dazu unten Abschnitt 6.2.2.
44 Vgl. Rahner, Moderne Frömmigkeit, 184-197; ders., Fragment.

6.2 Ignatianische Wurzeln: *discretio spirituum* und *deliberatio communitaria*

6.2.1 Unterscheidung der Geister als hermeneutischer Prozeß[45]

Als Grundmotiv der "ignatianischen" Lebensgestaltung hat sich aus den bisherigen Überlegungen bereits das Forschen nach dem Willen Gottes herauskristallisiert. Es vollzieht sich in einer dialektischen Lebensbewegung zwischen "Finden" und je neuem "Suchen" dieses Willens, der nie definitiv "besessen" werden kann, weil er sich nur in der situativen Vermittlung erschließt.[46] "Das Finden des Willens Gottes wie das Tun dieses Willens (als Bestätigung Gottes und als Selbstbestätigung des Menschen) geschieht also in der Haltung der Offenheit für die je neue Korrektur durch Gott, in einem Prozeß der Identifikation in Unterscheidung: Indem der Mensch das vom Willen Gottes schon Erkannte praktiziert und in die Tat umsetzt, wird er offen für die neue Krisis, die Gott vollzieht."[47] Das Spezifische der ignatianischen Unterscheidungslehre liegt damit zunächst in der fundamentalen Bedeutung der Gottes- bzw. Christusbeziehung des/der einzelnen, insofern sie den unverzichtbaren Horizont und Ort der dialogisch sich ereignenden Selbstwahrnehmung und sittlichen Selbstverwirklichung bildet. Dieser konstitutiven Beziehung systematisch nachgeordnet ist ein zweites Kennzeichen: die methodisch strukturierte Prüfung der inneren Regungen, der Motive des Handelns (Denkens, Fühlens) in einer prozeßhaften Angleichung der konkreten Lebensgestalt an den situativ-bestimmten Willen Gottes.

Definition: das Geschehen

Um das mit Unterscheidung der Geister gemeinte Geschehen im ignatianischen Kontext zu konkretisieren, sei zunächst auf eine von Franz Meures vorgeschlagene

---

45 Eine Erstfassung dieses Abschnitts ist veröffentlicht in meinem Beitrag "Situation - Subjekt - Sinn. Unterscheidung der Geister im Kontext christlicher Ethik", in: Michael Schramm/Udo Zelinka (Hg.) Um des Menschen willen. Moral und Spiritualität (FS Fraling), Würzburg 1994, 125-149.

46 Bereits das Leben des Ignatius zeigt, "daß das Zueinander von Beten und Leben, von Entschiedenheit und Offenbleiben im christlichen Alltag ununterbrochen gewahrt bleiben muß. Ignatius lebt immer beides: das sichere und entschlossene Gehen auf dem für richtig erkannten Weg zu Gott und das restlose Offenstehen für den erneuten Anruf Gottes, so daß das Beten im Leben seine Konkretheit erfährt und aus der gelebten Erfahrung erkannt wird, ob der eingeschlagene Weg richtig oder falsch verläuft." (Schneider, 17) - Vgl. dazu auch Josef Sudbrack, Das Wagnis des Lebens aus Gott. Zur ignatianischen Lehre von der Geisterunterscheidung, in: H. Roßmann/Josef Ratzinger (Hg.), Mysterium der Gnade (FS Johann Auer), Regensburg 1975, 412-426, bes. 412-417.

47 Schneider, 17f. - Zur Dialektik von Aktivität und Empfangsbereitschaft des Menschen im Exerzitienprozeß vgl. Erhard Kunz, "Bewegt von Gottes Liebe". Theologische Aspekte der ignatianischen Exerzitien und Merkmale jesuitischer Vorgehensweise, in: Sievernich/Switek (Hg.), Ignatianisch, 75-95, bes. 76-81.

Definition zurückgegriffen: Er bestimmt Unterscheidung der Geister als einen "Klärungsprozeß, in dem ein Mensch aus einer persönlichen Vertrautheit mit Christus heraus die von ihm erlebten inneren und äußeren Bewegungen und Antriebe daraufhin überprüft, ob sie mehr zu Gott führen oder eher von ihm weg, um so zu Entscheidungen fähig zu werden, welchen Weg er vor Gott gehen soll."[48] Folgende Bestimmungsmerkmale werden dabei dem Unterscheidungsgeschehen zugeordnet:

Es handelt sich nicht um einen "im Nu" zu vollziehenden Akt, sondern um einen Prozeß, der "Teil des gesamten Lebensprozesses"[49] ist; noch schärfer formuliert ließe sich dieser Prozeß als ein *konstitutives und strukturierendes Moment* dessen beschreiben, was in einem religiös-sittlich gefüllten Sinne "Leben" meint. Notwendige *Voraussetzung* für eine Unterscheidung der "Geister" ist eine *lebendige Christusbeziehung*, denn "nur wer ein Gespür bekommen hat für die Lebensdynamik Jesu"[50], wer also in einem existentiellen Sinne um den "Geist Jesu Christi" weiß, kann Gewißheit darüber erlangen, was diesem Geist entspricht. Was aber dem Geist Jesu Christi gemäß ist, entspricht der biblischen Botschaft und dem Dogma der Kirche zufolge dem Willen Gottes, insofern die Sendung Jesu darin besteht, "den Willen des Vaters zu tun" (vgl. Joh 5,30;6,38). "Der Gläubige kann nur insoweit vom Evangelium her wertend die 'Geister unterscheiden', als er sich in der persönlichen Hingabe an den Herrn gebunden hat, so wie er sich ihm im Evangelium darstellt."[51] Nur also im Horizont der lebendigen Beziehung zu Jesus Christus, in der Vertrautheit mit *seinem Geist*, kann deshalb auch das *Kriterium* der Unterscheidung der Geister gefunden werden. In den Exerzitien wird diese fundamentale Voraussetzung in der Einbettung des Unterscheidungsgeschehens in die Leben-Jesu-Betrachtungen deutlich.[52] *Gegenstand* der Klärung sind die vom Menschen bewußt wahrgenommenen seelischen Regungen[53], "also Stimmungen, Gefühle, Hoffnungen, Überlegungen, Pläne, Träume", wobei auch solche Bewegungen mitgemeint sind, die "von außen", z.B. durch das Einwirken anderer Personen, bestimmter Ereignisse etc. hervorgerufen werden.[54] All diese Bewegungen im Inneren sollen ins Bewußtsein gehoben und als das erkannt werden, was sie tatsächlich auch schon vor der reflexen Wahrnehmung im Bewußtsein sind:

---

48 Meures, Unterscheidung, 278 (vgl. auch die von Meures dazu ausgeführten Erläuterungen ebd. 278f).

49 Ebd.

50 Ebd; vgl. dazu auch Fraling, Hinführung, 169-171.

51 Fraling, Hinführung, 171.

52 Vgl. dazu z.B. Lothar Lies, Den Willen Gottes finden, in: Frielingsdorf/Switek (Hg.), Entscheidung, 15-36; Christoph Kentrup, Nach wie vor: An Jesus Christus scheiden sich die Geister. Zur Grundlage der Unterscheidung der Geister, in: Korrespondenz zur Spiritualität der Exerzitien 61, 42. Jg. (1992) 3-12; Schneider, 15-24.

53 Ignatius spricht in den Regeln zur Unterscheidung der Geister von "Regungen (mociones), die in der Seele verursacht werden" (EB 313), vgl. Peters, 581; Schneider, 21.

54 Meures, Unterscheidung, 279; vgl. auch Hermann Kügler, "Die inneren Bewegungen unterscheiden". Zu Lernziel und Psychodynamik der Ignatianischen Exerzitien, in: Lebendige Katechese 15 (1993) 69-75..

Elemente der Motivation des Denkens und Handelns. Die erste Frage, die also im Unterscheidungsgeschehen gestellt werden muß, lautet: "Was bewegt mich?" Sie bedarf der Ergänzung durch eine zweite Frage: "Wohin bewegt es mich?"[55] Damit ist jedoch schon auf das vierte Bestimmungsmerkmal verwiesen: Denn aus dem bisher Gesagten ergibt sich schließlich die Frage nach der *Zielrichtung*, der "Finalität"[56] des Unterscheidungsprozesses. Das "Wohin" der Regungen wird mit dem Kriterium *auf Gott hin* konfrontiert. Indem die Frage, was jeweils *mehr* dem Willen Gottes entspricht, an die wahrgenommenen Regungen herangetragen wird, können die im eigenen Inneren wirksamen Motivationen geklärt werden, um so eine Entscheidung über den nächsten Schritt auf dem Lebensweg fällen bzw. die Geradheit der eingeschlagenen Wegrichtung überprüfen zu können. Aus den genannten Merkmalen der Unterscheidung der Geister ergibt sich als deren Grunddynamik die jeweils situativ verortete und dementsprechend je neu im Kontext der gelebten Christusbeziehung zu stellende Frage nach dem Willen Gottes für das eigene Leben.[57]

Disposition: eine dreifache Aufmerksamkeit

Um in einen solchen dialogischen Prozeß eintreten zu können, muß das Subjekt in bestimmter Weise disponiert sein. Das geht im Grunde bereits aus den genannten Bestimmungsmerkmalen der Unterscheidung hervor, soll aber im folgenden noch einmal eigens reflektiert werden, und zwar wiederum in Aufnahme des von Franz Meures vorgelegten Verstehensmodells.[58] Es bedarf, wie aus der Zusammenstellung von Voraussetzung, Gegenstand und Zielrichtung des Unterscheidungsprozesses anfänglich deutlich wird, einer dreifachen Ausrichtung der Aufmerksamkeit, nämlich auf die *konkrete Lebenswirklichkeit* des Subjekts (die äußeren Ereignisse), auf die *Botschaft der christlichen Offenbarung* (das Mysterium Gottes) und auf die *inneren Regungen*, die das Subjekt bewegen (innere Ereignisse). Diese "drei Pole der Aufmerksamkeit"[59] markieren das Spannungsfeld, das sich im Bewußtsein des übenden Menschen aufbauen muß und innerhalb dessen die Unterscheidung erst vollzogen werden kann. D.h. der/die Übende muß einen Reflexionsstandpunkt, eine Art Metastandpunkt gegenüber den verschiedenen Quellen der in ihm wirkenden Motivationen einnehmen, um diese überhaupt angemessen wahrnehmen und deuten zu können und so zur Unterscheidung der Geister fähig zu werden. Von diesem "Beobachtungsposten" aus werden sich

---

55 Ebd.
56 Ebd.
57 Zum Begegnungs- und Rufcharakter dieses Geschehens vgl. Fraling, Hinführung, 172-175.
58 Meures, Unterscheidung, 282-285.
59 Ebd., 282.

dann die wechselseitigen Beziehungen erschließen, die zwischen den drei Polen der Aufmerksamkeit in einer die jeweilige Befindlichkeit des Menschen prägenden Art und Weise wirksam sind.

Franz Meures bringt das Beziehungsgefüge zwischen den drei Polen in einer Skizze anschaulich zur Darstellung, die hier zur Erleichterung der Orientierung den weiteren Überlegungen vorangestellt werden soll:[60]

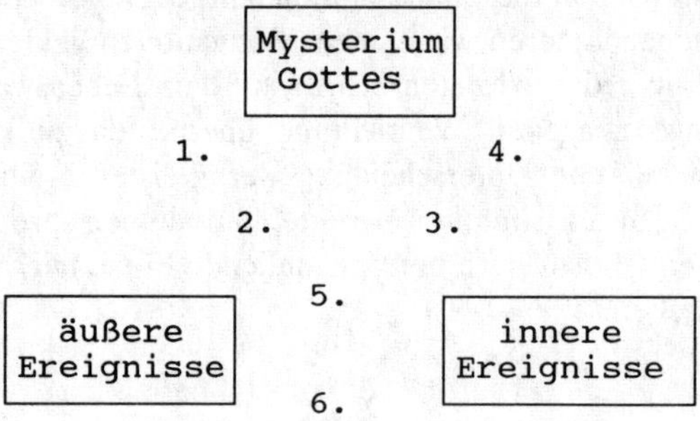

Die zwischen den drei Polen hin- und hergehenden Beziehungen werden in der Darstellung jeweils durch eine Frage charakterisiert, welche die Richtung der Aufmerksamkeit kennzeichnet:

"1. Wie wirken sich äußere Ereignisse auf die Wahrnehmung des Mysteriums Gottes aus? (...)

2. Wie wirkt sich der Glaube an das Mysterium Gottes aus auf die Wahrnehmung der äußeren Ereignisse? (...)

3. Wie wirkt sich der Glaube an das Mysterium Gottes aus auf die inneren Ereignisse? (...)

4. Wie wirken sich meine inneren Ereignisse aus auf meinen Glauben an das Mysterium Gottes? (...)

5. Wie wirken die äußeren Ereignisse auf das Innere eines Menschen? (...)

6. Wie wirken meine inneren Regungen auf die Wahrnehmung der Außenwelt? (...)"[61]

---

60 Ebd., 284. - Aus technischen Gründen ist das Schema gegenüber dem Original formal leicht abgewandelt.

61 Ebd., 284f.

Wie sich das Beziehungsgefüge der drei Aufmerksamkeitspole konkret darstellen kann, läßt sich anhand eines Beispiels veranschaulichen. Dazu sei noch einmal auf einen an früherer Stelle bereits zitierten Text Madeleine Delbrêls zurückgegriffen. In der Aufzeichnung "Erkenntnis und Tun" (1950) hebt sie die Notwendigkeit zur Auseinandersetzung mit den Lebensbedingungen der Arbeiter hervor. Sie schreibt: "Um zu handeln, muß man klar sehen. Aber leben heißt handeln, und im Jahr 1950 leben heißt, ob man es will oder nicht, auf die Lebensbedingungen der Arbeiterwelt einwirken ... Welches auch unser Platz in dieser weiten Welt sein mag, wir sind Teil der ungeheuren Maschine, in der alles zusammenhängt, und *unsere Art zu leben sagt zum gegenwärtigen Zustand der Dinge ja oder nein. Wir sind frei, ja zu sagen, aber dann soll es in Kenntnis der Dinge geschehen...*"[62] Deshalb hat der/die einzelne die Pflicht, sich über diese Lebensbedingungen zu informieren; dazu reicht es jedoch nicht aus, bestimmte Kenntnisse zu erwerben, die von äußeren Instanzen vermittelt werden (so unerläßlich das ist) und denen gegenüber man sich neutral verhalten kann. Vielmehr sind wir selbst "unsere wichtigste Informationsquelle ... sofern wir nicht angewöhnte Augen haben und ein Herz, das nicht von vornherein zustimmt. Ein Wir-Selbst, dem wir eines Tages die Anweisung geben, in die Gesellschaft einzutauchen, *als sähe es sie zum erstenmal*, als sähe es zum erstenmal eine Straße und ihre Passanten, die Pariser Quartiere, die Untergrundbahn um sieben Uhr abends, die Aufzüge und Rolltreppen, gewisse Kinder, die alles haben, und andere, die nichts haben."[63]

In diesen Überlegungen spiegeln sich also zunächst die Beziehungen zwischen äußeren und inneren Ereignissen; es geht darum, angesichts der faktischen (sozialen, ökonomischen, zwischenmenschlichen) Spannungen, die das eigene Lebensumfeld kennzeichnen, eine Sensibilität zu entwickeln, die uns "die Augen öffnet" und ein neues Sehen ermöglicht (vgl. die fünfte Beziehung im Schema[64]). Dazu bedarf es bereits eines ausdrücklichen Entschlusses, einer Öffnung des Bewußtseins. Das ist jedoch erst ein Anfang, dem weitere bewußte Schritte folgen müssen: Nicht ohne leise Ironie stellt Madeleine Delbrêl zwei Möglichkeiten der Stellungnahme vor und weist damit auf die durch das "Sehen" nicht nur ermöglichte, sondern geradezu unausweichlich gewordene Unterscheidungsarbeit hin:

"Wenn uns eine solche neugewagte Begegnung mit der sozialen Maschine *beruhigt und befriedigt* entläßt, so mögen wir unser Leben fortsetzen, wie wir's begonnen haben. Wenn sie uns *unruhig und beschämt* zurückläßt, dann sollten wir den Mut haben, zu ermessen, was unser Leben, das unzähligen anderen gleicht, an pas-

---

[62] NA 103f, dt. NK 88-89, hier 88 (Hervorhebung: M. H.-St.); vgl. dazu Kapitel 5.4.

[63] Ebd., 88f (Hervorhebung: M. H.-St.).

[64] Dem Duktus des Beispieltextes folgend, werden die Beziehungen zwischen den drei Aufmerksamkeitspolen nicht in der vom Schema vorgegebenen Reihenfolge besprochen.

siver Mitwirkung zur chronischen Gewaltsamkeit beiträgt, woran die Menschheit leidet, und in der Menschheit Millionen von Wesen, die uns gleich sind. Vielleicht wird dann die soziale Zelle, für die wir verantwortlich sind, heilbar werden."[65] Im Hören auf die inneren Regungen (Ruhe und Zufriedenheit vs. Unruhe und Beschämung) liegt der Ausgangspunkt für das weitere Tun: Rückkehr in die "alten Geleise" oder Bereitschaft zu einer lebensverändernden Auseinandersetzung (über das *Wahrnehmen* dessen, was ist, hinaus zum *Urteilen*, warum etwas so ist und mit welchen Folgen). Damit kehrt sich die Beziehung zwischen den beiden Polen aber auch um (vgl. im Schema die sechste Beziehung): Innere Wachsamkeit, verantwortliches Wissen um eigene Privilegierung, Beunruhigung angesichts bestehender Ungerechtigkeiten - all das verändert auch wieder die Wahrnehmung der "äußeren Ereignisse" und die Stellungnahme zu ihnen. Hinzu kommt, daß die "inneren Ereignisse" noch in anderer Hinsicht, gleichsam aus der Tiefe der psychischen Struktur eines Menschen heraus, die Wahrnehmung der äußeren Ereignisse beinflussen: Die Grundeinstellung gegenüber dem eigenen Leben und der gesellschaftlichen Wirklichkeit insgesamt prägt die Wahrnehmung ganz entscheidend: Ob jemand mit sich, mit anderen und der umgebenden Dingwelt eher optimistisch oder pessimistich, eher vertrauensvoll oder mißtrauisch, eher geduldig oder ungeduldig etc. umgeht, spielt hier eine wesentliche Rolle.[66] Wenn Madeleine Delbrêl etwa der Hoffnung Ausdruck gibt, die Schärfung der Aufmerksamkeit für die Zusammenhänge der eigenen Lebensrealität mit ihren impliziten Ungerechtigkeiten könne zu einer "Heilung" wenigstens der Mikrostruktur des betreffenden Lebensraumes beitragen, so zeugt dies sicher von einer optimistischen Grundeinstellung.

Die Wechselwirkung zwischen der Aufmerksamkeit für die äußeren Ereignisse (*Sehen*) und derjenigen für die inneren Regungen (*Hören*) ist jedoch kein "geschlossenes System". Im religiösen Kontext, in dem die Unterscheidung der Geister *per definitionem* steht, ist das bisher skizzierte Beziehungsgefüge "nach oben offen": Denn beide Aufmerksamkeitspole stehen auch in einem Wechselverhältnis mit dem dritten Pol, der Aufmerksamkeit für das Mysterium Gottes.

Das Beziehungspaar, das sich zwischen der Aufmerksamkeit für das Mysterium Gottes und jener für die inneren Regungen aufbaut, kann nicht mehr unmittelbar anhand des Beispiels veranschaulicht werden. Denn die Dimension, um die es dabei geht, führt in den innersten Kreis der Unterscheidung der Geister hinein[67] und betrifft so vor allem "jene Erfahrungen, die beim Gebet oder in der Meditation gemacht werden"[68]. Dies können Erfahrungen der Nähe oder Ferne Gottes sein, in denen sich der Glaube an das Mysterium Gottes in den inneren Ereignissen artikuliert (vgl. die dritte Beziehung im Schema); "in umgekehrter Richtung" können das Erfahrungen sein, in denen sich die seelische Disposition in der konkreten

---

65 NA 104, dt. NK 89 (Hervorhebung: M. H.-St.).
66 Vgl. Meures, Unterscheidung, 285.
67 Vgl. ebd., 283.
68 Ebd., 285.

Wahrnehmung des Mysteriums Gottes niederschlägt (vgl. die vierte Beziehung im Schema): "So kann etwa eine große Niedergeschlagenheit dazu führen, auch jeden Geschmack am Glauben, am Gebet, am religiösen Leben zu verlieren. Doch kann - wie in vielen Klagepsalmen - dieselbe Niedergeschlagenheit auch dazu führen, seinen Kummer vor Gott herauszuschreien und sein Vertrauen noch mehr auf ihn zu setzen."[69] Daß diese "Kernzone" der Unterscheidung der Geister für alle Aspekte des Prozesses schlechthin grundlegend ist, darf nach dem bisher Gesagten vorausgesetzt werden. Ohne die Aufmerksamkeit für die aktuellen seelischen Bedingungen, unter denen die Kommunikation mit Gott steht, wird auch die Deutung der äußeren Ereignisse im Horizont des Mysteriums Gottes nicht wirklich gelingen können.[70]

Der Gesichtspunkt der einander wechselseitig erhellenden Aufmerksamkeiten für das Mysterium Gottes und für die äußeren Ereignisse kann nun wieder im Rekurs auf das Beispiel beleuchtet werden: Die Wahrnehmung menschlichen Elends und sozialer Ungerechtigkeit wird in die Frage nach Gott den Aspekt der Gerechtigkeit und/oder Barmherzigkeit Gottes eintragen (vgl. die erste Beziehung im Schema) und die Wahrnehmung der biblischen Gottesbotschaft in dieser Hinsicht schärfen.[71] In der Auseinandersetzung mit den gesellschaftlichen Realitäten kann so das Gottesbild einen grundlegenden Wandel hin zu mehr Authentizität im biblischen Sinne durchlaufen.[72] Wenn neue/andere Fragen gestellt werden, können sich auch neue Antworten erschließen. So kehrt sich auch im Verhältnis zwischen der Aufmerksamkeit für die äußeren Ereignisse und der Aufmerksamkeit für das Mysterium Gottes die Bewegungsrichtung in konstruktiver und erhellender Weise um: Der Glaube an das Mysterium Gottes wird als Sinn- und Deutehorizont auf die äußeren Ereignisse bezogen und kann so zu einer neuen Sichtweise führen (vgl. die zweite Beziehung im Schema). Dementsprechend wird z.B. die Wahrnehmung der entfremdeten Lebenssituation der Arbeiter einem Kriterium unterstellt, das keine Unverbindlichkeit mehr zuläßt: Im Licht des Glaubens an die personale Zuwendung Gottes zu seinem Geschöpf und an die darin gründende unveräußerliche Würde jedes einzelnen Menschen können menschenunwürdige Lebens- und Arbeitsbedingungen nur als "Skandalon" im eigentlichen Sinne gedeutet wer-

---

[69] Ebd., 285.

[70] Vgl. dazu das von Willi Lambert vorgeschlagene Verständnis des "Examen generale" der Exerzitien (EB 43) als "Gebet der liebenden Aufmerksamkeit" (Lambert, Viertelstunde) sowie die in die gleiche Richtung weisenden Überlegungen bei van Breemen, Gewissenserforschung.

[71] Vgl. Meures, Unterscheidung, 284.

[72] Ein besonders deutliches Paradigma für einen solchen äußerst wirksamen Wandlungsprozeß dürfte in der nachkonziliaren Geschichte der lateinamerikanischen Kirche zu finden sein, wo die Auseinandersetzung mit der gesellschaftlichen Wirklichkeit des Massenelends, der kolonialen Vergangenheit und ihren Nachwirkungen auf den verschiedenen Ebenen christlicher Lebensvollzüge (einzelne, Basisgemeinden, Bischofskonferenzen, wissenschaftlich-theologische Reflexion - um nur einige Schwerpunkte zu nennen), wenngleich nicht ohne Brüche und Widerspruch, zu einer grundlegenden Neuentdeckung des biblischen Gottesbildes geführt hat.

den, dem gegenüber Neutralität nicht möglich ist.[73] Positiv gewendet bedeutet dies: die in der biblischen Botschaft greifbare Option Gottes für die Armen[74] kann mit dem Hoffnungspotential einer in diesem Licht wahrgenommenen Situation auch den Aufruf zu eindeutiger Stellungnahme und solidarischem Handeln, der sich darin artikuliert, erschließen.[75] Wie dieses Handeln dann im konkreten Fall aussehen soll, um dem vernommenen "Anspruch" Gottes "mehr" gerecht zu werden, ist in der auf die Wahrnehmung folgenden situationsbezogenen Unterscheidungsarbeit zu klären.

Explikation: Schritte im Unterscheidungsprozeß

Erst im Spannungsfeld der drei Aufmerksamkeitspole kann sich, wie die voranstehenden Überlegungen zeigen, der Unterscheidungsprozeß entfalten.[76] Indem das komplexe Beziehungsgefüge ins Bewußtsein gehoben wird, gewinnt der/die Übende einen Reflexionsstandpunkt gegenüber den inneren Regungen und damit jene Freiheit, von der her der sittliche Selbstvollzug allererst möglich wird.[77] Mit den Einstiegsfragen "Wo stehe ich?" und "Was bestimmt mich?" tritt das Subjekt in den Unterscheidungsprozeß ein. Dieser Prozeß entfaltet sich im Dreischritt von "Wahrnehmung der Regungen" (Sehen) - "Beurteilung der wahrgenommenen Regungen" (Urteilen) - "Annahme oder Abweisung der beurteilten Regungen" (Entscheidung/Handeln)[78]. Sie sollen hier kurz skizziert werden.[79]

Ist die unvoreingenommene (wertungsfreie) *Wahrnehmung* der verschiedenen Regungen und Kräfte im Innern der erste unverzichtbare Schritt, so kommt sie doch erst ganz zu sich selbst, wenn das Wahrgenommene in einem zweiten Schritt *reflexiv erkannt und in Worte gefaßt* wird. Diese beiden untereinander eng zusammenhängenden Momente der Bewußtwerdung werden in der oben dargestellten Zubereitung des Spannungsfeldes der Aufmerksamkeit realisiert. Sie bilden die Grundlage für eine *differenzierende Analyse* der verschiedenen Kräfte und Regungen.[80] Es sind vor allem die der ersten Woche des Exerzitienprozesses zugeordneten Aspekte der "Selbsterkenntnis durch Begegnung" (mit dem gekreuzig-

---

[73] Vgl. dazu oben Kapitel 5.4.

[74] Vgl. dazu Heimbach-Steins, Option.

[75] Vgl. in diesem Zusammenhang die Überlegungen zur Konstitution eines neuen Werthorizontes im Unterscheidungsprozeß bei Fraling, Hinführung, 169-171.

[76] Vgl. Meures, Unterscheidung, 285.

[77] Vgl. dazu Fraling, Existentialethik, 275-283.

[78] Vgl. Schneider 21. Die Nähe zum Cardijnschen Dreischritt ist offensichtlich.

[79] Vgl. Meures, Unterscheidung, 286-288, der sich hier auf ein unveröffentlichtes Manuskript von Leo Zodrow SJ zur Auslegung der ignatianischen Unterscheidungsregeln bezieht; vgl. auch ders., Gruppenprozeß, 32-36 und die Übersicht über die Schritte des Unterscheidungsprozesses ebd. 44.

[80] Vgl. Meures, Unterscheidung, 287.

ten Herrn) und des darin möglich werdenden "Abbau(s) von Voreingenommenheiten", die zu einer differenzierenden Sichtweise führen.[81] So wird mit der Klärung der inneren Disposition und ihrer Bedingtheiten die eigentliche *Unterscheidung* vorbereitet.[82] Das persönliche Wollen, Tun und Lassen wird so aus der Enge vielfältiger Bedingtheiten befreit, und jede einzelne Situation wird in eine umfassendere lebensgeschichtliche Dynamik und Zielgerichtetheit hineingestellt. Indem sich die verschiedenen Aspekte der Klärung in der beschriebenen Weise zueinanderfügen (nicht notwendig in einer streng chronologischen Abfolge), kann eine *Entscheidung* herbeigeführt werden, die zugleich situationsgerecht und zukunftsträchtig ist. Wie die vorangehenden Schritte wird auch sie dialogisch, als Antwort auf den vernommenen Ruf, gewonnen.[83] In diesem Sinne ist dann auch die sorgfältige Prüfung zu verstehen, der die einmal gefundene Entscheidung dennoch unterzogen werden soll: Der/die Entscheidende muß den "Metastandpunkt" der Aufmerksamkeit für die inneren Regungen beibehalten und fragen: "Finde ich mich bei dieser Entscheidung im Einklang mit mir, mit dem, was Gott von mir will, und mit den äußeren Realitäten? Stellt sich so etwas wie eine nüchterne Zufriedenheit und Zuversicht ein?"[84] Die Bereitung des Aufmerksamkeitsfeldes erweist sich so als grundlegende Voraussetzung, als Disposition, die das "Klima" bestimmt, in dem Unterscheidung der Geister möglich ist. Ignatius nennt diesen letzten Schritt des Prozesses die *Bestätigung* der Entscheidung, die im Gebet Gott angeboten werden soll, damit darin die Stimmigkeit des Ergebnisses in der Erfahrung des "Trostes" erspürt werden kann.[85]

Im Prozeß der Unterscheidung lernt die Person, sich selbst, ihre Motive, deren Herkunft und Wirkungen wahrzunehmen, zu verstehen und prospektiv zu klären; dies geschieht - das ist konstitutiv - im Kontext der die individuelle Wirklichkeit bestimmenden Faktoren von Situation (*äußere Ereignisse*), subjektiver Disposition (*innere Ereignisse*) und Sinnhorizont, in dem aufgrund einer (systematisch) vorgängigen Entscheidung das eigene Leben gedeutet wird (*Mysterium Gottes*). Diese Faktoren gewinnen im Bewußtwerdungs- und Klärungsprozeß der Unterscheidung den Charakter von Polen der Aufmerksamkeit, zwischen denen ein Beziehungsgefüge entdeckt wird und die so zu Eckpunkten der Selbstauslegung des sittlichen Subjekts werden. Insofern das Subjekt in diesem Geschehen ein neues, geklärteres

---

81 Vgl. Fraling, Hinführung, 166-169.

82 Vgl. Meures, Unterscheidung, 287; Fraling, Hinführung, 169-175.

83 Vgl. Fraling, Hinführung, 173.

84 Vgl. Meures, Unterscheidung, 287f.

85 Vgl. ebd., 288. - Für eine ausführlichere Entfaltung des *Prozesses* der Unterscheidung, als sie im gegebenen thematischen Rahmen geleistet werden kann, vgl. u.a. Peter Köster, Entscheidung als geistlicher Prozeß. Entscheidungsfindung aus dem Glauben in Gemeinschaft, in: Ordensnachrichten 31 (1992) H.4 (Sonderreihe Dokumentationen, H.9); ders./Herman Andriessen, Sein Leben ordnen. Anleitung zu den Exerzitien des Ignatius von Loyola, Freiburg 1991; Meures, Ziel; ders.; Gruppenprozeß; Jules Toner, A Method for Communal Discernment of God's Will, in: Studies in the Spirituality of Jesuits 3 (1971) H.4.

Verhältnis zu sich selbst gewinnt, erweist sich der Prozeß der Unterscheidung der Geister als bedeutsamer Schritt der Selbstverwirklichung in Freiheit.[86]

6.2.2 Geistliche Unterscheidung in Gemeinschaft

Entsprechende Prozesse geistlicher Unterscheidung lassen sich unter bestimmten Bedingungen auch auf kollektive Entscheidungs- und Handlungssubjekte anwenden.[87] Sie können für christliche Gruppen und Gemeinschaften einen geeigneten Weg darstellen, in einer gemeinschaftlichen Klärung die "Zeichen der Zeit" zu erkennen und zu deuten und so Handlungsoptionen vorzubereiten oder zu treffen, die von allen mitgetragen werden.[88] Das heißt, bei der geistlichen Unterscheidung in Gemeinschaft geht es um mehr als die Summe individueller Unterscheidungsprozesse; vielmehr "wird die Gruppe selbst das Subjekt des Unterscheidungsaktes"[89]. Ziel des Prozesses kann - je nach dem Gegenstand der Unterscheidung und der Kompetenz der Gruppe - die vorbereitende Beratung einer Entscheidung oder eine Entscheidung über die anstehende Frage selbst sein. Als komplexes kommunitäres Geschehen umschließt die *geistliche Unterscheidung in Gemeinschaft* gemäß dem Sprachgebrauch der Gesellschaft Jesu daher "alles, worüber Ignatius im Prozeß der Wahl spricht, was wiederum identisch ist mit dem Ziel der Exerzitien, wie es zu Beginn des Exerzitienbuches definiert wird: 'Gottes Willen suchen und finden'."[90] Einen besonderen Kontext und Anwendungsbereich der gemeinschaftlichen Unterscheidung akzentuiert die Formel *apostolische Unterscheidung in Gemeinschaft*: Der Zusatz *apostolisch* "weist auf den für den Jesuiten charakteristischen Zusammenhang von gemeinsamer Lebensform und gemeinsamem Engagement für andere sowie auf das Apostolat als den spezifischen Gegenstand der Unterscheidung hin."[91] Dieses besondere Anwendungsfeld muß nicht allein auf die Gesellschaft Jesu beschränkt sein; gerade von der apostolischen Di-

---

86 Vgl. zur anthropologisch-ethischen Komplexität dieses Geschehens Demmer, Norm.

87 In seinem Brief über die "apostolische Unterscheidung in Gemeinschaft" an die ganze Gesellschaft Jesu (1987) nennt Kolvenbach die gemeinschaftliche Unterscheidung "eine echte Anwendung des ignatianischen Charismas der Unterscheidung" (30). Ebenfalls im Hinblick auf die Gesellschaft Jesu plädiert Alphonso für "die absolute Notwendigkeit der *apostolischen Unterscheidung in Gemeinschaft* ... als eine Forderung ..., die sich aus ihrem Charisma schlechterdings ergibt." (91) Dementsprechend hatte auch Pedro Arrupe als Generaloberer in einem Brief an die ganze Gesellschaft (1971) die Apostolische Unterscheidung in Gemeinschaft propagiert, vgl. Arrupe, Unterscheidung.

88 Zu Anwendungsfeldern und bisherigen Erfahrungen mit der geistlichen Unterscheidung in Gemeinschaft vgl. Switek, Gemeinschaft, 61f; Kolvenbach 2-11 (in bezug auf die internen Erfahrungen in der Gesellschaft Jesu).

89 Kolvenbach, 12.

90 Kolvenbach, 12.

91 Hengsbach, Inspiration, 571; vgl. auch Arrupe, 191f; Kolvenbach, 20.

mension der Unterscheidung können vielmehr weiterreichende Impulse auch für die theologische Profilierung christlicher Sozialethik ausgehen, insofern solche Unterscheidungsprozesse Ausdruck und Funktion des "Veränderungs- und Gestaltungswillens einer apostolischen Gemeinschaft sind, die sich von einer Sendung her - nämlich durch Christus - auf die Erwartungen der Menschen hin verwiesen sieht und in diesem Engagement nicht bloß reagiert, sondern selbst initiativ wird".[92]

Beispiele für solche Prozesse gibt es bereits im Neuen Testament. So wäre etwa auf die Nachwahl des Apostels Matthias in den Kreis der Zwölf (Apg 1,15-26) oder an die Beratungen auf dem sog. "Apostelkonzil" (Apg 15,1-35) zu verweisen. Ebenso gehören in diesen Zusammenhang die Aufforderungen zur Unterscheidung und Prüfung, die Paulus nicht nur an einzelne, sondern an seine Gemeinden als ganze richtet (vgl. Phil 1,9f; 2 Kor 13,5; Röm 12,2; 1 Thess 5,21; ferner Eph 5,10).[93] In der ignatianischen Tradition der Unterscheidung der Geister gilt die sog. "Beratung der ersten Gefährten"[94] (*deliberatio primorum patrum*) als Modell der geistlichen Unterscheidung in Gemeinschaft.[95] Dabei handelt es sich um jenen Klärungsprozeß, in dem die erste Gruppe der "Gesellschaft Jesu" über ihre Zukunft entschied. Als die Gefährten zur Erfüllung bestimmter pastoraler Aufträge des Papstes im Begriff waren, sich räumlich voneinander zu trennen[96], war dies der Anlaß, darüber zu beraten, ob und in welcher Weise sie künftig als Gemeinschaft weiter bestehen und ob sie einem unter ihnen Gehorsam geloben sollten.[97] Diese Entscheidung war unter dem für jede Wahl im ignatianischen Sinne grundlegenden Kriterium zu fällen, was *mehr* dem Willen Gottes entspreche. Dementsprechend spiegelt das Dokument "ein intensives Bemühen um Gleichmut, Meditation und Selbstkontrolle, um nüchternes Abwägen des Für und Wider im Gebet, um spirituelle Unterscheidung und Beurteilung der inneren Regungen, um innere und äußere Bestätigung der dann getroffenen Entscheidung."[98]

In dem Unterscheidungsprozeß, dem sich die Gruppe in einer gemeinsamen Anstrengung und insgesamt über einen Zeitraum von etwa drei Monaten hinweg

---

92 Hengsbach, Inspiration, 582. Hengsbach selbst skizziert in der zitierten Publikation eine Möglichkeit, die apostolische Unterscheidung in Gemeinschaft für die innere Erneuerung und das "aggiornamento" der katholischen Sozialverbände fruchtbar zu machen.

93 Vgl. Lambert, Gemeinsam, 8f; Büchele, Suche, 246.

94 Vgl. EB 829-850 (lateinischer Text: MHSJ, Mon Ign., s.3, t.1 Monumenta Constitutionum praevia, 1-7). - Aus diesem lange vergessenen und erst in den 30er Jahren wieder bekannt gemachten Text wurde im Zuge der Erneuerungen nach dem Zweiten Vatikanum die darin dokumentierte Methode der Unterscheidung "formal herausgelöst und unter dem Namen 'Deliberatio communitaria' (Gemeinschaftliche Beratung und Entscheidung) bzw. 'Discretio communitaria' (Geistliche Unterscheidung in Gemeinschaft) praktiziert." (Switek, Gemeinschaft, 155; vgl. Hengsbach, Inspiration, 570)

95 Vgl. Meures, Beratung, 19.

96 Vgl. dazu Ravier, 32-35.105-108.

97 Vgl. dazu im einzelnen: Ravier, 86-104; Alphonso.

98 Hengsbach, Inspiration, 570.

unterwarf, lassen sich einige grundlegende Aspekte klären, die für das Verständnis jeder geistlichen Unterscheidung in Gemeinschaft unerläßlich sind: Dies ist zunächst die gemeinsame Ausrichtung auf das Finden des Willens Gottes in der zur Entscheidung anstehenden Frage. Darin liegt die für den gesamten Prozeß entscheidende Basis, insofern es um ein *geistliches* Geschehen geht, in dem die Kommunikation der Teilnehmenden untereinander getragen und begleitet ist von der Kommunikation jedes und jeder einzelnen mit Gott in Gebet und Betrachtung.[99] Dies setzt bestimmte Vorbedingungen bei den Teilnehmern und Teilnehmerinnen des Prozesses voraus.[100] Insbesondere muß sich jede/r einzelne um die Haltung der Indifferenz bemühen, die zudem aber auch die Gruppe als ganze prägen soll, damit eine unvoreingenommene und vorurteilsfreie Unterscheidung möglich ist.[101]

Dem Willen zum gemeinsamen Ziel steht aber in der Regel - und so auch am Ausgangspunkt der *deliberatio primorum patrum* - Pluralität bzw. Dissens über die Mittel zur Erreichung des Ziel gegenüber. Während der Konsens in der Zielorientierung, mithin eine gemeinsame, dem Unterscheidungsprozeß zugrundeliegende Vorentscheidung unverzichtbare Voraussetzung des Gelingens ist, macht erst die Disparatheit der Vorstellungen über die Mittel, die dazu eingesetzt werden sollen, den folgenden Prozeß nötig.[102] Gerade die Ausgangssituation einer Pluralität in sich berechtigter Meinungen und Optionen, die es in dem folgenden

---

99 In der *deliberatio primorum patrum* wird dieser Wechsel von individuellem Gebet und gemeinsamer Beratung schon für die erste Phase des Prozesses festgehalten: "Wir begannen also, unsere menschlichen Anstrengungen einzusetzen und unter uns einige Probleme vorzulegen, die sorgfältiger und reifer Überlegung und Vorsorge wert waren. Wir pflegten während des Tages über sie nachzudenken und uns zu besinnen und auch durch Gebete nachzuforschen. Und in der Nacht legte ein jeder vor, was er als richtiger und empfehlenswerter beurteilt hatte, damit alle gemeinsam die am meisten wahre und mit den Stimmen der Mehrheit und den wirksameren Gründen erforschte und bewährte Auffassung annähmen." (EB 832)

100 Für das Gelingen einer gemeinschaftlichen Unterscheidung müssen zunächst all jene Voraussetzungen erfüllt sein, die auch für die individuell vollzogene Wahl gelten, vgl. Kolvenbach, 13. - Die darüber hinaus gehende besondere Herausforderung liegt in der Transformation des individuellen Geschehens auf ein kollektives Subjekt. Im Hinblick auf die bisherige Entwicklung und Anwendung der apostolischen Unterscheidung in Gemeinschaft kritisiert Hengsbach die Dominanz des Modells der individuellen Exerzitienpraxis, was auf die auch geschichtlich bedingten Schwierigkeiten mit dieser notwendigen Transformation hindeutet: "Die vorherrschende Großwetterlage des neuzeitlichen Subjektivismus, des christlich überformten Personalismus und des nach den Weltkriegen verbreiteten Existentialismus hat in der gemeinsamen Unterscheidung aus dem Glauben unverwechselbare Spuren hinterlassen. Sie hat bewirkt, daß der individuellen Reflexion und dem persönlichen Gebet vor dem Dialog und dem gemeinsamen Gebet regelmäßig der Vorrang eingeräumt wird." (Inspiration, 578)

101 Vgl. Büchele, Suche, 249-253. - Zu den Voraussetzungen eines gelingenden Unterscheidungsprozesses bei den einzelnen und der Gruppe vgl. Kolvenbach, 25-28; Meures, Ziel, 30-36; ders., Gruppenprozeß; Büchele, Suche, 248-253.

102 "... es bestand für uns alle ein einziger und gemeinsamer Sinn und Wille, nämlich Gottes wohlgefälligen und vollkommenen Willen zu suchen gemäß dem Ziel unserer Berufung; doch in bezug auf die empfehlenswerteren und fruchtbareren Mittel sowohl für uns wie für unsere übrigen Nächsten bestand eine gewisse Vielheit der Auffassungen." (EB 830)

Unterscheidungsprozeß in gegenseitiger Offenheit, aber mit dem Ziel eines echten Konsenses zu bearbeiten gilt, läßt die Methode für gemeinschaftliche Entscheidungssituationen auch unter modernen Bedingungen interessant erscheinen und nach Möglichkeiten der "Übersetzung" fragen.[103] Dabei ist gleichwohl zu beachten, daß dieses kommunikative Verfahren sich von seiner Grundlage und Zielsetzung her von einem demokratischen Abstimmungsverfahren insofern unterscheidet, als es idealiter nicht auf einen pragmatischen Mehrheitsentscheid, sondern auf Einstimmigkeit bzw. auf echten Konsens ausgelegt ist.[104] Das Vertrauen auf die Möglichkeit des Konsenses gründet dabei in der gemeinsamen Ausrichtung auf den Sinnhorizont des Glaubens, näherhin in der Erwartung, daß der auf das Finden des Willens Gottes gerichtete Prozeß unter der Führung des Heiligen Geistes steht; deshalb ist es unerläßlich, daß der Prozeß durch Phasen des Gebetes und der Meditation strukturiert ist, in denen die einzelnen und die Gruppe als ganze sich je neu der "Richtung" der gemeinsamen Beratungen vergewissern.

Weiterhin ist festzuhalten, daß die geistliche Unterscheidung der "empfehlenswerteren und fruchtbareren Mittel"[105] eine normative Handlungsorientierung nicht ersetzt, sondern bereits voraussetzt[106], ebenso wie in der Wahl des einzelnen im Exerzitienprozeß immer schon vorausgesetzt ist, daß die Wahlgegenstände im Bereich der allgemeinen Vorgaben des Glaubens und der Moral liegen. Eine gemeinschaftliche Unterscheidung hat also ihren "Sitz im Leben" dort, wo sich im Rahmen allgemeiner normativer Orientierungen Handlungs*alternativen* anbieten und es darum geht, die Ebene normativer Verbindlichkeiten auf eine konkrete Option im Sinne des situativ "je Besseren" gemäß dem Willen Gottes hin zu überschreiten.

Dieses "je Bessere" herauszufinden, ist dabei nicht nur Sache rationalen Abwägens, sondern schließt ebenso ein, sorgfältig auf die inneren "Regungen", Stimmungen und Gefühle zu achten, die sich angesichts der möglichen Alternativen bei den einzelnen und der Gruppe insgesamt einstellen. Im Unterscheidungsprozeß spielen daher neben den rationalen Argumenten auch emotionale Signale eine wichtige Rolle.[107] Ein faires und ganzheitliches Verfahren erfordert daher ein ho-

---

[103] Vgl. dazu Büchele, Suche, 244; Kolvenbach, 19.

[104] Das schließt nicht aus, daß man sich in bestimmten Unterscheidungsprozessen auf das Mehrheitsprinzip einigt, wie es etwa auch in der Anfangsphase der *deliberatio primorum patrum* geschah (vgl. EB 832); doch auch dann sind Vorkehrungen zu treffen, daß Minderheitenvoten nicht völlig unberücksichtigt bleiben, vgl. Meures, Ziel, 46. - Vgl. zu dem hier anklingenden grundlegenden Fragenkomplex zur Verhältnisbestimmung von Kirche und Demokratie: Giuseppe Alberigo, Ekklesiologie und Demokratie. Konvergenzen und Divergenzen, in: Conc 28 (1992) 362-370.

[105] S.o. Anm. 101.

[106] Büchele, Suche, 245 spricht in dem Zusammenhang von der Ergänzung der "essentialen" durch eine "existentielle" Prüfungsmethode (vgl. auch ders., Glaube, 188).

[107] Insofern scheint mir die von Hengsbach vorgebrachte Kritik, das Konzept der apostolischen Unterscheidung in Gemeinschaft sei einseitig und idealistisch an dem Modell argumentativer Verständigung ausgerichtet, nicht ganz gerechtfertigt. Hengsbach stellt dabei interessante Bezüge zur Gerechtigkeitstheorie von John Rawls, näherhin zu dessen Modell einer idealen Entscheidungssituation unter dem "Schleier des Nichtwissens", und zu Habermas' Modell des herrschaftsfreien

hes Maß an menschlicher Reife bei allen Teilnehmenden und wird nur in überschaubaren Gruppen mit einigermaßen geklärten menschlichen Beziehungen fruchtbar angewandt werden können.[108]

Bereits das Modell der *deliberatio primorum patrum* zeigt, daß es für eine solche gemeinschaftliche geistliche Unterscheidung keine einheitliche Vorgehensweise gibt. Je nach Schwierigkeit der Fragestellung (des Wahlgegenstandes), nach Zusammensetzung und Befindlichkeit der Gruppe, nach den Rahmenbedingungen (Zeit, Kompetenz) etc. können solche Prozesse unterschiedliche Gestalt annehmen.[109] Ignatius selbst und seine Gefährten haben in der Beratung über ihre gemeinsame Zukunft die Erfahrung gemacht, daß auch der Prozeß selbst in hohem Maße flexibel und situativ angepaßt gestaltet werden muß.[110] In der Frage nach dem Zusammenschluß der Gefährten kamen sie mit der Methode, die im Gebet bedachten möglichen Alternativen im gemeinsamen Abwägen zu beurteilen, rasch zu einem Ziel, von dem sie annehmen konnten, daß es dem Willen Gottes mehr entspreche als die erwogene Alternative. Entscheidende Einsicht erlangten sie dabei aus der Rückschau auf die gemeinsame Geschichte, in der sie die Führung Gottes erkannten, so daß ihnen in der Entscheidung, dieser Geschichte treu zu bleiben, der Wille Gottes aufschien.[111] In der zweiten Frage jedoch, ob sie unter

---

Diskurses her. Diese Bezüge wären einer eingehenderen Prüfung wert. - Jedoch scheint mir, daß von den genannten gesellschaftstheoretischen Modellen, die tatsächlich "am Ideal einer argumentativen Verständigung" orientiert sind, (kritische) Erwartungen an die gemeinsame Unterscheidung herangetragen werden, die von dem ignatianischen Konzept - und Hengsbach bezieht sich auf das Konzept, nicht etwa auf eventuell verengte Formen der Anwendung - selbst nicht gedeckt sind. Vgl. Hengsbach, Inspiration, 579.

108 Dies wird von den Interpreten und Befürwortern des Konzepts immer wieder hervorgehoben, vgl. Arrupe, Unterscheidung, 188f; Meures, Ziel, 32-36; Kolvenbach, insb. 25-28; vgl. auch Zwiefelhofer, 668f.

109 Vgl. Meures, Ziel, 29. - Mit dem Stichwort "Kompetenz" ist dabei ein besonders heikles Spannungsfeld angesprochen. In den ordensinternen Überlegungen wird immer wieder hervorgehoben, daß die apostolische Unterscheidung in Gemeinschaft in der Regel ein *Beratungs*prozeß sei, insofern die *Entscheidungs*kompetenz dem Oberen obliege (vgl. Arrupe, Unterscheidung, 189; Kolvenbach 5.9f.12f). - Von diesem Anwendungsbereich, der hier nicht zu diskutieren ist, einmal abgesehen, wird sich das Problem der Kompetenz jedoch auch in vielen anderen Zusammenhängen stellen. Es ist im Zusammenhang mit den potentiellen Gegenständen der Beratung bzw. Entscheidung für jeden Unterscheidungsprozeß im vorhinein unbedingt zu klären. Generell ist dem Votum Friedhelm Hengsbachs zuzustimmen, wenn er fordert: "Unbeschadet dieser Eigenart der apostolischen Unterscheidung im Jesuitenorden ist in den kirchlichen Verbänden und Gemeinschaften die Entscheidungskompetenz der Gruppe zu gewährleisten. ... Eine apostolische Unterscheidung in Gemeinschaft, deren Ergebnis durch einen angeblichen Gewissensentscheid der Gruppenleitung aufgehoben würde, müßte das kommunitäre Entscheidungsverfahren desavouieren und zur Farce werden lassen." (Inspiration, 580)

110 Lambert, Gemeinsam, 17 weist in diesem Zusammenhang auf das Bonmot hin, demzufolge die Abkürzung "S.J." für "System-Jenachdem" stehe. Darin ist die für Ignatius typische Situationsbezogenheit und Korrekturoffenheit (nicht Unverbindlichkeit!) der Suche nach dem Willen Gottes treffend zum Ausdruck gebracht.

111 "In der ersten Nacht, in der wir zusammenkamen, wurde dieses Problem vorgelegt: Ob es, nachdem wir uns und unser Leben Christus, dem Herrn, und seinem wirklichen und rechtmäßigen

sich einen Oberen bestimmen und ihm Gehorsam geloben sollten[112], half ihnen die zuvor geübte, einfache Vorgehensweise nicht weiter. Deshalb mußte zunächst über die fortan zu wählende Methode beraten werden, wobei einerseits über die Gestaltung einer Reflexionsphase nachgedacht, andererseits verschiedene Möglichkeiten einer intensivierten und differenzierten Betrachtung des Problems erwogen wurden, ähnlich den Alternativen, die Ignatius dem Exerzitanden für die dritte Wahlzeit vorschlägt.[113] Ergebnis dieser Metareflexion war ein differenzierterer Unterscheidungsprozeß, in dem das Für und Wider der zu verhandelnden Frage in ihren einzelnen Aspekten sorgfältig von einander getrennt und in der Haltung der Indifferenz von allen erwogen und diskutiert werden konnte. Das kraft- und zeitaufwendige Verfahren führte die Teilnehmenden schließlich zu einer einmütigen Entscheidung.[114] Ein solches Ergebnis ist zweifellos der Idealfall der geistlichen Un-

---

Stellvertreter auf Erden angeboten und geweiht hatten, damit er über uns verfüge und uns dorthin sende, wo er urteilt, wir könnten mehr Frucht bringen...; ob es sich also empfehle, daß wir so unter uns in einem Leib verbunden und vereint seien, daß uns keine noch so große leibliche Entfernung trennt, oder ob es sich vielleicht nicht so empfehle. ... Schließlich entschieden wir positiv, nämlich: nachdem der gütigste und liebevollste Herr sich gewürdigt hat, uns so schwache Menschen und die wir aus so verschiedenen Gegenden und Sitten stammen, miteinander zu einigen und zu versammeln, daß wir die Einigung Gottes nicht spalten dürften, sondern eher von Tag zu Tag bestätigen und festigen müßten. ... Doch in alldem, was genannt wurde oder noch genannt werden wird, wollen wir so verstanden werden, daß wir überhaupt nichts aus unserem eigenen Geist und Kopf behaupten, sondern nur, was auch immer es sei, was der Herr eingibt und der Apostolische Stuhl bestätigt und billigt." (EB 833.834)

112 Vgl. EB 835.

113 Vgl. EB 840-843. - Zunächst wurde über den "äußeren Rahmen ihrer Vorgehensweise" beraten, wobei sie drei Möglichkeiten in Betracht zogen: (1) Alle Beteiligten zögen sich für 30-40 Tage zu Besinnung, Fasten und Buße in die Einsamkeit zurück; (2) nur drei oder vier aus der Gruppe gingen zu diesem Zweck in die Einsamkeit; (3) Alle blieben bei ihrem aktuellen pastoralen Einsatz und widmeten sich während einer Hälfte des Tages der Besinnung und dem Gebet (vgl. EB 836). - Sie wählten die dritte Möglichkeit, um Aufsehen zu vermeiden und ihre bisherige apostolische Arbeit nicht aufs Spiel zu setzen (vgl. EB 837-839). - Eine zweite Überlegung galt der inneren Vorbereitung jedes einzelnen auf die gemeinsame Unterscheidung, wofür sie sich drei "Sinnesbereitungen" auferlegten: (1) Jeder solle sich soweit wie möglich der unbequemeren Lösung, d.h. dem Gehorsamsgelübde, zuneigen, um so die nötige Indifferenz zu gewinnen (vgl. EB 841). (2) Keiner solle mit einem anderen über seine "Gründe" sprechen, damit jeder nur seine eigenen Motive vorbringe und nicht von anderen beeinflußt sei (vgl. EB 842). (3) Jeder soll sich in die Rolle eines "Fremden", Außenstehenden versetzen und aus dieser Position argumentieren, um sich nicht von gegenseitigen Beziehungen innerhalb der Gruppe lenken zu lassen (vgl. EB 843). - Vgl. zum Ganzen Meures, Ziel, 27f.

114 "Nachdem wir also viele Tage vieles hierhin und dorthin bezüglich der Lösung des Problems erörtert hatten, indem wir die gewichtigeren und wirksameren Gründe erwogen und prüften, wobei wir den gewohnten Übungen des Gebets, der Betrachtung und der Erwägung oblagen, haben wir schließlich, wobei Gott uns Hilfe gewährte, nicht nur nach der Mehrheit der Stimmen, sondern überhaupt ohne Gegenstimme beschlossen: Es empfehle sich mehr für uns und sei notwendiger, einem von uns Gehorsam zu leisten, damit wir besser und genauer unser ursprüngliches Verlangen ausführen könnten, in allem den göttlichen Willen zu erfüllen, und damit die Gesellschaft sicherer erhalten werde, und schließlich, damit in den vorkommenden einzelnen sowohl geistlichen wie weltlichen Angelegenheiten geziemend Vorsorge getroffen werden könnte." (EB 849)

terscheidung in Gemeinschaft, insofern die Einmütigkeit der Gruppe, der echte Konsens, der in jenem Wechsel von zwischenmenschlicher und göttlich-menschlicher Kommunikation gefunden wird, ein zentrales Kriterium der Übereinstimmung mit dem Willen Gottes und mithin das Pendant zur Trosterfahrung des Exerzitanden nach der Wahl darstellt.[115]

6.3. Sozialethische Transformationen

Nachdem das Konzept der geistlichen/apostolischen Unterscheidung in Gemeinschaft ausgehend von dem historischen Modell der *deliberatio primorum patrum* und im Hinblick auf die daraus gewonnene, dem individuellen Unterscheidungsprozeß analoge Methode skizziert worden ist, kann nun nach Übertragbarkeit und Ertrag im sozialethischen Kontext gefragt werden.

6.3.1 Partizipation und Pluralismus

Das Konzept gemeinschaftlicher Unterscheidung bietet ein vielgestaltig anwendbares, *partizipatives Entscheidungsverfahren*.[116] Unabhängig von den speziellen Voraussetzungen, die zu seinem Gelingen erfüllt sein müssen, kommt es damit in mehrfacher Hinsicht den Maßstäben und Bedingungen entgegen, unter denen christliche Sozialethik gegenwärtig steht: Ein solches Verfahren entspricht der Würde der Person, insofern die von einer anstehenden, das Handeln und die Existenz einer Gemeinschaft bestimmenden Entscheidung Betroffenen nicht passive Empfänger einer Weisung sind, sondern selbst zur Mitgestaltung eines Entscheidungsfindungsprozesses aufgefordert sind. Eine solche Vorgehensweise trägt den Grundprinzipien, denen sich eine christliche Sozialethik verpflichtet weiß, in eminenter Weise Rechnung: Im Subjekt der Unterscheidung kommt die Achtung der Person bestmöglich zur Geltung, insofern jede Stimme gehört wird und die Gruppe sich in einem umfassenden kommunikativen Prozeß, in dem auf einen für alle mitvollziehbaren Konsens hingearbeitet wird, zum Entscheidungsträger entwickelt. Insofern Unterscheidung und Entscheidung auf das Ganze der Gruppe und auf ihr nach außen gerichtetes apostolisches Handeln hin orientiert

[115] "Was bei einer Einzelperson die innere Stimmigkeit ist, das ist in einer Gruppe die Einmütigkeit. Nach Möglichkeit soll der Entscheidungsprozeß so lange dauern, bis alle mit innerem 'Trost' zustimmen können." Vgl. Meures, Gruppenprozeß, 42f, Zitat: 43. - Zur Einmütigkeit als Prinzip der kommunikativen Konsensfindung in der Kirche vgl. Kehl, Kirche, 149-151.

[116] Vgl. Hengsbach, Inspiration, 581.

sind, steht die Achtung der Person in einem unauflösbaren Wechselverhältnis mit der Verpflichtung zum Gemeinwohl.

Das partizipativ-induktive Verfahren entspricht zudem den komplexen Strukturen, in denen sittlich relevante Entscheidungen im Kontext moderner Gesellschaften gefällt werden müssen. Der Überforderung durch Überkomplexität und Undurchschaubarkeit gesellschaftlicher und wirtschaftlicher Makrostrukturen[117] stellt es die Möglichkeit gesellschaftsrelevanter Entscheidungsstrukturen in überschaubaren Gruppen gegenüber. Damit soll nicht behauptet werden, ein solches Verfahren könne komplexe makrostrukturelle Prozesse generell ersetzen. Aber gerade weil in bestimmten Problemzusammenhängen eine Reduktion nicht möglich sein wird, ist es um so wichtiger, überall dort, wo Basisstrukturen verantwortliche und kreative Träger von Unterscheidungs- und Entscheidungsprozessen sein können, diese zu aktivieren, um der Tendenz zu Zentralisierung und Spezialisierung von Entscheidungen entgegenzuwirken und ein Höchstmaß an Transparenz und Partizipation zu sichern. Erfahrungskompetenz ist fruchtbar zu machen und einerseits als *Ausgangsbasis* für den Erwerb spezifischer Sachkompetenz zu nutzen, um auch von der Basis her zu Situationsbeschreibungen und -analysen zu kommen, die zur Grundlage neuer Handlungsorientierungen werden können[118]; dabei ist "die Analyse gesellschaftlicher Wirklichkeit der einzige Weg, um die handlungslähmende Komplexität zu überwinden, die strukturformende und strukturerhaltende Rationalität gesellschaftlicher Tatbestände und Prozesse aufzudecken und Ansätze zur Veränderung erkennbar zu machen"[119]. Deshalb müssen die "vor Ort" Erfahrenen andererseits auch als *Zielpunkt* sachkompetenter wissenschaftlicher Analyse einbezogen werden, insofern sie eine genuine Kompetenz besitzen, konkrete situationsbezogene Lösungen zu entwerfen, die eben nicht schon mit der Analyse einer Situation geliefert werden können.[120]

---

[117] Henriot/Holland, 17 weisen darauf hin, wie die Erfahrung wachsender Komplexität der gesellschaftlichen Strukturen und Zusammenhänge zum Gefühl der Ohnmacht und dementsprechend zu einer fatalistischen Haltung führen kann, die jede Anstrengung zur Analyse paralysiert; die Verfasser beziehen sich auf eine Formulierung von Martin Luther King jr., der einen solchen Zustand als "paralysis of analysis" beschreibt. - Den hier anklingenden zivilisationskritischen Impetus nehmen Henriot und Holland als Ausgangspunkt ihres Konzepts einer auf kreative Veränderung der Gesellschaft offenen und im christlichen Glauben verwurzelten Gesellschaftsanalyse. (Vgl. dazu unten Abschnitt 6.3.1).

[118] Exemplarisch ist für das Gemeinte auf das Beispiel zum Beziehungsgefüge der Aufmerksamkeitspole bei Madeleine Delbrêl zurückzuverweisen, vgl. oben Abschnitt 6.2.1 (Konkretion).

[119] Zwiefelhofer, 665.

[120] Henriot/Holland warnen davor, die zwar unerläßliche wissenschaftliche Analyse durch "Experten" zu überschätzen und dabei die ebenso unverzichtbare, situativ gewonnene und rückgebundene Erfahrungskompetenz außer acht zu lassen oder zu marginalisieren: "However, 'experts'are useful only in so far as they expose the wider context of the situation and train local people in the use of analytical tools. Ultimately, it is the local people who must offer specific approaches to social problems and concrete steps toward their resolution. These people are the only ones who have experienced the particular situation; their expertise in designing solutions should always be respected." (16)

Damit wird zugleich ein Verfahrensmodell anvisiert, das nicht nur theoretisch, sondern praktisch dazu beitragen kann, situationsbezogen und konkret den faktischen Pluralismus in Gesellschaft und Kirche einzuholen. Gerade im kirchlichen Kontext wäre hier der verbreiteten Angst davor, die Pluralität von Meinungen und Möglichkeiten christlich-sozialen Handelns zuzulassen, wirkungsvoll zu begegnen. Ein Konzept, das die gemeinsame Suche nach Konsens in bestimmten kommunitären und situativen Zusammenhängen im Sinnhorizont des Glaubens und im Vertrauen auf das Wirken des Geistes gestalten hilft, könnte der Sorge um die vermeintlich einheitsgefährdende Wirkung des Pluralismus praktisch begegnen. Dabei muß es darum gehen, "kommunikative Sozialmilieus" aufzubauen, die nicht als "Fluchtburgen" verbarrikadiert, sondern vielmehr offen und durchlässig sind auf die moderne Gesellschaft hin, mit der die Kirche in einer "Schicksalsgemeinschaft" und in gemeinsamer Verantwortung steht.[121] Zugleich aber schaffen sie Raum für eine "größere Vielfalt an Glaubenswegen" und eröffnen als "Orte authentischer Glaubenserfahrung" gerade so Möglichkeiten, das prophetisch-kritische Potential des Glaubens in die Gesellschaft einzuspielen.[122]

Alle diese Aspekte stützen die Vermutung, daß ein Verfahren gemeinschaftlicher Unterscheidung, wie es aus dem ignatianischen Konzept extrapoliert werden kann, den im ersten Kapitel der Studie zitierten Grundsätzen des Apostolischen Schreibens "Octogesima adveniens" genau entspricht. Indem dort den "einzelnen christlichen Gemeinschaften" die Aufgabe der Unterscheidung zugewiesen wird[123], plädiert das Schreiben für ein partizipatives[124], basisorientiertes[125] und pluralistisches[126] Modell, das sich - ähnlich wie es in der apostolischen Unterscheidung in Gemeinschaft vorausgesetzt ist, an bestimmten, aus der gemeinsamen Fundierung im christlich-kirchlichen Kontext erwachsenden Kriterien orientiert. Entsprechend dem hermeneutischen Prinzip des Konzils, die "Zeichen der Zeit" zu deuten, werden die "einzelnen christlichen Gemeinschaften" aufgefordert, zunächst eine ge-

---

[121] Kehl, Kirche 199-201.

[122] Ebd., 202-208 (und zum theoretischen Hintergrund: 132-159). - Kehl distanziert sich ausdrücklich von einer Bestimmung des Verhältnisses Kirche-Gesellschaft nach dem Kontrastmodell, ohne gleichwohl eine notwendige kritisch-kontrastive *Funktion* von Kirche in der Gesellschaft und für sie zu negieren: Der Begriff "Kontrastgesellschaft" sei "zu sehr an der vergangenen soziologischen Situation der Urkirche orientiert und von daher nicht besonders geeignet (...), die Stellung der Kirche in einer nachchristlichen, aus dem Christentum hervorgegangenen, mit ihm auf vielfache Weise verbundenen und von ihm noch immer geprägten Kultur zu beschreiben. ... Darum möchte ich den unverzichtbaren Kontrast, den die Kirche gerade in der Moderne darstellen muß, nur im größeren *Rahmen* einer solidarischen Kommunikation mit ihr ansetzen." (Kehl, 204; Hervorhebung im Original)

[123] OA 4; der Text ist zitiert im ersten Kapitel, Anm. 37.

[124] Vgl. bes. OA 24.47.

[125] Vgl. OA 4.

[126] Vgl. v.a. OA 46.50; im Gesamtduktus des Schreibens konvergieren die genannten, auf die innerkirchliche Kommunkiation bezogenen Aspekte mit der Option für eine fundamentaldemokratische Gesellschaftsgestaltung, vgl. dazu Nell-Breuning, Soziallehre, 191f.202.

naue Situationsanalyse vorzunehmen. Diese Kompetenzzuweisung impliziert zugleich eine Aussage über die Selbstbeschränkung des päpstlichen sozialen Lehramtes hinsichtlich der Kompetenz zur Analyse und Beurteilung der global verschiedenen Kontexte christlich-sozialen Handelns. Dies kommt einem Plädoyer für die Legitimität und Notwendigkeit eines innerkirchlichen Pluralismus und eines hohen Maßes an Eigenständigkeit der Ortskirchen gleich und ist damit ein programmatischer Ansatzpunkt für die Realisierung des Subsidiaritätsprinzips in der Kirche.[127]

Mit dem Licht des Evangeliums und im Rückgriff auf "die in jahrhundertelanger christlicher Übung erworbene Erfahrung" sollen sie die Situation deuten und der "Soziallehre der Kirche Grundsätze für die Denkweise, Normen für die Urteilsbildung und Direktiven für die Praxis entnehmen".[128] Der Verweis auf die "Soziallehre der Kirche" bedeutet keineswegs eine Reduktion der Aufgabe der christlichen Gemeinschaften auf bloße Anwendung eines bestehenden Normsystems. Vielmehr, das geht aus dem Dokument als ganzem deutlich hervor, geht es um eine kreative, situationsgerechte Fortentwicklung im Handeln, das freilich am Evangelium und den geschichtlichen Erfahrungen gelebter Christlichkeit, wozu auch die Soziallehre der Kirche gehört, eine normative Orientierungsgröße hat.[129]

Daß es bei dieser Herausforderung der Kreativität gelebten Glaubens um ein echt apostolisches Anliegen geht, wird daran deutlich, daß es auf "die Bekehrung der Menschen und die Vervollkommnung ihres Gemeinschaftslebens" ausgelegt wird.[130] Der Aufgabenstellung, eine sach- und situationsgerechte Lösung im Horizont der geschichtlichen Dynamik des christlichen Glaubens zu finden, soll in einem dialogischen, vom "Beistand des Heiligen Geistes" unterfangenen Prozeß entsprochen werden.[131] Subjekt der Unterscheidung sind die einzelnen christlichen Gemeinschaften, die an ihrem jeweiligen Ort Kirche sind. Unterstützung erfahren sie dabei durch die übergreifende Verbindung mit der Gesamtkirche, nämlich "in

---

[127] Die Anwendbarkeit des Subsidiaritätsprinzips in der Kirche wird insbesondere unter zwei Aspekten diskutiert: Einerseits wird argumentiert, die Anwendung des Subsidiaritätsprinzips widerspreche dem Geheimnischarakter der Kirche; zum anderen wird ein Widerspruch zur bzw. eine Gefährdung der communio-Ekklesiologie vermutet; vgl. zu dieser Debatte den erhellenden Artikel von Walter Kasper, Der Geheimnischarakter hebt den Sozialcharakter nicht auf. Zur Geltung des Subsidiaritätsprinzips in der Kirche, in: HerKorr 41 (1987) 232-236; ferner: Oswald von Nell-Breuning, Subsidiarität in der Kirche, in: StZ 111 (1986) 147-157; Franz Furger, Subsidiaritätsprinzip - Gestaltungsprinzip nur für die weltliche Gesellschaft oder auch für die Kirche?, in: Klemens Richter (Hg.), Das Konzil war erst der Anfang. Die Bedeutung des II. Vatikanums für Theologie und Kirche, Mainz 1991, 159-168; Kurt Koch, Christliche Sozialethik und Ekklesiologie - eine wechselseitige Herausforderung, in: JCSW 32 (1991) 155-178, 171f.

[128] OA 4.

[129] Hier kann verdeutlichend auf das von Madeleine Delbrêl propagierte Verständnis eines erfinderischen Gehorsams zurückverwiesen werden. - Zur dialektischen bzw. dialogischen Struktur der Kirche als "kommunikativer Einheit der Glaubenden" vgl. Kehl, Kirche 147-159.

[130] OA 4.

[131] Ebd.

Verbundenheit" mit den Ortsbischöfen und in der Kommunikation mit anderen Christen und christlichen Gemeinschaften sowie mit "allen Menschen guten Willens".[132] Das Prinzip der Katholizität wird somit auf die Wahrnehmung der gesellschaftlichen Verantwortung angewandt und beinhaltet noch einmal ein Plädoyer für eine Öffnung der Kirche bzw. ihrer einzelnen Gemeinschaften über den eigenen Binnenraum hinaus auf den Dialog und die solidarische Zusammenarbeit mit "allen Menschen guten Willens".

Objekt der Unterscheidung sind jene Handlungsoptionen und ihre Konkretionen, die in einer bestimmten Situation getroffen werden müssen, um der Vervollkommnung des Gemeinschaftslebens zu dienen, mithin menschlichere und gerechtere Strukturen und Bedingungen des Zusammenlebens herbeizuführen. Denn der Prozeß der Unterscheidung ist theologisch nichts anderes als "die Suche nach konkreten historischen und politischen Vermittlungen, in denen sich das Reich Gottes, der Wille Gottes 'inkarniert'."[133] Die Durchführung solcher Unterscheidungsprozesse verlangt nun aber eine Weiterentwicklung und Transformation der bisher besprochenen Methodik im Hinblick auf die Klärung gesellschaftlicher Handlungszusammenhänge.

6.3.2 Gesellschaftsanalyse

Unter ausdrücklicher Bezugsnahme auf den von Joseph Cardijn für die christliche Arbeiterjugend entwickelten methodischen Dreischritt Sehen - Urteilen - Handeln sowie auf die Aussage von "Octogesima adveniens" über die Kompetenz der einzelnen christlichen Gemeinschaften zur Klärung der jeweils geeigneten Wege und Mittel im Einsatz für Gerechtigkeit haben der amerikanische Jesuit Peter Henriot und sein Mitarbeiter Joe Holland ein Verfahren der Gesellschaftsanalyse (*social analysis*) als Instrument zur Verbindung von "Glaube und Gerechtigkeit" entwikkelt.[134]

Als Impuls zu ihrem Vorschlag beziehen sich die Verfasser auf die 32. Generalkongregation der Gesellschaft Jesu (1975), die das Engagement für "Glaube und Gerechtigkeit" als fundamentale apostolische Option des Ordens verabschiedet und in diesem Zusammenhang ausdrücklich auf der Unverzichtbarkeit einer sorgfältigen Gesellschaftsanalyse als Voraussetzung und Bestandteil der apostolischen Unterscheidung insistiert hat.[135] Diesem Aufruf zum Handeln entsprechend verstehen sie die Gesellschaftsanalyse als Anwendung und Ausweitung der Un-

---

[132] Ebd. - Vgl. dazu Antoncich/Munarriz, 40-42.
[133] Zwiefelhofer, 668. Zum dialektischen Charakter dieses Prozesses vgl. den folgenden Abschnitt.
[134] Henriot/Holland; zum Bezug auf Cardijn: 10f; auf OA 4: 11; ein Zitat aus dem Abschnitt ist der Studie als Motto vorangestellt. - Vgl. auch Hengsbach, Inspiration, 569.
[135] Vgl. Henriot/Holland, 12; Zwiefelhofer, 658-662.

terscheidung auf der gesellschaftlichen Ebene. Analog zur Rezeption psychoanalytischer Einsichten im Kontext der Gestaltung und Begleitung individueller Unterscheidungsprozesse postulieren sie deshalb, die Erkenntnisse der Sozialwissenschaften seien für diese korporativen Unterscheidungsprozesse - und mithin für die Erfüllung der apostolischen Sendung der Kirche - fruchtbar zu machen.[136]

Sie stellen ihren Vorschlag in den Horizont einer umfassenden Zivilisations- und Kulturkritik, in der sie das Ungenügen "linker" wie "rechter" Gesellschaftskritik aufzeigen und, indem sie beide hinter sich lassen wollen[137], sich nicht zuletzt mit den auf das Ideal einer "Zivilisation der Liebe" konvergierenden sozialethischen Anliegen Papst Johannes Pauls II. verbunden wissen.[138] Gegenüber dem Leitbild der Gesellschaft als "Maschine", das die moderne Industriegesellschaft geprägt habe, propagieren die Autoren als neues Leitbild die Vision einer Gesellschaft als "Kunstwerk", zu dessen Gestaltung soziale und spirituelle Kreativität von untereinander vernetzten Basisgemeinschaften aktiviert werden muß.[139]

Diesem Ziel dient der Vorschlag eines gesellschaftsanalytischen Verfahrens, das seinerseits den zweiten von vier Schritten innerhalb eines dem Cardijnschen Dreischritt ähnlichen "pastoral circle" darstellt.[140] Der erste Schritt, der dem "Sehen" entspricht, bezeichnet die explizite *Verortung* (*insertion*) des Reflexions-

---

136 "Social analysis is simply an extension of the principle of discernment, moving from the personal realm to the social realm. Just as the insights of psychology (psycho-analysis) have been incorporated into the process of personal discernment, the insights of the social sciences (social analysis) will assist the church in the process of corporate discernment, and ultimately, in the fulfilment of their apostolic mission." (ebd., 13).

137 Vgl. dazu das Vorwort zur zweiten Auflage von Joe Holland, bes. XIII-XVI.

138 Vgl. ebd., XVII-XXII. - Im Hinblick auf diesen geistesgeschichtlichen und kulturkritischen Hintergrund wäre es interessant, den Ansatz in seiner offensichtlichen Beziehung zum amerikanischen Kommunitarismus zu diskutieren. Dies kann jedoch hier nicht ausgeführt werden. - Vgl. zur Orientierung den Diskussionsband: Axel Honneth (Hg.), Kommunitarismus. Eine Debatte über die moralischen Grundlagen moderner Gesellschaften, Frankfurt 1993.

139 Die zentrale Intention des Vorschlags "is to link faith energies with energies of justice and peace in service of the Living God and social transformation" (ebd., XIV), d.h. es geht darum, die Dichotomie zwischen den politisch und sozial ausgerichteten, oft geistlich entwurzelten Energien der "Linken" und den vielfach eher unpolitisch bleibenden geistlichen Bewegungen im "rechten" Spektrum zu überwinden. Im Hinblick auf das neue Leitbild plädiert Holland deshalb für "a basic social and religious principle..., namely *the social and spiritual creativity of rooted communities networked in solidarity*." (ebd., XVII; Hervorhebung im Original; vgl. auch ebd., 6f). Hinsichtlich der genannten Leitbilder bezieht sich Holland auf Gibson Winter, Liberating Creation: Foundations of Religious Social Ethics, New York 1981.

140 Die Konzeption des "pastoral circle" oder "circle of praxis" als Verstehensmodell der dialektischen Beziehung von Praxis und Theorie des Glaubens bzw. der Entwicklung und Umsetzung von Erfahrung lehnt sich an das hermeneutische Modell der "Pädagogik der Unterdrückten" von Paulo Freire an; vgl. auch Clodovis Boff, Theologie und Praxis. Die erkenntnistheoretischen Grundlagen der Theologie der Befreiung, München-Mainz 1983; Rogelio García-Mateo, Die Methode der Theologie der Befreiung. Zur Überwindung des Erfahrungsdefizits in der Theologie, in: StZ 111. Jg., 204. Bd. (1986) 386-396.

prozesses im Kontext einer bestimmten Praxis.[141] Zugleich ist darin das die eigene Reflexion leitende Vorverständnis zu klären.[142] Zur Vergewisserung dienen Fragen nach der eingenommenen Perspektive: nach den Beziehungen, in denen sich das eigene Handeln und Reflektieren vollzieht, nach den Erfahrungen, die berücksichtigt, und nach denen, die eventuell ausgeklammert werden, nach der vorrangigen Option für die Armen und Unterdrückten.[143]

Als zweiter Schritt folgt darauf die *Gesellschaftsanalyse* (*social analysis*), in der es darum geht, die konkrete, zum Handeln herausfordernde Situation in ihrem umfassenden, gesellschaftlichen und historischen Beziehungs- und Strukturzusammenhang zu verstehen.[144] Dieser Intention entspricht ein differenzierter Katalog von Perspektiven, Ebenen und Kriterien, nach denen die Analyse auszurichten ist: Mit einer historischen Kontextualisierung der Situation ist der affirmativen Bezugnahme auf den *status quo* kritisch zu begegnen.[145] Die Analyse der gesellschaftlichen - wirtschaftlichen[146], politischen[147], kulturellen[148] - Strukturen und ihrer Vernetzung akzentuiert die spezifisch strukturenethische Perspektive und wirkt der

---

141 "This locates the geography of our pastoral responses in the lived experience of individuals and communities. What people are feeling, what they are undergoing, how they are responding - these are the experiences that constitute primary data. We gain access to these by inserting our approach close to the experiences of ordinary people." (Henriot/Holland, 8)

142 Henriot skizziert im Nachwort zur zweiten Auflage des Buches einen Operationalisierungsvorschlag für die Durchführung einer Gesellschaftsanalyse. Darin erscheint die Klärung der eigenen Wertgrundlage, bezeichnenderweise unter dem Titel "conversion", als erster Punkt: "The first step in a practical methodology for social analysis is called 'conversion' because it implies a turning to values. It serves as a way of opening us up to the more important elements of the situation we are understanding, by putting them into a context of the fundamentals which guide us." (96f) - Vgl. auch Zwiefelhofer, 665.

143 Vgl. ebd., 9. - Mit der Fundierung im "Solidaritätsaxiom" (Rottländer) der Option für die Armen und mit der dezidierten Entscheidung für ein partizipatives Vorgehen konvergiert das explizit im christlichen Sinn- und Werthorizont angesiedelte Verfahren mit dem kommunitaristischen Anliegen einer Re-Solidarisierung der Gesellschaft, die durch eine Stärkung der einzelnen "communities" als Träger gesellschaftlicher Verantwortung erreicht werden soll. Vgl. Peter Rottländer, Ethik der Solidarität im Spannungsfeld von Postmoderne und Kommunitarismus, in: Hausmanninger, Moderne, 225-245.

144 "Social analysis can be defined as the effort to obtain a more complete picture of a social situation by exploring its *historical and structural relationships*." (Henriot/Holland, 14; vgl. auch Zwiefelhofer, 666f). Die Verfasser explizieren ihr Verfahren nach einer grundlegenden Einführung an verschiedenen Problemfeldern (der Diskussion verschiedener Modelle im Umgang mit dem Phänomen des sozialen Wandels, der Debatte um das Verständnis von Entwicklung sowie an den geschichtlich variierenden pastoralen Anwortversuchen auf die Folgen der Industrialisierung). Im Hinblick auf den Gesamtduktus dieser Studie wird hier jedoch lediglich der Ansatz des Verfahrens vorgestellt.

145 Vgl. ebd., 22f. - Dabei unterscheiden die Autoren zwischen einer wissenschaftlichen Erforschung der Vergangenheit und einer intuitiven Vorausschau in die Zukunft. Beides dient - theologisch gesprochen - als Grundlage für die im folgenden Schritt der theologischen Reflexion zu leistende Deutung der Situation im Sinne der Zeichen der Zeit.

146 "the business and commercial institutions, the industrial and agricultural sectors" (ebd., 25).

147 "institutional concentrations of power within a community" ((ebd.

148 "institutional bases for dreams, myths, symbols of society" (ebd.).

verbreiteten, aber unsachgemäßen Reduktion der Problemzusammenhänge auf die Ebene individueller moralischer Güte entgegen. Sie fördert gesellschaftliche Muster (*societal divisions*) zutage, nach denen die Ungleichverteilung von Chancen und Ressourcen funktioniert; diese Perspektive ist sowohl im Hinblick auf lokale und regionale Zusammenhänge als auch im nationalen und internationalen/globalen Kontext zu verfolgen.[149] In der Untersuchung aller angesprochenen Gesichtspunkte sind die Analyseinstrumente einer sorgfältigen Prüfung zu unterziehen: Das leitende Vorverständnis und die einer bestimmten Methode inhärente "Ideologie" müssen bewußt gemacht und auf ihre Kompatibilität mit den eigenen Basisoptionen geprüft werden. Gleiches gilt - wie oben skizziert - für das eigene Vorverständnis; die Vergewisserung darüber gehört als erster Schritt der Gesellschaftsanalyse zum Verfahren hinzu.[150] Insofern es im letzten Schritt des Verfahrens - nach Durchführung der Analyse - um Unterscheidung der wichtigsten, die Situation bestimmenden Elemente geht[151], wird hier die Bedeutung der vorgängigen Versicherung über die leitenden Werte sichtbar: Sie dient als eine Hauptquelle für die Festlegung von Kriterien, anhand deren bestimmte Elemente als grundlegender bzw. wichtiger für die Erschließung und Deutung der Situation identifiziert werden können.[152]

Im dritten Schritt wird die so analysierte Situation *theologisch reflektiert* (*theological reflection*). Im Licht des gelebten Glaubens, der Heiligen Schrift, der christlichen Tradition und des sozialen Lehrens der Kirche soll das Verständnis vertieft und die reflektierte Erfahrung auf neue Einsichten und Antworten hin geöffnet werden. Dabei ist auch in diesem Schritt eine Metareflexion einzufordern: Die theologische Reflexion ist ebenso auf ihre immanenten methodologischen Voraussetzungen sowie auf ihre Nähe zur konkreten gesellschaftlichen Wirklichkeit zu befragen wie das Verhältnis von Gesellschaftsanalyse und theologischer Reflexion zu klären ist.[153] Der wichtigste Unterschied zu Cardijn - nicht in der Intention, sondern in der Ausgestaltung der Methode - besteht nicht zufällig darin, daß das zweite Element des Dreischritts Sehen - Urteilen - Handeln in "soziale Analyse" und "theologische Reflexion" ausdifferenziert wird.[154] Zwar relativieren

---

[149] Vgl. ebd., 24-30.

[150] Vgl. ebd., 8f. - Die Bedeutung der Vergewisserung über die leitenden Vorverständnisse wird von den Autoren immer wieder betont; zur Durchführung kann wiederum exemplarisch auf den Klärungsprozeß verwiesen werden, in dem Madeleine Delbrêl sich einerseits über die Wertgrundlagen und Zielperspektiven des marxistischen Handelns, andererseits über ihr eigenes im Evangelium verwurzeltes Vorverständnis und schließlich über die Frage der Vereinbarkeit von beiden klar zu werden versuchte (vgl. oben Kapitel 4.3).

[151] "The final task is now to draw some conclusions, to be able to discern the most important elements in the situation" (ebd., 100).

[152] Vgl. ebd., 100f.

[153] Vgl. ebd., 9f.

[154] Zwar kennt auch die auf dem von Cardijn gelegten Fundament aufbauende Methode der Lebensbetrachtung (*révision de vie*) die beiden Schritte "Analyse der Tatsachen" und "Deutung im Licht des Glaubens" Die Tatsachenanalyse ist dabei dem "Sehen", die religiöse Deutung dem "Urteilen"

die Verfasser diese Unterteilung selbst, indem sie darauf aufmerksam machen, daß bereits die Gesellschaftsanalyse theologische Implikationen enthalte[155] wie auch die theologische Reflexion ihrerseits von bestimmten soziologischen Implikationen geprägt sei.[156] Gleichwohl darf die methodische Unterscheidung der beiden Schritte nicht übergangen werden, insofern dadurch die Bedeutung der Gesellschaftswissenschaften als Erkenntnisquelle der Sozialethik und somit als unverzichtbarer Bestandteil der Urteilsbildung herausgehoben wird.[157] Ohne vorausgehende Gesellschaftsanalyse würde die theologische Reflexion buchstäblich "in der Luft hängen". Die "unvermischte und ungetrennte" Einheit der beiden Analyseschritte steht daher im Dienst des zentralen Anliegens, Glaube und Gerechtigkeit auf den einen Nenner christlicher Praxis zu bringen, die gerade durch die bleibende Spannung zwischen beiden Elementen, durch deren dialektisches Verhältnis geprägt und gestaltet wird.[158]

Entsprechen der zweite und dritte Schritt zusammengenommen dem "Urteilen" im Cardijnschen Dreischritt, so folgt mit dem vierten Moment, der *Handlungsoption* (*pastoral planning*), die Umsetzung der Analyse in eine konkrete Entscheidung als Antwort auf den Anspruch der Situation.[159] Die Leitfragen der Metareflexion gelten dabei dem Beziehungsgefüge zwischen den Subjekten der Entschei-

---

zugeordnet (vgl. Repplinger, 170f; Antony, Lebensbetrachtung, 146-152). Demgegenüber werden im Konzept von Henriot/Holland, das auf die Wahrnehmung und Interpretation des umfassenden geschichtlichen und gesellschaftlichen Bedingungsgefüges einer konkreten Situation ausgerichtet ist, die beiden Analyseschritte einerseits einander angenähert und andererseits in ihrer Verhältnisbestimmung differenziert.

155 Thus, we can say that social analysis contains within itself, implicitly or explicitly, a theology of life. The theological process has already begun in what appears to be a secular analysis of society." (ebd., 13). - Damit ist wiederum auf die Bewußtmachung des meist implizit transportierten Vorverständnisses rekurriert, insofern die Wahl bestimmter gesellschaftsanalytischer Instrumente (und die eventuelle Ausscheidung anderer) Ausdruck einer eigenen grundlegenden Vorentscheidung, etwa hinsichtlich des Bildes vom Menschen, des Daseinssinnes etc. ist. - Zur Frage möglicher Kriterien, nach denen humanwissenschaftliche Erkenntnisse in der theologischen Ethik rezipiert werden können, vgl. Bernhard Fraling, Auf der Suche nach konkretisierter Verantwortung. Methodische Reflexionen eines Moraltheologen über das Verhältnis von Humanwissenschaften und Theologischer Ethik, in: Hünermann/Scannone (Hg.), Wissenschaft, 181-202.

156 Vgl. ebd., 103f.

157 Vgl. die im ersten Kapitel (1.1.1) angesprochenen Alternativen einer bloß instrumentellen Nutzung der Gesellschaftswissenschaften gegenüber deren Bestimmung als Quelle sozialethischer Einsicht. - Zu der bei der zweiten Option notwendigen Interdisziplinarität als Prinzip sozialethischen Arbeitens vgl. auch Hengsbach/Emunds/Möhring-Hesse, 260-262.

158 "Die Analyse der sozialen Wirklichkeit bereitet vor und bietet das 'Material' an, über das in Gemeinschaft im Licht des Evangeliums zu unterscheiden bzw. zu entscheiden ist. Auch wenn alles Politische und Soziale theologisch gedacht werden kann, es gibt keinen kontinuierlichen Übergang: die vermittelte soziologische Gegebenheit wird aufgenommen und 'transformiert' - im Sinne einer echten Neubearbeitung - im Licht des Evangeliums." (Zwiefelhofer, 665) - Vgl. auch Henriot/Holland, 103.

159 Ignatianisch gesprochen, verhalten sich die beiden Analyseschritte einerseits und das folgende "pastoral planning" andererseits zueinander wie "Unterscheidung" und "Entscheidung" im geistlichen Prozeß.

dungsfindung und der Gewährleistung eines partizipativen Verfahrens.[160] Im Zusammenhang des ganzen Prozesses ist zu betonen, daß es bei aller konkreten Bezogenheit nicht um eine nur kurzfristig gültige *ad-hoc*-Lösung geht; vielmehr zielt die vorausgehende Gesellschaftsanalyse gerade auf die Ermöglichung einer längerfristig wirksamen, weil auf systemische Zusammenhänge bezogenen Handlungsoption.[161] In der Bewegung des "pastoral circle" steht sie in der Dynamik beständiger Überprüfung und Meliorisierung.[162] Zugleich ist sie konstitutitv eingebettet in und getragen von einer Atmosphäre der Feier und des Gebetes, die den für die geistliche Unterscheidung notwendigen (Frei-)Raum eröffnet und intellektuelle und erfahrungsbezogene Momente integriert.[163]

6.3.3 Praxisfelder

Das vorgestellte Konzept einer Gesellschaftsanalyse, die als konstitutiver Bestandteil in den umfassenderen Prozeß gemeinschaftlicher apostolischer Unterscheidung eingebunden ist, wird seit dem ersten Entwurf (1980) in vielen basiskirchlichen Handlungszusammenhängen Nord- und Südamerikas, Süd- und Ostasiens sowie Afrikas aufgenommen und angewandt.[164] Die breite Rezeption des Ansatzes kann als Indiz für die oben besprochene Notwendigkeit der Konstituierung "kommunikativer Sozialmilieus"[165] in der Kirche gedeutet werden, mit denen eine mittlere bzw. vermittelnde Ebene zwischen den individuellen Handlungssubjekten, dem Anspruch des Evangeliums (Sinnhorizont) und den konkreten gesellschaftlich-politischen Herausforderungen (Situation) eingezogen wird. Solche mittleren Ebenen sind mehr als "Operationsbasen" für das Handeln einzelner engagierter Menschen; sie konstitutieren sich als neue Subjekte gesellschaftlicher und kirchlicher Praxis. Im Kontext hochkomplexer systemischer Zusammenhänge sind sie zugleich Lernorte und Träger christlich-sozialer Verantwortung und damit

---

160 Vgl. ebd., 10.

161 "Within the context of social analysis, facts and issues are no longer regarded as isolated problems. Rather, they are perceived as interrelated parts of a whole. Using social analysis, we can respond to that larger picture in a more systematic fashion. By dealing with the whole, rather than with detached parts, we are able to move beyond 'issue orientation' or a primarily pragmatic approach, toward a holistic or systemic approach." (Ebd. 11)

162 Vgl. ebd. 9.

163 "... the four elements - insertion, social analysis, theological reflection, and pastoral planning - all need to be located in an atmosphere of celebration, infused with an ethos of prayer. This provides a time of discernment, openness, liturgy, song and music. It means that the more intellectual elements of analysis, reflection and planning are continually grounded in experience. Celebration and prayer make the pastoral circle genuinely human and spirit-filled and give the struggle for linking faith and justice new meaning, new life." (Ebd., X)

164 Vgl. Henriot/Holland, IX; Hengsbach, Inspiration, 569.

165 Kehl, Kirche, 199-201; vgl. oben 6.3.1.

Akteure einer neuen Gestalt des sozialen Lehrens der Kirche. Ansatzpunkte dafür lassen sich auf verschiedenen Ebenen und in unterschiedlichen Artikulationsformen christlicher und ekklesialer Praxis finden. Einige Möglichkeiten sollen im folgenden kurz skizziert werden.[166]

Verbände und Bewegungen

Die Überlegungen zur Methode gemeinschaftlicher geistlicher Unterscheidung haben - neben den ignatianischen Inspriationen und verwoben mit ihnen - immer wieder auf den grundlegenden Impuls zurückverwiesen, den Joseph Cardijn der von ihm ins Leben gerufenen Christlichen Arbeiterjugend mit auf den Weg gegeben hat. Damit ist ein erstes Praxisfeld angesprochen, in dem - eben seit der Gründung der J.O.C belge in den 20er Jahren[167] - Prozesse gemeinschaftlicher Unterscheidung nicht nur punktuell erprobt werden, sondern konstitutiv zum Programm und zur Identität des Verbandes als einer christlichen Organisation gehören. Denn um die für die Christliche Arbeiterjugend charakteristische konsequente Wendung nach außen *als Christen* leben zu können, brauchten die Gruppen eine Methode der Reflexion auf die Tatsachen, denen sie begegneten, eine Hilfe zu deren Deutung im Licht des Evangeliums. Diese Methode wurde mit der *révision de vie* als einem einfachen Leitfaden zur Betrachtung der täglichen (wöchentlichen) Ereignisse und Erfahrungen entwickelt.[168]

In jüngster Zeit plädiert Friedhelm Hengsbach dafür, die apostolische Unterscheidung in Gemeinschaft in modifizierter Gestalt als Weg der Erneuerung der katholischen Sozialverbände fruchtbar zu machen: In der Wiederentdeckung und Stärkung der geistlichen Dimension ihres gesellschaftlichen Engagements[169], mithin letztlich in der Bewußtseinserneuerung über ihre Identität als *christliche* Verbände sieht er eine Möglichkeit, die mit dem Abbruch des katholischen Milieus einhergehende Krise der Verbände zu meistern. In der Praxis gemeinschaftlicher Unterscheidung können sie sich in der Gruppe als verantwortliche Akteure verstehen lernen: "Von unten, von Basisgruppen her im Betrieb, in der Wohngegend, im Stadtteil und in der Gemeinde können die Verbände wiederbelebt werden; sie können sich selbst als Basisbewegung neu entdecken, als Kettenreaktion

---

[166] Das folgende bleibt bewußt auf eine orientierende Skizze beschränkt. Jeder einzelne der angesprochenen Aspekte wäre unter gesellschaftswissenschaftlichen wie theologischen Gesichtspunkten breiter zu entfalten; dies müßte jedoch Gegenstand einer eigenen Studie sein.

[167] Vgl. im ersten Kapitel Anm. 23.

[168] Vgl. Antony, Lebensbetrachtung. - Zur révision de vie grundlegend: Jourdain Bonduelle, La révision de vie. Situation actuelle, Paris 1965.

[169] Vgl. Hengsbach, Inspiration, 582. - Der Vorschlag ist im größeren Kontext des von Hengsbach propagierten Verständnisses der christlichen Sozialethik als "Ethik sozialer Bewegungen" zu lesen, vgl. dazu u.a. ders., Subjekt.

von Projekten und spontanen Initiativen, als kommunikative Querverbindung und als mobilisiertes Netzwerk".[170] In der Erfahrung der eigenen Basisgruppen als "Entscheidungseinheiten", in der Wiederentdeckung der "spirituelle(n) Dimension als kreative(r) Macht" und in der Entwicklung einer "dialogische(n) Apostolatsweise" sieht Hengsbach den unmittelbaren Ertrag der gemeinschaftlichen apostolischen Unterscheidung im Kontext katholischer Sozialverbände.[171] In der darin durchscheinenden Absicht, das Fundament des Glaubens inhaltlich und methodisch als Grundlage der Praxisgestaltung neu bewußt zu machen, zeichnet sich eine Parallele zu den Überlegungen Madeleine Delbrêls ab, in denen sie vor der verbreiteten Verwechslung von Glaube und Milieu warnt.[172]

Basisgemeindliche Strukturen

Die Impulse, die in der Tradition der Christlichen Arbeiterjugend im Konzept der *révision de vie* entfaltet und doch nicht zu einem starren System, sondern zu einem flexibel zu handhabenden Leitfaden der Praxisorientierung aus christlicher Grundüberzeugung entwickelt worden sind[173], und diejenigen, die Hengsbach zur Erneuerung der Katholischen Sozialverbände angesichts ihrer gegenwärtigen Krise zur Rezeption empfiehlt, sind in den basiskirchlichen Strukturen im Kontext der Kirche der Armen[174] vieler Länder Süd- und Mittelamerikas, Afrikas und Asiens längst zu einem tragenden Gestaltungsmerkmal christlich-sozialer Praxis gewor-

---

170 Vgl. Hengsbach, Inspiration, 581.

171 Vgl. ebd., 583.

172 Ein gegenwärtig an Bedeutung gewinnendes Phänomen, das dem Abbruch traditioneller christlicher "Milieus" Rechnung trägt, sind die sog. neuen geistlichen Bewegungen. Sie sind insofern an dieser Stelle wenigstens zu nennen, als sie teilweise in die Lücke vorzustoßen scheinen, die die Krise der Verbände gerissen hat. Unabhängig von den höchst unterschiedlichen geistlichen (und politischen) "Profilen" der zahlreichen Bewegungen, die hier nicht im einzelnen vorgestellt und diskutiert werden können (vgl. für eine erste Orientierung: Kehl, Kirche, 235-240; Klaus Nientiedt, Art. Neue geistliche Bewegungen, in: Ulrich Ruh/David Seeber/Rudolf Walter, Handwörterbuch religiöser Gegenwartsfragen, Freiburg-Basel-Wien ^{2}1989, 293-298), sind diese Artikulationsformen von Kirche im Sinne der "mittleren Ebene" zu interpretieren, auf der Räume zur gemeinschaftlichen Identitätsfindung und -vergewisserung sowie zur Klärung und Wahrnehmung innerkirchlicher und gesellschaftlicher Gestaltungsverantwortung eröffnet werden. Beispielhaft sei auf die aus den marianischen Kongregationen hervorgegangenen ignatianisch geprägten "Gemeinschaften christlichen Lebens" (GCL) verwiesen, vgl. dazu Werner Löser, Das ignatianische Erbe in den "Gemeinschaften christlichen Lebens", in: Sievernich/Switek (Hg.), Ignatianisch, 527-542). - Soziologisch zeichnen sich die Bewegungen v.a. durch eine "biographische() und alltagsbezogene() Reflexivität der ... Glaubensform" und durch die "Suche nach neuen Formen der Gemeinschaftlichkeit" aus, vgl. Gabriel, 188-192 (Zitate: 189). Insofern wäre ekklesiologisch wie sozialethisch nach dem Stellenwert einer nach außen, über den Binnenraum der Gruppe und des ideellen Konsenses gerichteten gesellschaftlichen Handlungsorientierung zu fragen.

173 Repplinger; Antony.

174 Vgl. Collet, Implikationen, bes. 69-73.

den.[175] Ansätze zur Bildung von Basisgemeinden, die eher in einem komplementären als in einem ausschließend konkurrierenden Verhältnis zu herkömmlichen Pfarreistrukturen zu sehen sind[176], haben Vorläufer schon in Versuchen zur Entwicklung "missionarischer Pfarreien" im Frankreich der 40er Jahre[177] und v.a. in Basisgemeinschaften, die sich in den 50er und 60er Jahren in Frankreich und Italien, parallel auch in den USA entwickelten[178]. Verbindendes Moment zwischen diesen Ansätzen und der Ursprungsdynamik der J.O.C. ist nicht zuletzt die Intention, das Evangelium in Milieus zu verwurzeln, die von Armut und Ungerechtigkeit gezeichnet sind. Die davon Betroffenen werden von Adressaten der Verkündigung zu Trägern einer solidarischen Praxis.[179] Gemeinschaftlicher Einsatz für die konkrete Verbesserung der Lebensumstände und die Versammlung zur Feier des

---

175 Entwicklung und theologisch-sozialethische Profilierung dieser neuen Gestalt von Kirche bringt Marcello Azevedo prägnant zum Ausdruck: "In ihren aktuellen Formen entstanden und entwickelten sich die kirchlichen Basisgemeinden in der Dritten Welt, in notleidenden Gebieten und solchen mit großen Defiziten bei den Grundbedürfnissen: Ernährung, Gesundheit, Erziehung, Arbeit, Wohnung, Verkehr und Sicherheit. Der wirtschaftliche und politische Kontext, in dem die kirchlichen Basisgemeinden und die Mehrheit ihrer Glieder groß wurden, ist von erheblichen Fehlentwicklungen und Verkehrungen in der Gesellschaftsstruktur selbst gekennzeichnet. Dies zeigt sich in Elend und Unterdrückung, in allgemeiner Ungerechtigkeit und Gewalt, die nicht selten nicht nur in der Praxis, sondern selbst in der Gesetzgebung dieser Gesellschaften schon verankert sind. Es ist also kaum verwunderlich, wenn das Hauptgewicht im christlichen Leben der kirchlichen Basisgemeinden auf die Suche nach der Bedeutung des Evangeliums bei der Umgestaltung dieses Typs der Gesellschaftsstruktur gelegt wurde. Denn eine rein individuelle und intimistische, spirituelle und privatistische Evangelisierung erschien ihnen unvollkommen und reduktiv. Daher kommt es zu einer umfassenderen Lektüre der Bibel, welche die Gesamtheit des menschlichen Wesens einbegreift, in seinen Dimensionen von Körper und Seele, Individuum und Gruppe, Gemeinschaft und Gesellschaft. Daher das Beharren auf dem Modell der Teilhabe und Mitverantwortung in den Entscheidungen bzw. dem Gebrauch der Macht. Daher die Betonung der Gleichheit der Individuen als menschliche Wesen, durch die Einheit der biologischen Grundlage, und als Gläubige, durch die Theologie der Adoption und der Taufe. Daher die christliche Anschauung von der Verschiedenheit der Berufungen mit entsprechenden Diensten an der Gemeinschaft. Daher das Drängen auf Überwindung aller Formen der Ungerechtigkeit und Diskriminierung, der Gewalt und der Ausgrenzung, sowie die beharrliche Suche nach einer Garantie der grundlegenden Menschenrechte. Daher die gemeinsame Anstrengung, um die wirkliche Beachtung der von der UNO anerkannten Grundbedürfnisse einzuklagen bzw. zu erlangen, sowie vieler anderer Faktoren, die den Alltag der kirchlichen Basisgemeinden durchziehen bzw. deren Ideale und lang angelegte Utopien nähren. Unausweichlich ist auf dieser realistischen Ebene die Überzeugung, daß der christliche Glaube mit seiner historischen Wurzel in der Inkarnation Jesu Christi und der gesamten in ihm gipfelnden Heilsgeschichte in der Tat sowohl auf Gottes Transzendenz, auf die der Mensch angesichts seiner eschatologischen Bestimmung in der Geschichte zugeht, als auch auf die Immanenz der politischen Perspektive zielt, die das Bemühen des Menschen um das Allgemeinwohl der Gesellschaft einbegreift." (Basisgemeinden, 400f)

176 Vgl. Kehl, Kirche, 229; zu den Schwierigkeiten der Bestimmung des ekklesiologischen Status der Basisstrukturen vgl. Berma Klein-Godewijk, Konsolidierung oder Krise kirchlicher Basisstrukturen? Neue kirchliche Strukturen ohne offizielle Anerkennung, in: Conc 28 (1992) 419-424.

177 Vgl. Wattebled, Stratégies, 93-109.

178 Vgl. Azevedo, Basisgemeinden, 406; Alexandre Ganoczy, Communautés de vie in Frankreich als Ort theologischer Reflexion, in: Klinger/Zerfaß, Basisgemeinden, 32-42.

179 Vgl. Azevedo, Basisgemeinden, 409.

gemeinsamen Glaubens stehen dabei in einem dialektischen Verhältnis, entsprechend dem oben angedeuteten "pastoral circle". In diesen von der Basis her aufgebauten und belebten Zusammenschlüssen von Christen, die ihren Lebensraum aus dem Geist des Evangeliums gemeinschaftlich gestalten und auf ein Mehr an Gerechtigkeit hin entwickeln, sind daher genuine Orte sittlicher Handlungsorientierung gewachsen: "Ethisches Erkennen in der Praxis der Basisgemeinschaft gründet nicht primär auf Auslegung von Normen und Normenkatalogen, sondern auf einer von jedem mitzuvollziehenden Anwendung des Evangeliums auf das Leben, in dem dann auch neue Möglichkeiten wahrgenommen werden können."[180] Der Prozeß des Erkennens und Deutens der Zeichen der Zeit wird so in der konkreten Lebenspraxis der Basisgemeinde verwurzelt.[181] Die Bedeutung der Basisgemeinde als eines kollektiven Unterscheidungssubjektes faßt Azevedo zusammen, wenn er sie "in drei Hauptuniversen" lokalisiert, "die ihre drei Grunddimensionen als *Gemeinde* in der *Kirche* und an der *Basis* durchziehen, d.h. im *psychosozialen*, im *kirchlichen* und im *politischen* Universum. Offensichtlich liegt hier ein ganzer Raum für die inkulturierte Neudimensionierung und Ausarbeitung der Soziallehre der Kirche in Hinsicht auf diesen kirchlichen und weltlichen Kontext verborgen, in dem sich die kirchlichen Basisgemeinden befinden und mit dem sie als kontextualisierte Art des Kircheseins in Wechselwirkung stehen."[182]

Suchbewegungen auf gemeindlicher Ebene gibt es - unter anderen und nicht ohne weiteres vergleichbaren sozialen und gesellschaftlichen Verhältnissen - auch im Kontext der deutschsprachigen christlichen Sozialethik. Herwig Büchele plädiert für das Modell der "solidarischen Gemeinde", die er im Rahmen des ekklesiologischen Konzepts der Kontrastgesellschaft als Ort gesellschaftlicher Umkehr versteht.[183] "In der Kontrastgesellschaft verknüpft sich die Dimension der geistlichen Berufung mit der strukturell-gesellschaftlichen Dimension."[184] Gegen die "Versuchung" ghettohafter Abschottung als "Antigesellschaft" oder der Selbstdefinition über den Kontrast als vermeintliches Identitätsmerkmal des Christlichen[185] betont Büchele die Dienstfunktion, die der solidarischen Gemeinde für die Gesamtgesellschaft zukommt[186] und nähert sich damit der "funktionalen" Deutung des Kontrastes an, die Medard Kehl in seiner Kritik des ekklesiologischen Modells "Kontrastgesellschaft" vorschlägt.[187]

---

[180] Fraling, Basisgemeinden, 102.
[181] Vgl. ebd., 103-109. Fraling rezipiert hier den Ansatz von Joao B. Libânio, Discernimiento et politica (Coleçao Vida religiosa, Temas actuais/7), Petropolis 1977.
[182] Azevedo, Basisgemeinden, 410 (Hervorhebungen im Original).
[183] Vgl. Büchele, Glaube, 81f; zum Ganzen: Ebd. 69-83.175-179.
[184] Ebd., 82.
[185] Vgl. ebd., 73-81.
[186] Vgl. ebd., 83f.
[187] Vgl. oben Anm. 122.

Im Hinblick auf die Weiterentwicklung der Sozialverkündigung der Kirche und die Wahrnehmung gesellschaftlicher Herausforderungen zeichnen sich seit etlichen Jahren Wandlungsprozesse ab, die im weiteren Sinne auf kommunitäre Unterscheidungs- und Entscheidungsprozesse hin tendieren. Die in dieser Hinsicht zu beobachtenden Ansätze können als Reaktion auf die Erfahrung interpretiert werden, daß die Kirche zwar über eine elaborierte und z.T. ausgesprochen strukturprogressive Sozialethik verfügt, deren gesellschaftliche und kirchliche Wirkung aber keineswegs dem in den Dokumenten verborgenen Veränderungspotential entspricht.[188] Breit angelegte Konsultationsprozesse, wie sie seit Mitte der 80er Jahre z.B. in den USA, in Österreich und neuerdings auch in Deutschland zur Vorbereitung bischöflicher Rundschreiben über soziale und gesellschaftliche Fragen organisisert werden[189], zeugen von dem Versuch, neue Wege der Kommunikation zu erproben: Durch Beteiligung der kirchlichen und gesellschaftlichen Öffentlichkeit soll ein höheres Maß an Verbindlichkeit des sozialen Lehrens der Kirche

[188] Vgl. Büchele, Glaube, 13-58; Bruhin.

[189] Eine Vorreiterrolle haben die katholischen Bischöfe der USA mit den Rundschreiben zum Frieden (The Challenge of peace, 1983) und zur Wirtschaft der USA (Economic Justice for all: Pastoral letter on Catholic Social teaching and the U.S. Economy, 1986) übernommen (Dt. Ausgaben: Pastoralbrief der Katholischen Bischofskonferenz der USA über Krieg und Frieden: Die Herausforderung des Friedens - Gottes Verheißung und unsere Antwort, in: Bischöfe zum Frieden, Stimmen der Weltkirche 19, hg. vom Sekretariat der Deutschen Bischofskonferenz, Bonn o.J., 5-129; Bischofskonferenz der Vereinigten Staaten von Amerika, Wirtschaftliche Gerechtigkeit für alle: Die Katholische Soziallehre und die amerikanische Wirtschaft, Stimmen der Weltkirche 26, hg. vom Sekretariat der Deutschen Bischofskonferenz, Bonn o.J.); vgl. zu Kontext und Entstehungsprozeß sowie zur kritischen Würdigung: John Langan, Katholische Soziallehre in den Vereinigten Staaten von Amerika. Umfeld und Inhalt, in: Furger/Wiemeyer, Horizont, 41-61, bes. 53-61; Friedhelm Hengsbach, Ein neuer Typ katholischer Soziallehre, in: Einführender Kommentar zu: Wirtschaftliche Gerechtigkeit für alle. Katholische Soziallehre und die US-Wirtschaft. Hirtenbrief der katholischen Bischofskonferenz der USA, hg. von der Katholischen Sozialakademie Österreichs und Publik-Forum (Publik-Forum-Dokumentation), Frankfurt/M. 1987, 6-24. - Ebenfalls auf einen breit angelegten konsultativen Vorbereitungsprozeß gründet sich der Sozialhirtenbrief der Bischöfe Österreichs "Der Mensch ist der Weg der Kirche" (hg. vom Sekretariat der Österreichischen Bischofskonferenz, Wien 1990); zum Entstehungsprozeß vgl. Kristöfl/Riedlsperger, Gewissensbildung; Riedlsperger, Beteiligung; Otmar Stütz, Den Sozialhirtenbrief vorbereiten. Bericht über das Projekt der Österreichischen Bischöfe, in: ThPQ 138 (1990) 35-42; zur Aufnahme des Prozesses in kirchlichen und politischen Kreisen: Krätzl. - Zu dem im Sommer 1993 beschlossenen und im Herbst 1993 begonnenen Konsultationsprozeß in der Katholischen Kirche Deutschlands vgl. die Dokumentation der ersten Konsultationsphase: Unsere Verantwortung in Wirtschaft und Gesellschaft. Konsultationsprozeß zur Vorbereitung eines Wortes der deutschen Bischöfe zur wirtschaftlichen und sozialen Lage in Deutschland, Dezember 1993, hg. vom Sekretariat der Deutschen Bischofskonferenz (Arbeitshilfen 116), Bonn o.J. (1993); zum bisherigen Vorgehen: ebd., 5-7. - Allgemein zur theologischen Beleuchtung des konsultativen Verfahrens: Alfons Riedl, Das Wort der Bischöfe und das Zeugnis der Gläubigen. Strukturen innerkirchlicher Kommunikation in gesellschaftlichen Fragen, in: ThPQ 138 (1990) 26-34.

ermöglicht werden.[190] Zwar ist es nicht neu, daß Experten zu gesellschaftlichen Sachfragen in die Vorbereitung kirchlicher Dokumente der Sozialverkündigung einbezogen werden.[191] Neu ist jedoch, daß die Vorbereitung eines schließlich von den Bischöfen verantworteten Dokumentes an einen öffentlich geführten Diskussionsprozeß gebunden wird, an dem Experten aus verschiedenen gesellschaftlichen und politischen Bereichen ebenso beteiligt werden wie die kirchlichen Gemeinden, Gruppen und Verbände.[192] In einem solchen öffentlichen und transparenten Prozeß kann eine "soziale Gewissensbildung" in der offenen Auseinandersetzung mit den andrängenden Problemen geschehen.[193] Unbeschadet der hierarchischen Struktur der katholischen Kirche werden darin Ansätze zu einer gemeinschaftlichen Wahrnehmung gesellschaftlich-kritischer Verantwortung beschritten; die christlichen Gemeinden werden in ihrem Status als Kirche am Ort, als Träger des sensus fidelium, ernst genommen und partizipieren entsprechend ihrer genuinen Erfahrungs- und Sachkompetenz an der Gestaltung und Entwicklung der sozialen Verkündigung der Kirche.

Daß solche in kirchlichen Kommunikationsstrukturen bislang ungewohnten Verfahrensweisen auch auf erheblichen Widerstand und Unverständnis stoßen, muß nicht verwundern.[194] Dies spricht jedoch nicht gegen die Erprobung solcher Prozesse, sondern eher für die dringende Notwendigkeit, innerkirchlich auf allen Ebenen neue Wege der Kommunikation im Sinne gemeinsamer Unterscheidungs- und Entscheidungsprozesse einzuüben. Die dabei zu wahrenden Momente der "Bereitschaft zur Auseinandersetzung mit den Problemen, ... Schaffung von Möglichkeiten der Beteiligung, ... Herstellung von Öffentlichkeit und ... Wahrung der Freiheit der am Prozeß Beteiligten"[195] markieren die Koordinaten einer höchst anspruchsvollen Vorgehensweise, deren Ergebnis - etwa die Verabschiedung eines Dokumentes - nicht von vornherein festgeschrieben bzw. gesichert werden kann.[196] Wenn jedoch der Prozeß wirklich als "soziale Gewissensbildung" verstanden wird,

---

[190] Vgl. Riedlsperger, Beteiligung.

[191] Vgl. dazu die Hinweise bei Furger, Sozialethik, 26-43.

[192] Vgl. Riedlsperger, Beteiligung, 311f. - Zum Verlaufsmodell vgl. exemplarisch die Darstellung zur Gestaltung des Konsultationsprozesses in Österreich bei Riedlsperger, Beteiligung; Stütz.

[193] Vgl. Kristöfl/Riedlsperger, Gewissensbildung.

[194] Vgl. zu entsprechenden Erfahrungen in der Vorbereitung des Östereichischen Sozialhirtenbriefes: Krätzl.

[195] Kristöfl/Riedlsperger, Gewissensbildung, 196.

[196] Exemplarisch ist hier auf die Schwierigkeiten hinzuweisen, die in den Vorbereitungsetappen des "Frauenhirtenbriefes" der US-Bischöfe dazu geführt haben, daß das Projekt nach mehreren, stark voneinander abweichenden Entwürfen vorerst "auf Eis gelegt" worden ist: Ein ehrlicher (Minimal-) Konsens war offenbar (noch) nicht möglich. In einem solchen Fall gar kein Dokument zu verabschieden und eine bis zur Inkompatibilität gehende Pluralität von Meinungen stehen zu lassen, ist u.U. ehrlicher und wahrt besser die Freiheit der Beteiligten, als nach einer Kompromißformel zu suchen, die "unterhalb" der Auseinandersetzungen angesiedelt sein müßte und folglich kirchlich und gesellschaftlich nichts bewegen könnte. Dies festzustellen, entbindet freilich nicht von der Verantwortung, die Bemühungen um Annäherung und Verständigung fortzusetzen.

ist sein Erfolg oder Mißerfolg nicht allein am Erscheinen und an der inhaltlichen und sprachlichen Gestalt des angestrebten Dokumentes zu messen: Vielmehr ist der auf dieses Ziel hin zurückgelegte Weg, die neues Handeln freisetzende Bewegung, selbst ein Stück des "Erfolgs", der dann aber nicht allein auf der Ebene theologischer und/oder ethischer Theorie zu messen ist, sondern sich am Wechselverhältnis von Theorie und Praxis erweisen muß.[197]

Besondere Erwähnung unter solchen insgesamt noch in einem Anfangsstadium befindlichen neuen Formen der innerkirchlichen Kommunikation über den notwendigen Einsatz für "Glaube und Gerechtigkeit" verdient der "Konziliare Prozeß für Gerechtigkeit, Frieden und Bewahrung der Schöpfung" (1988-1990) als ein ökumenisch und international angelegtes Projekt der Verständigung über angemessene Antworten auf die global drängendsten, die Schöpfung in ihrer Existenz bedrohenden Zukunftsprobleme aus christlicher Sicht.[198] Ausgehend von einer Initiative des Ökumenischen Rates der Kirchen (1983), die in zahlreichen christlichen Kirchen, gestärkt durch "prophetische Impulse" einzelner, entschlossen aufgenommen wurde[199], konnte sich eine Bewegung entfalten, in der "Christen in Gruppen, Gemeinden, Regionen, Ländern und auf internationaler Ebene zusammenkommen, um zu *beten*, zu *beraten* und zu *entscheiden*, in der Hoffnung, daß der *Heilige Geist* solche Zusammenkunft in seinem Sinne für die Umgestaltung und Erneuerung der Kirche und der Welt benutzt."[200] In einem Prozeß geistlicher Unterscheidung und Entscheidung sollte verwirklicht werden, was es heißt, "konziliar" zu leben: "Keiner besitzt *allein* die Wahrheit, weder die Leitungsorgane noch die Bewegungen und Gruppen, weder die Kirchen im Norden noch die im Süden. Die gemeinsame Aufgabe besteht darin, die Wahrheit zu entdecken und in ihr zu leben."[201]

Dieser Intention entspricht der "von unten" wie "von oben" getragene und gestützte Aufbau eines "Netzwerkes", sowohl zwischen den verschiedenen Ebenen kirchlicher Entscheidungsträger (vertikal) als auch zwischen den verschiedenen

---

[197] Dies wird etwa an den Reaktionen auf den Österreichischen Sozialhirtenbrief deutlich, in denen sich mit der unerwartet breiten Zustimmung zu den inhaltlichen Positionen die Frage nach den praktischen Konsequenzen verband, vgl. Riedlsperger, Beteiligung, 322-327.

[198] Vgl. dazu die Dokumente von Stuttgart und Basel in: Europäische Ökumenische Versammlung Frieden in Gerechtigkeit, Basel, 15.-21. Mai 1989. Das Dokument (20. Mai 1989) - Die Botschaft - Brief von Johannes Paul II. Anhang: Gottes Gaben - Unsere Aufgabe. Die Erklärung von Stuttgart, hg. vom Sekretariat der Deutschen Bischofskonferenz (Arbeitshilfen 70), Bonn o.J. (1989). - Zu Vorgeschichte, Verlauf und sozialethischer Bewertung vgl. u.a. Bruhin; Furger, Gerechtigkeit; zur Frage einer Fortsetzung auf europäischer Ebene ("Basel II") vgl. HerKorr 48 (1994) 114.

[199] Zur Entwicklungsgeschichte des Prozesses vgl. Furger, Gerechtigkeit, 201-203.

[200] Bruhin, 190 (Hervorhebungen: M.H.-St.).

[201] Ebd. - Angesichts dieser Dimension des Geschehens und der darin liegenden Chance zur Verständigung zwischen Christen über geographische, kulturelle und konfessionelle Grenzen hinweg sind die mancherorts von katholischer Seite geäußerten Vorbehalte gegenüber dem Begriff "konziliarer Prozeß" kaum verständlich.

Handlungssubjekten auf jeder einzelnen Ebene.[202] Das Verfahren entspricht grundsätzlich dem der Konsultationsprozesse zur Vorbereitung sozialer Rundschreiben, die zu den ermutigenden Erfahrungen und Impulsen in der Vorbereitungsphase des konziliaren Prozesses gehörten[203], und weitet es aus auf die ökumenische und internationale Ebene. Methodisch gegründet auf den Dreischritt Sehen - Urteilen - Handeln, stehen der konziliare Prozeß wie die Konsultationsprozesse in der Linie einer partizipativ-induktiv vorgehenden sozialethischen Reflexion in der Verantwortung der ganzen Kirche. Die Artikulationsformen des Konziliaren Prozesses in nationalen Foren, in der Europäischen Ökumenischen Versammlung in Basel und schließlich im Welttreffen von Seoul haben zudem deutlich werden lassen, daß eine solche neue Gestalt christlich-sozialer Gewissensbildung neue Formen und einen neuen Stil hervorbringt, eine neue Sprache spricht. Gerade in der Arbeit und Fest einschließenden Begegnung der verschiedenen Träger des Prozesses und in der gemeinsamen Ausrichtung auf die zur Unterscheidung anstehenden Probleme erschließen sich neue, auch nicht-theoretische Vermittlungswege sozialer Bewußtseinsbildung, die die oft weltferne Abstraktheit vieler kirchlicher Dokumente wenigstens im Ansatz hinter sich lassen.[204] Darin artikuliert sich ein Aufbruch, dem es gelingen könnte, den Reichtum des sozialen Lehrens wirksamer als bisher in die gesellschaftlichen Realitäten einzubringen und in einer neuen Gestalt kirchlich-kommunikativen Handelns fortzuentwickeln.

6.4 Konversion und Begegnung: zur Gestalt kirchlich-sozialen Lehrens

Die Frage nach einem theologischen Profil christlicher Sozialethik stand am Beginn der Studie. Im Dialog mit Madeleine Delbrêl - vermittelt über die Relecture ihres Werkes unter dem Gesichtspunkt der darin widerscheinenden Unterscheidung der Geister - sollten *Elemente einer Antwort* auf die Frage nach den theologischen Grundlagen des Faches gefunden werden. Die Struktur der Studie wurde eingangs im Bild des Triptychons erläutert. Wie die einzelnen Tafeln eines solchen mehrteiligen Bildwerkes nicht in einer strengen Begründungslogik miteinander verknüpft sind, aber dennoch zusammenhängen (und das Fehlen eines Teils das Gesamtbild zerstören würde), so stehen auch die Teile dieser Arbeit nicht in einem unmittelbaren Begründungszusammenhang, sind aber dennoch in einer Weise einander zugeordnet, die weder einen beliebigen Austausch noch die Ausklammerung eines Kapitels erlauben würde. Die Analyse zum Werk Madeleine Delbrêls steht zu den Rahmenteilen in einem Erschließungszusammenhang, der Perspektiven auf die systematische Leitfrage eröffnet und von einem konkreten Handlungs-

[202] Vgl. Bruhin, 191-194.
[203] Vgl. Furger, Gerechtigkeit, 202.
[204] Vgl. dazu Furger, Gerechtigkeit, 206f.

raum her exemplarisch veranschaulicht. Sie steht zu den Erörterungen zur Theorie der Sozialethik in jenem dialogisch-dialektischen Verhältnis, das den "pastoral circle" bzw. die Hermeneutik christlich-theologischer Ethik als einer Theorie der Praxis bestimmt. Aus der Rückschau auf den in der Studie skizzierten Erschließungszusammenhang können nun einige zentrale Elemente zur theologischen Profilierung christlicher Sozialethik resümiert werden.

Der explizite Bezug auf den christlichen Sinnhorizont als Fundament und Zielperspektive der individuellen oder gemeinschaftlichen Lebensgestalt, die in der Unterscheidung der Geister je neu verantwortet und mit der Herausforderung der konkreten (gesellschaftlichen) Handlungssituation vermittelt werden muß, erscheint als erstes Element einer theologischen Identifizierung auch der sozialethischen Reflexion. Nicht nur die Biographie Madeleine Delbrêls ist unter dem Stichwort *Konversion* als Weg christlicher Identitätsbildung und -vergewisserung im Handeln zu entschlüsseln[205]; analog wird auch in der Skizze des "pastoral circle" bei Henriot und Holland der erste Schritt der gemeinschaftlichen Vergewisserung über die den Unterscheidungsprozeß fundierende Wertgrundlage im Sinnhorizont des Glaubens als *conversion* eingeführt. In beiden Zusammenhängen ist mit diesem Stichwort der Prozeß der Grundausrichtung auf den das Handeln bestimmenden Bezugshorizont des christlichen Glaubens angesprochen: Unerläßlich als Ermöglichung einer selbständigen christlichen Identität, erweist sich die Klärung der Wertgrundlage als Quelle beständiger Orientierung im Hinblick auf die Kriterien des Unterscheidens und Entscheidens. Für eine christliche Sozialethik ist die Bedeutung dieses Klärungsprozesses derzeit wohl am besten ausgewiesen anhand der Option für die Armen, die theologisch begründet ist und von daher die Identität christlich-sozialen Handelns in Theorie und Praxis verbindlich bestimmen muß.[206]

Die Explikation der Wertgrundlage, die sich im Licht des Glaubens als Sinnhorizont erschließt, ist kritisch gegen die Illusion (bzw. Ideologie) einer wertfreien Erhebung und Analyse der gesellschaftlichen Wirklichkeit einzufordern. Dies gilt einerseits im Hinblick auf den Dialog mit den Human- und Gesellschaftswissenschaften, deren Datenangebot und Deutungsmuster auch immer schon von bestimmten Wahrnehmungsmustern und Prämissen bestimmt sind; eine christliche Sozialethik wird ihnen offen und ohne Vorurteile, aber doch nicht unkritisch begegnen (vgl. 1 Thess 5,21). Andererseits gilt dies aber auch für den ethischen und theologischen Diskurs selbst, der sich und seine Dialogpartner über die leitenden Wertvorstellungen aufklären und deren geschichtlich-kulturelle Vermittlung je neu leisten muß.

---

205 Erinnert sei an den politisch-gesellschaftlich konnotierten Prozeß der "zweiten Konversion", an die Selbstcharakteristik Madeleine Delbrêls als "Neukonvertierte" und an das in ihren Reflexionen wiederholt nachzulesende Motiv, den "Seelenzustand der Neugetauften zurückzugewinnen" im Hinblick auf einen authentischen und wirkkräftigen Glauben.

206 Vgl. oben Kapitel 5.4.

Daraus ergibt sich z.B. das Desiderat einer expliziten Vergewisserung über das, was man unter dem "christlichen Menschenbild" verstehen will und wie dieses Verständnis kontextuell weiterzuentwickeln und situativ zu übersetzen ist. Solche je neu zu leistende Vergewisserung über die (oft allzu selbstverständlich gehandhabten) theologischen Bezugsgrößen christlicher Sozialethik ist eine Aufgabe echter Unterscheidung, die nur in der dialogisch-dialektischen Vermittlung von konkretpluralen Erfahrungen in gesellschaftlichen (auch kirchlichen) Zusammenhängen einerseits und wissenschaftlicher Reflexion andererseits angemessen geleistet werden kann.[207] Eine christliche Sozialethik, die zudem unter dem Anspruch der vernünftigen Kommunikation mit allen Menschen guten Willens steht, kann sie nicht ernst genug nehmen.

Insofern muß *Begegnung* oder *Dialog* zu einem stilbildenden Prinzip sozialethischer Arbeit werden. Das gilt in bezug auf die zur Analyse komplexer Handlungs- und Strukturzusammenhänge unerläßliche Interdisziplinarität sowie auf die Vermittlung von Praxis und Theorie, wie es etwa in den Konsultationsprozessen der letzten Jahre erprobt worden ist. Die Relevanz der Vernetzung verschiedener Träger christlich-sozialen Handelns auf ein gemeinsames Ziel hin und die Entwicklung eines entsprechenden kommunikativen Handlungskonzepts stehen außer Frage. Von daher legt sich die Forderung einer intensiveren Reflexion auf den Zusammenhang von Ekklesiologie und Sozialethik nahe. Im Hinblick auf die zukünftige(n) Gestalt(en) kirchlich verwurzelter sozialer Praxis wie auch umgekehrt im Hinblick auf die Kriterien der Gestaltung innerkirchlicher Lebens- und Strukturzusammenhänge ist ein solcher innertheologischer Austausch von erheblicher Bedeutung und Brisanz. Einerseits muß sich eine Sozialethik als Theorie christlicher Praxis ihres ekklesialen Ortes vergewissern, insofern solche Praxis nur gemeinschaftlich, nämlich in der gemeinsam gelebten Ausrichtung auf den Sinnhorizont des Glaubens Gestalt annehmen kann. Zum anderen kann eine christliche Sozialethik ihre kritisch-konstruktive Funktion in der Gesellschaft nur dann wirksam und glaubwürdig wahrnehmen, wenn den entsprechenden Kriterien der Analyse und Beurteilung auch im kirchlichen Handlungsraum entsprochen wird. Das Gelingen der dialogisch-dialektischen Vermittlung von Theorie und Praxis in den zu unterscheidenden, aber aneinander verwiesenen (in sich noch einmal vielfach gestuften) Handlungszusammenhängen von Kirche und Gesellschaft wird so zum Wahrheitskriterium einer christlichen Sozialethik, die - im Gesamtzusammenhang des sozialen Lehrens der Kirche - als Theorie christlicher Praxis dem Einsatz für Glaube und Gerechtigkeit verpflichtet ist.

Eine solche Gestalt kirchlich-sozialen Lehrens braucht die Erinnerung an konkrete Vorbilder einer prophetisch kreativ gelebten christlichen Praxis. Insofern

---

[207] Zur Dringlichkeit der Frage nach dem "Menschenbild" im Hinblick auf eine neue Wahrnehmung der Zweigeschlechtlichkeit menschlicher Existenz im Kontext theologischer Ethik vgl. Heimbach-Steins, Anthropologie.

solche Erinnerungsarbeit jeweils selbst aus einem bestimmten Praxiszusammenhang erwächst und diesem in kreativer Aneignung "einverleibt" wird, dient sie nicht nur einer historischen Spurensicherung, sondern setzt stimulierende Kräfte der Orientierung auf neue Praxis hin frei. Im Kontext des sozialen Lehrens der Kirche kann auf diesem Weg einer induktiv-biographischen Vergewisserung die Zeugnis- und Gemeinschaftsdimension des Glaubens eingeholt und vermittelt werden.

Anhang

I. Madeleine Delbrêl, Studie zur Mission de France (Oktober 1953)[1]

(1)

Begleitbrief an Daniel Perrot vom 20.10.1953:

Père,

Il y a exactement douze ans, par les circonstances qui, dit-on, viennent de Dieu, je vaisais une retraite à Lisieux. Dans ce Lisieux, il n'y avait pas de Mission de France, mais un Père Augrtos qui cherchait ce qu'elle devrait être un jour.

C'est donc à l'état de racine que je lái rencontrée pour la première fois, c'est quand elle en sortait que je l'ai rencontrée le plus souvent. "Rencontrée" est même un assez mauvais mot. Les racines ne demandent pas aux herbes qui sont à côté d'elles leur avis pour les marquer de leur destin. Vaille que vaille, j'ai gardé avec la Mission une sorte de voisinage souterrain.

Je ne pense pas que mon journal sentimental vis-à-vis d'elle vous intéresse, et je n'aurais pas évoqué ces vieux souvenirs sans un motif précis.

Dans les coups de roulis actuels, il m'est arrivé soit d'écrire seule, soit d'écrire avec d'autres, soit de dire tel ou tel côté de mon

(2) point de vue sur la Mission. Quelque peu scrupuleuse de nature, il m'est brusquement venu à l'idée qu'il serait mieux de vous le dire aussi à vous-même. C'est le but des notes ci-jointes. Elles sont à vous. Faites-en ce que vous voudrez: j'en envoie un double au P. Augros, un peu dans le même état d'esprit.

Ne voyez surtout pas dans cette communication une intervention. Il n'y a qu'une chose que je n áimerais pas que vous me disiez: c'est que cela ne me regarde pas!

Croyez, mon Père, à mon "radical" attachement,

Madeleine Delbrêl
11 rue Raspail
Ivry sur Seine

---

[1] Im Archiv Madeleine Delbrêl liegt die Studie in einer maschinenschriftlichen Abschrift als Broschüre vor. Einschließlich des Begleitbriefes an Daniel Perrot umfaßt sie 21 Seiten. Im folgenden werden die Seitenzahlen dieser Vorlage jeweils in Klammern vor jeder neuen Seite eingefügt. Alle Hervorhebungen sind original. Offensichtliche orthographische bzw. Abschreibfehler werden stillschweigend korrigiert.

Les racines de la Mission, on peut dire, en reprenant des mots qui retentirent tellement à sa naissance, qu'elles sont:

- séculières
- communautaires
- évangéliques
- missionnaires

J'ajouterai qu'elles sont, de fait,

(3) *hiérarchiques*. La vocation de la MISSION DE FRANCE - et ce n'est pas le cas des autres missions en France - n'a pas été suscitée par le Saint-Esprit dans la "périphérie" de l'Eglise, puis habilitée par l'Episcopat. C'est directement par lui qu'elle a été appelée et envoyée. C'est un acte de l'Eglise dans ce qu'elle a de plus organique.

RACINES HIERARCHIQUES

L'histoire de ces dix ans est lourde de fidélité à cet aspect de sa vocation.

Si pratiquement l'Episcopat - et ce fut la crise de l'an passé - s'est senti dessaisi d'elle, et cela en grande partie par le jeu des circonstances, il n'a au contraire cessé d'être par elle informé, alerté, pressenti. Il y avait comme un besoin de reflux vers lui, constant et pressant.

En revanche, ces mêmes dix ans mettaient la Mission en contact avec des gens qui, eux, étaient de la "périphérie", des gens qui, isolément, avaient été appelés aux frontières, qui avaient déchiffré solitairement et douloureusement leur vocation propre. Ils avaient abouti là où la Mission voulait aller, comment n'aurait-elle pas preté l'oreille avec toute son humilité et son anxiété à leur message?

Ce message, nous avons à en reparler, elle lui fit un large accueil. Il la marqua d'une forte empreinte. Mais c'était l'empreinte des missionnaires appelés à faire des "trouées" particulières parce que personnelles, insuffisantes pour donner un visage *entier* à la Mission de

(4) *France*. Les distinctions juridiques entre, par exemple, Mission de France et Mission de Paris, ne rendent pas compte des faits d'influence, influence qui ne fut pas bilatérale à égalité.

De là, un horizon qui, assez vite, ne correspondait plus aux racines: on ne le déplaçait pas mais on le restreignait.

S'il est parfois dans les habitudes du Saint-Esprit de faire évoluer des individus qui se trouvent être généralement des Saints à coups de tremplin, il n'en va pas de même pour la grande vivante qu'est l'Eglise et qui, maison, arbre ou corps, va sans cesse et sans rupture de continuité de ce qu'elle est à ce qu'elle doit devenir.

La confusion entre ces vocations individuelles et cette vocation "hiérarchique" allait amener aux difficultés.

Sur le plan d'*action*. La Mission était appelée à une poussée de branches nouvelles, mais sur les branches existantes: paroisses, mouvements acclimatés etc. Dans la mesure où la proportion du nouveau sur l' "ancien" devenait, du moins en esprit, considérable, elle était en rupture d'équilibre avec elle-même.

Sur le plan de la *pensée*. Pour "vivre de la foi" il faut explorer des secteurs de foi liés à une vie nouvelle que l'on découvre. Il était donc bien légitime que la Mission se mette en quête de soubassement doctrinal de son action propre.

(5) Cela lui fit découvrir des plan de foi et de pensée laissées ou revenus dans l'ombre. Mais là, comme sur le plan de l'action, elle n'était pas de la "périphérie" sur le plan de la pensées; elle ne pensait pas s'offrir le luxe d'être *principalement* novatrice. Un missionnaire isolé aurait peut-être pu s'offrir ce luxe. Une "vague" d'Eglise qui avance dans un type de vie en partie inconnu appelle un approfondissement, une vitalisation, de tout ce qui, au point de vue doctrine, est resté le pain quotidien. Sur ce pain, chaque temps met de préférence l'aliment qui répond à ses besoins. Le pain est si commun qu'on oublie presque qu'il existe. Le temps de la carte de pain nous avait rendu des convictions sur lui. Qu'un explorateur n'emporte que des aliments rentrant dans un sac à dos, qu'un chimiste cherche en laboratoire de nouveaux aliments, c'est nécessaire. Ceux qui ont, dans l'Eglise, la charge d'un travail commun, même si c'est un gratte-ciel ou une autostrade, ne doivent pas en rester au régime des casse-croûte et sont mal placés pour faire des recherches en chimie.

En termes plus clairs, on a souvent l'impression que ceux que la Mission a prépares, ont été nourris pour ce qui, dans leur tâche, leur était particulier, mais pas assez pour ce qui, dans leur vie, était le lot commun de tous les chrétiens et de tous les prêtres.

RACINES SECULIERES

Là encore la Mission me semble avoir été hardiment mais incomplètement fidèle à ses racines.

De ce "siècle", plus concrètement 1942-

(6) 1953, elle a connu et partagé une part de destin dont l'Eglise était pratiquement absente. Il est facile d'énumérer les passages qu'elle a ouverts dans les épais-

seurs de masses où le Christ n'était plus. Tellement qu'on risque d'oublier qu'avant elle ces passages n'existaient pas.

Mais deux tentations se sont présentées à elle. Se laisser capter par les zones de réel qu'elle connaissait de ce temps. Oublier les hommes d'aujourd'hui pour ceux de demain, même pour que demain chante.

Elle est partie, dans bien des cas, sur des définitions non vérifiées qui la faisaient passer à côté de la réalité de certains hommes.

Séculières dans le "clergé séculier" elle n'a pas toujours évité pour celui-ci les cruautés de l'enfance - cet âge sans pitié - et quand à son tour elle a eu à souffrir de certaines cruautés qui, elles, n'étaient pas enfantines, elle ne s'est pas souvenue par combien de 'gamineries' elle avait ouvert le feu.

Elle n'a pas toujours su se garder de ce dont son caractère séculier devait la défendre: un certain sens aristocrate d'elle-même.

Si généreusement elle a désiré don-

(7) ner à ses frères en sacerdoce de meilleur de ce qu'elle avait découvert, elle n'a pas toujours pensé qu'elle pouvait recevoir quelque chose d'eux.

RACINES EVANGELIQUES

Je pense que, parce qu'ils sont nombreux à vivre rudement pes pages entières de l'Evangile de Jésus-Christ, des gens qui ne sauraient pas vivre autre chose, on minimise le trésor de lumière qu'ils ont versé comme d'un seul coup.

Ils ne sont peut-être pas humbles de tempérament, mais ce qu'il y a de certain, c'est que leur témoignage est humble par force. Leur nombre a changé en fait commun l'héroïsme vrai de chacun dans tant d'aspects de sa vie.

Si, à certains, tous les passages de cet Evangile ne sont pas encore chers, j'en proposerai plus loin une hypothèse d'explication. Si pour d'autres ce même Evangile a pu être une sorte de pierre d'achoppement, il ne faudrait peut-être pas considérer la chose comme une malchance fortuite.

Deux mille ans d'église nous ont ap-

(8) pris que seule cette église est apte au sens fort du mot à vivre l'évangile".

Tout renouveau de sève évangélique porte en lui une tentation d'évasion.

Il ne laisse jamais l'Eglise identique à ce qu'elle était avant lui: il la déchire où il la vivifie ... et il la vivifie dans la mesure où il se fait vivifier par elle.

C'est que le chrétien qui a été appelé à une vie d'Évangile réaliste ne peut la vivre dans une vie d'Eglise abstraite. Si l'Eglise est pour lui une abstraction, une discipline, un rassemblement, ou bien il renoncera à l'Evangile ou bien il renoncera à l'Eglise.

Pour la Mission, toute une part de l'"idee" d'Eglise est devenu un réel incomparablement plus vif. Mais là, comme sur d'autres plans, c'est l'aspect le plus méconnu de l'Eglise qui a été mis au soleil: le coté actif de chaque cellule dans le corps-Eglise, tandis que tout ce qui était tenu pour connu, la vie organique de ce corps, son réalisme d'échanges, de dévouements internes et de soumissions, restait dans une gangue de concepts et de définitions.

(9) Si Saint François a pu vivre son paroxysme évangélique sans se casser le cou, la raison en est dans ce qu'il écrit dans son Testament. Personne n'expliquera mieux que lui comment le Christ est le Christ dans chaque fonction qu'il donne et que des doigts même prodigieux ne remplaceront jamais un coeur malade.

Là encore, c'est un complément que la mission appelle plus qu'une rectification. Au point où elle est, elle risque d'essayer de vivre une Eglise "atomisée", non cette Eglise qui ne nous a pas demandé notre avis pour être ce qu'elle est et qu'il ne s'agît pas de "faire autrement" mais de "vivre autrement" comme on vit *sa* vie.

RACINES COMMUNAUTAIRES

Une volonté de communauté était dans les racines de la Mission: volonté commune des Evêques voulant ensemble faire face à des désastres répartis. Option dès le début pour une vie commune en équipes. Préparation à cette vie d'équipe par la vie en équipe elle aussi au séminaire.

Mais si le grand bien de la vie

(10) commune est d'extirper chacun de soi, ses dangers ne sont pas nouveaux: ils sont de transposer le "quant à soi" sur le monde "quant à nous". Plus l'équipe est dense, plus les équipes voisines risquent d'être ignorées; plus la communauté est une, plus elle est en risque de division avec ce qui n'est pas elle.

Combien de communautés missionnaires entre lesquelles un non-initié ne verrait que du feu se renient les unes les autres.

Une fois de plus, il faut noter que la Mission sur le plan communautaire a apporté des données, des faits, dont il est difficile d'estimer l'ampleur.

Une fois de plus, c'est de compléter qu'elle a besoin. Ses avancées dans l'esprit communautaire ont trop souvent coïncidé avec la pratique des ruptures. Elle a eu dans ce domaine la tendance du tout ou rien. Ses attitudes ont souvent semblé, ce qui est plus grave, une sorte de négation par les actes d'une communauté qui, quoique souvent lamentablement exprimée, est la plus vraie du monde, celle des Chrétiens.

(11) RACINES MISSIONNAIRES

Et nous en arrivons à ce qui, à tort ou à raison, me semble être le noeud interne du problème.

Je pense que la patience quasi miraculeuse de Rome devant tant de calomnies, tant de faits réels mais soigneusement orchestrés, tant d'engagements hardis et parfois hasardeux, patience qui a duré plusieurs années, a la même raison que son intervention d'aujourd'hui.

Je sais que les hommes sont les hommes, à Rome comme ailleurs. Mais si l'on avance que ce sont eux qui font l'intervention d'aujourd'hui, ce serait admettre qu'ils faisaient la patience d'hier.

Je pense que, à travers les hommes ou malgré les hommes, il y a l'instinct maternel de Rome.

Je pense que cet instinct lui avait révélé et le but propre de la Mission et son danger spécifique, mais qu'il avait révélé en même temps l'étroite, la dramatique coïncidence de ce but et de ce danger.

A cause du but, elle a patienté; à cause du danger, elle intervient.

De cette coïncidence entre le but

(12) et le danger, il faut oser parler sans feinte.

Il y a des choses avec lesquelles on n'a pas le droit de jouer à collin-maillard.

Il faudrait avoir le courage de dire - à condition de le penser - que la Mission tend au Marxisme, dans la mesure même où elle est la Mission, mais que si une *tendance de salut* vers le Marxisme fait partie de sa vocation propre, une *tendance d'alliance* est sa tentation spécifique.

Ces deux tendances sont si douloureusement à discerner l'une de l'autre, il y faut une telle audace surnaturelle, que la solution de facilité sera toujours ou de renoncer au but, ou de nier la tentation.

La rencontre du Marxisme peut être pour certains une bagatelle: tant mieux ou tant pis pour eux. Plus ordinairement, elle est une grande chose. Dans certains cas, elle est une grande chose périlleuse. Le cas de la Mission fut de ceux-là. J'en propose l'histoire.

Quand l'Episcopat français destinait la Mission de France aux milieux déchristianisés, c'était la prédisposer à pencher du poids de toute une part de sa vocation vers le

(13) prolétariat. C'est de tout ce poids qu'elle s'est enfoncée en lui.

Il était alors recouvert, pour elle comme pour tous, des mots "masses déchristianisées". En large part, il restait un inconnu et ce facteur d'inconnu était la preuve brûlante qu'entre l'Eglise et le prolétariat ce "mur" s'était élevé.

Même le mot mur se révélait trop faible. Il s'agissait d'un nouveau monde derrière ce mur. Qui était-il? Comment y aller? La jeune équipe était hésistante et humble devant une énigme qui contenait aussi son destin.

C'est alors qu'elle rencontra des chrétiens qui, eux, avaient escaladé le mur et qui, sorte d'explorateurs du nouveau monde, avaient expérimenté ce qu'on lisait sur le papier: l'apostasie du prolétariat.

Si de cette apostasie ils avaient appris les réelles dimensions, ils avaient aussi appris de quelles chairs vivantes et souffrantes elle était faite.

Leur vie trempée dans le "révélateur" du milieu prolétarien en sortait comme un cliché négatif, où tout ce qui dans leur passé avait été "privilège" conscient ou non, mettait les tâches noires de l'injustice.

Car c'était un malheur à base d'in-

(14) justice qu'ils avaient découvert. Un malheur qui aurait pu ne pas être, et qui avait ses responsables ou ses complices.

Ils revenaient marqués d'un choc ineffaçable, choc auquel ils n'avaient pas été préparés et qu'ils n'avaient pas été aidés à subir.

Les "premiers" qui, dans la Mission ou à côté d'elle allaient prendre le premier chemin pour le même monde, en reviendraient commotionés du même choc, subi par eux aussi sans préparation et sans aide.

Mais - fait qui me semble considérable - tandis que les "premiers" allaient de façon diverse vers une sorte d'âge adulte, missionnaire, le choc des départs initiaux s'inscrivait pour ainsi dire dans la psychologie de la Mission. Il fallait qu'elle reste jeune; il aurait mieux valu qu'elle ne reste pas adolescente.

C'est au coeur de cette rencontre avec le prolétariat que la Mission a rencontré le Marxisme. Elle était faite pour rencontrer l'un et l'autre mais elle n'était préparée à rencontrer ni l'un ni l'autre.

Pour tout homme sensible aux valeurs humaines, la rencontre d'un milieu courageusement marxiste attire le respect. Mais, pour des hommes qui viennent d'être atterrés par la découverte d'une condition prolétarienne sous-humaine, cette rencontre ne peut être qu'un *éblouissement*.

Il faut avoir vécu dans de tels mi-

(15) lieux marxistes pour estimer à son juste prix tout ce qui s'y pratique de générosité, de dévouement, de chaleur de coeur.

C'est *de* l'Evangile qui est vécu par eux et de si éclatante façon qu'on devient inapte à discerner ce qui, vécu par eux aussi, nie l'Evangile. Cet éblouissement nous rend conscient de la fréquente infériorité de notre fidélité à ces aspects de l'Evangile et entraîne à renforcer la part de ces aspects en nous au détriment des autres exigences évangéliques.

Du marxisme théorique dont on avait parfois appris les optiques doctrinales, nos camarades semblent tout ignorer et ignorent tout souvent.

Mais, de ces options, ils savent le pourquoi: un espoir qu'on entend bruire dans le monde entier et qui lutte pour le bonheur.

A ce moment-là, ils apparaissent dans le prolétariat décomposés comme des rescapés et des guides. Nous allier à eux pour un temps semble nous laisser sur la même route et en faire plus efficacement un morceau.

Je pense que là et strictement là se situe l'aiguillage du seul vrai danger de la Mission.

On peut habiller des prêtres en soutanes ou en bleus, les laisser à l'usine ou les en rappeler, les souder à une paroisse ou les rattacher à un quartier, on peut sacrifier toute

(16) une évangélisation possible à des mesures disciplinaires, *le danger restera entier tant que des chrétiens considéreront le Marxisme comme un état de bonne santé et qu'ils iront vers les Marxistes non pour ce qu'ils n'ont pas, mais pour ce qu'ils ont*.

On peut, au contraire, "sauver" la Mission, la laisser repartir sans changement, si cet "aiguillage" n'est pas discerné, la Mission sera minée par l'intérieur, elle ne portera pas Jésus-Christ aux Marxistes, elle répétera seulement avec eux ce qu'ils disaient sans elle en leur fournissant le référence évangélique.

Le Marxisme n'est pas le retour à la santé d'un prolétariat malade, il est le péché social dont la misère prolétarienne a permis l'éclosion.

La conscience ou l'inconscience de ceux qui y participent sont variables à l'infini.

Nous, nous en sommes solidaires dès que nous cessons de l'appeler un mal. A ce moment-là, nous sommes tombés par de fausses patiences en vue d'une "civilisation à baptiser". Nous oublions les hommes d'aujourd'hui au nom de cette civilisation de demain. Nous confondons la civilisation prolétarienne qui, elle, peut être baptisée, et un athéisme de forme quasi religieuse qui, s'il entraine une civilisation, est tout autre chose que cette civilisation.

(17) Bien plus qu'un travail commun avec les Marxistes, bien plus qu'un équilibre savant dans les engagements syndicaux, est indispensable cette prise de per-

spective. Car si d'elle dépend la fidélité de la Mission à sa propre vocation, d'elle aussi dépend notre Foi.

Quand nous répétons, en face de nos camarades au coeur magnifique, que l'âme de l'Eglise déborde son corps, il ne nous faudrait pas oublier le corollaire: le corps du marxisme déborde son esprit, et *son corps, c'est l'action marxiste, proprement marxiste*, telle qu'elle jaillit de ses deux options fondamentales, si évangéliquement logique que seul Saint Jean les a ainsi étroitement liées: la lutte contre Dieu et la lutte entre hommes.

Les marxistes ne mettent pas en oeuvre *que* cette action, mais le fait que, comme chrétiens, nous devons regarder en face, c'est que *pratiquer* l'action marxiste, c'est introduire en nous positivement quelque chose qui est anti-Dieu, qui sape en nous la vie de Dieu, qui rend apte aux effondrements des secteurs entiers de notre vie surnaturelle. Si nous en doutions, des passages extraordinairement francs de Lénine nous l'affirmeraient et nous pourrions retrouver en eux, écrits d'avance, les déscriptions cliniques des catastrophes que nous avons vu se préparer et se réaliser.

Devant ces catastrophes, avant de s'arrêter à des questions de circonstances et de tempéraments, il serait peut-être utile de voir si le même élément ne s'y trouve pas: la "pratique" habituelle de l'action marxiste, non pas

(18) forcément de tel ou tel mouvement, mais de la lutte entre hommes telle que le marxisme la définit.

Mais, si la tendance d'alliance vis-à-vis du marxisme me semble le seul vrai danger de la Mission, si de le reconnaître *elle*-même me semblerait sa seule vraie planche de salut, il me paraît assez douloureux que la stigmatisation de glissements réels ou possibles vienne de ceux qui, sous un autre angle, ont rencontré un danger analogue, sans en être davantage sortis indemnes.

Je m'explique. Le prolétariat est en croix entre deux péchés du monde:

l'un dont il est le fruit;

l'autre qui est son fruit;

l'un le capitalisme matérialiste;

l'autre le marxisme matérialiste;

l'un condamné dans ses faits et non dans sa doctrine car il n'a pas de doctrtine;

l'autre condamné dans sa doctrine, car il est une doctrine et une doctrine d'action.

L'Eglise, chargée d'un salut universel, est providentiellement *en tendance* vers tous ceux qui portent l'un ou l'autre de ces péchés. Il lui faut être incorporée à leur vie.

Ce n'est pas un scandale que l'Eglise soit au milieux des riches et des puissants: ils sont pécheurs; elle doit y être.

(19) Comme la Mission tend au Marxisme, d'autres membres de l'Eglise tendent aux hommes qui vivent dans le capitalisme vieilli et puissant. Même si le système est d'hier, les hommes vivent encore aujourd'hui.

Elle y tend depuis trop d'années pour que de cette tension on discerne encore l'élan.

Lá, comme la Mission devant le Marxisme, comme depuis deux mille ans devant tous les remous humains, il s'agissait d'un salut menacé par une alliance. Les dégats de cette alliance, c'est la Mission qui est envoyée pour les réparer.

C'est cette alliance qui n'a pas permis de distinguer, qui ne nous a pas permis de distinguer le péché des communautés sociales responsables: laisser naître et grandir en *état de séparation* le douloureux prolétariat. Nous avons, nous chrétiens, laissé par le fait de nos liens sociaux, économiques, culturels, psychologiques, s'opérer lentement et pleinement notre propre rupture avec le monde du travail. Elle s'achevait en même temps que l'apostasie prolétarienne; les deux étaient constatées simultanément et solennellement.

Je ne pense pas que la Mission doive "plaider innocent": peut-on jamais le dire en face de Dieu et de son Eglise?

Mais je pense que sa culpabilité s'inscrit dans la constante trahison de nos pau-

(20) vres coeurs humains en face des "dimensions" de la miséricorde.

Au milieu des "grands", nous sommes si peu le "sel" qu'ils restent riches et que nous restons riches avec eux: nous les laissons, nous nous laissons atteints de ce que le Christ appelle un *malheur*: la richesse; nous laissons presqu'intact ce que le Christ appelle un autre malheur: la misère, comme si la suprème rencontre du Jugement dernier avec les nus, les sans-logis, les affamés, les étrangers, ne devait pas avoir lieu.

Parmi les enfants de Dieu, nous haïssons comme un mal de Dieu l'athéisme marxiste, mais nous oublions que, dans la famille de Dieu, les pécheurs sont les préférés, qu'il ne nous est pas demandé de haïr mais de sauver, et qu'il nous sera peut-être demandé compte de ce que nous avons donné de lumière et d'amour aux hommes de Russie ou de Chine à travers les marxistes de notre maison, membre de notre énorme corps social.

Au milieu des pauvres, des vrais "petits", sans argent et sans idéal, nous haïssons comme un mal de Dieu le capitalisme matérialiste et souvent homicide. Si, des "damnés de la terre" nous sommes tentés de faire des Saints, nous fermons d'avance le Paradis de Dieu aux "heureux de la terre". Le mal nous cache le pécheur.

(21) Si des marxistes nous avons fait nos frères, nous n'osons pas dire que le bonheur n'est pas la justice distributive, mais la pauvreté; que les lendemains ne chanteront jamais juste, mais que l'éternité chantera; que le monde est tout petit devant la mort.

Aujourd'hui comme autrefois, celui qu'on appelle "l'Apôtre" saurait le dire aux uns et aux autres.

Si le mot "apostolat" est si démodé aujourd'hui, ne serait-ce pas que le monde nous rend timides devant lui?

Il est quelquefois plus agréable d'être tué que de s'entendre répondre: "Nous t'entendrons une autre fois".

II. Literaturverzeichnis

1. Schriften Madeleine Delbrêls

(aufgenommen sind nur die Texte und Textausgaben und Archivalien, mit denen in dieser Studie gearbeitet wurde.)

1.1 Veröffentlichte Texte und Übersetzungen

Ville marxiste - terre de mission, rédigé à Ivry de 1933 à 1957, Paris: Ed. du Cerf 1957, 21970. (VM); dt.:

Christ in einer marxistischen Stadt, hg. und eingeleitet von Viktor Conzemius, (teilw. gekürzte) Übertragung von Hermann Josef Bormann, Frankfurt 1974. (CmS)

Nous autres, gens des rues. Textes missionnaires, Paris: Ed. du Seuil 1966, 21971. (NA); dt.:

Wir Nachbarn der Kommunisten. Diagnosen. Übertragen und mit einem Vorwort versehen von Hans Urs von Balthasar, Einsiedeln 1975 (NK)

La joie de croire, Paris: Ed. du Seuil 1968. (JC); dt. (Auszüge):

Gebet in einem weltlichen Leben. Übersetzt und mit einem Vorwort versehen von Hans Urs von Balthasar, Einsiedeln 41986 (GwL), und:

Der kleine Mönch. Ein geistliches Notizbüchlein. Übertragen und mit einem Vorwort versehen von Bernhard Matheis, Freiburg 1981. (KM)

Communautés selon l'évangile, Paris: Ed. du Seuil 1973. (CE); dt. (Auszüge):

Frei für Gott. Über Laien-Gemeinschaften in der Welt. Übertragen von Hans Urs von Balthasar, Einsiedeln 1976 (FG)

Indivisible amour. Pensées détachées inédites, Paris: Ed. Centurion 1991 (IA); dt.:

Leben gegen den Strom. Anstöße einer konsequenten Christin. Aus dem Französischen übersetzt von Katja Boehme, Freiburg 1992. (LS)

Chrétiens et procès, La Croix, 3.März 1953.

1.2 Unveröffentlichte Texte (Archives Madeleine Delbrêl)

Les 34 de Barcelone. Message aux catholiques d'Espagne (März 1952).

Brief an Daniel Perrot (20. Oktober 1953) [Begleitschreiben zu:]

Note aux Pères Augros et Perrot (20. Oktober 1953) [über die Mission de France].

Brief an Mgr. Brot (11. Dezember 1953)

Brief an Mgr. Veuillot (10. Oktober 1959)

Brief an eine Freundin [Nuria Carreras-Patxot] (19. November 1959)

Postkarte an Gaston Fessard (30. Juli 1960)

2. Literatur zu Madeleine Delbrêl

(Angegeben wird nur die in dieser Arbeit zitierte Literatur; für eine vollständige Literaturübersicht sei verwiesen auf die von der Association des amis de Madeleine Delbrêl herausgegebene und regelmäßig aktualisierte Bibliographie: Madeleine Delbrêl. Etudes. Articles. Témoignages. Récensions. Sie kann bei der Association angefordert werden (Les amis de Madeleine Delbrêl, 11, Rue Raspail, F-94200 Ivry-sur-Seine).

Augros, Louis, Postface, in: NA, 295-302.

Balthasar, Hans Urs von, Vorwort in: GwL, 7-13.

Balthasar, Hans Urs von, Vorwort in: FG, 7-11.

Boismarmin, Christine de, Madeleine Delbrêl 1904 - 1964. Rues des villes chemins de Dieu. Paris 1985 (dt.: Ein Leben unter Menschen, die Christus nicht kennen. Übersetzt von Mathilde Wiemann OSB, München-Zürich-Wien 1986).

Les Communistes et les Chrétiens. Alliance ou Dialogue? Madeleine Delbrêl (1904 - 1933 - 1964): *Le supplément* 173 (1990).

Conzemius, Viktor, Madeleine Delbrêl. Einleitung zu CmS, 7-38. (gekürzte Fassung: Madeleine Delbrêl. Portrait des Christen der Zukunft, in: ders. (Hg.), Propheten und Vorläufer. Wegbereiter des neuzeitlichen Katholizismus, Zürich-Einsiedeln-Köln 1972, 304-316).

Fessard, Gaston, De l'actualité historique II: Progressisme chrétien et apostolat ouvrier, Paris 1960 (zu Madeleine Delbrêl bes. 107-142) (*AH*).

Fouilloux, Etienne, *Préface* aux Actes du colloque du 7 octobre 1988: "Madeleine Delbrêl à Ivry-sur-Seine", in: Le supplément 173 (1990) 5-10.

Fouilloux, Etienne, *Madeleine Delbrêl* et la Mission (1941-1954), in: Le supplément 173 (1990) 91-118.

Fouilloux, Etienne, Des *chrétiens* à Ivry-sur-Seine (1930-1960), in: Banlieue rouge 1920-1960. Années Thorez, années Gabin: archetype du populaire, banc d'essai des modernités, in: Autrement, Nr. 18 /Okt. 1992, 160-181.

Heimbach-Steins, Marianne, *Gespräch* mit einer Pionierin, in: dies./Furger, Existenz, 13-24.

Greiner, Susanne, Das Zeugnis von Madeleine Delbrêl. Eine Antwort auf die Not unserer Zeit, in: Lebendiges Zeugnis 44 (1989) 12-20.

Guasco, Maurilio, Yvan Daniel, curé d'Ivry, et Madeleine Delbrêl (1958-1964), in: Le supplément 173 (1990) 119-142.

Loew, Jacques, *Introduction*, in: NA 9-50. (dt.: NK 9-41).

Madeleine Delbrêl: L'Evangile dans une vie de laïque, Missi aout-septembre 1988.

Neufeld, Karl-Heinz, *Atheismus* und Spiritualität. Zum Zeugnis von Madeleine Delbrêl, in: Geist und Leben 44 (1971) 296-305.

Schleinzer, Annette, Die Liebe ist unsere einzige Aufgabe. Das Lebenszeugnis von Madeleine Delbrêl, Ostfildern 1994.

Steinmetz, Franz-Josef, Der Ball des Gehorsams. Zu einem Gedicht von Madeleine Delbrêl, in: Geist und Leben 62 (1989) 295-300.

Weismayer, Josef, Geistliches Leben in einer weltlichen Welt. Madeleine Delbrêl, in: Anton Zottl (Hg.), Weltfrömmigkeit. Grundlagen - Traditionen - Zeugnisse, Eichstätt-Wien 1985.

3. Weitere Forschungsliteratur

(Angegeben werden nur Werke, die in dieser Arbeit zitiert oder auf die *mehrfach* verwiesen wird. - Weitere Verweise finden sich in den Anmerkungen.)

Alphonso, Herbert, Freunde im Herrn. Die Gesellschaft Jesu als apostolische Gemeinschaft, in: Falkner, Andreas/Imhof, Paul (Hg.), Ignatius von Loyola und die Gesellschaft Jesu 1491-1556, Würzburg 1990, 85-93.

Antoncich, Ricardo/Munárriz, José Miguel, Die *Soziallehre* der Kirche, Düsseldorf 1988.

Antony, Bernhard (Hg.), Zur *Arbeiterschaft* - zur Arbeiterbewegung entschieden. 100 Jahre Joseph Cardijn (Arbeiterbewegung und Kirche, Bd. 6), Mainz 1982.

Antony, Bernhard, Arbeiterleben und Arbeitswelt mit Hoffnung sehen. J. Cardijns Impulse zur *Lebensbetrachtung* (Revision de vie), in: ders., Arbeiterschaft, 144-167.

Anzenbacher, Arno, Zur *Kompetenz* der Kirche in Fragen des wirtschaftlichen Lebens, in: JCSW 29 (1988) 73-86.

Arrupe, Pedro, Die geistliche *Unterscheidung*, in: ders., Im Dienst des Evangeliums: ausgewählte Schriften, hg. und eingeleitet von Hans Zwiefelhofer, München 1987, 186-192.

Auer, Alfons, Autonome Moral und christlicher Glaube, Düsseldorf 1971.

Augros, Louis, De l'*Eglise* d'hier à l'Eglise de demain. L'aventure de la Mission de France, Paris 1980.

Azevedo, Marcello, Kirchliche Basisgemeinden in Brasilien - eine mögliche Vermittlung der Glaubensinkulturaltion?, in: Hünermann/Scannone/Galli (Hg.), Wissenschaft, 397--423.

Bakker, Leo, Freiheit und Erfahrung. Redaktionsgeschichtliche Untersuchungen über die Unterscheidung der Geister bei Ignatius von Loyola, Würzburg 1970.

Balthasar, Hans Urs von, Zur *Ortsbestimmung* christlicher Mystik, in: ders./Beierwaltes, Werner/ Haas, Alois, Grundfragen, 37-71.

Balthasar, Hans Urs von/Beierwaltes, Werner/Haas, Alois, *Grundfragen* der Mystik, Einsiedeln 1974.

Baraúna, Guilherme (Hg.), De *Ecclesia*. Beiträge zur Konstitution 'Über die Kirche' des Zweiten Vatikanischen Konzils. Dt. Ausgabe, besorgt von Johannes G. Gerhartz und Herbert Vorgrimler, Freiburg-Basel-Wien 1966.

Böckle, Franz, Art. *Existentialethik*, LThK III ^{2}1959, 1301-1304.

Böckle, Franz, *Fundamentalmoral*, München 21978.

Böhme, Gernot/Böhme, Hartmut, Das Andere der Vernunft. Zur Entwicklung von Rationalitätsstrukturen am Beispiel Kants, Frankfurt/M. 1983.

Boros, Ladislaus, Dialektik der Freiheit. Gaston Fessards Erhellung der ignatianischen "Exerzitien" durch Hegel, in: WiWei 17 (1962) 181-201.

Bouyer, Louis, "Mystisch" - Zur Geschichte eines Wortes, in: Sudbrack, J. (Hg.), Das Mysterium und die Mystik, Würzburg 1974, 57-75.

Breemen, Piet van, *Gewissenserforschung*. Zwei Notizen zu einer ignatianischen Gebetsweise, in: GuL 65 (1992) 258-269.

Brosse, Olivier de la, Cardinal Suhard. Vers une église en état de mission, Introduction, choix et présentation des textes par Olivier de la Brosse, Paris 1965.

Bruhin, Josef, Konziliarer Prozeß und Katholische Soziallehre, in: Kerber/Müller (Hg.), Soziales Denken, 187-195.

Büchele, Herwig, Christlicher *Glaube* und politische Vernunft. Für eine Neukonzeption der katholischen Soziallehre, Wien-Zürich-München 1987.

Büchele, Herwig, Zur *Suche* nach dem Willen Gottes in Gemeinschaft, in: ZKTh 113 (1991) 244-260.

Chenu, Marie-Dominique, Die "*Soziallehre*" der Kirche, in: Conc (D) 16 (1980) 715-719.

Chenu, Marie-Dominique, Katholische Soziallehre im *Wandel*. Das Ringen der Kirche um das Verständnis der gesellschaftlichen Wirklichkeit. Mit einem Vorwort von Kuno Füssel und einem Hintergrundbeitrag von Ludwig Kaufmann, Fribourg/Luzern 1991; Originalausg. in ital. Sprache: La dottrina della chiesa. Origine et sviluppo (1891-1971), Brescia 1979.

Chenu, Marie-Dominique, Les *signes* du temps, NRTh 97 (1965) 29-39.

Cholvy, Gérard/Hilaire, Yves-Marie, *Histoire* Religieuse de la France contemporaine, II: 1880/1930; III: 1930/1980. Avec la collaboration de Danielle Delmaire, Rémi Fabre et Jaques Prévotat, Toulouse 1988.

Collet, Giancarlo, "Den Bedürftigsten solidarisch verpflichtet". *Implikationen* einer authentischen Rede von der Option für die Armen, in: JCSW 33 (1992) 67-84.

Comblin, Joseph, Die katholische Theologie seit dem Ende des Pontificats Pius' XII., in: Vorgrimler/Van der Gucht, Bilanz II, 70-88.

Coreth, Emerich u.a. (Hg.), Christliche *Philosophie* im katholischen Denken des 19. und 20. Jahrhunderts, Band II: Rückgriff auf scholastisches Erbe, Granz-Wien-Köln 1988; Band III: Moderne Strömungen im 20. Jahrhundert, Granz-Wien-Köln 1990.

Daille, Roger, Les catholiques à Ivry (1930-1980), in: Le supplément 173 (1990) 31-38.

Demmer, Klaus, *Deuten* und Handeln. Grundlagen und Grundfragen der Fundamentalmoral (SThE 15), Freiburg/Schw.-Freiburg/Br. 1985.

Demmer, Klaus, Die *Lebensentscheidung*. Ihre moraltheologischen Grundlagen, Paderborn 1973.

Demmer, Klaus, Die *Wahrheit* leben. Theorie des Handelns, Freiburg 1991.

Demmer, Klaus, Gottes *Anspruch* denken. Die Gottesfrage in der Moraltheologie (SThE 50), Freiburg/Schw.-Freiburg/Br. 1993.

Demmer, Klaus, Hermeneutische *Probleme* der Fundamentalmoral, in: Mieth, Dietmar/ Compagnoni, Fancesco (Hg.), Ethik im Kontext des Glaubens. Probleme - Grundsätze - Methoden (SThE 3), Freiburg/Schw.-Freiburg/Br. 1978, 101-119.

Demmer, Klaus, Moralische *Norm* und theologische Anthropologie, in: Greg 54 (1973) 263-306.

Demmer, Klaus, Moraltheologische *Methodenlehre* (SThE 27), Freiburg/Br.-Freiburg/Ue. 1989.

Domenach, Jean-Marie/de Montvalon, Robert (ed.), Une Eglise en marche. Textes et documents du catholicisme français, Paris o.J. (dt.: Die Avantgarde der Kirche. Bahnbrecher des modernen katholizismus in Frankreich. Texte und Dokumente 1942-1962, übersetzt von Karlhermann Bergner, Olten 1968.

Duquesne, Jaques, Les catholiques français sous l'occupation, Paris 11966, 21986.

Egan, Harvey D., "Der Fromme von morgen wird ein 'Mystiker' sein". *Mystik* und die Theologie Karl Rahners, in: Vorgrimler, Herbert (Hg.), Wagnis Theologie. Erfahrungen mit der Theologie Karl Rahners, Freiburg 1979, 99-112.

Egan, Harvey D., The *Spiritual Exercises* and the Ignatian Mystical Horizon, St. Louis University 1976.

Ernst, Wilhelm (Hg.), *Grundlagen* und Probleme der heutigen Moraltheologie, Würzburg 1989.

Faupin, Jacques, La Mission de France. Histoire et Institution, Paris 1960.

Fessard, Gaston, La dialectique des Exercices spirituels de S. Ignace de Loyola, Paris Bd. I (1956); Bd. II (1966); Bd. III (1984). (*DE*)

Fischer, Klaus Peter, Der Mensch als *Geheimnis*. Die Anthropologie Karl Rahners, Freiburg u.a. 1974.

Fischer, Klaus Peter, *Gotteserfahrung*. Mystagogie in der Theologie Karl Rahners und in der Theologie der Befreiung, Mainz 1986.

Fraling, Bernhard, *Basisgemeinden* als Orte der Normfindung und als kritisches Potential der Volkskirche, in: Klinger/Zerfaß (Hg.), Basisgemeinden, 98-110.

Fraling, Bernhard, *Existentialethik* im Zeichen der Exerzitieninterpretation, in: Herbert Vorgrimler (Hg.), Wagnis, 61-81 (= Moraltheologisches Jahrbuch 1 [1989] 263-285, nach dieser Version wird im folgenden zitiert),

Fraling, Bernhard, *Normfindung* in der Kirche, in: Ernst (Hg.), Grundlagen, 152-172.

Frey, Christopher, Mysterium der Kirche, Öffnung zur Welt. Zwei Aspekte der Erneuerung französischer katholischer Theologie, Göttingen 1969.

Frielingsdorf, Karl/Switek, Günter (Hg.), *Entscheidung* aus dem Glauben, Mainz 1978.

Furger, F., Christliche *Sozialwissenschaft* - eine normative Gesellschaftstheorie in ordnungsethischen und dynamisch evolutiven Ansätzen, in: JCSW 29 (1988) 17-28.

Furger, Franz, '*Kenosis*' und das Christliche einer christlichen Ethik, in: Demmer, Klaus/Schüller, Bruno (Hg.), Christlich glauben und handeln. Fragen einer fundamentalen Moraltheologie in der Diskussion, Düsseldorf 1977, 96-111.

Furger, Franz, Christliche *Sozialethik*. Grundlagen und Zielsetzungen (Kohlhammer Studienbücher Theologie 20), Stuttgart-Berlin-Köln 1991.

Furger, Franz, *Gerechtigkeit*, Frieden, Bewahrung der Schöpfung. Die ersten Schritte in einem 'konziliaren Prozeß' - ein Bericht aus sozialethischer Sicht, in: JCSW 31 (1990) 200-212.

Furger, Franz, *Gewissen* und Klugheit in der katholischen Moraltheologie der letzten Jahrzehnte, Luzern 1965.

Furger, Franz, Sittliche *Praxis*. Vorentscheidung, Vorsatz, Wollen, Augsburg 1973.

Furger, Franz/Heimbach-Steins, Marianne, Christliche *Existenz* im Spannungsfeld von Mystik und Politik (Arbeiterfragen 3/91), Herzogenrath 1991.

Furger, Franz/Heimbach-Steins, Marianne/Lienkamp, Andreas, Christliche Sozialethik und Politische Theologie - Schwestern, die sich viel zu sagen haben, in: Pröpper/Peters/Steinkamp (Hg.), Erinnern, 217-229

Furger, Franz/Pfammatter, Josef (Hg.), Katholische Soziallehre in neuen gesellschaftlichen Zusammenhängen, (Theol. Berichte 14), Zürich-Einsiedeln-Köln 1985.

Furger, Franz/Wiemeyer, Joachim (Hg.), Christliche Sozialethik im weltweiten *Horizont* (ICS-Schriften 25), Münster 1992.

Gabriel, Karl, Christentum zwischen Tradition und Postmoderne, Freiburg u.a. 1992 (QD 141).

Goldstein, Horst, Kleines Lexikon zur Theologie der Befreiung, Düsseldorf 1991.

Guillet, Jacques u.a., Art. Discernement des esprits, DSAM III (1957) 1222-1291.

Haas, Alois, Was ist Mystik?, in: Ruh, Kurt (Hg.), Abendländische Mystik im Mittelalter. Symposion Kloster Engelberg 1984, Stuttgart 1986, 319-341.

Halls, W.D., Französische Christen und die deutsche Besatzung, in: Hirschfeld, Gerhard/Marsh, Patrick (Hg.), Kollaboration in Frankreich. Politik, Wirtschaft und Kultur während der nationalsozialistischen Besatzung 1940-1944, aus dem Englischen von Hans Günter Holl, Frankfurt/M. 1991, 87-108.

Hausmanninger, Thomas (Hg.), Christliche Sozialethik zwischen *Moderne* und Postmoderne, Paderborn-München-Wien-Zürich 1993.

Hausmanninger, Thomas, Der ethische *Gehalt* der Auseinandersetzung um Moderne und Postmoderne, in: ders. (Hg.), Moderne, 7-14

Heimbach-Steins, Marianne, "Als Mann und Frau ..." - Grunddatum theologischer *Anthropologie* - Herausforderung christlicher Sozialethik, in: JCSW 34 (1993) 165-189.

Heimbach-Steins, Marianne, Gottes "*Option* für die Armen". Leitbild einer evangeliumsgemäßen Ethik, in: ThG 36 (1993) 3-12.

Heimbach-Steins, Marianne, *Paradigmen* der Sozialethik. Bericht über die erste Tagung der Initiative "Forum Sozialethik", in: JCSW 32 (1991) 329-339.

Hengsbach, Friedhelm u.a. (Hg.), *Jenseits* katholischer Soziallehre, Düsseldorf 1993.

Hengsbach, Friedhelm, Apostolische Unterscheidung in Gemeinschaft - eine Inspiration für die katholischen Sozialverbände?, in: Sievernich/Switek (Hg.), Ignatianisch, 569-583.

Hengsbach, Friedhelm, Ein neues *Subjekt* kirchlicher Soziallehre?, in: Kerber./Müller (Hg.), Soziales Denken, 204-217.

Hengsbach, Friedhelm, Katholische Soziallehre als ethische Reflexion religiös-sozialer *Bewegungen*, in: Palaver, W. (Hg.); Centesimo anno. 100 Jahre Katholische Soziallehre, Thaur 1991, 297-309.

Hengsbach, Friedhelm/Emunds, Bernhard/Möhring-Hesse, Matthias, Ethische *Reflexion* politischer Glaubenspraxis. Ein Diskussionsbeitrag, in: dies., Jenseits, 215-291.

Henning, Rudolf, Christliche *Gesellschaftslehre*, in: Vorgrimler/van der Gucht (Hg.), Bilanz III, 361-370.

Henriot, Peter SJ/Holland, Joe, Social analysis. Linking faith and justice, Washington 1983.

Hinricher, Gemma, Jesus und die Erfahrung der Dunkelheit Gottes. Überlegungen zu Johannes vom Kreuz (1542-1591) und Therese von Lisieux (1873-1888), in: Imhof, Nähe, 175-193.

Höhn, Hans-Joachim *Vernunft* - Glaube - Politik. Reflexionsstufen einer Christlichen Sozialethik (Abhandlungen zur Sozialethik 30), Paderborn-München-Wien-Zürich 1990.

Hünermann, Peter/Scannone, Juan-Carlos in Zus.arbeit mit Margit Eckholt (Hg.), *Lateinamerika* und die Katholische Soziallehre. Ein lateinamerikanisch-deutsches Dialogprogramm, Bd. 1-3 (Forum Weltkirche), Mainz 1993.

Hünermann, Peter/Scannone, Juan Carlos, Carlos M. Galli (Hg.), *Wissenschaft*, kulturelle Praxis, Evangelisierung. Methodische Reflexionen zur katholischen Soziallehre (= Hünermann/ Scannone, Teilbd. 1), Mainz 1993.

Hunold, Gerfried/Korff, Wilhelm (Hg.), Die Welt für morgen. Ethische Herausforderungen im Anspruch der Zukunft (FS Böckle), München 1986.

Ignatius von Loyola, Geistliche Übungen und erläuternde Texte, übersetzt und erklärt von Peter Knauer, Graz-Wien-Köln [3]1988. (*EB*)

Imhof, Paul (Hg.), Gottes *Nähe*. Religiöse Erfahrung in Mystik und Offenbarung, Würzburg 1990 (FS Sudbrack)

Kaufmann, Ludwig, Gott im Herzen der Geschichte. M.-D. *Chenu* (1895-1990), eine notwendige Erinnerung an französische Impulse, in: Chenu, Wandel, 101-121.

Kedward, Roderick/Austin, Roger (Hg.), Vichy France and the Resistance. Culture and Ideology, London-Sydney 1985.

Kehl, Medard, Die *Kirche*. Eine katholische Ekklesiologie, Würzburg 1992.

Kerber, Walter, Ordnungspolitik, Gemeinwohl und katholische Gesellschaftslehre. Der Sozialen *Marktwirtschaft* zum Gedächtnis, in: JCSW 31 (1990) 11-32.

Kerber, Walter/Ertl, Heimo/Hainz, Michael (Hg), Katholische *Gesellschaftslehre* im Überblick. 100 Jahre Sozialverkündigung der Kirche, Frankfurt/M. 1991.

Kerber, Walter/Müller, Johannes (Hg.), *Soziales Denken* in einer zerrissenen Welt. Anstöße der Katholischen Soziallehre (QD 136), Freiburg/Br. u.a. 1991.

Klinger, Elmar/Zerfaß, Rolf (Hg.), Die *Basisgemeinden*. Ein Schritt auf dem Weg zur Kirche des Konzils, Würzburg 1984.

Kolvenbach, Peter-Hans, Über die Apostolische Unterscheidung in Gemeinschaft (Geistliche Texte SJ, 12), hg. von der Provinzialkonferenz der Deutschen Assistenz SJ, Frankfurt 1987.

Kongregation für das Katholische Bildungswesen, *Leitlinien* für das Studium und den Unterricht der Soziallehre der Kirche in der Priesterausbildung. 27. Juni 1989 (Verlautbarungen des Apostolischen Stuhls 91), hg. vom Sekretariat der Deutschen Bischofskonferenz, Bonn o.J. (1989).

Korff, W., *Grundzüge* einer künftigen Sozialethik, in JCSW 24 (1983), 29-49.

Kramer, Hans, Die sittliche Vorentscheidung. Ihre Funktion und ihre Bedeutung in der Moraltheologie, Würzburg 1970.

Krätzl, Helmut, Kirche und Politik am Beispiel des Sozialhirtenbriefes, in: Otto Kimminich u.a. (Hg.), Mit Realismus und Leidenschaft. Ethik im Dienst einer humanen Welt (FS Zsifkovits), Graz-Budapest 1993, 423-432.

Kristöfl, Josef/Riedlsperger, Alois, Soziale *Gewissensbildung* in einer pluralen Gesellschaft - Zur Methode des östereichischen Sozialhirtenbriefes, in: Kerber/Müller (Hg.), Soziales Denken, 196-203.

Kroh, Werner, Katholische *Soziallehre* am Scheideweg, in: Furger/Pfammatter, Katholische Soziallehre, 139-163.

Kroh, Werner, *Kirche* im gesellschaftlichen Widerspruch. Zur Verständigung zwischen katholischer Soziallehre und politischer Theologie, München 1982.

Kruip, Gerhard, *Entwicklung* oder Befreiung? Elemente einer Ethik sozialer Strukturen am Beispiel ausgewählter Stellungnahmen aus der katholischen Kirche Mexikos (1982-1987) (Forschungen zu Lateinamerika, 19), Saarbrücken-Fort Lauderdale 1988.

Lambert, Willi, Die wichtigste *Viertelstunde* des Ignatius - Sinn, Methode und Hintergrund der "allgemeinen Gewissensprüfung" nach Ignatius, in: Korrespondenz zur Spiritualität der Exerzitien, 28. Jg. (1978) H. 38, 35-45.

Lambert, Willi, *Gemeinsam* den Willen Gottes suchen, in: Korrespondenz zur Spiritualität der Exerzitien 40. Jg. (1990) H. 56, 3-18.

Langignon, Martine, Communistes et chrétiens à Ivry entre les deux guerres, in: Le supplément 173 (1990) 55-66.

Leprieur, François, Quand Rome condamne. Dominicains et prêtres-ouvriers, Paris 1989.

Lienkamp, Andreas, Kurze *Einführung* in die Christliche Sozialethik. Zusammengestellt mit Unterstützung der Mitarbeiter/innen des Instituts für Christliche Sozialwissenschaften Münster, Münster 1992 (Manuskript).

Lob-Hüdepohl, Andreas, Kommunikative Vernunft und theologische Ethik (SThE 47), Freiburg/Schw.-Freiburg/Br. 1993.

Loew, Jacques, Journal d'une mission ouvrière, Paris 1959 (dt.: Tagebuch einer Arbeitermission 1941-1059, Mainz 960).

Lohfink, Norbert, Lobgesänge der Armen. Studien zum Magnificat, den Hodajot von Qumran und einigen späten Psalmen, Stuttgart 1990 (SBS 143).

Maritain, Jacques, Die Zukunft des Christentums, Köln 1938

Maritain, Jacques, Humanisme intégral: problèmes temporales et spirituels d'une nouvelle chrétienté, Paris 1936 (dt.: *Christlicher Humanismus*, übs. von Werner Gebauer u. Ruth Ketteler, Heidelberg 1950)

Merks, Karl-Wilhelm, Theologische Grundlegung der sittlichen Autonomie. Strukturmomente eines 'autonomen' Normbegründungsverständnisses im lex-Traktat der Summa theologiae des Thomas von Aquin, Düsseldorf 1978.

Metz, Johann Baptist, Die *Rede* von Gott angesichts der Leidensgeschichte der Welt, in: StdZ 210. Bd., 117. Jg. (1992) 311-320.

Metz, Johann Baptist, *Glaube* in Geschichte und Gesellschaft, Mainz 21978, bes. 11;207.

Meures, Franz, "Gottes Willen suchen gemäß dem *Ziel* unserer Berufung". Zum Prozeß einer geistlichen Entscheidungsfindung in Gemeinschaft, in: Korrespondenz zur Spiritualität der Exerzitien 40. Jg. (1990) H. 56, 29-48.

Meures, Franz, Die *Beratung* der ersten Gefährten, in: Korrespondenz zur Spiritualität der Exerzitien 40. Jg. (1990) H. 56, 19-28.

Meures, Franz, Geistliche Unterscheidung im *Gruppenprozeß* - Gruppenbegleitung als Hilfe, den Willen Gottes zu suchen und zu finden, in: Korrespondenz zur Spiritualität der Exerzitien 37. Jg. (1987) H. 52, 29-44.

Meures, Franz, Was heißt *Unterscheidung* der Geister?, in: Ordenskorrespondenz 31 (1990) 272-291.

Mieth, Dietmar, Die *Einheit* von Vita activa und vita contemplativa in den deutschen Predigten und Traktaten Meister Eckharts und bei Johannes Tauler. Untersuchungen zur Struktur christlichen Lebens, Regensburg 1969.

Mieth, Dietmar, *Gewissen*, in: Christlicher Glaube in moderner Gesellschaft, Bd. 12, Freiburg 1981, 137-184

Mieth, Dietmar, *Gotteserfahrung* und Weltverantwortung. Über die christliche Spiritualität des Handelns, München 1982.

Mieth, Dietmar, *Moral* und Erfahrung. Beiträge zur theologisch-ethischen Hermeneutik (SThE 2) Freiburg/Schw.-Freiburg/Br., ^{3}1977.

Mieth, Dietmar/Wils, Jean-Pierre (Hg.), *Grundbegriffe* der christlichen Ethik, Paderborn-München-Wien-Zürich 1993.

Nell-Breuning, Oswald von, *Soziallehre* der Kirche. Erläuterungen der lehramtlichen Dokumente, Wien, 3. Aufl. 1983

Neufeld, Karl Heinz, *Gemeinwohl* und Geschichte. Zum Werk von Gaston Fessard (1897-1978), in: StdZ 196 (1978) 715-717.

Palaver, Wolfgang (Hg.), *Centesimo anno*. 100 Jahre Katholische Soziallehre. Bilanz und Ausblick, Thaur 1991.

Pennetier, Claude/Rault, Michèle/Viet-Depaule, Nathalie, Économie, société et politique. Ivry-sur-Seine (1930-1960), in: Le supplément 173 (1990) 11-30.

Perrot, Daniel, Les fondations de la Mission de France, Paris 1987.

Peters, William A.M., Die "Unterscheidung der Geister" bei Ignatius von Loyola, in: Conc 14 (1978) 581-585.

Peukert, Helmut, *Sprache* und Freiheit. Zur Pragmatik ethischer Rede, in: Franz Kamphaus/Rudolf Zerfaß, Ethische Predigt und Alltagsverhalten, München-Mainz 1977, 44-75

Pierrard, Pierre, L'Église et les ouvriers en France (1940-1990), o.O. (Hachette) 1991.

Poulat, Emile, Naissance des Prêtres-Ouvriers, Paris 1965.

Pröpper, Thomas, Fragende und Gefragte zugleich. Notizen zur Theodizee, in: ders./ Peters/Steinkamp (Hg.), Erinnern, 61-72.

Pröpper, Thomas/Peters, Tiemo R./Steinkamp, Hermann (Hg.), *Erinnern* und Erkennen. Denkanstöße aus der Theologie von Johann Baptist Metz, Düsseldorf 1993.

Raabe, Stephan, Katholische Soziallehre und Caritaswissenschaften an den Hochschulen des deutschen Sprachgebietes. Lehrstühle, Personen, Daten - von den Anfängen bis zur Gegenwart, in: JCSW 32 (1991) 393-427.

Rahner, Karl, *Betrachtungen* zum ignatianischen Exerzitienbuch, München 1965.

Rahner, Karl, Das *Dynamische* in der Kirche (QD 5), Freiburg 1958

Rahner, Karl, Die enthusiastische und die gnadenhafte *Erfahrung*, in: *Schriften* zur Theologie XII, 54-75.

Rahner, Karl, Die *Logik* der existentiellen Erkenntis bei Ignatius von Loyola, in: Das Dynamische, 74-147,

Rahner, Karl, *Frömmigkeit* früher und heute (1966), in: Schriften VII, 11-31.

Rahner, Karl, Intellektuelle *Redlichkeit* und christlicher Glaube, in: Schriften VII, 54-76.

Rahner, Karl, Kleines *Fragment* über die kollektive Findung der Wahrheit, in: Schriften VI (1964) 104-110.

Rahner, Karl, *Moderne Frömmigkeit* und Exerzitienerfahrung, in: Schriften XII, 173-197.

Rahner, Karl, *Mystische Erfahrung* und mystische Theologie, in: Schriften XII, 428-438.

Rahner, Karl, Über die *Einheit* von Nächsten- und Gottesliebe, in: Schriften VI, Einsiedeln 1965, 277-298

Rahner, Karl, Über die *Frage* einer formalen Existentialethik, in: Schriften II, 227-246.

Rahner, Karl, Vom *Offensein* für den je größeren Gott, in: Schriften VII, 32-53.

Rauscher, Anton, *Kontinuität* und Wandel in der Katholischen Soziallehre, in: JCSW 32 (1991) 25-41.

Ravier, Andre, Ignatius von Loyola gründet die Gesellschaft Jesu, Würzburg 1982.

Repplinger, Josef, '*Révision* de vie'- eine mögliche Form religiöser Entscheidung, in: Frielingsdorf, Karl/Switek, Günter (Hg.), Entscheidung, 165-183.

Riedlsperger, Alois, *Beteiligung* schafft Verbindlichkeit, in: Palaver (Hg.), Centesimo anno, 311-329.

Rigobello, Armando, Jaques Maritain (1882-1973), in: Coreth u.a. (Hg.), Christliche Philosophie, Band II, 493-518.

Rosenberg, Alfred, Der Mythos des 20. Jahrhunderts, München 1938.

Roustang, François, Dialektik der "Exerzitien", in: Orien 24 (1960) 244-246.

Sales, Michel, Die historische *Bedeutung* des jüdischen Volkes vor und nach Christus im Denken Gaston Fessards, in: IKaZ 2 (1973) 302-320.

Sales, Michel, *Gaston Fessard* (1897-1978), in: Coreth u.a. (Hg.), Christliche Philosophie, Band III, 487-499.

Sanhüter, Ludwig, Das Dynamische in der Moral. Zur Aktualität der Existentialethik Karl Rahners, Sankt Ottilien 1990.

Scannone, Juan Carlos, Die *Logik* des Existentiellen und Geschichtlichen nach Karl Rahner, in: Vorgrimler (Hg.), Wagnis, 82-98.

Schneider, Michael, "Unterscheidung der Geister". Die ignatianischen Exerzitien in der deutung von E. Przywara, K. Rahner und G. Fessard (Innsbrucker theologische Studien 11), Innsbruck-Wien, ^{2}1987.

Schüller, Bruno, Die *Begründung* sittlicher Urteile. Typen ethischer Argumentation in der Moraltheologie, Düsseldorf 21980, 61-106.

Schultz, Hans-Jürgen (Hg.), *Tendenzen* der Theologie im 20. Jahrhundert. Eine Geschichte in Portraits, Stuttgart-Berlin-Olten-Freiburg 1966.

Siefer, Gregor, Die Mission der Arbeiterpriester. Ereignisse und Konsequenzen. Ein Beitrag zum Thema: Kirche und Industriegesellschaft, Essen 1960.

Sievernich, Michael/Switek, Günter (Hg.), *Ignatianisch*. Eigenart und Methode der Gesellschaft Jesu, Freiburg-Basel-Wien 1990.

Six, Jean-François, Cheminements de la Mission de France 1941-1966, Paris 1967.

Stehle, Hansjakob, Geheimdiplomatie im Vatikan. Die Päpste und die Kommunisten, Zürich 1993.

Stierli, J., Das ignatianische Gebet "Gott suchen in allen Dingen", in: Wulf, F. (Hg.), Ignatius, 151-182.

Stütz, Otmar, Den Sozialhirtenbrief vorbereiten. Bericht über das Projekt der Österreichischen Bischöfe, in: ThPQ 138 (1990) 35-42.

Sudbrack, Josef, Das *Wagnis* des Lebens aus Gott. Zur ignatianischen Lehre von der Geisterunterscheidung, in: Roßmann, H./Ratzinger, Josef (Hg.), Mysterium der Gnade (FS J. Auer), Regensburg 1975, 412-426.

Switek, Günter, "Geistliche Unterscheidung in *Gemeinschaft*", in: Frielingsdorf/Switek (Hg.), Entscheidung, 153-164.

Switek, Günter, *Discretio* spirituum. Ein Beitrag zur Geschichte der Spiritualität, in: ThPh 47 (1972) 36-76.

Switek, Günter, *Unterscheidung* der Geister - biblische Grundlage und geschichtliche Entwicklung, in: Ordenskorrespondenz 18 (1977) 59-70.

Tafferner, Andrea, Gottes- und Nächstenliebe in der deutschsprachigen Theologie des 20. Jahrhunderts, Innsbruck-Wien 1992.

Toner, Jules, A *method* for communal discernment of God's will, in: Studies in the spirituality of Jesuits, 3 (1971).

Tranvouez, Yvon, *Catholiques* d'abord. Approches du mouvement catholique en France (XIXe - XXe siècle), Paris 1988.

Tranvouez, Yvon, *Mission* et Progressisme. Les "chrétiens du XIIIe" arrondissement de Paris (1945-54), in: Le supplément 173 (1990) 67-90.

Vinatier, Jean, Le cardinal *Liénart* et la Mission de France, Paris 1978.

Vinatier, Jean, Le cardinal *Suhard* (1874-1949). L'évêque du renouveau missionnaire en France, Paris 1983.

Vinatier, Jean, Le père Louis *Augros*. Premier Supérieur de la Mission de France 1898-1982, Paris 1991

Virt, Günter, Die vergessene *Tugend* der Epikie, in: Ernst (Hg.), Grundlagen, 138-151.

Virt, Günter, *Epikie* - verantwortlicher Umgang mit Normen: Eine historisch-systematische Untersuchung zu Aristoteles, Thomas von Aquin und Franz Suarez, Mainz 1983 (TthS 21).

Vorgrimler, Herbert (Hg.), *Wagnis* Theologie. Erfahrungen mit der Theologie Karl Rahners, Freiburg 1979 (FS Rahner).

Vorgrimler, Herbert/van der Gucht, Robert (Hg.), *Bilanz* der Theologie im 20. Jahrhundert (4 Bde.), Freiburg-Basel-Wien 1969

Walter Lesch, Neuere *Ansätze* und Entwicklungen im Bereich der theologischen Sozialethik, in: JCSW 32 (1991) 303-327.

Wattebled, Robert, *Stratégies* catholiques en monde ouvrier dans la France d'après-guerre, Paris 1990.

Wulf, F. (Hg.), *Ignatius* von Loyola. Seine Gestalt und sein Vermächtnis: 1556-1956, Würzburg 1956.

Zwiefelhofer, Hans, Dienst am Glauben und Einsatz für die Gerechtigkeit, in: Sievernich/Switek (Hg.), Ignatianisch, 657-669.

III: Register

1. Personen

2. Sachen